LA

FASCINATION DE GULFI

(GYLFA GINNING)

TRAITÉ DE MYTHOLOGIE SCANDINAVE

COMPOSÉ PAR

SNORRI FILS DE STURLA

TRADUIT DU TEXTE NORRAIN EN FRANÇAIS ET EXPLIQUÉ DANS UNE INTRODUCTION
ET UN COMMENTAIRE CRITIQUE PERPÉTUEL

PAR

FRÉDÉRIC GUILLAUME BERGMANN

PROFESSEUR DE LITTÉRATURE ÉTRANGÈRE ET DOYEN DE LA FACULTÉ DES LETTRES DE STRASBOURG
MEMBRE DE LA SOCIÉTÉ ROYALE DES ANTIQUAIRES DU NORD À COPENHAGUE, DE L'ACADÉMIE DE STANISLAS À NANCY
ET DE L'ACADÉMIE IMPÉRIALE DES SCIENCES DE LILLE

Mythologiû ab una disce omnes

STRASBOURG & PARIS   PARIS & GENÈVE

CHEZ TREUTTEL ET WÜRTZ   CHEZ J. CHERBULIEZ

MDCCCLXI

A Monsieur E. Renan

hommage affectueux d...

l'auteur

LA

FASCINATION DE GULFI

(GYLFA GINNING)

STRASBOURG, IMPRIMERIE DE VEUVE BERGER-LEVRAULT.

LA
FASCINATION DE GULFI
(GYLFA GINNING)

TRAITÉ DE MYTHOLOGIE SCANDINAVE

COMPOSÉ PAR

SNORRI FILS DE STURLA

TRADUIT DU TEXTE NORRAIN EN FRANÇAIS ET EXPLIQUÉ DANS UNE INTRODUCTION
ET UN COMMENTAIRE CRITIQUE PERPÉTUEL

PAR

FRÉDÉRIC GUILLAUME BERGMANN

PROFESSEUR DE LITTÉRATURE ÉTRANGÈRE ET DOYEN DE LA FACULTÉ DES LETTRES DE STRASBOURG
MEMBRE DE LA SOCIÉTÉ ROYALE DES ANTIQUAIRES DU NORD A COPENHAGUE, DE L'ACADÉMIE DE STANISLAS A NANCY
ET DE L'ACADÉMIE IMPÉRIALE DES SCIENCES DE LILLE

Mythologiâ ab unâ disce omnes

———

STRASBOURG & PARIS
CHEZ TREUTTEL ET WÜRTZ

PARIS & GENÈVE
CHEZ J. CHERBULIEZ

MDCCCLXI

A

L'ILLUSTRE MÉMOIRE

DE MES SAVANTS MAITRES

EUGÈNE BURNOUF FRÉDÉRIC CHRISTOPHE DAHLMANN

CLAUDE FAURIEL BENJAMIN GUÉRARD THÉODORE JOUFFROY

FINN MAGNUSEN KARL OTFRID MULLER

ET SYLVESTRE DE SACY

DONT J'AI AIMÉ LE CARACTÈRE ET AMBITIONNÉ LE SAVOIR

QUI M'ONT ENCOURAGÉ DANS LES ASPIRATIONS DE MA JEUNESSE ET M'ONT

DONNÉ DES TÉMOIGNAGES PRÉCIEUX

DE LEUR ESTIME ET DE

LEUR AMITIÉ

F. G. BERGMANN.

PLAN, DIVISIONS ET TABLE DES MATIÈRES.

EXPOSITION.

LA FASCINATION DE GULFI.

EXPOSITION.

§ 1. Sujet, but et division de cet ouvrage. — Le traité intitulé : *La Fascination de Gulfi* fait partie du Recueil appelé l'*Edda de Snorri*. C'est un traité de Mythologie norraine, composé par *Snorri*, fils de Sturla ; il est, depuis longtemps, la source principale de nos connaissances en cette matière, et il a été jusqu'ici le fondement et la seule autorité de tous les ouvrages publiés sur ce sujet. Notre but est non-seulement d'expliquer ce traité, mais aussi d'en soumettre le contenu à un examen critique. Pour l'expliquer, il ne suffit pas de le traduire du norrain en français, il faut encore faire comprendre tout ce qui en constitue le fond et la forme. Or, pour faire comprendre la manière dont la Mythologie norraine a été conçue et exposée par *Snorri*, il est indispensable de traiter ces questions dans une introduction à la fois philosophique, historique et littéraire. Notre travail se divisera donc en trois parties : 1° l'*Introduction*, destinée à expliquer le mode particulier adopté, par *Snorri*, dans la conception du fond scientifique et dans la composition ou forme littéraire de son traité ; 2° la *Traduction*, que nous avons tâché de rendre aussi fidèle que possible, afin qu'on puisse faire sur elle toutes les études qu'on ferait sur le texte original ; 3° le *Commentaire critique*, servant à expliquer, à compléter, à contrôler et à rectifier, d'après les données de la science moderne, l'exposé de la Mythologie norraine fait par *Snorri*.

I.

PREMIÈRE PARTIE DE L'OUVRAGE.

INTRODUCTION.

§ 2. Sujet, but et division de cette Introduction. — La *Fascination de Gulfi* renferme la Mythologie norraine telle que *Snorri* la savait ou l'avait comprise, quant au *fond*, et telle qu'il a cru devoir l'exposer, quant à la *forme*. Le sujet et le but de cette Introduction est d'expliquer et d'apprécier la conception du fond et la forme de ce traité de mythologie. Or, d'abord, pour apprécier la valeur *scientifique* de ce traité ou pour savoir jusqu'à quel point cet exposé est complet et conforme à la vérité, il est nécessaire de bien connaître la nature de la Mythologie, en général, et l'histoire de la formation et du développement interne de la Mythologie norraine, en particulier. Ensuite, pour comprendre la forme et tout ce qui tient à la composition de ce traité, il est indispensable de connaître les procédés littéraires, qui étaient en usage du temps de *Snorri*, et qui ont, plus ou moins, déterminé la forme que cet auteur a adoptée dans son ouvrage. Cette introduction comprendra cinq chapitres. Le *premier* traitera de l'origine et du développement *interne* ou logique et du développement *externe* ou historique et géographique de la religion des Scandinaves et de leurs ancêtres. On y démontrera ce que cette mythologie était en réalité, du moins à en juger d'après l'état actuel de la Science; et le résultat de cette démonstration nous servira ensuite de règle pour juger et apprécier en détail, dans le *Commentaire critique*, les idées que *Snorri* s'est faites des différents mythes qu'il expose dans son traité. Le *second* chapitre traitera des notions scientifiques que les érudits de l'Antiquité et du Moyen âge, qui ont été les prédécesseurs de *Snorri*, se sont formées soit de la Mythologie, en général, soit de la Mythologie norraine, en particulier; nous y puiserons la connaissance des notions sur l'Histoire et la Mythologie qui avaient cours dans le monde savant, antérieurement à *Snorri*. Dans le *troisième* chapitre il sera question de *Snorri*, de sa vie et de l'histoire de ses ouvrages. Le *quatrième* chapitre exposera la manière dont *Snorri*, d'après sa science mythico-historique, a compris la Mythologie et l'ordre dans lequel il a disposé les matières dans son traité. Enfin, le *cinquième* chapitre expliquera l'origine et la raison de la forme dialoguée, de l'encadrement historique, et du titre de *La Fascination de Gulfi*.

CHAPITRE PREMIER.

ORIGINE ET TRANSFORMATIONS DES MYTHOLOGIES OU DES RELIGIONS NATURELLES.

§ 3. Origine des Religions et des Mythologies. — On désigne, habituellement, sous le nom de *Mythologies* les anciennes religions naturelles, qui ne passent pas pour avoir été *révélées*, et qui, par conséquent, au point de vue des religions *positives* et supposées révélées, sont considérées comme une doctrine humaine et partant erronée, soit comme un exposé ou un recueil de *fables* (gr. *muthologia*). Mais, au point de vue de la *Science*, toutes les Religions, comme toutes les Mythologies, sont également *naturelles*, c'est-à-dire d'origine humaine. Car, dans le monde *métaphysique* aussi bien que dans le monde *physique*, tout ce qui existe a une origine *naturelle*, c'est-à-dire que tout existe en vertu des lois de la nature physique ou métaphysique qui sont, en quelque sorte, la volonté immuable de Dieu. Ce qu'on appelle *surnaturel*, ou bien n'a d'existence que dans notre conception erronée, ou bien, s'il a une existence réelle, il porte improprement le nom de *surnaturel*, qui devrait être échangé contre celui de *métaphysique*. Toutes les religions, quelles qu'elles soient, ne sauraient donc être autre chose que des religions *naturelles*, car toutes sont les produits de la nature intellectuelle et morale des sociétés humaines ; les hommes les ont conçues et créées naturellement, spontanément, successivement, pour y trouver les moyens de satisfaire leurs besoins religieux. L'Homme est porté invinciblement à la religion par tout son Être, c'est-à-dire par toutes les facultés de son Âme : d'abord par le sentiment inévitable qu'il a de son insuffisance *physique*, pour se protéger lui-même contre les forces ennemies, brutales et inexorables de la Nature et contre les hasards et les accidents de la vie ; ensuite par le sentiment de sa faiblesse *intellectuelle* pour comprendre la réalité, la vie et le monde dans leur essence et leurs causes; enfin, par le sentiment de son impuissance *morale* pour satisfaire à la *loi de justice* qui s'annonce impérieusement dans sa conscience. Il éprouve donc le besoin de s'appuyer sur quelque Être qui soit physiquement plus puissant que lui-même, qui soit la clef de voûte de son système plus ou moins scientifique, et qui soit, enfin, la sanction des lois qui se révèlent dans sa conscience morale. Aussi longtemps qu'il y aura des hommes, ils aspireront vers l'*Absolu*; et dans ce sens la Religion est éternelle comme l'Absolu lui-même. Les religions appelées *naturelles* ne diffèrent, quant à leur origine, des religions appelées *positives* ou révélées, qu'en ce qu'elles sont nées par la coopération des masses et des générations successives et ne s'appuyent que sur la tradition nationale, tandis que les religions dites *révélées* sont conçues par des hommes supérieurs dont les inspirations religieuses ont passé pour des révélations *surnaturelles* et qui ont transmis leur vie et leur foi religieuses à des disciples, ou ont consigné leurs dogmes et leurs préceptes dans des livres considérés comme sacrés, fondant ainsi des religions appelées *positives*, parce qu'elles ne sont pas spontanées, mais *imposées* et basées sur la foi en l'autorité du ré-vélateur. La vérité et la justice étant d'essence *divine*, les religions *naturelles*, comme les religions *positives*, sont plus ou moins *divines*, selon qu'elles renferment plus ou moins de vérité et de justice.

§ 4. Transformations des Religions et des Mythologies. — Il n'y a d'immuable que l'*Absolu*. Tout ce qui existe, dans le monde physique, intellectuel et moral, est sujet, tant qu'il vit, au *développement*, et par suite au changement. L'âme humaine, toute la pre-mière, plus elle est douée d'une *vie* énergique, plus son dévelop-pement sera progressif et plus ses facultés subiront des métamor-phoses incessantes. La Religion, étant le produit naturel de l'âme aspirant d'une manière plus ou moins consciente vers l'*Absolu*, participe aussi, si elle *vit*, au développement progressif de l'âme et subit, s'il n'y a pas d'empêchement, les métamorphoses incessantes des idées et des sentiments qui sont ses principes générateurs. Il est vrai que, l'*immutabilité* étant l'attribut de l'Absolu, des castes sacerdotales ont cru imprimer à la religion un caractère plus divin, en la rendant *immobile*, du moins autant que cela pouvait dépendre d'elles; mais en agissant ainsi, par un zèle inintelligent, elles n'ont fait que discréditer la religion positive dans l'intelligence et dans le cœur des hommes religieux. La religion, abandonnée à son développement spontané et naturel, déploira toutes les ressources de sa riche nature, dans les différentes phases de son développement incessant.

La Science ne connaît la nature d'une religion que quand elle en connaît entièrement toutes les différentes phases de son développement historique. Par conséquent, pour connaître, d'une manière complète, la Religion ou la Mythologie scandinave, il faudra l'étudier dans toutes les périodes de son existence, depuis son origine jusqu'à son extinction. Mais où trouver, dans l'histoire, les origines de la religion des Scandinaves ? Cette religion n'est pas née chez les peuples du Nord ; ces peuples l'ont reçue traditionnellement de leurs ancêtres, chez lesquels, par conséquent, il faut en chercher les origines. Quels sont les ancêtres des peuples scandinaves ? Nous avons prouvé[1] que les *Scandinaves* sont issus des peuples du *rameau gète*, qui était sorti lui-même de la *branche scythe*, laquelle se rattachait, dans l'origine, à la *souche iaphétique*. Il y avait donc une filiation généalogique des Scythes aux Gètes et des Gètes aux Scandinaves, de sorte que Scythes, Gètes et Scandinaves n'ont formé proprement qu'une seule nation dont les générations successives, se continuant les unes les autres, ont porté ces différents noms de peuple, aux différentes époques de leur existence. Mais si ces peuples n'ont formé qu'une seule lignée *continue*, qu'une seule nation, il n'y a eu également en eux qu'une seule *vie* morale, intellectuelle et religieuse, qui, tout en se développant et en se spécialisant dans chacun d'eux, a fait de cette race une unité, une individualité, une *personne,* et a produit les phénomènes qui sont les expressions de cette vie morale, intellectuelle et religieuse et constituent les caractères individuels de cette personne. Or, s'il y a eu continuité généalogique entre les Scythes, les Gètes et les Scandinaves, il y a eu aussi continuité organique entre eux par rapport à leur *religion*, de sorte que la religion des Scythes a trouvé sa continuation naturelle dans celle des Gètes et que la religion des Gètes a été, à son tour, continuée par celle des Scandinaves. La Mythologie des Scythes, des Gètes et des Scandi-

---

1. Voir *Les Gètes* ou la filiation généalogique des Scythes aux Gètes et des Gètes aux Germains et aux Scandinaves, etc.

naves forme donc une seule et même religion, qui a eu son origine dans la religion des pères des Scythes, s'est ensuite continuée dans la religion des Gètes, et enfin a trouvé sa fin à l'époque de la conversion des Scandinaves au Christianisme. Pour faire connaître la Mythologie scandinave depuis son origine jusqu'à son extinction, nous aurons donc à retracer les différentes phases par lesquelles elle a passé successivement dans la religion primitive de la souche iafétique et dans celle des Scythes, des Gètes et des Scandinaves jusqu'à l'époque de l'introduction de l'Évangile dans le Nord.

§ 5. Transformations de la Mythologie scandinave depuis son origine jusqu'à sa dissolution. — Pour faire connaître la nature de la Mythologie scandinave, il est nécessaire de montrer quelles sont les principales phases par lesquelles cette religion a passé depuis ses commencements primitifs jusqu'à l'époque de sa dissolution. Or, comme la Religion est un produit de l'esprit *humain* (voir p. 3), les phases qui se manifestent en elle sont déterminées par les diverses formes de cet esprit humain qui l'engendre. C'est donc d'après ces formes, qui déterminent et modifient successivement les caractères de la Mythologie, qu'on divisera l'histoire du développement de ces religions anciennes. Nous partagerons l'histoire de la religion scandinave en trois périodes, d'après les trois modes de conception qui se révèlent dans toutes les manifestations de l'esprit humain, et marquent le commencement, le milieu et la fin de son développement. Ces trois modes de conception sont l'*Intuition* qui conçoit, la *Raison* qui développe, et l'*Intelligence* qui épure la Religion; ce sont ces modes qui déterminent les trois phases ou trois périodes principales par lesquelles passe la Religion, savoir la première période, appelée la période de l'*Intuition*, pendant laquelle la Religion prend naissance et se forme; la seconde, appelée la période de la *Raison*, où la Religion atteint son développement logique le plus complet, et, enfin, la troisième période, appelée la période de l'*Intelligence*, où telle ou telle Religion tombe en décadence, parce que l'Intelligence substitue aux anciennes conceptions religieuses des conceptions nouvelles plus vraies et d'un ordre plus élevé. Cependant, ni dans les individus ni dans les races, l'esprit humain ne passe, d'une manière absolue et en quelque sorte *abrupte*, d'un mode de conception à un autre.

L'Esprit humain n'est jamais uniquement Intuition ou Raison ou

Intelligence; mais l'Intuition primitive est modifiée par la Raison qui se développe, et l'Intuition et la Raison sont modifiées par l'Intelligence, qui vient dominer l'une et l'autre. Ces différents modes de conception se succèdent donc l'un à l'autre, non pour s'effacer et s'exclure absolument, mais plutôt pour se limiter réciproquement et se compléter l'un l'autre; ils ne sont pas seulement *émanents* l'un de l'autre, mais aussi *immanents* l'un dans l'autre. Cependant, comme chacun de ces modes de conception *prédomine* sur les deux autres, dans une des trois périodes indiquées, il est juste de nommer chacune de celles-ci d'après le mode de conception qui y est *prédominant*. On conçoit ensuite qu'il ne puisse pas y avoir de limite rigoureusement tracée entre ces trois périodes, et qu'on ne saurait assigner au commencement et à la fin de chacune une date précise. Mais on peut indiquer d'une manière approximative les limites de ces périodes et leur assigner, en conséquence, jusqu'à des dates chronologiques. Pour la *Mythologie scandinave*, la période de l'Intuition, ou la période de l'origine et de la formation première, commence à l'origine de la souche *scythique* et s'étend à peu près depuis l'an 2500 jusque vers l'an 700 avant notre ère; elle comprend l'histoire de cette religion telle qu'elle s'est formée chez les ancêtres des Scythes et chez les Scythes eux-mêmes, jusqu'à l'époque ci-dessus indiquée. La *période de la Raison*, ou la période du développement logique de cette religion, s'étend à peu près depuis l'an 700 avant notre ère jusque vers l'an 500 après Jésus-Christ, et comprend l'histoire de cette religion telle qu'elle s'est développée, d'abord chez les *Scythes* depuis l'époque indiquée, ensuite chez les peuples de la branche *gète*, et chez les peuples *scandinaves*, jusque vers l'an 500 après Jésus-Christ. Enfin, la troisième période, celle de l'*Intelligence*, ou la période de la décadence, comprend l'histoire de la religion scandinave, qui, depuis le septième siècle, tombe en décadence, et est remplacée, vers l'an 1000, par la religion chrétienne. Telle est la division que nous suivons dans l'exposé que nous avons à faire de l'histoire des métamorphoses subies par la religion scandinave, depuis son origine en Asie jusqu'à son extinction en Europe.

§ 6. Nature et Caractéres des Religions dans la période de l'Intuition. — Dans l'âge primitif de l'individu ou des races, l'âme, encore ignorante ou vide de notions, observe d'abord seulement les objets *visibles*, dont elle ne perçoit que les qualités les plus générales et les plus extérieures. Comme ce mode de perception s'opère principalement par le sens de la *vue*, on peut l'appeler convenablement l'*Intuition*. Par cette Intuition *extérieure* (qui est encore séparée par un abîme de l'Intuition *intérieure* de l'Intelligence) les objets visibles sont perçus de manière à laisser dans l'Esprit (qui se spécialise peu à peu et se différencie dans l'âme), leurs images vagues et superficielles; et comme ces images sont *tout* ce que l'Esprit perçoit et connaît de ces objets, elles tiennent lieu primitivement de ce qui, plus tard, dans la période de la Raison, constituera les *notions*, de sorte que l'Esprit lui-même se manifeste presque uniquement en sa qualité d'*Imagination* passive.

On peut établir, en général, trois degrés consécutifs dans les perceptions de l'âme avant qu'elle arrive à l'*Intuition*. Le premier degré est celui où l'âme éprouve des sensations ou des impressions physiques causées par les objets visibles, sans cependant avoir la vue ou l'intuition des objets qui les produisent. Ce premier degré nous l'appelerons le degré de la *Sensation*; à ce degré, l'objet, qui est la cause de la sensation, existe bien pour lui-même, mais il n'existe pas encore pour l'esprit, parce que celui-ci ne le perçoit pas par la vue. Le second degré est celui où, par le moyen de la vue, l'âme frappée par un objet extérieur réagit sur cette impression, c'est-à-dire acquiert la conscience de la présence ou de l'existence de l'objet perçu par la vue. Cette impression n'est plus simplement une sensation renfermée dans le sujet, c'est la vue vague d'un objet *présent* qui existe et dont l'existence est perçue par l'esprit : c'est pourquoi nous nommerons ce second degré le degré de la *Perception*. L'image qui dans l'âme résulte ainsi de la perception de l'existence d'un objet, est nécessairement vague, puisque le sujet n'y distingue encore aucune qualité ni caractère; il ne remarque que la présence et tout au plus la forme générale de l'objet qui frappe la vue. Après la *Perception* vient le troisième degré, où l'esprit n'est pas seulement frappé par la présence d'un objet, mais encore par une de ses particularités, soit qualités ou caractères. Ces caractères remarqués sont, pour l'esprit, les signes caractéristiques de l'objet, de sorte que l'idée d'un de ces caractères et celle de l'objet aperçu, auquel il est inhérent, se confondent entièrement dans l'âme, au point qu'en exprimant ce caractère, l'homme entend désigner l'objet lui-même, et exprime, effectivement, tout ce qu'il sait de la nature de cet objet. Ainsi, par exemple, en voyant le soleil, l'homme primitif en remarque le caractère d'être *éclatant*, et comme ce caractère constitue tout ce qu'il sait du soleil, *éclatant* est, pour lui, synonyme de *soleil*. Ce troisième degré, nous l'appellerons le degré de la *notion* ou de l'*idée*.

Les notions se rapportant à la Religion se forment exactement de la même manière que les autres notions et en portent, par conséquent, tous les caractères distinctifs. Les Scythes primitifs ou leurs ancêtres, qui ne concevaient encore que par l'*Intuition* des sens ou par l'imagination, et dont la pensée ne s'élevait guère au-dessus de la vie matérielle, ne pouvaient concevoir la divinité autrement que comme un être puissant, visible et physique. Aussi les objets de la nature, tels que le ciel, la terre, le soleil, la lune, le feu, l'eau et l'océan passaient-ils pour des puissances *surhumaines*, c'est-à-dire pour des *divinités*.

Comme l'*Intuition* ne perçoit que les objets qui, par leur mouvement ou leurs changements, attirent sur eux l'attention, et passent, à cause de leurs changements et mouvements, pour des objets *vivants*, les divinités conçues, dans cette période, étaient des objets considérés comme Êtres *vivants*.

Ces êtres *vivants* (gr. *zôa*), étant naturellement d'abord conçus sous la forme qu'ils ont réellement dans la nature, et ces formes diverses se rapprochant des formes variées du règne *animal* plutôt que de la forme unique de l'espèce *humaine*, il se fit que les divinités dans la période de l'Intuition, ne fussent pas d'abord conçues comme *anthropomorphes* (sous figure humaine), mais comme *zoomorphes* (sous forme animale).

Comme, dans ces divinités zoomorphes, l'Intuition pouvait déjà admettre, ainsi que dans les animaux, la différence des *sexes*, elle a aussi su établir cette différence entre ces divinités, et c'est pourquoi il y avait des divinités mâles et des divinités femelles déjà à l'époque où ces divinités n'étaient encore que zoomorphes. Mais ces divinités zoomorphes, ayant des formes différentes, ne pouvaient pas être conçues comme appartenant à une seule *espèce*, soit race, ou *famille*; par conséquent, les rapports, résultant du mariage, de la génération et de la parenté, n'existaient pas encore entre les divinités de cette période primitive.

Dans l'idée qu'on se faisait de l'objet physique considéré comme *divinité*, ce qu'il y avait d'essentiel c'était le caractère ou le *phénomène* qui, dans l'objet physique divinisé, avait principalement frappé l'imagination, et, par cette impression sur l'âme humaine, avait donné de cette divinité l'idée d'une puissance *surhumaine*. Ce phénomène ou caractère devint le trait caractéristique de l'idée qu'on se faisait de cette divinité, et, comme elle passait pour un être vivant, ce phénomène de l'objet ou ce trait caractéristique de la divinité fut considéré comme son *action volontaire*. Mais, comme l'Intuition, qui est l'opposé de l'analyse, ne parvient jamais à séparer, dans la pensée, l'*être* du *phénomène*, elle ne put non plus séparer le *dieu* de l'*action* qu'on lui attribuait, de sorte que l'idée du dieu se confondait avec celle de son action caractéristique, et, par conséquent, désigner cette action, c'était désigner le dieu lui-même. Aussi le nom primitif que portait le dieu exprimait-il uniquement cette qualité caractéristique. Ainsi, par exemple, le Ciel, c'était le *Brillant*; l'Océan, c'était le *Terrifiant*, etc. Comme cette action était considérée comme résultant d'une puissance *surhumaine* ou divine, c'était précisément et uniquement à elle que les dieux, ses représentants, devaient non-seulement leur nom *individuel* et primitivement *unique*, mais encore le caractère *divin* qu'on leur attribuait.

L'Intuition, ne pouvant encore concevoir rien d'*absolu*, les dieux n'étaient pas non plus adorés, parce qu'on leur aurait supposé une puissance *absolue*; on ne leur supposait qu'une puissance *surhumaine* et seulement dans la sphère de leur action ou dans leur *spécialité*. Ensuite leur action n'était pas encore considérée au point de vue de la *morale*, et l'action surhumaine nuisible ou terrible était tout aussi bien réputée *divine* que l'action *bienfaisante* et conforme à ce que plus tard on a appelé la *Morale*. Pour gagner la faveur de la divinité, l'unique moyen employé dans cette période, c'était l'Invocation qui était, ou bien *conjuration* pour demander du secours, ou *déprécation*, c'est-à-dire prière pour éloigner le mal ou le malheur. Le culte des dieux était encore peu développé; il n'y avait, non plus, ni fêtes, ni cérémonies, ni sacrifices, ni temples, ni images ou statues des dieux. (Voy. *Les Gètes*, p. 263-301.)

Tels étaient, dans la période de l'Intuition, les principaux caractères distinctifs de la Religion en général et de la Mythologie des ancêtres des Scandinaves en particulier.

§ 7. **Nature et caractères des Religions dans la période de**

la Raison. — Dans la seconde période, celle de la *Raison*, l'Esprit, en possession des images de l'*Intuition*, ne perçoit pas seulement l'*existence* des objets physiques avec un de leurs phénomènes extérieurs; il perçoit encore quelques-unes de leurs *qualités* plus ou moins *invisibles;* il ne se contente plus de connaître les choses seulement d'après leur image et leur forme ou par un de leurs phénomènes extérieurs, il veut les connaître encore d'après leurs qualités et leurs attributs. Aussi, la Raison, s'appuyant sur des *notions* plus complètes, qu'elle acquiert en combinant logiquement les attributs d'un objet perçus par l'Intuition, parvient-elle, peu à peu, d'un côté à prédominer sur l'imagination qu'elle modère et qu'elle corrige, et, de l'autre, à éveiller l'intelligence dont le germe, sous l'influence du raisonnement, commence alors à se féconder et à se développer. Aussi le mode de conception de la *Raison* est-il cause que la Religion ou la Mythologie prend maintenant des caractères tout à fait *opposés* à ceux qu'elle avait dans la période de l'*Intuition*.

La Raison, reconnaissant nettement la différence entre les êtres physiques ou *choses* et les êtres spirituelles ou *personnes*, les Divinités traditionnelles, savoir les objets divinisés, tels que le Ciel, l'Océan, le Soleil, etc., descendent du rang d'Êtres *vivants zoomorphes* à celui de *Choses divines* qui ne sont plus *elles-mêmes* des divinités, mais auxquelles président des Divinités conçues maintenant comme *personnes anthropomorphes*. Cette distinction entre la *divinité* anthropomorphe et l'*objet* physique, auquel elle préside, une fois établie, il arrive naturellement que le dieu et l'objet physique divin, qui dans la perception étaient autrefois identiques l'un avec l'autre, se séparent maintenant, de plus en plus, l'un de l'autre, dans la pensée des hommes, et finissent même par devenir entièrement étrangers l'un à l'autre. Cette séparation, entre la divinité et l'objet physique auquel elle était sensée présider, s'étant établie, la Raison, considérant la divinité surtout comme une *personne* anthropomorphe et anthropopathe, détermine et précise, de plus en plus, les caractères ou attributs de cette divinité, sans songer aux rapports existant traditionnellement entre elle et l'objet physique auquel elle présidait. Ce rapport tombant, de plus en plus, en oubli, on attribue au dieu *anthropomorphe* non-seulement les différentes qualités empruntées à la nature *humaine* en général, mais encore des qualités qui n'ont plus de rapport avec la spécialité traditionnelle du dieu, et qui même sont en *contradiction* manifeste avec son caractère ou attribut *primitif*. Aussi, au lieu d'avoir, comme autrefois, un nom *unique*, exprimant son action caractéristique, le dieu, par suite de ses qualités et attributs multiples, prend-il maintenant, dans la période de la Raison, un grand nombre de noms épithétiques.

Les divinités étant devenues *anthropomorphes*, il devient possible de les considérer comme formant une espèce, une race, une famille; on suppose par conséquent aussi entre elles des rapports *généalogiques* et *hiérarchiques*. On assigne à cette famille divine pour demeure le *ciel* et ils prennent dès lors le nom commun général de *Célestes* (sansc. *daivâs*, gr. *theoï*, p. *teifoï*, lat. *divî*, norr. *tîvar*). Les actions attribuées aux dieux n'étant plus déterminées exclusivement, comme autrefois, par leur nature *particulière* primitive, ne sont pas non plus considérées simplement comme des attributions individuelles et nécessaires, mais prennent maintenant la forme et le caractère des actions humaines *volontaires*. On ne considère donc plus leurs actions comme l'expression symbolique de leur nature particulière ou comme des *symbôles* de leurs qualités individuelles, on les envisage comme des faits ou événements *historiques* plus ou moins fortuits, et on les rapporte, comme tels, dans les mythes, de sorte que ces mythes, de *symboliques* qu'ils étaient primitivement, deviennent donc maintenant historiques ou *épiques*. Le Mythe n'étant plus l'expression d'une idée ou intuition, mais le récit d'une action volontaire, entre dès lors, de plus en plus, dans le domaine de l'imagination et de la poésie narratives, et passe, par conséquent, par les phases successives que, d'après sa nature, la poésie narrative parcourt, chez les différents peuples, d'une manière plus ou moins complète, depuis les rhapsodies, éléments constitutifs de l'épopée, jusqu'à l'anecdote.

La *Raison* étant, de sa nature, désireuse de posséder un ensemble complet de connaissances ou un *système* théologique, mythologique et dogmatique, elle détermine et précise, moyennant l'imagination, à défaut d'un savoir suffisant, et suivant la méthode de l'*analogie*, les différentes parties de la Religion, lesquelles, jusqu'ici, étaient encore ou inconnues ou vagues et indéterminées. Ainsi, après avoir imaginé des rapports *hiérarchiques* et *généalogiques* entre les dieux et les demi-dieux ou héros, la Raison, appuyée sur l'imagination, conçoit, *à priori*, par antithèse et par analogie avec les divinités du culte,

des Êtres allégoriques cosmiques ou des *Génies* présidant aux différentes forces et phénomènes du monde physique. La *Démonologie* se
forme et prend place dans la Mythologie. Ensuite, déterminant l'*origine* ou la naissance des différentes Divinités, la Raison les fait sortir
ou naître des forces gigantesques supposées *primitives* de la Nature :
la *Théogonie* vient s'ajouter à la Mythologie. Puis, par analogie avec
ce qu'on observe dans la formation des choses, la Raison conçoit
un système, plus ou moins rationnel ou imaginaire, pour expliquer
l'*origine du Monde :* la *Cosmogonie* s'ajoute à la Théogonie. Puis la
Raison se rend compte, à sa manière et d'après l'état de la science
d'alors, de l'*origine* et de la création du *Genre humain* qu'elle considère d'abord comme *créé* par les dieux, et, ensuite, comme *issu*
généalogiquement des Dieux : l'*Anthropogonie* s'ajoute à la Théogonie
et à la Cosmogonie. Enfin, suivant toujours l'analogie avec ce qu'elle
voit dans les choses de ce monde qui dépérissent et renaissent, la
Raison se crée un système sur la *fin* du *Monde* (*Eschatologie*) et sur
la Renaissance des choses, des hommes et des dieux (*Palingénésie,*
l'*Apokatastase*). C'est ainsi que, dans cette période de la Raison, tous
les cadres de la Mythologie sont dressés et remplis, peu à peu, par
des systèmes cosmogoniques, théogoniques, anthropogoniques et
eschatologiques. Comme, ensuite, tout ce que l'homme sait, sent et
fait se rattache, dans cette période, à la *Religion*, parce que tout,
dans l'état intellectuel, moral et social d'alors, est censé se faire sous
l'inspiration, sous les auspices et avec le concours et l'intervention
des Divinités, il arrive aussi naturellement, à cette époque, qu'on
songe à faire entrer dans la Mythologie toute tradition qui se rattache,
par quelque côté que ce soit, à la présence, à l'influence, à l'intervention ou à l'action directe des dieux. La Mythologie embrasse donc,
dans cette période, non-seulement les traditions *religieuses* proprement dites, mais tout le domaine de l'esprit humain, la poésie, la
science et l'histoire traditionnelle de la nation. Comme c'est le propre
de la Raison de concevoir les choses dans leur ensemble et leur enchaînement, la Mythologie, dans cette période de la Raison, tend
également, de plus en plus, au *système*, c'est-à-dire à un ensemble
ordonné. Mais comme elle ignore complétement le système *naturel*
des choses, elle s'en tient seulement, comme toute science novice,
à l'ordre *logique*, tel qu'il est donné par la narration ou par la succession présumée naturelle des faits rapportés dans les mythes, de

sorte que la Mythologie devient une espèce de tableau général de l'histoire du monde, des dieux et des hommes. La Mythologie étant, dans cette période de la Raison, à la fois *Science* ou ce qu'on croit être *vrai*, et *Poésie* ou ce qu'on s'*imagine* être vrai, reste ce qu'elle a été, dans l'origine, *objet de foi*, pour ceux du moins, chez lesquels cette foi n'est pas ébranlée par une *science supérieure* ou par un mode de conception plus parfait, tel que celui qui naît, à cette époque, du développement progressif et de la prédominance définitive de l'*Intelligence*.

§ 8. Nature et caractères des Religions dans la période de l'Intelligence. — L'esprit humain, une fois en possession des nombreuses images perçues par l'*Intuition* et des différentes notions conçues par la *Raison*, tend plus haut et ne se contente plus seulement de concevoir des images fortuites et des attributs accidentels et extérieurs, il parvient encore à concevoir de plus en plus l'essence intime, le prototype parfait ou l'idée des choses. Ce mode de conception, qui fait *comprendre* (lat. *intelligere*) l'essence des choses, mérite le nom d'*Intelligence* ; et la période dans laquelle il prédomine sur l'Intuition et sur la Raison se nomme la période de l'*Intelligence*. La Religion, telle qu'elle est conçue par l'Intelligence, est directement *opposée* à la Religion de la *Raison*, comme celle-ci était l'opposé de la Religion de l'*Intuition*. Ainsi, à la *pluralité* des dieux de l'Intuition et de la Raison, l'Intelligence oppose le Dieu *unique* qui n'a pas de semblable ni d'associé. Au lieu des divinités *anthropomorphes* de l'Intuition et des *Dieux-hommes* de la Raison, l'Intelligence ne conçoit qu'un Dieu *Esprit pur* ou *Substance* qui ne demande pas des sacrifices et les vaines cérémonies d'un culte matérialiste, mais qui veut être adoré dans l'*esprit* et dans la *vérité*. L'Intelligence, en examinant, au point de vue de la vérité, les divinités de la Religion traditionnelle, les trouve insuffisantes, immorales, mesquines ; elle commence à soupçonner qu'elles soient de *fausses divinités*, et elle finit par les pénétrer, et, dès lors, elle les rejette complétement et sans retour. Cependant la Religion polythéiste et mythologique, par cela même qu'elle est la Religion des pères et qu'elle est enracinée dans la *tradition* et par suite dans les habitudes, les mœurs et les intérêts matériels de la nation, continue encore à se maintenir dans la croyance de la majorité ou du vulgaire de bas et de haut étage, chez lequel l'Intelligence est toujours subordonnée à l'*Intuition* et à la *Raison*. Mais, tout en se maintenant telle quelle, cette Religion des pères et de la tradition ne peut se soustraire à la loi générale et fatale du développement. Or, dans la période de l'Intelligence, la Religion de l'Intuition et de la Raison continue à vivre, c'est-à-dire à se développer ; mais elle se développe dans un *sens opposé* aux principes qui ont présidé à sa formation; c'est-à-dire qu'en se développant elle se *décompose*, et la tradition, expliquée et appréciée à sa valeur par l'Intelligence, est obligée de céder à la puissance invincible de la Science. Enfin, quand le moment arrive où, sous la pression de circonstances impérieuses, soit politiques, soit philosophiques, l'ancienne Religion est forcée d'abdiquer, de céder sa place à une nouvelle Foi scientifique, plus conforme aux conceptions de l'Intelligence ou aux intérêts du siècle, la Religion de l'*Intuition* et de la *Raison* disparaît et ne laisse plus, dans la croyance du peuple converti à la nouvelle foi, que ses éléments désagrégés. Ces anciens éléments se propagent, en partie, dans la nouvelle Religion sous forme de *superstitions* (lat. *superstitio*, *reste* de la religion antérieure), et même l'ancienne Religion se maintient quelquefois indéfiniment chez des hommes qui, par intérêt ou par faiblesse d'esprit, se contentent de la tradition *surannée*, ou ne sentent pas le besoin de s'élever à la Religion de l'Intelligence.

Tels sont les traits principaux de l'histoire de la formation, de la transformation et de la décomposition de toute Religion ou Mythologie, lorsqu'elle n'a pas été empêchée, par des causes extérieures, dans son développement spontané et normal[1]. Ce développement, il faut le connaître pour comprendre la nature, l'essence et les phénomènes de la *Mythologie* ; car, sans cette connaissance, toute Religion restera nécessairement un mystère et une lettre close. Or, cette connaissance n'est devenue possible que de nos jours, à la suite de longues études préliminaires en Philologie, en Histoire et en Psychologie.

Cette science n'existait encore ni dans l'Antiquité, ni au Moyen âge, pas même dans les plus grands philosophes, ni dans les érudits les plus distingués. *Snorri* ne pouvait donc, non plus, donner dans *La Fascination de Gulfi* l'explication véritable de la Mythologie nor-

---

1. Cette histoire sera retracée avec plus de détails mythologiques dans un ouvrage que nous nous proposons de publier sous le titre de : *Formation et transformations des Mythologies*, ou Lois du développement interne des religions naturelles.

raine. Il s'était formé sur cette mythologie un système scientifique, basé sur celui de ses prédécesseurs. Or, pour juger ce système et pour pouvoir corriger le faux point de vue où se tient *Snorri* dans son exposé de la Mythologie norraine, il importe de faire connaître les idées qu'on s'était faites de la Mythologie en général, dans l'Antiquité et au Moyen âge.

<h2 style="text-align:center">CHAPITRE II.</h2>

LA SCIENCE DE LA MYTHOLOGIE DANS L'ANTIQUITÉ ET AU MOYEN ÂGE.

§ 9. Origine du système évhémériste. — A mesure que les divinités zoomorphes de la période de l'*Intuition* furent conçues, dans la période de la *Raison*, comme des divinités *anthropomorphes* (voy. § 7), la Mythologie, devenant ainsi le tableau épique de l'histoire des *dieux*, se rapprocha aussi de plus en plus, dans toutes ses parties, de l'histoire proprement dite ou de l'histoire des *hommes*. Il est vrai, la *Raison* était mieux en état que l'*Intuition*, d'établir une distinction nette entre la tradition *religieuse* (gr. *muthos*) ou mythologique et la tradition *historique* (gr. *logos*); mais ce qui prouve, entre autres, que, même à cette époque, dans la Science aussi bien que dans la Religion, cette distinction, à peine établie, s'effaça bientôt de nouveau, c'est que les *Logographes* de l'Ionie, qui auraient dû surtout la maintenir, furent les premiers à faire entrer la Mythologie dans la Logographie, et à ne voir dans l'histoire mythologique des dieux que des faits défigurés de l'histoire proprement dite. C'est ainsi que déjà *Dionusios* de Milet essaya d'arriver, par son explication de certains mythes, à des faits prétendus *historiques* qu'il croyait y être renfermés. D'un autre côté, les héros ou demi-dieux (par cela même que quelques-uns d'entre eux étaient considérés et représentés, dans la tradition *religieuse* elle-même, comme des *mortels* qui ont été *apothéosés* ou élevés au rang des dieux), devaient favoriser singulièrement la supposition que les dieux traditionnels de la Mythologie aient été également, dans l'origine, des *mortels* qui, par des circonstances favorables ou par différents moyens par eux employés, fussent parvenus à se faire passer, de leur vivant ou après leur mort, pour des êtres surhumains ou pour des *dieux*. Aussi, c'est d'après ce point de vue qu'un philosophe de l'école kurénaïque, *Evhèmeros* (qui vécut vers le commencement du quatrième siècle avant Jésus-Christ), expliqua, d'une manière hardie mais erronée, l'origine des dieux traditionnels, et forma ainsi le système d'interprétation de la Mythologie grecque, auquel on peut donner le nom d'*Evhémérisme*. Cette explication de l'origine des dieux et des mythologies parut, dans la suite, d'autant plus plausible, et mériter la préférence sur l'interprétation *morale* et *allégorique* adoptée par l'école stoïcienne, que, vers le temps de la décadence et de la chute du Paganisme gréco-romain, l'usage devint plus fréquent, en imitation des héros apothéosés de la Mythologie, de rendre des honneurs divins, de leur vivant ou après leur mort, à des empereurs ou à d'autres hommes plus ou moins marquants et distingués. Lorsque, enfin, le Christianisme eut remplacé les religions polythéistes du Monde ancien, il nia, il est vrai, décidément le caractère prétendu *divin* des dieux du Paganisme vaincu ; mais la théologie chrétienne ne s'avisa pas de nier la *réalité* de ces prétendus dieux ou leur existence comme êtres réels ; et, au lieu de déclarer, comme elle aurait été en droit de le faire, que ces dieux *anthropomorphes* n'ont jamais eu une existence réelle, qu'ils étaient seulement, dans l'origine, les personnifications de certains phénomènes ou objets réels de la Nature, et que quelques-uns d'entre eux n'étaient même que les produits de l'Allégorie et de l'Imagination poétique ; en un mot, au lieu de dire que ces dieux n'ont existé que dans la pensée, ou dans l'imagination et dans la croyance erronée des hommes, les théologiens et les apologètes chrétiens, déjà du temps des premiers Pères de l'Église, adoptèrent le système evhémériste, et crurent avoir assez fait, pour détruire le culte des dieux mythologiques, en prouvant à leurs adversaires que, de l'aveu même des philosophes païens, les dieux du Polythéisme n'avaient été, dans l'origine, que de simples *mortels*. Cependant, tout en admettant, par rapport aux dieux mythologiques, le système evhémériste, la théologie chrétienne ne pouvait pas également admettre, avec les philosophes evhéméristes païens, que les nations eussent rendu des honneurs divins à des mortels, en reconnaissance de leurs *vertus* et de leurs *bienfaits* ; elle admettait, au contraire, que ces mortels fussent parvenus à s'élever au rang de dieux, en *trompant* les peuples par les artifices de la Magie ; elle voyait même en eux des incarnations du Diable, ou du moins les instruments dont Satan s'était servi pour induire en erreur la pauvre humanité. En cela, elle fit, à peu de choses près, ce que déjà, antérieurement, la théologie juive avait fait par rapport aux dieux des Gentils. Car, de même que la théologie juive, tout en se moquant de l'adoration des statues de bois et de pierre, n'a jamais nié, comme l'ont fait positivement quelques prophètes d'Israël, la réalité personnelle d'*Adrammèlek*, de *Kemosch*, de *Baal-Péor*, de *Baal-Seboub*, etc., mais les a seulement ravalés au rang de *mauvais* Génies, opposés au seul dieu véritable Jehovah, de même la théologie chrétienne, elle aussi, ne voyait le plus souvent, dans les dieux du Paganisme vaincu, que des Démons ou des fils de Satan, ayant induit en erreur les hommes qui les ont adorés.

§ 10. L'Evhémérisme chez les peuples de la branche gète. — Après la conversion des peuples du Nord au Christianisme, les idées evhéméristes de la Théologie chrétienne passèrent également, peu à peu, dans le domaine de la science de ces peuples, et les clercs les appliquèrent aussi aux divinités des nations de la branche gète. C'est ainsi que le moine anglo-saxon *Aethelweard*, vers 970, en parlant d'*Odinn* dans sa chronique, l'appelait « un *ancien roi* de peuple barbare, que les Païens trompés du Nord, les Danes, les Normands et les Suèdes, adorent encore aujourd'hui comme Dieu. » Comme on admettait que l'erreur du Paganisme était née de ce qu'on avait divinisé des *hommes*, plusieurs chroniqueurs du Moyen âge crurent retrouver la vérité en faisant l'inverse de ce qu'ils supposaient avoir été fait par les peuples trompés, c'est-à-dire qu'ils considéraient les dieux mythologiques comme ayant été, dans l'origine, de simples *hommes* appartenant à l'histoire. C'est ainsi, par exemple, que *Saxon* le Savant (Grammaticus), vers l'an 1200, représenta, dans son *Historia danica*, les dieux du Nord comme des Chefs puissants qui excellaient dans la magie, et qui, après avoir régné à *Byzance*, passèrent dans les Pays scandinaves, où ils réussirent à se faire adorer.

Ces idées paraissaient d'autant plus plausibles que, d'après les traditions des peuples de la branche *gète*, les *Prophètes* et les *Inspirés* eux-mêmes étaient considérés comme les *fils* des dieux (voy. *Les Gètes*, p. 297). Les érudits du Moyen âge, prenant donc au pied de la lettre ces traditions, se les expliquèrent tout naturellement en considérant les pères de ces Prophètes ou les dieux comme n'ayant été également, en réalité, que des hommes. Il y a plus: chez les peuples de la branche *gète*, non-seulement les Prophètes et les Inspirés,

mais aussi les Rois et les Chefs de tribus et les Tribus elles-mêmes,
prétendaient remonter, par leur origine, à quelque *divinité* (voy. *Les
Gètes*, p. 272). Les érudits, d'après leur système evhémériste, ne
voyaient rien d'invraisemblable dans ces généalogies divines, et ils
croyaient même trouver dans ces généalogies mythologiques et dans
ces traditions épiques, des preuves nombreuses de la vérité de leur
système. De cette manière, la ligne de démarcation entre la tradition mythologique ou épique et la tradition historique, étant complétement méconnue ou effacée, Mythologie et Histoire se confondirent
ensemble. Les érudits et les chroniqueurs du Moyen âge crurent
donc pouvoir trouver, dans les traditions mythologiques et épiques
sur les dieux et les héros, des données *historiques*, pour établir l'o-
rigine de leur nation, qui avait adoré ces dieux et vénéré ces héros;
et réciproquement, ils crurent pouvoir rattacher les traditions sur
l'origine épique de leur nation aux traditions mythiques sur leurs
dieux, pour reconstruire ainsi l'histoire de leur berceau, soit de leurs
ancêtres primitifs ou premiers rois. Ils firent, sous ce rapport, ce qu'a-
vaient fait, déjà dans l'Antiquité, les Logographes et les Mythographes
des Égyptiens, des Assyriens, des Phéniciens, des Perses, des Grecs,
etc., qui avaient placé au commencement de l'histoire de leurs nations respectives, le *règne* des dieux, qu'ils considéraient comme
leurs premiers *rois*, et qui avaient représenté la tradition mythologique de ces dieux changés en rois, comme l'histoire des périodes
primitives de leur race. La Mythologie ayant donc été considérée au
Moyen âge, ainsi que dans l'Antiquité, comme faisant partie intégrante de l'Histoire, il importe de savoir comment les érudits et les
chroniqueurs chrétiens des peuples de la branche gète, ont combiné
ou mis en rapport les traditions mythologiques et épiques de leurs
ancêtres païens, avec les données de l'histoire universelle ou avec
le système historique orthodoxe adopté par l'Église chrétienne.

§ 11. **Systèmes mythico-historiques des Savants au Moyen
âge.** — Le *Polythéisme*, partant du point de vue que chaque peuple
avait une origine différente et formait une race à part, ne pouvait arriver à l'idée d'une histoire *universelle*, et, n'ayant aucun intérêt ni
matériel, ni intellectuel, ni moral de le faire, ne songeait pas même
à y arriver; il se contentait de l'histoire *nationale*, parce que chaque
nation se considérait comme la première de toutes, comme le centre
et de la création et des événements de ce monde. L'Antiquité païenne

ne s'étant élevée que jusqu'à l'idée de l'*État*, n'a pas dépassé le
point de vue historique de *Titus Livius*, qui, dans son Histoire romaine, représente le *peuple* romain comme le centre autour duquel
gravite, de plus en plus, le monde entier. Le *Monothéisme*, plus
porté à considérer les diverses nations comme des membres d'une
même famille, et tous les hommes comme des fils plus ou moins
dignes et distingués du Dieu unique, s'élève au-dessus de l'idée de
l'*État*, et arrive à l'idée plus compréhensive de l'*Église*, qui n'est pas
seulement, comme l'État, une communauté d'intérêts sociaux, mais
qui *doit* être une communauté libre d'intérêts intellectuels et moraux, devant réunir tous les peuples, et par conséquent engendrant
seule les idées de l'*Humanité* et de l'Histoire *universelle*. Avec le
Christianisme, qui ne vise pas à fonder des États, mais invite toutes
les nations à entrer dans l'Église invisible, est née la possibilité
d'une histoire *universelle* et d'un système scientifique de l'histoire
du Monde. Comme c'est l'idée de la communauté *religieuse* ou de
l'Église qui a engendré celle de l'histoire universelle, le système
scientifique de l'histoire, qui se forme dans l'Église et qu'elle reconnaît comme orthodoxe, porte donc aussi un caractère théologique ou
religieux. La chrétienté, se composant de l'élément judaïque, numériquement faible, et de l'élément païen, numériquement prédominant, trouva dans la doctrine religieuse des juifs, bien plus que
dans la science historique des païens, des idées propres à former
un commencement de système scientifique de l'histoire *universelle*;
et quelque faible et insuffisant que soit ce système, au point de vue
de la Science moderne, il était cependant plus près de la vérité que
le système purement *politique* des meilleurs historiens grecs et romains. Or, voici les éléments dont se compose le système historique
qui s'est formé dans l'Église, à commencer du deuxième siècle, et qui
s'est maintenu, avec peu de modifications, jusque dans le Discours
sur l'histoire universelle de Bossuet. D'abord un livre de l'Ancien
Testament, la *Genèse*, a fourni l'histoire de l'*origine* du Monde et
l'histoire des temps *primitifs*. Ensuite ce livre rattache à la dispersion des trois fils de Noah, *Sem*, *Hham* et *Iafèt*, l'origine de toutes
les *Nations* de la terre. Il montre qu'au milieu de ces Nations, tom-
bées dans le Polythéisme, se distinguent les descendants de *Sem* et
plus particulièrement les fils d'*Abraham*, qui, gardant la religion de
Jéhovah, deviennent le Peuple *élu de Dieu* et forment l'Église dans

laquelle doivent rentrer plus tard toutes les autres Nations, comme le présument les traditions historiques, et comme le prédisent les livres prophétiques de l'Ancien Testament. Puis, autour de l'histoire *sainte* du Peuple de Dieu, continuée dans celle de l'Église chrétienne, est venue se grouper l'histoire *profane* des Peuples païens, laquelle est résumée dans l'histoire des *Quatre Monarchies* figurées par les quatre Bêtes de la vision de Daniel (*Daniel*, chap. 7), qui désignaient, d'après l'interprétation postérieure tacitement admise : 1° l'empire *assyro-babylonien*, 2° l'empire *médoperse*, 3° l'empire *gréco-macédonien*, et 4° l'empire *romain*. Tel était le système de l'histoire universelle, formé par les premiers docteurs de l'Église. Ce système était suffisant pour l'horizon borné de l'Antiquité et du Moyen âge, et aussi longtemps que *subsistait* l'Empire romain; mais il devint un cadre trop étroit après la chute de cet empire; cependant il s'est maintenu, dans tout le cours du Moyen âge et jusque dans les temps modernes, à cause de son caractère théologique et orthodoxe. Il fut naturellement adopté par les érudits et chroniqueurs des peuples de la branche gète convertis au Christianisme, et adopté d'autant plus facilement que ces érudits pouvaient faire entrer, dans ce cadre donné, l'histoire ou les traditions mythico-épiques de leur propre nation. En effet, la table ethnologique de la Genèse étant supposée indiquer l'origine de tous les Peuples de la terre, il suffisait que le chroniqueur choisît parmi les fils de Iâfet, énumérés dans cette table, quelqu'un qui, pour quelque raison plausible, pût passer pour le *père* éponyme de sa nation. Dans l'impossibilité où ils étaient de trouver toujours le père éponyme véritable, les érudits du Moyen âge, en désespoir de cause ou par ignorance et manque de toute critique historique, choisirent à tout hasard, et arrivèrent ainsi, pour la plupart, à des combinaisons historiques qui sont curieuses par leurs singularités, et dont il nous importe ici de connaître les raisons plausibles, afin d'arriver à distinguer l'erreur de la vérité dans les traditions nationales, et, par suite, dans les ouvrages historiques des prédécesseurs de *Snorri*.

§ 12. Odinn supposé d'origine thrâke et roi des Thrâkes. — Si les connaissances philologiques, linguistiques, historiques, géographiques et physiognomiques, qui sont nécessaires pour établir la généalogie des nations, avaient été aussi avancées au Moyen âge comme elles le sont de nos jours, on aurait pu reconnaître, déjà à cette époque, que les peuples scandinaves se rattachaient tout d'abord, par leur origine immédiate, à la branche *gète*, qui elle-même se rattachait à la souche *scythe*. Mais, dans l'état imparfait de ces connaissances, et dans l'absence de toute critique historique, on dut se contenter de combiner, tant bien que mal, les traditions de la nation avec les données que fournissait au chroniqueur le hasard de son érudition historique. D'après les idées evhéméristes en vogue, on admettait que *Odinn* et les *Ases* avaient été non-seulement les *rois* et les chefs, mais aussi les *fondateurs* de leur nation; de sorte que les Scandinaves, qu'on considérait comme les descendants des compagnons des Ases, passaient pour être précisément de la race du peuple, dont les Ases avaient été autrefois les rois et les chefs. Or, c'était une tradition généralement répandue chez les peuples Scandinaves, que leurs ancêtres, soit Odinn et les Ases, étaient venus du *sud-est* de l'Europe dans le Nord; et cette tradition était conforme à la vérité. Il s'agissait donc pour les chroniqueurs de découvrir quel était le peuple, au sud-est de l'Europe, sur lequel Odinn et les Ases avaient autrefois régné dans ces contrées. Les *Gautes* de la Suède rattachaient leur origine aux *Gètes*, qui autrefois habitaient la *Thrace*. Les *Dânes* (Dacines) se reconnaissaient comme les descendants des Dakes, et donnaient à leur pays le nom de *Dacie*, en souvenir de leur mère-patrie, la Dacie de la Thrace. La Thrace était donc désignée, dans les traditions des Scandinaves, comme le pays d'où étaient sortis autrefois leurs ancêtres; ce qui, d'après la manière de voir des érudits au Moyen âge, équivalait à dire que *Odinn*, le fondateur de la nation, était *Thrake* d'origine, et avait régné, comme roi, sur les *Thrâkes*. Ensuite, ayant appris que, de leur temps, la Thrace faisait partie de l'Empire grec, et sachant que la ville de Constantinople ou de Byzance était située sur le Bosphore de *Thrace*, les chroniqueurs du Moyen âge, peu instruits en histoire et en géographie, crurent que les Grecs de leur temps étaient les descendants des anciens Thrâkes, et ils prirent, par conséquent, le nom de *Grèce* comme synonyme de *Thrace*. Voilà pourquoi un chroniqueur norrain dit : «Tiras, *Tracia*, c'est tout un avec *Grèce* (norr. *Tiras, Tracia that er all eitt ok Grikland*).» Aussi *Paul* le diacre, fils de Warnfrid († 800), dans son ouvrage intitulé : *Gestes des Langobardes*, énonce-t-il qu'*Odinn* (dont il fait naturellement un roi) a régné en *Grèce*, avant d'avoir été adoré comme dieu en

Germanie et dans le Nord de l'Europe. *Saxon* le Savant (Grammaticus), se figurait également qu'*Odinn* avait eu le siége de son gouvernement à *Byzance*, d'où il serait ensuite venu s'établir à Upsala, en Suède. D'après la Genèse, *Tirâs* était fils de *Iâfet*, et le père et le représentant ethnique des Thrâkes (voy. *Les Peuples primitifs*, p. 58); or, comme père des Thrâkes, il dut être considéré comme l'un des ancêtres du roi des Thrâkes *Odinn*, de sorte que l'histoire des Ases ou des peuples du Nord put être rattachée, par l'intermédiaire d'Odinn, en tant que descendant de Tirâs issu de *Iâfet*, au système historique orthodoxe qui avait cours au Moyen âge.

§ 13. Odinn supposé d'origine turke et roi des Turks. — Les ancêtres des Scandinaves ou les tribus scythes de la branche gète, se disaient issus ou fils du *Soleil*. Le Soleil portait différents noms épithétiques; et, à l'époque où ces tribus n'avaient pas encore de statues des divinités, il fut représenté par un Arbre symbolique, un chêne ou un frêne; voilà pourquoi le Dieu du soleil eut, entre autres noms épithétiques, celui de *Arbre* (*Taru*, *Tiru*, *Triu*, voy. *Les Gètes*, p. 193). Or, il y avait, sur les bords orientaux de la mer Caspienne, une tribu scythe qui se disait issue du dieu *Tiru*, et qui se donnait, par conséquent, le nom de *Tiruinkai* (Issus de Tiru), dont les Grecs ont fait *Derbinkai*, et les Latins *Dervîcœ* (cf. Tavinkai, Dâvikoi, Dâkoi). Quelques familles de cette tribu se sont transportées sans doute en Thrace, et c'est pourquoi on trouve, parmi les tribus des Gotes établis dans ce pays, la famille des *Thervingai*, qui portaient le même nom que leurs ancêtres scythes les *Tiruinkai*. Cette famille gote a probablement donné naissance à une tribu qui s'est établie dans la Germanie orientale, et dont provinrent les tribus des *Dures*, des *Hermun-dures* et des *Thuringes*. De même que, de *Tiruinkai*, les Latins ont formé *Dervîcœ*, et que *Tavinkoi* s'est changé en *Dâkoi*, de même le nom de *Thuring* s'est changé en *Turk* ou *Durk* (cf. Durk-heim p. During-heim). Les Scandinaves savaient, par leurs traditions, que leurs pères, avant de venir dans le Nord, étaient établis en Germanie, principalement en Saxe, appelée aussi Pays des *Turks* (Thuringes), et c'est pourquoi les chroniqueurs ont pu dire qu'*Odinn* était d'origine *turke* et roi des *Turks*. Plus tard, la signification véritable et primitive du nom de *Turk*, comme synonyme de *Thuring* s'effaça, et ce nom fut confondu avec celui de *Thrak* et même avec celui de *Turc*. En effet, *Odinn* étant nommé roi des *Trakes* et roi des *Turks*, quelques érudits se sont imaginé que *Turk* (Thuring) était le même nom que *Trak* (Thrace); par la même raison, la confusion dut s'établir encore entre le nom de *Turk* (Thuring) et celui de *Turk* (Turc); et cela d'autant plus facilement, que cette confusion fut confirmée, en grande partie, par la fausse combinaison historique que voici :

D'après une tradition, qui porte tous les caractères de la vérité, une tribu *tatare* était établie, vers le quatrième siècle, en Asie au pied d'une montagne, qui, à cause de sa forme de *casque*, avait dans la langue tatare, le nom de *Terk* (heaume); le nom de la montagne devint également le nom ethnique de la tribu établie à ses pieds. Les *Terks* ou *Turks* étant devenus puissants et renommés, leurs parents, les *Ourgs* ou *Ouigurs* (chinois *Hiong-niu*), les *Iazugs*, les *Avars*, les *Madjars*, etc., aimaient aussi à se donner le nom de *Turks* (chinois *Thou-Kiu*), soit comme nom ethnique emprunté à celui des Turks, soit comme nom honorifique guerrier, signifiant *Heaumes*, *Protecteurs* ou *Porte-casques* (turk *Terk-ûstân*, Casque). Au cinquième siècle, les Turks véritables, unis à leurs parents, les *Avars* ou *Madjars*, passèrent le Volga et entrèrent en Europe. Dans la suite, ces deux peuples frères, les *Turks* et les *Madjars* (Hongrois) ou *Huns*, furent confondus sous la dénomination générale de *Turcs*. Lorsque, au milieu du cinquième siècle, *Ethele* (Attila) eut fondé son vaste empire, qui s'étendait depuis le Volga jusqu'au Rhin, et depuis la Baltique jusqu'à la mer Caspienne, tout cet empire fut désigné par les peuples germaniques et scandinaves sous le nom de *Pays des Huns* (norr. *Huna-land*); et, par conséquent les sujets d'*Attila*, à quelque *race* qu'ils appartinssent, furent compris sous le nom général de *Huns*. Les *Gotes*, appelés aussi Thrakes par les érudits (voy. p. 22), ayant été soumis à la domination d'Attila, furent également appelés *Huns*, et cela d'autant plus facilement que des peuples *tatars*, tels que les *Alains*, s'étaient réellement formés par le *mélange* des Gotes avec les Huns. Quelques chroniqueurs substituèrent donc le nom de *Huns* à celui de *Gotes*, de *Gètes* ou de *Thrakes*. D'autres érudits ne confondirent, sous la dénomination générale de *Turks*, que les Turcs proprement dits et les *Hongrois*. C'est ainsi que *Constantin* Porphyrogénète (*De adm. Imp.*, c. 38) a donné à *Arpad*, premier roi des *Madjars*, le titre de roi des *Turks*. Selon *Adam* de Brême, 1056, les *Skutes* (Scythes,

Slaves) et les *Turks* (Turks et Madjars) s'étendaient, de son temps,
jusqu'à la *Ruzzia* (Russie méridionale); et suivant l'*Histoire abrégée
des dynasties* (arabe *Târikh moktassar ad-daul*), de *Grégoire*, surnommé *Père de la Joie* (ar. *Abou-'l-faradji*), les pays grecs (Bas-
Empire) étaient séparés des pays romans (Italie), par les peuples
turcs, c'est-à-dire par les *Hongrois* ou *Madjars*. Les Hongrois eux-
mêmes, tenant à honneur de porter le nom de *Turks*, firent graver
en caractères grecs, sur la couronne de Hongrie, comme titre des
rois *madjars*, les mots de *Kralès Tourkias* (Prince de Turquie). Les
Huns, ayant succédé aux Goths dans l'ancienne *Thrace*, et les *Madjars*, appelés *Turks*, ayant succédé dans ces contrées aux *Huns*, on
conçoit comment quelques chroniqueurs, partant de l'idée que les
Scandinaves descendaient des *Gètes* appelés *Thrâkes*, ont pu dire
également qu'ils descendaient des *Turks* (norr. *Tyrkir*).

Une autre combinaison historique contribua encore à faire donner aux ancêtres des Scandinaves le nom de *Turks*.

Les Turcs, qui entrèrent en Europe avec les Madjars, étaient sortis
des vastes steppes à l'est de la Sarmatie ou des contrées qu'on désignait, dans l'Antiquité et encore au Moyen âge, sous le nom général de *Scythie*. On donnait donc également aux Turcs et aux Madjars
le nom de *Scythes*, d'autant plus que les érudits ou chroniqueurs au
Moyen âge, affectaient de désigner les peuples par leur nom géographique, archaïque et synecdochique, plutôt que par le nom de
race ou leur nom national, alors même qu'ils connaissaient celui-ci.
C'est au point que *Kantakuzène*, dans ses Mémoires, donnait aux
Bulgares le nom de *Myses*, aux Serbes celui de *Triballes* et aux Turcs
de l'Asie-Mineure celui de *Perses*. Le nom de *Turks*, étant ainsi devenu synonyme de *Scythes*, on appliquait aussi aux *Turcs*, ce qui
dans l'histoire ancienne était attribué aux *Scythes*. Il arriva donc
tout d'abord que les Turks, après avoir été appelés *Scythes*, furent
confondus avec les *Thrâkes*, qui, eux aussi, avaient été confondus
avec les *Scythes*. Car, non-seulement le nom de *Scythes* (c'est-à-dire
de Habitants de la *Scythie*), que les auteurs grecs *Numphodôros,
Agroïtas, Herodôros* et *Timon* ont donné mal à propos aux peuples
Kimméro-Thrâkes qui habitaient le littoral tout autour de la mer
Noire, a amené cette confusion (voy. *Les Amazones*, p. 17), mais
l'identité des *Scythes* et des *Thrâkes* semblait encore être confirmée
par le nom *archaïque* de *Scythes*, qu'on donnait souvent aux *Gètes*

appelés Thrâkes, leurs descendants. D'un autre côté, l'identité des *Thrâkes* et des *Turks* semblait prouvée aux chroniqueurs du Moyen âge, d'abord par l'homonymie des noms de *Terk* et de *Trak*, ensuite par la circonstance que les Turks ou Huns étaient sortis de la *Scythie*, considérée comme la patrie primitive des *Thrâkes*, autrement appelés *Scythes;* enfin, par l'identité des lieux occupés, en Asie, par des peuples *thrâkes*, et plus tard, par les Turcs Seldjoukides, et en Europe, d'abord par les Thrâkes proprement dits, et plus tard par les Madjars appelés *Turks*. Les Turks ou Scythes ayant été ainsi confondus, au Moyen âge, avec les *Thrâkes*, on assignait aussi aux *Turks* la même origine qu'aux *Thrâkes*. En effet, les géographes et historiens arabes islamites, ayant appris (sans doute dans des livres écrits en syriaque par des juifs ou des chrétiens) que, selon la généalogie de la Genèse, *Tirâs*, fils de Iâfèt, passait pour le père des *Thrâkes* (voy. p. 22), le prirent également, ainsi que *Iâfèt*, pour la souche de leurs coreligionnaires les *Turks;* et, dès lors, changeant le nom de *Tirâs* en celui de *Terk*, ils considérèrent *Terk*, le fils de Iâfèt, comme le *Père des Turks et des Gentils* (arabe *abou'l Terki v'al - adjimi*). Ensuite, les érudits *turcs* ont adopté des arabes cette généalogie fictive; mais pour satisfaire davantage leur vanité nationale, ils ont considéré *Turk* comme l'*aîné* ou comme le plus distingué parmi les fils de *Iâfèt*, et c'est pourquoi ils l'ont appelé simplement le *Fils de Iâfèt* (turc *Yâfith ôglân*), et ont désigné *Iâfèt* par l'expression honorifique de *Père de la race de Turk* (turc *abou dli Turk*).

Le nom de *Turc* ayant été si généralement substitué à celui de *Thrâke* et de *Scythe*, on donnait aussi ce même nom aux ancêtres des Scandinaves ou aux compagnons d'*Odinn*, parce qu'on considérait ceux-ci comme les descendants des *Thrâkes* (voy. p. 23) ou des *Scythes*. Aussi, au treizième siècle, les chroniqueurs, surtout les Anglo-Saxons, et, d'après ceux-ci, les Scandinaves, admettaient-ils que les *Normands* fussent les descendants des *Turks* (*Langebek*, Script. Rer. danic., II, p. 35, 36). Enfin, l'idée que les *Gotes*, et, par suite, les Germains et les Scandinaves, descendaient des *Turks*, fut cause que l'on a substitué le nom de *Turks* ou de *Turcilings* (Issus des Turks) au nom homonyme de *Turings* (Thuringes), et que l'on a attribué, dans les chroniques, aux *Turcs*, ce que la tradition rapportait, au sujet des *Thuringes* de l'Allemagne.

§ 14. Odinn réputé d'origine troyenne et roi des Troyens.
— L'identification du nom de *Turks* avec celui de *Thrâkes* amena,
au Moyen âge, une nouvelle combinaison historique et ethnologique,
d'après laquelle les Scandinaves furent considérés comme descendants des anciens *Troyens*. Plusieurs raisons plus ou moins plausibles, contribuèrent à faire adopter cette idée singulière. D'abord,
en s'appuyant sur l'homonymie ou ressemblance des noms de
Thrâkes et de *Teukres*, on arriva à se persuader que les *Troyens*,
fils de *Teucer*, étaient *Thrâkes* d'origine. Ensuite, les pays de la mer
Noire, que l'on se figurait comme occupés anciennement par l'Empire des Troyens, étaient désignés vaguement, au Moyen âge, sous le
nom de *Turquie* et de *Thrace*. Or, comme suivant la tradition, beaucoup de tribus gotes et germaniques se disaient originaires de ces
pays ou de l'ancienne Thrace, et l'étaient effectivement, on pouvait
aussi dire qu'elles étaient *sorties* de la *Turquie* ou de l'Empire des
Troyens; ce qui fit supposer qu'elles *descendaient* généalogiquement
des *Troyens*. Enfin, ce fut surtout la vanité nationale des peuples de
l'Europe au Moyen âge, qui trouvait de quoi se satisfaire, en s'attribuant une origine aussi héroïque que l'était leur prétendue parenté
avec les Troyens. En effet, les peuples keltes et germaines, longtemps
en lutte avec les Romains, avaient appris à estimer dans ce peuple
vainqueur, sa puissance et sa bravoure; et, lorsqu'ils entrèrent plus
étroitement en rapport avec lui, ils préféraient plutôt passer pour les
frères de ce peuple, que d'être considérés simplement comme ses sujets, appartenant à une autre race. L'*Énéide* de Virgile, le seul poëme
latin généralement connu au Moyen âge, répandait chez les peuples
d'origine kelte et germaine, les traditions, réputées historiques, sur
la guerre de Troie et la fondation de Rome par les Troyens, et fournissait ainsi aux chroniqueurs, le moyen de faire également passer
leurs compatriotes pour les *frères* des Romains, en tant qu'issus,
comme eux, de quelque héros troyen fugitif, venu en Europe après
le sac de Troie. C'est ainsi que les *Arvernes* se glorifiaient de leur
origine *troyenne* (*Pharsal.* 1, 427); les *Vénètes* (Énètes), selon la
tradition, étaient venus en Italie sous la conduite d'Anténor le
Troyen (*Plin.*, 6, 22); *Prosper* d'Aquitaine, au cinquième siècle,
Fredegern le Scolastique, † 658, *Grégoire* de Tours, et, d'après eux,
beaucoup de chroniqueurs rapportaient qu'après la prise de Troie,
Priam s'établit en France, que *Franco*, fils de Hector, se retira

d'abord dans la Scythie, où il fonda la ville des Sicambres; que, dans la suite, les Sicambres se sont divisés, sur les bords du Danube ou en Thrace, en deux branches: en *Turches* (Turks, Thuringes), ainsi nommés d'après leur roi *Turchot*, et en *Francs*, nommés ainsi d'après leur fondateur *Franco*; que les Francs se sont établis ensuite sur le Rhin, où ils ont fondé la ville de *Xanten*, dont le nom devait d'abord rappeler celui de la rivière du Xanthe, et qui, ensuite, portait encore le nom plus significatif de *Petite-Troie*. *Gailfrid* de Monmouth rattacha l'origine des *Bretons* à un prétendu descendant d'Énée, à *Brut*, le fondateur présumé de la ville de Tours. Les chroniqueurs scandinaves, imitant les chroniqueurs anglo-saxons, établirent la généalogie de leurs nations depuis *Adam* et Iàfèt, et firent descendre leurs rois, et par suite, leurs nations, de *Tros* (cf. *Tirds*) ou *Tror*, fils de Memnon, le gendre de Priam (voy. Ættar Harallds frà Adami). D'après les chroniques normandes (voy. *Du Chesne*, Hist. norm. script., p. 63), les *Danes* se disaient issus, comme les Vénètes, d'*Anténor*. Il semble même que, pour indiquer l'origine *troyenne* des peuples européens, quelque géographe du Moyen âge ait employé exprès le nom archaïque de *Enea*, pour désigner l'*Europe*, en donnant à ce nom la signification de *Terre d'Énée*, soit Terre des Énéades ou des descendants d'Énée. Ce nom, qu'on ne retrouve plus dans aucun des auteurs anciens présentement connus, répond au nom grec *Aïneia*, et désignait, sans doute, dans l'origine, le Pays où se trouvait la ville d'*Aïnos*, qui existait déjà du temps des Homérides. Or, le nom de *Aïneia* (District d'Ainos) paraît avoir été employé, par quelque poëte ionien, pour désigner la *Thrace* à l'occident de l'Ionie, et il fut étendu ensuite à tout l'Occident en général, ou à l'Europe, situé à l'occident, par rapport à l'Ionie asiatique.

Bien que *Snorri*, on ne sait d'après quel auteur de l'Antiquité ou du Moyen âge, donne, dans son ouvrage intitulé *Le Cercle du Monde*, à l'Europe le nom de *Enea*, il n'a cependant jamais considéré les Scandinaves comme issus des *Troyens*. Il semble même avoir complétement ignoré l'existence des *Troyens*. Il n'en parle pas dans son ouvrage historique, bien que l'occasion de le faire se fût naturellement présentée. L'idée de la parenté entre les Scandinaves et les Troyens s'est formée seulement à la fin du treizième siècle, après la mort de *Snorri*. L'auteur du Prologue et de l'Épilogue de l'*Edda de Snorri*, que ce soit Hvitaskald ou quelque autre érudit, s'ingénia beaucoup à démontrer que le dieu scandinave *Thôr* était identique à *Tror* (p. *Tros*) le troyen ; et dans l'*Enumération des Ancêtres* (norr. *Langfedga tdl*), les dieux mythologiques et les héros épiques des Norrains sont tous identifiés avec quelque héros *Troyen*, au point que toute la Mythologie scandinave est représentée comme n'étant autre chose que l'Histoire de la guerre et du sac de Troie.

Nous venons d'énumérer les principaux systèmes historico-evhémeristes qui, la plupart, avaient été adoptés au Moyen âge, déjà avant la naissance de Snorri. Il importe de faire voir maintenant ce que cet auteur a conservé de ces systèmes, et ce qu'il y a ajouté ou quelles modifications il y a apportées.

CHAPITRE III.

SNORRI, SA VIE ET L'HISTOIRE DE SES OUVRAGES.

§ 15. Vie, éducation et ouvrages de Snorri. — *Snorri* naquit dans l'île d'Islande, en 1178. Par son père *Sturla*, fils de *Thôrdr*, et par sa mère *Gudny*, fille de *Bödvar*, il tenait à la fois, par parenté ou alliance, aux familles les plus puissantes de la Norvège, la mère-patrie, et aux premières familles immigrées en Islande. Il se trouvait donc déjà, par sa naissance, dans une position favorable, soit pour connaître les anciennes traditions norraines, qui se transmettaient principalement dans le sein des familles nobles (qui seules avaient intérêt à les conserver), soit pour jouer un rôle politique, par la puissance et l'influence que lui procuraient ses relations de famille. *Sturla*, le père de Snorri, était, par droit d'hérédité, revêtu des fonctions de *Chef de district* (norr. *hêrads höfdingi*) ; et à cette dignité, suivant l'antique usage datant du Paganisme, était attachée l'administration des affaires religieuses ou ecclésiastiques, ou la fonction de *Divin* (norr. *godi*). Aussi le jeune *Snorri*, dans l'expectative où il était de succéder un jour à son père dans les doubles fonctions de l'administration civile et ecclésiastique, reçut-il une éducation qui lui fit prendre intérêt aux traditions, tant historiques que religieuses, de ses ancêtres. Dans le Nord il était d'usage de faire élever les enfants de bonne famille chez quelque ami de la maison, d'un rang quelque peu inférieur. D'après cet usage, *Snorri*, dès sa troisième année, entra comme fils adoptif dans la maison de *Iôn*, qui était fils de *Lopt* et petit-fils du prêtre *Sæmund*, surnommé le

Savant. *Iôn*, le père adoptif de *Snorri*, était à la fois riche, le plus grand érudit de son temps en Islande, et possesseur d'une belle collection de manuscrits provenant de son aïeul *Sœmund*. C'est dans la maison et sous la direction de *Iôn*, que *Snorri* put satisfaire son goût pour l'étude des antiquités et de l'histoire norraines. Il apprit à connaître les traditions des grandes familles nobles, l'histoire politique et ecclésiastique de sa race, les anciens poëmes mythologiques et épiques du Nord, et les travaux historiques de *Sœmund* († 1133) et de son contemporain *Ari* († 1148), également surnommé le *Savant*. C'est sans doute déjà dans son adolescence que *Snorri* conçut le projet d'écrire l'histoire ou les traditions historiques (norr. *sögur*) de la Norvége, la mère-patrie de l'Islande. Il réalisa, dans un âge plus avancé, ce projet, par son ouvrage où il réunit, dans un ordre à peu près chronologique, à des *sagas* de sa propre composition, d'autres sagas déjà existantes, qu'il retoucha et remania en partie, pour former de leur ensemble ce recueil si remarquable, qui plus tard, a été intitulé *Cercle du Monde* (norr. *Heims-Kringla*; lat. *Orbis mundi*). Or, pour préparer les matériaux de cet ouvrage, il lui fallut étudier les chants nombreux des Skaldes, qui, dans le Nord, étaient les principales sources de l'histoire. Car ces Skaldes, qui, semblables aux Poëtes cycliques des Grecs ou aux *Bairdd* des Keltes, accompagnaient partout les rois ou les princes, leurs maîtres, chantaient, dans leurs poëmes épico-lyriques, les actions et les hauts faits dont ils avaient été les témoins oculaires. Comme la plupart de ces Skaldes appartenaient au Paganisme, leurs poésies renfermaient des expressions et des allusions mythologiques; et même les Skaldes chrétiens, imitant leurs devanciers, faisaient de nombreux emprunts aux différentes traditions mythologiques et héroïques du Paganisme scandinave. La connaissance de la Mythologie norraine était donc indispensable à *Snorri* pour comprendre les poëmes skaldiques, qu'il consultait comme sources de l'histoire. D'ailleurs, étant jeune, il dut s'intéresser à la Mythologie pour elle-même. Aussi, voyant que, de son temps, la connaissance de la Mythologie norraine se perdait de plus en plus, il entreprit d'exposer celle-ci dans son ensemble; et c'est là ce qui lui donna l'idée de composer son traité, intitulé *La Fascination de Gulfi*. Outre ce traité et les Sagas de la *Heims-Kringla*, *Snorri* a encore laissé les ouvrages suivants : 1° *Entretiens de Bragi* (*Bragarœdur*), ouvrage qui était destiné à servir d'*encadre-*

ment à un traité du *Langage poétique* (norr. *Skaldskaparmál*), dans lequel le dieu de la Poésie, *Bragi*, devait énumérer et expliquer les termes et locutions usités par les Skaldes. *Snorri* n'a pas achevé cet ouvrage ; il n'a laissé, outre le *Bragarœdur* ou l'Encadrement formant l'*introduction* au traité, qu'un certain nombre de paragraphes du *Skaldskaparmál*, auxquels on a fait, aux quinzième et seizième siècles, d'assez nombreuses interpolations ; 2° deux *poëmes* en l'honneur du roi *Hakon* et du duc *Skuli*, et dont chacune des strophes, en tout au nombre de 102, est composée dans un mode de versification différent, de sorte que ces deux poëmes forment, comme on les a intitulés plus tard, une *Enumération des Modes* (norr. *Hátta-tál*) ou une *Clef des Modes* (norr. *Hátta-lykill*).

§ 16. Snorri est l'auteur de La Fascination de Gulfi. — Avant d'examiner de plus près le traité de *Snorri*, la question préalable qui se présente tout d'abord, et qui devra être résolue péremptoirement, est celle de savoir si *Snorri* est réellement l'*auteur* de cet ouvrage, qui lui est attribué par la tradition. Dans l'Antiquité, en Orient, et au Moyen âge, les auteurs n'ont eu soin qu'exceptionnellement, d'ajouter leur nom à leurs écrits. Aussi, les manuscrits de *La Fascination de Gulfi* ne portent-ils pas le nom de *Snorri*. Mais ce nom s'y trouverait, que la Critique serait toujours appelée à examiner ce titre d'authenticité, basé sur la tradition vulgaire. C'est pourquoi nous avons à peser les témoignages positifs qui viennent confirmer cet énoncé de la tradition orale ou écrite. Ces témoignages sont de deux espèces : ce sont, 1° des témoignages *extrinsèques* fournis par des livres composés en Islande, dans le quatorzième et le quinzième siècle ; ce sont, 2° des témoignages *intrinsèques* ou des raisons de probabilité tirées du fond et de la forme du traité de *La Fascination de Gulfi*. Le plus ancien témoignage écrit que nous ayons sur l'auteur de ce traité, se trouve dans les quelques mots inscrits en tête du manuscrit d'Upsal, qui date du commencement du quatorzième siècle, et qui a été apporté d'Islande en Suède, et donné à l'université d'Upsal par le comte de La Gardie, chancelier de Suède. Voici ces mots: «Ce livre est appelé *Edda* ; *Snorri, fils de* « *Sturla*, l'a composé de la manière dont il est rédigé ici, traitant « *des Ases et d'Ymir*, ensuite de l'Élocution poétique et des noms « des différents objets, enfin, de la série des modes que Snorri a « composés sur le roi Hakon et le duc Skuli.» Ces paroles énoncent

qu'à l'époque de laquelle date le manuscrit d'Upsal, savoir au commencement du quatorzième siècle, il existait un livre intitulé *Edda*,
renfermant trois espèces d'écrits, tous attribués à *Snorri* : savoir,
d'abord, un écrit *mythologique* ; ensuite, un traité d'élocution poétique, qui est l'ouvrage intitulé *Langage poétique* (norr. *Skaldskaparmâl*) ou *Entretiens de Bragi* (norr. *Braga-rœdur*) ; enfin, un traité
de versification, c'est-à-dire les Poëmes intitulés *Clef des Modes*
(norr. *Hâtta-lykill*). La partie *mythologique*, qui seule nous intéresse ici, se composait, déjà à cette époque, comme le prouve le
manuscrit lui-même, d'une *Préface* (norr. *Formâli*), faussement attribuée à *Snorri*, et ensuite d'un traité, qui ne peut être autre que
celui de *La Fascination de Gulfi*. L'auteur du manuscrit d'Upsal connaissait ce titre, puisque, dans ce manuscrit, ce traité porte en tête
ces mots : «Ici commence *La Fascination de Gulfi*.» En tête de son
manuscrit, l'auteur a mis, pour désigner le traité, le titre plus général *Des Ases et d'Ymir*, parce qu'il voulait désigner, d'une manière
générale, la partie mythologique de son manuscrit, et que la désignation employée convenait bien dans ce but. Il résulte donc de ce témoignage, qu'au commencement du quatorzième siècle, un clerc
islandais a attribué positivement à *Snorri* le traité de *La Fascination
de Gulfi*, qu'il a désigné sous le titre général de : *Des Ases et
d'Ymir*.

A ce témoignage extrinsèque, le plus *ancien* que nous ayons et
qui nous dispense d'en citer de postérieurs, viennent se joindre
plusieurs témoignages *intrinsèques*.

1° Il est hors de doute que parmi les sagas dont se compose le
Heims-Kringla, la première dans la série, savoir l'*Ynglinga saga*,
est certainement de la composition de *Snorri*. Or, il y a certains
détails particuliers qui sont rapportés, presque dans les mêmes
termes, et dans l'*Ynglinga saga* et dans *La Fascination de Gulfi*, et
qui font par conséquent supposer, avec une grande probabilité, que
ces deux ouvrages ont eu le même auteur. Ainsi, par exemple, dans
La Fascination de Gulfi, lorsqu'il est question de *Freyia* (voy. N° 24),
il est dit : «D'après son nom, c'est un nom honorifique pour les
«femmes de qualité d'être appelées *dames* (norr. *freyior*)», et dans
l'*Ynglinga saga* (chap. XII), il est dit : «Elle (*Freyia*) devint sí
«illustre que, d'après son nom, les femmes de qualité sont appelées
«maintenant *dames*.»

2° D'après une idée particulière à *Snorri* (voy. p. 44), les Ases du Nord proviennent d'ancêtres, qui ont habité ce qu'il appelle l'*Ancien Enclos des Ases* (norr. *hinn forn Asgardr*). Cette même idée et cette expression se retrouvent également dans *La Fascination de Gulfi*.

3° Dans l'*Ynglinga saga*, il est dit, à propos de *Odr* et de *Freyia* : «Leurs filles sont nommées *Joyau* (norr. *Hnoss*) et *Bijou* (norr. *Gersemi*); elles étaient très-belles; par leurs noms on désigne les «joyaux les plus précieux », et dans *La Fascination de Gulfi*, il est dit : «Leur fille s'appelle *Joyau*; elle est si belle, que par son nom « on désigne ce qui est brillant et précieux.»

4° La tradition mythologique sur l'origine de l'île de *Séeland* se trouve racontée, d'une manière tout à fait semblable, dans *La Fascination de Gulfi* et dans l'*Ynglinga saga*.

5° Dans l'*Ynglinga saga*, *Snorri* a l'habitude de citer les poésies des Skaldes comme documents à l'appui des faits qu'il raconte, et même comme sources uniques où il a puisé la connaissance de ces faits. Le même système est suivi dans *La Fascination de Gulfi*, où les anciens chants mythologiques sont également cités comme documents et comme sources des récits de la Mythologie.

6° Ajoutons que l'on trouve, dans l'un et dans l'autre ouvrage, le même art de se ménager des transitions d'un sujet à l'autre, et les mêmes qualités de style, qui distinguent *Snorri*, comme narrateur.

7° Disons, en terminant, que, ne trouvant absolument *aucune* raison qui nous fasse croire que *La Fascination de Gulfi* ne soit pas de la composition de *Snorri*, et ayant de plus des raisons suffisantes de croire le contraire, nous conclurons, de l'ensemble des témoignages cités et rapportés, que *Snorri* est réellement, comme l'énonce la tradition, l'auteur de *La Fascination de Gulfi*.

§ 17. La Fascination de Gulfi composé avant le Heims-Kringla. — Dans l'Antiquité, en Orient, et au Moyen âge, les ouvrages se *publiaient* par les copies que l'auteur faisait ou laissait prendre de son manuscrit. Ces copies ne s'achevant ordinairement qu'après de longues années, il n'est guère possible de savoir l'époque de la publication d'un ouvrage, c'est-à-dire l'année où la première copie a été commencée et achevée. Tout ce qu'on peut établir au sujet de *La Fascination de Gulfi*, c'est que ce traité de Mythologie a été composé et achevé *avant* que *Snorri* ait commencé et achevé la composition du *Heims-Kringla*. En effet, plusieurs raisons confir-

ment l'opinion que le Traité de Mythologie a été un travail prépara-
toire pour l'ouvrage historique, et que *Snorri* a composé le premier
ouvrage en Islande, dans son âge mûr, avant 1225, et le second,
en grande partie en Norvége, et dans sa vieillesse, après 1234. Car,
ce qui prouve que la composition du Traité de Mythologie a précédé celle de l'ouvrage historique, c'est 1° que la théorie *evhémériste*
de *Snorri* est beaucoup plus développée dans le second travail que
dans le premier, et cela, parce que l'auteur avait eu le temps de
fortifier et de compléter son système par des études plus étendues.
2° Certains mythes, quoique les mêmes, dans les deux ouvrages,
sont plus *explicites*, plus développés dans le *Heims-Kringla* que
dans le *Gylfa-ginning*. Ainsi, par exemple, dans l'ouvrage mythologique, il n'est question que d'une seule fille de *Freyia*, à savoir de
Hnoss; dans l'ouvrage historique, au contraire, figurent deux filles
de *Freyia*, savoir *Hnoss* et *Gersemi*. La tradition sur l'origine de
l'île de Sëeland est aussi racontée, d'une manière plus *explicite*, dans
l'*Ynglinga saga* que dans *Gylfa-ginning*. Or, en fait de connaissances
historiques, il est naturel d'admettre que le *moins* ait précédé le
plus; et, par conséquent, nous en conclurons que l'ouvrage mythologique, moins explicite, est antérieur à l'ouvrage historique, qui
renferme, sur le même sujet, des données plus nombreuses. 3° L'orthodoxie de *Snorri* ayant augmenté avec l'âge, cet auteur a, dans son
ouvrage historique, une tendance plus marquée de représenter la religion d'Odinn d'une manière défavorable. Dans *La Fascination de
Gulfi*, il est vrai, les Ases sont déjà considérés comme des magiciens
et des aventuriers; mais, dans l'*Ynglinga saga*, *Snorri* manifeste le
mépris qu'il a pour eux jusque dans les titres qu'il met en tête des
chapitres. Ainsi, le chapitre VII porte le titre de : *Des Artifices
d'Odinn*; le chapitre X, celui de : *La mort d'Odinn*; le chapitre XII,
celui de : *La Mort de Freyia*, etc. Évidemment, *Snorri*, devenu vieux,
n'aimait plus autant, comme dans sa jeunesse, la Poésie et les fictions du Paganisme; et, à mesure que son esprit s'occupait davantage de travaux historiques, il devint plus positif, et perdit, de plus
en plus, le goût pour les traditions purement mythologiques, de sorte
qu'il est vrai de dire que, s'il n'avait pas déjà composé *La Fascination de Gulfi* dans son âge mûr, il n'aurait plus senti en lui le besoin ou la volonté de le faire dans sa vieillesse.

4° Une autre preuve de l'antériorité de la composition du Traité de Mythologie, c'est que *Snorri* a *corrigé*, dans son ouvrage historique postérieur, quelques inadvertances qu'il avait commises dans son ouvrage mythologique. Ainsi, 1° dans *Gylfa-ginning*, il avait dit, contrairement à la tradition mythologique, que *Odinn* chevaucha à la Fontaine de *Mimir*, pour consulter ce sage Iotne. Dans l'*Ynglinga saga*, *Snorri*, mieux renseigné, dit, conformément à la tradition, que *Odinn* consulta la *Tête* de *Mimir* qu'il avait *chez lui*. 2° C'est par erreur que *Snorri* attribue, dans *Gylfa-ginning*, les vers sur les *tuiles dorées* de *Valhöll*, au skalde *Thiodolf* de *Hven* ; dans le *Heims-Kringla*, cette erreur est corrigée, et ces vers sont attribués à qui ils appartiennent effectivement, savoir au skalde *Hornklofi* (cf. Saga de *Haralld harfagr*, chap. 19). En fait de connaissances historiques, il est plus naturel d'admettre que l'erreur ait existé avant la vérité, que de supposer le contraire. Il est donc aussi plus que probable que le *Gylfa-ginning*, où il y a encore plusieurs erreurs, a été composé avant le *Heims-Kringla*, où plusieurs de ces erreurs se trouvent corrigées. Ajoutons que les inadvertances, qui subsistent dans *La Fascination de Gulfi*, mais qui ont disparu de l'ouvrage historique, prouvent que *Snorri*, ou bien n'a plus *pu* corriger son Traité de Mythologie, puisque les copies en avaient déjà été prises et répandues, et que la connaissance de la vérité lui est venue trop tard, ou bien qu'il n'a pas *voulu* le corriger, parce que, arrivé à un certain âge, il n'avait plus de goût pour les traditions mythologiques (voy. p. 34). Quoi qu'il en soit, toujours est-il que *Snorri* n'a pas mis la *dernière main* à son traité de Mythologie norraine.

§ 18. **L'Intégrité du texte du Gylfa-ginning.** — Avant l'invention de l'imprimerie, le texte des ouvrages était sujet à de nombreuses altérations. D'abord, comme il n'y avait pas d'édition faite à époque fixe (voy. § 17), l'auteur *lui-même* changeait quelquefois, par des additions, par des retranchements ou par des corrections, le texte de son manuscrit, pendant qu'on en prenait des copies. Ensuite, comme, de la copie d'un texte, on pouvait faire un usage tout individuel, en y ajoutant des notes, des observations, des faits, ou en y effaçant ce qui déplaisait ou paraissait inutile et inexact, ces changements faits au texte par le copiste ou le propriétaire d'une copie, furent maintenus, quelquefois, par un nouveau copiste, comme appartenant au texte original de l'auteur. Il importe donc toujours d'examiner l'*originalité* du texte des ouvrages qui datent des époques antérieures à l'Imprimerie. Par *originalité* du texte, nous entendons ici sa conformité avec l'*original* ou avec le Manuscrit primitif, tel que l'entendait publier l'auteur. L'*originalité* implique à la fois l'intégrité et la pureté du texte. Le texte est *intègre*, quand on n'y a fait aucun *retranchement*; et il est *pur*, quand on n'y a fait aucune addition ou *interpolation*. En examinant, sous ce rapport, le texte de *La Fascination de Gulfi*, tel qu'il a été publié d'après les manuscrits, par Rask, dans la *Snorra-Edda* (Stockholm, 1818)[1], on reconnaît que *Snorri* a fait une *première rédaction* du *Gylfa-ginning*, qu'il a gardée longtemps par devers lui, sans la publier. Mais, dans la suite, il s'est aperçu qu'il avait oublié de parler de certains mythes importants. C'est ainsi, par exemple, qu'il n'avait pas parlé, dans sa *première rédaction*, ni de l'origine de la Nuit et du Jour, ni de *Sôl* et de *Mâni*, ni des Loups qui poursuivent *Sôl* et *Mâni*, ni de *Iörd* et de *Rindur*, ni de *Gerdur* et de ses fiançailles avec Freyr, etc. Il rédigea donc ces mythes supplémentaires sur des feuilles séparées du Manuscrit original, et sans se soucier de les fondre dans le texte primitif, ce qu'il aurait pu faire sans peine, en ajoutant quelques mots servant de transition ou de liaison entre ce texte et les nouveaux paragraphes ajoutés. Ces paragraphes additionnels, rédigés sur des feuilles séparées, ont été insérés, dans la suite, purement et simplement, dans le texte, soit par *Snorri* lui-même, agissant avec une certaine nonchalance (voy. p. 34), soit après sa mort, par le premier copiste et éditeur du texte. Ils ont été insérés à l'endroit qui paraissait le plus convenable. C'est ainsi, par exemple, que les paragraphes additionnels, qui portent aujourd'hui les Numéros 18 et 19, et qui traitent du Vent et des Saisons, ont été insérés après le paragraphe 17, traitant du Ciel. Les paragraphes additionnels, Numéros 36 et 37, qui traitent des *Valkyries* et de *Gerdur*, ont été insérés après le paragraphe 35, traitant des *Asynies*. Mais, comme la plupart des paragraphes ajoutés, n'ont été rattachés, à ce qui précède et à ce qui suit, par aucune transition, ni liaison, on est tenté de supposer, à première vue, que ce manque de transition et de liaison provient, soit de lacunes, soit d'interpolations existant dans le texte. C'est ainsi, par exemple, que dans la rédaction primitive, le paragraphe 9, traitant de l'établissement des Ases dans Asgard, et se

---

1. Ceci a été écrit, il y a 18 ans; nous avions fait notre traduction sur l'édition de Rask; depuis, nous l'avons revue sur l'édition de Copenhague, 1848.

terminant par les mots : « Aussi mérite - t - il d'être appelé *Père*
« *universel*, puisqu'il est le père de tous les dieux, des hommes et
« de tout ce qui a été accompli par lui et par son énergie, » était
suivi immédiatement du paragraphe 14, qui commence par la question de *Piétonneur* : « qu'a entrepris *Père-Universel*, quand l'Enclos
« des Ases fut achevé ?. » Mais, dans la suite, on plaça le paragraphe
additionnel 11, traitant de *Sôl* et de *Mâni*, immédiatement après le
paragraphe 9, traitant de l'établissement des Ases dans Asgard. Aussi,
dans la question de *Piétonneur* : « Comment dirige-t-*il* la marche du
soleil et de la lune ? », le mot *il* se rapporte, directement et sans
peine, à *Odinn* dont il était question à la fin du paragraphe 9. Ensuite, *Snorri* ayant encore rédigé des paragraphes complémentaires
sur *Iörd* et *Nôtt* et sur *Bifröst*, ces paragraphes furent insérés, les
deux premiers, après le paragraphe 9, et, le dernier, après le paragraphe additionnel sur *Sôl* et *Mâni*. Ces insertions faites postérieurement, et sans que rien ne fût changé à la rédaction primitive de
Snorri, expliquent : 1° le manque de liaison, dans le fond et dans
la forme, entre le paragraphe 10 et le paragraphe 9 ; 2° l'absence,
au commencement du paragraphe 10 de la formule ordinaire :
« *alors Piétonneur dit* » ; 3) la contradiction entre ce que *Snorri*
dit, au paragraphe 9, de la terre (norr. *iörd*), fille et femme d'Odinn,
et ce qui est dit de *Terre* (norr. *Iörd*), au paragraphe 10 ; 4° le
manque de liaison entre le paragraphe 10 et le paragraphe 11,
où le mot *il*, dans la question de *Piétonneur*, ne se rapporte pas,
comme on devrait le supposer, à *Skinfaxi*, dont il est question à la
fin du paragraphe 10, mais à *Odinn*, dont il est question à la fin du
paragraphe 9. Il faut expliquer, de la même manière, les lacunes ap-
parentes qui semblent exister entre les paragraphes 13 et 14, 17
et 18, 19 et 20, 36 et 37, 37 et 38.

Comme les additions faites à la *rédaction première* avaient pour
but de *compléter* celle-ci, le texte vulgaire présente plusieurs *additions* postérieures, mais n'a subi aucun *retranchement*. Ces additions
ayant été faites par *Snorri* lui-même, et peut-être même insérées par
lui, on ne saurait les taxer d'*interpolations*. La seule interpolation
que nous ayons dû retrancher du texte et de notre traduction, consiste dans les mots : *that köllum vér Troja* (nous l'appelons Troie)
qui ont été insérés dans le paragraphe 9, pour dire que l'ancien
Asgardr n'était autre que la ville de *Troie*. Ces paroles ne sauraient

provenir de *Snorri*, ni appartenir soit à sa première rédaction, soit à ses additions, puisqu'il ne connaissait ni *Troie* ni les *Troyens* (voy. p. 28). Cette interpolation date du commencement du quatorzième siècle: car c'est à cette époque seulement que la tradition, sur la prétendue origine *troyenne* de plusieurs peuples de l'Europe, s'est répandue aussi en Islande et fut appliquée aux Ases par l'auteur du *Prologue* (*Formáli*) et de l'*Épilogue* (*Eptir-máli*) de l'Edda en prose. C'est même à cet auteur qu'il faut, sans doute, attribuer l'interpolation en question. Une interpolation bien plus considérable semble, à première vue, se trouver au commencement du Traité. L'histoire de *Gefion* ne semble avoir aucun rapport avec le sujet du *Gylfa-ginning*. Aussi, dans le manuscrit d'Upsal, toute cette introduction a été retranchée du texte. Mais, quand nous aurons expliqué l'intime liaison qu'il y a entre cette histoire de *Gefion* et le voyage de Gulfi, on comprendra que, loin d'être une interpolation, ce premier paragraphe fait, au contraire, partie intégrante et nécessaire de l'Encadrement de l'ouvrage de *Snorri*.

Ajoutons que, dans le paragraphe 5, le texte vulgaire présente une transposition d'une partie de phrase, transposition que nous avons fait disparaître dans notre traduction, en rétablissant la véritable leçon que nous justifierons dans le Commentaire (voy. N° 5).

§ 19. **Comment le Gylfa-ginning se trouve dans l'Edda en prose.** — Si, comme il est probable, la première rédaction du *Gylfa-ginning* a été achevée avant 1225, il a dû se passer encore quelque temps, jusqu'à ce que l'auteur eût ajouté à son ouvrage les paragraphes additionnels. Il paraît donc probable que *Snorri*, de son vivant, n'a pas laissé prendre copie de sa première rédaction : car, autrement, cette rédaction se serait propagée par quelques copies. Or, il ne reste que le texte de la première rédaction, *augmentée* déjà des additions ; ce qui fait supposer que cet ouvrage ainsi composé n'a guère été publié avant la mort de *Snorri* en 1241. A cette époque, les manuscrits et ouvrages de cet auteur paraissent avoir passé dans les mains de son neveu *Olafr*, fils de Thördr. Dans la seconde moitié du treizième siècle, on a commencé, en Islande, à former des Recueils composés d'ouvrages de même nature. Ce fut sans doute *Olafr*, surnommé le *Skalde blond* (norr. *Hvita-skald*), et mort en 1259, qui publia les ouvrages de son oncle *Snorri*, dont probablement il avait formé deux Recueils, savoir un Recueil historique, le *Heimskringla*, composé des sagas des rois de Norvége, et un Recueil didactique, à l'usage des Skaldes, et composé du *Gylfa-ginning*, du *Skaldskapar-mál* et du *Hátta-tál*. Ce fut sans doute aussi *Olafr* qui donna à ce dernier Recueil le titre de *Edda* (Aïeule), ce mot pris dans le sens de *Vieille Narratrice* (voy. *Chants de Sôl*, p. 20). Il choisit ce titre uniquement en vue du traité de *Gylfa-ginning*, qui, se trouvant en *tête* de la collection, et *racontant* les anciennes traditions mytholo-giques, justifiait, par cela même, le choix de ce titre. Ce fut donc proprement le *Gylfaginning* qui, seul, a fait choisir ce titre de *Edda*, jusqu'alors inconnu. Au commencement du quatorzième siècle vivait en Islande un clerc érudit, dont le nom est resté inconnu, et qui pu-blia une seconde édition de l'*Edda*, en en faisant une copie, et en y ajoutant, au commencement, au milieu et à la fin, des morceaux de sa composition. Dans ces morceaux, que *Rask* a intitulés *Prologue* (Formáli), *Épilogue* (Eptirmâli) et *Épilogue de l'Edda* (Eptermâli Eddu), l'auteur s'efforça de rattacher l'histoire des Ases à l'histoire de l'Ancien Testament (voy. p. 24), et de prouver que les *Ases* pro-venaient des anciens *Troyens* (voy. p. 29). Le manuscrit de ce clerc renfermait, outre ces morceaux, la copie des trois ouvrages suivants : 1° le *Gylfa-ginning*, désigné sous le titre de : *Des Ases et d'Ymir* (voy. p. 32); 2° le *Skaldskaparmál*, et 3° le *Háttatál*. Comme *Snorri*, l'au-teur de ces trois ouvrages, était de la famille des *Sturlungs*, le copiste et éditeur ajouta à son manuscrit la généalogie des Sturlungs, et, de plus, une *Énumération des Skaldes* (*Skaldatál*), servant de complé-ment et au *Skaldskaparmál* (Langage skaldique) et au *Háttatál* (Énu-mération des modes). Ce manuscrit paraît avoir été terminé vers 1310, comme le prouvent la *Généalogie* des Sturlungs et l'*Énumé-ration* des Skaldes, qui s'arrêtent à cette époque (cf. *Sn. Edda*, 1848 II, vii). L'auteur de ce Manuscrit n'a pas imaginé le titre d'*Edda*; il le reproduit, au commencement de sa copie, comme un titre déjà existant et *reçu* de son temps, car il dit : « *Ce livre* est appelé *Edda*. » Il croit même que ce titre a été donné par *Snorri*, qu'il suppose être l'auteur du Recueil. Vers le milieu du dix-huitième siècle, ce Manuscrit passa de l'Islande en Suède; il vint en la possession du chancelier Gabriel de la Gardie, qui en fit présent à la bibliothèque de l'université d'Upsal, où il est conservé aujourd'hui et connu sous le nom de *Edda Upsalienne*.

Vers 1320 fut achevée, en Islande, une autre copie de l'*Edda*. Le copiste suivit un texte autre que celui de l'*Edda Upsalienne*, mais il emprunta à celle-ci le *Prologue* et les *Épilogues*, composés par l'auteur de ce Manuscrit. Cette copie, faite postérieurement à la précédente, fut achetée en 1640 par Bryniulfr Sveinsson, évêque de Skalholt, et envoyée au roi de Danemarc Frédéric III, qui la remit à la bibliothèque royale de Copenhague, où elle est désignée sous le nom de *Codex Regius*.

Vers 1360 une *troisième* édition du Recueil de l'*Edda* fut faite, en Islande, par un ecclésiastique érudit, dont le nom est également inconnu. Au quatorzième siècle, l'*Edda* était devenue tellement le Manuel par excellence, pour étudier la Mythologie, la Poésie et la Versification anciennes, que, dans le poëme intitulé *Lilia* (Le Lis), composé vers 1360 par *Eystein*, fils d'Arngrim, les préceptes de Poésie sont appelés simplement *Règles de l'Edda* (norr. *Eddu-reglur*), et que, dans un autre poëme, composé vers 1370, par *Arnas*, fils de Iôn, l'art poétique est appelé l'*art de l'Edda* (norr. *Eddu-list*). L'auteur de cette troisième édition crut donc perfectionner et compléter ce Manuel de l'*Edda*, en y ajoutant encore d'autres écrits philologiques sur l'alphabet latin, la grammaire et le langage poëtique. Or, il existait, sur l'alphabet, deux traités composés par des *Maîtres-ès-rûnes* (norr. *Rûna-meistari*); l'un rédigé vers 1160 par *Thoroddr*, surnommé le Maître-ès-rûnes, l'autre composé vers 1200 par un érudit inconnu. Ces deux traités furent ajoutés au Recueil par l'auteur de la troisième édition, lequel mit en tête de ces traités une préface, par laquelle il les rattacha au *Skaldskaparmål* et au *Hâttatâl* de l'Edda. Il considéra le *Prologue* et les *Épilogues* comme la *première* partie de son édition; le *Gylfa-ginning*, qu'il désignait sous le nom de *Récits* (norr. *Frasögnar*), forma la *seconde*, et le *Skaldskaparmål* avec le *Hâttatâl*, la *troisième* partie de l'Edda. Puis, à ces trois anciennes parties du Recueil, il en ajouta deux nouvelles, une quatrième et une cinquième. La quatrième comprenait les deux Traités des Maîtres-ès-rûnes avec la Préface. La cinquième se composait également de deux traités: le premier, intitulé *Fondement de la Grammaire* (norr. *Mâl-fræðinnar Grund-völlr*), avait pour auteur le neveu de *Snorri*, *Olaf* le skalde blond (voy. *Snorra Edda*, Copenhague, II, p. 63); le second, intitulé *Connaissance du Langage orné* (norr. *Mâl-skrûds-fræði*), traite des figures de mot et de pensée; il est la continuation du précédent, et a été, sans doute, composé par le même érudit qui est l'auteur de cette troisième édition de l'*Edda*.

Cette copie ou édition, découverte en Islande par Arngrim, vint en la possession du célèbre scandinaviste danois *Ole Worm*, dont le fils la vendit à Arni Magnusen : elle se trouve aujourd'hui à la bibliothèque de l'université de Copenhague, et est désignée sous le nom de *Manuscrit de Worm*. Ce manuscrit renferme la collection la plus complète des ouvrages dont on a composé l'Edda en prose.

Aux quatorzième, quinzième et seizième siècles, le nom de *Edda* n'a jamais désigné autre chose que le Recueil appelé aujourd'hui l'*Edda de Snorri*. Le nom de *Edda* était inconnu à *Sæmund* et à *Snorri* (voy. *Chants de Sôl*, p. 18-22) ; le premier n'a jamais composé le Recueil de poëmes qu'on lui attribue et qu'on appelle aujourd'hui l'*Edda de Sæmund ;* le second n'a jamais eu entre les mains un tel recueil, composé par *Sæmund*. En effet, ce Recueil d'anciens poëmes mythologiques et héroïques a été formé seulement au commencement du quatorzième siècle. C'est de cette époque que date le plus ancien Manuscrit de ce Recueil. Ce Manuscrit, conservé à la bibliothèque royale de Copenhague et appelé *Codex regius*, ne porte ni le nom de *Sæmund*, ni le titre de *Edda*. Il a été découvert en Islande par Bryniulf, fils de Svein et évêque de Skalholt, qui, le premier, sans aucune raison suffisante, mais de sa seule autorité, a donné à la copie qu'il en a fait faire, le titre de *Edda de Sæmund*. Si l'on considère l'âge des poëmes renfermés dans ce Recueil, il faut avouer qu'ils sont tous antérieurs aux écrits dont se compose l'Edda en prose, appelée aujourd'hui l'*Edda de Snorri*. Mais quant à la formation même de ce Recueil, il est hors de doute que la formation de l'*Edda de Snorri* est antérieure, d'un demi-siècle, à celle de l'*Edda de Sæmund*. Enfin, quant au titre d'*Edda* que portent aujourd'hui l'un et l'autre Recueils, il faut dire que ce titre a été donné, dans la seconde moitié du treizième siècle, à l'*Edda de Snorri*, et que c'est seulement au dix-septième siècle, qu'il a aussi été attaché, avec le nom de *Sæmund*, au Recueil qui porte aujourd'hui le titre de *Edda de Sæmund*.

CHAPITRE IV.

LE FOND HISTORICO-MYTHOLOGIQUE ET LA DISPOSITION DES MATÉRIAUX DANS LE TRAITÉ DE SNORRI.

§ 20. Formation du système historico-mythologique de Snorri. — Pour composer un Traité de Mythologie norraine, *Snorri*

pouvait puiser la connaissance des mythes à trois sources, savoir:
1° dans les anciens poëmes mythologiques et épiques, composés à
commencer du septième siècle; 2° dans les poëmes lyrico-épiques
des Skaldes; et 3° dans la tradition orale du peuple de son temps,
tradition qui s'est propagée, en partie, jusqu'à nos jours[1]. Or, du temps
de *Snorri*, le Recueil de poëmes mythologiques et épiques, que nous
possédons sous le titre de *Edda de Sæmund*, n'existait pas encore.
Si *Sæmund* avait laissé une collection semblable, *Snorri* l'aurait
connue, d'autant plus facilement, qu'il avait à sa disposition, chez
son père adoptif *Iôn*, la bibliothèque provenant de *Sæmund*, l'aïeul
de *Iôn*. Mais ce qui prouve que *Snorri* n'a jamais eu en main ce que
nous appelons l'*Edda de Sæmund*, c'est que d'abord les citations,
qu'il fait des anciennes poésies mythologiques, présentent généralement des leçons toutes différentes de celles qu'on trouve dans ce
Recueil. Il y a plus; *Snorri* ignore même l'existence du plus grand
nombre des poëmes contenus dans l'*Edda de Sæmund*. Des trente-
neuf poëmes que nous possédons dans ce Recueil, *Snorri* n'en
connaît que six, savoir: 1° Quelques fragments de la *Vision de la
Louve* (norr. *Völu-spá*); 2° le *Chant de Hundla* (norr. *Hyndlu-liôd*)
ou la *Petite Vision de la Louve* (norr. *Völuspá hin skamma*); 3° les
Dits de Sublime (norr. *Hâva-mâl*); 4° les *Dits de Grimnir* (norr.
Grimnis-mâl); 5° les *Dits de Vafthrûdnir* (norr. *Vafthrûdnis-mâl*);
et 6° le *Voyage de Skirnir* (norr. *Skirnis-för*). Enfin *Snorri* a ignoré
jusqu'au nom de *Edda*, qu'on ne trouve dans aucun de ses écrits,
ni même dans aucun écrit norrain ou islandais antérieur au quatorzième siècle. Ce n'était donc pas la Collection complète de l'*Edda*
que nous avons aujourd'hui, mais seulement *quelques* poëmes, recueillis peut-être par *Sæmund*, que *Snorri* put mettre à contribu-
tion pour composer son Traité de Mythologie. Cependant il connaissait encore quelques poëmes, que nous ne possédons plus dans l'*Edda
de Sæmund*; tels sont 1° l'*Incantation de Heimdall* (norr. *Heimdallar-
Galdr*); 2° un Poëme sur les *Vanes*; 3° un autre Poëme sur *Loki*.
Outre les chants mythologiques, *Snorri* pouvait encore consulter
les poëmes skaldiques, dont il connaissait un très-grand nombre,
mais où il ne trouvait que peu de renseignements sur les anciens
mythes. Enfin *Snorri* pouvait, en outre, recourir à la tradition orale et
aux récits en prose, qui, de son temps, avaient encore cours parmi

1. Voy. *Maurer*, *Isländische Volkssagen der Gegenwart*, 1860.

le peuple. Mais, de même que, depuis l'introduction du Christianisme, beaucoup de poëmes mythologiques s'étaient perdus de la mémoire des Norrains, de même la connaissance d'un grand nombre de mythes avait disparu chez le peuple du temps de *Snorri*, de sorte que cet auteur n'avait plus tous les documents nécessaires pour connaître l'ensemble complet de la Mythologie norraine. Cependant les matériaux dont il disposait, tout incomplets qu'ils fussent, étaient encore suffisants pour rendre possible à *Snorri* la composition d'un Traité de Mythologie.

Comment les matériaux, recueillis par *Snorri* pour son ouvrage, furent-ils conçus par cet auteur, et quel fut, en Mythologie, le point de vue, où il dut se placer d'après la science historico-mythologique, telle qu'elle lui avait été transmise par ses prédécesseurs, ou telle qu'il se l'était acquise par ses propres études et réflexions?. *Snorri* n'avait pas une science supérieure à celle soit de ses prédécesseurs, soit des érudits de son époque. Imbu de l'evhémérisme, comme tous les autres savants, il considéra la Mythologie norraine comme l'histoire des Ases, et rattacha cette histoire à celle des Suèdes et des Normands. Voici les éléments qui lui ont été fournis, soit par la Mythologie, soit par les traditions nationales, et qu'il a combinés, d'une manière plus ou moins ingénieuse ou arbitraire, pour en former son système mythico-historique.

§ 21. D'après Snorri, les Ases sont originaires de l'Asie.—Le nom d'*Ase* était, pour *Snorri*, la preuve de l'origine *asiatique* d'*Odinn*, et, par conséquent, de la population scandinave, issue des fils, des compagnons et des sujets du roi *Odinn*. Cependant le mot norrain *ás*, contracté de la forme plus ancienne *ans*, qui signifiait *soutien*, aide, protecteur, n'avait absolument aucun rapport avec le nom de l'*Asie*. En effet, le nom d'*Asie*, dont l'étymologie ne se trouve dans aucune langue asiatique, est évidemment d'origine grecque, et signifie *Humide*. C'est que, dès le huitième siècle avant notre ère, les *Iônes* ont désigné, sous le nom de *Humide* (gr. *Asia*), la contrée basse arrosée par le *Kaüstros*, et ils l'ont appelée ainsi, par opposition à la contrée plus élevée, nommée *Pays sec* (pélasge *Turs-äbia*), qui était habitée autrefois par les Pélasges nommés *Turrhèbes* (Ceux de la *Tursabie*), dont des colonies s'établirent, plus tard, dans quelques parties de la Hellade et de l'Italie. Le nom de cette *Asie* primitive, voisine de la *Turrhèbie*, fut étendu, par les Grecs, peu à peu, d'abord à la Lydie et à l'Ionie, puis à l'Asie mineure en général, et enfin à tout le vaste continent dont l'Europe est l'appendice occidental. D'après cela, bien qu'il soit vrai que les ancêtres des Scandinaves sont réellement originaires de l'Asie, le nom d'*Ases* ne saurait cependant fournir, comme le croyait *Snorri*, la preuve de cette vérité historique.

Snorri admettait, ensuite, comme ses prédécesseurs, que les ancêtres des Scandinaves, c'est-à-dire *Odinn* et les *Ases*, avaient régné autrefois, pendant quelque temps, dans *Byzance* ; il appuyait cette assertion sur une preuve aussi singulière que l'était cette assertion elle-même. En effet, dans son ouvrage d'histoire *Le Cercle du Monde*, il dit que les statues, qui, dans la *Grand'Ville* (norr. *Mikligardr*, Constantinople) ornaient le *Padreim* (p. Hip-*podrome*), étaient les effigies des *Ases*, c'est-à-dire des anciens héros, qui auraient régné autrefois dans cette ville, et dont les fils émigrés seraient allés se faire adorer dans le Nord. Cependant *Snorri* ne donne, nulle part dans ses écrits, à ces ancêtres des Ases ou des Scandinaves, le nom de *Thrâkes* ou de *Grecs* (v. p. 22). Mais, chose remarquable, il les désigne sous le nom de *Tyrkir*, qui, dans sa pensée, désignait évidemment les *Turcs*. Car, comme, de son temps, les Turcs ne s'étaient pas encore emparés du Bas-Empire, cet auteur n'a pas pu employer ce nom comme nom géographique substitué à celui de *Grecs*, à peu près comme *Dante* a désigné Virgile, le *Mantouan*, par le nom géographique anticipé de *Le Lombard*. Ensuite, *Snorri* (*Ynglinga-saga*, chap. 5) dit qu'*Odinn* avait de grandes possessions en *Turquie* (norr. *Tyrkland*) ; et il se figurait ce pays, vaguement, comme situé à l'est de *Mikligardr* (Constantinople), et à l'ouest du *Pays des Vanes* (norr. *Vanaland*). Or, *avoir des possessions en Turquie* était, dans le langage emprunté au système féodal, synonyme de *régner en Turquie* ; et régner en Turquie signifiait, dans le langage des chroniqueurs evhéméristes du Nord, régner sur des Turcs, être le père, la souche des Turcs, et être Turc soi-même. Aussi un chroniqueur norrain donne-t-il directement à *Odinn* le titre de *Roi des Turcs* (voy. *Langebek*, I, p. 3) ; et d'après cela, *Snorri* pouvait également désigner comme *Turcs* Odinn et les Ases. C'était donc dans la Turquie d'*Asie* que *Snorri* supposait placé primitivement l'*Enclos des Ases* (norr. *Asgardr*) ; et comme on donnait à la Turquie, à cette prétendue patrie primitive des Ases, le nom archaïque et savant de *Scythie* (norr. *Cythia*, voy. p. 25), *Snorri* semble vouloir indiquer (*Ynglinga-saga*, chap. 15) que les Scythes, au moins en partie, étaient originaires de la *Turquie*. Mais, sous le nom de *Scythie*, on comprenait, du temps de *Snorri*, encore la Sarmatie et la Slavonie , pays que les Suèdes (qui , dans l'origine , les avaient habités, avant de passer en Scandinavie) appelaient *Grande - Suède* (norr. *Sví -thiod hin mikla*) , c'est-à-dire la *Suède-Mère*, par opposition à la Suède proprement dite , considérée , en quelque sorte , comme la *Petite*-Suède ou la Suède-*Fille*. Voilà pourquoi *Snorri* emploie encore le nom de *Grande-Suède*, comme synonyme à la fois de *Turquie*, de *Scythie* et d'*Ancien Enclos des Ases* (norr. *forn As-gardr*).

§ 22. **L'âge, où les Ases ont vécu.** — Pour s'expliquer, ensuite, comment les *Ases*, originaires du *Pays turc* en Asie , sont parvenus à se faire adorer en Scandinavie , *Snorri* admettait que les Fils des Ases asiatiques, après avoir succédé à leurs pères et les avoir imités en tout , au point de prendre , eux aussi , les noms propres d'*Odinn* , de *Thôr*, de *Freyr*, etc., sont sortis de la Scythie sous la conduite de leur chef *Odinn*, le successeur de l'Odinn *primitif*, et se sont établis successivement en *Saxe*, en *Danemark* et enfin en *Suède;* que ces Ases , magiciens et *imposteurs* comme leurs pères, dont ils suivaient en tout les errements, ont régné en Scandinavie, principalement à *Upsal;* qu'ils y ont établi leur résidence, et se sont fait adorer en Suède; qu'ils y sont morts et ont transmis leur domination et leur religion à leurs descendants , les rois de Suède , appelés les *Ynglings* (Issus d'Angul, Petit-Fils de Sublime). Cherchant , enfin , à déterminer l'*époque*, à laquelle les Ases ont quitté l'Asie, pour s'établir dans le Nord de l'Europe , *Snorri* crut pouvoir arriver à le faire par la combinaison historique suivante.

Sachant que, d'après les traditions nationales , les rois des peuples scandinaves tiraient leur origine d'*Odinn* et de ses fils , et prenant, comme tous les chroniqueurs du Moyen âge , ces généalogies mythico-épiques pour des généalogies historiques , il en fit la base de ses calculs chronologiques. En conséquence, calculant approximativement la durée du règne des rois , en remontant des princes de son époque jusqu'au roi *Odinn*, considéré comme leur père et leur souche , *Snorri* trouva que ce chef des Ases a dû vivre du temps de la naissance de Jésus-Christ. Ensuite la tradition norraine , ayant signalé le règne du roi *Frôdi* (Sage), d'un des successeurs d'Odinn , à la fois comme un règne *heureux*, par une longue paix, et comme une époque de grands *bouleversements* dans la nature, *Snorri* crut trouver, dans les données de cette tradition, une indication chronologique encore plus précise. En effet, il s'imagina que *Frôdi* a dû être le *contemporain* de l'empereur *Auguste*, parce que, pendant le règne de ce prince, le monde entier, d'un côté, a joui d'une longue paix, à laquelle pouvait correspondre ce qu'on appelait, dans le Nord, la *Paix de Frôdi* (norr. *Frôda-fridr*), et qu'il a éprouvé, de l'autre, (du moins à ce qu'on croyait au Moyen âge) de grandes catastrophes, savoir les bouleversements, qui sont arrivés le Vendredi-Saint, le jour, où Jésus mourut sur la croix (Cf. *Dante*, Inf. 12, 12). *Frôdi* ayant été, d'après cela, le contemporain d'Auguste, *Odinn*, l'aïeul de *Frôdi*, devait avoir vécu du temps de *Jules César*. *Snorri* s'imagina donc que ce chef des Ases a dû avoir été chassé de l'Asie, et dépossédé de son royaume par le capitaine romain *Pompejus*. Les Ases, vaincus, mais grands sorciers, arrivèrent, par leurs sortilèges, à découvrir que leur puissance serait rétablie plus forte dans le *Nord*. C'est pourquoi ils quittèrent l'Asie et allèrent s'établir en Scandinavie.

Telle était la combinaison historique, par laquelle *Snorri* parvint à s'expliquer l'arrivée des Ases dans la Suède, et à rattacher les traditions mythico-épiques des Scandinaves sur l'origine de leur race, à ce qu'il savait de l'histoire ancienne ou de l'histoire du monde. Si, d'un côté, d'après ses idées evhéméristes, *Snorri* considérait la Mythologie comme faisant partie de l'Histoire, il dut, d'un autre côté, d'après le dogme chrétien, n'y voir qu'un récit *trompeur*, ou l'histoire mensongère des actions accomplies, soit par les Ases du Nord, soit par leurs ancêtres, les Ases du Pays turc en Asie. Aussi n'avait-il pas à s'embarrasser beaucoup des nombreuses contradictions qu'il devait nécessairement rencontrer entre les mythes norrains et sa manière historique de les concevoir ou de les expliquer. Il se sentait, du reste, d'autant moins engagé à lever ou à concilier ces contradictions (si, toutefois, elles se sont présentées à son esprit) que, de son temps, et surtout dans son pays, la *Critique*, ou la science historique et philosophique, était chose inconnue, et qu'aucun de ses contemporains n'était à même, ni de présenter des objections sérieuses à son système mythico-historique, ni de redresser les erreurs qu'il commettait dans la conception et l'explication des mythes.

§ 23. **Snorri expose les mythes dans leur succession pré-**

tendue historique. — La disposition des matériaux, dans un ouvrage, tient à la fois du fond, ou de la science impliquant un ordre naturel, et de la forme ou de l'arrangement choisi pour mettre ce fond en lumière. Si la *Science* consiste dans l'intelligence profonde et complète qu'on a et de la nature de ses éléments et des rapports de ceux-ci entre eux, la disposition des matériaux, dans le but d'exposer cette science, sera la reproduction de l'ordre et de la suite, dans lesquels se sont produits soit les phénomènes, s'il s'agit d'une science *physique*, soit les faits, s'il s'agit de l'histoire, soit les rapports et les idées, s'il s'agit de philosophie. La disposition des matériaux, c'est-à-dire le plan, le dessin et l'ordonnance, sera d'autant plus scientifique et conforme à la vérité et à la nature, que l'auteur possédera une connaissance plus profonde et plus étendue du sujet qu'il traite. Aussi cet ordre et cet enchaînement *naturels* des matières, qui sont l'expression de la science consommée, ne sauraient être appliqués, ni même entrevus, aussi longtemps que la Science est encore superficielle et incomplète. Si donc l'intelligence scientifique de la nature soit de la Mythologie, en général, soit de la Mythologie norraine, en particulier, avait été possible du temps de *Snorri*, cet auteur aurait disposé les matériaux dans le même ordre naturel d'après lequel ils se sont produits successivement dans la réalité.

Cet ordre naturel, génétique et historique, aurait, en même temps, expliqué la nature des mythes, en montrant de quelle manière ils se sont formés les uns des autres. Mais *Snorri* n'était pas en mesure de donner une explication, tant soit peu scientifique de la Mythologie norraine, pas plus que les philosophes et savants hindous ou grecs n'ont été en état de le faire par rapport à la Mythologie de l'Inde ou de la Grèce. C'est que dans l'Antiquité, et jusqu'au Moyen âge, la Mythologie, lorsque la Science s'en est occupée, s'était déjà tellement transformée, qu'on n'y soupçonnait plus ce qu'elle avait renfermé dans l'origine, savoir des Intuitions, des Notions et des Idées, (voy. § 5-8), mais qu'on y voyait seulement des *faits* traditionnels, un vaste tableau de l'histoire des dieux et des choses religieuses. A moins que la signification ne fût par trop évidente, *Snorri* ne soupçonnait pas même que les mythes, sous leur forme épique ou narrative, exprimassent un sens *symbolique*. Il est vrai que déjà l'étymologie des noms propres mythologiques aurait pu le mettre sur la voie, pour lui faire entrevoir la signification primitive d'un grand nombre de ces

conceptions symboliques. Mais la connaissance exacte de la signification primitive des noms propres ne s'acquiert que par les études
profondes et difficiles de la Haute Philologie; et cette Science, on
le conçoit, est restée une lettre close pour l'Antiquité, l'Orient et
le Moyen âge, tout comme elle l'est encore aujourd'hui, généralement, pour la plupart des lecteurs et même pour le plus grand
nombre des savants.

Les Mythographes anciens avaient envisagé la Mythologie comme
une grande Épopée avec d'innombrables épisodes. *Snorri* n'y voyait,
également, qu'un Ensemble de fables ou du moins de faits historiques
défigurés par le mensonge ; et il a cru devoir, en conséquence, la
traiter comme une espèce de grande *Saga* (Histoire traditionnelle).
Dès lors n'ayant pas, d'après ce point de vue, à *expliquer* les mythes
(parce qu'il les prenait pour des faits, et non pour des symboles),
mais seulement à les *exposer, Snorri*, avec le talent de narrateur, et
avec l'esprit historique qu'il possédait, ne pouvait être incertain sur la
meilleure manière de disposer les matériaux de sa narration, ni sur le
meilleur ordre à suivre dans le récit de cette grande *Saga mythologique*. Aussi, après avoir brièvement retracé l'histoire qui fait l'*Encadrement* de son ouvrage (voy. § 30), a-t-il suivi, dans son Traité,
l'ordre *chronologique*, c'est-à-dire, non pas l'ordre chronologique
de la formation et de l'âge relatif des mythes, mais l'ordre présumé
chronologique des événements, supposés réels, exposés dans ces
mythes. C'est pourquoi *Snorri*, au lieu de commencer par les mythes
les plus anciens, c'est-à-dire par ceux concernant les *Divinités*, qui
sont ce qu'il y a de plus primitif dans toute religion, et dont la conception est bien antérieure aux idées de création et de cosmogonie,
commence son Traité par les mythes sur l'*origine* du Monde, et sur les
premiers Êtres *cosmiques ;* puis il passe aux mythes qui racontent les
actions, les aventures, les œuvres des Dieux, et il termine par les
mythes sur la fin et le renouvellement du Monde. Si *Snorri* n'avait
pas trouvé, par lui-même, cet ordre chronologique, celui-ci lui aurait
été suggéré et indiqué par l'exemple du poème intitulé *La Vision de
la Loure*. En effet, ce poème eddique, qui, par son origine, appartient
à une époque où la Mythologie norraine avait déjà dépassé son apogée,
et avait pris, au détriment de sa signification primitivement *symbolique*, une forme purement *épique*, était un premier essai de retracer,
dans son ensemble, le tableau prétendu historique de cette Mythologie.

Mais l'ordre *chronologique*, pour être logique et naturel en histoire, n'est pas encore l'ordre *génétique*, lequel est l'ordre scientifique par excellence, tant dans le domaine des faits que dans celui des idées. *Snorri*, qui ne savait s'élever au-dessus du point de vue réputé *historique*, en fait de Mythologie, n'en savait pas, non plus, disposer les matériaux dans leur ordre génétique, mais dut se contenter de les exposer dans un ordre présumé chronologique.

§ 24. **But plutôt scientifique que littéraire du Traité de Snorri.** — L'ordonnance *scientifique*, qui est basée sur l'intelligence complète et parfaite du sujet, diffère, non-seulement, de l'ordre chronologique, appliqué à des faits réputés historiques, elle diffère aussi et du plan qui convient dans la *Poésie*, et de la disposition qui serait bien choisie dans un but *oratoire*. En effet, tandis que la *Science*, visant uniquement au *Vrai*, tend à *comprendre* la vérité, et à l'exposer dans l'ordre génétique, la *Poésie* vise plutôt au *Beau* et préfère représenter les choses, non pas tant, comme elles sont, mais comme elles pourraient ou devraient être ; enfin, l'*Éloquence*, tenant le milieu entre la Science et la Poésie, quant au fond et quant à la forme, ne vise pas au Vrai quel qu'il soit, mais seulement au Vrai que l'orateur juge être *utile* à sa cause.

L'ordonnance est donc faite, dans la Science, au point de vue du *Vrai*, en Poésie, au point de vue du *Beau*, et en Éloquence, au point de vue de l'*Utile*. Il se pourrait donc qu'un auteur, tel que *Snorri*, ne suivît pas l'ordonnance strictement scientifique, non parce qu'il l'ignorerait, mais parce qu'il croirait devoir l'abandonner ou le sacrifier à son intention de produire une œuvre de Poésie ou d'Éloquence. Mais le but de *Snorri*, en rédigeant *La Fascination de Gulfi*, n'était pas de composer une œuvre de Poésie ou d'Éloquence ; il ne voulait pas, en poëte épique, exposer la Mythologie norraine sous forme d'épopée ou de roman, ni établir, en orateur, sa thèse sur des moyens de persuasion : son but était essentiellement *scientifique* ; il voulait conserver les traditions qui allaient se perdre de la mémoire du peuple et des érudits, et faire connaître, dans son Exposé, ce qu'il croyait savoir de cette Mythologie. Si donc, travaillant dans ce but, il n'a pas adopté, dans son Traité, la disposition véritablement *scientifique* des matériaux, c'est que, n'ayant pas la connaissance vraie, approfondie et complète du sujet, il était aussi impuissant de trouver et d'appliquer cette ordonnance scientifique. Comme il est bien plus facile d'arranger les choses au gré de l'imagination, et de les placer, à la façon de certains poëtes, dans un ordre logique, il est vrai, mais arbitraire et systématique, que d'en concevoir l'ordonnance *naturelle* et les rapports réels, il se fait que, partout et toujours, dans les ouvrages de Philosophie et de Science, on suit longtemps une disposition de matériaux arbitraire et *artificielle*, avant qu'on n'arrive à trouver enfin le système véritable et *naturel* des choses. L'Intelligence se développant après les Passions et après l'Imagination, la *Science* demande beaucoup plus de maturité d'esprit, et de fermeté de tête, que les arts d'imagination et de sentiment. Comme en général, la majorité des hommes vit plutôt de la vie de l'Imagination et du Sentiment, que de celle de l'Intelligence et de la Science, la plupart ne s'intéressent guère à la *vérité* pour elle-même ; et, à toutes les époques, on a préféré les littérateurs et les artistes aux savants et aux philosophes. A toutes les époques les auteurs ont tiré vanité plutôt de leur habilité d'artiste que de leur puissance et de leur génie de savant, et ont souvent caché, par des dehors littéraires et oratoires, leur impuissance scientifique. Y a-t-il à s'étonner, si le Traité de *Snorri*, comme beaucoup d'ouvrages semblables de l'Antiquité, de l'Orient, du Moyen âge et des Temps modernes, bien qu'il dût être, d'après l'intention de l'auteur, un ouvrage essentiellement scientifique, ressemble cependant, dans la disposition des matériaux et dans sa forme extérieure, plutôt à une œuvre *littéraire* de son époque, qu'à un ouvrage de science.

CHAPITRE V.

FORMES LITTÉRAIRES, ENCADREMENT ET TITRE DU TRAITÉ DE SNORRI.

§ 25. La Poésie et la Science confondues ensemble. — Dans l'Antiquité, en Orient, au Moyen âge, et, en général, à toutes les époques, et chez tous les peuples qui ne sont pas encore parvenus à reconnaître les caractères différentiels qui séparent le Vrai du Beau, la *Science* et la *Poésie* se trouvent plus ou moins confondues et mêlées ensemble, de sorte qu'il est impossible de dire, de certains ouvrages, s'ils appartiennent plutôt à la Science ou à la Poésie de leur temps. Dans les ouvrages de cette espèce, le but de l'auteur est quelquefois purement *scientifique*, puisqu'il s'y propose d'exposer ses idées, ses vues, son système, en un mot, ce qu'il croit être la *Vérité* ; mais l'exécution et surtout la *forme* de l'ouvrage se rapprochent encore de l'exécution et de la forme *poétiques*, parce que l'auteur, semblable au poëte, ne donne, pour de la Science, que les conceptions de son imagination. Tels sont généralement, aux époques indiquées, les ouvrages de Théogonie, de Cosmogonie, de Philosophie et de Science, et même plus tard encore, par imitation, les œuvres appartenant au genre appelé la *Poésie didactique*, genre qui, par son caractère ambigu, se maintient dans le domaine litteraire jusqu'à ce qu'on parvienne enfin à reconnaître que l'enseignement poétique, par son hermaphrodisme impuissant, ne saurait ni remplir les conditions sévères de la Science, ni satisfaire aux exigences artistiques de la Poésie.

La forme d'un ouvrage étant déterminée par le fond, soit scientifique, soit littéraire, on conçoit que cette forme ne saurait être entièrement *pure*, comme elle devra l'être, qu'autant qu'on aura séparé nettement, l'une de l'autre, la Science et la Poésie. Aussi le mélange de l'une avec l'autre aura toujours pour conséquence l'emploi de formes impropres, ambiguës et même discordantes.

Le but de la Science étant d'exposer ou d'enseigner ce qu'on croit être vrai, la meilleure forme d'exposition ou d'enseignement scientifique, c'est la forme *directe* ou discursive, employée déjà par Aristotélés exposant les *résultats* de la Science, par opposition à la forme indirecte et dialoguée ou à la discussion, employée par Platon exposant la *méthode* de la Science. La Science se compose non-seulement de la connaissance des choses, des faits et des phénomènes *visibles*, mais aussi d'idées générales et de raisonnements plus ou moins abstraits ; elle aura d'autant plus de valeur qu'elle sera plus *complète*, quant aux faits et quant aux idées expliquant ces faits. L'enseignement vraiment scientifique, s'adressant à des esprits mûrs, sera donc *direct* et *complet*, et ne supprimera rien d'essentiel dans les faits, ni dans les idées générales et abstraites, pas même sous prétexte ou par crainte de n'être plus agréable aux esprits faibles. En effet, la Science, ne devant plaire et intéresser que par les vérités qu'elle renferme, et ayant à s'adresser principalement à la Raison et à l'Intelligence, n'hésitera pas de se servir même d'une forme sévère pour faire ressortir et saisir ces vérités ; elle s'abstiendra de recourir, comme doivent le faire la Poésie et l'Éloquence, aux moyens de plaire à l'Imagination ou de flatter la Sensibilité et la Passion. Mais ces formes, essentielles à l'Enseignement scientifique, n'ont pas pu se produire aux époques, où la Science était encore trop superficielle et incomplète, où, par cela même, elle était confondue avec la Poésie, et où l'Enseignement, s'adressant à des esprits peu mûrs, avait encore besoin d'amuser l'Imagination pour captiver l'attention et pour intéresser, de cette manière, la Raison et l'Intelligence. Dans ces temps, on dut donc généralement s'en tenir, dans les ouvrages scientifiques, à une forme plus populaire, plus concrète et plus rapprochée de celle des ouvrages littéraires proprement dits. On dut surtout employer, au lieu de la forme *directe* ou discursive, la forme *dialoguée*, laquelle était empruntée à la manière même dont la Science s'était formée et transmise dans l'origine.

§ 26. **Le Dialogue, la Discussion et les Joutes scientifiques.** — Avant de pouvoir songer à exposer, directement et continûment, un Ensemble systématique de connaissances, il fallait trouver d'abord cet ensemble, rassembler les matériaux pour construire, en quelque sorte, l'édifice de la Science. Or, la Science fut créée peu à peu par la communication qu'on se faisait réciproquement des faits, des observations et des idées qu'on avait recueillies; elle fut donc créée par l'entretien et la discussion; et, par conséquent, la forme *dialoguée*, employée dans les ouvrages didactiques, n'était au fond que l'imitation du dialogue, qui, dans l'origine, avait réellement mis au jour et transmis les faits et les idées de la Science. Ajoutons que la manière dont on envisageait la Science, par rapport à celui qui la possédait, devait aussi contribuer à donner, encore pour longtemps, la préférence à la forme *dialoguée* sur la forme *akroamatique*. En effet, la Science, telle qu'elle doit être, et envisagée comme elle doit l'être, semblable à l'Intelligence dont elle est l'expression formulée, est, de sa nature, essentiellement *impersonnelle* et désintéressée; ainsi que la Raison et le Langage, elle appartient, non à l'individu, mais à l'*espèce* humaine; elle est le produit de l'Intelligence générale ou des efforts intellectuels de l'humanité, plutôt que le produit de l'individu, lequel, par son travail personnel, et moyennant un instrument qui n'est pas individuel, savoir la Raison ou l'Intelligence, ne fait, tout au plus, qu'agrandir le domaine de la vérité, dont il a pu profiter par suite de sa communication intellectuelle avec ses contemporains et avec les générations qui l'ont précédé. La Science, étant impersonnelle, n'a donc de signification et de valeur, qu'autant qu'elle se communique au plus grand nombre d'intelligences; d'après cette idée, elle devrait, comme la vie physique, être reçue et donnée gratuitement. Celui qui la possède, peut, sans doute, légitimement la faire tourner à son avantage individuel, mais elle ne saurait devenir, raisonnablement, ni un privilége, ni une propriété. Si, de nos jours, la Science est encore considérée comme un avantage *personnel*, que celui, qui la possède, exploite à son profit, avec plus ou moins de bonne foi, et quelquefois même avec plus ou moins de charlatanisme, et si l'on fait valoir ce fonds, comme un capital, un bien ou une qualité, en un mot, comme une propriété qu'on n'obtient et qu'on ne donne pas *gratis*, il faut se rappeler que, dans l'Antiquité, la Science avait, sous tous les rapports, un caractère encore de beaucoup plus personnel et égoïstique, parce qu'elle était encore plus étroitement liée à la *Pratique*, qui est toujours moins désintéressée que la Théorie. C'est pourquoi, bien que la Science soit essentiellement conception, par la pensée, de ce qui *est*, ou de la Vérité, et qu'elle porte, par cela même, un caractère purement *théorique*, étranger à toute application et à tout but pratique et utile, cependant, dans l'Antiquité, on ne s'y est généralement intéressé, que parce qu'on y cherchait et trouvait soit un moyen d'*action*, soit des résultats pratiques et des avantages matériels. Aussi, dans les Langues anciennes, le mot *savoir* était-il originairement synonyme de *pouvoir*[1]; et encore, chez les Grecs, la différence entre la Science ou la Théorie, et l'Art ou la Pratique, était si peu tranchée, que le même mot *Technè* (art, pratique) désignait, le plus souvent aussi bien la Science pure que l'Art proprement dit. Dès lors la Science, étant considérée comme un *pouvoir*, on la recherchait aussi et on l'estimait, pour les mêmes raisons, pour lesquelles l'on recherchait et estimait la Force et la Puissance; par conséquent, chose digne de remarque!, elle donnait sur l'ignorant les mêmes droits, que la force physique donnait sur le faible, savoir le droit du plus fort, lequel pouvait aller jusqu'au droit de vie et de mort. De là les luttes, les joutes, les assauts de science, d'érudition et de sagacité, tels, par exemple, que se les donnaient, entre eux, suivant la tradition arabe, *Soleïmân* (Salomon le Sage), le roi *Hiram*, de Tyr, et la *Reine* de Saba; de là les combats scientifiques à outrance, où celui qui succombait était mis à mort par le vainqueur,

---

1. Exemple. En sanscrit, *djan* (pouvoir) et *djnâ* (savoir), en latin *gnatus* (produit) et *gnôtus* (connu), en allemand, *können* (pouvoir) et *kennen* (savoir), dérivent de la même racine.

comme un ennemi à la guerre, ou un adversaire vaincu dans un champ clos.

Les Hindous avaient une si haute opinion des droits que conférait la supériorité scientifique, c'est-à-dire de la puissance et de l'empire absolu que donnait la Sagesse ou la Science, qu'ils étaient convaincus qu'*Indras* même, le Chef des dieux inférieurs, serait obligé de céder son trône céleste au Philosophe pénitent qui lui serait supérieur par l'Intelligence. Or, on croyait que par la pénitence contemplative (sansc. *tapas*, ferveur) on parviendrait à la Sagesse suprême. C'est pourquoi les terribles austérités que s'imposèrent certains Sages-pénitents (sansc. *mounaïas*) faisaient trembler, pour sa puissance, le Dieu Indras ; et pour ne pas perdre son Empire, il eut souvent recours au moyen extrême. Ce moyen était d'envoyer au Mouni une charmante *Apsaras*, espèce de Naïade, de Nymphe ou de Houri du ciel ou paradis hindou, laquelle, en inspirant à ce sage un amour violent, le détournait de sa pénitence et de ses contemplations, et lui faisait ainsi perdre le fruit et les droits de sa Sagesse (voy. *Les Chants de Sôl*, p. 156 - 158).

§ 27. **Joute entre Vafthrûdnir et Odinn ; Guerre de la Wartbourg.** — Suivant la Mythologie norraine, *Odinn* n'était pas moins jaloux qu'Indras de la sagesse et du savoir d'autrui ; il craignait la supériorité d'esprit des *Vanes* (voy. Comm. § 95), qui étaient les rivaux des *Ases*, et celle des *Iotnes* (voy. Comm. § 25), qui étaient leurs ennemis. Ces derniers surtout lui inspiraient, sans cesse, de vives inquiétudes. C'est pourquoi, pour renforcer sa Science, il allait boire souvent à la Fontaine de Sagesse, gardée par l'Iotne *Mimir* (voy. Comm., § 74), et, plus tard, il allait consulter la Tête de ce géant dans les circonstances difficiles (voy. *Poëmes isl.*, p. 202). Il faisait de fréquents voyages dans le Pays des Iotnes, pour mettre leur Sagesse à l'épreuve, et afin de constater, par lui-même, sa supériorité intellectuelle. Dans ces épreuves, il y allait toujours de la vie de celui qui était vaincu. Telle était la lutte ou l'assaut de science auquel nous fait assister le Poëme eddique intitulé : *Dits de Vafthrûdnir* (Vafthrûdnismâl). Voici l'analyse rapide de ce poëme qu'il importe de connaître particulièrement, parce qu'il a servi de modèle à *Snorri*, pour la composition de l'Encadrement de *La Fascination de Gulfi*.

Odinn, s'entretenant avec son épouse *Frigg*, lui exprime le désir d'aller voir *Vafthrûdnir*, et il lui donne à entendre qu'il a résolu de faire ce voyage, pour se mesurer, avec ce puissant Iotne, dans la Science. *Frigg* voudrait retenir son mari; car elle connaît, sinon la supériorité intellectuelle, du moins la grande force corporelle de *Vafthrûdnir*. Mais *Odinn* persiste dans sa résolution; et, pour tranquilliser son épouse, il lui rappelle, qu'il est toujours resté vainqueur dans ces joutes périlleuses. *Frigg*, voyant qu'elle ne pourra pas détourner *Odinn* de son projet, consent à ce qu'il parte; mais, dans ses adieux, elle trahit son inquiétude, par les vœux qu'elle fait pour le succès et le retour heureux de son mari.

Odinn, déguisé en voyageur, et ayant pris le nom de *Pourvoit-au-voyage* (norr. *Gâng-râdr*) synonyme de *Voyageur*, se présente dans la demeure de *Vafthrûdnir*; il se tient debout dans l'allée (norr. *gôlf*), et dès qu'il se trouve en face de cet Iotne, il lui déclare qu'il est venu exprès pour éprouver son savoir. *Vafthrûdnir*, étonné qu'un étranger doute de sa science, et vienne le provoquer brusquement dans sa propre demeure, accepte le défi, en déclarant, avec colère, que l'étranger ne sortira plus de chez lui, à moins qu'il n'ait prouvé sa supériorité en sagesse. *Odinn*, pour apaiser la colère de son hôte, le rappelle aux devoirs de l'hospitalité, en faisant connaître son nom de *Pourvoit-au-voyage* et sa qualité de voyageur. *Vafthrûdnir*, fidèle à ces devoirs sacrés, dit à l'étranger de monter sur l'estrade et d'y prendre place. Mais *Pourvoit-au-voyage*, avant de jouir des avantages de l'hospitalité, voudrait donner une preuve de son mérite et de son savoir, et gagner ainsi, tout d'abord, sinon la bienveillance, du moins l'estime et le respect de son hôte. Car, comme tous les étrangers, sans distinction, avaient droit à une réception hospitalière, les hommes supérieurs, pour ne pas être confondus avec la foule, tenaient à se faire connaître comme hommes de mérite, dès leur entrée dans une maison, et à mériter le respect de leur hôte par la sagesse de leurs discours. C'est pourquoi *Pourvoit-au-voyage* garde sa place dans l'allée, et, à l'invitation de son hôte, qui l'engage à monter sur l'estrade, il répond qu'un étranger doit avant tout se faire estimer, surtout s'il est pauvre et s'il se trouve chez un homme, qui n'est pas précisément prévenu en sa faveur. *Vafthrûdnir*, voyant que *Pourvoit-au-voyage* ne veut jouir des droits de l'hospitalité qu'après avoir prouvé qu'il n'est pas un homme ordinaire, et, se doutant qu'il s'agira d'une lutte de science, lui adresse successivement quatre questions, dont la dernière est la plus difficile, parce qu'elle se rapporte aux choses à venir. L'étranger sachant répondre à toutes ces questions, *Vafthrûdnir* lui témoigne de l'estime, le fait asseoir auprès de lui, et l'engage à commencer le grand *assaut d'érudition*, auquel il l'a provoqué, et où il y ira de la vie du jouteur vaincu. Comme *Pourvoit-au-voyage* a provoqué cette joute, c'est à lui à interroger son hôte; il lui adresse trois séries de questions, chacune renfermant six demandes, soit en tout dix-huit questions, toutes plus difficiles les unes que les autres; les deux premières séries, ou les douze premières questions, se rapportent à l'origine de différents Êtres mythologiques, ou au passé du Monde; la troisième série, au contraire, soit les six dernières questions, se rapportent à l'avenir ou à la destinée future des Dieux et des hommes et à la fin du Monde. *Vafthrûdnir* ayant su répondre aux dix-sept premières questions, *Pourvoit-au-voyage* lui adresse, enfin, la dix-huitième, à laquelle, comme il en est convaincu, l'Iotne ne saura pas répondre, parce qu'elle se rapporte à un mystère qui n'était connu que d'*Odinn* et de *Baldur*. En même temps qu'il propose cette question fatale, *Pourvoit-au-voyage* sort de son déguisement. L'Iotne intelligent reconnaît *Odinn*, non-seulement à sa figure, mais aussi à la question qu'il vient de lui adresser; car il n'y avait qu'*Odinn* qui pût faire cette question, concernant un mystère dont lui-même était l'auteur et le seul initié vivant. *Vafthrûdnir* avoue donc qu'il est vaincu; il déplore son imprudence d'avoir voulu rivaliser avec le plus sage des héros, et il se soumet, avec résignation, à son sort malheureux.

Comme dernier exemple de ces luttes à outrance, nous citerons encore la tradition moitié historique, moitié légendaire, sur la joute poétique qui doit avoir eu lieu, de l'année 1206 à 1207, dans la résidence des Margraves de Thuringe, au château de Wartbourg, près de Eisenach. Cette joute est célébrée dans deux poëmes fragmentaires, soudés ensemble et connus sous le titre de *Guerre des Poëtes à la Wartbourg* (Der Singerkriec uf Wartburc). La première partie du poëme ressemble à un *Tournoyement*, c'est-à-dire à une composition poétique, où plusieurs poëtes-jouteurs prennent, chacun à son tour, la parole pour soutenir, en vers, leur opinion sur une question litigieuse.

Heinrich d'Ofterdingen commence par élever, au-dessus de tous les princes, son Maître, le généreux Léopold, septième duc d'Autriche. Après lui, *Walther de la Vogelweide*, loue, au contraire, le roi de France ; et *Heinrich de Risbach* donne la palme au Margrave *Herrmann de Thuringe*, leur hôte à la Wartbourg. Comme la lutte se dessine entre Risbach et Ofterdingen, celui-ci engage le combat à outrance, et désigne juges de la lutte *Reinmar de Zweter* et *Walther de la Vogelweide*. Alors *Biterolf* entre dans le Tournoyement, en chantant la louange du *Comte de Henneberg* ; *Ofterdingen* fléchit dans son plaidoyer pour Léopold, et se met à louér, outre le duc d'Autriche, encore le *Prince de Brandebourg*. Mais le puissant poëte *Wolfram de Eschenbach*, ayant pris la parole, se déclare hautement pour le Margrave Herrmann ; Ofterdingen faiblit dans la lutte poétique, et tous les assistants, juges et jouteurs, le déclarent vaincu, et, conformément aux conditions du combat, décident de le livrer à Maître Stempfel, le bourreau d'Eisenach. Mais sur les instances de la Landgrave Sophie, on permet à *Ofterdingen*, de se faire remplacer, dans la lutte, par *Klingsor* de Hongrie, et l'on arrête que la question de la préférence à accorder à Léopold d'Autriche ou à Herrmann de Thuringe, soit décidée par l'issue de la lutte poétique ou de l'espèce de *Tenson*, qui va avoir lieu entre *Klingsor* et *Wolfram d'Eschenbach*. *Wolfram*, quoique laïque, est le plus pieux, le plus mystique, et le plus savant des poëtes de son temps. *Klingsor*, quoique clerc, hait le clergé ; il est négromant, et a pour protecteur le démon *Basiant* ou *Nasian*, de Constantinople. Tous deux illustres poëtes, luttent, cette fois-ci, puissamment l'un contre l'autre, non en chantant la louange des Princes, qu'ils admirent personnellement, mais en se proposant réciproquement des *énigmes* à résoudre (voy. *Les Chants de Sôl*, p. 159). Ces énigmes plus ou moins difficiles, proposées sur des sujets appartenant à la Philosophie ou Théologie allégorico-mystique de l'époque, sont expliquées avec une sagacité victorieuse par l'un et par l'autre jouteur, de sorte que, à ce qu'il semble (car le poëme, qui est tronqué à la fin, ne l'énonce pas directement), la joute a dû être considérée comme une partie remise.

Ces combats scientifiques à outrance, dont nous venons de citer des exemples, bien qu'ils soient en partie fictifs, prouvent cependant que, dans l'Antiquité, la Science était considérée comme un moyen de puissance et de domination ; aussi, à ce titre, était-elle à la fois objet d'ambition et de jalousie ; on s'en réservait, autant que possible, la propriété exclusive, et on ne la communiquait qu'à regret à d'autres. Voilà pourquoi il est dit qu'il fallait contraindre, par la force, *Protée,* les *Sibylles*, les *Pythies* à Delphes, les *Valas* scandinaves, etc., à rendre leurs oracles. La Science, au lieu de tendre à se divulguer, se changea, au contraire, en une espèce de *Doctrine secrète*, qu'on gardait soigneusement, et qu'on transmettait seulement, ainsi qu'on le faisait pour la richesse et la propriété, aux membres de sa famille, et à ceux qu'on aimait ou qu'on favorisait spécialement. C'est ainsi que, dans l'origine, l'initiation aux Mystères chez les Grecs, était considérée comme une faveur extrême, qui ne fut accordée qu'à des hommes privilégiés, et après de longues épreuves. C'est ainsi que, selon la Mythologie norraine, *Odinn*, sous le nom de *Grimnir*, communique sa science à *Agnâr*, son protégé (voy. *Grimnismâl*); que *Hundla* revèle ses secrets à *Ottar* (voy. *Hyndlu-lioth*), son favori; que *Gripir* donne des instructions à *Sigurd* (voy. *Gripis-spâ*), son neveu, etc.

§ 28. La forme catéchétique de l'Enseignement. — En même temps que la jalousie donna à la Science le caractère d'une Doctrine *secrète*, elle lui donna également la forme du *Mystère*, en évitant, dans l'Enseignement, l'exposition claire et intelligible pour tout le monde, et en affectionnant, dans la Tradition, les formules mystérieuses, mystiques et énigmatiques. Telle est la cause principale de l'obscurité, dans laquelle les Sibylles, les Pythies, les Valas enveloppaient leurs oracles. Voilà pourquoi, chez les Scandinaves, le mot *rune* (*hrûna*, *rûna*; sansc. *çravanâ*, audition, auscultation, communication, tradition), qui, dans l'origine, signifiait simplement *tradition*, prit, de plus en plus, à mesure que la tradition devenait mystérieuse, la signification de *Tradition secrète* et de *Mystère*. Voilà pourquoi enfin, la forme obscure, alambiquée, énigmatique, qui aurait dû répugner à l'Enseignement, fut néanmoins employée, de préférence, dans la Tradition, de sorte que, dans l'Antiquité et au Moyen âge, l'*Énigme* (goth. *frisahts*, épreuve d'attention; norr. *getur*, devinations; vieux-allem. *tunchlî*, obscurité; moyen-all. *hâft*, retenue) devint une forme littéraire très-usitée, favorisée encore, en Occident, par le genre *allégorique*, introduit par l'Exégèse et la Théologie mystique des docteurs chrétiens.

De même que les Mystères ne furent communiqués qu'à des hommes privilégiés, de même la Science proprement dite ne fut transmise, par le Maître, qu'à ceux qu'il considérait comme ses disciples, ses enfants spirituels. Aussi l'Enseignement était-il générale-

ment *ésotérique*, et, encore, le Maître ne communiquait-il, directement, ni sans retenue, sa Science, pas même à ses disciples; il ne la
révéla que d'une manière plus ou moins aphoristique, et seulement
lorsqu'il était sollicité et provoqué à l'enseignement par les questions, que les disciples lui adressaient en lui indiquant les points
qui, seuls, les intéressaient spécialement ou sur lesquels ils dési-
raient particulièrement avoir des éclaircissements. C'est ainsi que
l'alternance des questions du Disciple et des réponses du Maître est
devenue la forme didactique la plus ancienne, et celle qui fut employée,
soit dans les discussions, soit dans les ouvrages philosophiques et
scientifiques, longtemps avant la forme directe ou discursive.

Cette forme *dialoguée* de l'Enseignement se retrouve jusque dans
la Poésie épique et dans l'exposé didactique des anciennes traditions. C'est ainsi que, dans le *Mahâbhârata* et le *Ramâyana*, le récit
n'est pas supposé se faire directement et d'une manière continue
par le *poëte* tout seul, comme cela se voit dans l'Iliade et dans
l'Odyssée, mais les histoires, dont se composent les épopées hindoues,
sont racontées successivement par différents personnages, qui sont
censés avoir été invités, par leurs interlocuteurs, à faire ces récits,
de sorte que, malgré la longueur des discours ou des récits, ces
poëmes ressemblent à un Entretien ou à un long et gigantesque
Dialogue. Comme les traditions *épiques* sont antérieures aux traditions *scientifiques*, on doit même admettre que la forme dialoguée
a existé dans les ouvrages épiques, avant d'avoir été employée dans
les ouvrages philosophiques ou scientifiques.

La forme dialoguée se trouve dans la plupart des plus anciens
livres philosophiques des Chinois, depuis les *Lun-yu* (Sentences) de
Khong-fou-tsö (Confucius), jusqu'aux Entretiens de *Meng-tsö* (Men-
cius). Elle se fait remarquer dans les discours philosophiques,
insérés, sous forme d'épisodes, dans le *Mahâbhârata*, tel que, par
exemple, le dialogue, connu sous le nom de *Chant du Bienheu-
reux* (sansc. *Bhagavad-gîtâ*), et qui est supposé avoir eu lieu entre
Bhagavan et *Ardjounas*. La forme dialoguée se trouve généralement
adoptée dans les Dialogues philosophiques de *Platon*, d'autant plus
qu'elle était exigée à la fois par la méthode socratique et par la méthode
dialectique, adoptée par ce philosophe[1]. Par imitation des dialogues
de Platon, cette forme passa également dans les ouvrages philoso-

---

1 Voy. *P. Janet*, Essai sur la Dialectique de Platon.

phiques de *Cicéron*, notamment dans les *Quæstiones Academicæ*, les *Quæstiones Tusculanæ*, le *De finibus bonorum et malorum*, etc. Aristotélès lui-même descendit à cette forme dans les développements *exotériques*, qu'il adressa aux gens du monde, bien qu'il se servît de la forme directe, discursive ou akroamatique dans l'Enseignement *ésotérique*, qu'il adressait à ses disciples, plus avancés dans la Science.

La forme *dialoguée*, parce qu'elle était plus populaire et plus appropriée à l'Enseignement élémentaire, donna naissance à la Méthode *catéchétique*, qui, dès le troisième siècle de notre ère, fut adoptée, par l'Église, pour l'Enseignement religieux. Plus tard, au Moyen âge, la forme dialoguée *catéchétique* fut encore employée dans toutes sortes d'ouvrages scientifiques, se rapportant au *Trivium* (Grammaire, Dialectique et Rhétorique) et au *Quadrivium* (Musique, Arithmétique, Géométrie et Astronomie). La méthode catéchétique prit, dans ces ouvrages, selon la capacité et l'avancement de l'élève, soit la forme *répétitoire*, quand l'élève ne faisait que répéter verbalement les paroles du Maître, comme, par exemple, dans le *Credo* et dans la *Rénonciation*[1], soit la forme *examinatoire*, quand le Maître interrogeait l'élève pour savoir, s'il avait retenu les matières de l'Enseignement, soit, enfin, la forme *catéchétique* proprement dite ou la forme *socratique*, quand, discutant avec le disciple, le Maître l'amenait à trouver, par lui-même, les vérités qu'il fallait apprendre.

Snorri voyait la forme *dialoguée* (dont nous venons d'indiquer, ici, l'origine, la raison d'être et les caractères essentiels), usitée de son temps, non-seulement dans l'Enseignement oral, mais encore dans les ouvrages didactiques et même dans les ouvrages de poésie. Il la voyait adoptée également dans les quelques poëmes de l'*Edda* qu'il connaissait (voy. p. 42), tels que les *Dits de Grimnir*, les *Dits de Vafthrûdnir*, le *Voyage de Skirnir*. Il jugea donc aussi convenable de l'adopter, à son tour, dans son ouvrage scientifique sur la Mythologie norraine. C'est pourquoi, au lieu d'exposer cette Mythologie sous forme *narrative* ou directe, comme l'a fait, par exemple, pour la Mythologie grecque, *Apollodôros*, fils d'Asklêpiadès, dans son ouvrage intitulé *Sur les dieux* et appelé aujourd'hui sa *Biblio-*

1. Exemple. *Dem.* : Crois-tu en Dieu, le Père tout-puissant ? *Rép.* : Je crois en Dieu, le Père tout-puissant. — *Dem.* : Renonces-tu au diable ? *Rép.* : Je renonce au diable, etc.

thèque, *Snorri* rédigea son Traité sous forme catéchétique, ou sous forme de *questions* et de *réponses*. Mais il lui répugnait d'employer la forme entièrement abstraite d'un *Questionnaire*, c'est-à-dire de présenter les questions et les réponses, sans désigner les personnages par lesquels les unes et les autres étaient faites; il ne se contenta pas même, comme cela se voit dans une foule d'écrits du Moyen âge, d'établir le dialogue entre deux personnages, pour ainsi dire, *stéréotypes*, nommés l'un le *Maître* (Magister), l'autre le *Disciple* (Discipulus); *Snorri* voulut donner au dialogue à la fois une forme plus animée et un à propos plausible plus direct. Il l'attribuait, par conséquent, à des personnages, supposés réels ou *historiques*, et ayant un intérêt particulier et immédiat, à se faire des questions et des réponses sur la *Mythologie scandinave*. Voilà pourquoi il imagina une histoire, dans laquelle l'exposé des mythes fût, en quelque sorte, *enchâssé*, ou qui pût servir d'*Encadrement*, pour y placer le *dialogue* ou le fond même de son ouvrage.

Nous sommes donc amené, maintenant, à traiter, d'abord, des *Encadrements littéraires* qu'on trouve dans la plupart des ouvrages de l'Orient, de l'Antiquité classique, du Moyen âge, et, même, par imitation, dans plusieurs ouvrages des temps modernes. Nous expliquerons, ensuite, en détail, comment s'est formé l'Encadrement dans lequel *Snorri* a enchâssé son exposé de la Mythologie norraine.

§ 29. Origine et raisons des Encadrements littéraires. — Nous avons vu (§ 26) qu'anciennement on envisageait généralement la Science non comme *impersonnelle*, mais comme inféodée, en quelque sorte, à la personne du savant. Il y avait donc aussi tendance de lui donner, pour base unique, l'autorité *personnelle*. La vérité n'était pas jugée en elle-même, et pour elle-même, mais d'après la foi qu'on avait en celui qui l'énonçait; et au lieu d'examiner quelle était la puissance intrinsèque de la Science pour commander notre conviction ou notre approbation, abstraction faite de toute autorité et même contrairement à toute autorité, on s'enquit, généralement, de tout ce qu'on considérait comme pouvant lui imprimer ce caractère d'autorité *personnelle*. De là, ce soin puéril d'indiquer la personne qui avait dit telle ou telle chose, plus ou moins sensée, et de rappeler les circonstances dans lesquelles cette chose avait été dite, ainsi que toute la série des personnes qui l'ont tenue, l'une de l'autre, par tradition orale. De là dans les livres des

Arabes, cette formule si fréquente : *tel a dit* (kâla), *lequel l'a appris de tel*, *qui le tenait de tel*, etc.; de là, dans la théologie rabbinique, et surtout dans le Talmoud, cette énumération si ridiculement minitieuse de toutes les circonstances, dans lesquelles un fait, une idée ont été exposés; de là encore, chez les Hindous, cette manie de rapporter la valeur d'une règle médicale ou juridique, à l'autorité d'un *dévarchis* (Saint céleste), ou la valeur d'une règle de grammaire, à l'autorité du grammairien céleste *Panini*. Or, de cette habitude d'appuyer la vérité sur des raisons d'autorité *extérieure*, est résulté l'usage, généralement adopté par les auteurs, de rattacher le sujet de leur ouvrage à l'exposé des circonstances, dans lesquelles ce sujet est censé avoir été traité. Dans la plupart des cas, ne pouvant rappeler des circonstances réelles, on en imagina de *fictives*, et l'on tâcha ensuite de rendre ces fictions aussi intéressantes, circonstanciées et vraisemblables que possible; de sorte que l'histoire fictive, qui était ainsi racontée en tête d'un livre, d'abord uniquement pour l'accréditer auprès du lecteur, devint encore, et surtout dans les ouvrages de littérature, un Encadrement, ayant pour but de rendre cet ouvrage d'autant plus *intéressant* ou amusant.

Comme, en littérature, on a d'abord composé des ouvrages exposant des *faits* plus ou moins *historiques*, avant de composer des ouvrages exposant des *notions* plus ou moins *scientifiques*, les Encadrements se font remarquer, d'abord, dans la poésie *épique*; aussi les trouve-t-on généralement dans les épopées de l'Inde. C'est ainsi, par exemple, que, dans le *Mahâbhârata*, le récit du Déluge est enchâssé dans un encadrement, consistant en une histoire épique traditionnelle ou fictive, d'après laquelle les fils de *Pandous* ou les Pandouïdes (sansc. *Pândavâs*), savoir les cinq frères *Youdhischthiras*, *Bhîmas*, *Ardjounas*, *Nakoulas* et *Sahadaivas*, vivaient exilés dans une forêt solitaire, où le Brahmane *Markhandéyas* est venu les visiter, et pour leur faire oublier leurs chagrins, leur a raconté d'anciennes histoires ou traditions épiques. Un jour l'aîné des frères, *Youdhischthiras*, l'ayant prié de leur raconter la vie de *Manous*, fils de Vivasvan, le Brahmane leur fit le récit du Déluge. Ce récit est donc renfermé dans l'encadrement formé par l'histoire du Séjour des Pandouïdes dans la Forêt, et il se trouve dans la troisième partie du Mahâbhârata, intitulée, d'après cet encadrement même, le *Chapitre de la Forêt* (sansc. *Vana-parvvan*). Les encadrements furent, à plus forte raison, adoptés aussi dans presque tous les ouvrages *didactiques* des Hindous. Comme exemple nous citerons l'ouvrage intitulé *Enseignement salutaire* (sansc. *Hitaupadaiças*). C'est proprement un Recueil d'apologues ou de fables. Mais ces apologues ne nous sont pas présentés, l'un après l'autre, sans lien extérieur entre eux, comme, par exemple, les fables d'*Ésope*, de *Lokmân*, de *Phèdre* ou de *La Fontaine*. Tous ensemble sont enchâssés dans un Récit général, qui expose comment cette collection s'est successivement formée, et dans lequel s'emboîtent d'autres narrations particulières, qui font voir, dans quelles circonstances les différents apologues ont été débités. Ainsi l'Encadrement général de ce livre consiste dans un récit exposant que *Soudarçanas*, roi de Patalipoutra, sentit la nécessité de faire instruire ses fils ignorants et méchants; que, pour trouver un précepteur, il assembla les brahmanes; que *Vichnousarmas* s'offrit d'instruire les princes en six mois, et qu'effectivement, après ce laps de temps, ce sage présenta à leur père les princes complétement changés quant à leur conduite et à leur instruction. Dans cet Encadrement général se trouvent emboîtés les encadrements particuliers, qui consistent à exposer comment le précepteur s'y prit, pour instruire les princes; comment il leur a débité des vers, renfermant des maximes de morale et des allusions à des fables, et comment, sur le désir exprimé par ces princes de connaître ces fables, auxquelles le Maître avait fait allusion, celui-ci les leur a ensuite racontées. Ce même système d'encadrement et d'emboîtement se trouve dans la plupart des ouvrages narratifs et didactiques des littératures persane et arabe.

Nous ne parlerons pas des ouvrages philosophiques de Platon, ni de ceux de Cicéron, dans lesquels on trouve une histoire fictive, servant d'Encadrement au dialogue, et destinée à faire connaître les interlocuteurs, le temps, le lieu, les circonstances et les incidents de ces discussions philosophiques. Quant aux ouvrages appartenant au Moyen âge de l'Orient et de l'Occident, nous rappellerons seulement les Contes des mille et une nuits et le *Décamerone* de *Boccacio*, deux Recueils de contes, qui appartiennent déjà presque aux temps modernes, mais qui résument, en quelque sorte, le système d'encadrement usité dans la plupart des ouvrages narratifs et didactiques du Moyen âge, en Asie et en Europe. La Scandinavie, elle aussi, avait adopté cet usage littéraire, presque dès le commencement de la littérature norraine. C'est ainsi, par exemple, que l'auteur du poëme eddique *Vafthrûdnismâl* s'est servi du Mythe sur la lutte entre Odinn et l'Iotne Vafthrûdnir, comme d'un cadre, dans lequel il a enchâssé l'exposé sommaire de plusieurs traditions mythologiques. Le même procédé a été suivi, dans un but semblable, par l'auteur du poëme eddique, intitulé *Dits de Grimnir* (norr. *Grimnismâl*). Ajoutons encore que l'auteur du poëme eddique, intitulé *Dits d'Alvîs* (norr. *Alvîs-mâl*) a formé également, du Mythe sur Thôr trompant le Dverg Alvîs, l'Encadrement dans lequel il a renfermé un petit Traité du Langage poétique, qui est, en quelque sorte, le germe du *Skaldskaparmâl* dans l'Edda de *Snorri* (voy. p. 31).

On le voit, l'usage des *Encadrements* littéraires était généralement adopté pour la plupart des ouvrages narratifs et didactiques, dans l'Antiquité et au Moyen âge, en Orient et dans l'Occident. Ces Encadrements ne servaient pas seulement à réunir, entre elles, par un lien extérieur, des productions littéraires de la même espèce, telles que, par exemple, des fables ou des contes, comme cela se voit dans l'*Hitaupadaïça*, ni à motiver, en quelque sorte, les dialogues, en indiquant les interlocuteurs et les circonstances qui les ont fait naître, comme cela s'est fait dans les Traités philosophiques de Platon, ils servaient encore, et surtout dans les ouvrages littéraires proprement dits, comme, par exemple, dans le *Décamerone*, à ajouter un agrément de plus, celui d'une histoire intéressante qui encadrait tout l'ouvrage. Aussi, pour renforcer l'intérêt, qui, de la forme extérieure d'un ouvrage, rejaillissait naturellement sur le fond même, on employait souvent l'Encadrement comme un moyen propre à produire ce résultat. Ensuite, pour donner un intérêt plus dramatique à cette histoire servant d'Encadrement, on y représentait quelquefois le dialogue, non pas comme un simple entretien ou une discussion scientifique, mais comme une *lutte* d'esprit, une *tenson*, un *tournoiement*, une *joute* de science, un *assaut* d'érudition et de sagacité (voy. p. 54). Puis, pour augmenter encore l'intérêt dramatique qui s'attachait à une telle joute, on en agrandissait, dans certains cas, l'importance qu'elle avait, par son issue, en montrant que cette issue n'entraînera pas seulement l'humiliation morale, mais la mort du vaincu, les jouteurs ayant mis leur vie en enjeu. Enfin, pour rendre la joute encore plus difficile, plus chanceuse et par conséquent plus remplie d'émotion, les questions que s'adressaient les jouteurs étaient quelquefois présentées sous forme d'*énigmes*, comme par exemple, dans la joute poétique à la Wartbourg (voy. § 27).

§ 30. Origine de l'Encadrement du Traité de Snorri. — Comme ces différentes espèces d'encadrements se faisaient remarquer dans la plupart des ouvrages littéraires et didactiques de son temps, *Snorri* songea aussi, naturellement, à revêtir son ouvrage scientifique de cette forme si généralement admise. Il s'agissait donc, pour lui, de trouver une histoire qui pût servir d'*Encadrement* à son Exposé de la Mythologie norraine. Cet Encadrement pouvait être, soit une histoire fournie directement par la Mythologie elle-même, comme, par exemple, dans le *Vafthrûdnismâl*, le *Grimnismâl* et l'*Alvismâl*, soit une histoire *imaginée* par l'auteur, et arrangée avec des éléments empruntés à la tradition mythologique, comme, par exemple, dans la *Tradition de l'Hôte des Nornes* (norr. *Norna Gests Saga*), où l'histoire mythico-épique de Sigurd et des Volsungs est supposée être racontée, au roi *Olaf*, par l'*Hôte des Nornes*, qui est dit âgé de 300 ans, et dont les aventures forment l'Encadrement de cette *Saga*.

Snorri ayant adopté, pour exposer la Mythologie norraine, la forme de *dialogue*, il fallait, pour que les questions et les réponses fussent convenablement *motivées*, que l'histoire, qui devait servir d'Encadrement, mît en scène, principalement, deux Interlocuteurs, l'un interrogeant, parce qu'il *ignorait* complétement la Mythologie norraine, et l'autre répondant, parce qu'il la *savait* à fond. Or, comme, chez les Norrains, tout le monde était censé connaître cette Mythologie, depuis que l'Odinisme se fut répandu dans le Nord, il fallait, pour trouver quelqu'un qui pût l'ignorer, remonter à l'époque où, selon les idées evhéméristes de *Snorri* (v. § 22), *Odinn* venait seulement de quitter l'Asie, et après s'être établi, successivement, dans l'*Empire des Enceintes* (norr. *Garda-riki*) en Russie, puis au *Pays de Saxe* (norr. *Saxland*), s'était enfin fixé, depuis peu, à *Odinsey*, en Fionie. A cette époque, qui, d'après le calcul de *Snorri*, correspondait à peu près au commencement de notre ère (v. § 22), *Odinn* et ses sectateurs, c'est-à-dire les Peuples scandinaves proprement dits, n'avaient pas encore pénétré en *Suède*. Ce pays était donc encore uniquement occupé par des peuples *finnes*, qui, n'ayant pas adopté la religion d'*Odinn*, ignoraient complétement la Mythologie scandinave. C'est donc parmi les personnages mythiques des *Finnes*, établis en Suède, que *Snorri* choisit le personnage dont il fit le premier Interlocuteur dans le dialogue de son ouvrage. Ce personnage choisi était le roi mythique *Gulfi* (norr. *Gylfi*). Pour second Interlocuteur, qui avait à *répondre* aux questions faites par *Gulfi*, *Snorri* dut naturellement choisir *Odinn* lui-même, le contemporain de *Gulfi*, l'auteur de la religion scandinave, celui qui, d'après la Mythologie norraine, passait pour le plus *savant*, le plus intelligent et le plus *rusé* des Ases, et qui était déjà représenté, comme tel, dans le poëme eddique : Les *Dits de Vafthrûdnir*, (v. p. 55), que *Snorri* prit précisément, comme modèle, pour composer certaines parties de l'Encadrement de son Traité. D'après les idées evhéméristes de *Snorri* (v. p. 45), *Odinn* était à la fois Roi et Père des Scandinaves ; par des supercheries, et moyennant des pratiques de magie, il était parvenu à faire passer, lui et les siens, pour des dieux. Avant qu'il eût pris possession de tous les Pays du Nord et qu'il y eût introduit son culte, il était, comme le supposait *Snorri*, établi en Danemark, et résidait à *Odins-ey* (Ile d'Odinn ; danois *Odensö*), en Fionie (norr. *Fiôn* ; cf. gaël. *fionn*, brillant, oriental). C'est là qu'eut donc lieu, selon *Snorri*, l'entrevue et le dialogue entre *Gulfi*, le roi finne, venu de la Suède, et *Odinn*, le roi de la Marche dane (norr. *Dan-mörk*).

Pour amener ensuite, et pour motiver, en quelque sorte, l'entrevue et le dialogue en question, *Snorri* imagina ou dut supposer que *Gulfi* avait un intérêt tout particulier d'apprendre à connaître la Mythologie norraine. Ce ne pouvait être un intérêt purement *scientifique*, qui l'eût poussé à venir en Fionie ; puisque, dans ces temps, on ne s'intéressait pas à la *Science* pour elle-même, mais seulement pour les avantages qui en résultaient (v. p. 53). *Gulfi* voulait donc connaître la religion d'*Odinn*, uniquement, parce qu'il espérait y trouver le moyen de se maintenir comme roi de Suède, ou le moyen de s'opposer à l'envahissement dont le menaçait *Odinn*. En effet, *Gulfi* avait appris à connaître la puissance prodigieuse des *Ases*, par un événement extraordinaire, qui, rapporté par la tradition mythologique, fournit à *Snorri* un récit qu'il fit entrer, comme partie intégrante, dans la composition de l'Encadrement de son Traité. Cette tradition, que *Snorri* a encore racontée dans son ouvrage historique, le *Cercle du Monde* (*Ynglinga-saga*, chap. 5), énonçait qu'*Odinn*, après avoir soumis beaucoup de principautés, dans le *Gardariki* et en *Saxe*, et après les avoir données à gouverner à ses nombreux fils, s'établit à *Odinsey* en Fionie. Mais comme il lui restait encore d'autres fils à établir, il dut songer à faire de nouvelles conquêtes dans le Nord, principalement en Suède. Il envoya donc, pour reconnaître ce pays, *Gäfion*, l'épouse de *Skiöldr*, la déesse adorée en Fionie. Cette femme d'Ase, ou *Asynie*, pour bien remplir son rôle d'espionne, et afin de ne pas éveiller les soupçons du roi *Gulfi*, prit, moyennant la magie, dont elle disposait en sa qualité d'Asynie, l'extérieur d'*une Femme ambulante* (norr. *farandi kona*), c'est-à-dire d'une Devineresse (norr. *Spâkona*), ou d'une Prophétesse ou Magicienne, appelée aussi *Fille de Loup* chez les Slaves (sl. *Volchova*) et chez les Scandinaves (norr. *Völva*). Ce déguisement lui facilita beaucoup sa mission; car il était d'usage, dans l'Antiquité et au Moyen âge, d'envoyer en ambassade des Prophétesses, aussi bien que des Devins et des Poëtes (v. *Les Gètes*, p. 128). Ces femmes étaient donc toujours et partout bien reçues, et d'autant mieux accueillies, que non-seulement elles étaient à même de prédire l'avenir aux personnes qui les recevaient, mais aussi de les amuser, soit en leur racontant les histoires des pays qu'elles avaient parcourus, soit en chantant des poësies *mythologiques* (norr. *kvædi*; gr. *muthoï*; sansc. *çrouti*), ou des traditions *épiques* (norr. *sögu liôth*; gr. *logoï*; sansc. *smrti*). Aussi ce fut par ses récits et ses chants que la déesse *Gäfion*, déguisée en femme ambulante, gagna la faveur du roi finne *Gulfi*, lequel, pour la récompenser du *passe-temps* (norr. *skemtun*) ou du divertissement qu'elle lui avait procuré, lui concéda, suivant la tradition, dans son domaine, *quatre* journaux de terre, c'est-à-dire autant de terrain qu'elle en pourrait labourer en quatre journées, avec une charrue attelée de deux bœufs, ou bien autant qu'elle en labourerait avec quatre bœufs, en deux journées, c'est-à-dire en un jour et une nuit. *Gäfion*, acceptant cette concession, et usant de ruse (laquelle passait pour très-légitime dans l'Antiquité; voy. *Les Gètes*, p. 115), se rendit dans le *Séjour des Iotnes*, au Nord de la Finlande ou de la Suède. Elle y conçut d'un Iotne et mit au monde quatre fils, qui avaient la force *titanique* de leur père; elle les métamorphosa en taureaux, moyennant la magie qu'elle savait pratiquer, comme Asynie et comme Femme de vision; puis, les ayant attelés à une charrue gigantesque, elle enleva, du sol de la Suède, en un tour de labour, une partie du terrain, qu'elle poussa dans la mer, et dont elle forma son domaine, l'île continentale appelée aujourd'hui la *Sélande*, entre la Fionie et la Suède. C'est, par ce fait *prodigieux*, qu'elle donna à *Gulfi*, une haute opinion de la puissance de la race des *Ases*, à laquelle elle appartenait, et éveilla en lui la crainte de se voir enlever son royaume de Suède, par l'envahissement de ces puissants voisins. *Gulfi* avisa donc aux moyens de leur tenir tête, en prévenant le danger; et il jugea qu'il serait naturellement aussi puissant qu'eux, s'il pouvait disposer, comme eux, de ce qui était la *cause* de leur supériorité. Or, selon l'opinion des peuples polythéistes, la puissance des hommes avait pour cause ou bien leur *nature* supérieure, en tant qu'ils étaient issus de quelque divinité, ou bien le *culte* des dieux qu'ils adoraient, et qui, pour prix ou en échange de cette adoration, leur donnaient la grandeur et la puissance, ou bien, enfin, les moyens ou pratiques de *magie* dont ils savaient user, et par lesquels ils pouvaient se rendre les égaux des dieux, ou même se passer d'eux (voy. *Les Gètes*, p. 151). D'après ses idées evhéméristes, *Snorri* dut penser que *Gulfi* prenait, comme lui-même, les Ases pour des *mortels*, et qu'il ne supposait pas que leur puissance extraordinaire pût provenir de leur nature *divine*, à laquelle, lui-même, ne croyait pas. D'un autre côté, *Gulfi* dut se croire capable de lutter, en fait de *magie*, avec les Ases, puisqu'il appartenait à la race des *Finnes*, qui, de tout temps, excellaient dans ces pratiques, au point que leurs voisins, les Scandinaves, ont appris d'eux cet art, et que les Russes leur ont donné le nom de *Merveilleux* (*Tchoud*), ou de *Magiciens* (russ. *Tchoukhonsi*). *Gulfi* dut donc supposer que la puissance extraordinaire des Ases leur venait uniquement des dieux qu'ils adoraient et auxquels ils sacrifiaient, et il pensa que s'il parvenait à connaître ces dieux, il pourrait, en les adorant, obtenir d'eux une puissance *égale* à celle des Ases, ses rivaux. C'est donc pour *apprendre à connaître ces divinités et la manière de les adorer*, qu'il entreprit le voyage au nouvel *Enclos-des-Ases* (voy. p. 45), situé à *Odinsey*, en Fionie, où résidait alors Odinn et sa bande.

La connaissance des dieux, de leurs noms, de leur caractère, de la manière traditionnelle de les adorer, et des prières qu'il fallait leur adresser, dans les différentes circonstances, où l'on avait besoin de leur intervention et de leur secours, constituait une partie principale et essentielle de ce qu'on appelait, dans le Nord, les *Mystères*, ou Secrets *traditionnels* (norr. *rûnar*, voy. p. 58) ou les Antiquités (norr. *fornir stafir*; sansc. *pourâna*; lat. *antiqua*). Comme la connaissance de ces Mystères procurait de si grands avantages à ceux qui la possédaient, on ne les révélait guère qu'à ses meilleurs amis, ou à ceux qu'on voulait particulièrement favoriser (voy. p. 58). *Gulfi* n'étant pas l'ami des Ases, ne pouvait pas espérer qu'ils voulussent, par une faveur spéciale, lui apprendre ces mystères ; il ne pouvait pas, non plus, contraindre *Odinn*, par la *force* (voy. p. 57), à lui révéler ses secrets ; il ne lui restait donc, pour arriver à ses fins, d'autre moyen que d'avoir recours à la *ruse*. En conséquence, il s'avisa de l'expédient suivant. En allant provoquer *Odinn* à une joute *scientifique*, au sujet de la Mythologie, il était sûr, en piquant d'honneur cet Ase, de se faire donner par lui des réponses à toutes les questions qu'il lui adresserait ; et ainsi, sans rien savoir lui-même des matières sur lesquelles il interrogeait, seulement en se posant comme examinateur d'*Odinn*, et comme son rival dans la connaissance de la Mythologie, il pouvait se faire révéler par cet Ase tous les secrets qu'il lui importait de connaître. Mais pour réussir dans l'exécution de ce plan, il était nécessaire que *Gulfi* restât parfaitement *inconnu* aux Ases, afin qu'ils ne soupçonnassent pas qu'il fût leur rival et que son but pût être de se mettre en possession des secrets, qui étaient la cause supposée de leur puissance. Aussi, pour ne pas être reconnu par *Gäfion* et par les Ases, *Gulfi*, par le moyen de la *magie*, qu'il possédait par suite de son origine finne, revêtit l'extérieur d'un vieillard, ayant l'air d'être plein de science, de sagesse et d'expérience, et capable de se mesurer, en cela, avec les plus savants et les plus expérimentés. Ensuite, suivant l'usage des magiciens, qui quelquefois allaient en *espions* (norr. *niosnar menn*, hommes d'exploration), reconnaître certains pays, et qui s'y transportaient, d'une manière surnaturelle, en un *clin* d'œil (norr. *svip.*), à travers les airs, *Gulfi* se rendit également, en un instant, par le *transport instantané* (norr. *svip-för*), du lieu de sa résidence en Suède, à Odinsey, où résidait *Odinn*. Ce qui lui arriva, en entrant dans cette résidence, *Snorri* le raconte en imitant quelques traits qu'il copie en partie des *Dits de Vafthrûdnir*, en partie du récit populaire de l'arrivée de *Thôr* chez *Loki de l'Enclos-Extérieur*, récit que *Snorri* a reproduit encore dans le corps même de son ouvrage *La Fascination de Gulfi* (voy. Comm. § 145). Ainsi, de même que, dans les *Dits* de *Vafthrûdnir*, *Odinn*, qui vient dans la demeure de cet Iotne pour lutter avec lui, se fait passer pour un voyageur nommé *Pourvoit-au-voyage* (norr. *Gangrâdr*), de même *Gulfi* s'annonce aussi comme un voyageur nommé *Piétonneur* (norr. *Gangleri*) ; et, dans le paragraphe 5, *Snorri* confond même

Gangrâdr avec *Gangleri*. Ensuite, de même que *Loki de l'Enclos-Extérieur*, à l'approche de *Thôr*, prépare, pour fasciner son hôte, toutes sortes d'illusions magiques, de même ici, dans l'Encadrement du Traité, les Ases, prévoyant, par suite de leur science surhumaine, l'arrivée de *Gulfi*, préparèrent, par la magie, des moyens de fascination, qui mirent cet hôte tout d'abord dans l'étonnement et dans la perplexité.

Piétonneur ayant provoqué le Maître des Ases à une joute scientifique, le *dialogue* (voy. p. 52) commence, et les questions et les réponses se suivent de côté et d'autre. Comme l'intention réelle de *Gulfi* est de s'*informer* sur la Mythologie, le dialogue est proprement du genre *interrogatoire*; mais, comme *Gulfi* a besoin de se donner l'air d'un examinateur savant, le dialogue a, extérieurement, la forme *examinatoire* (voy. p. 60). Ce dialogue, bien qu'il présente quelquefois ce qu'on appelle un intérêt dramatique, n'est cependant jamais *dramatique* à proprement parler. En effet, ce qui distingue essentiellement le dialogue du *drame*, des dialogues tels que nous les trouvons dans les ouvrages *didactiques* et *narratifs* de l'Antiquité, de l'Orient et du Moyen âge, c'est que, dans le *drame*, nous sommes censés entendre *directement* les paroles de la bouche même des interlocuteurs, tandis que, dans l'ouvrage de *Snorri*, comme dans tous les ouvrages du même genre, nous n'avons qu'un dialogue *rapporté*, c'est-à-dire que nous entendons seulement la relation, ou, en quelque sorte, le procès-verbal des paroles échangées entre les interlocuteurs. Voilà pourquoi, dans les narrations épiques, par exemple, des Hindous, le discours ou le récit des différents interlocuteurs, est toujours précédé des mots: *Tel dit* (sansc. *ouvâtcha*). Dans la *Divine Comédie* de Dante, qui est un poëme essentiellement *didactique*, et où il y a un grand nombre de dialogues, ces dialogues sont tous *relatés*. Dans le poëme eddique, intitulé *Les Sarcasmes de Loki* (voy. Poëmes islandais), et qui est entièrement dialogué, les paroles de chaque interlocuteur sont aussi relatées après la formule : *Tel dit* (norr. *kvad*). Il en est de même ici dans l'ouvrage de *Snorri*, où les questions et les réponses sont relatées après les formules usitées et, en quelque sorte, *stéréotypes* de : *Alors Piétonneur dit; alors Sublime répond* etc. Aussi, comme le dialogue de *La Fascination de Gulfi* n'est pas, à proprement parler, *dramatique*, mais est toujours rattaché à la forme *narrative*, les paroles des Interlocuteurs sont, en quelque sorte, des *citations* faites par l'auteur, et c'est pourquoi nous avons cru devoir les guillemeter, comme cela se fait toutes les fois qu'on rapporte les paroles d'autrui.

Le Chef des Ases sachant toujours répondre aux questions qui lui étaient adressées, et *Gulfi* pouvant toujours adresser de nouvelles questions indéfiniment, la victoire ne pouvait se déclarer, non plus, ni pour l'un ni pour l'autre des deux jouteurs. La joute devait donc être considérée comme une *partie remise*, et c'était à celui qui répondait, à terminer brusquement l'examen, qui, sans cela, se serait prolongé à l'infini. Les Ases finirent, comme ils avaient commencé, par un acte de *magie*, ou d'enchantement; et c'est à cet acte de magie, opéré au commencement et à la fin de l'histoire qui forme l'Encadrement du Traité, que se rapporte le titre de *Fascination de Gulfi*, choisi par *Snorri* pour cet ouvrage scientifique.

§ 31. Titres d'ouvrages dans l'Antiquité, en Orient et au Moyen âge. — Dans l'Antiquité, au Moyen âge et en Orient, les titres qu'on donnait aux ouvrages n'exprimaient que rarement le contenu ou la nature du livre : le plus souvent c'étaient des titres de fantaisie, empruntés à différentes circonstances fortuites et accessoires. Quelquefois, comme, par exemple, pour plusieurs écrits de l'Ancien Testament, le titre n'était autre que le premier mot par lequel l'ouvrage commençait; ainsi *Beréschit* (Au commencement) désignait la Genèse ou le premier livre du Pentateuque; *Vayikrâ* (Et il appela) devint le titre du Lévitique ou du troisième livre du Pentateuque, etc. Quelquefois les ouvrages étaient nommés d'après l'endroit où ils étaient censés avoir été composés : tels étaient les Contes *Milésiens* (gr. *Milèsiaka*; lat. *Milesii sermones*), composés par *Aristidès de Milet*; les *Nuits attiques* (*Noctes atticæ*), Mélanges rédigés par *Aulus Gellius*, à *Athènes*, durant les longues veillées d'hiver; les *Discussions Tusculanes* (*Quæstiones Tusculanæ*), entretiens philosophiques, qui sont supposés avoir eu lieu à la maison de campagne de Cicéron, à *Tusculum*. Quelquefois aussi le titre était une allusion à une circonstance tout à fait fortuite, rapportée dans le livre. Ainsi, par exemple, un drame sanscrit, attribué à *Soudrakas*, roi d'Oudjaïni, vers 180 de notre ère, est intitulé : *Chariot de glaise* (sansc. *Mritchakatikà*), parce qu'il y est dit, par hasard, que la femme Vasantaséna a fait cadeau d'un joujou, d'un petit chariot de glaise, à l'enfant de sa rivale. Tantôt le titre de l'ouvrage fait allusion, en guise de charade, au nom propre de l'auteur; c'est

ainsi, par exemple, qu'un poëme idyllique dialogué, dans lequel, comme
dans le *Nuage Messager* (sansc. *Megha-douta*), de Kâlidâsas, une jeune
femme regrette l'absence de son mari volage, est intitulé *Cruche brisée*
(*Ghata karparam*), par la raison que *Ghata karparas* était le nom
de l'auteur, qui vivait à la cour du roi Vikramâdityas. A la fin de ce
poëme, l'auteur énonce son nom, en disant qu'il s'engage, envers
celui qui le surpasserait dans l'artifice du langage poétique, à porter
de l'eau dans une *cruche brisée*, ou, comme aurait dit un Grec, à remplir
le tonneau des Danaïdes. Néanmoins Ghatakarparas, à ce que rapporte
la tradition, fut vaincu, dans cette joute poétique (voy. p. 56), par
son collègue, le poëte *Kâlidâsas*, l'auteur du poëme épique intitulé *La
Splendeur de Nalas* (sansc. *Nalaudayas*). Quelquefois le titre désigne,
par une expression exagérée, l'étendue et la grandeur de l'ouvrage.
Ainsi, par exemple, un Recueil de contes, composé par *Saumadaivas*,
porte le titre de *Mer des fleuves du récit* (sansc. *Kâtha-sarit-sâgara*).
Un dictionnaire arabe, renfermant 60,000 mots et composé par
Medjd-eddin-Mohammed, né à Firouzabâd, en Perse, et mort en 1414 de
notre ère, porte le titre pompeux de *Océan* (arab. *Al-Kâmous*); et le
dictionnaire persan, que le sultan d'Oude a fait imprimer en 1822 et
qui comprend 7 tomes, porte le titre plus pompeux encore de l'*O-
céan septuple* (pers. *Heft kolsoum*). Un livre classique des Chinois,
renfermant à peu près 10,000 mots, est intitulé *le Livre des 10,000
mots* (chin. *Wan-yen-yu*). Quelquefois le titre est l'expression exagérée de l'*effet* que doit produire l'ouvrage sur le lecteur. Ainsi, par
exemple, une comédie attribuée à *Kâlidâsas*, et qui est un persif-
flage des Princes et de leurs parasites les Brahmanes, est intitulée
Mer du rire (sansc. *Hâsyarnava*). Ou bien le titre est l'expression
indirecte de l'utilité et du mérite du livre; ainsi, par exemple, un
Recueil bien connu de sentences morales et de fables, en sanscrit,
est intitulé *Enseignement salutaire* (sansc. *Hitaupadaiças*). Un ouvrage
de morale de *Sankaras Atchâryas* est intitulé *Pilon de l'Ignorance*
(sansc. *Mauha-moudgaras*; cf. lat. *Malleus hæreticorum*). Une dis-
sertation philosophique, en pehlevi, sur l'origine du mal et sur les
devoirs moraux, est intitulée *Destruction du doute* (pehl. *Chekend-
goumani*). Un dictionnaire d'extraits des différents auteurs chinois,
porte le titre de *Précieux Miroir pour éclairer l'esprit* (chin. *Ming-
sing-pao-kien*). Un ouvrage sanscrit sur la Mythologie hindoue, est
intitulé *Miroir des trois mondes* (sansc. *Traïlôkya-darpanas*). L'en-

cyclopédie composée, au treizième siècle, par le savant Dominicain
Vincent de Beauvais, porte le titre de *Grand miroir* (*Speculum majus*).
Le Recueil de contes moraux et allégoriques, composé par *Moïn-
Eddin-el-Djouvaini*, vers 1660, est intitulé *Galerie des images*
(pers. *Nigaristan*). Enfin, pour citer un dernier exemple, l'édition
complète des œuvres du poëte persan *Cheïkh Moslih Eddin Saadi*,
a été publiée à Calcutta, en 1791, sous le titre de *Salière poétique*.

§ 32. **Titres d'ouvrages norrains et du Traité mythologique de Snorri.** — Les différentes manières d'intituler les livres
se retrouvent également dans la littérature norraine. En langue norraine, le mot *bôk* (v. h. all. *bôh*; anglos. *bôk*; goth. *boka*), qui signifie
livre, dérive de *bôka* (v.h.all. *bôha*; anglos. *bece*; gr. *fègos*; lat. *fagus*;
cf. sansc. *bhourdjas*; pol. *brzoza*; russ. *bereza*), signifiant *hêtre* ou
bouleau, parce que, originairement, on traçait des caractères sur le bois,
ou sur l'écorce ou le *liber* de cet arbre. Or ce mot *bôk* est du genre *féminin*. C'est pourquoi la plupart des livres norrains portent un nom
ou un titre féminin. Ainsi le neveu de *Snorri*, *Olaf*, surnommé le
Poëte blanc (norr. *Hvita-skald*), a donné au Recueil des écrits de
son oncle, qu'il avait composé, et dont le premier exposait d'anciennes
histoires mythologiques, le titre de *Grand'mère* (norr. *Edda*; voy.
p. 39), parce que ce premier écrit, qui est le *Gylfaginning*, renferme des
récits comme en faisaient ordinairement les personnes âgées. Le plus
ancien Code de lois des Islandais, recueilli d'abord en 1118 par
l'homme de loi (norr. *Lag-madr*) *Bergthôr*, fils de Rafn, et ensuite
revu et augmenté, de 1123 à 1135, par le successeur de *Bergthôr*,
le savant *Gudmund*, fils de Thôrgeir, fut intitulé l'*Oie grise* (norr.
Grd-gds), parce que ce recueil renfermait, à ce qu'on prétendait, des
lois et des coutumes très-anciennes, et que l'oie grise, à laquelle on
attribuait, dans le Nord, une *longévité* plus grande encore qu'au corbeau, y passait naturellement pour le symbole de la vieillesse ou de
l'ancienneté. La courte biographie des cinq premiers évêques résidant à Skalholt, en Islande, fut intitulée *Excite-appétit* (norr. *Hungr-
vaka*), parce que cet ouvrage devait, en quelque sorte, donner
envie de connaître la suite de cette histoire (voy. *Biskupa-sögur* I, 57-
86). Un recueil encyclopédique du douzième siècle, renfermant des
curiosités physiques et géographiques, et des règles de conduite
pour les hommes de cour, porte le titre de *Miroir royal* (norr. *Ko-
nungs-skuggsid*). L'ouvrage historique de *Snorri*, qui traite des rois

de Suède et des rois de Norvége, depuis les temps mythiques jusqu'à
Magnus, fils d'Erling, vers 1176, et qui, dans les manuscrits, porte
le titre de *Vies des Rois de Norvége* (*Æfi Noregs konunga*), ou *Histoires des Rois de Norvége* (*Noregs konunga sögur*), a reçu plus tard,
peut-être du neveu de *Snorri*, le titre de *Heimskringla* (*Cercle du
Monde*), soit parce que cet ouvrage, après la préface, commence
par les mots: « *Il est dit que dans ce Cercle du Monde, etc.,* » soit
qu'on voulût exprimer, par ce titre, que cet ouvrage renfermait une
grande partie de l'histoire du Monde.

Le titre de *Fascination de Gulfi*, que porte le Traité mythologique
de *Snorri*, ne se rapporte pas au *fond* de l'ouvrage, mais seulement
à une particularité de l'*Encadrement*. Les Ases étant, selon l'opinion
de *Snorri*, des imposteurs et de grands magiciens (voy. p. 46), ils
purent prévoir, par leur science surnaturelle, l'arrivée de *Gulfi* et en
connaître d'avance le motif véritable. Aussi se mirent-ils en mesure
de lui en imposer et de se jouer de lui, en le recevant dans un château
merveilleux, qu'ils créèrent exprès par enchantement. *Gulfi*, dès
son entrée dans ce château, et jusqu'à la fin de son entretien avec
Odinn (*Sublime*), était *fasciné* et dans une complète illusion sur la
réalité des choses merveilleuses qu'il y voyait. Mais ce qui lui prouva,
à la fin, qu'il avait eu à faire à la magie et à l'enchantement, et qu'il
avait été dans l'illusion ou dans la *fascination*, c'est que, tout à coup,
les objets et les personnes, dont il avait été entouré jusqu'alors, dispa-
rurent en un clin d'œil. C'est à cette *fascination*, à laquelle *Gulfi*
avait été en butte, que se rapporte le titre de *Fascination de Gulfi*.
Ce titre a été choisi *probablement* par *Snorri* lui-même; cependant
il n'a pas été transmis par *tous* les manuscrits, ni même connu généralement au quatorzième siècle, puisque le Manuscrit d'Upsal,
qui date de ce siècle, désigne le Traité de *Snorri* vaguement par les
mots *Des Ases et d'Ymir*, bien que, du reste, il renferme aussi le titre
de *La Fascination de Gulfi* (voy. p. 32). C'est sans doute déjà dans ce
même siècle, qu'on a ajouté d'abord, comme second titre, et substitué
ensuite exclusivement, au titre primitif de *La Fascination de Gulfi*, un
autre titre, savoir celui de *Mensonge de Sublime* (norr. *Hdrslygi*). Ce dernier ne se rapportait pas, comme celui de *La Fascination de Gulfi*, à l'Encadrement, mais au *fond* même du traité et aux mythes qui y étaient exposés. C'est que le dogmatisme théologique de cette époque s'expliqua
l'ancien titre, choisi par *Snorri*, comme exprimant, non pas l'*illusion*

à laquelle *Gulfi* avait été en butte dans l'Enclos-des-Ases à Odinsey, mais plutôt la fascination diabolique dans laquelle le tenait le magicien *Odinn*, surnommé le *Sublime* (norr. *Hâr*), fascination qui fut cause que *Gulfi* a ajouté foi aux mensonges abominables de la Mythologie païenne, ou aux mensonges débités par *Sublime*. Aussi a-t-on cru devoir encore donner à ces mythes le titre de *Mensonge de Sublime*.

Si l'on appelle *Fables* des récits inventés exprès dans un but didactique ou littéraire, les *Mythes*, qui expriment des Intuitions et des Conceptions qu'on croyait *vraies*, ne sauraient être appelées des *fables* (bien qu'on leur ait donné faussement ce nom); ils sont plutôt des Intuitions et des Conceptions plus ou moins erronées, ou des *Erreurs* qu'on supposait être des vérités. La *Fable*, autrement appelée l'*Apologue*, diffère de la *Parabole* ou *Similitude*, en ce que la Parabole est le récit d'un fait imaginé, qui, par sa *ressemblance* avec le fait ou la vérité à enseigner, doit d'autant mieux faire ressortir les caractères de ce fait ou de cette vérité. C'est ainsi, par exemple, que *Jésus*, pour faire ressortir les résultats divers de l'Enseignement, montre la *ressemblance* qui existe entre l'enseignement et l'ensemencement, et, à cet effet, il raconte la Similitude ou la Parabole du *Semeur*. L'Apologue, au contraire, ne repose pas sur la conclusion à tirer de la *similitude* existant entre deux faits, mais sur la *morale* à tirer, en *général*, du récit d'un fait *particulier*. *Il ne faut pas croire les flatteurs*, voilà la vérité *générale* à tirer du fait *particulier* raconté dans l'apologue: Le Renard et le Corbeau. La *Parabole* diffère encore de l'Apologue en ce que le récit de la Parabole a toute la vraisemblance de la vie *réelle*, tandis que le récit de l'Apologue est loin de rejeter le *merveilleux* ou d'exclure le surnaturel et l'impossible.

Les anciens peuples de la branche *gète*, les Germains et les Scandinaves, distinguaient, au moins quant aux termes, entre les *Mythes* et les *Fables*. Les Scandinaves employaient encore le nom de *Mâl* (Dit) pour désigner une tradition mythologique en *prose*, et le nom de *Söguliôth* (Chant de tradition) pour désigner un Mythe en *vers*. Les Fables, soit Apologues ou Paraboles, étaient désignées, par les Goths, sous les noms de *Ga-juko* (Con-jointe, Com-parée, Semblable), qui signifiait *Similitude*, et de *Fris-ahts* (Épreuve d'attention), qui signifiait Énigme et Parabole.

Après l'introduction du Christianisme dans les pays du Nord, la Parabole, dont on trouvait plusieurs exemples parfaits dans le Nou-

veau Testament, absorba presque entièrement l'Apologue proprement
dit, de sorte que, dans la langue norraine, le nom de *Dœmi-saga*
(Récit-Exemple), qui désignait originairement la *Parabole* ou la Similitude, devint un nom générique, servant à désigner également
l'*Apologue* ou la Fable. Or, comme, depuis la Renaissance, les érudits de l'Europe méridionale avaient appelé *Fables* (lat. *Fabulæ*) la
Mythologie classique, il arriva que, dans le Nord, on désignait aussi
la Mythologie scandinave sous le nom de *Dœmi-sögur* (Récits-Fables);
et c'est pourquoi, dès le seizième siècle, on donnait aussi au Traité
de *La Fascination de Gulfi*, ou du *Mensonge de Sublime*, le titre plus
général et plus abstrait de *Dœmi-sögur* (Récits fabuleux; Mythes).

II.

DEUXIÈME PARTIE DE L'OUVRAGE.

LA FASCINATION DE GULFI.

1. Un roi, *Gulfi* (norr. *Gylfi*), gouverna des contrées là où est ce qu'on appelle maintenant la Nation-Svie. On rapporte de lui qu'à une Femme-ambulante, il abandonna, en récompense de son divertissement, autant de terre labourable, dans son domaine, que quatre bœufs laboureraient en un jour et une nuit. Or, cette femme en était une de la race des *Ases*; elle est nommée *Gäfion* (norr. *Gefun*, Aime-l'Abîme)[1]; elle prit au Nord, au *Séjour-des-Iotnes* (norr. *Iötun-heim*), quatre bœufs, issus d'un *Iotne* et d'elle-même, et les attela à la charrue. Mais la charrue alla si fortement et si profondément, que le terrain fut arraché. Les bœufs entraînèrent ce terrain dehors, dans la Mer, vers l'ouest, et ils firent halte dans un détroit. Là, *Gäfion* fixa ce terrain et lui donna un nom, et l'appela *Bocage-de-Mer* (norr. *Sælund*). Et à l'endroit où le terrain avait été arraché, il y eut, après, de l'eau; c'est ce qu'on appelle maintenant le *Lac* (norr. *Lögr*) chez la Nation-Svie; et, dans ce lac, les enfoncements correspondent aux promontoires dans *Bocage-de-Mer*. Voici ce qu'énonce le skalde *Bragi le Vieux* :

«A Gulfi, libéral de son Roux de l'Abîme, Gäfiun, enleva, joyeuse,
«L'Accrue de la Marche-Dane, si bien qu'ardents à courir ils fumaient,
«(En trottant devant la vaste Dépouille, matière de l'île agréable)
«Ces bœufs, portant, avec huit lunes-frontales, quatre têtes.» (1)

1. Notre traduction, devant être la reproduction fidèle du texte norrain, évitera, par rapport à l'explication des noms propres, de faire paraître Snorri ni plus savant, ni moins savant qu'il n'a été réellement. C'est pourquoi toutes les fois que nous jugeons que cet auteur a connu la signification d'un nom propre, nous mettons l'*explication* de ce nom dans notre traduction, et nous ajoutons, entre parenthèse, le nom norrain. Au contraire, lorsque nous avons lieu de croire que Snorri a ignoré la signification d'un nom propre, nous maintenons à sa place le nom norrain et nous ajoutons, entre parenthèse, notre explication de ce nom.

2. Le roi *Gulfi* était un homme avisé et versé en magie. Il s'étonnait beaucoup que la bande des *Ases* fût tellement versée, que toutes choses leur allaient à souhait. Il examina en lui-même si cela tenait à leur propre nature, ou si les Divinités puissantes, auxquelles ils sacrifiaient, en étaient la cause. Il entreprit un voyage à *Enclos-des-Ases* (norr. *Asgardr*), et il partit en secret, et revêtit l'extérieur d'un homme vieux, et se déguisa ainsi. Mais les *Ases* étaient d'autant plus prévoyants qu'ils usaient de divination, et ils s'aperçurent de son voyage avant que lui-même ne fût arrivé; et ils préparèrent contre lui des illusions de vue. Aussi, quand il entra dans l'Enceinte, il y vit une halle tellement haute, qu'à peine il put voir jusqu'au-dessus d'elle; le toit en était formé de boucliers d'or, à l'instar d'un toit de bardeau. Voici comment *Thiôdôlf de Hvin* énonce que la *Halle-des-Occis* (norr. *Valhöll*) était couverte de boucliers :

«Attaqués, qu'ils étaient à coups de pierres, les Héros précautionnés,
«Firent reluire, sur leur dos, *les Écorces de Bouleau de la Salle de*
Svafnir.»(2)

Gulfi vit sous la porte de la Halle, un homme qui jouait avec des couteaux à main, dont il avait en l'air sept à la fois. Celui-ci, tout d'abord, lui demanda son nom. Il déclara se nommer *Piétonneur* (norr. *Gangleri*) et arriver des *Sentiers détournés* (norr. *Ræfilsstigur*). Il demanda qu'on lui assignât un gîte pour la nuit, et il s'informa à qui appartenait cette halle. L'autre répond : que c'était à leur Roi. «Je puis même t'accompagner pour te le faire voir; alors, toi-même, «tu pourras lui demander son nom.» Là-dessus, cet homme, se retournant, alla, devant lui, dans l'intérieur de la halle, et l'autre le suivit; et aussitôt les portes se fermèrent sur son talon. Là, celui-ci vit mainte allée et mainte bande; les uns jouaient, les autres buvaient, quelques-uns étaient en armes et combattaient. Alors il examina tout, autour de lui; et maintes choses, qu'il vit, lui parurent incroyables; alors il se dit :

«Toutes les entrées, avant qu'on n'avance,
«Doivent être explorées ;
«Car on ne peut savoir, pour sûr, s'il n'y a pas d'ennemis
«Embusqués dans la demeure. » (3)

Il vit trois siéges élevés et placés l'un au delà de l'autre, et trois hommes y siégeaient, un dans chacun. Alors il demanda quels étaient les noms de ces Chefs. Celui qui l'introduisit répond : que celui qui est assis dans le siége élevé le plus proche, était le Roi; qu'il se nomme *Sublime* (norr. *Hár*); que celui qui est le plus près de lui se nomme *Équi-Sublime* (norr. *Iafnhár*), et que le plus éloigné se nomme *Troisième* (norr. *Thridi*). — Alors *Sublime* demande à l'Arrivé quelle est, principalement, son affaire, puisque le manger et le boire lui reviennent de droit comme à tout le monde, ici dans la Halle du *Très-haut* (norr. *Hávi*). Celui-ci déclare qu'il veut surtout examiner s'il y a ici quelque homme savant. *Sublime* lui déclare qu'il ne sortira pas sain et sauf, à moins qu'il ne soit le plus savant, et :

«Tiens-toi debout, pendant que tu interroges;
«Celui qui répond restera assis.» (4)

3. *Piétonneur* commence ainsi son interrogation :

«Quel est le plus grand et le plus ancien des dieux ? »

Sublime répond :

« Il se nomme *Père Universel* (norr. *Allfödr*), dans notre langage;
« mais dans l'ancien *Enclos-des-Ases*, il avait 12 noms : le premier
« en est *Père Universel*, le second *Herran* ou *Herian* (Aime-Troupe),
« le troisième est *Nikar* ou *Hnikar* (Hennisseur); le quatrième est
« *Nikuz* ou *Hnikudr* (Vent-Hennissant); le cinquième *Fiölnir* (Ca-
« ché); le sixième *Oski* (A-souhait); le septième *Omi* (Chuchoteur);
« le huitième *Bif-lidi* ou *Bif-lindi* (Léger-Frémissement); le neuvième
« *Svidur* (Fascination); le dixième *Svidrir* (Magicien); le onzième
« *Vidrir* (Tempétueux); le douzième *Ialg* ou *Ialkr* (Effervescent). » (5).

Alors *Piétonneur* demande :

« Où est ce dieu?; et que peut-il?; et quelles œuvres de distinction
« n-t-il accomplies? »

Sublime répond :

« Il vit dans tous les âges et gouverne tout son Empire, et prend
« soin de toutes choses grandes et petites. »

Alors *Équi-Sublime* ajoute :

« Il a confectionné le ciel et la terre et l'air, et tout ce qui leur
« appartient. »

Alors *Troisième* ajouta :

« Le principal est qu'il a fait l'homme, et lui a donné l'âme qui
« vivra et jamais ne périra, bien que le corps se dissolve en pous-
« sière ou soit brûlé à cendre; et tous les hommes convenablement

« moraux vivront, et seront, auprès de sa personne, là où est ce que
« qu'on appelle l'*Étincelant* (norr. *Gimli*) ou l'*Allée Agréable* (norr.
« *Vingolf*); mais les hommes intraitables descendent chez *Hel*, et, de
« là, dans le *Hel-Brumeux* (norr. *Niflhel*), qui est, en bas, dans le
« neuvième Séjour. » (6)

Alors *Piétonneur* demanda :

« De quoi s'occupait-il avant que le ciel et la terre fussent faits? »

Alors *Sublime* répond :

« Il était alors avec les *Thurses-Givreux* (norr. *Hrimthursar*.) » (7)

4. *Piétonneur* demanda :

« Quel était le Commencement?; et comment cela a-t-il commencé?;
« et qu'y avait-il antérieurement? »

Sublime répond :

« Ainsi qu'il est dit dans la *Vision de la Louve* (norr. *Völuspá*) :

«« C'était à l'Aurore des âges que Rien n'était;
«« Il n'y avait ni Sable, ni Mer, ni Ondes fraîches;
«« Il ne se trouvait pas de Terre ni de Ciel élevé;
«« Il y avait le Bâillement-des-Mâchoires, mais de l'herbe nulle part. »»

Alors *Équi-Sublime* ajouta :

« Maints âges avant que la terre fut créée, il existait déjà le *Sé-*
« *jour-Brumeux* (norr. *Niflheimr*), au milieu duquel se trouve le Puits
« qui est appelé *Bassin-Bruyant* (norr. *Hver Gelmir*), et de là se
« projettent les Eaux qui sont ainsi nommées : *Svöl* (Froide), *Gun-*
« *thra* (Belliqueuse), *Fiörm* (Chargée), *Fimbul* (Étourdissante), *Thul*
« (Murmurante), *Slidur* (Lente), et *Hrith* (Brusque), *Sylgur* (En-
« gloutissante) et *Ylgur* (Hurlante), *Vid* (Large), *Leiptur* (Jaillis-
« sante) et *Giöll* (Retentissante), laquelle est le plus près des *Grilles*
« *de Hel* (norr. *Helgrind*). »

Alors *Troisième* ajouta :

« Antérieurement, cependant, existait dans la Section du sud, le
« Séjour qui est nommé *Muspell* (Gâte-Monde); il est brillant et
« chaud, au point qu'il est flambant et brûlant : aussi est-il inacces-
« sible à ceux qui lui sont étrangers et n'y ont pas leur séjour héré-
« ditaire. C'est le nommé *Surtur* (Noirci) qui réside à l'extrémité du
« Pays, pour la défense du Pays; il a une épée flambante; et, à la fin
« du monde, il s'avancera pour tout ravager et pour vaincre tous les
« Dieux et consumer le *Séjour* entier par le feu : ainsi est-il dit dans
« la *Vision de la Louve :*

««Surtur s'élance du Sud avec le Feu des glaives,

««Le soleil resplendit sur l'épée des Héros d'occision;

««Les montagnes de roche s'écroulent, les Géantes se précipitent;

««Les Ombres foulent le chemin de Hel; puis, le ciel se fend.»»(8)

5. *Piétonneur* demanda :

«Comment cela était-il arrangé avant que les Races eussent pris
« naissance et que la foule des hommes se fût multipliée ? »

Alors *Sublime* répondit :

«Les Eaux qui sont appelées *Vagues Tempétueuses* (norr. *Elivâ-
« gar*), lorsqu'elles se furent tellement éloignées de leur source que
« le ferment venimeux liquide, qui s'y trouvait, s'endurcit, il s'en
« forma de la glace; et quand cette glace se fixa et ne coula plus, alors
« l'humidité qui provenait du venin, se répandit par-dessus, et se
« congela en givre; et les givres s'amoncelèrent les uns au-dessus
« des autres, dans le *Bâillement-des-Mâchoires* (Ginnunga-gap). »

Alors *Équi-Sublime* ajouta :

« Le *Bâillement-des-Mâchoires,* du côté tourné vers la région du Nord,
« se remplit d'une masse épaisse et lourde de glace et de givre, et,
« en dedans, d'humidité et de vents froids; ensuite la partie méri-
« dionale du *Bâillement-des-Mâchoires* se dégela à la rencontre des
« étincelles et des paillettes qui s'envolaient du *Séjour-de-Muspell*
« (norr. *Muspellsheimr*, Séjour de Gâte-Monde). »

Alors *Troisième* ajouta :

« De même que du *Séjour-Brumeux* provenait le Froid et toutes
« les Choses glacées, de même, ce qui était tourné vers le voisi-
« nage de *Muspell* (Gâte-Monde), était chaud et luisant. Aussi le
« *Bâillement-des-Mâchoires* était-il tiède, comme l'air calme, là où le
« souffle de la chaleur atteignit le givre, de sorte qu'il s'amollit et
« se fondit en gouttes; et par ces gouttes vives il fut vivifié avec la
« puissance du souffle qu'envoya la chaleur, et il se forma une figure
« d'homme; et ce fut le nommé *Ymir* (Murmurant), le même que les
« *Thurses-Givreux* appellent *Or-Gelmir* (Très-Bruyant); et les races
« des *Thurses-Givreux* en sont provenues, ainsi qu'il est dit dans la
« Petite *Vision de la Louve* :

««Toutes les Louves proviennent de *Loup-du-Bois* (Vid-olfr);

««Tous les Sorciers de *Bois-de-Malheur* (Vil-meidr);

««Mais les Porte-Crible de *Tête-Noire* (Svart-höfthi),

««*Et tous les Iotnes de Ymir.*»»

« Voici encore ce que répondit l'Iotne *Vafthrûdnir*, lorsque *Mar-*
« *cheur* (Gangleri) lui demanda :

«D'où est-il venu, *Ör-Gelmir*, parmi les Fils des Iotnes,
    «Au commencement? Iotne savant!»:

««Lorsque des Vagues-Tempêtueuses jaillirent les Gouttes de venin,
    ««Cela grandit jusqu'à ce qu'il en sortît un Iotne;
«« A lui remontent ensemble toutes nos Races;
    ««C'est pourquoi, toutes, sont toujours par trop féroces.»» (9)

Alors *Piétonneur* demanda :

« Comment les Races s'augmentèrent - elles ensemble après?
« Comment s'est-il fait qu'il y eût plusieurs individus? — et le crois-
« tu Dieu celui dont tu viens de parler? »

Alors *Sublime* répondit :

« D'aucune façon nous n'affirmons qu'il soit Dieu; il était méchant,
« de même que tous les individus de sa race, que nous appelons
« *Thurses-Givreux*; et il est dit que, lorsqu'il dormit, il lui prit une
« sueur; alors il lui naquit, sous la main gauche, un Homme et une
« Femme; et un pied engendra, avec l'autre, un Fils; et de là pro-
« vinrent les Races; ce sont les *Thurses-Givreux*; le *vieux Thurse-*
« *Givreux*, c'est celui que nous appelons *Ymir* (Murmurant). » (10)

6. Alors *Piétonneur* demanda :

« Où s'établit *Ymir?* et de quoi vivait-il? »

Alors *Sublime* répondit :

« Lorsque le Givre fondit en gouttes, il arriva aussitôt qu'il en na-
« quit la Vache qui est appelée *Aud-humla* (Bourdonne-du-Désert);
« quatre torrents de lait coulèrent de ses trayons, et elle nourrit *Ymir*
(Murmurant). » (11)

Alors *Piétonneur* demanda :

« De quoi se nourrissait la Vache? »

Sublime répond :

« Elle léchait les roches de givre qui étaient salées; et, le premier
« jour qu'elle lécha ces roches, il sortit d'une roche, sur le soir, la
« chevelure d'un homme; le jour suivant, la tête de l'homme; le
« troisième jour, il y avait l'homme tout entier : c'est le nommé
« *Buri* (Manant); il était beau de visage, grand et puissant. Il en-
« gendra le fils qui s'appelait *Bör* (Fils); celui-ci épousa la femme
« qui s'appelait *Beitsla* (Pousse-Grain), la fille de l'Iotne *Böl-Thorn*
« (Épine Malfaisante; Malespine); et ils eurent ensemble trois fils :

« l'un s'appelait *Odinn* (Agitant), l'autre *Vili* (Désiré), le troisième *Vé*
« (Sacré) ; et c'est là ma croyance que cet *Odinn*-ci, avec ses frères,
« va être le *Gouverneur du Ciel et de la Terre;* nous pensons qu'il
« puisse être ainsi appelé ; ainsi est appelé l'Homme que nous con-
« sidérons comme le plus grand et le plus illustre; — et on peut bien
« lui laisser ce nom. » (12)

7. Alors *Piétonneur* demanda :

« Qu'est-ce qui maintint alors la paix entre eux ? ; ou bien lesquels
« furent les plus puissants ? »

Alors *Sublime* répond :

« Les Fils de *Bör* frappèrent à mort l'Iotne *Ymir* (Murmurant) ; et
« lorsqu'il tomba, il découla de ses blessures tant de sang, qu'ils y
« noyèrent toute la race des *Thurses–Givreux*, à l'exception d'un seul,
« qui échappa avec sa femme ; les Iotnes le nomment *Ber-Gelmir*
« (Entièrement-Bruyant) ; il monta sur une outre, avec sa femme, et
« se sauva là-dessus, si bien que de lui sont provenues les Races des
« *Thurses-Givreux*, ainsi qu'il est dit ici :

««Dans la rigueur des hivers, avant que la terre fût formée,
««Ber-Gelmir fut engendré ;
««Mon plus ancien souvenir, c'est que cet Iotne intelligent
««Fut placé sur une outre.»» (13)

8. Alors *Piétonneur* reprend :

« Qu'entreprirent alors les Fils de *Bör*, si tu crois qu'ils sont des
« dieux ? »

Sublime dit :

« Il n'y a pas peu de choses à dire d'eux : ils prirent *Ymir* (Mur-
« murant) et le traînèrent au milieu du *Bâillement-des-Mâchoires*,
« et firent de lui la Terre, et de son sang la Mer et les lacs ; la terre
« fut faite de sa chair, les rochers de ses os ; les pierres et les mo-
« raines, ils les firent de ses dents, et de ses molaires, et de ses os qui
« avaient été brisés. »

Alors *Équi-Sublime* ajouta :

« Du sang qui s'échappa des blessures et coula librement, ils en
« firent la Mer, avec laquelle ils ceignirent et continrent ensemble
« la Terre; et ils placèrent cette Mer en anneau autour d'elle; à la
« plupart des hommes il doit paraître impossible de la franchir. »

Alors *Troisième* ajouta :

« Ils prirent aussi son crâne et en firent le Ciel, qu'ils placèrent

« au-dessus de la Terre, sur quatre bouts; et, dans chaque coin, ils
« placèrent un *Dverg* (Nain); ceux-ci se nomment ainsi : *Oriental*
« (Austri) , *Occidental* (Vestri), *Septentrional* (Northri), *Méridional*
« (Suthri). Alors ils prirent les paillettes et les étincelles qui volti-
« geaient librement et avaient été lancées du *Séjour-de-Muspell*
« (*Muspels-heimr*, Séjour de Gâte-Monde), et ils les placèrent vers
« le milieu de l'Abîme, au ciel, tant en haut qu'en bas, pour
« éclairer le Ciel et la Terre. Ils assignèrent une demeure à tous ces
« Feux; à quelques-uns dans le ciel; d'autres erraient librement
« sous le ciel; ils leur assignèrent aussi une demeure et détermi-
« nèrent leur course. Ceci est dit dans les anciens documents que,
« par là, les journées et le nombre des années furent distingués;
« ainsi qu'il est dit dans la *Vision de la Louve :*

« « Sôl ne le savait pas où elle avait sa demeure ;
« « Mâni ne le savait pas, quel côté il occuperait ;
« « Les Étoiles ne le savaient pas où elles auraient leur place. » »

« Voilà comme c'était avant qu'on n'eût arrangé la Terre. » (14)

Alors *Piétonneur* dit :

« Ce sont de grandes Merveilles que je viens d'entendre; c'est une
« Œuvre prodigieusement grande et faite avec habileté. »

« Comment la Terre fut-elle arrangée ? »

Alors *Sublime* répond :

« Elle est circulaire extérieurement, et autour d'elle se trouve la Mer
« profonde ; et les pays près de la rive de la mer, ils les donnèrent
« à habiter aux races des Iotnes; mais en deçà, sur la terre, ils con-
« struisirent, autour du *Séjour*, une Enceinte contre l'hostilité des
« *Iotnes ;* et pour cette Enceinte ils employèrent les sourcils de l'Iotne
« *Ymir* (Murmurant); et ils appelèrent cette Enceinte l'*Enclos Mi-*
« *toyen* (*Mid-gardr*). Ils prirent aussi sa cervelle et la jetèrent dans
« l'air, et en firent les Nuages, ainsi qu'il est dit ici :

« « De la chair d'Ymir, la Terre fut formée;
« « Du sang, la Mer ;
« « Des os, les Rochers ; des cheveux, les Arbres;
« « Et du crâne, le Ciel :

« « *Mais de ses sourcils, les Grandeurs bénignes firent*
« « *L'Enclos-Mitoyen, pour les fils des hommes ;*
« « *Et de sa cervelle, ces sombres Nuages*
« « Furent tous formés. (15)

9. Alors *Piétonneur* dit :

« Il me semble qu'il y avait alors une grande besogne de faite
« quand la Terre eut été créée, et que le Soleil et les Astres du ciel
« eurent été placés, et les journées distinguées. —

« Mais d'où sont venus les hommes qui habitent ce Séjour-ci ? »

Alors *Sublime* répond :

« Lorsque les Fils de *Bör* marchèrent le long de la rive de la Mer,
« ils trouvèrent deux troncs d'arbre ; et ils relevèrent ces troncs, et
« en formèrent des hommes. Le Premier donna l'âme et la vie ; le
« Second, l'intelligence et le mouvement ; le Troisième, la parole,
« l'ouïe et la vue ; ils leur donnèrent des habits et des noms. L'homme
« fut nommé *Ask* (Frène), et la femme *Embla* (Orme) ; et d'eux na-
« quit le Genre humain, auquel fut donné une habitation au dedans
« de l'Enclos-Mitoyen (*Mid-gardr*).

« Après cela ils se construisirent, au milieu du Séjour, une En-
« ceinte qui est appelée *Enclos-des-Ases* (*As-gardr*). Là se sont établis
« les Dieux et leurs races ; et là eurent lieu beaucoup d'aventures et
« de disputes, tant sur terre que dans l'air. Il y a un Endroit qui est
« nommé *Hlid-skialf* (Chaumine aux Portes) ; et toutes les fois qu'*O-*
« *dinn* était assis là, dans le siège élevé, il voyait tous les Séjours,
« et l'occupation de tout homme ; et il savait toutes les choses qu'il
« avait vues. Sa femme s'appelait *Frigg* (Pluie), la fille de *Fiörg-vin*
« (*Aime-Pluie*) ; et de leur race est provenue cette Génération que
« nous appelons les Familles des *Ases* (Soutiens), qui ont habité l'an-
« cien *Enclos-des-Ases* et les Empires qui en font partie ; et toute cette
« Famille est de race divine. Aussi mérite-t-il qu'on l'appelle *Père*
« *Universel*, puisqu'il est le Père de tous les Dieux, des hommes et
« de tout ce qui a été accompli par lui et par son énergie. Cette *Terre*
« (*Iörd*) était sa fille et sa femme ; et il se fit d'elle son premier fils,
« qui est *Thór-des-Ases* ; il fut doué de force et de vigueur ; par
« là il vainc tous les vivants. » (16)

10. « *Nörvi* ou *Narvi* (Crépusculaire) était le nom d'un *Iotne* qui
« habitait les *Séjours-des-Iotnes*. Il avait une Fille qui s'appelait *Nuit*
« (*Nótt*). Elle était noire et sombre comme la race dont elle prove-
« nait ; elle fut mariée à l'homme qui s'appelait *Naglfari* (Au Na-
« vire d'Ongles) ; leur fils s'appelait *Audur* (Inculte). Après cela, elle fut
« mariée à un nommé *Onar* (Épouvantable) ; *Terre* (Iörd) était le nom
« de leur fille. En dernier lieu elle épousa *Dellingr* (Issu de l'Arbre),

« de la race des *Ases*; leur fils était *Jour* (Dagr); il était luisant
« et beau, par son père. Alors *Père-Universel* prit *Nuit* et le Fils
« de celle-ci, *Jour*, et leur donna deux chevaux et deux chariots, et
« les plaça au ciel, afin qu'ils fissent, chaque fois, en un jour et une
« nuit, le tour de la terre. *Nuit* chevauche au devant, sur le cheval qui
« est nommé *Crin-Givreux* (Hrimfaxi), et qui, chaque matin, arrose la
« terre des gouttes de son mors. Le cheval que *Jour* possède est
« appelé *Crin-Luisant* (Skinfaxi), et il éclaire de sa crinière l'air
« entier et la terre. » (17)

11. Alors *Piétonneur* demanda :

« Comment dirige-t-*il* la marche du soleil et de la lune ? »

Sublime répond :

« L'homme qui est nommé *Mundilföri* (Faisant le Tour), avait deux
« enfants. Ils étaient si beaux et si agréables, qu'il appela l'un *Mâni*
« (Lune) et sa fille *Sôl* (Soleil), et fiança celle-ci à l'homme qui
« s'appelait *Glenr* (Bijou). Mais les Dieux furent irrités de cette ou-
« trecuidance; et ils prirent le frère et la sœur et les placèrent au
« ciel. Ils chargèrent *Sôl* de pousser les chevaux qui traînaient le
« char du soleil, que les Dieux, pour éclairer les Séjours, avaient
« formé d'une paillette qui s'était envolé du Séjour de *Muspell*
« (Gâte-Monde). Ces chevaux s'appellent ainsi : *Matinal* (Ar-vakr)
« et *Tout-Alerte* (Al-svidr); et, sous les épaules de ces chevaux, les
« Dieux placèrent deux soufflets pour les rafraîchir; et, dans quel-
« ques documents, cela est nommé *Fer-Réfrigérant* (Isarn-kol).
« *Mâni* dirige la marche de la lune, et préside aux Renouvellements
« et aux Décours. Il enleva de la terre deux enfants, qui s'appelaient
« ainsi : *Bil* (Nuée) et *Hiuki* (Neigeux), lorsqu'ils revinrent du Puits
« qui est nommé *Byrgir* (Assuré), et qu'ils portèrent sur leurs épaules
« le seau appelé *Sægr* (Affluence) et la perche *Simul* (Joug). *Vidfinn*
« (Finne des Bois) est le nom de leur père : ces enfants suivent
« *Mâni*, ainsi qu'on peut le voir de la terre. » (18)

12. Alors *Piétonneur* dit :

« *Sôl* court vite, et presque comme si elle était effrayée; et elle
« craindrait sa mort, qu'elle ne pourrait accélérer davantage sa
« course. »

Alors *Sublime* répond :

« Cela n'est pas étonnant qu'elle coure précipitamment; Celui qui

« la poursuit est peu éloigné ; et elle n'a pas d'autre moyen que
« d'échapper en courant. » (19)

Alors *Piétonneur* demanda :

« Qui est-ce qui lui cause ce désagrément ? »

Sublime répond :

« Ce sont deux loups ; et celui qui court après elle s'appelle *Sköll*
« (Ricaneur) ; elle le redoute, et il l'atteindra ; mais c'est le nommé
« *Hati* (Haineux), le fils de *Hrôd-vitnir* (Présage de Dévastation), qui
« court devant elle, et il veut atteindre la lune ; — et cela arrivera
« ainsi. » (20)

Alors *Piétonneur* demanda :

« Quelle est la race de ces Loups ? »

Sublime dit :

« Une *Gygur* (Ensorcelée) habite à l'orient de l'*Enclos-Mitoyen*,
« dans la Forêt qui est nommée *Bois-de-Fer* (Iarn-vidr). Dans cette
« Forêt habitent ces Femmes-Fantômes (norr. *Tröll-konur*), qu'on
« nomme *Celles du Bois-de-Fer* (Iarnvidiar). Cette vieille gygur
« eut pour fils beaucoup d'*Iotnes*, tous avec des corps de loup ; et
« c'est d'elle que sont aussi provenus ces loups-là ; et il a été prédit
« que, de cette race, celui qui est appelé *Mâna-Garmur* (Hurleur
« de Mâni) sera le plus puissant. Il se gorge de la vie de tous les
« hommes qui dépérissent ; et il avale la Lune, et asperge de sang le
« Ciel et l'Air entier : par là le Soleil perd son éclat, et les Vents sont
« alors déchaînés et mugissent à gauche et à droite. Ainsi il est dit
« dans la *Vision de la Louve* :

« « A l'Orient habite la Vieille dans le Bois-de-Fer,
« « Et y engendre des parents de Fenrir ;
« « Parmi eux, se distingue, entre tous,
« « L'Avaleur du Disque, sous la dépouille de loup.

« « Il se gorge de la vie des hommes lâches :
« « Il rougit de sang rouge les Habitations des Grandeurs ;
« « Les splendeurs du Soleil deviennent sombres, l'été suivant ;
« « Les Tempêtes seront toutes féroces. Savez-vous encore quoi ? » » (21)

13. Alors *Piétonneur* demanda ?

« Quel est le chemin de la terre au ciel ? »

Alors *Sublime* répond en souriant :

« Ce n'est pas là questionner en sage. — Ne t'a-t-on pas dit que

« les Dieux ont fait un Pont, de la terre au ciel, et qu'il est nommé
« *Bif-röst* (Voie-Tremblotante)? Tu dois l'avoir vu; peut-être que,
« toi, tu l'appelles *Arc-en-ciel*. Il a trois couleurs; et il est très-so-
« lide, et fait avec plus d'art et d'habileté que les autres ouvrages:
« et, bien qu'il soit solide, il se rompra pourtant, quand les Fils de
« *Muspell* (Gâte-Monde) y passeront à cheval; leurs chevaux traver-
« sent aussi, en nageant, les grands Fleuves; c'est ainsi qu'ils poussent
« en avant. »

Alors *Piétonneur* dit:

« Les Dieux, ce me semble, n'ont pas construit de bonne foi ce
« pont, puisqu'il pourra se rompre, eux qui peuvent faire comme
« ils veulent. »

Alors *Sublime* dit:

« Les Dieux ne méritent pas ce reproche pour cet ouvrage. *Bif-*
« *röst* est un excellent pont; mais, dans ce Séjour, il n'y a rien sur
« quoi l'on puisse faire fond, lorsque les Fils de *Muspell* feront ir-
« ruption. » (22)

14. Alors *Piétonneur* dit:

« Qu'a entrepris *Père-Universel* quand l'*Enclos des Ases* fut achevé?»

Alors *Sublime* dit:

« Au commencement, il établit des Gouverneurs, et leur ordonna
« de décréter la Destinée des hommes, et de se concerter sur l'ar-
« rangement de cette Enceinte. Cela se fit dans ce qu'on appelle la
« *Plaine d'Idi* (Ida-völlr), au milieu de l'Enceinte. Leur premier
« ouvrage ce fut de construire un Temple (norr. *Hof*), où sont placés
« leurs siéges, douze, outre le siége élevé qu'occupe *Père-Universel*.
« Cet édifice est ce qu'on a fait de mieux, sur terre, et de plus grand:
« on dirait que tout en est, extérieurement et intérieurement, rien
« que de l'or; c'est dans l'Endroit que les hommes appellent *Sé-*
« *jour-Joyeux* (*Gladsheimr*). Ils construisirent une seconde Salle;
« c'était là un Sanctuaire (norr. *hörgr*), qu'occupèrent les Déesses;
« elle était aussi toute belle. Cet édifice, les hommes l'appellent
« *Allée-Agréable* (Vin-golf). Ce qu'ils firent après cela, c'est qu'ils
« placèrent des fours; et, en même temps, ils fabriquèrent des
« marteaux, des tenailles et des enclumes, et, moyennant cela,
« tous les autres instruments: ensuite ils façonnèrent le métal, les
« pierres et le bois, et, en si grande quantité, le métal qui s'ap-
« pelle or, qu'ils eurent, en or, tous les ustensiles de ménage; aussi

« cet Age est-il nommé *l'Age d'or*, jusqu'à ce qu'il fut gâté par l'ar-
« rivée des Femmes qui vinrent des *Séjours-des-Iotnes*.

« Après cela les Dieux se placèrent sur leur siéges et prononcèrent
« leurs jugements : ils se rappelèrent aussi par quoi les *Dvergs* (Nains)
« avaient été vivifiés dans la poussière et en bas dans la terre, comme
« des vers dans la chair. Ces *Dvergs* avaient d'abord pris forme et vie
« dans la chair d'*Ymir* (Murmurant), et ils étaient alors des vers.
« Mais, par décision des Dieux, ils furent doués d'intelligence hu-
« maine, et ils eurent la forme humaine. Ils habitent cependant en-
« core dans la terre et dans les rochers. *Modsognir* (Moraine) fut le
« Premier *Dverg*, et *Durinn* (Sommeillant) le Second. Voici ce qui est
« dit dans la *Vision de la Louve* :

« « Alors les Grandeurs allèrent toutes aux Siéges-nébuleux ;
« « Les Dieux très-saints ceci encore se rappelèrent,
« « Qu'il fallait former le Peuple des Dvergs,
« « Du sanglant *Brimir* (Frémissant) et des cuisses de *Blainn* (Bleui).
« « Alors mainte forme humaine fut achevée,
« « Les Dvergs, dans la terre, comme *Durinn* l'avait indiqué.

« Elle énonce aussi les noms de ces *Dvergs* :

« « *Nyi* (Renouvelé), *Nidi* (Décursif), *Nordri* (Septentrional), *Sudri* (Méri-
dional),
« « *Austri* (Oriental), *Vestri* (Occidental), *Althiofr* (Très-voleur), *Dvalinn*
(Défaillant),
« « *Nâr* (Incliné), *Nâinn* (S'inclinant), *Nipingr* (Issu de Nep), *Dâinn* (As-
soupi),
« « *Bivorr* (Bièvre), *Bavurr* (Favre), *Bumburr* (Bombé), *Nori* (Crépuscu-
laire).

« « *An* (Peiné), *Anar* (Deuxième), *Ainn* (Craintif), *Miöd-vitnir* (Indique Miel),
« « *Veigr* (Vigueur), *Gand-alfr* (Alfe-Sorcier), *Vind-alfr* (Alfe-Vent),
Thorinn (Osé),
« « *Fili* (Caché), *Kili* (Frappé), *Fundinn* (Trouvé), *Vali* (Mortuaire),
« « *Thrôr* (Soutenant), *Thrâinn* (Persistant), *Thekkr* (Accépté), *Litr*
(Couleur), *Vitr* (Prévoyant),
« « *Nyr* (Nouvel), *Nyradr* (Renouvelant), *Regin* (Puissance), *Râdsvidr*
(Prompt-Conseil.) » »

« Voici encore des *Dvergs*; et ceux-ci habitent dans des rochers,
« mais les précédents dans la terre :

« « — — — — — *Draupnir* (Dégouttant), *Dolg-thrari* (Repousse-Ennemi),
« « *Hâr* (Sublime), *Haugspori* (Foule-Butte), *Hlerangr* (Pré-Clair), *Gloïnn*
(Luisant).
« « *Dori* (Endormi), *Ori* (Nouveau), *Dufr* (Plongeur), *Andvari* (Vigilant),
« « *Hepti* (Piége), *Vili* (Trompeur), *Hanar* (Enchanteur), *Sviarr* (Rapide). » »

« Voici ceux qui sont venus de la *Butte-de-Svarinn* jusqu'à *Aur-*
« *vangs* (Prés Humides), dans la Plaine de *Iora* ; et de là ils sont
« venus à Lofarr ; voici leurs noms :

« « *Skirvir* (Skirvire), *Virvir* (Virvire), *Skafidr* (Façonné), *Ai* (Aquatique),
« « *Alfr* (Brillant), *Ingi* (Issu de Sublime), *Eikin-skialldi* (Habite-Chêne),
« « *Fialar* (Montagnard), *Frosti* (Froidure), *Finnr* (Finne), *Ginnarr* (Fascinateur). (23)

15. Alors *Piétonneur* dit :

« Où est le Lieu principal et le Lieu sacré des Dieux ? »

Sublime répond :

« C'est auprès du Frêne d'*Yggdrasill* ; là les Dieux prononceront
« leurs jugements tous les jours. »

Alors *Piétonneur* dit :

« Qu'y a-t-il à dire de ce lieu ? »

Alors *Équi-Sublime* ajoute :

« Ce frêne est de tous les arbres le plus grand et le meilleur : ses
« branches s'étendent par-dessus le Séjour entier, et s'élèvent au-
« dessus du ciel. Les trois racines de cet arbre le soutiennent, et
« s'étendent bien au large. L'une est chez les *Ases*, l'autre chez les
« *Thurses-Givreux*, là où antérieurement était le *Bâillement-des-*
« *Mâchoires*, et la troisième se trouve au-dessus du *Séjour-Brumeux* :
« et sous cette racine est le *Bassin-Bruyant* (Hver-Gelmir), et
« *Nid-högg* (Frappe de Colère) ronge en bas cette racine. Mais sous
« la racine, qui est dirigée vers les *Thurses-Givreux*, se trouve la
« *Fontaine de Mimir*, où l'Intelligence et la Sagesse humaine sont
« renfermées ; et celui qui possède cette Fontaine s'appelle *Mimir*
« (Ruisselant) ; il est plein de connaissances, parce qu'il boit, à cette
« Fontaine, dans la Corne appelée *Corne de Giöll* (Giallar-horn).
« *Père-Universel* y vint aussi et demanda à boire un coup de cette

« Fontaine ; mais il n'obtint rien avant qu'il n'eût placé en gage son
« œil. Voici ce qui est dit dans la *Vision de la Louve* :

« « Je sais tout, Odinn ! où tu as caché l'œil,
« « Dans cette illustre Fontaine de Mimir ;
« « Chaque matin Mimir boit l'hydromel
« « Dans le gage du Père-des-Occis. Mais savez-vous encore quoi ? » » (24)

« La troisième racine de ce Frène se trouve au ciel ; et sous cette
« racine est la Fontaine qui est éminemment sacrée et qu'on appelle
« la *Fontaine d'Urdur*. C'est là que les Dieux ont leur Lieu de Juge-
« ment. Chaque jour les *Ases* s'y rendent à cheval par *Bifröst* (Voie-
« Tremblotante), qui est encore nommé *Pont-des-Ases*. Les Chevaux
« de ces *Ases* sont ainsi nommés : *Sleipnir* (Coulant) est le meil-
« leur ; il appartient à *Odinn*, et il a huit jambes ; le second est
« *Joyeux* (norr. *Gladr*) ; le troisième *Doré* (norr. *Gyllir*) ; le quatrième
« *Clair* (norr. *Gler*) ; le cinquième *Skeid-brimir* (Frémit-à-Courir) ;
« le sixième *Queue d'Argent* (norr. *Silfrin-toppr*) ; le septième *Sinir*
« (Nerveux) ; le huitième *Gisl* (Fouet) ; le neuvième *Fal-höfnir* (Sa-
« bot-Jaune) ; le dixième *Queue Dorée* (norr. *Gull-toppr*) ; le onzième
« *Pied Léger* (norr. *Lett-feti*) ; le cheval de *Baldur* fut brûlé avec
« lui ; et *Thôr* va à pied au Tribunal ; et il traverse à gué les Eaux qui
« sont ainsi nommées :

« *Körmt* et *Örmt* et les deux *Bains de Bassin*,
« Thôr doit les passer à gué,
« Chaque jour, qu'il ira siéger
« Auprès du Frène d'Yggdrasill ;
« Car le Pont-des-Ases jette partout des flammes ;
« Les Eaux sacrées bouillonnent. »

Alors *Piétonneur* dit :
« Un feu brûle-t-il sur *Bif-röst* (Voie-Tremblotante) ? »
Sublime répond :
« Ce que tu vois de rouge dans l'Arc-en-ciel, c'est du feu brûlant.
« Les *Thurses-Givreux* et les *Géants des Montagnes* (norr. *Bergrisar*)
« monteraient au ciel, si le passage était libre, sur *Bif-röst*, à tous
« ceux qui voudraient passer. Il y a, au ciel, beaucoup de beaux En-
« droits ; et tout y est bien garanti. Il y a là une belle Salle, sous le
« Frène, près de la Fontaine ; et de cette Salle sortent les trois Vierges
« qui s'appellent ainsi : *Passée* (norr. *Urdr*), *Présente* (norr. *Vërdandi*),

« *Future* (norr. *Skuld*). Ces Vierges déterminent aux hommes la durée
« de la vie ; nous les appelons *Nornes* (Salutaires). Il y a différentes
« Nornes ; elles se rendent auprès de chaque homme qui vient de
« naître, pour déterminer la durée de sa vie ; et les unes sont de la race
« des *Dieux ;* les autres, de la famille des *Alfes ;* les troisièmes, de la
« famille des *Dvergs ;* ainsi qu'il est dit ci-dessous :

 «« Les Nornes, je pense, sont très-différemment nées ;

  «« Elles n'ont pas, ensemble, la même famille ;

 «« Qui sont parentes des Ases ; qui sont parentes des Alfes ;

  «« Qui sont filles de Dvalinn. » »

Alors *Piétonneur* dit :

« Si les *Nornes* président aux destinées des hommes, elles font le
« partage immensément inégal, puisque les uns ont la vie opulente
« et considérée, les autres ont un fief et un renom petits ; les uns, la
« vie longue, les autres, brève. »

Sublime répond :

« Les *Nornes* bienveillantes et d'une race bonne, procurent la vie
« bonne ; mais quand les hommes tombent dans le malheur, alors les
« *Nornes* malveillantes en sont la cause. » (25)

16. Alors *Piétonneur* dit :

« Y a-t-il encore d'autres Merveilles à raconter du Frêne ? »
Sublime répond :

« Il y en a beaucoup à raconter. Un *Aigle* est assis, solitaire, sur les
« branches de ce Frêne ; et il sait mainte chose ; et entre ses yeux
« lui est assis l'Autour qui est nommé *Vethur-fölnir* (Redouté des
« Tempêtes). L'Écureuil, qui est nommé *Rataköstr* (Camarade du Rat),
« monte et descend le long du Frêne, et rapporte les paroles haineuses
« entre l'Aigle et *Nidhögg* (Frappe de Colère). De plus, quatre Cerfs
« courent sur les branches du Frêne, et en broutent le feuillage. Ils
« s'appellent ainsi : *Dâinn* (Assoupi), *Dvalinn* (Défaillant), *Dunn-eir*
« (Apaise-Bruit), *Dura-thrôr* (Somnolent). De plus, il y a des Ser-
« pents tellement nombreux dans *Hvergelmir* (Bassin-Bruyant), au-
« près de *Nidhögg,* qu'aucune langue ne saurait les compter. Voici
« ce qui est dit :

 «« Le Frêne d'Yggdrasil endure une souffrance

  «« Plus grande qu'on ne le sait ;

 «« Le Cerf le broute d'en haut, de plus il pourrit sur les côtés ;

  «« Nidhögg l'endommage d'en bas. » »

« Il est encore dit ainsi :

    « « Sous le Frêne d'Yggdrasil gisent plus de Serpents
        « « Que ne l'imagine quelqu'un des fous ignorants :
    « « Gôinn et Môinn, qui sont les fils de Graf-vitnir,
        « « Dos-gris et Peau-grise,
    « « Ofnir et Svafnir rongeront, j'imagine, toujours
        « « Les rameaux de l'Arbre. » »

« Il est encore dit que les *Nornes*, qui habitent auprès de la *Fon-*
« *taine-de-Passée*, prennent, chaque jour, à cette Fontaine, de l'eau,
« ainsi que l'humidité qui se trouve autour de la Fontaine, et les ré-
« pandent sur le Frêne, afin que les branches n'en dessèchent et ne
« pourrissent. Et cette eau est si sacrée que toutes les choses, qui
« entrent dans cette Fontaine, deviennent aussi blanches que la pel-
« licule appelée périgone, qui recouvre intérieurement la coque des
« œufs. C'est ce qui est dit ici :

    « « Je sais un Frêne nommé d'Yggdrasil,
    « « Un saint Arbre blanchi par l'humidité brillante ;
    « « De là proviennent les rosées qui tombent dans les vallons ;
    « « Il se dresse, toujours vert, au-dessus de la Fontaine-de-Passée. » »

« La rosée qui en tombe à terre, on la nomme la *Tombée de miel*
« (norr. *Hunangs-fall*), et les mouches à miel s'en nourrissent.

« Deux oiseaux sont nourris dans la *Fontaine-de-Passée ;* on les
« appelle *Cygnes ;* et de ces oiseaux provient cette espèce d'oiseau
« qui s'appelle ainsi. (26) »

17. Alors *Piétonneur* dit :

« Tu sais donner beaucoup de renseignements sur le ciel : y a-t-il
« encore d'autres Endroits principaux outre celui près de la *Fontaine-*
« *de-Passée ?* »

Sublime répond :

« Il y a là plusieurs Endroits célèbres ; tel est l'Endroit particulier
« situé dans ce qu'on appelle le *Séjour des Alfes* (norr. *Alfheimr*) ;
« là habite le Peuple qui se nomme *Alfes-Lumineux* (norr. *Lios-alfar*) ;
« les *Alfes-Sombres* (norr. *Döck-alfar*), au contraire, habitent plus
« bas, dans la terre ; et ils diffèrent des autres par l'extérieur ; ils en
« diffèrent plus encore par les talents. Les *Alfes-Lumineux* ont un
« aspect plus beau que le soleil, mais les *Alfes-Sombres* sont plus
« noirs que la poix.

« Il y a là principalement un Endroit qu'on appelle *Large-Éclat*
« (norr. *Breidablik*) ; et nul endroit n'y est plus beau.

« Il y a encore celui qui est nommé *Étincelant* (norr. *Glitnir*) ; et
« les parois et les étais et les piliers en sont d'or rouge , et le toit en
« est d'argent.

« Il y a encore l'Endroit qui est nommé *Roches du Ciel* (norr. *Himin-*
« *biörg*) ; il se trouve à l'extrémité du ciel , près de la tête du pont ,
« là où *Bif-röst* (Voie-Tremblotante) touche au ciel.

« Il y a encore un Endroit considérable qui est nommé *Vala-skialf*
« (Chaumine de Vali) ; cet Endroit appartient à *Odinn* ; les Dieux l'ont
« construit et couvert d'argent pur ; c'est encore dans cette Salle
« que se trouve *Hlid-skialf* (Chaumine aux Portes), ce siége élevé
« qui porte ce nom ; et quand *Père-Universel* est assis sur ce siége ,
« il a vue sur le Séjour entier.

« A l'extrémité méridionale du ciel est la Salle la plus belle de
« toutes, et qui est plus brillante que le soleil ; elle est nommée *Gimli*
« (Brillant) ; elle restera debout encore que le ciel et la terre auront
« passé ; et les hommes justes et de bonne conduite habiteront cet
« Endroit , pour toujours. Voici ce qui est dit dans la *Vision de la*
« *Louve* :

« « Je sais une Salle qui s'élève, plus brillante que le Soleil
« « Et plus riche que l'or , dans le sublime Gimli :
« « Là des Peuples vigoureux devront habiter,
« « Et , pour l'éternité , jouir d'agréments. » »

Alors *Piétonneur* dit :

« Qu'est-ce qui préserve cet Endroit quand la Flamme de *Surti*
« (Noirci) brûle le ciel et la terre ? »

Sublime répond :

« Il est dit que , à côté de ce ciel-là, il y a un second ciel, et que
« ce ciel-ci est nommé *And-lang* (Allongé) ; et qu'il y a encore, à
« côté de ceux-ci, un troisième ciel, et que celui-ci est nommé *Vid-*
« *blainn* (Bleu-au-Large) ; et dans ce ciel-ci nous pensons que se
« trouve cet Endroit ; et nous pensons que les *Alfes-Lumineux* seuls
« habitent maintenant ces lieux. » (27)

18. Alors *Piétonneur* dit :

« D'où vient le Vent ? — il est tellement fort qu'il remue de grandes
« mers et qu'il excite le feu ; et tout fort qu'il est, personne ne peut
« le voir, parce il est merveilleusement conformé. »

Alors *Sublime* répond :

« Je sais bien te dire cela. A l'extrémité septentrionale du ciel est
« assis l'*Iotne* qui se nomme *Hræ-svelgr* (Dévore-Charogne) ; il est re-
« vêtu de la robe d'aigle : quand il renforce les coups de penne, alors
« les vents sortent de dessous ses ailes. Voici ce qui est dit ici :

    «« Hræsvelg est nommé celui qui est assis à l'extrémité du ciel,
            «« L'Iotne en robe d'aigle :
    «« De ses ailes passe, dit-on, le Vent
            «« Sur tous les hommes. »»

19. Alors *Piétonneur* dit :

« Par quoi s'est faite une différence telle que l'Été soit devenu
« chaud, et l'Hiver froid ? »

Sublime répond :

« Un savant ne ferait pas cette question, puisque tous savent ex-
« pliquer cela. Mais, bien que tu sois si peu instruit que tu n'aies pas
« compris cela, je tiens cependant à honorer ceci que tu préfères
« adresser une fois une question peu sage, plutôt que de rester plus
« longtemps ignorant sur ce qu'on devrait savoir. — *Souffle-Doux*
« (norr. *Svas-udr*) est nommé celui qui est le père d'*Été* (norr. *Sumar*) ;
« et il mène une vie heureuse, au point que, d'après son nom, on
« appelle *doux* (norr. *svasligt*) ce qui est agréable. Mais le père d'*Hiver*
« (norr. *Vetr*) est différemment appelé, ou *Messager des Vents* (norr.
« *Vind-liôni*) ou *Vent-Frais* (norr. *Vind-svalr*) ; il est le fils de *Souffle-*
« *Frais* (norr. *Vasudr*) ; et tous ceux de cette race sont violents et ont
« l'haleine froide ; et l'*Hiver* a aussi leur caractère. » (28)

20. Alors *Piétonneur* dit :

« Quels sont les *Ases* (Soutiens) en qui les hommes doivent croire ? »

Sublime répond :

« Il y a douze *Ases* de race divine. »

Alors *Équi-Sublime* dit :

« Les *Amies-des-Ases* (*Asyniur*) ne sont ni moins saintes ni moins
« puissantes. »

Alors *Troisième* dit :

« *Odinn* (Agitant) est le premier et le plus ancien des *Ases* ; il pré-
« side à toutes choses, et, bien que les autres Dieux soient puissants,
« ils le servent comme des enfants leur père. *Frigg* (Pluie) est sa
« femme ; et elle connaît les destinées des hommes, bien qu'elle ne

« proclame pas ses visions. Voici comme il est dit qu'*Odinn* lui-même
« parla à l'*Ase* qui se nomme *Loki* :

> ««Tu es fou, Loki! et hors de sens; —
> ««Pourquoi ne cesses-tu pas, Loki! :
> ««Les destinées, Frigg les connaît, je pense, toutes,
> ««Bien qu'elle ne les proclame pas elle-même.»»

« *Odinn* est nommé *Père-Universel*, parce qu'il est le père de tous
« les Dieux. Il est aussi nommé *Père-des-Occis* (norr. *Val-fŏdr*),
« parce que tous ceux, qui tombent dans l'occision, sont ses Fils-
« Adoptifs ; il leur assigne la *Halle-des-Occis* (norr. *Val-hŏll*) et l'*Allée*
« *Agréable* (norr. *Vin-gŏlf*), et alors ils sont nommés *Troupiers-Uni-*
« *ques* (norr. *Einheriar*). Il est aussi nommé *Dieu-des-Suspendus*
« (norr. *Hanga-gud*), *Dieu-des-Liens* (norr. *Hapta-gud*), *Dieu-des-*
« *Cargaisons* (norr. *Farma-gud*), et il s'est encore nommé de diffé-
« rentes manières, lorsqu'il fut venu chez le roi *Geirrŏdur* :

> ««J'ai été appelé *Effrayant* (Grĭmr), *Piétonneur* (Ganglerı),
> «« *Troupier* (Hérian), *Porte-Heaume* (Hialm-beri),
> ««*Agréable* (Thekkr), *Troisième* (Thridi), *Calme* (Thudr), *Humide* (Udr),
> «« *Ténébreux comme Hel* (Helblindi), *Sublime* (Hâr).

> ««*Équitable* (Sannr), *Farouche* (Svipall), *Devine-Juste* (Sanngetall),
> «« *Joyeux-des-Troupes* (Herteitr), *Hnikar* (Hennisseur),
> «« *Œil-Nuageux* (Bileygr), *Œil Enflammé* (Baleygr), *Malfaisant* (Bŏl-
> verkr), *Multiple* (Fiŏlnir),
> «« *Sanglier* (Grimnir), *Prompt-à-Tromper* (Glapsvidur).

> ««*Chapeau-Rabattu* (Sidhŏttr), *Barbe-Pendante* (Sidskeggr), *Père-*
> *de-Victoire* (Sigfŏdr),
> «« *Père-Universel* (Allfŏdr), *Décisif* (Atridr), *Hnikudr* (Vent-
> Hennissant),
> «« *Oski* (A-Souhait), *Omi* (Bruyant), *Équi-Sublime* (Iafnhar), *Biflindi*
> (Frémit-doux),
> «« *Gŏndler* (Embrouillant), *Barbe-Velue* (Harbardr).

> ««*Fascinant* (Svidur), *Fascinateur* (Svidrir) . . . . .
> ««. . . *Ialkr* (Vigoureux) . . .
> ««*Kialar* (Tire-Traineau) . . . .
> «« *Thrŏr* (Persévérant) . . . .

«« . . . . . *Yggr* (Ombrageux) . . . .

    «« *Cuirassé* (Thundr) . . . .

«« *Alerte* (Vakr), *Escrimeur* (Skillingr), *Agile* (Vafudr), *Dieu d'Alarme*
(Hropta-tyr),

    «« *Perspicace* (Gautr), *Dieu des Guerriers* (Vera-tyr). »» (29)

«« . . . .

Alors *Piétonneur* dit :

« Vous lui avez donné prodigieusement beaucoup de noms; et je
« sais, ma foi!, que ce doit être une grande érudition que celle qui
« en connaît la raison, et explique quels événements ont occasionné
« chacun de ces noms. »

Alors *Sublime* répond :

« Il faut beaucoup d'intelligence pour s'expliquer cela exactement;
« cependant on peut très-rapidement te dire ceci, que la plupart des
« noms ont été donnés par suite de cette circonstance, que, selon
« les nombreuses différences des langues qu'il y avait dans le monde,
« tous les peuples ont cru nécessaire, à l'invocation et à la prière
« pour leur personne, de changer le nom de Celui-là d'après leur
« propre langue : quelques occasions pour ces noms se sont encore
« produites dans ses voyages : cela est rapporté dans les histoires; et
« tu ne saurais passer pour un homme savant, si tu ne sais pas ra-
« conter ces grandes aventures. »

21. Alors *Piétonneur* dit :

« Quels sont les noms des autres *Ases*?; et de quoi s'occupent-ils;
« — et qu'ont-ils fait pour se distinguer? »

Sublime répond :

« *Thôr* (Tonnerre) est le plus distingué d'entre eux; c'est lui qu'on
« appelle *Thôr-des-Ases* et *Thôr-au-Char* (norr. *Öku-Thôr*); il est le
« plus fort de tous, des Dieux et des hommes. Il possède son Empire
« à l'Endroit nommé *Thrûd-vângar* (Champs-d'Énergie), et sa Halle
« est nommée *Bil-skirnir* (Éclaircit-Grain). Dans cette Salle, il y a
« cinq cents et quarante allées; et cet Édifice est le plus grand que
« les hommes sachent avoir été construit. Voici comment s'énoncent
« les *Dits de Grimnir* :

    «« Cinq cents plus environ quarante allées

        «« Sont, je pense, dans Bilskirnir, avec des voûtes,

    «« De tous les Couverts, que je connais, lambrissés,

        «« Je tiens celui du Fils pour le plus grand. »»

7

« *Thôr* a deux Boucs, dont les noms sont *Tann-gniostur* (Craque-
« Dent) et *Tann-grisnir* (Grince-Dent), et une voiture dans laquelle
« il s'avance ; les Boucs traînent cette voiture ; c'est pourquoi il est
« appelé *Thôr-au-Char*. Il possède aussi trois objets précieux : l'un
« d'eux est le Marteau *Meunier* (norr. *Miölnir*), que connaissent les
« *Thurses-Givreux* et les *Géants des Montagnes*, quand il est lancé dans
« l'air : et cela n'est pas surprenant ; il a fracassé maint crâne de leurs
« ancêtres et de leurs parents. Comme second objet de grand prix il
« possède la *Ceinture de force* (norr. *Megingiardar*) ; quand il la
« serre autour de lui, sa force d'*Ase* s'accroît du double. Il possède
« un troisième objet de grand prix : ce sont les *Gantelets-de-fer* (norr.
« *Iarn-glôfar*), dont il ne peut pas se passer, vu le manche du Mar-
« teau. Mais personne n'est si savant qu'il puisse raconter tous ses
« hauts faits. Cependant je saurais te raconter de lui tant d'histoires
« que les heures s'écouleraient avant que j'eusse dit tout ce que j'en
« sais. » (30)

22. Alors *Piétonneur* dit :

« Je voudrais avoir des renseignements sur les autres *Ases*. »

Sublime répond :

« Le second fils d'*Odinn* est *Baldur* (Distingué); et il y a sur lui
« beaucoup à dire. Il est le meilleur de tous, et tous l'aiment. Il est
« si beau de visage et si brillant, qu'il en resplendit au loin : aussi
« une seule herbe est si blanche qu'elle soit comparable aux sourcils
« de *Baldur* ; c'est la plus blanche de toutes les herbes ; et d'après
« cela tu peux juger de sa beauté, tant pour la chevelure que pour le
« corps. Il est le plus sage des *Ases*, et le plus beau parleur, et le plus
« clément. Mais la particularité qui lui est attachée, c'est que rien de
« ce qui est décidé sur lui, ne saurait être fléchi. Il habite l'Endroit
« nommé *Large-Éclat* (norr. *Breidablik*) et qui est au ciel; dans ce
« lieu, rien ne saurait être impur : voici ce qui est dit ici :

> « « Large-Éclat est nommé l'Endroit où Baldur
> « « S'est préparé ses demeures,
> « « Dans ce pays, où je sais qu'il existe
> « « Le moins de choses pernicieuses. » »

23. « Le troisième *Ase* est celui qui est appelé *Niördur* (Jaillis-
« sant) ; il demeure au ciel, à l'Endroit nommé *Enclos-de-Nôi* (norr.
« *Nôa-tûn*). Il préside au mouvement du Vent, et modère la Mer et le

« Feu; c'est lui qu'il faut invoquer pour la navigation et la pêche. Il
« possède tant de propriétés et tant de richesses, qu'il peut donner
« des propriétés territoriales et des biens mobiliers à ceux qui
« l'invoquent pour cela. Il a été élevé dans le *Séjour-des-Vanes* (norr.
« *Vanaheimr*); mais les *Vanes* l'ont envoyé en ôtage aux Dieux, et ont
« pris en échange, comme ôtage des *Ases*, le nommé *Hœnir* (Utile);
« il servit à la réconciliation des Dieux avec les Vanes. *Niördur* a
« épousé la femme qui est nommée *Skadi* (Pernicieuse), la fille de
« l'Iotne *Thiassi* (Querelleur). *Skadi* veut avoir sa résidence là où
« l'a eue son père, à savoir sur certaines montagnes, à l'Endroit
« appelé *Séjour-du-Bruissement* (norr. *Thrymheimr*); mais *Niördur*
« veut être près de la mer. Ils sont convenus ensemble de ceci, qu'ils
« passeraient neuf nuits à *Séjour-de-Bruissement,* et les trois autres
« à *Enclos-de-Nôi* (Enclos du Nocher). Lorsque *Niördur* revint des
« montagnes, il prononça ceci :

« « Les Montagnes me déplaisent; j'y ai été trop longtemps,
« « Neuf nuits consécutives; —
« « Le hurlement des loups ma' semblé détestable
« « Auprès du chant des cygnes. » »

« Alors *Skadi* prononça ceci :

« « Je ne pouvais pas dormir aux lits près de la Mer,
« « A cause des cris d'oiseau; —
« « Elle m'éveille, quand elle vient de la plage,
« « Chaque matin, la mouette. » »

« Alors *Skadi* remonta dans les Montagnes, et résida à *Séjour-de-*
« *Bruissement.* Elle court beaucoup sur les *barres* et avec l'arc, et elle
« tire sur les bêtes; on la nomme *Divinité aux Barres* (norr. *Öndur-*
« *gud*), ou *Déesse-aux-Barres* (norr. *Öndur-dis*). Voici ce qui est dit :

« « Séjour-de-Bruissement est nommé le lieu qu'habitait Thiassi,
« « Cet impétueux Iotne.
« « Mais maintenant Skadi, la brillante fiancée des Dieux, habite
« « Les anciens Enclos du père. » »

24. « *Niördur*, dans *Enclos-de-Nôi*, eut, depuis, deux enfants; le
« fils fut nommé *Frey* (Maître), et la fille *Freyia* (Maîtresse); tous
« les deux étaient beaux de visage et puissants. *Frey* est le plus illus-
« tre des *Ases*; il préside à la pluie, et aux effets du soleil, et, avec
« cela, à la production de la terre; et il est bon de lui adresser des

« vœux pour la moisson et pour la paix. Il préside encore à la fortune
« mobiliaire des hommes. *Freyia* est aussi la plus respectée des *Amies-*
« *des-Ases*. Elle a, au ciel, la Résidence nommée *Champs-d'Assem-*
« *blée* (norr. *Fólkvangar*); et, aussi souvent qu'elle chevauche au
« combat, elle obtient la moitié des occis, et *Odinn* l'autre moitié,
« comme il est dit ici :

    «« Champ-d'Assemblée est-il nommé ; et là Freyia préside
        «« Aux choix des siéges dans la Salle ;
    «« Chaque jour elle choisit la moitié des occis ;
        «« L'autre moitié est à Odinn. »»

« Sa demeure est nommée *Contient-les-Siéges* (norr. *Sessrymnir*);
« elle est grande et belle. Quand elle sort, elle est traînée par deux
« chats, et elle est assise dans un char. C'est à elle qu'il convient le
« mieux aux hommes d'adresser leurs vœux. De son nom provient
« aussi le nom honorifique par lequel les femmes de qualité sont
« appelés *Freyias* (Dames, Maîtresses). Elle aimait beaucoup les
« chants d'amour; il est bon de lui adresser les vœux pour les incli-
« nations. » (31)

25. Alors *Piétonneur* dit :

« Ces *Ases*, ils me semblent grands par eux-mêmes ; et il n'est pas
« étonnant qu'une grande force vous accompagne, vous qui connais-
« sez naturellement le caractère des Dieux, et savez quelle prière il
« faut adresser à chacun d'eux. Mais y a-t-il encore d'autres Dieux ? »

Sublime répond :

« Il y a encore l'*Ase* qui est nommé *Týr* (Brillant); il est le plus
« hardi et le plus courageux : aussi préside-t-il souvent à la victoire
« dans les guerres ; les hommes vaillants font bien de lui adresser
« leurs vœux. Il est d'usage de dire que tel est *vaillant comme*
« *Týr* (norr. *Tý-hraustr*), quand il surpasse les autres hommes et
« qu'il ne s'épouvante de rien. Il était encore intelligent, de sorte
« qu'on dit de celui qui est intelligent, qu'il est *sage comme Týr*
« (norr. *Tý-spakr*). Voici seulement *une* preuve de sa hardiesse. —
« Lorsque les *Ases* cajolèrent le Loup de *Fenrir* pour lui attacher le lien
« *Gleipnir* (Étranglant), celui-ci ne voulait leur croire qu'ils le relâ-
« cheraient, jusqu'à ce qu'ils eussent mis, comme gage, la main de
« *Týr*, dans sa gueule : et lorsque les *Ases* ne voulurent plus le relâ-
« cher, celui-là lui coupa, avec ses dents, la main à l'endroit qu'on

« appelle maintenant le *Joint-du-Loup* (norr. *Ulflidr*). Aussi est-il
« manchot; et il n'est nullement appelé le *Pacificateur des hommes*
« (norr. *Sættir manna*). »

26. « Un autre est nommé *Bragi* (Parler); il est distingué par son
« intelligence et principalement par la volubilité de son élocution et
« sa facilité de s'exprimer; il s'entend le mieux en poésie; aussi,
« d'après lui, la Poésie est-elle appelée *Bragur* (Parole); et, d'après
« son nom, la personne, homme ou femme, qui surpasse les autres
« en facilité d'élocution, est appelée *Parole* (norr. *Bragur*) des
« hommes ou des femmes. Son épouse est *Idunn* (Aime-l'Activité);
« elle garde, dans son écrin, les pommes dans lesquelles les Dieux
« doivent mordre, quand ils vieillissent, pour redevenir, ainsi, tous
« jeunes : et ainsi il arrivera jusqu'au *Crépuscule-des-Grandeurs*
« (norr. *Ragna-röckur*). »

Alors *Piétonneur* dit :

« Très-important est, ce me semble, ce que les Dieux confient à
« la garde et à la fidélité d'*Idunn*. »

Alors *Sublime* dit en souriant :

« Une fois il serait presque arrivé un malheur; je saurais te le ra-
« conter, mais tu dois maintenant d'abord apprendre les noms des
« autres *Ases*. (32)

27. Il y en a un, nommé *Heimdall* (Arbre du Séjour); il est appelé
« l'*Ase Blanc*; il est grand et saint; neuf vierges, toutes des sœurs,
« l'ont mis au monde comme leur fils. Il se nomme aussi *Hallin-
« skidi* (Bois-Retors) et *Dent-d'Or* (norr. *Gullintanni*); ses dents étaient
« d'or. Son cheval est nommé *Queue-d'Or* (norr. *Gulltoppr*). Il de-
« meure à l'Endroit nommé *Roches-Célestes* (norr. *Himinbiörg*), près
« de *Bifröst* (Voie-Tremblotante). Il est le Gardien des Dieux : aussi
« est-il assis-là, à l'extrémité du ciel, pour garder le Pont contre les
« *Géants des Montagnes* (norr. *Bergrisar*). Il lui faut moins de som-
« meil qu'à un oiseau; il voit, également, de nuit comme de jour, à
« une distance de cent milles; il entend aussi croître l'herbe sur la
« terre, et la laine sur les brebis, et tout ce qui bruit plus fort. Il a
« la Trompe qui est nommée *Corne-de-Giöll* (norr. *Giallar-horn*); et
« s'il y souffle, on l'entend dans tous les Séjours. Voici ce qui est
« dit ici :

« « C'est nommé Roches-Célestes; et là Heimdall
« « Préside, dit-on, aux Sanctuaires;

«« Là, dans ce beau Couvert, le Gardien des Dieux boit,

«« Gaîment, l'excellent hydromel. »»

« Et Lui-même dit encore dans l'*Enchantement-de-Heimdall* :

«« De neuf mères je suis le garçon,

«« De neuf sœurs je suis le fils, etc. »»

28. « *Hödur* (Combat) est le nom d'un autre *Ase* ; il est aveugle, et
« il est passablement fort : mais les Dieux voudraient n'avoir pas
« besoin de nommer cet *Ase*, puisque l'œuvre de sa main restera
« longtemps dans la mémoire des Dieux et des hommes. »

29. « *Vidar* (Auguste du Large) est le nom d'un autre ; c'est l'*Ase Taci-*
« *turne* : il a le *Soulier Épais*. Il est presque aussi fort que *Thôr* ; en
« lui les Dieux trouvent un puissant recours dans tous les dangers. »

30. « *Ali* ou *Vali* (Effrayant) est le nom d'un autre ; c'est le fils
« d'*Odinn* et de *Rindur* (Jaillissante) ; il est hardi dans les guerres, et
« très-habile tireur. »

31. « *Ullr* (Éclat) est le nom d'un autre ; c'est le fils de *Sif* (Pa-
« renté) et le beau-fils de *Thôr* ; il est si bon archer et coureur sur
« barres, que personne ne peut lutter avec lui. Il est beau de visage ;
« et il a les manières d'un homme d'armes ; il est bon de lui adres-
« ser des vœux dans le combat singulier. »

32. « *Proposant* (norr. *Forseti*) est le nom du fils de *Baldur* et de *Nanna*
« (Vigoureuse), fille de *Nep* (Saillie). Il possède, au ciel, la Salle nommée
« *Étincelante* (norr. *Glitnir*) ; et tous ceux qui viennent, chez lui, pour
« des litiges difficiles, s'en retournent tous réconciliés : c'est le meil-
« leur Tribunal chez les Dieux et chez les hommes, ainsi qu'il est
« dit ici :

«« Cette Salle est nommée Étincelante ; elle est étayée d'or,

«« Et couverte également d'argent ;

«« Et là Proposant réside la plupart des jours

«« Et assoupit tous les litiges. »» (33)

33. « On compte aussi parmi les *Ases* celui que quelques-uns ap-
« pellent le *Détracteur des Ases*, et le *Conseiller de Perfidies*, et le *Déshon-*
« *neur de Tous*, Dieux et hommes. C'est le nommé *Loki* (Clôtureur), ou
« *Loptur* (Aérien), fils de l'Iotne *Farbauti* (Bute Voyage) ; sa mère est
« *Lauf-ey* (Ile de Feuillage), ou *Nal* (Aiguille) ; ses frères sont *Byleistr*
« (Pousse Grain) et *Hel-blindi* (Très-Sombre). *Loki* est agréable et beau
« de forme, méchant de caractère, et très-variable dans sa conduite ; il

« avait, plus que personne, cette intelligence qu'on nomme astuce, et des
« ruses pour toutes choses. Il entraînait toujours les *Ases* dans des diffi-
« cultés complètes ; souvent aussi il les en a tirés par des moyens de
« ruse. Sa femme se nomme *Sigyn* (Aime-Chute), leur fils , *Nári*
« (Crépusculaire) ou *Narvi*.

34. « *Loki* avait encore plusieurs autres enfants. *Angur-bodi*
« (Signal d'Angoisse) était le nom d'une Géante dans *Séjour-des-Iotnes*
« (norr. *Iotunheimr*); avec elle, *Loki* a eu trois enfants : l'un était
« *Loup de Fenrir*; l'autre *Iormungand* (Charmeur-Solaire), c'est le
« Serpent de l'*Enclos-Mitoyen* (norr. *Midgardr*); le troisième est *Hel*
« (Mort). Lorsque les Dieux s'aperçurent que ces trois, les frères et la
« sœur, étaient élevés dans les *Séjours-des-Iotnes*, et quand les Dieux
« se rappelèrent les prédictions, d'après lesquelles un grand dommage
« et malheur proviendraient de ces frères et sœur, et que tous crurent
« devoir s'attendre, dans eux, à beaucoup de méchanceté, d'abord
« du côté de leur mère, et plus encore de celui de leur père, alors
« *Père-Universel* y envoya les Dieux pour enlever ces enfants et les
« amener devant lui. Et quand ceux-ci furent venus chez lui, il
« jeta le Serpent dans la Mer profonde qui entoure tous les conti-
« nents; et ce Serpent grandit tellement, que, gisant au milieu de la
« Haute Mer, il entoure tous les continents, et qu'il se mord la queue.
« Il jeta *Hel* (Mort) dans le *Séjour-Brumeux* (norr. *Niflheim*), et lui
« donna l'empire sur le neuvième Séjour, afin qu'elle distribuât tous
« les logis entre ceux qui lui seraient envoyés, à savoir les hommes
« morts de maladie ou morts de vieillesse. Là elle possède de grands
« Manoirs; et ses Enceintes sont prodigieusement hautes et les Grilles
« élevées; sa Salle est nommée *Espace-de-Tempêtes* (norr. *Eliudnir*),
« son Écuelle, *Faim* (norr. *Hungr*), son Couteau, *Inanition* (norr. *Sultr*),
« son Serf, *Marche-Lent* (norr. *Ganglati*), sa Serve, *Marche-Lente* (norr.
« *Gang-löt*), sa Grille, *Calamité-Tombante* (norr. *Fallanda-forat*), son
« Seuil, *Fatigant-de-Souffrance* (norr. *Thol-modnir*), sa Couche, *Gra-*
« *bat-de-Malade* (norr. *Kör*), son Rideau, *Mal-Perçant* (norr. *Blikianda-*
« *böl*). Elle est à moitié bleue et à moitié couleur de chair; par là, elle
« est reconnaissable; et elle a le visage fort décharné et sinistre. (34)

« Les *Ases* élevèrent le Loup chez eux, et *Tyr* seul avait la hardiesse
« d'aller auprès du Loup pour lui donner à manger. Mais lorsque les
« Dieux virent combien il grandissait chaque jour, et que les oracles
« énoncèrent qu'il était destiné à leur nuire, les *Ases* prirent alors

« le parti de faire un lien très-fort qu'ils appelaient *Insinuant* (norr.
« *Læthingr*); et ils le portèrent au Loup et l'invitèrent à essayer sa
« force contre ce lien. Celui-ci ne paraissait pas excessivement fort
« au Loup; et il les laissa donc faire avec lui comme ils le voulaient.
« La première fois que le Loup se piéta, le Lien se brisa; et il se dé-
« gagea ainsi de l'*Insinuant*. Après cela les *Ases* firent un autre lien,
« d'une force double, qu'ils appelèrent *Serrant* (norr. *Drômi*), et ils
« invitèrent encore le Loup à essayer ce lien; et ils lui dirent qu'il
« deviendra célèbre par sa force, si un semblable ouvrage extraor-
« dinaire ne pourra le retenir. Le Loup, de son côté, prit en con-
« sidération que ce lien était très-fort, mais, en même temps, que,
« depuis qu'il avait brisé *Insinuant*, sa force avait augmenté. Il lui
« vint dans la pensée qu'il était obligé de s'exposer au danger, s'il
« voulait devenir célèbre, et il se laissa attacher le lien. Et lorsque
« les *Ases* dirent qu'ils avaient fini, le Loup s'agita, se piéta, et fit
« tomber à terre le lien brisé, au point que les débris en furent lancés
« au loin. C'est ainsi qu'il s'arracha au *Serrant*. Il est d'usage, de-
« puis, de dire : *se dégager de l'Insinuant*, ou *s'arracher au Serrant*,
« quand, pour une chose, on s'efforce ardemment. Après cela, les
« *Ases* craignirent qu'ils ne parvinssent plus à enchaîner le Loup.
« *Père-Universel* envoya alors le varlet qui est nommé *Skirnir* (Éclair-
« cit), le Messager de *Frey*, au *Séjour-des-Alfes-Noirs*, chez cer-
« tains *Dvergs*, et fit faire le Lien qui est nommé *Étranglant* (norr.
« *Gleipnir*). Celui-ci était fait de six choses : de bruit de pas de chat,
« de barbe de femme, de racines de montagnes, de tendons d'ours,
« d'haleine de poisson, et de salive d'oiseau; et, bien que tu n'aies
« pas connu, antérieurement, ces détails, tu vas bientôt trouver ici
« la preuve certaine qu'on ne t'a pas fait de mensonges: tu peux bien
« avoir remarqué que la femme n'a pas de barbe, et qu'il ne résulte
« pas de bruit du trot d'un chat, et qu'il n'y a pas de racines sous
« les montagnes; mais je sais, ma foi! que tout ce que je t'ai dit n'en
« est pas moins vrai, bien qu'il y en ait des choses que tu ne puisses
« pas expérimenter. »

Alors *Piétonneur* dit :

« Je pourrai me convaincre pleinement que cela est vrai, quand
« je verrai les résultats que tu viens d'invoquer comme preuve: mais
« ce Lien, ainsi confectionné, comment devint-il ? »

Sublime répond :

« C'est ce que je puis bien te dire ; ce Lien devint lisse et souple
« comme un lacet de soie, et si solide et fort comme tu vas mainte-
« nant l'apprendre. Quand le Lien fut apporté aux *Ases*, ils remer-
« cièrent beaucoup le Messager de sa commission. Ensuite les *Ases*
« se rendirent sur le Lac nommé *Amsvartnir* (Noirci de Peine), dans
« un îlot qui est appelé *Bruyère* (norr. *Lyngvi*) ; et ils appelèrent à
« eux le Loup, lui montrèrent le lacet de soie et l'invitèrent à le
« rompre ; et ils dirent qu'il était un peu plus solide qu'il n'en avait
« l'air, à en juger d'après l'épaisseur ; et chacun le passa à l'autre et y
« éprouva la force de ses mains, et il ne fut pas rompu : néanmoins
« ils dirent que le Loup le romprait. Alors le Loup répond :

« « Il me semble, à voir ce filet, que je ne pourrai pas acquérir
« « de la gloire en rompant un lacet aussi mince : mais, s'il est fait
« « avec artifice et avec perfidie, bien que cela n'y paraisse guère, ce
« « lacet ne touchera pas à mes pieds. » »

« Alors les *Ases* dirent qu'il pourrait facilement rompre ce mince
« lacet de soie, lui qui avait auparavant brisé de grandes chaînes de
« fer, et « « si tu ne parviens pas à rompre ce lacet, alors tu ne saurais
« « être redoutable aux Dieux, et, par conséquent, nous pourrons
« « alors te relâcher. » »

« Le Loup répond :

« « Si vous me liiez de manière que je ne parvinsse plus à me dé-
« « livrer moi-même, vous vous ririez de moi, de sorte que j'aurais
« « à attendre longtemps que vous me vinssiez en aide. Je n'ai donc
« « aucune envie de me laisser attacher ce Lien. Mais pour que vous
« « ne doutiez pas de mon courage, que l'un de vous mette sa main
« « dans ma gueule, pour garantie que ce Lien est fait sans perfidie. » »

« Mais chacun des *Ases* regarda l'autre, et il leur semblait qu'il y
« avait maintenant double embarras ; nul ne voulait sacrifier sa main.
« Enfin *Týr* étendit sa main droite et la mit dans la gueule du Loup.
« Quand le Loup se piéta, le Lien se raidit ; et plus il faisait des ef-
« forts pour le rompre, plus le Lien se serrait. Alors tous se mirent à
« rire, excepté *Týr*, qui y laissa sa main. Quand les *Ases* virent que
« le Loup était parfaitement lié, ils prirent la Corde nommée *Pati-
« bulaire* (norr. *Gelgia*), qui était attachée au Lien, et ils la passèrent
« à travers une grande Roche nommée *Bruyante* (norr. *Giöll*), et
« fixèrent cette Roche profondément dans la terre ; puis ils prirent
« une énorme Pierre, nommée *Traverse* (norr. *Thviti*), qu'ils enfon-

« çèrent encore plus avant dans la terre, et ils employèrent cette
« pierre en guise de croc d'attache. Le Loup ouvrit violemment la
« gueule, se demena beaucoup, et voulut les mordre. Ils lui lançèrent
« un glaive dans la bouche ; la poignée se fixa dans le palais inférieur,
« et la pointe à stylet dans le palais supérieur ; c'est là son *Dilata-*
« *teur de palais* (norr. *gôm-sparri*). Il hurle effroyablement, et la sa-
« live lui coule de la bouche : c'est là la Rivière qu'on nomme *Regret*
« (norr. *Von*). Là, il restera jusqu'au *Crépuscule-des-Grandeurs.* »

Alors *Piétonneur* dit :

« *Loki* a engendré des enfants prodigieusement méchants ; et tous,
« ces frères et sœur, sont puissants de leur nature ; mais pourquoi
« les *Ases* n'ont-ils pas tué le Loup duquel ils ne s'attendaient qu'à
« du mal ? »

Sublime répond :

« Les Dieux respectaient tant leurs Sanctuaires et leurs Asyles,
« qu'ils ne voulaient pas les souiller du sang de ce Loup, bien que
« les visions annonçassent qu'il donnerait la mort à Odinn. » (35)

35. Alors *Piétonneur* dit :

« Quelles sont les *Amies-des-Ases ?* »

Sublime répond :

« *Frigg* (Pluie) est la première ; elle possède la Résidence qui est
« nommée *Salles d'Écume* (norr. *Fensalir*) et qui est très-splendide. »

« La seconde est *Tradition* (norr. *Saga*) : elle réside à *Sôckvabeck*.
« (Banc de Submergé), qui est aussi un endroit remarquable. »

« La troisième est *Cure* (norr. *Eir*) ; elle est le meilleur Médecin. »

« La quatrième est *Gefion* (Aime-l'Abîme) ; elle est vierge, et celles
« qui meurent vierges la servent.

« La cinquième est *Abonde* (norr. *Fulla*) ; elle aussi est vierge, et
« a les cheveux flottants et un bandeau doré autour de la tête. Elle
« porte l'écrin de *Frigg*, et a soin de la chaussure de celle-ci ; et elle
« est initiée à ses conseils secrets.

« *Freyia* (Maîtresse) est, avec *Frigg*, la plus distinguée ; elle fut
« mariée à l'homme nommé *Odr* (Impétueux) ; leur fille est nommée
« *Joyau* (norr. *Hnoss*) ; celle-ci est si belle que, d'après son nom,
« on appelle joyau ce qui est beau et précieux. *Odr* partit pour de
« longs voyages, et *Freyia* pleure après lui ; et ses larmes sont de
« l'or rouge.

« *Freyia* a plusieurs noms, et la raison en est qu'elle s'est donné

« différents noms, quand elle a voyagé chez des peuples inconnus,
« pour chercher *Odr :* elle est nommée *Mar-döll* (Pin-de-Mer), *Hörn*
« (Pluie), *Gefn* (Abîme), *Syr* (Truie).

« *Freyia* possédait le *Bijou* des *Issus* de *Brisi* (norr. *Brisinga-men*);
« elle est aussi appelée *Déesse Vane.* » (36)

La septième est *Affection* (norr. *Siöfn*); elle s'efforce beaucoup à
« tourner les pensées des humains vers l'amour pour la femme ou
« pour l'homme : d'après son nom, l'amant est appelé l'*Affectionné*
« (norr. *Siafni*).

« La huitième est *Permission* (norr. *Lofn*); elle est si bénigne et
« si favorable aux vœux qu'on lui adresse, qu'elle obtient de *Père-*
« *Universel* et de *Frigg*, la permission (norr. *leyfi*) pour la réunion
« de l'homme et de la femme, bien que celle-ci ait été antérieure-
« ment défendue ou empêchée : c'est pourquoi son nom désigne aussi
« l'*amour* (norr. *lof*), et ce qui est très-*loué* (norr. *lofat*) des hommes.»

« La neuvième est *Assurance* (norr. *Vôr*); elle écoute les serments
« des humains et les promesses que se font entre eux, femmes et
« hommes : aussi ces promesses sont-elles nommées *assurances* (norr.
« *varar*). Elle se venge aussi sur ceux qui se dédisent. *Assurance* est
« instruite et enquérante, au point qu'on ne peut rien lui cacher; il
« est usité de dire d'une femme qu'elle est *assurée* (norr. *vôr*) d'une
« chose, quand elle en est instruite.

« La dixième est *Dénégation* (norr. *Syn*); elle garde les portes de
« la Halle et les ferme à ceux qui ne doivent pas entrer. Elle est
« aussi employée, dans l'assemblée judiciaire, pour la défense contre
« les accusations dont elle conteste la vérité ; de là il est d'usage de
« dire qu'on oppose une *dénégation* (norr. *syn*), quand on nie.

« La onzième est *Protection* (norr. *Hlin*); elle est chargée de veiller
« sur les hommes que *Frigg* veut préserver de quelque danger; de là
« l'usage de dire *être protégé* (norr. *hleinir*), pour être préservé.

« La douzième est *Élégante* (norr. *Snotra*); elle est instruite et
« polie; et, d'après son nom, on appelle Élégant (norr. *Snotr*) tout
« individu, femme ou homme, qui sait les convenances.

« La treizième est *Planeuse* (norr. *Gná*); *Frigg* l'envoie dans les
« différents Séjours, pour ses commissions. Elle possède le cheval
« qui traverse l'air et la mer et qui est nommé *Lance-Sabot* (norr.
« *Hôfvarpnir*). Une fois, qu'elle chevaucha, il arriva que quelques
« *Vanes* la virent chevaucher dans l'air; alors un d'eux dit :

    «« Qui est-ce qui vole là ? qui est-ce qui s'avance là,
    «« Et passe dans l'air ? »»

« Elle répond : »

    «« Je ne vole pas, bien que j'avance et que
    «« Je passe dans l'air,
    «« Sur Lance-Sabot, que Hamskerpir (*Gerce-Peau*)
    «« A engendré avec Gardrôfa (*Brise-Enclos*). »»

« D'après le nom de *Planeuse*, on dit qu'une chose *plane* (norr.
« *gnœfi*) quand elle se meut dans l'air. (37)

« *Sôl* et *Bil* sont aussi comptées parmi les *Amies-des-Ases* et on a
« parlé ci-dessus de ce qui leur est propre. »

36. « Il y a encore les Femmes chargées de servir dans la *Halle-*
« *des-Occis* (norr. *Valhöll*), de présenter à boire, et de soigner les
« ustensiles de table et les accessoires du festin. Voici comme elles
« sont nommées dans les *Dits de Grimnir* :

    «« Je veux que *Hrist* (Secousse) et *Mist* (Brume) me présentent la corne,
    «« Ainsi que *Skeggiöld* (Manie-la-Hache) et *Skögul* (Hérissée);
    «« *Hildur* (Lutte), *Thrudur* (Force), *Hlöck* (Chaîne), *Herfiötur* (Lien de
    troupe),
    «« *Göll* (Perte) et *Geirahöd* (Lutte aux Framées),
    «« *Randgrid* (Fureur d'Écus), *Radgrid* (Fureur Résolue) et *Reginleif*
    (Targe des Dieux),
    «« Ce sont elles qui présentent l'ail aux Troupiers-Uniques. »»

« Elles sont nommées *Choisit-les-Occis* (norr. *Valkÿriur*): *Odinn*
« les envoie à chaque combat; elles choisissent les hommes destinés
« à mourir et président à la victoire. *Guerre* (norr. *Gudr*) et *Alarme*
« (norr. *Rota*), et la plus jeune des *Nornes*, nommée *Future* (norr.
« *Skulld*), chevauchent, continuellement, pour choisir les Occis, et
« elles président à la bataille.

« *Terre* (norr. *Iörd*), la mère de *Thôr* (Tonnerre), et *Rindur* (Jail-
« lissante), mère de *Vali* (Effrayant), sont comptées parmi les *Amies-*
« *des-Ases.* » (38)

37. « Un homme se nommait *Gÿmir*, et sa femme *Orboda* qui était
« de la race des *Géants-des-Montagnes : Gerdur* est leur fille, qui
« est la plus belle de toutes les femmes. Il est arrivé un jour que *Frey*
« est allé dans *Hlidskialf* (Chaumine-aux-Portes) et a parcouru, du
« regard, tous les Séjours : et lorsqu'il regarda dans la Région du

« Nord, il vit dans un enclos une grande et belle maison; et vers
« cette maison se dirigeait une femme; et lorsqu'elle leva ses mains
« et ouvrit la porte devant elle, ses mains jetèrent de l'éclat dans
« l'air et sur l'eau, et tous les Séjours furent éclairés par elle.
« Aussi il fut tellement puni de sa grande présomption de s'être
« assis sur ce siége sacré, que, plein de chagrin, il se retira. Et
« lorsqu'il rentra chez lui, il ne parla à personne; il ne dormait
« plus, il ne buvait plus; personne non plus n'osait l'engager à s'ex-
« pliquer. Alors *Niördur* fit appeler auprès de lui *Éclaircit* (norr.
« *Skirnir*), le valet de chaussure de *Frey*, et le pria d'aller chez *Frey*,
« de l'engager à s'expliquer, et de lui demander contre qui il était
« tellement courroucé qu'il ne parlait plus à personne. *Éclaircit* dé-
« clara qu'il irait, encore que ce fût contre son gré; et il dit qu'il
« s'attendait, de lui, à une réponse désagréable. Lorsqu'il vint chez
« *Frey*, il lui demanda pourquoi *Frey* était si abattu et ne parlait
« plus à personne. Alors *Frey* lui répondit et dit qu'il avait vu une
« belle femme, et qu'à cause d'elle il était si plein de chagrin qu'il
« ne vivra plus longtemps s'il ne la pourra pas obtenir, et, « « main-
« « tenant tu dois partir et demander pour moi sa main, et l'amener
« « ici au logis, que son père veuille ou non; et je te récompenserai
« « bien pour cela. » »

« Alors *Éclaircit* répondit, déclarant qu'il partirait pour ce mes-
« sage, mais que *Frey* devait lui donner son épée. Cette épée était si
« bonne qu'elle se brandissait d'elle-même; cependant *Frey* voulut
« agir largement, et il lui donna cette épée. Alors *Éclaircit* partit; et
« il demanda, pour l'autre, cette femme; et il obtint d'elle le consen-
« tement; et après neuf nuits elle voulait se rendre à l'Endroit nommé
« *Ile-de-Feuillage* (norr. *Barr-ey*), et aller alors aux finançailles avec
« *Frey*. Lorsque *Éclaircit* annonça à *Frey* son message, celui-ci ré-
« cita ceci :

« « Une nuit est longue; elle est longue la deuxième ;
« « Comment supporterai-je de languir pendant trois? ;
« « Souvent un mois m'a semblé plus court
« « Que la moitié d'une telle nuit d'union. » »

« Voilà la raison pourquoi *Frey* s'est trouvé tellement sans armes,
« lorsqu'il combattit contre *Beli* (Beugleur), et qu'il le frappa à mort
« avec une corne de cerf. »

Alors *Piétonneur* dit :

« C'est bien étonnant qu'un chef pareil, comme l'est *Frey*, ait con-
« senti à donner son épée, sans qu'il en eût une autre également
« bonne. Cela devint pour lui un immense désavantage, lorsqu'il
« combattit contre le nommé *Beli* ; et je crois, ma foi !, qu'alors il
« s'est repenti d'avoir fait ce don. »

Alors *Sublime* répond :

« Ce fut de peu d'importance, alors que lui et *Beli* se rencontrè-
« rent : *Frey* pouvait le frapper à mort avec sa main. Mais il arrivera
« que *Frey* se trouvera dans une plus mauvaise rencontre, quand
« cette épée lui manque, lorsque les *Fils de Muspell* s'avanceront
« pour faire l'irruption. » (39)

38. Alors *Piétonneur* dit :

« Tu prétends que tous les hommes qui sont tombés à la guerre,
« depuis le commencement du monde, se trouvent maintenant chez
« *Odinn*, dans la *Halle-des-Occis* (norr. *Valhöll*) : qu'a-t-il donc à
« leur donner pour leur subsistance ; je pense qu'il doit y avoir là
« une bien grande multitude d'hommes. »

Alors *Sublime* répond :

« Ce que tu dis est vrai ; il y a là une bien grande multitude d'hommes ;
« il y en aura encore une bien plus grande, et cependant elle paraîtra
« encore trop petite, lorsque le *Loup* s'avance. Mais jamais la foule
« n'est tellement grande, dans la *Halle-des-Occis*, que le lard du Ver-
« rat, nommé *Sæhrimnir* (Frimas de Mer), ne puisse plus leur suf-
« fire. Celui-ci est cuit chaque jour, et, le soir, il redevient entier.
« Cette question que tu m'adresses est telle qu'il me semble plus que
« probable qu'il n'y ait que peu d'hommes assez érudits pour savoir
« dire la vérité là-dessus. — Le Cuisinier est nommé *And-hrimnir*
« (Frimas d'Haleine), et la Marmite, *Eld-hrimnir* (Frimas de Suie) :
« c'est ce qui est dit ici :

« « Dans Eldhrimnir, Andhrimnir fait
« « Bouillir Sæhrimnir
« « Le meilleur lard ; cependant Peu le savent
« « Avec quoi se nourrissent les Troupiers-Uniques. » »

Alors *Piétonneur* dit :

« Est-ce qu'*Odinn* a le même ordinaire que les *Troupiers-Uniques*
« (norr. *Ein-heriar*) ? »

Sublime répond :

« Le mets qui se trouve sur sa table, il le donne à ses deux Loups,
« qui sont nommés *Avide* (norr. *Geri*) et *Effronté* (norr. *Freki*); lui, il
« n'a besoin d'aucun mets; le vin lui est, à la fois, boisson et nour-
« riture; ainsi qu'on l'énonce ici :

  « « Avide et Effronté, il les rassasie, l'Habitué-à-la-Guerre,
       « « L'illustre Père-des-Combattants;
  « « Et avec du vin seul, le Glorieux-des-Armes,
       « « Odinn, se soutient continuellement. » »

« Deux Corbeaux lui sont assis sur les épaules, et lui disent à l'o-
« reille tous les événements qu'ils voient ou qu'ils entendent : ils
« sont nommés *Huginn* (Penser) et *Muninn* (Désir.) « Il les envoie, à
« la pointe du jour, voler par le Monde entier; et, au repas du
« soir, ils reviennent; par là, il est instruit de beaucoup d'événe-
« ments; et, pour cela, les hommes l'appellent *Dieu-aux-Corbeaux*
« (norr. *Hrafna-gud*). Voici ce qui est énoncé :

  « « Huginn et Muninn volent chaque jour
       « « Par dessus la Plaine éclairée du Soleil;
  « « De Huginn, je crains qu'il ne revienne plus;
       « « Je l'appréhende encore plus de Muninn. » » (40)

39. Alors *Piétonneur* dit :

« Qu'est-ce que les *Troupiers-Uniques* ont à boire qui puisse leur
« suffire aussi abondamment que leur nourriture?; ou est-ce qu'on y
« boit de l'eau? »

Alors *Sublime* répond :

« C'est singulier ce que tu dis là, que *Père Universel* veuille inviter
« chez lui des Rois et des Comtes et d'autres hommes de Gouverne-
« ment, et qu'il songe à leur présenter de l'eau à boire! — Je sais,
« ma foi! que maint homme va à la *Halle-des-Occis*, qui, s'il n'y
« avait pas là de meilleure réception, croirait payer cher cette eau,
« lui qui vient d'endurer les blessures et la fièvre qui ont amené sa
« mort! — Je puis te donner là-dessus d'autres renseignements. La
« Chèvre qui est nommée *Heidrûne* (Compagne de Richesse), se tient
« dressée contre la *Halle-des-Occis*, et broute la pousse de l'Arbre
« tant renommé, qu'on appelle *Lœrad* (Illuminé); et, de ses trayons,
« coule l'Hydromel dont elle remplit chaque jour le Vase à anse, qui
« est si grand que tous les *Troupiers-Uniques* y trouvent de quoi
« boire à satiété. »

Alors *Piétonneur* dit :

C'est pour eux une chèvre excessivement commode; et il doit être
« prodigieusement excellent l'Arbre dont elle broute. »

Alors *Sublime* dit :

« Il est encore d'une plus grande importance, par rapport au Cerf
« *Eikthyrnir* (Cornu de l'Arbre), qui se tient près de la *Halle-des-Occis*,
« et broute aux branches de cet arbre; et, de ses cornes, il se fait
« un si grand écoulement, qu'il se répand dans le *Bassin-Bruyant*
« (norr. *Hvergelmir*); et de là descendent les Eaux qui sont ainsi
« nommées: *Sid* (Languissante), *Vid* (Large), *Sekin* (Poursuivante),
« *Ekin* (Attaquante), *Svöl* (Froide), *Gunn-thrá* (Belliqueuse), *Fiörm*
« (Chargée), *Fimbul-thul* (Murmure-Étourdissant), *Gipul* (Béante), *Gö-*
« *pul* (Pleine-d'abîmes), *Gömul* (Vieille), *Ger-vimul* (Pleine-Confu-
« sion); celles-là coulent près des Habitations des *Ases*. Il y en a en-
« core d'autres, nommées: *Thyn* (Profonde), *Vin* (Désir), *Thöll* (Ra-
« mifiée), *Holl* (Déclive), *Grád* (Avide), *Gunn-thráin* (Belliqueuse),
« *Nyt* (Violente), *Nöt* (Frémissante), *Nönn* (Vigoureuse), *Hrönn*
« (Ondoyante), *Vina* (Amie), *Veg-svinn* (Voyageuse), *Thiöd-numa*
« (Connue du Monde). » (41)

40. « Alors *Piétonneur* dit :

« Ce sont de merveilleuses nouvelles que tu me dis là; ce doit être
« une maison immensément grande que cette *Halle-des-Occis*; il doit
« y avoir souvent presse aux portes? »

Alors *Sublime* dit :

« Pourquoi ne demandes-tu pas combien il y a de portes à la *Halle-*
« *des-Occis*, et de quelle dimension?; quand tu l'auras appris, tu
« avoueras qu'il serait étonnant que l'on ne pût y entrer et en sortir,
« toutes les fois qu'on le veut; il est encore vrai de dire qu'il n'y a
« pas plus de difficulté pour sortir que pour entrer. Voici ce que tu
« peux apprendre dans les *Dits de Grimnir* :

«Cinq centaines, plus environ quatre dizaines de portes,
  «Tant, j'estime, se trouvent à la Halle-des-Occis;
«Huit centaines de Troupiers-Uniques sortent, à la fois, par chaque porte,
  «Lorsqu'ils vont combattre contre Présage.»

41. Alors *Piétonneur* dit :

« Elle est très-grande la foule des hommes dans la *Halle-des-Occis*,
« de sorte que je suis également persuadé qu'*Odinn* est un très-grand
« Chef, puisqu'il gouverne une si grande armée; mais quel est donc

« le passe-temps des *Troupiers-Uniques*, quand ils ne sont pas oc-
« cupés à boire ? »

Sublime répond :

« Chaque jour, après qu'ils se sont habillés, ils s'arment et sortent
« dans la cour, et se battent et se renversent l'un l'autre; c'est là
« leur jeu. Et quand le temps du souper est venu, ils rentrent à
« cheval dans la *Halle-des-Occis*, et s'assoient au festin, ainsi qu'il
« est dit ici :

« « Tous les Troupiers-Uniques, dans les Enclos d'Odinn,
    « « Se battent chaque jour;
« « Ils choisissent les victimes, et quittent à cheval le combat;
    « « Et ensuite s'assoient réconciliés ensemble.

« Ce que tu as dit est encore vrai, *Odinn* est grand par lui-même;
« on trouverait beaucoup de preuves de cela. Voici ce qui est énoncé
« dans les paroles des *Ases* eux-mêmes :

« Le Frêne d'Yggdrasill, c'est le premier parmi les arbres,
    « Comme Skidbladnir parmi les navires,
« *Odinn parmi les Ases*, et Sleipnir parmi les chevaux,
    « Et Bifröst parmi les ponts,
« Et Bragi parmi les poètes, et Haute-Braie parmi les faucons,
    « Et Garmur parmi les chiens. » (42)

42. Alors *Piétonneur* dit :

« A qui appartient l'étalon *Sleipnir*, et qu'y a-t-il à en dire ? »

Sublime répond :

« Tu n'as donc pas de renseignements sur *Sleipnir*, et tu ne sais
« pas à quel accident il doit sa naissance ?; cela va te paraître digne
« d'être rapporté. — Tout de suite après le premier établissement
« des Dieux, quand les Dieux eurent élevé l'*Enclos-Mitoyen* (Mid-
« gardr) et construit la *Halle-des-Occis* (Valhöll), il y vint un artisan
« et offrit de leur construire, dans l'espace de trois semestres, une
« forteresse si excellente qu'on y serait en sûreté, sans crainte devant
« les *Géants des Montagnes* (Bergrisar) et les *Thurses-Givreux* (Hrim-
« thursar), même quand ils seraient déjà entrés dans l'*Enclos-Mitoyen*;
« et il demanda, pour prix, qu'il serait mis en possession de *Freyia*;
« de plus, il voulait avoir le Soleil et la Lune. Là-dessus les *Ases* al-
« lèrent délibérer et se concerter sur la résolution à prendre ; et
« l'on conclut ce marché avec l'artisan, qu'il serait mis en possession
« de ce qu'il demandait, s'il parvenait à construire la forteresse dans

« l'espace d'un hiver. Mais si, le premier jour d'été, il restait encore
« quelque chose à faire à la forteresse, il perdrait le prix. Il devait,
« pour cet ouvrage, ne recevoir le secours de personne. Quand ils
« lui annoncèrent ces conditions, il les pria de lui permettre d'avoir
« l'aide de son cheval, nommé *Svadilfari* (Vole-sur-Glace) ; et *Loki*
« (Clôtureur) fut cause que cela lui fut accordé. Il commença, dès
« le premier jour d'hiver, à construire la forteresse; et, pendant les
« nuits, il y transporta les pierres sur son cheval; et cela parut
« très-étonnant aux *Ases*, que ce cheval pût porter de si grands ro-
« chers, et que le cheval fît deux fois plus de besogne que l'artisan.
« Mais le marché entre eux avait été confirmé par des témoignages
« solides et par beaucoup de serments, parce que l'*Iotne* ne se serait
« pas cru en sûreté auprès des *Ases*, s'il eût été sans garantie lorsque
« *Thôr* (Tonnerre) serait rentré. Celui-ci était alors allé dans la *Ré-
« gion d'Orient* (norr. Austurvegr) combattre les démons (norr. *tröll*).
« Lorsque l'hiver tira à sa fin, la construction de la forteresse fut
« vivement poussée ; et celle-ci était déjà si haute et si solide, qu'on
« ne pouvait pas l'attaquer. Et lorsqu'il n'y eut plus que trois jours
« jusqu'à l'été, le travail aux portes de la forteresse était déjà très-
« avancé. Alors les Dieux s'assirent sur leurs siéges de jugement et
« cherchèrent conseil; et chacun demanda à l'autre qui avait conseillé
« de marier *Freyia* dans le *Séjour-des-Iotnes*, et d'endommager l'Air
« et le Ciel, de manière à en enlever le Soleil et la Lune, pour les
« donner aux *Iotnes* ; et tous tombèrent d'accord que ce conseil a dû
« être donné par celui qui cause la plupart des malheurs, par *Loki*,
« le fils d'*Ile-de-Feuillage* (Laufey) ; et ils le déclarèrent digne d'une
« mort misérable, s'il ne trouvait pas moyen de faire perdre la ré-
« tribution à l'artisan, et ils menacèrent *Loki* de lui courir sus.
« Lorsqu'il fut intimidé, il fit le serment que, quoi qu'il lui en coûtât,
« il arrangerait la chose de manière que l'artisan perdrait la rétribu-
« tion. Et, le même soir, lorsque l'artisan sortit chercher des pierres
« avec son cheval *Svadilfari*, voici que, d'une forêt, accourt une jument
« vers le cheval et hennit vers lui. Quand l'étalon reconnut que c'é-
« tait une jument, il entra en rut, rompit le licou et courut vers la
« jument. Celle-ci rentra dans la forêt, et l'artisan courut après pour
« rattraper son cheval; et ces hennisseurs coururent toute la nuit,
« et la construction chôma cette nuit; et le lendemain, il ne se fit pas
« autant de travail comme cela s'était fait antérieurement. Et quand

« l'artisan vit que l'ouvrage ne serait pas achevé, il entra en rage
« d'*Iotne* ; et lorsque les Dieux reconnurent, pour certain, que c'était
« un Géant-des-Montagnes qui était venu chez eux, on n'eut aucun
« égard aux serments, et ils nommèrent *Thôr* et aussitôt celui-ci arriva,
« et, de suite, le Marteau *Meunier* (Miôlnir) s'élança dans l'air. Ce-
« lui-ci lui paya la rétribution de l'ouvrage, mais non avec le soleil
« et la lune ; il lui refusa même d'habiter les *Séjours-des-Iotnes* ; il
« le frappa d'un seul coup, qui lui brisa le crâne en petits morceaux, et
« l'envoya en bas, au-dessous de *Hel-Brumeux* (Niflhel). — *Loki* avait
« eu avec *Svadilfari* un tel rapprochement, que, quelque temps après,
« il mit bas un poulain ; c'était un petit étalon, et il avait huit pieds ;
« et c'est le meilleur cheval chez les Dieux et chez les hommes. Voici
« ce qui est dit dans la *Vision de la Louve* :

« « Alors les Grandeurs allèrent toutes sur les siéges originaires,
« « Les Dieux très-saints encore sur ceci discutèrent :
« « Qui avait porté la désolation dans l'air entier,
« « Et, à la race de l'Iotne, fiancé la Vierge d'Odur.

« « Transgressés sont les serments, les promesses et les jurements,
« « Toutes les fortes assurances qu'on avait fait intervenir ;
« « Thôr seul obtint cela, enflé de rage ;
« « Rarement il reste assis, quand il apprend pareille chose. » »

43. Alors *Piétonneur* dit :

« Qu'y a-t-il à raconter de *Skídbladnir* ? puisque c'est le meilleur
« des navires ; n'y a-t-il pas de navire aussi bon que lui ou aussi
« grand ? »

Sublime répond :

Skídbladnir est le meilleur des navires et fait avec le plus d'art ;
« mais le plus grand navire est *Naglfari* (Navire d'Ongles), qui est
« dans *Muspell* (Gâte-Monde). Certains *Dvergs*, fils d'*Ivald* (Très-Actif),
« ont construit *Skídbladnir* (Bois-Feuilleté), et ont donné ce navire à
« *Frey*. Il est si grand que tous les *Ases* peuvent s'y embarquer, avec leurs
« armes et l'appareil guerrier ; et, aussitôt que la voile est hissée, il
« a le vent favorable pour aller où il doit ; et quand il ne faut pas
« aller avec lui sur mer, il est fait d'un si grand nombre de choses
« et avec un si grand art, qu'on peut le plier comme du drap et le
« porter dans sa poche. » (43)

44. Alors *Piétonneur* dit :

« *Skidbladnir* est un excellent navire, et une magie très-puissante
« a dû être employée pour parvenir à le faire ainsi. — Est-ce qu'il
« n'est arrivé nulle part à *Thôr* (Tonnerre) de rencontrer quelque
« chose qui, de sa nature, fût tellement puissante et tellement forte
« qu'il y reconnût la supériorité sur lui, par la force ou par la magie?»

Alors *Sublime* dit :

« Peu d'hommes, je présume, savent raconter de cela ; cependant
« mainte chose lui a paru difficile à exécuter. Mais, bien qu'il soit arrivé
« que certaines choses ont été tellement fortes ou tellement solides
« que *Thôr* n'en a pas pu remporter la victoire, il ne convient cepen-
« dant pas d'en parler, parce qu'il y a d'autres exemples qui prou-
« vent, ce qui convient à tous de croire, que *Thôr* est le plus puissant. »

Alors *Piétonneur* dit :

« Il me semble que je vous ai interrogé sur une chose qu'il n'est
« pas permis de raconter. »

Alors *Équi-Sublime* dit :

« Nous avons entendu parler d'événements qui nous semblent trop
« incroyables pour pouvoir être vrais : mais ici, auprès, est assis
« Celui qui doit savoir en raconter l'histoire véritable ; et tu dois le
« croire, car il ne mentira pas, cette première fois, lui qui n'a jamais
« menti antérieurement. »

Alors *Piétonneur* dit :

« Je vais me tenir ici et écouter si j'obtiens quelque renseigne-
« ments à ce sujet ; mais, dans l'autre cas, je vous déclare vaincus
« si vous ne savez pas me raconter ce dont je m'enquiers. »

Alors *Troisième* dit : [1]

« Il est évident que celui-ci veut savoir cette histoire, bien qu'il
« ne nous paraisse pas convenable de la raconter. — Cependant [2] va
« maintenant écouter. —

« Le commencement de ce récit, c'est que *Thôr-au-Char* était en
« route avec ses Boucs et sa voiture ; et avec lui était l'*Ase* qui est
« appelé *Loki*. Vers le soir ils viennent chez un Manant, et obtiennent
« là le gîte de nuit. Puis, le soir, *Thôr* prit ses Boucs et les abattit
« tous les deux ; après cela ils furent écorchés et mis dans la marmite.
« Quand tout fut cuit, *Thôr* s'assit pour souper, ainsi que ses com-
« pagnons. *Thôr* invita le Manant et sa femme et leurs enfants à

1. S'adressant à *Sublime* et à *Équi-Sublime*. — 2. S'adressant à *Piétonneur*.

« partager ce repas avec lui : le fils du Manant se nommait *Thiâlfi*
« (Fouilleur), et la fille *Röskva* (Alerte). *Thôr* alors mit les peaux des
« boucs à quelque distance du feu et dit que le Manant et ceux de sa
« maison devaient jeter les os sur ces peaux. *Thiâlfi*, le fils du Ma-
« nant, tint l'os de la cuisse d'un des boucs et le perça avec le cou-
« teau, et pénétra jusqu'à la moëlle. *Thôr* passa là la nuit : et au
« crépuscule, avant le jour, il se leva et s'habilla ; prit le Marteau
« *Meûnier*, le souleva en l'air et consacra les peaux des boucs. Aus-
« sitôt les Boucs se levèrent ; mais l'un des deux se trouva être boi-
« teux à une jambe de derrière. *Thôr* s'en aperçut et déclara que le
« Manant ou quelqu'un de sa maison n'en aura pas usé avec précau-
« tion avec les os de ce bouc ; qu'il reconnaissait que l'os de la cuisse
« avait été brisé. Il n'est pas besoin de le dire longuement, tout le
« monde peut se figurer que le Manant a dû être effrayé, lorsqu'il vit
« *Thôr* baisser ses sourcils sur les yeux, et qu'il pensa, en voyant ses
« yeux, qu'il allait être foudroyé, rien que par son regard. Celui-ci
« serra si fortement, de ses mains, le manche du Marteau, que les nœuds
« des doigts en blanchirent. Le Manant, comme on pouvait s'y atten-
« dre, fit tant que tous ceux de sa maison se lamentèrent, demandèrent
« d'être épargnés et offrirent, comme indemnité, tout ce qu'ils pos-
« sédaient. Quand il vit leur frayeur, sa colère s'en alla, et il s'apaisa ;
« et il prit d'eux, pour accommodement, leurs deux enfants, *Thiâlfi*
« et *Röskva*, qui devinrent dès lors les serviteurs-liges de *Thôr* ; et,
« depuis, tous deux le suivent continuellement. »

45. « Il laissa ensuite ses Boucs en cet endroit, et dirigea son voyage
« vers l'Orient, vers les *Séjours-des-Iotnes* et jusqu'à l'Océan. Il tra-
« versa alors la haute Mer ; et quand il arriva au bord, il remonta
« dans le Pays, et, avec lui, *Loki* et *Thiâlfi* et *Röskva*. Quand ils
« eurent marché une petite traite, il se trouva, devant eux, une
« grande forêt ; ils y marchèrent toute la journée, jusqu'à ce qu'il fit
« sombre. *Thiâlfi* était, de tous les hommes, le plus infatigable mar-
« cheur ; il portait le sac de *Thôr*. Quant à trouver un logement, ce
« n'était pas facile. Lorsqu'il fit sombre, ils cherchèrent un gîte pour
« la nuit ; ils trouvèrent devant eux une baraque considérablement
« grande ; l'entrée en était à l'extrémité, et aussi large que la baraque
« elle-même : c'est là qu'ils cherchèrent à coucher, pour la nuit.
« Mais, au milieu de la nuit, il se fit un grand tremblement de terre ;
« la terre fut ébranlée, sous eux, par des mouvements brusques, et

« la maison trembla. *Thôr* se leva alors et appela ses compagnons ;
« ils s'avancèrent à tâtons et trouvèrent une arrière-pièce à droite,
« vers le milieu de la baraque, et ils y entrèrent. *Thôr* s'assit à la
« porte ; les autres se tenaient, derrière lui, dans l'intérieur ; ils
« étaient effrayés, et *Thôr* tenait le manche du Marteau et songeait
« à se défendre. Alors il entendirent un grand bruissement et fra-
« cas. Quand la pointe du jour arriva, *Thôr* sortit : et il vit un homme
« couché, tout près de lui, dans la forêt ; et celui-ci n'était, certes,
« pas petit ; il dormait et ronflait solidement. Alors *Thôr* crut pou-
« voir s'expliquer le bruit qui s'était fait dans la nuit ; il serra au-
« tour de lui sa Ceinture-de-force et sa Force d'Ase s'en accrut.
« En ce moment l'Homme se réveilla et se leva aussitôt : et on ra-
« conte que, cette fois-ci, *Thôr*, ne se sentit pas le courage de le
« frapper avec le Marteau ; mais il lui demanda son nom, et celui-
« ci déclara se nommer *Skrymir* (Brailleur), et, « « je n'ai pas besoin,
« « dit-il, de te demander ton nom ; je sais que tu es *Thôr-des-
« « Ases* — mais pourquoi m'as-tu éloigné ma mouffle ? » ». *Skrymir*
« étendit alors le bras et releva de terre sa mouffle ; *Thôr* vit alors
« que celle-ci lui avait servi de chambre pour la nuit, et que l'arrière-
« pièce était le pouce de la mouffle. *Skrymir* demanda si *Thôr* vou-
« lait accepter sa compagnie en route, et *Thôr* dit qu'oui. *Skrymir*
« alors saisit et ouvrit son sac aux vivres et se disposa à prendre son
« déjeuner ; et *Thôr*, à une autre place, fit de même avec ses com-
« pagnons. *Skrymir* proposa ensuite de mettre ensemble leurs provi-
« sions, et *Thôr* dit qu'oui. Alors *Skrymir* lia toute leur provende
« dans un sac et se le mit sur le dos. Il marcha, en avant, toute la
« journée, en faisant des pas passablement grands. Ensuite, vers le
« soir, *Skrymir* leur chercha un gîte, pour la nuit, sous un grand
« chêne. *Skrymir* dit alors à *Thôr* qu'il voulait se coucher pour dor-
« mir : « « vous ! prenez le sac à provende et mettez-vous à souper. » »
« Après quoi *Skrymir* s'endormit et ronfla fortement. *Thôr* ensuite
« prit le sac à provende et voulut l'ouvrir ; mais, il faut dire, quel-
« que incroyable que cela paraisse, il ne parvint pas à délier un seul
« nœud, ni à desserrer seulement un bout du cordon, de manière
« qu'il fût moins serré qu'auparavant. Quand il vit que ses efforts
« étaient inutiles, il se fâcha ; il saisit, des deux mains, le Marteau
« *Meûnier*, avança d'un pas vers l'endroit où gisait *Skrymir*, et lui
« frappa sur la tête. Mais *Skrymir* se réveilla et demanda si quelque

« feuille détachée lui serait tombée sur la tête, et s'ils avaient main-
« tenant fait leur repas, et seraient prêts à se coucher. *Thôr* dit qu'ils
« voulaient maintenant aller dormir. Ils allèrent alors sous un autre
« chène; et il faut le dire, en vérité, qu'on n'osait pas alors dormir
« sans crainte. Vers minuit, *Thôr* entendit *Skrymir* ronfler et dormir
« si profondément, que la forèt en retentit. Il se leva alors et alla
« vers lui, brandit le Marteau rapidement et fortement, et lui frappa
« sur le sommet de la tète. Il s'aperçoit que le museau du Marteau
« s'était enfoncé profondément dans la tête. En ce moment, *Skrymir*
« se réveilla et dit : «« Qu'y a-t-il donc? un gland me serait-il tombé
«« sur la tète? qu'y a-t-il avec toi, *Thôr?* »» Mais *Thôr* avait reculé
« rapidement, et il répondit qu'il venait de se réveiller à l'instant;
« il dit qu'il était minuit et qu'il y avait encore du temps pour dor-
« mir. *Thôr* pensa alors que s'il trouvait, encore une fois, l'occasion
« de porter un troisième coup, cet homme-ci ne lèverait plus jamais
« ses yeux sur lui. Il se coucha donc, et attendit que *Skymir* fût
« profondément endormi. Un peu avant le crépuscule, il juge que
« *Skrymir* doit s'ètre endormi ; il se lève donc, court vers lui, bran-
« dit alors le Marteau de toute sa force, et le frappe sur la mandi-
« bule qui était tournée en haut. Le Marteau s'enfonce jusqu'au
« manche. Mais *Skrymir* se mit sur son séant, et passa la main sur la
« joue et dit: «« Des oiseaux se seraient-ils perchés sur l'arbre, au-
«« dessus de moi? il me semble que, quand je me suis réveillé, de
«« la fiente m'était tombée des branches sur la tête. — Pourquoi es-tu
«« éveillé, *Thôr?* — Il va être temps de se lever et de s'habiller! —
«« Mais vous n'avez plus maintenant de long chemin d'ici au château
«« qu'on appelle l'*Enclos-Extérieur.* — Je vous ai entendu chuchot-
«« ter, entre vous, que je n'étais pas un homme de petite taille;
«« mais quand vous serez entrés à l'*Enclos-Extérieur*, vous y verrez
«« des hommes plus grands encore. Je veux maintenant vous donner
«« un conseil salutaire : ne manifestez pas une trop haute opinion de
«« vous-mêmes; les hommes de la suite de *Loki* de l'*Enclos-Exté-*
«« *rieur* ne souffriraient pas des paroles audacieuses dans des varlets
«« porte-queue comme vous. Si vous voulez faire autrement, re-
«« tournez-vous-en ; c'est, selon moi, le parti qui serait pour vous
«« le meilleur à prendre. Si cependant vous voulez continuer votre
«« voyage, dirigez-vous vers l'Orient; moi, j'ai maintenant à faire
«« route au Nord, vers ces montagnes que vous pouvez maintenant

«« apercevoir. »» *Skrymir* prend le sac à provende, se le jette sur le
« dos, et il s'éloigne d'eux, à droite dans la forêt; et il n'est pas dit
« que les *Ases* lui aient alors souhaité de le revoir sain et sauf. »

46. « *Thôr* alla son chemin avec ses compagnons, et il marcha
« jusqu'à midi. Alors ils virent un château s'élevant dans une plaine,
« et il leur fallut renverser la nuque sur le dos pour atteindre du
« regard jusqu'en haut. Ils s'avancent vers le château. Devant la porte
« du château il y avait une grille en bois qui était fermée. *Thôr* alla
« à la grille et ne réussit pas à l'ouvrir; et comme ils voulaient de
« toute force entrer au château, ils se glissèrent entre les palis et
« entrèrent ainsi. Ils virent alors une grande halle et s'en approchè-
« rent; les portes étaient ouvertes; ils entrèrent et ils virent, sur
« deux bancs, beaucoup d'hommes, dont la plupart étaient passable-
« ment grands. Après cela, ils se présentèrent devant le roi *Loki* de
« l'*Enclos-Extérieur* et le saluèrent. Mais celui-ci dirigea négligem-
« ment son regard sur eux, et, souriant du bout des dents, il dit:
«« C'est fastidieux de s'enquérir longuement de vos histoires. — En
«« serait-il autrement que je ne pense, que ce petit valet serf est
«« *Thôr-au-Char*? — Serais-tu par hasard plus fort que tu n'en a
««l'air? — Et quel est le talent avec lequel, toi et tes compagnons,
«« vous pensez pouvoir vous produire? Nul ne peut rester avec nous,
««qui ne possède quelque art ou quelque connaissance d'une ma-
««nière supérieure à la plupart des hommes. »» Alors le nommé
« *Loki* (Clôtureur), qui marchait le dernier, dit: ««Je possède un
««art, et je suis prêt à en donner des preuves : c'est qu'il n'y a per-
««sonne ici qui puisse manger sa portion plus vite que moi. »» Alors
« *Loki* de l'*Enclos-Extérieur* répondit: ««Cela est un art, si tu l'exerces
«« effectivement; et on va éprouver cet art. »» Il cria vers le banc que
« le nommé *Feu* (Logi) devait s'avancer dans l'allée et se mesurer
« contre *Loki*. Alors une auge fut prise et portée dans l'allée de la
« halle et remplie de grosse viande. *Loki* s'assit à un bout et *Feu* à
« l'autre. Tous deux mangèrent le plus vite possible; et ils se ren-
« contrèrent au milieu de l'auge. *Loki* avait mangé toute la viande
« sur les os; mais *Feu* avait mangé toute la viande avec les os et de
« plus l'auge; et il semblait dès lors à tous que *Loki* avait perdu la
« partie.

« Alors *Loki* de l'*Enclos-Extérieur* demande dans quel jeu excelle
« ce jeune homme-là. *Thialfi* déclare qu'il pense s'éprouver à courir

« une carrière quelconque avec tout homme que *Loki* de l'*Enclos-*
« *extérieur* choisirait pour cela. Alors *Loki* de l'*Enclos-Extérieur* dit,
« que c'est un excellent art, et il s'écrie que s'il ose se produire dans
« un tel art, il est à présumer qu'il soit personnellement bien exercé
« à la vitesse. ««Néanmoins, dit-il, nous allons tout de suite éprouver
«« cela.»» Alors *Loki* de l'*Enclos-Extérieur* se lève et sort; et il y avait
« là une carrière propre à la course, sur un terrain uni. Alors *Loki*
« de l'*Enclos-Extérieur* appelle à lui un petit valet serf nommé *Penser*
« (Hugi), et lui dit de lutter, à la course, avec *Thiâlfi*. Ils entre-
« prennent donc la première course; et *Penser* a une telle avance
« qu'à l'extrémité de la carrière, il parvient à s'en retourner à la
« rencontre de l'autre. Alors *Loki* de l'*Enclos-Extérieur* dit: ««Il
««faudra que tu te mettes davantage en avant, *Thiâlfi!* si tu veux
««gagner la partie. Il est cependant vrai que personne encore n'est
««venu ici qui m'ait paru plus léger de jambe que toi.»» Alors ils
« entreprennent une seconde course; et quand *Penser* est arrivé à
« l'extrémité de la carrière, et qu'il s'en retourne, voilà qu'il y avait
« encore une portée de flèche jusqu'à *Thiâlfi*. Alors *Loki* de l'*Enclos-*
« *Extérieur* dit: ««Tous deux vous me semblez parcourir bien la
«« carrière; mais je ne m'attends plus, de celui-ci, à ce qu'il gagne
«« la partie; et cela devra se décider maintenant que vous ferez la
«« troisième course.»» Alors ils entreprennent encore une fois la
« course; et quand *Penser* est arrivé à l'extrémitée de la carrière et
« s'en retourne, et que *Thiâlfi* n'a pas seulement parcouru la moitié
« de la carrière, alors tous disent que c'est décidé, quant à ce jeu.

    « Alors *Loki* de l'*Enclos-Extérieur* demande à *Thôr* quel est, parmi
« ses talents, celui qu'il voudra faire briller devant eux, conformé-
« ment aux grands récits que les hommes ont déjà faits de ses ac-
« tions d'éclat. Alors *Thôr* dit qu'il préfère se prendre à lutter avec
« qui que ce soit, à qui boira le mieux. *Loki* de l'*Enclos-Extérieur*
« dit que c'est bien; et il rentre dans la halle et appelle son garçon
« d'écuelle et lui commande d'aller prendre la Corne de Punition que
« les hommes de la garde ont coutume de vider. Bientôt après le
« garçon d'écuelle arriva avec la corne et la remit dans la main à
« *Thôr*. Alors *Loki* de l'*Enclos-Extérieur* dit: ««On passe pour savoir
«« bien boire dans cette corne, si on la vide d'un seul coup; quel-
«« ques-uns encore la vident seulement en deux traits; mais nul n'est
«« si mauvais buveur qu'il ne la vide en trois.»» *Thôr* regarde la

« corne ; elle ne lui semble pas large, mais bien longue. Cependant,
« lui, il a beaucoup soif ; il se met à boire, à bien grands traits ; et
« il pense qu'il n'aura plus besoin, pour lors, d'incliner davantage
« la corne. Lorsqu'il n'en peut plus, qu'il a redressé la corne, et
« qu'il voit ce qui s'était en allé au trait, et qu'il lui semble qu'il n'y
« a qu'un tout petit soupçon que la corne soit moins pleine qu'au-
« paravant, alors *Loki* de l'*Enclos-Extérieur* dit : « « Tu as bien bu ;
« « mais cependant pas ce qu'on appelle fortement. Je ne l'aurais pas
« « cru, si on me l'avait dit, que *Thôr-des-Ases* ne boirait pas un plus
« « grand coup. Cependant je sais que tu voudras vider au second
« « trait. » » *Thôr* ne répond pas ; il porte la corne à la bouche et pense
« maintenant boire un plus grand coup ; et il s'efforce à boire autant
« qu'il lui est possible. Cependant il voit encore que la pointe de la
« corne ne s'élève pas autant qu'il le désire ; et quand il a éloigné la
« corne de la bouche, il lui semble qu'il y manque maintenant moins
« que la première fois : maintenant c'est tout au plus qu'on peut
« porter çà et là la corne sans répandre. Alors *Loki* de l'*Enclos-Ex-*
« *térieur* dit : « « Qu'y a-t-il, *Thôr ?* Tu ne voudras, certes, pas main-
« « tenant refuser de prendre encore un coup en plus de ce que tu
« « aurais envie ? S'il t'arrive de vider maintenant la corne, au troi-
« « sième coup, il faudra bien, ce me semble, que celui-ci soit réel-
« « lement grand. Cependant jamais tu ne pourrais passer, chez nous,
« « pour un homme fort, comme les *Ases* t'appellent, si, personnel-
« « lement, tu ne fais pas mieux dans d'autres jeux, que ce dont je
« « te juge capable d'après celui-là. » » Alors *Thôr* entre en colère ; il
« porte la corne à la bouche et y boit aussi fortement qu'il peut, et
« s'efforce à prendre un aussi long coup que possible. Cependant, lors-
« qu'il regarda dans la corne, une différence quelque peu plus sen-
« sible avait été obtenue cette fois-ci ; et alors il rend la corne et ne
« veut pas boire davantage. Alors *Loki* de l'*Enclos-Extérieur* dit : « « Il
« « est maintenant évident que ta force n'est pas aussi grande que
« « nous le pensions. — Veux-tu encore t'essayer dans d'autres jeux ?
« « On a pu voir tout à l'heure que tu ne vaux rien dans celui-là. » »
« *Thôr* répondit : « « Je puis encore m'essayer dans d'autres jeux ;
« « toutefois ça me paraîtrait étonnant si j'étais avec les *Ases* et que
« « de semblables coups passassent pour tellement petits ! — Mais
« « quel jeu voulez-vous maintenant me proposer ? » » Alors *Loki* de
« l'*Enclos-extérieur* dit : « « Les jeunes varlets ici font ce qui paraîtra

«« peu de chose; ils soulèvent de terre mon chat. Aussi je ne pour-
«« rais pas le gagner sur moi de proposer chose pareille à *Thôr-des-*
«« *Ases*, si je n'avais pas vu tout à l'heure que tu es, personnelle-
«« ment, beaucoup plus faible que je ne pensais. »» Bientôt après
« accourut dans l'allée de la halle un chat gris et fort grand. *Thôr* s'en
« approcha et lui mit la main sous le milieu du ventre, et la souleva.
« Mais le chat arrondit son dos à mesure que *Thôr* porta la main en
« haut; et lorsque *Thôr* étendit son bras aussi haut et aussi long qu'il
« pouvait, le chat lâcha terre seulement d'une patte; et *Thôr* ne par-
« vint pas à pousser plus loin ce jeu. Alors *Loki* de l'*Enclos-Exté-*
« *rieur* dit : «« Ce jeu s'est passé comme je m'y attendais. Le chat
«« est trop grand, et *Thôr* est court et petit auprès des gens de haute
«« taille qui sont ici, chez nous. »» Alors *Thôr* dit : «« Quelque petit
«« que vous me nommiez, que quelqu'un, qui que ce soit, s'avance
«« maintenant et se prenne à moi ! — maintenant je suis en colère ! »»
« Alors *Loki* de l'*Enclos-Extérieur*, répondant et regardant autour
« sur les bancs, dit : «« Je ne vois ici aucun homme qui ne jugeât un
« badinage de se prendre à toi. »» Ensuite il dit encore : «« Voyons
«« d'abord, appelez-moi ici *Vieillesse* (Elli), ma nourrice âgée; que
«« *Thôr* lutte contre elle s'il veut; elle a renversé des hommes qui
«« ne m'ont pas paru moins vigoureux que *Thôr*. »» Bientôt après
« entra dans la halle une vieille femme courbée. Alors *Loki* de l'*En-*
« *clos-Extérieur* dit qu'elle devait se prendre à lutter avec *Thôr-des-*
« *Ases*. Inutile de faire un long récit; la lutte se passa de telle sorte
« que plus *Thôr* l'assaillit en luttant, plus elle tint ferme. Alors la
« vieille se prit à recourir à des supplantations, et aussitôt *Thôr* chan-
« cela sur ses pieds. Il y eut encore des secousses très-rudes, et
« *Thôr* ne tarda pas à tomber à genou, d'une jambe. Alors *Loki* de
« l'*Enclos-Extérieur* s'approcha pour les engager à cesser la lutte,
« et il dit que *Thôr* n'aura pas besoin de proposer la lutte encore à
« d'autres personnes dans sa halle. Il commençait aussi alors à faire
« nuit. *Loki* de l'*Enclos-Extérieur* assigna leurs places à *Thôr* et à ses
« compagnons; et ils passèrent la nuit, en ce lieu, en bonne hos-
« pitalité. »

47. « Le lendemain, dès le point du jour, *Thôr* se lève, ainsi que
« ses compagnons; ils s'habillent et sont prêts à s'en aller, quand
« *Loki* de l'*Enclos-Extérieur* vint à eux et fit dresser une table pour
« eux. Il n'épargna rien au bon traitement, quant aux mets et à la

«boisson. Lorsqu'ils ont pris le repas, ils se mettent en route. *Loki*
« de l'*Enclos-Extérieur* sort avec eux et les accompagne jusqu'au de-
«hors du château ; et avant de se séparer d'eux, *Loki* de l'*Enclos-*
« *Extérieur* s'adresse à *Thôr* et lui demande comment il pense que
«son voyage a tourné, et s'il a jamais rencontré quelque homme
«plus puissant que lui. *Thôr* répond, qu'il ne saurait dire qu'il
« n'ait pas gagné un grand déshonneur dans ses relations avec lui.»
«« Aussi je sais encore que vous allez m'appeler un homme person-
««nellement faible ; ce qui ne me réjouit aucunement.»» Alors *Loki*
« de l'*Enclos-Extérieur* dit : «« Maintenant que tu as quitté le châ-
««teau, il faut te dire la vérité que, tant que je vivrai et que cela dé-
««pendra de moi, tu n'y rentreras plus dorénavant. Et je sais, ma
««foi! que tu n'y serais jamais entré, si j'avais su que tu possèdes
««personnellement une telle force et que tu nous exposerais si près
««à un grand danger. J'ai aussi usé de prestiges contre toi, la pre-
««mière fois, lorsque je t'ai trouvé dans la forêt, quand je suis venu
«« me rencontrer avec vous, et, ensuite, lorsque tu as voulu délier le
«« sac à provende. C'est que je l'avais noué avec une aiguillette de
««fer, et tu n'as pas trouvé à quel endroit il fallait l'ouvrir. Bientôt
«« après tu m'as frappé avec le Marteau, de trois coups : le premier
««était le moindre, et cependant assez fort qu'il eût pu me tuer,
««s'il m'avait atteint à la tête. Mais là où tu as vu, auprès de ma
««halle, la montagne de roches, et où tu as pu voir d'en haut dans
««trois vallées ou enfoncements carrés, dont un surtout très-pro-
««fond, c'étaient là des traces de ton Marteau. Avec cette montagne
««de roches j'ai paré à tes coups ; mais tu ne l'as pas remarqué. Il
««en a été de même pour les joutes dans lesquelles vous avez lutté
««contre les hommes de ma garde. Le commencement en fut fait
««par *Loki*. Il était très-affamé et il a mangé très-vite. Mais le nommé
««*Feu* c'était le *feu sauvage*, et il a consumé en même temps l'auge
««et la grosse viande. Ensuite, lorsque *Thiâlfi* a lutté à la course
««contre le nommé *Penser*, c'était mon penser, et *Thiâlfi* n'était
««pas habitué à se mesurer avec lui en vitesse. Ensuite, lorsque tu
««as bu dans la corne et qu'il t'a semblé qu'elle se vidait lentement,
««je sais, ma foi! qu'il s'est fait un prodige que je n'aurais pas cru
««possible. Le fond de la corne était placé dans la haute mer, sans
««que tu l'aies remarqué. Mais maintenant que tu t'approches de
««l'Océan, tu pourras voir combien, en buvant, tu as enlevé à la

««mer: c'est ce qu'on appelle maintenant le *reflux.* »» «Il dit ensuite
«encore:» ««Je ne fais pas moins de cas de ce que tu as soulevé
««le chat; et pour te dire toute la vérité, tous se sont effrayés, lors-
««qu'ils ont vu que tu as fait perdre terre à une patte. C'est que ce
««chat n'était pas ce qu'il te semblait être; c'était le *Serpent* de
««l'*Enclos-Mitoyen*, qui entoure toutes les terres fermes; et cepen-
««dant sa longueur ne lui suffisait presque pas pour lui faire tou-
««cher la terre de sa tête et de sa queue; et tu l'as soulevé si haut
««qu'il fut tout près du ciel. Ce fut encore un grand prodige que,
««dans la lutte où tu t'es engagé avec *Vieillesse*, tu aies pu tenir ferme
««aussi longtemps, et que tu ne sois tombé que sur un genou; car
««nul n'a existé et nul n'existera jamais, tellement fort que, s'ils
««arrivent à l'âge où la vieillesse les attend, la vieillesse ne les fasse
««tous succomber. Et maintenant il est encore vrai de dire qu'il
««importe de nous séparer, et qu'il sera préférable pour l'un et
««l'autre parti que vous ne reveniez plus me trouver. Je tâcherai
««même une autre fois de défendre mon château par des prestiges
««comme ceux-là, et par d'autres encore, de sorte que vous ne puis-
««siez prendre aucun pouvoir sur moi.»» Lorsque *Thôr* eut entendu
«ces paroles, il saisit son Marteau, et le brandit dans l'air. Mais
«lorsqu'il veut le lancer, il ne voit plus nulle part *Loki* de l'*Enclos-
«Extérieur;* et alors il s'en retourne vers le château et se propose
«de le démolir. Voilà qu'il aperçoit, à l'endroit, une grande et belle
«plaine, mais de château, point!. Alors il s'en retourne, et continue
«sa route jusqu'à ce qu'il arriva à *Thrûdvangar* (Champs-d'Énergie).
«Ceci est encore vrai de dire que dès lors il a résolu, en lui-même,
«de rechercher l'occasion d'avoir une rencontre avec le *Serpent* de
«l'*Enclos-Mitoyen*, comme cela est depuis effectivement arrivé.

« — Maintenant, personne, je pense, ne saura te raconter davan-
«tage de cette expédition de *Thôr*.» (44)

48. «Alors *Piétonneur* dit:

«Il est personnellement très-puissant ce *Loki* de l'*Enclos-Extérieur*,
«bien qu'il use fortement de tromperies et de magie; cependant, ce
«qui fait voir qu'il est personnellement puissant, c'est qu'il avait des
«hommes de garde, possédant une grande force. — Mais est-ce que
«*Thôr* ne s'est pas revanché de cela?»

Sublime répond:

«On n'ignore pas, lors même qu'on n'est pas un homme de savoir,

« que *Thôr* a réparé le mal de l'expédition qui vient d'être racontée;
« et il ne demeura pas longtemps chez lui avant de se remettre en
« voyage; c'est ce qu'il fit en si grande hâte, qu'il ne prit avec lui ni
« char, ni boucs, ni compagnie de route. Il sortit de l'*Enclos-Mi-*
« *toyen* sous l'extérieur d'un jeune aventurier; et il vint, un soir, au
« crépuscule, chez un Iotne nommé *Hymir* (Ténébreux). *Thôr*
« resta là, en hôte, pendant la nuit. Puis, à l'aurore, *Hymir* se leva
« et s'apprêta à aller ramer sur mer pour la pêche. *Thôr* aussi se
« leva vite et fut bientôt prêt, et pria *Hymir* de lui permettre de
« ramer avec lui sur mer. Mais *Hymir* dit qu'il trouverait en lui peu
« d'assistance, puisqu'il était de petite taille et une jeunesse, et «« tu
« « serais pris de froid, quand je resterais aussi longtemps et aussi loin
« « du rivage que de coutume. »» Mais *Thôr* dit qu'il supporterait bien
« de ramer tellement loin du rivage, qu'il serait incertain qui, des
« deux, demanderait le premier, à en revenir; et *Thôr* fut irrité
« contre le géant, au point qu'il allait à l'instant lui faire goûter le
« Marteau : mais il n'en fit rien, parce qu'alors il se proposa d'éprou-
« ver sa force dans une autre place. Il demanda à *Hymir* ce qu'ils
« prendraient pour amorce, et *Hymir* lui dit de se chercher lui-même
« une amorce. Alors *Thôr* se dirigea vers l'endroit où il voyait un
« troupeau de bœufs que possédait *Hymir*; il saisit le plus grand bœuf
« nommé *Brise-Ciel* (Himin-briotr), et lui arracha la tête qu'il em-
« porta à la mer. *Hymir* avait déjà lancé son embarcation birême.
« *Thôr* entra dans la barque et s'assit dans la cale d'arrière, prit deux
« rames et rama; et il sembla à *Hymir* que ses rames produisaient un
« bon sillage. *Hymir* ramait sur l'avant, et la course fut poussée rapi-
« dement. *Hymir* dit alors qu'ils étaient arrivés dans les eaux où il avait
« coutume de s'arrêter et de prendre des poissons plats. Mais *Thôr*
« déclara qu'il voulait ramer beaucoup plus loin; et ils firent encore
« une traite à rames battantes. Alors *Hymir* dit qu'ils s'étaient telle-
« ment avancés qu'il serait dangereux de pousser plus loin, à cause
« du *Serpent* de l'*Enclos-Mitoyen*; mais *Thôr* déclara qu'il voulait
« ramer encore un temps; ce qu'il fit, et *Hymir* s'en inquiéta beau-
« coup. Et quand *Thôr* eut déposé les rames, il déroula un câble
« très-fort, et l'hameçon n'était pas non plus petit ni moins fort.
« *Thôr* attacha ensuite la tête de bœuf à l'hameçon et la jeta par
« dessus le bord, et l'hameçon alla au fond; et il est vrai de dire que,
« pour lors, *Thôr* trompa le *Serpent* de l'*Enclos-Mitoyen* tout autant

« que *Loki* de l'*Enclos Extérieur* s'était moqué de *Thôr*, lorsque celui-
« ci souleva le Serpent dans sa main. Le *Serpent* de l'*Enclos-Mitoyen*
« ouvrit sa gueule pour avaler la tête de bœuf, et l'hameçon lui entra
« dans le palais. Lorsque le Serpent s'en aperçut, il s'agita si forte-
« ment, que les deux poings de *Thôr* se heurtèrent contre le bord.
« Aussi *Thôr* en fut-il irrité, et il revêtit sa *force-d'Ase :* il piéta si
« fort que ses deux jambes passèrent à travers la barque; et il piéta
« sur le fond de la mer, et tira alors le Serpent à bord. Or, on peut
« dire qu'on n'a pas vu de spectacle terrible, si l'on n'a pas vu com-
« ment *Thôr* fixa ses yeux ardents sur le Serpent, et comment le
« Serpent lança, d'en bas, un regard farouche sur lui et souffla son
« venin. Il est dit que l'Iotne *Hymir* changea de couleur, pâlit et
« trembla, lorsqu'il vit le Serpent, et la mer entrant et sortant par dessus
« les bords de la birême. Et au moment où *Thôr* prit le Marteau et le
« souleva en l'air, l'Iotne saisit un couteau de pêcheur et coupa le
« câble de *Thôr*, près du bord; et le Serpent replongea dans la mer,
« et *Thôr* lança son Marteau après lui; et on dit qu'il lui fracassa la
« tête, au fond de la mer; mais je crois qu'il est vrai de dire que le
« *Serpent* de l'*Enclos-Mitoyen* vit encore, couché dans la mer. Et
« *Thôr* fit un tour de bras et donna à *Hymir* sur l'oreille un coup de
« poing tel, que celui-ci fut culbuté par dessus le bord et qu'on lui
« vit les plantes des pieds; puis *Thôr* revint à gué au rivage. » (45)

49. Alors *Piétonneur* dit :

« D'autres événements se sont-ils encore passés chez les *Ases*?
« *Thôr* a accompli un très-grand exploit dans ce voyage. »

Sublime répond :

« Il faudra raconter les événements qui ont paru avoir bien plus
« d'importance pour les *Ases*.

« Le commencement de cette relation-ci c'est que *Baldur* (Ex-
« cellent), eut des rêves pénibles et de mauvais augure pour sa vie.
« Lorsqu'il eut raconté ses rêves aux *Ases*, ceux-ci conférèrent entre
« eux; et on résolut de demander, pour *Baldur*, l'*invulnérabilité* de
« toute espèce d'endommagement. Aussi *Frigg* fit-elle prêter le ser-
« ment d'épargner *Baldur*, au Feu, et à l'Eau, au Fer et au Métal
« de toute espèce, aux Pierres, à la Terre, aux Arbres, aux Mala-
« dies, aux Quadrupèdes, aux Oiseaux et aux Serpents venimeux.
« Quand cela fut fait et connu, c'était pour *Baldur* et les *Ases* un
« passe-temps que, lui, se tenait debout dans l'assemblée, tandis

« que tous les autres se mettaient, qui, à tirer sur lui, qui, à lui
« donner des coups de sabre, qui, à lui lancer des pierres. Et quoi
« qu'on fît, rien ne put nuire; et cela parut à tous être un grand
« avantage. Mais lorsque *Loki*, fils de *Laufey*, vit cela, il ne lui plut
« guère que rien ne nuisît à *Baldur*. Il se dirigea vers *Salle d'Écume*
« (norr. *Fensalr*), chez *Frigg*, et revêtit l'extérieur d'une femme.
« *Frigg* s'informa si cette femme savait de quoi les *Ases* s'occupaient
« à l'assemblée. Celle-ci dit que tous tiraient sur *Baldur*, et que cela
« ne le blessait aucunement. Alors *Frigg* dit : «« Ni les armes, ni les
«« instruments de bois ne nuiront à *Baldur*; c'est que de tous j'ai
«« obtenu le serment. »» Alors la Femme demande : «« Est-ce que
«« toutes les choses ont prêté serment d'épargner *Baldur*? »» Alors
« *Frigg* répond : «« Un seul Rejeton d'arbre croît à l'occident de la
«« *Halle-des-Occis*: c'est le nommé *Rejeton-de-Gui* (Mistil-teinn); il
«« m'a paru trop jeune pour exiger de lui le serment. »» Sur cela la
« Femme s'en retourna; et *Loki* saisit le *Rejeton-de-Gui* et l'arracha,
« et revint à l'assemblée. Cependant *Hödur* (Combat) se tenait en
« dehors du cercle des jouteurs, parce qu'il était aveugle. Alors *Loki*
« lui dit : «« Pourquoi ne tires-tu pas sur *Baldur*? »» L'autre répond :
«« Parce que je ne vois pas où est placé *Baldur*, et ensuite parce
«« que je suis sans armes. »» Alors *Loki* dit : «« Fais cependant à
«« l'exemple des autres, et rends honneur à *Baldur* comme les au-
«« tres; je veux t'indiquer dans quelle direction il est placé; — lance
«« sur lui cette baguette. »» *Hödur* prit le *Rejeton-de-Gui* et le lança
« sur *Baldur*, selon l'indication de *Loki*. — Le trait le traversa, et
« il tomba mort à terre; — et cela a été le plus grand désastre qui
« soit jamais arrivé chez les Dieux et chez les hommes. »

« Lorsque *Baldur* fut tombé, les *Ases* perdirent l'usage de la
« parole et des bras, au point de ne pas pouvoir les relever. Ils se
« regardèrent entre eux, et tous furent animés du même esprit contre
« celui qui avait commis le crime. Mais personne ne pouvait en tirer
« vengeance, tant ce Lieu était un endroit *inviolable*. Alors même
« que les *Ases* essayèrent de parler, les sanglots néanmoins éclatè-
« rent d'abord au point, que nul ne pouvait à autrui exprimer son
« chagrin en paroles. *Odinn* ressentit encore ce malheur d'autant plus
« vivement qu'il connaissait le mieux les raisons pourquoi il résul-
« terait du trépas de *Baldur* une grande perte et privation pour les
« *Ases*. Lorsque les Dieux furent revenus à soi, *Frigg* parla et de-

« manda qui parmi les *Ases* serait celui qui voudrait acquérir toute
« sa faveur et bienveillance, en s'offrant pour chevaucher sur la
« route de *Hel*, et pour essayer d'obtenir une entrevue avec *Baldur*,
« et d'offrir une rançon à *Hel*, afin qu'elle laissât *Baldur* revenir
« chez lui à l'*Enclos-des-Ases*. Et ce fut le nommé *Courage-de-Troupe*
« (Hermôdr), l'ardent jouvenceau d'*Odinn*, qui s'offrit pour ce voyage.
« On prit donc *Sleipnir*, le cheval d'*Odinn* ; on l'amena, et *Courage-*
« *de-Troupe* monta sur ce cheval, et s'éloigna rapidement.

    « Les *Ases* ensuite prirent le corps de *Baldur* et le portèrent à la
« mer. *Hringhorni* (Corne-Recourbée) était le nom du navire de *Bal-*
« *dur* ; c'était le plus grand de tous les navires. Les Dieux voulurent
« le mettre à flot et le préparer pour le *bûcher flottant* de *Baldur*.
« Mais le navire ne bougea pas. Pour lors on envoya, à *Séjour-des-*
« *Iotnes*, querir la géante nommée *Hyr-rockin* (Enfumée-de-Feu).
« Lorsqu'elle arriva, montée sur un Loup et ayant pour bride un
« serpent venimeux, elle sauta de sa monture ; et *Odinn* appela quatre
« *Pures-Serges* (Ber-serkir), pour garder cette monture ; et ils ne
« parvinrent à la contenir que lorsqu'ils l'eurent jetée à terre. Alors
« *Enfumée-de-Feu* s'approcha de l'avant de la birème, et, du premier
« coup, la poussa si rudement en avant, que le feu jaillit des rou-
« leaux, et qu'il y eut des tremblements de terre. *Thôr* en fut irrité,
« et il saisit le Marteau ; et il lui aurait brisé la tête, si les Dieux
« n'eussent pas demandé l'inviolabilité pour elle. On porta ensuite le
« corps de *Baldur* sur le navire. Et lorsque sa femme *Nanna* (Vi-
« goureuse), fille de *Nep* (Nuage), vit cela, elle fut brisée de dou-
« leur, et mourut. Elle fut portée sur le bûcher, et entourée de feu.
« Alors *Thôr* s'approcha et consacra le bûcher avec le *Meunier* (Miöl-
« nir). Et à ses pieds courut un *dverg* nommé *Couleur* (norr. *Litr*) ;
« et *Thôr*, d'un coup de pied, le lança dans le feu, et il fut brûlé. A
« ce brûlement assistaient des gens de race différente. Il faut com-
« mencer par *Odinn*, accompagné de *Frigg*, et des *Choisit-les-Occis*
« (Valkyriur), et de ses Corbeaux. *Frey* aussi y vint, en voiture, avec
« le Verrat nommé *Soie d'Or* (Gullinborsti) ou *Slidrugtanni* (Défenses
« Crochues). *Heimdall* aussi y alla, monté sur le cheval nommé *Queue-*
« *d'Or* (Gulltoppr). *Freyia* aussi y était avec ses Matous. Il y avait
« encore une grande foule de *Thurses-Givreux* et de *Géants-des-Mon-*
« *tagnes*. *Odinn* déposa sur le bûcher l'Anneau d'or nommé *Dégout-*
« *tant* (Draupnir), auquel s'attacha, depuis, la propriété que, chaque

« neuvième nuit, il en dégoutta huit anneaux d'or du même poids.
« — Le cheval de *Baldur,* avec tout son équipement, fut aussi con-
« duit au bûcher.

« Quant à *Courage-de-Troupe*, il faut dire qu'il chevaucha, neuf
« nuits, par des vallées sombres et profondes, au point qu'il ne vit
« rien, avant d'arriver à la rivière de *Retentissante* (Giöll). Il passa
« ensuite à cheval le Pont de *Retentissante*, lequel est couvert d'or
« luisant. *Lutte-Courageuse* (norr. *Môdgûdr*) est le nom de la Vierge
« qui garde ce pont; elle lui demanda son nom et sa famille, et elle
« dit que, la veille, cinq pelotons d'hommes morts avaient passé sur
« ce pont : «« mais le pont ne résonne pas moins sous toi tout seul;
«« et tu n'as pas l'extérieur d'un homme mort; — pourquoi chevau-
«« ches-tu ici sur le chemin de *Hel?* »» L'autre répond : «« Je vais, che-
«« vauchant, auprès de *Hel* pour chercher *Baldur*; — est-ce que
«« tu l'as déjà vu sur le chemin de *Hel?* »» Elle dit que *Baldur* avait
« déjà passé sur le Pont de *Retentissante*. «« Le chemin de *Hel* est
«« plus bas et vers le Nord. »» Alors *Courage-de-Troupe* continua à
« chevaucher, jusqu'à ce qu'il arriva aux *Grilles-de-Hel.* Alors il des-
« cendit du cheval, et lui serra fortement la sangle; remonta sur le che-
« val et le piqua des éperons; et le cheval sauta si vigoureusement par-
« dessus les grilles, qu'il n'y toucha nulle part. Alors *Courage-de-*
« *Troupe* chevaucha vers la Halle; et il descendit de cheval, et entra
« dans la Halle. Là il vit assis, à la place d'honneur, *Baldur* son
« frère. Et *Courage-de-Troupe* passa la nuit dans ce lieu. Et le len-
« demain *Courage-de-Troupe* demanda de *Hel* que *Baldur* pût s'en
« retourner avec lui; et il lui dit combien la lamentation était grande
« chez les *Ases*. Et *Hel* dit qu'on allait éprouver si *Baldur* était réel-
« lement aussi regretté qu'on le disait, et «« si tous les êtres vivants
«« ou morts des différents Séjours le déplorent, alors il pourra s'en
«« retourner chez les *Ases*; mais il sera retenu auprès de *Hel*, s'il y
«« en a un seul qui s'y refuse et ne veuille pas pleurer. »»

« Alors *Courage-de-Troupe* se leva, et *Baldur* l'accompagna hors
« de la Halle; et il prit l'Anneau *Dégouttant*, et l'envoya, comme sou-
« venir, à *Odinn.* Et *Nanna* envoya à *Frigg* un vêtement, et encore
« plusieurs dons, et à *Fulla* une bague d'or. Alors *Courage-de-Troupe*
« s'en revint par son chemin; et il arriva dans l'*Enclos-des-Ases*, et
« raconta toutes les nouvelles qu'il avait vues et apprises.

« Bientôt après, les *Ases* envoyèrent, dans tous les Séjours, des

« messagers, pour inviter tout le monde à pleurer, afin de délivrer
« *Baldur* de *Hel*. Tous le firent, les Hommes et les Animaux, et la
« Terre et les Pierres, et le Bois et le Métal de toute espèce, ainsi
« que tu as pu remarquer que ces objets pleurent, quand ils passent
« du froid dans le chaud. Lorsque les envoyés retournèrent chez eux,
« après s'être bien acquittés de leur commission, ils remarquent que,
« dans une caverne, il y a encore une Géante qui se nommait *Thöckt*
(Épaissie); ils la prièrent de pleurer *Baldur* pour le délivrer de
« *Hel*; elle répond :

> « « Thöckt déplorera, avec des larmes sèches,
> > « « Les funérailles de Baldur :
> « « Ni vif, ni mort, il ne m'intéresse, ce fils ennemi ; —
> > « « Que Hel garde ce qu'elle tient ! » »

« Et l'on suppose que ce fut là *Loki*, le fils de *Laufey*, qui a causé
« tant de mal auprès des *Ases*. » (46)

50. Alors *Piétonneur* dit :

« *Loki* a commis une chose très-grave en ce qu'il a été cause que,
« d'abord, *Baldur* fut frappé à mort, et, ensuite, qu'il ne fut pas dé-
« délivré de *Hel !* — En a-t-on tiré vengeance sur lui de quelque
« manière? »

Sublime répond :

« Il en a été récompensé au point qu'il s'en souviendra longtemps.
« Lorsque l'irritation des Dieux contre lui, comme on devait s'y at-
« tendre, fut venu au comble, il s'enfuit et se cacha sur une mon-
« tagne. Il y construisit une maison avec quatre portes, afin d'avoir,
« de cette maison, la vue dans toutes les directions. Souvent aussi,
« pendant le jour, il s'affubla du corps d'un saumon, et se tint caché
« dans l'endroit nommé la Cataracte *Franângur* (Brille-Resserré).
« Là il méditait, en lui-même, quelle ruse les *Ases* pourraient in-
« venter pour le prendre sous cette cataracte. Un jour qu'il fut assis
« dans sa maison, il prit du lin, et avec le fil il forma des mailles,
« comme sont, depuis, les filets : un feu brûlait devant lui. Alors il vit
« que les *Ases*, déjà tout près, se dirigeaient sur lui. *Odinn*, du haut
« de *Hlidskialf* (Chaumine aux Portes), avait vu où celui-ci se te-
« nait. Aussitôt il se précipita dehors et dans l'eau, après avoir jeté
« au feu le filet. Lorsque les *Ases* arrivèrent auprès de la maison,
« le nommé *Qvasir* (Fermentant), le plus perspicace d'entre eux, y
« entra le premier ; et lorsqu'il vit les cendres dans le feu qui avait

« consumé le filet, il comprit que quelque chose comme cela pour-
« rait servir d'engin pour prendre les poissons ; et il en parla aux
« *Ases*. Aussitôt ils se mirent à confectionner un filet, d'après ce
« qu'ils voyaient dans les cendres, et que *Loki* avait confectionné.
« Et lorsque le filet fut prêt, les *Ases* allèrent à la rivière et jetèrent
« le filet, près de la cataracte ; *Thôr* le tenait par un bout, et à l'autre
« tenaient les *Ases* ensemble ; puis ils tirèrent le filet. Mais *Loki* se
« retira toujours au devant ; puis il se glissa au fond entre deux pierres ;
« le filet qu'ils tirèrent passa par-dessus lui ; ils sentirent cependant qu'il
« y avait là quelque chose de vivant. Aussi ils remontent, une seconde
« fois, à la cataracte, et jettent le filet, après y avoir attaché un poids
« tel que rien ne pût glisser en dessous. *Loki* se retire encore devant
« le filet ; et lorsqu'il voit qu'il n'y a plus loin jusqu'à la mer, il saute
« en l'air par-dessus l'extenseur et remonte à la cataracte. Les *Ases*
« surent maintenant où il avait passé : ils reviennent encore à la
« cataracte ; ils distribuent la bande sur les deux côtés, et *Thôr*
« marche dans le milieu de la rivière en aval ; et ainsi ils descendent
« vers la mer. *Loki* ne voit plus que deux expédients : il y avait danger
« pour sa vie à se jeter à la mer, et il y en avait, également, à sauter
« par-dessus le filet : cependant il prit ce dernier parti ; il sauta aussi
« vite que possible par-dessus l'extenseur du filet. *Thôr* porta la main
« sur lui et le saisit ; mais il s'amincit dans la main, de sorte que la
« main n'eut de prise que près de la queue ; et c'est là la raison
« pourquoi le saumon est mince vers la queue.

« *Loki* était donc pris, sans même avoir droit à merci ; et on le
« transporta dans une caverne. Puis ils prirent trois rochers qu'on
« dressa sur leur pointe ; et ils firent une entaille dans chacun de
« ces rochers. Ensuite furent saisis les fils de *Loki* : *Vali* (Frappant)
« et *Nâri* (Crépusculaire) ou *Narvi*. Les *Ases* métamorphosèrent
« *Vali* en loup, et il déchira son frère *Narvi*. Les *Ases* prirent alors
« ses boyaux pour attacher *Loki* sur ces trois rochers, dont le pre-
« mier était sous ses épaules, le second sous ses reins, et le troisième
« sous ses jarrets ; et ces liens se changèrent en fer. Alors *Skadi*
« (Nuisible) prit un serpent venimeux et le suspendit au-dessus de
« lui, de manière que le venin pût dégoutter, du serpent, sur sa
« figure. Mais *Sigyne* (Aime-Chute), la femme de *Loki*, est debout
« près de lui, et tient un bassin pour recevoir les gouttes ; et, lors-
« que le bassin est rempli, elle sort pour le vider du venin. Dans

« l'intervalle, des gouttes de venin lui tombent sur la figure ; et il
« en éprouve de si fortes commotions que toute la terre en tremble ;
« c'est ce que vous appelez *tremblement de terre*. — *Loki* reste couché
« avec ses liens jusqu'au *Crépuscule-des-Grandeurs*. » (47)

51. Alors *Piétonneur* dit :

« Quelles histoires y a-t-il à raconter sur le *Crépuscule-des-Gran-*
« *deurs* ; je n'ai pas encore entendu parler de cela. »

Sublime répond :

« De grandes et de nombreuses histoires peuvent en être racontées ;
« et le commencement en est que d'abord vient l'Hiver, qui est
« nommé le *Terrible-Hiver* (Fimbulvetr). Alors la neige vole de tous
« côtés ; la froidure est alors grande et les vents piquants ; on ne jouit
« plus du soleil ; trois de ces hivers se suivent, et il n'y a pas d'été
« entre eux. Ils sont encore précédés de trois autres hivers, pendant
« lesquels il y a, dans tout le genre humain, de grandes guerres ;
« alors les frères s'entretuent pour cause de cupidité, et nul n'épargne
« ni père, ni fils, dans ces meurtres d'hommes et ces violations de
« parenté. Voici ce qui est dit dans la *Vision de la Louve :*

« « Les frères se battront et deviendront meurtriers ;
« « Les fils de sœurs violeront leurs parentés ;
« « On est cruel avec les tenanciers ; la paillardise est grande ;
« « C'est l'Age des hâches ! l'Age des framées ! que de boucliers fendus !
« « C'est l'Age des tempêtes, l'Age des loups !; après, le Monde s'affaisse. » »

« Alors arrive, ce qui passe pour un grand événement, que le
« Loup avale le soleil ; et les hommes regardent cela comme une
« grande perte. Alors l'autre Loup saisit la lune, et, lui aussi, il cause
« un grand dommage ; — les étoiles tombent du ciel. — Alors il
« arrive encore que la terre entière et les montagnes tremblent, au
« point que les arbres sortent de la terre, que les montagnes s'écrou-
« lent, que tous les liens et chaînes se brisent et se rompent. —
« Alors le Loup de *Fenrir* est relâché. Alors la mer débordera sur les
« terres fermes, parce que le *Serpent* de l'*Enclos-Mitoyen* se roule,
« dans sa rage d'Iotne, et tâche de monter sur la terre ferme. Alors
« il arrive aussi que *Navire d'Ongles* (Naglfar) est lancé ; le navire
« qui porte ce nom est fait des ongles des trépassés ; et, pour cette
« raison, il est bon d'être averti que, si quelqu'un trépasse et qu'on
« ne lui coupe pas les ongles, cet individu augmente les matériaux
« pour le vaisseau *Navire d'Ongles*, que les Dieux et les hommes dé-

« sirent de ne jamais voir achevé. Cependant, dans ce débordement
« de la mer, *Navire d'Ongles* est mis à flot. Un géant, nommé *Hryme*
« (Fracas) le gouverne. Le Loup de *Fenrir* s'avance, la bouche béante ;
« sa mâchoire supérieure touche au ciel, et l'inférieure à la terre ; il
« l'ouvrirait encore davantage s'il y avait encore de l'espace ; des feux
« sortent de ses yeux et de ses narines. Le *Serpent* de l'*Enclos-Mitoyen*
« souffle tant de venin qu'il en infecte partout l'air et la mer ; il est
« aussi fort terrible, et il se tient à côté du Loup. Dans ce fracas, le
« ciel se fend ; les Fils de *Muspell* (Gâte-Monde) s'avancent à cheval.
« *Noirci* (Surtur) chevauche en tête, et il est précédé et suivi d'un
« feu flamboyant ; son glaive est très-bon, l'éclat en est plus brillant
« que celui du soleil. Lorsqu'ils passent à cheval sur *Bifröst* (Voie-
« Tremblotante), elle s'écroule, comme il a été dit ci-dessus. Les
« *Fils de Muspell* pénètrent en avant, vers le champ d'assemblée,
« nommé *Tremble-au-Combat* (Vigridr). C'est là que viendra alors
« aussi le Loup de *Fenrir*, et le *Serpent* de l'*Enclos-Mitoyen* ; là est
« encore arrivé *Loki* (Clôtureur), et *Hryme* (Fracas), et, avec lui, tous
« les *Thurses-Givreux* ; et *Loki* est suivi de tous les Compagnons de
« *Hel* ; les *Fils de Muspell* forment, à eux seuls, une phalange qui
« est très-brillante. La plaine *Tremble-au-Combat* a cent journées
« d'étendue en tout sens.

« Lorsque ces événements arrivent, alors *Heimdall* (Arbre du Sé-
« jour) se lève, et souffle avec force dans la *Corne-de-Retentissante*,
« et réveille tous les Dieux : et ils tiennent assemblée ensemble. Alors
« *Odinn* chevauche à la *Fontaine-de-Mimir* ; et il prend conseil chez
« *Mimir* pour lui-même et pour sa suite. Alors le *Frêne d'Yggdrasil*
« tremble, et nulle chose, sur la terre et dans le ciel, n'est alors
« sans frayeur. Les *Ases* s'arment, de même que tous les *Troupiers-*
« *Uniques* (Einheriar), et ils poussent en avant vers la Plaine. *Odinn*
« chevauche en tête, avec le Heaume d'or et la belle Cotte de mailles
« et sa Lance nommée *Gungnir* (Effrayant) ; il va à la rencontre du
« Loup de *Fenrir* ; *Thôr* s'avance à son côté ; mais il ne peut pas lui
« prêter secours, car il a pleinement à lutter pour combattre le Ser-
« pent de l'*Enclos-Mitoyen*. *Frey* se porte contre *Noirci* (Surtur) ; et
« il se fait un rude combat avant que *Frey* succombe. Ce qui cause
« sa mort, c'est qu'il lui manque la bonne épée qu'il a donnée à
« *Skirnir* (Éclaircit). Alors parvient aussi à se détacher le Chien *Gar-*
« *mur* (Hurleur), qui était attaché à la Caverne de *Gnipi* (Menaçant) ;

« c'est là le plus grand désastre ; il soutient le combat contre *Tyr*, et
« chacun d'eux devient la perte de l'autre. *Thôr* a la gloire de tuer
« le *Serpent* de l'*Enclos-Mitoyen* ; il s'en éloigne, neuf pas, et alors
« il tombe mort à terre par suite du venin que le Serpent a soufflé
« sur lui. Le Loup engloutit *Odinn* ; c'est ainsi que celui-ci périt.
« Mais aussitôt se précipite en avant *Vidarr* (Auguste du Large) ; il
« place un pied sur la mâchoire inférieure du Loup, (c'est à ce pied
« qu'il a le soulier, dont, de toute éternité, on a rassemblé la ma-
« tière qui provient des rognures que les hommes coupent à la pointe
« et au talon de leurs souliers ; aussi faut-il jeter ces rognures, si l'on
« veut avoir soin de venir en aide aux *Ases*) et, d'une main, il saisit
« la mâchoire supérieure du Loup et lui fend la gueule — et c'est
« ainsi que périt le Loup. *Loki* combat contre *Heimdall* ; et ils se don-
« nent réciproquement la mort. Bientôt après *Noirci* (Surtur) lance
« du feu sur la terre, et il brûle le Séjour entier.

« Voici ce qui est dit dans la *Vision de la Louve* :

« « Heimdall, le cor en l'air, sonne hautement l'alarme ;

« « Odinn consulte la Tête de Mimir.

« « Il tremble, le Frêne élevé d'Yggdrasil !

« « Il frissonne, ce vieil Arbre !. L'Iotne ensuite est relâché.

« « Que font les Ases ? que font les Alfes ?

« « Le Séjour entier des Iotnes mugit ; les Ases sont en assemblée :

« « Ils gémissent aux portes des cavernes, les Dvergs,

« « Les sages des montagnes sacrées. Savez-vous encore quoi ?

« « Hryme vogue de l'Orient ; un bouclier pend devant lui :

« « Le Serpent de l'Enclos-Mitoyen se roule, dans sa rage d'Iotne,

« « Le Ver soulève les flots ; l'Aigle bat de ses ailes ;

« « Le Bec-Jaune déchire les trépassés ; — Navire d'Ongles est lancé.

« « Le Navire vogue de l'Orient (l'Armée de Muspell

« « Va venir par mer), et Loki tient le gouvernail :

« « Les Fils de Fifl naviguent tous avec Fréki ;

« « Le Frère de Byleyst est à bord avec eux.

« « Surtur s'élance du Sud, avec le feu des glaives ;

« « Le soleil resplendit sur l'épée des Héros-d'occision ;

« « Les montagnes de roche s'écroulent, les Géantes se précipitent,

« « Les Ombres foulent le chemin de Hel ; puis le ciel se fend.

« « Alors l'affliction de Hline se renouvelle,

« « Quand Odinn part pour combattre le Loup ;

««Et le glorieux Meurtrier de Beli, pour s'attaquer à Noirci; —
««Alors va succomber le Héros chéri de Frigg.

««Il vient, le Fils d'Odinn, combattre contre le Loup.
««Vidarr lutte contre la Bête-d'occision —
««Il laisse dans la gueule du Rejeton de Hvedrung
««L'acier plongé jusqu'au cœur. — Ainsi le père est vengé! —

««Il s'approche, l'illustre Fils de Hlôdyne;
««Il est mordu par la Couleuvre intrépide de colère,
««Et qui frappe, dans sa rage, le Défenseur de l'Enclos-Mitoyen.
««Les Héros vont tous ensanglanter la Colonne du monde.

««Le soleil commence à se noircir, le continent s'affaisse dans la mer;
««Elles disparaissent du ciel, les étoiles brillantes; —
««La fumée tourbillonne autour du Destructeur du monde; —
««La flamme élevée joue contre le ciel même.

«Voici ce qui est encore dit ici:

««Tremble-au-Combat est le nom de la plaine où se rencontrent au combat
        ««Noirci et les Dieux bienveillants;
««Elle a cent journées en toute direction; —
        ««Tel est le champ qui leur est assigné. »»

52. Alors *Piétonneur* dit:

«Qu'arrive-t-il alors que sont brûlés le ciel et la terre, et le Séjour
«entier, et que sont morts tous les Dieux et tous les *Troupiers-*
«*Uniques*, et toute la foule des hommes? — Tu as aussi dit, aupa-
«ravant, que tout homme vivra, dans quelque Séjour, à travers tous
«les âges.»

Alors *Sublime* répond:

«Il y aura alors beaucoup de bons Logements et beaucoup de mau-
«vais. Le mieux ce sera alors d'être dans *Gimli* (Étincelant), au ciel.
«On sera aussi très-bien, pour la bonne boisson, si l'on trouve
«plaisir à cela, dans la Halle nommée *Frémissant* (Brimir); elle est
«aussi placée au ciel. C'est encore une bonne Halle que celle qui est
«placée aux *Monts-de-Nidi* (Nida-fiöll) et faite d'or rouge; elle est
«nommée *Sindri* (Étincelant). C'est dans ces Salles que seront logés
«les hommes bons et de mœurs douces. Aux *Rives-des-Cadavres*
«(Nâströnd), il y a une Salle grande, mais affreuse; les portes en
«sont tournées au Nord; elle est entièrement tissue de dos de ser-
«pents, en guise d'une maison de claies; et toutes les têtes de ser-

« pents sont dirigées vers l'intérieur de la maison et y soufflent du
« venin, de sorte que le long de la Salle coulent des Fleuves de venin,
« et dans ces Fleuves se trouvent les parjures et les assassins, ainsi
« qu'il est dit ici :

> « « Je connais une Salle, qui s'élève plus loin du soleil,
> « « Aux Rives-des-Cadavres ; les portes en sont tournées au Nord :
> « « Des gouttes de venin y tombent par les lucarnes :
> « « Cette Salle est un tissu de dos de serpents.
>
> « « Là, dans les courants épais, se traîneront
> « « Les hommes parjures et les exilés pour meurtre. » »

> « Cependant on est le plus mal dans *Hvèr-Gelmir* (Bassin-Bruyant) ;
> > « « Là, Nid-högg tourmente les cadavres des trépassés. » » (48)

53. Alors *Piétonneur* dit :

« Est-ce qu'alors il y aura encore quelques Dieux en vie ? — y
« aura-t-il encore une Terre et un Ciel ?

Sublime répond :

« Une Terre sortira alors de la Mer ; et elle est verte et belle ;
« les champs, alors, produisent sans être ensemencés. *Vidarr* (Au-
« guste du Large) et *Vali* (Frappant) vivent, puisque ni la Mer ni la
« Flamme de *Noirci* ne leur ont nui ; et ils habitent la *Plaine-d'Idi*
« (Idavöllr), l'endroit où était, autrefois, l'*Enclos-des-Ases*. Là vien-
« nent alors encore les Fils de *Thôr*, *Courage* (Mòdi) et *Pouvoir*
« (Magni), qui y apportent *Meûnier* (Miölnir). Après cela viennent
« *Baldur* et *Hödur*, de chez *Hel :* ils sont alors tous assis ensemble
« et s'entretiennent, et se rappellent leurs mystères (norr. *rûnar*), et
« discutent sur les événements qui se sont passés antérieurement,
« et sur le Serpent de l'*Enclos-Mitoyen*, et sur le Loup de *Fenrir*. Ils
« trouvent alors dans l'herbe les jetons d'or qu'avaient possédés les
« *Ases*. Voici ce qui est dit ici :

> « « Vidarr et Vali habitent les Sanctuaires des Dieux
> > « « Quand la Flamme de Noirci sera éteinte :
> « « Courage et Pouvoir posséderont Meûnier,
> > « « Quand le combat de Vingnir sera terminé. » »

« Et dans l'Endroit nommé *Butte-de-Hoddmimir* se tiennent, à l'abri
« de la Flamme de *Noirci*, deux humains, *Lîf* (Vie) et *Lifthrâsir* (Dé-
« sir de vie) ; et ils auront, pour nourriture, les rosées du matin ; et
« de ces humains proviendra une famille si nombreuse, que le Sé-
« jour entier en sera peuplé, ainsi qu'il est dit ici :

«« Lif et Lifthrâsir se tiendront encore à l'abri
«« Dans la Butte de Hœddmimir ;
«« Ils ont les rosées du matin pour leur nourriture ;
«« Et d'eux descendent les générations. »»

« Ce qui doit encore te paraître prodigieux, c'est que *Sôl* aura mis
« au monde une Fille qui n'est pas moins belle qu'elle-même, et qui
« parcourt les sentiers de sa mère, ainsi qu'il est dit ici :

«« *Rousse-des-Alfes* met au monde une Fille unique,
«« Avant qu'elle soit atteinte par Fenrir ;
«« Quand les Grandeurs auront péri, cette Vierge
«« Parcourra les chemins de sa mère. »» (49)

« Et maintenant, si tu peux encore adresser d'autres questions,
« je ne saurais d'où cela te viendrait ; car jamais je n'ai entendu à
« personne pousser plus loin le récit sur les destinées du monde ; —
« jouis donc maintenant de ce que tu as appris. »

54. Après cela *Piétonneur* entendit un grand fracas, tout autour
de lui ; et il porta son regard à ses côtés ; et lorsqu'il s'examina davantage, le voilà placé dehors dans une plaine déserte ; il ne voit
plus ni halle, ni ferté. Il passe alors son chemin, et rentre dans son
royaume, et raconte les nouvelles qu'il a vues et apprises ; et,
d'après lui, chacun a raconté, l'un à l'autre, ces histoires. (50)

III.

TROISIÈME PARTIE DE L'OUVRAGE.

COMMENTAIRE CRITIQUE PERPÉTUEL.

(1) GULFI ET GÄFION.

§ 1. **Gulfi, roi de la Marche-finne.** — Lorsque les émigrés de la branche *gète* arrivèrent dans les îles et sur le continent de la Scandinavie, ils y trouvèrent établies des peuplades de race *kelto-kimrique*, et principalement des tribus de race *sabméenne* ou finne. Les Finnes qui occupaient les contrées où s'établit, après eux, le *Peuple-Sví* (Sví-thiôð), adoraient, entre autres divinités, le dieu *Kaleva*, qui passait pour être le Père des héros, des rois et des familles riches. Aussi *Kaleva*, devint-il, dans la tradition, le représentant des rois finnes qui régnaient sur les contrées appelées plus tard la *Suède*. Le dieu *Kaleva*, étant devenu un héros épique, figurait, dans les traditions norraines, sous le nom correspondant de *Gulfi*, que les Suèdes s'expliquaient comme signifiant le *Brumeux* (norr. *gulpr*, brume ; cf. *gufa* et *gull*, brouillard). A l'aide de quelques mythes *symboliques* et allégoriques, appartenant en partie aux traditions *finnes*, en partie aux traditions *gètes*, on établit, pour *Gulfi*, la généalogie mythique suivante. *Gulfi* (Brumeux), le frère de *Glamri* (Nuage Blanc), était fils de *Geitir* (Fervescent), lequel était fils de *Gôr* (Frimas ; cf. finne *Kuura*), lequel était fils de *Thorri* (Gelée-sèche), lequel était fils de *Snær* (Neigeux), lequel était fils de *Iökul* (Glacier), lequel était fils de *Kari* (Aquilon), lequel était fils de *For-niotr*, qui correspondait jadis au dieu slave *Porenut*, et au dieu scythe *Vrintus*. Chez les peuples norrains, les Chefs qui avaient été vaincus et dépossédés de leur territoire, se faisaient ordinairement *Rois de mer* (Sækonungar ; voy. *Les Gètes*, p. 109). *Gulfi*, le représentant des rois finnes, ayant été dépossédé de son royaume par le *Peuple-Sví*, fut aussi représenté, dans la tradition norraine, comme un ancien *roi de mer* (voy. *Skaldskaparmál*, p. 208). Or, comme beaucoup de ces rois de mer parvinrent à se créer de nouvelles royautés à l'étranger, dans les pays maritimes, les familles princières de ces pays rattachaient fréquemment leur généalogie à l'un de ces rois scandinaves. C'est ainsi, par exemple, qu'il se forma, à commencer du 7ᵉ siècle de notre ère, la tradition épique, d'après laquelle *Heid*, la fille de *Gulfi*, épousa l'un des fils d'*Odinn*, *Sigurlami*, roi de Gardariki (voy. *Hervarar-saga*, p. 8).

§ 2. **Origine du nom de Séeland.** — Vers le cinquième siècle avant notre ère, des émigrés de la branche *gète*, ayant quitté les bords méridionaux de la mer Baltique, ont passé dans l'île appelée aujourd'hui *Bornholm* (Borgundar-holm, *Ile des Burgondes*), et de là ont abordé dans la partie la plus méridionale de la presqu'île, appelée, plus tard, la *Scandinavie*. Frappés d'admiration à la vue d'épaisses forêts de hêtre, ces émigrés ont donné au pays, où ils avaient débarqué, le nom de *Skadrinavia* (Pays d'ombrage ou Ile ombreuse), qui, plus tard, s'est changé en *Skån-ey* (Scanie). Ces émigrés formèrent deux peuplades: les *Svies*, qui se sont établis plus au Nord-Est, et les *Gautes*, qui occupèrent le Nord-Ouest près des lacs *Vænir* et *Veitur*. Les Gautes, comme leurs frères les Svies, adoraient principalement *Frey* et *Freyia*, sous les noms de *Skiöld* et de *Gefn*. Ils avaient consacré à ces divinités un bois sacré, situé dans la Scanie et appelé *le Bocage* (Lundr), auprès duquel s'éleva, dans la suite, la ville portant encore aujourd'hui le nom de *Lund*. Des émigrés Gautes passèrent de la Scanie dans l'île située au Sud-Ouest et séparée du continent par le détroit appelé *Sund*. Ils trouvèrent dans cette île, comme en Scanie, de belles forêts de hêtre, et ils consacrèrent à leurs divinités, *Skiöld* et *Gefn*, un bois sacré qu'ils nommèrent, également, le *Bocage*, (Lundr), mais qu'ils distinguèrent, de celui de leur mère-patrie ou du continent, par le nom plus précis de *Bocage-de-Mer* (Sæ-lundr). Ce nom servit bientôt à désigner l'île tout entière. Dès le premier siècle de notre ère, des émigrés de la branche *dane*, sœur de la branche *gète*, quittèrent leurs établissements sur les bords sud-occidentaux de la Baltique, et dans la presqu'île de *Iótland* (Jutland), et passèrent dans l'île de *Fiòn* (Fionie), et de là dans celle de *Sælund*. Des rivalités et des inimitiés s'y établirent entre l'ancienne population *gaute* et les nouveaux venus de la branche *dane*. Les Danes finirent par dominer dans l'île; ils s'emparèrent du sanctuaire de *Sælund* et en adoptèrent les divinités qu'ils nommèrent, dans leur dialecte, *Skiöld* et *Gefion*. Plus tard le nom de *Sælund* (Bocage de Mer) s'étant confondu, dans la prononciation des Danes, avec celui de *Sælönd* (Pays de Mer), il fut aussi remplacé, peu à peu, par celui-ci; et, enfin, *Sælönd* fut remplacé, à son tour, par le nom danois actuel de *Sæland* (Pays de Mer).

§ 3. **Mythe géologique et hiératique sur le Séeland.** — Au point de vue géologique, l'île continentale de *Séeland* fait proprement partie de la *Suède*, dont elle a été détachée par un affaissement du sol, qui a eu pour conséquence sa séparation du continent de ce pays par le détroit appelé le *Sund* (Transnatation[1]). Cet affaissement du sol eut lieu à peu près à la même époque que l'affaissement du terrain qui a donné naissance au lac de *Vænir*, de sorte que la tradition mit en relation, l'un avec l'autre, ces deux accidents géologiques. Cette observation sur l'origine ou la for-

---

(1) Le nom de *Transnatation* signifie que le détroit est d'une largeur telle qu'on peut encore faire la traversée *à la nage*.

mation géologique de cette île, ayant été faite déjà dans l'Antiquité, on a énoncé, d'abord, d'une manière générale, que l'île de *Sælund* a été, par la mer, *détachée* du sol de la Suède; et cette observation, s'étant transmise par la tradition, prit ensuite de plus en plus une forme épico-mythique. Dès lors, comme l'Antiquité voyait, dans les forces de la Nature, des Puissances ou des Personnes divines, au lieu d'interpréter cette tradition géologique comme signifiant que *Sælund* a été séparé de la Suède par un accident physique ou géologique, on rapportait que cette île avait été *enlevée* du sol du continent ou de la Scanie par un Personnage divin ou mythologique. Ensuite, comme le lac de *Vænir* s'était formé à l'époque à laquelle l'île de *Sælund* s'était détachée de la Scanie, on allait jusqu'à supposer que le sol de l'île avait été formé avec le terrain enlevé au lac de *Vænir*. On se confirma dans cette supposition lorsqu'on crut reconnaître que le bassin de ce lac avait une grandeur à peu près égale à la superficie de *Sælund*, et que les enfoncements de ce lac, à ce qu'on prétendait, correspondaient exactement aux pointes de terre de cette île. Jugeant, enfin, que ce déplacement de terrain a dû être principalement effectué par les forces surhumaines de l'Océan, qui semblait tenir sans cesse *Sælund* séparé de la Scanie, la tradition, tournant de plus en plus au mythe, avait plusieurs raisons d'attribuer cet enlèvement de terrain à la déesse *Gäfion*, aidée de ses bœufs iotniques. En effet, *Gäfion*, plus que toute autre divinité, était jugée capable d'opérer cet enlèvement ou déplacement de terrain. Car, d'abord, elle était une Déesse ou *Asynie*, ayant, comme telle, une puissance *surhumaine*; ensuite elle était une divinité qui, comme l'indique son nom de *Gefion* (Aime-l'Abîme), formé de celui de la déesse *Gefn* (Abîme, Mer), présidait aussi à la *Mer* (anglos. *Geofon*); enfin, elle était la divinité principale adorée dans Sæland, où, selon la tradition, elle avait épousé *Skiöldr* (Bouclier), un des fils d'O-*dinn*; elle devait donc aussi être considerée comme *Propriétaire* de Sæland, où elle était adorée, et, par conséquent, passer pour avoir acquis elle-même, dans l'origine, la possession de cette île, qui lui était consacrée au même titre que, par exemple, l'île de *Delos* l'était, d'après la mythologie grecque, à la déesse *Latone*. Ensuite d'autres traditions, ayant déjà établi des rapports entre les *Ases* et *Gulfi*, le mythe, qui considérait ce roi des *Svées* comme le Représentant de la *Suède*, put substituer le nom de *Gulfi* à celui de cette contrée, et dire, par conséquent, que *Sælund*, l'île de *Skiöld* et des *Danes*, fut enlevée par *Gäfion*, à *Gulfi* ou à la Suède. Plus tard les *Danes*, qui avaient conquis l'île de *Sæland* sur les *Gautes* et les *Svées*, eurent un motif ou un intérêt, soit moral, soit politique, à présenter cet enlèvement comme une acquisition *légitime*, faite sans aucune violence; et comme ils ne pouvaient cependant pas faire passer l'*enlèvement* de cette *charmante île* (vin-ey), au continent de la Scanie, pour un don *volontaire* fait à *Gäfion* par le roi *Gulfi*, on s'avisa de représenter, dans le mythe, cet enlèvement comme la conséquence d'une concession, qui avait été faite par le roi, et dont *Gäfion*, par une ruse (c'est-à-dire par un moyen *légitime*, selon la morale de l'époque), sut tirer parti bien au delà de l'intention et des prévisions de *Gulfi*. Plus tard encore la tradition (suivant ses habitudes de changer souvent la base

locale du mythe , quand les circonstances extérieures favorisent ce changement) a substitué le lac de *Mælar* au lac de *Vænir* , et a rapporté de
celui-là ce qui , originairement , vu la forme de l'île de *Sæland* et du lac
de *Vænir* , n'a pu s'appliquer qu'à celui-ci. C'est que , aussi longtemps
que les rois des *Svíes* furent en possession de la *Scanie* et du *Vermaland* , où se trouvait le lac *Vænir* , la tradition continua à rattacher le
mythe à ce lac. Mais lorsque , dans la suite , la *Scanie* et le *Vermaland*
firent partie des possessions des *Danes* et des *Norrains* , l'ancienne tradition , répandue chez les *Danes* , ne put conserver quelque sens qu'en
substituant au *Vænir* , devenu lac danois , un autre lac situé encore dans le
domaine des rois de *Suède*. Or, comme les rois des *Svíes* résidaient alors ,
soit à *Sigtún* soit à *Uppsalir* , et que la tradition dut supposer que *Gulfi* ,
comme roi des Svíes , se tenait dans l'une de ces deux résidences , situées
dans le voisinage du lac de *Mælar* , le mythe , faisant une *substitution*
exigée par les circonstances , et sans se soucier de ce que la forme du lac
de *Mælar* ne cadrait nullement avec la forme du sol de l'île de *Sæland* ,
énonça que cette île fut arrachée au terrain de la Suède , à l'endroit où
se forma alors le *Lac* (Lögr) , c'est-à-dire le *Mælar* , qui , à cette époque ,
était le lac par excellence de la Suède. — Comme le mythe , sur l'*origine* de l'île de *Sæland* , repose , non sur un objet capable d'être saisi
par l'*Intuition* (voy. p. 94) , mais sur une *induction* , ou une prétendue
explication historique , il ne fait pas partie des mythes *symboliques* , qui
expriment des *intuitions* , mais c'est une mythe *scientifique* , et plus particulièrement un mythe de *géographie politique*. Aussi ne saurait-il
appartenir à l'*ancien* fond de la Mythologie , qui a été importée de l'Asie
dans la Scandinavie ; il s'est formé seulement dans le Nord , sur les lieux
mêmes auxquels il se rattache , et à une époque comparativement très-
postérieure , savoir à l'époque où les *Danes* prirent possession de l'île de
Sæland , entre le troisième et le cinquième siècle de notre ère. Mais la forme
actuelle du mythe , après ses différentes transformations , ne date probablement que du septième siècle. Cette tradition était si bien connue et si
généralement répandue du temps de *Snorri* , que cet auteur put déjà invoquer , à l'appui de son récit , le témoignage d'un Skalde , de *Bragi* le
Vieux , dont les expressions énigmatiques n'auraient pas pu être com-
prises , si , dans ce temps , l'on n'avait plus connu parfaitement les détails
du mythe , auxquels ce poëte fait allusion dans ses vers.

§. 4. **Bragi le Vieux et le style skaldique.** — Le Skalde *Bragi* , fils de
Boddi , était , suivant la tradition vulgaire , contemporain et du roi danois *Ragnar Braie-Velue* (Lòd-brók) , et du roi Suédois *Eystein* le *Beugleur* (Beli) , et de *Biörn à la Butte* (*at Haugi*). Il vivait par conséquent
dans la première moitié du septième siècle ; on le surnommait le *Vieux* ,
pour le distinguer d'un autre Skalde , nommé également *Bragi* , qui était
fils de *Haller* et qui a vécu sous *Sverri* et sous *Hakon* , fils de *Sverri*.
Mais de deux choses l'une , ou bien *Bragi* le Vieux vivait à une époque
qui est postérieure à celle que lui assigne la tradition vulgaire , ou bien
les vers , que *Snorri* lui attribue ici , ne sont pas de sa composition. Car
ces vers sont composés à la fois dans un langage recherché et d'après
une versification artificielle , qui , l'une et l'autre , n'étaient pas encore

formées et développées à cette époque, dans la poésie norraine. Ces vers, attribués à *Bragi*, peuvent servir ici comme échantillon de la poésie artificielle *lyrico-épique* des Skaldes, laquelle diffère essentiellement de l'ancienne poésie *mythico-épique*, au point qu'elle est, le plus souvent, très-difficile à comprendre, et toujours extrêmement difficile à traduire, surtout dans un idiome aussi analytique que l'est la langue française. En effet, cette poésie se fait remarquer non-seulement par la construction contournée et tourmentée des phrases, et par les formes artificielles et recherchées de la versification, mais encore par des expressions et des locutions qui sont quelquefois doublement *métaphoriques*. Ainsi, par exemple, dans les vers de *Bragi*, cités par *Snorri*, la construction de la phrase, dans l'original norrain, est la suivante :

> Gâfion enleva à Gulfi, la Joyeuse, au Libéral de Roux d'Abîme —
> (Si bien qu'ardents à courrir ils fumaient) l'Accrue de la Marche dane ;
> Ces bœufs portaient (avec huit Lunes-frontales) (en trottant
> Devant la vaste Dépouille du Sol de l'Ile agréable) quatre têtes.

Quant à la versification, les vers cités forment, dans le texte, une strophe (*visa*), du genre nommé *Chant du Peuple* (Dróttkvædi) et composée de quatre vers ou *Quarts de strophe* (Visu-fiordungar). Le premier et le deuxième Quarts de strophe, et le troisième et le quatrième, sont liés ensemble par le sens, et forment deux *Hémistrophes* (Visu-helmingar). Chaque *Quart de strophe* se divise en deux hémistiches (Visu-ord), et chaque hémistiche se compose de six syllabes. Dans chaque Quart de strophe, le second hémistiche commence par un mot dont la lettre initiale, nommée *Lettre capitale* (Höfud-stafr), forme *allitération* avec deux lettres initiales semblables, placées dans des mots du premier hémistiche, et appelées *Étais* (Studlar) ; exemple :

> Gefion dró frá *Gylfa*, — *glöd*, *di*upródull *ödla*.

Enfin, dans chaque deuxième hémistiche, se trouvent deux syllabes *assonnantes*, appelées *Correspondantes* (hending) ; exemple :

> *glöd* diupr*ödu*ll *ödla*.

Voici maintenant l'explication des expressions énigmatiques ou locutions poétiques, renfermées dans la strophe :

1. Le *Roux de l'Abîme* est une expression figurée pour dire *l'or* ; car, d'abord, l'expression *Abîme* sert à désigner l'Océan ; et *le Roux* désigne le Soleil, à cause de son éclat rougeâtre. Ensuite *Roux de l'Abîme* (Soleil de l'Océan), est une expression skaldique pour dire *or* ; car, suivant la Mythologie norraine, *Ægir*, le Dieu de l'Océan, emploie, en guise de feu ou de soleil, l'*or* brillant, pour éclairer sa demeure sous-marine. 2. *L'Accrue de la Marche dane*, c'est l'île de Sæland, dont le terrain, qui a été arraché à la Suède par Gâfion, sert d'agrandissement ou d'accrue au Danemark. Cette expression prouve que ces vers ont été composés à une époque où l'île de Séeland n'appartenait plus à la Suède, mais faisait déjà partie du Danemark. 3. *La vaste Dépouille, matière de l'Ile agréable*, désigne métaphoriquement le terrain arraché par Gâfion à la Suède, comme un butin ou une *dépouille* enlevée ; c'est de cette dépouille que se forma l'île de Séeland, appelée, à cause de ses magnifiques forêts de hêtres et de son Bois sacré, l'*Ile agréable*. 4. *Les huit lunes frontales*

désignent les huit yeux des quatre bœufs ; car l'expression *lune* est employée ici pour dire *astre* ou *étoile*; et *étoile du front* est une expression skaldique pour désigner l'œil. 5. *Quatre têtes* indique qu'il s'agit de quatre bœufs ; car les peuples germaniques désignaient le bétail par l'expression de *tête* (norr. *höfud*) ; de là aussi, en basse latinité, le mot de *capitale* (tête de bétail) . dont les Anglais ont fait *cattle* (bétail).

§ 5. **Le Mythe de Gäfion fait partie intégrante de l'Encadrement.** — Nous avons vu que la tradition a fourni à *Snorri* les mythes sur *Gulfi*, sur *Gäfion* et sur les rapports des *Ases* avec *Gulfi*. *Snorri* n'a donc rien inventé sous ce rapport ; il a pris la tradition telle qu'elle existait encore de son temps. Sans en connaître ni la signification primitive, ni l'origine, il la prit purement et simplement pour une tradition *mythico-épique*. Il l'utilisa, d'une manière ingénieuse, en en faisant une histoire devant servir d'encadrement à son Traité. On comprend facilement pourquoi *Snorri* parle ici, au commencement, de *Gulfi*, qui est la cause première de ce que les différents mythes norrains seront exposés ou racontés (voy. p. 66). Mais on ne saisit pas aussi facilement la raison pour laquelle il raconte, tout d'abord, l'histoire de l'enlèvement et de la formation de l'île de *Sæland*; ce qui semble ici n'être qu'un hors-d'œuvre. Aussi a-t-on souvent considéré ce récit comme ne faisant pas partie de ce Traité , mais comme y ayant été ajouté , après coup, sans doute, à propos du roi *Gulfi*, auquel le fond de ce récit se rapportait. Déjà, dans le Manuscrit d'Upsal , ce récit est omis comme ne faisant pas partie intégrante du texte. Mais quand on se rappelle que *Snorri* , en bon historien , aime à tout motiver dans sa narration , on reconnaît qu'il y a un rapport intime et nécessaire entre le récit sur l'origine de l'île de Sæland et le reste de l'histoire qui forme l'Encadrement du Traité. En effet , nous l'avons dit (p. 67) , en racontant le mythe sur l'enlèvement de *Sæland* , par *Gäfion* , *Snorri* a voulu énoncer que cet enlèvement merveilleux a éveillé et attiré l'attention de *Gulfi* sur la puissance surhumaine et sur l'esprit d'envahissement des *Ases* , et que, dès lors, ce roi résolut d'aller les trouver pour apprendre à connaître la cause de leur puissance extraordinaire. Sa présence au milieu d'eux amena . de la sorte , le dialogue , et , par suite, l'exposé des mythes norrains, but pour lequel le Traité de la *Fascination de Gulfi* a été composé.

(2) GULFI VIENT A ODINSEY.

§ 6. **Voyage aérien de Gulfi.** — On croyait, dans l'Antiquité, que la sagesse et la prévoyance étaient produites et entretenues dans les Dieux et dans les hommes , par des moyens extérieurs. Parmi ces moyens , le plus efficace était , à ce qu'on supposait , la Magie , qui portait , chez les Hindous, le nom de *Science* par excellence (sansc. *vidya*, science, magie), chez les Latins le nom de *grand Art* (lat. *ars magna*) , et chez les Norrains celui de *grand Pouvoir* (fiölkyngi). Les *Finnes* passaient pour être de grands magiciens (v. p. 68). *Gulfi* étant supposé roi des Finnes , *Snorri* dut le représenter comme un homme *avisé et versé en magie*. Ce roi prévoyait que , s'il ne se mettait pas sur ses gardes , la race des *Ases* parviendrait à s'emparer de son royaume. Déjà son attention avait été éveillée et attirée

sur cette race par l'enlèvement merveilleux de l'île de Sæland. Cet enlèvement lui prouva que les *Ases* étaient doués de forces surnaturelles. Or,
d'après les idées de l'Antiquité, les forces surnaturelles que possédait
une race, ne pouvaient lui venir que de deux causes, ou bien de sa propre
nature *divine*, ou bien de la *puissance* des Dieux qu'elle adorait. Pour
pouvoir se mettre en garde contre les *Ases*, *Gulfi* avait donc besoin de savoir s'ils étaient eux-mêmes des Dieux, ou s'ils n'étaient forts que par la
puissance de leurs divinités. Dans le premier cas, il lui fallait lutter contre
eux par le pouvoir divin de la magie; dans l'autre cas, il espérait d'égaler
sa puissance à celle des *Ases*, en se mettant sous la protection des mêmes
Dieux qu'eux ils adoraient. En tout cas, il fallait apprendre à connaître,
soit les *Ases* eux-mêmes, soit leurs divinités. Pour acquérir cette connaissance, *Gulfi* aurait pu se contenter d'envoyer, auprès des *Ases*, des
espions appelés, par les Norrains, *hommes d'exploration* (niosnar menn).
On choisissait pour espions ordinairement des hommes qui savaient pratiquer
la magie; car c'est par des opérations magiques que ceux-ci, d'abord, se
transportaient, comme on croyait, en un clin d'œil, ou moyennant le *transport de clin* (svip-fâr), auprès des personnes qu'ils devaient espionner, et,
ensuite, se rendaient invisibles, ou bien prenaient les déguisements nécessaires. *Gulfi* voulut faire la reconnaissance lui-même. Il ne voyagea pas
à pied; mais, mettant à profit la science qu'il avait de la magie, il se rendit,
en un clin d'œil, auprès des *Ases*, en volant à travers les airs, par le *transport de clin*. *Snorri*, d'après ses idées évhémiéristes et ses combinaisons
historiques, se figurait les *Ases*, et les représentait, comme des imposteurs
et des magiciens, qui, après avoir quitté l'Asie, où avaient régné leurs
pères, les véritables *Ases* ou *Asiatiques*, s'étaient établis successivement dans la Thrace (Pays des Dakes et des Gètes), dans le Pays-Saxe
(Germanie) et dans la Marche-dane. *Snorri* supposa qu'avant de s'établir
dans l'île de *Sæland* et en *Suède*, les *Ases* habitaient l'île de *Fion* (Fionie). Les Danes de Fion avaient fondé, dans un îlot appelé *Odinsey* (Île
d'Odinn), un sanctuaire qui était consacré à Odinn, et qui, dans la suite,
donna naissance à la ville d'Odensé. C'est là, d'après la supposition de
Snorri, que se trouvait, du temps de *Gulfi*, la Demeure ou le Nouvel
Enclos des Ases. C'est donc à *Odinsey*, en *Fion*, que vint ce roi finne
pour espionner ses ennemis. Les *Ases*, qui étaient de grands magiciens,
et qui usaient de divination, s'aperçurent du voyage de *Gulfi* avant que
lui-même ne fut arrivé chez eux. Pour lui donner tout d'abord une haute
opinion de leur puissance, ils lui préparèrent, par des opérations magiques, des illusions de vue, de sorte que tout ce que *Gulfi* vit, chez les
Ases, était non pas la réalité, mais une pure vision produite par la fascination qui le trompait (voy. p. 74). Comme le sanctuaire d'Odinsey était
consacré à *Odinn*, qui, d'après Snorri, était le Roi des *Ases*, ceux-ci
formèrent, selon lui, par enchantement, une demeure qui pût passer pour
le Palais d'Odinn, et il imagina qu'elle fut faite en imitation de la *Halle-
des-Occis*, qui, autrefois, avait été la Demeure du véritable Odinn, dans
l'ancien Enclos des Ases en Asie.

§ 7. **Forme extérieure de la Halle-des-Occis.** — Aussi longtemps que
les Dieux étaient encore zoomorphes (voy. p. 9), on ne songea pas à

leur assigner un domicile ou une habitation ; mais lorsqu'ils furent devenus *anthropomorphes*, il fallait aussi, comme aux hommes, leur trouver des demeures. Lorsque les hommes étaient encore nomades et vivaient sur des chars ou sous des tentes, le sanctuaire ou la demeure assignée aux divinités, était également soit sur un char, soit dans une tente. Les ancêtres des Scandinaves, les tribus de la branche gète, n'ayant échangé la vie nomade contre l'état agricole, qu'à commencer du quatrième siècle avant notre ère, c'est aussi seulement vers cette époque qu'ils songèrent à consacrer, à leurs divinités, à la fois des demeures fixes et des sanctuaires ou des temples. Les divinités anthropomorphes, formant une race, une famille, étaient censées habiter non-seulement des sanctuaires ou des temples sur la *terre*, mais encore des demeures placées dans le ciel. On se figurait ces demeures *célestes*, à l'instar soit des temples ou sanctuaires, soit des habitations des princes ; seulement on se les figurait plus grandioses, plus belles et plus riches. Comme les habitations des hommes différaient entre elles, selon les conditions de leurs maîtres, on concevait aussi, autant que possible, les demeures célestes des divinités d'une manière quelque peu différente, selon leurs qualités et leurs attributions.

Odinn, étant devenu, chez les tribus de la branche *gète*, le dieu *suprême*, il fut aussi le premier pour lequel on ait imaginé une demeure céleste en rapport avec ses attributions. *Odinn*, comme dédoublement et héritier de l'ancien dieu *Ciel* (Tius), fut d'abord considéré comme Dieu du ciel, et l'on se figurait sa demeure céleste comme une vaste *halle* (norr. *höll*), ayant, pour toiture, la voûte céleste ornée d'étoiles. *Odinn*, comme dédoublement du dieu Ciel, jadis considéré comme Père des vents, était originairement le Dieu des vents fougueux ; et, c'est pourquoi, on se figurait sa demeure céleste comme une *Halle des vents*, c'est-à-dire comme une halle carrée, ouverte des quatre côtés, et d'où sortaient les quatre vents cardinaux. Lorsque, dans la suite, au lieu de quatre points cardinaux, en en distingua huit, la halle des vents carrée devint *octogone*, comme l'était, à Athènes, la tour horologique des vents, construite par *Andronikos Kurrhestès*. Plus tard encore, lorsqu'on conçut une espèce de rose des vents, la Halle d'Odinn prit tout à fait la forme d'une *Rotonde* ayant des portes dans toutes les directions.

L'ancien dieu *Ciel* (Tius), comme Dieu des vents tempétueux, et comme Dieu Suprême, était, par cela même, aussi considéré comme Dieu des tempêtes du *combat*, ou comme Dieu de la guerre. Son dédoublement et son héritier *Odinn*, était donc également adoré comme *Dieu des Combats*. En cette qualité, *Odinn* était censé recevoir chez lui les héros, qui avaient été *occis* dans les combats ; et c'est pourquoi la Halle céleste d'Odinn eut le nom de *Halle-des-Occis* (norr. *Val-höll*).

Les guerriers germains ou scandinaves formaient quelquefois, dans le combat, ce qu'on appelait le *Fort-de-Boucliers* (norr. *Skiald-borg*) ou le *Couvert-de-Boucliers* (norr. *Skiald-thak*) ; c'était quelque chose d'analogue à la *tortue* romaine (lat. *testudo*), et peut-être même une imitation de celle-ci. Autour du Chef qui portait l'enseigne (norr. *merki*) se plaçaient, d'abord, ses fils et ses parents (voy. *Ynglinga-saga*, c. 25), puis les autres guerriers de la troupe ; et tous tenaient au-dessus de leur

tête leur bouclier, qu'ils serraient l'un contre l'autre, de manière à former une voûte de boucliers, au milieu de laquelle s'élevait l'enseigne du
chef. Les Scandinaves aimaient à donner au tertre tumulaire des chefs
qui avaient succombé dans le combat, la forme d'un *Fort-de-boucliers*.
On couvrait alors ce tertre d'un dôme de boucliers, au sommet duquel
on plantait l'enseigne du chef occis (cf. *Sigurdrifu-mâl*, Introd.). A ces
tombeaux ainsi ornés, on donnait plus particulièrement le nom de *Protège-Cadavre* (norr. *Hræ-borg*). Comme, d'un côté, le nom de *Halle-des-
Occis* avait quelque analogie avec celui de *Protège-Cadavre*, et comme,
de l'autre, on croyait trouver quelques ressemblances entre la *Halle* du
Chef des Occis et les *tombeaux* des Chefs des combattants, on aimait
aussi se figurer la *Halle-des-Occis* comme un magnifique *Couvert-de-
Boucliers*. On imagina donc que la demeure céleste d'Odinn était une
Halle-Rotonde avec un *toit* de boucliers d'or, lequel remplaçait la voûte
ornée d'étoiles, dont, dans la conception primitive, cette halle était anciennement couverte. Les Scandinaves couvraient leurs maisons de gazons,
ou d'*écorce de bouleau*, ou de chaume, ou de *bardeaux*. Les boucliers
de ce peuple avaient, comme les bardeaux, la forme d'un carré oblong,
de sorte qu'une toiture formée par des boucliers d'or superposés les uns
aux autres, ressemblait assez à un toit formé de bardeaux. L'idée que la
Halle-des-Occis était couverte de *boucliers d'or*, était déjà généralement admise en Mythologie, dès le neuvième siècle. Aussi le Skalde *Thorbiörn*, surnommé *Pourfendeur-de-Cornes* (Horn-klofi), y fait-il allusion,
dans un chant de victoire composé en l'honneur de *Harald*, *Beau-de-
Cheveux* (Hâr-fagr), sur le combat de *Hafurs-fiörd*. Ce poëte, adoptant
le style précieux et alambiqué de la poésie skaldique de son époque, emploie, pour désigner les boucliers, l'expression de *Écorces-de-bouleau
de la Salle de Flambant*. Le nom de *Flambant*, qui désigne le feu, le
serpent, et l'épée, est ici un nom épithétique d'*Odinn*, considéré sous la
forme d'un Serpent. La *Salle d'Odinn*, c'est la *Halle-des-Occis*, et *Écorces
de bouleau*, est une expression skaldique pour dire *tuiles*. Or les tuiles
de la *Halle-des-Occis* étant des boucliers, le poëte, pour désigner des
boucliers, a pu employer l'expression de *Écorces-de-bouleau de la
Salle de Flambant*.

§ 8. **La Halle-des-Occis, d'après Snorri.** — *Snorri* avait à donner une
idée de la demeure d'Odinn que les Ases avaient construite par enchantement. D'après lui, cette Demeure était faite en imitation de l'ancienne
Halle-des-Occis, où avait résidé autrefois le véritable Odinn asiatique;
et il se figura la forme extérieure de cette Halle d'après quelques données
mythologiques ou traditionnelles, qu'il avait recueillies. D'abord, il se représenta la nouvelle *Halle-des-Occis*, créée par la magie des Ases, comme
étant d'une élévation tellement prodigieuse que *Gulfi*, bien qu'il rejetât
sa tête dans le dos, ne put atteindre du regard le couronnement de l'édifice. Cette particularité merveilleuse est empruntée, sans doute, à un
conte populaire sur la Demeure de *Loki* de l'*Enclos-Extérieur*, que
Snorri a lui-même raconté dans *La Fascination de Gulfi* (voy. p. 120).
S'appuyant, ensuite, sur une autre donnée traditionnelle, *Snorri* se figure
et représente la Halle-des-Occis comme un immense *Fort-de-boucliers*

ou comme une vaste Rotonde couverte d'un toit de boucliers ; et, bien que
notre auteur dise, que, vu son élévation, on n'en pouvait pas voir le toit,
il ajoute cependant, d'après la tradition, que l'édifice avait un toit de
boucliers d'or. Comme cette dernière particularité n'était plus généralement connue de son temps, il croit devoir apporter une preuve à l'appui
de son dire. Cette preuve, il la trouve dans les vers composés par *Thorbiörn*, le *Pourfendeur-de-Cornes* (Hornklofi), vers qu'il attribue, par
erreur (cf. *Fornmanna-sögur* 10, 191 ; *Fagr-skinna*), au Skalde *Thiodolf*, qui était surnommé le *domicilié de Hvin* (norr. *Hvin-verski*),
parce qu'il était né à *Hvin*, en Norvége, et qui vivait, comme *Thorbiörn*,
à la cour de *Haralld Beau-de-Cheveux*. Plus tard *Snorri*, mieux in-
formé, lorsqu'il composa la *Saga-de-Haralld* (chap. 19), restitua ces
vers à leur véritable auteur. Ces vers n'ayant aucun rapport direct avec
le récit qu'il avait à faire, *Snorri* aurait dû les citer seulement sous forme
de *note*, ajoutée au bas du texte. Mais les auteurs de l'Antiquité, de
l'Orient et du Moyen âge, ne savaient et ne pouvaient pas encore faire,
dans leurs ouvrages, la distinction entre ce qui appartenait au texte et ce
qui devait être rejeté dans les Notes. *Snorri* a donc également inséré sa
citation dans le texte même, où elle fait, naturellement, disparate avec le
récit.

(3) GULFI ENTRE DANS LA HALLE-DES-OCCIS.

§. 9. **L'Intérieur de la Halle-des-Occis.** — Les traditions mythologiques
auraient pu fournir à *Snorri* des données sur l'intérieur, aussi bien que
sur l'extérieur de la demeure d'Odinn. Mais, soit que cet auteur les ait
ignorées, ou qu'il ait préféré à ces renseignements ses conceptions libres
et indépendantes, il a imaginé et représenté l'intérieur de la Halle-des-
Occis d'une manière qui cadrait avec l'ensemble de son récit. Sachant
qu'à toutes les époques les demeures des Dieux étaient conçues en imitation soit des temples, soit des demeures des princes, *Snorri* crut pouvoir représenter l'intérieur de la Demeure d'Odinn d'après le spectacle
et l'arrangement que présentaient, de son temps, les temples les plus
remarquables du Paganisme scandinave ou slave, et les châteaux des plus
puissants seigneurs féodaux. Comme les conceptions mythologiques se
modifient incessamment avec le temps, et prennent rang et autorité parmi
les traditions, les conceptions plus récentes font tout aussi bien partie
de la Mythologie, que les conceptions plus anciennes, devenues depuis
longtemps traditionnelles. Si donc le Paganisme norrain eût encore été
en vigueur en Islande, et que *Snorri* n'eût pas été chrétien, la manière
dont cet auteur a représenté l'intérieur de la Halle-des-Occis, aurait
pour cette époque tout autant d'autorité en Mythologie, que les conceptions des poëtes mythologues antérieurs. Mais comme *Snorri* n'est plus
païen, ses conceptions mythologiques ne peuvent pas être considérées
comme appartenant au domaine de la Mythologie proprement dite. Aussi
le tableau qu'il fait du spectacle qui s'offrait à Gulfi dans la Halle-des-
Occis, et qui ressemblait à ce qu'on voyait encore, du temps de l'auteur,
dans quelques temples païens et dans certains châteaux féodaux, a-t-il
pour nous plutôt une valeur scientifique ou *archéologique*, que l'autorité
d'une conception *mythologique*.

§ 10. **Le Portier de la Halle-des-Occis.** — A la principale porte d'entrée de la Halle-des-Occis, *Gulfi* rencontra un homme jouant aux couteaux. Cet homme était le portier de la Halle, tel qu'il y en avait toujours, du temps de *Snorri*, dans les châteaux, ayant pour emploi de héler, d'annoncer et d'introduire les arrivants ou les étrangers. Ces portiers, ayant du temps de reste, s'exerçaient à des tours de force et d'adresse, et remplissaient ainsi encore le rôle de maître de plaisir ou de *joueur* (norr. *leikari*) du manoir féodal. Jouer aux couteaux de manière qu'il y en avait toujours trois à la fois de lancés en l'air, cela passait déjà pour une grande adresse ; mais faire voler ainsi en l'air jusqu'à sept couteaux, il n'y avait, on le conçoit, que le portier d'*Odinn* qui pût en être capable. *Gulfi*, ayant ses raisons pour ne pas se faire connaître (voy. p. 69), déclare au portier se nommer *Piétonneur*, c'est-à-dire Voyageur à pied. La finesse normande savait ne pas dire la vérité sans précisément mentir. En effet, *Gulfi* pouvait bien se nommer *Piétonneur*, puisqu'il avait l'air d'avoir fait le voyage à pied, bien qu'il l'eût fait d'une manière surnaturelle, en volant, en un clin d'œil, à travers les airs. Il pouvait également dire qu'il venait d'une contrée appelée *Sentiers-Détournés* (norr. *Ræfill-stigr*), parce qu'il avait passé, dans sa traversée aérienne (v. p. 144), par des chemins qui étaient détournés des routes ordinaires. D'ailleurs l'expression de *ræfill-stigr* prêtait encore au quiproquo ; elle pouvait être prise dans le sens de *Sentier-de-Ræfill*, et désigner ainsi poétiquement la mer ; car *Ræfill* était le nom d'un roi de mer (*Sækonung*), et *Sentier* ou *Chemin de Ræfill* était, par conséquent, une expression skaldique pour désigner l'Océan, sur lequel avait si souvent cheminé ce roi de mer. Or, *Gulfi* pouvait bien dire qu'il venait de l'Océan ou du Sentier-de-Ræfill, puisque, effectivement, il fallait traverser la mer pour venir de la Suède, à Odinsey, dans l'île de Fionie, où, d'après Snorri, Odinn est supposé avoir sa résidence.

§. 11. **Les Allées de la Halle-des-Occis.** — Les ancêtres des tribus de la branche *gète*, savoir les Scythes *nomades*, ne pouvant avoir des demeures fixes, avaient des habitations mobiles, espèce de cabanes de bergers, c'est-à-dire des chars à quatre roues, surmontés d'une tente en berceau et récouverte d'écorce de bouleau ou de peaux (voy. *Les Gètes*, p. 98). Les Scythes laboureurs et les Gètes, étant devenus sédentaires en s'adonnant à l'agriculture, échangèrent leurs chars contre des maisons, qui, dans l'origine, n'étaient autre chose que des cabanes de bergers placées, non plus sur des roues, mais à terre. C'étaient, plus tard, des espèces de blokhaus construits avec des fûts d'arbres superposés les uns aux autres, formant un carré oblong et couverts d'un toit de chaume, d'écorce ou de peaux. Ces blokhaus (norr. *budir*) étaient assez semblables à ceux que construisent encore aujourd'hui les paysans russes, suédois, norvégiens, suisses et islandais. Dans les pays scandinaves, ces maisons furent construites plus spacieuses. Comme elles étaient toutes *orientées* (voy. *Les Gètes*, p. 94), l'entrée se trouvait au bas du pignon oriental. En face de cette entrée était le *siége* d'honneur, adossé contre le pignon occidental, et élevé au-dessus du sol sur une espèce d'estrade qui longeait le bas de ce pignon, ainsi que les longs murs de l'édifice. Dans la longueur de la maison, depuis l'entrée jusqu'à ce siége d'honneur, placé au fond, se trouvait l'*allée* entre les deux longues estrades. L'allée étant plus bas que le niveau des estrades, était, en quelque sorte, comme le lit d'une rivière, par rapport aux bords ; et, c'est pourquoi, on lui donnait aussi le nom de *cours* ou de *couloir* (gète *galauf* ; norr. *gôlf*). Comme cette allée était ordinairement dans la direction de l'est à l'ouest, et qu'elle aboutissait au siége d'honneur, devant lequel elle s'étendait jusqu'à l'entrée de la porte à l'orient, elle avait aussi le nom de *chemin 'en face* (norr. *öndvegi*) ; et les deux mâts entre lesquels se trouvait placé le siége d'honneur, et qui sortaient au-dessus du toit (voy. *Les Gètes*, p. 99), portaient, comme symboles de la demeure, le nom de *Colonnes du Chemin en face* (norr. *öndvegis-sûlur*). Les salles très-grandes étaient divisées en plusieurs compartiments, placés sous le même toit, réunis par des couloirs transversaux, et ayant chacun son allée ; toutes ces allées aboutissaient à l'estrade du siége d'honneur. Ces compartiments portaient eux-mêmes le nom de *allées*. Depuis le septième siècle, les traditions épico-mythiques représentaient la Halle-des-Occis comme renfermant un grand nombre d'*allées*. Snorri, pour donner une haute idée de la grandeur de la demeure d'Odinn à Odinsey, dit que *Gulfi* y vit *mainte allée*, et, dans chacune, des gens de la garde, qui faisaient ce qu'on voyait ordinairement faire aux hommes dans les châteaux féodaux ; les uns jouaient, les autres buvaient, d'autres encore faisaient des armes.

§. 12. **Les Portes ensorcelées de la Halle-des-Occis.** — La circonstance que les portes se ferment sur le talon de *Gulfi*, est empruntée à des traditions populaires, et doit énoncer, ici, indirectement, que l'entrée des Salles d'Odinn ou de la Halle-des-Occis n'est pas ouverte ou permise à tout venant, mais seulement à ceux auxquels le Destin (*örlög*) et Odinn le permettent. C'est pourquoi les portes s'ouvrent et se ferment *d'elles-mêmes*, par un effet de magie ou d'enchantement. Lorsque *Gulfi* se vit empêché de ressortir à volonté, et se trouva en présence de maintes choses qui lui firent reconnaître qu'il avait à faire à la magie, alors il se rappela, mais trop tard, il est vrai, certains vers du chant eddique, intitulé *Dits du Très-Haut* (Hâva-mâl), lesquels recommandent la prudence, cette vertu cardinale, si indispensable dans ces siècles de barbarie, où la vie de l'homme était, à chaque instant, menacée par des ennemis nombreux, qui ajoutaient encore, quelquefois, au danger provenant de leur violence et de leur perfidie, celui des forces pernicieuses de la magie. Les vers du *Hâva-mâl* rappellent un passage analogue du *Bhaghavat-Pouranam* (ed. *Burnouf*, I, p. 57), où il est dit :

« Le plus beau des descendants de Manou, quoique désireux de voir « la ville de ses ennemis, n'y entra pas cependant; en effet, disait-il, « *l'homme ne connaît jamais les desseins de ceux qui disposent de* « *moyens magiques.* »

(4) GULFI DEVANT LES TROIS CHÉFS.

§ 13. **Les Dieux Trinaires.** — Dans l'origine, les divinités étaient seulement *particulières* à la famille et à la tribu. Chaque famille ou tribu n'adorait *qu'une* divinité. Or, si l'on appelle *monothéisme* cette religion des familles et des tribus primitives, qui toutes n'adoraient d'abord qu'une *seule* divinité, sans que pour cela elles aient nié l'existence et la puissance de divinités autres que celles qu'elles adoraient, il faut dire que le Monothéisme, chez toutes les races *primitives*, a précédé le Polythéisme; mais si l'on appelle *Monothéisme* la religion qui affirme qu'il n'y a qu'*un* Dieu, quel qu'il soit, et qu'il ne peut pas y avoir plusieurs Dieux, alors le Monothéisme, pris dans son sens véritable, n'a pas été la religion *primitive*, mais il a succédé plus tard à la religion primitive *polythéiste*, après que l'idée d'un Dieu national *suprême* se fut formée dans le Polythéisme, et que ce Dieu *suprême*, au lieu de rester simplement Dieu *national*, comme il l'a été dans l'origine, fut considéré comme Dieu *universel*, à côté duquel toutes les autres Divinités polythéistes durent s'effacer ou passer pour de *fausses* divinités. Lorsque, dans la suite, plusieurs tribus se furent réunies pour former une nation, chacune des tribus conservant sa Divinité primitive, le Polythéisme, c'est-à-dire l'adoration de plusieurs divinités, s'établit naturellement au sein de cette nation ; seulement, dans le nombre plus ou moins grand de ces Divinités, l'une d'entre elles, pour diverses raisons, devint la *Divinité suprême*. A cette divinité suprême on en associa souvent une *seconde*, quelquefois aussi une *troisième*. Les Dieux *trinaires* devinrent même assez fréquents dans les religions, parce qu'on aimait naturellement considérer, comme des divinités du premier rang, celles qui présidaient au Ciel, à la Terre et en l'Enfer, ou bien celles qui présidaient à l'Air, au Feu et à l'Eau. Les trinités s'établirent donc par suite du nombre ternaire des choses, auxquelles ces Divinités étaient censées présider, et non par suite d'une idée de sainteté qu'on aurait ajoutée, dès l'origine, au nombre *trois*, qu'on eût considéré comme nombre sacré. C'est seulement plus tard qu'on établit un rapport mystique entre les divinités *suprêmes* et le nombre *trois* ; et, par suite des tendances au fétichisme, qui se manifestent plus ou moins dans toutes les religions, on appliqua l'idée de *saint* et de *sacré* non-seulement aux divinités auxquelles seules cette idée peut être appliquée, mais encore à des *objets* inanimés, par la raison qu'ils étaient censés appartenir à ces divinités. Voilà pourquoi on considérait le nombre *trois*, qui passait pour être un attribut des divinités *suprêmes*, comme un nombre *sacré*. Enfin, les théologiens et les philosophes, tels que Pythagore, commencèrent à attribuer des propriétés mystiques aux nombres en général : et dès lors, *trois* étant surtout considéré comme un nombre *sacré*, on aimait aussi à se figurer que des Personnes ou des Choses *sacrées* étaient précisément au nombre de *trois*.

§ 14. **Sublime, Équi-Sublime et Troisième.** — Chez les ancêtres des Scandinaves ou chez les tribus de la branche *gête*, le Dieu suprême *Váthans*, appelé plus tard *Odinn*, formait une espèce de Trinité, avec les divinités qui étaient les plus importantes après lui, avec le Dieu des eaux et du soleil, nommé *Chaguneis* (norr. *Hœnir*) ou *Vili*, et avec le Dieu de la foudre, nommé *Chlôdurs* (norr. *Hlódurr*) ou *Veihs* (norr. *Vé*). Les Scandinaves de la Suède et de la Norvége considéraient, comme Dieux *suprêmes*, les dieux trinaires *Odinn* (substitué à *Tyr*), *Freyr* (substitué à *Hœnir*) et *Thôr* (substitué à *Hlódurr*). Snorri, d'après ses idées évhémeristes, ne voyait dans les Ases du Nord que des imposteurs qui,

moyennant la magie, s'étaient fait passer pour les Ases (asiatiques) véritables. Il se figurait que parmi ces prétendus dieux établis en Fionie, il
y en avait aussi *trois* Chefs suprêmes, qui remplissaient les rôles des trois
anciennes divinités suprêmes, *Odinn*, *Freyr* et *Thôr*. Soit qu'il ait voulu
exprimer que ces trois Chefs ont usurpé des noms qui ne leur appartenaient pas, soit qu'il ait jugé convenable que ces Chefs aient déguisé leurs
noms pour mieux tromper ou fasciner *Gulfi*, *Snorri* ne leur a pas donné
les noms de *Odinn*, de *Freyr* et de *Thôr*, mais ceux de *Hâr* (Sublime),
de *Iafnhâr* (Équi-Sublime) et de *Thridi* (Troisième). Il est vrai que *Hâr*
était déjà un nom épithétique traditionnel d'*Odinn*, considéré comme
dieu suprême ; mais *Iafnhâr* n'a jamais été un nom épithétique de *Freyr*,
ni *Thridi*, un nom épithétique de *Thôr*. *Iafnhâr* était, comme *Hâr*, un
nom épithétique d'*Odinn*, considéré comme ayant un caractère aussi *sublime* que celui des deux autres divinités trinaires, *Vili* et *Vé*, qui lui
étaient associées, ou qui passaient pour ses frères. Enfin, *Thridi* était
également un nom épithétique de *Odinn*, considéré comme le *troisième*,
par rapport à *Hœnir* et à *Hlodur*, ou à *Vili* et à *Vé*, ou à *Freyr* et à
Thôr. C'est pour une raison analogue que, dans la Mythologie védique,
le fils du dieu *Indras* eut le nom de *Tritas* (Troisième) ; et dans le *Rig-
véda* (105, Comment., v. 9), trois Saints (R'chayas) sont appelés, l'un
Ékatas (Unième), l'autre *Dvitas* (Deuxième), et le dernier *Tritas* (Troisième). Snorri choisit les trois noms de *Sublime*, de *Équi-Sublime* et de
Troisième, pour indiquer que les trois chefs des Ases, dans Fionie, se
valaient tous l'un l'autre en dignité et en puissance, et, peut-être même,
qu'ils étaient tous *également* des imposteurs.

§ 15. **Gulfi en présence des trois Chefs.** — Dans les temples scandinaves, les statues des Divinités se trouvaient placées à l'endroit où, dans
les habitations ordinaires, se voyait la place d'honneur, *entre les Colonnes du Chemin en face* (voy. p. 150). La statue de la Divinité était
donc placée au fond du sanctuaire, en face de l'entrée, et le visage tourné
au soleil levant. Quelquefois le temple renfermait, non pas seulement la
statue d'une seule divinité, mais les images des deux et même des trois
divinités principales de la religion norraine, savoir, d'*Odinn*, de *Freyr* et
de *Thôr*. Comme dans le Paganisme on évitait avec soin de marquer extérieurement une préférence pour telle ou telle divinité, afin de ne pas
éveiller des susceptibilités jalouses dans celles qui se seraient vues relé-
guées à une place réputée inférieure, on plaça, dans le temple, les statues
des divinités l'une à côté de l'autre. Cependant, comme entre des personnes supposées du même rang et de la même dignité, il y avait cependant à tenir compte de la différence d'âge, qui établissait un certain droit
de préséance, la *première* place dans le temple était donnée, ou bien à
la divinité *locale*, qu'on adorait de préférence comme divinité protectrice
de l'endroit ou de la tribu, ou bien à *Odinn*, qui passait pour le Dieu
suprême, ou pour le Père et le Chef des Ases. Mais quelle était la place
réputée la première ? On considérait comme la première place, celle où
la personne, qui y était assise, n'avait pas une autre personne à sa *droite*.
La personne qui occupait la première place, avait donc à sa gauche les
autres places réputées *inférieures*, la gauche passant généralement, chez

les peuples de la branche *gète*, pour le côté inférieur; aussi portait-elle, dans les idiomes de ces peuples, un nom qui exprimait cette infériorité. (Voy. *Grimm*, *Geschichte d. d. Spr.*, p. 989, suiv.)

Snorri, supposant que, du temps de *Gulfi*, les Ases du Nord n'ont pas encore eu, chacun, sa demeure particulière ou son temple à part, imagina que *Odinn*, *Freyr* et *Thôr*, habitaient ensemble, avec les autres Ases et Asynies, la *Halle-des-Occis*, que, par enchantement, ils avaient élevée, plus magnifique dans *Odinsey* en Fionie (v. p. 145); et se rappelant la disposition des statues d'Odinn, de Freyr et de Thôr, dans les anciens temples norrains, il imagina aussi que, dans cette Halle-des-Occis, *Odinn*, *Freyr* et *Thôr* occupaient, comme Chefs, les trois places honorifiques, de manière que *Sublime*, jouant le rôle d'*Odinn* le père, eut à sa gauche son fils *Équi-Sublime*, qui représentait *Freyr*, et qui avait également, à sa gauche, son frère *Troisième*, le représentant de l'ancien *Thôr*.

Gulfi, voulant se présenter au Roi ou au Maître de la Halle-des-Occis, dans laquelle il est entré, traverse l'enfilade des salles, et enfin, toujours en suivant l'allée (norr. *gôlf*) ou le couloir du milieu, il arrive dans la dernière salle, où siègent les trois Chefs. *Gulfi*, allant au bout du couloir, s'arrête devant la personne de *Sublime*, qui est placé sur le siége d'honneur, entre les Colonnes du Chemin d'en face; les deux autres sièges, où sont assis *Équi-Sublime* et *Troisième*, se trouvent, l'un et l'autre, à gauche de celui de *Sublime*. Or, comme *Gulfi* se tient en face de ce dernier siége, ceux d'*Équi-Sublime* et de *Troisième* se trouvent plus éloignés de lui à sa droite, et, par conséquent, placés l'un au delà (norr. *upp frá*) de l'autre. Cette expression de *au delà* ayant été généralement prise dans le sens de *au-dessus* (norr. *yfir*), il en est résulté que l'on s'est figuré les trois sièges de *Sublime*, de *Équi-Sublime* et de *Troisième* comme placés l'un *au-dessus* de l'autre. Un ancien dessin, qui, à en juger d'après le style, date du seizième siècle, et qui est reproduit dans l'Edda de Resenius et de Bartholinus, représente *Gulfi* placé en face des trois Chefs, qui siègent sur trois trônes, dont le premier est moins élevé que le second, et le second moins élevé que le troisième. Par cette fausse interprétation du texte et cette représentation inexacte de la scène, on a introduit dans le récit de Snorri des difficultés inextricables et des contradictions absurdes. On ne s'est pas aperçu qu'en admettant une différence dans l'élévation des siéges, cette différence n'aurait de sens qu'autant qu'elle exprimerait symboliquement la différence de puissance et de dignité qui serait supposée exister entre les personnes occupant ces siéges. Mais ce qui prouve, tout d'abord, que *Snorri* ne voulait pas exprimer une inégalité entre les trois chefs, c'est qu'il a choisi exprès pour eux des noms qui, tout au contraire, expriment leur égalité quant au rang et à la dignité. Ensuite, en admettant, par impossible, qu'il ait voulu exprimer par la différente élévation des siéges, une inégalité entre les personnages, il ne se serait pas avisé d'assigner le siège le plus élevé à *Troisième*, comme cela résulte cependant de cette fausse interpretation : il aurait, du moins, donné la préséance ou le siège le plus élevé à *Sublime*, qui est représenté comme le Père et le Chef des Ases.

§ 16. **Gulfi provoque les trois Chefs.** — Dans l'Antiquité, les lois de l'hospitalité défendaient de s'informer des affaires du nouvel arrivé ou de l'hôte, avant de lui avoir fourni tout ce qui était nécessaire pour son entretien. Aussi *Sublime* ne demande pas, tout d'abord, à *Gulfi*, quel but l'amène ici chez lui; il ne lui adresse cette question qu'après lui avoir déclaré que le manger et le boire lui revenaient de droit comme à tous les hôtes, dans la *Halle-des-Occis*, où, du reste, nul n'est traité chichement. *Piétonneur*, sachant bien que c'est seulement en gardant le secret (voy. p. 69), qu'il arriverait au but qui l'avait amené à Odinsey, déclare qu'il vient voir s'il y a ici quelqu'un qui, par son savoir, puisse se mesurer avec lui. *Sublime*, ainsi provoqué à une joute scientifique, répond, en son nom et en celui de ses assesseurs, qu'il accepte le défi; et, en répétant les paroles renfermées dans les *Dits de Vafthrûdnir* (voy. *Poëmes islandais*, p. 263) : « *Tu ne sortiras pas,* » etc., il déclare que cette joute de science sera une joute à outrance ou à la mort (voy. p. 56). *Piétonneur* ayant provoqué au combat *Sublime*, dans sa propre demeure, s'est déclaré, par cela même, son ennemi. Il a rompu la *paix domestique* (norr. *heimfridr*), qui, chez les peuples de la branche *gète*, passait pour ce qu'il y avait de plus inviolable et de plus sacré. Dès lors *Piétonneur* ne peut plus être considéré, dans la *Halle-des-Occis*, comme un *hôte*, devant jouir du bénéfice de l'hospitalité; il ne peut pas même demander, pour sa personne, les égards dus à un étranger qu'on respecte et qu'on honore; et, c'est pourquoi, il ne peut pas invoquer le droit de prendre place comme hôte du logis; il est obligé de se tenir debout dans l'allée (*gôlf*) pendant qu'il adresse ses questions aux trois Chefs dont il vient de faire ses adversaires. *Sublime*, étant supposé être le substitut de l'ancien *Odinn*, qui connaissait le mieux les traditions (rûnes) et les mystères (v. p. 58), est aussi le principal jouteur dans la lutte qui va s'engager; et, parmi les trois Chefs, c'est lui qui répond le plus souvent aux questions posées par *Gulfi*. *Equi-Sublime*, étant considéré par Snorri comme le substitut de l'ancien *Freyr*, répond toutes les fois que les questions de *Piétonneur* concernent plus particulièrement l'Âse *Freyr*. Enfin *Troisième*, qui est, selon Snorri, le subsitut de l'ancien *Thôr*, ne prend la parole que lorsque les questions adressées par *Piétonneur* se rapportent aux actions et à la personne de *Thôr*, son prototype.

(5) PÈRE-UNIVERSEL ET SES DIFFÉRENTS NOMS.

§ 17. **Les Divinités suprêmes.** — Les Religions primitives ont commencé par la conception et l'adoration des *Dieux*, qui étaient des objets divinisés de la nature, tels que le soleil, la lune, le ciel, la terre, le feu et l'eau, etc. Ces divinités, d'abord particulières à chaque famille ou tribu (v. p. 150), furent adorées, dans la suite, par la nation entière, et formèrent ensemble une famille de *Dieux*. C'est alors seulement qu'on put songer à mettre entre elles des rapports de parenté et de hiérarchie patriarchale, et dès lors il y eut un Dieu *suprême*. L'idée d'un Dieu *suprême* est donc *postérieure* à la conception de la plupart des Dieux subordonnés. Ce n'était pas ordinairement la divinité la plus anciennement adorée qui devint Divinité suprême. Ce premier rang fut assigné à tel ou tel Dieu pour des raisons très-diverses. Le plus souvent ce fut la Divinité adorée

par la tribu prédominante au point de vue social, qui obtint ce premier
rang. L'idée de *Dieu suprême* impliqua ensuite celle de *Père des Dieux*
et, par suite, encore celle de *Père de la Nation*. Chez les Scythes ou les
ancêtres des Scandinaves, l'idée d'un Dieu suprême se fixa dans la période
entre l'an 1000 et l'an 600 avant notre ère. Le dieu *Tivus* (Ciel) devint le
Dieu suprême, et, en cette qualité, il fut aussi considéré comme le *Père*
des dieux et comme l'*Aïeul* des nations scythes. Aussi *Tivus* eut-il le nom
épithétique de *Aïeul* (scythe *Pappaïus*, nom adjectif formé de *Pappa*,
père). Chez les tribus de la branche *géte*, entre le cinquième et le premier siècle avant notre ère, *Tius*, l'ancien *Tivus* des Scythes, fut remplacé, comme Dieu *suprême*, par *Váthans*, qui, comme *Père* des Dieux
et des hommes et comme *Protecteur* de l'univers, eut le nom *épithétique*
de *All-Vatar* (Père universel). Chez les Scandinaves, à commencer du
premier siècle de notre ère, ce nom, sous la forme de *Allfödur*, est
resté, comme nom *épithétique*, au Dieu suprême *Odinn*, l'héritier de
l'ancien *Váthans*.

Dans l'exposition d'une Mythologie quelconque, le meilleur ordre à
suivre c'est l'ordre *naturel*, c'est-à-dire l'ordre qui a été suivi dans la
formation et le développement même de la Mythologie (voy. p. 47). Mais
pour pouvoir reproduire cet ordre naturel, il faut d'abord le connaître;
il faut savoir quelles sont les lois d'après lesquelles se fait le développement *interne* ou logique de la Mythologie, et comment se succèdent
chronologiquement les phénomènes externes ou les mythes, qui sont l'expression de ce développement interne. *Snorri*, ayant pour but de donner,
dans *La Fascination de Gulfi*, un exposé méthodique de la Mythologie
norraine, aurait dû suivre, dans ce traité, l'ordre naturel des matières,
le seul qui soit scientifique. Mais cet auteur ne savait et ne pouvait pas
savoir quel était cet ordre *naturel* ou *génétique*, et c'est pourquoi il a
suivi, dans la disposition des matières, une marche qui lui était indiquée par
un prétendu point de vue historique, étranger au sujet. Déjà les anciens,
considérant les *Divinités* suprêmes comme les Créateurs du Monde, expliquèrent l'histoire de l'univers en remontant jusqu'à elles ou en commençant par elles; *a Jove principium*. *Snorri*, portant dans la Mythologie
norraine son idée chrétienne d'un Dieu absolu, *Père de l'univers*, et
rencontrant, dans cette Mythologie, *Odinn*, qui était surnommé *Père-Universel* (Allfödur), crut devoir commencer son exposé mythologique par
ce Dieu suprême. Ensuite, d'après le dogme chrétien, le Paganisme n'est
que l'aberration des païens, ou leur déviation de l'Orthodoxie ou du Monothéisme primitif, de sorte que *Snorri* fut, sans doute, porté à voir dans
Allfödur une réminiscence obscurcie et défigurée de la Religion de Jéhova;
il ramena donc, par la pensée, cette divinité suprême des Norrains, à son
type véritable, ou au Dieu des chrétiens. Ce qui a encore déterminé *Snorri*
à commencer son traité par le *Père-Universel*, c'est qu'il s'est laissé in-
fluencer, non par les exigences de la science mythologique, mais par celles
des données fictives, choisies pour l'Encadrement de son Traité. En effet,
le but que se propose *Gulfi* en venant à Odinsey, c'est d'apprendre des
Ases quelles sont les Divinités qu'ils adorent, et qui sont la cause présumée de leur puissance extraordinaire (voy. p. 68). Aussi *Gulfi* est-il parfai-

tement dans son rôle en s'empressant de poser, comme toute première
question, celle concernant le Dieu Suprême, le plus puissant de ces divinités. Mais si *Snorri* a réellement cru devoir ainsi satisfaire aux exigences
épiques de l'Encadrement, il ne se sera pas aperçu qu'en donnant, dès le
commencement du Traité, une réponse à la question la plus importante
que pût adresser *Gulfi*, ce roi ne pouvait plus, dès lors, avoir un
autre intérêt que celui de la simple curiosité, en adressant encore, dans
la suite, d'autres questions ayant une moindre importance. Quoi qu'il en soit,
au point de vue de la science, *Snorri* a eu tort de commencer son Traité
par le *Père-Universel*, au lieu de le commencer par le fonds primitif de toute
Mythologie, par la conception et l'adoration des Divinités, qui, seulement plus tard, ont été hiérarchisées ou considérées comme subordon-
nées à une divinité *suprême*. Il a tort de croire que le dieu suprême est
aussi le plus *ancien*. Il est encore dans l'erreur en croyant que *Père-Universel* signifiait, chez les Scandinaves, également *Créateur* des hommes
et de l'univers, tandis que ce nom ne signifiait que *Père* des Dieux et des
hommes, et *Protecteur* du monde. Enfin il a tort de croire ou de faire
croire que *Allfödur* est le véritable nom *propre* du Dieu suprême,
tandis que ce dieu était nommé *Odinn*, et que *Père-Universel* n'était
qu'un de ses nombreux noms épithétiques et l'un des plus récents.

§ 18. **Origine des noms propres et des noms épithétiques des Divinités.**
— Dans l'origine, les dieux primitifs étant des objets de la nature *apothéosés*, chacune de ces divinités n'avait, comme ces objets eux-mêmes,
qu'un *seul* nom, qui devint son *nom propre*; de sorte que le nom propre
primitif de la divinité était le *même* que le nom qu'on donnait à l'objet
dont cette divinité était l'apothéose. Aussi longtemps que la divinité n'a-
vait qu'un *seul* nom, elle n'avait aussi qu'une seule attribution, savoir celle
qui était exprimée par son nom ou par celui de l'objet qu'elle représentait. Ce
nom propre unique et primitif, étant le plus *ancien*, avait aussi une forme
grammaticale ancienne; c'était un nom d'une forme *simple* et *primitive*,
c'est-à-dire qu'il n'était ni un nom dérivé, ni un nom composé. Ainsi,
par exemple, chez les Scythes, un des dieux primitifs avait le nom propre
de *Tirus* (Ciel), nom simple de forme, et identique au nom primitif qui, dans
la langue scythe, désignait le ciel. Encore dans les temps postérieurs, on
reconnaît, dans les Mythologies des peuples Iafétiques, les noms propres
primitifs des dieux, à leur forme simple. C'est ainsi, par exemple, que,
chez les peuples de la branche *gète*, le dieu qui a été l'héritier du dieu
Tirus, eut le nom de *Vâthans* (plus tard *Odinn*), nom propre simple
signifiant *Impétueux*, c'est-à-dire désignant la qualité principale ou
unique qu'on attribuait au Vent, dont *Odinn* était la personnification. Mais
à mesure que les divinités primitives, outre leur attribution unique, exprimée par leur nom propre, eurent encore d'autres attributions ou des
qualités physiques, morales ou intellectuelles, plus ou moins en rapport
avec leur attribution primitive, elles prirent aussi, chacune, *plusieurs*
noms, qui, à côté de leur nom *propre* primitif, étaient des noms *épithétiques*, exprimant les différentes qualités attribuées à cette seule et même
divinité. Ces noms épithétiques, s'étant formés postérieurement aux noms
propres primitifs, ont aussi *généralement* une forme grammaticale *pos-*

térieure, à laquelle ils sont reconnaissables, savoir la forme de noms *dérivés* et de noms *composés*. C'est ainsi, par exemple, que le dieu *Odinn*, outre son nom propre simple, a eu plusieurs noms épithétiques, entre autres, le nom épithétique de *All-födur*, dont la forme composée indique sa formation relativement postérieure. Cependant, comme certaines attributions peuvent être exprimées par des adjectifs ayant une forme simple, il se trouve aussi, parmi les noms épithétiques, des noms qui ne sont pas composés. D'un autre côté, comme certaines divinités sont nées du dédoublement des divinités antérieures, c'est-à-dire qu'une divinité s'est spécialisée en autant de divinités qu'elle avait d'attributions, de sorte que les noms épithétiques et composés de cette divinité sont devenus les noms propres d'autant de divinités dédoublées ou distinctes, il est arrivé naturellement que, parmi les noms *propres* de ces divinités, dont quelques-unes sont assez anciennes, il s'en trouve aussi plusieurs qui sont des noms *composés*. Ainsi le dieu Soleil ayant chez les Scythes le nom épithétique de *Targitavus* (Brillant par la Targe), la plupart des tribus scythes, en dédoublant le dieu Soleil (Svalius), distinguèrent entre ce dieu et le dieu appelé *Brillant par la Targe*, ou bien adorèrent le soleil à la fois comme dieu *Svalius* et comme dieu *Targitavus*.

Comme, en général, la formation des mythes ne s'est pas faite d'une manière systématique ou réfléchie, mais d'une manière spontanée ou involontaire, le nombre des attributions et, par suite, des noms épithétiques donnés à une divinité, dépendait d'une foule de circonstances fortuites, et n'était pas déterminé d'avance par un système religieux quelconque. C'est ainsi, par exemple, que les noms épithétiques du Dieu suprême *Odinn* étaient très-nombreux; mais leur nombre n'était ni invariablement rapporté dans les Poëmes eddiques, ou dans les Sagas traditionnelles, ni systématiquement limité et déterminé dans aucun document mythologique. Il est vrai que, dans certaines Religions *positives*, l'autorité, soit du Fondateur, soit du Sacerdoce, a pu déterminer d'une manière fixe et arbitraire, le nombre des noms épithétiques à donner à la Divinité. C'est ainsi que la doctrine de l'Islam a établi, d'après le Koran, que Dieu avait *cent* noms, ni plus ni moins. Mais semblable chose n'a pu avoir lieu chez les peuples de la branche *gète*, qui n'avaient ni prêtres formant caste, ni doctrine sacerdotale, ni religion positive.

Snorri savait que le Dieu suprême de la Mythologie norraine se nommait *Odinn*. Mais, d'après son système historico-mythologique, les Ases du Nord n'étaient que les imitateurs des anciens Ases, des Ases véritables, ou des Ases asiatiques. Ensuite, comme il avait une prédilection marquée pour le nombre rond *douze*, et comme, sans doute, il avait entendu parler des *douze* dieux de la Mythologie grecque et de la Mythologie romaine, il se figura que, dans l'ancien *Enclos-des-Ases*, il y avait en aussi douze Divins (norr. *Diar*) ou Devins, ayant, pour Chef, le Dieu ou Magicien suprême, *Odinn*. Ensuite, comme il y avait, selon lui, douze dieux, il s'imagina, dans son esprit systématique, que l'ancien dieu suprême *Odinn* avait porté également *douze* noms. C'est pourquoi il fait dire à *Galfi* par l'imposteur *Sublime* (qui contrefaisait, dans le Nord, l'ancien *Odinn*), que le Dieu suprême, nommé, dans la langue norraine,

All-födur, avait anciennement *douze* noms; et pour pouvoir indiquer
ces douze noms, il choisit, parmi les noms épithétiques d'*Odinn*, ceux
qu'il ne savait pas s'expliquer, et qui, pour cette raison, lui semblaient
être les plus anciens ou appartenir à la langue parlée dans l'ancien *Asgard*. Il connaissait bien encore un plus grand nombre des noms épithétiques d'*Odinn* (voy. p. 96), mais il semble croire que ces autres noms
ne sont pas aussi anciens que les douze qu'il énumère dans ce paragraphe.

§ 19. **Explication de douze noms épithétiques d'Odinn.** — Il est surprenant que *Snorri* ne cite pas, parmi les douze noms du Dieu suprême,
celui d'*Odinn*, qui était cependant le nom qu'il aurait dû énumérer tout le
premier, comme étant le seul nom *propre* primitif de ce dieu suprême;
car tous les autres noms, même les douze qu'il cite, ne sont que des
noms *épithétiques*. Pour les raisons que nous avons indiquées (v. p. 155),
Snorri a préféré substituer au nom d'*Odinn* celui de *Père-Universel*.
Voici la signification et l'explication de ces 12 noms épithétiques :

1° *All-födur*. A l'époque très-ancienne, lorsque, dans la race blanche,
les rameaux *iafétique* et *sémitique* ne s'étaient pas encore séparés l'un
de l'autre, on désignait le *père* par le monosyllabe labial *pa*, dont le son
n'exprimait encore aucune *notion* particulière, mais était une simple
exclamation empruntée au langage enfantin, qui, pour la facilité d'émis-
sion, préfère tout d'abord les articulations *labiales*. *Pa* (père) était mis
en antithèse avec *ma* (mère), autre son labial. Lorsque, dans la suite, les
deux rameaux indiqués de la race blanche se furent spécialisés, les mots *Pa*
et *Ma* se conservèrent dans les langues *sémitiques*, sous la forme transposée de *ab* (père) et de *am*, *em*, *um* (mère). Ils se conservèrent également dans les langues *iafétiques*, sous la forme de *api* (cf. lat. *avus*, norr.
afi, qui, originairement, signifiaient père), et sous la forme réduplicative
de *papa* (dorien *appha*; cf. *Théok.* Pisc. 26), et de *mama*. De *papa* (père)
s'est formé, dans la langue *scythe*, l'adjectif *papa-ius* (appartenant au
père, ou père du père) signifiant *aïeul*. Aussi, comme les Scythes se disaient les fils de *Targitavus* (Soleil), et comme *Targitavus* était le fils
de *Tivus* (Ciel), *Tivus*, comme *aïeul* des Scythes, eut le nom épithétique de *Papaïus*. Par le changement postérieur de la labiale en une den-
tale, un peu plus difficile à prononcer, il se forma de bonne heure, à côté de
l'ancien mot *api* (père), le mot similaire et synonyme de *ati*, qui n'exprimait
pas plus que *api* une *notion* particulière, mais qui prit, comme lui, la signification de *père* et de *aïeul*, en grec (attique *atta*, père, *tetta*; dor. *dà*
p. *dada*, aïeule; ion. *Dê-mêter*, Vieille-Mère, Terre), en latin (*at-avus*,
l'aïeul du père), et en scythe, où il a dû exister avant que la race scythe
se fût divisée en deux branches, la branche *sarmate* (slave) et la branche
gète (gote); car ce mot existe, sous différentes formes, dans les langues
d'origine sarmate et d'origine gète. Dans les idiomes de la branche sarmate, la forme réduplicative a produit le lithuanien *dédas* (le vieux),
l'illyrien *déda* (la vieille), etc.; l'ancienne forme diminutive *otiek* (petit-
père, père), a produit le russe *otets*, le bohême *otez*, le polonais *oi-
chets*, etc. Pour les idiomes de la branche *gète*, le mot se trouve dans le
gothique (*atta*, père), dans le vieux-frison (*atta*), dans le vieux allemand
(*atto*), dans le norrain (*edda*, aïeule), etc. Les Goths ont formé de *atta*

(père) le diminutif *attilas* (petit-père, ours), qui devint, entre autres, le nom propre du roi des Huns[1]. Les Norrains formèrent également les diminutifs *Atli* (petit-père, petit vieux) et *Atla* (petite-vieille), qui furent fréquemment employés, comme noms caritatifs, pour désigner *l'ours* et *l'ourse*, d'après les idées des peuples de la branche *gète*, le roi et la reine des animaux. Aussi le nom d'*Attilas*, donné au roi des Huns, celui d'*Atli*, donné comme nom épithétique à *Thôr*, et celui d'*Atla*, donné à l'une des neuf mères de *Heimdall*, impliquèrent-ils, les deux premiers, la signification d'*ours*, et le dernier, celle d'*ourse*.

Postérieurement à l'époque où se sont formés ces noms primitifs de *papa* et de *atta*, mais antérieurement à la dispersion des peuples de la race *iafétique*, il s'est formé le mot *patar*, qui n'était pas simplement, comme *papa* et *atta*, une articulation du langage enfantin, mais un mot proprement dit, exprimant par son radical et par sa forme grammaticale, la *notion* de *protecteur*, ou du *père* considéré comme protecteur. En effet, le radical *pa* désignait, par la nature même de ce son, d'abord le rapport locatif *sur*, et par suite, l'idée de *couvrir*, de *protéger*; de sorte que la forme grammaticale *patar* énonçait naturellement l'agent de la protection, ou la notion de *protecteur*. Ce mot nouveau s'est maintenu, sous différentes formes, dans presque toutes les langues de la famille *Iafétique*; et comme, peu à peu, il s'est substitué aux anciens noms primitifs de *papa* et de *atta*, il est arrivé quelquefois que ces noms, quoique plus anciens, n'ont pu autrement se maintenir, dans la langue, à côté du mot *patar*, qu'en laissant à ce mot nouveau la signification propre de *père*, et en prenant celle, plus dérivée, d'*aïeul* (cf. lat. *avus*; norr. *afi*).

Le dieu suprême, *Tivus*, qui, comme *père* des dieux et comme *aïeul* de la nation, avait eu, chez les peuples scythes, le nom épithétique de *Papaïos*, prit, chez les tribus de la branche *gète*, celui de *Al-fadur*, qui devint un des noms épithétiques de *Vâtans* (l'héritier de *Tius*, l'ancien *Tivus*), et fut attribué, chez les tribus scandinaves, à *Odinn* (l'ancien *Vâtans*), sous la forme de *All-födur*, et avec la signification de *Père-universel*, pris dans le sens de *Protecteur-universel*.

2° *Herran ou Herian*. — Chez les tribus de la branche *gète*, *Vâtans* (appelé plus tard *Odinn*), le dieu de l'agitation des vents *tempêtueux*, fut substitué à l'ancien Dieu du vent *Vâtus* (norr. *Odr*), et se confondit

(1) Le nom du roi hun était *Étel* (Libéral) que les Goths, ses sujets (voy. p. 24), ont rendu et ont expliqué par leur mot, à peu près homonyme, de *attilas* (Petit-Père, Ours). Ils ont confondu, de la même manière, le nom tatare de *Huns* avec le mot goth *hun* (ours, ourson). Chez les Scandinaves ou les descendants des Goths, le mot *milith* (miel) fut remplacé par l'expression de *Hun-angan* ou *Hun-ang* (délice d'ourson), qui fut adoptée aussi par les Allemands (Ex. *Honing*). Chez les peuples norrains le nom le plus usité pour désigner l'ours était celui de *Biörn* (norm. *Biron*, *Byron*); et il était tellement honorifique et affectionné qu'on en a encore exprimé la signification par plusieurs noms épithétiques, tels que, par exemple, celui de *Miöd-Vitnir* (russe *Med-vyéde*, Présage de Miel; la présence de l'ours présageant celle d'une ruche) et de *Beo-Vulf* (Loup-d'Abeilles; synonyme de Biörn, l'ours étant le Loup ou le Persécuteur des Abeilles) etc.

avec *Tius* (norr. *Tyr*), considéré comme Dieu du *Combat*. Car suivant une association d'idées assez commune dans l'Antiquité, et d'après laquelle l'agitation et la fureur d'une tempête étaient assimilées à l'agitation et à la fureur d'une lutte ou d'un combat, le Dieu des *tempêtes* prit naturellement aussi les attributions du Dieu des *combats*. *Odinn*, comme Dieu du *Combat*, était l'ami du *troupier* (norr. *heri*), et eut, par conséquent, le nom épithétique de *Aime-Troupier* (norr. *Heria-ann*, *Heriân*, *Herran*).

3° *Hnikarr* ou *Nikar*. — Chez les tribus de la branche *gète*, *Vâtus*, le Dieu du vent *rapide* et *bruyant*, était représenté symboliquement par un cheval *hennissant* (knagi ; cf. slav. *konie*, p. knoie, cheval). *Odinn*, substitué à *Odr* ou *Udr* (l'ancien *Vâtus*), et considéré, chez les peuples scandinaves, comme Dieu des vents tempêtueux sur *mer*, fut aussi conçu, comme tel, sous la forme d'un cheval *marin* hennissant, et eut le nom épithétique de *Hennisseur* (norr. *Hnikar*, *Nikar*), nom emprunté au dialecte germanique ou anglo-saxon, et dont la signification n'était plus connue en Scandinavie longtemps avant *Snorri*. C'est de *Nikar* que dérive, sans doute, le nom de la rivière *Neckar*, qui se jette dans le Rhin. Les érudits anglo-saxons se sont servis du nom de *Nikor* (cheval marin), pour désigner l'hippopotame ou le crocodile, ou même un monstre marin quelconque. Les Norrains ont ensuite emprunté à l'anglo-saxon le mot *nykor* ou *nykr*, avec la signification de *monstre*, surtout de monstre marin, changeant de forme comme *Protée*. C'est pourquoi les Skaldes ont dérivé, de ce nom, le verbe *nykra*, signifiant *changer de forme comme Protée*, et ont ensuite formé, de ce verbe, un participe passif neutre *nykrat*, pour désigner l'*Incohérence* (gr. *kakemphaton*), c'est-à-dire l'emploi d'une métaphore ou comparaison *incohérente*, quand, par exemple, dans la même phrase ou dans la même strophe, la comparaison change une ou plusieurs fois (voy. *Sn. Edda*, 1852, II, p. 122). Le *Nikar* de la Mythologie norraine s'étant, peu à peu, rapetissé dans la croyance et dans la légende populaires, il se confondit avec le *Nyk* (considéré comme un cheval marin, pouvant prendre plusieurs formes) et devint même, dans les pays du Nord, à commencer du quatorzième siècle, un simple *Génie* ondin nommé *Neck*, qui avait d'abord la forme d'un cheval *marin*, et ensuite celle d'un homme *aquatique*, qu'on reconnaissait à son *hennissement*, ou, comme on disait, à son *rire de cheval* (angl. *horse-laugh*).

4° *Nikuz* ou *Hnikudr*. — L'ancien Dieu du Vent (*Vâtus*, plus tard *Uds*, *Udr*, *Odr*) et, dans la suite, *Odinn*, qui lui fut substitué, étant symbolisés, l'un et l'autre, par le cheval *hennissant*, eurent, chez les peuples de la branche *gète*, le nom épithétique de *Vent-Hennisseur* (gète *Knagi-vatus*; gote *Knaggi-uds*; norr. *Kneggi-ôdr*, *Hnik-udr*; cf. *Svas-udr*). L'ancienne forme gote se conserva, en partie, dans *Hnikuds*, qui, dans le Nord, se changea en *Nikuz*, et, dans quelques dialectes germains, en *Nichus*. Le *Nichus* des Allemands, comme personnage mythologique, se confondit avec le *Nikar* des Scandinaves; comme lui, ce mot prit la signification de hippopotame, de crocodile, de monstre, de Protée ; et de même que *Nykar* était devenu, sous le nom de *Neck*, un simple *Génie* ondin, de même *Nichus*, sous le nom de *Nichs*, *Nix*, ne fut plus, dans la légende populaire postérieure, qu'un Génie aquatique, d'après le nom duquel les Naïades et les Ondines prirent, plus tard, dans la langue allemande, le nom de *Nixen* ou *Nissen*.

5° *Fiölnir*. — D'après la tradition mythologique, le dieu suprême *Odinn* se montre, dans beaucoup de circonstances, à ses ennemis et à ses amis; mais il ne se montre pas sous sa forme *véritable*, il est toujours métamorphosé ou déguisé ou *caché*. C'est pourquoi les peuples de la branche *gète* lui ont donné le nom épithétique de *Caché* (gète *Filhans*, *Filhins*; norr. *Filinn*, ou *Filnir*, *Fiölnir*).

6° *Oski*. — *Odinn*, comme Dieu suprême, passait pour le dieu le plus puissant, qui pouvait remplir le mieux le désir, l'attente ou le *souhait* (norr. *ván*) des hommes. C'est pourquoi il eut le nom épithétique de *Ván-ski* (A-souhait), nom formé comme *Skalmo-skis* (gr. *Zalmoksis*), et qui se changea, dans l'idiome norrain, en *Onski*, *Oski*. C'est ainsi, par exemple, que *Oska-byr* (brise d'Oski ou d'Odinn) signifie le *vent-à-souhait*, ou le vent favorable.

7° *Omi*. — Les peuples primitifs comparaient l'action du vent *invisible* à l'action de l'âme également invisible; ils donnaient, par conséquent, à l'esprit (lat. *spiritus*; héb. *rouach*) et à l'âme (lat. *animus*), le même nom qu'au souffle du vent (gr. *anemos*). Chez les peuples de la branche *gète*, *Odinn*, le dieu de l'agitation des vents, devint également le dieu de l'agitation, du mouvement de l'Ame et de l'Esprit, le dieu du Courage et de l'Intelligence, le dieu de la Prudence et de la Science. Or, à cette époque, la science était un trésor qu'on tenait caché comme un mystère, et qu'on ne communiquait qu'à ses amis et favoris, sous le sceau du secret (voy. p. 58). *Odinn*, comme Dieu de la Science, est donc le Dieu des Mystères; et il ne proclame pas ces mystères à haute voix, mais les transmet seulement, dans certains cas, à ses favoris, à voix basse, en *chuchotant*. C'est pourquoi il eut le nom épithétique de *Chuchoteur* (norr. *Omi*).

8° *Bif-lindi*, *Bif-lidi*. — Ce nom épithétique semble avoir signifié, dans l'origine, *Léger* (cf. all. *linde*) de *Frémissement* (norr. *bif*) et avoir désigné *Odinn* comme la Personnification de l'air légèrement agité. Plus tard, *Bif-lidi* semble avoir été expliqué comme signifiant *Tilleul* (ou Arbre) *frémissant*, expression skaldique, employée pour dire *Bouclier* agité dans le combat (cf. norr. *Skiöldr*, Bouclier, Fils d'Odinn).

9° *Svidur* et 10° *Svidrir*. — Lorsque les tribus gotes, appelées plus tard les *Svèdes*, eurent appris la magie, de leurs voisins les *Vanes* (Slaves) et les *Finnes*, elles considéraient aussi *Odinn*, leur Dieu suprême, comme le Dieu de la *Magie*, et c'est pourquoi elles lui donnèrent le nom épithétique de *Sviha* (Fascination; nom formé d'un thème primitif signifiant *lier*, *fasciner*, *tromper*), et elles-mêmes prirent le nom de *Svi-thiod* (Peuple de Sví), pour indiquer qu'elles se considéraient comme issues de *Sviha* ou d'*Odinn*. Plus tard, du verbe *svia* (fasciner) s'est formé le participe présent *sviands* (fascinant, trompant; norr. *svinnr*, *svidr*) et le substantif *sviandus* (le trompeur, la fascination), qui s'est changé en *svidr* ou *svidur*, et est devenu un des noms épithétiques d'*Odinn*. Du substantif *Svidur* (Fascination), s'est formé l'adjectif dérivé *Svidrir* (Fascinateur, Magicien), dont on a formé également un nom épithétique d'Odinn.

11° *Vidrir*. — Comme la tempête ne diffère du vent que par sa vitesse (22 mètres par seconde), le mot qui signifie *tempête*, dans les langues germaniques (norr. *vêdur*), dérive du même thème dont dérive le nom signifiant *vent* (norr. *vindr* p. vahinds). Or, du substantif *vedur* (tempête) s'est formé l'adjectif dérivé *Vidrir* (Tempétueux), dont on a fait un nom épithétique, attribué au dieu suprême *Odinn*, considéré comme Génie des Tempêtes.

12° *Ialg* ou *Ialgr*. — Les peuplades scythes, qui ont formé la branche *sarmate*, ayant appris à connaître, dans leur nouveau pays, l'*élan*, ont donné à cet animal le nom de *alkus* (Strabon, *kolos* pour *olkos*; lith. *alkis*; russe *hlos*, *los*), qui signifie *ardent*, *effervescent*. Ce nom s'est transmis, plus tard, aux peuplades de la branche *gète* (germ. *alks*; vieux-all. *elaho*; anglos. *elch*; norr. *elgr*) et aux Romains (lat. *alces*). Comme *alkus* signifiait *effervescent*, ce nom servait aussi, chez les peuples sarmates et germains, à désigner le jeune homme à l'âge de puberté. De là, chez les *Serbes* (Svares, Spores, Svales, Slaves), le nom de *holec*, signifiant *gars*. Chez les *Nahar-Vales* (Vales de la rivière Nahar), en Germanie, on adorait, dans un bois sacré, deux jouvenceaux qui présidaient aux vents, et que, pour cette raison, les Romains ont comparés à *Castor* et à *Pollux*. Ces deux Génies portaient, l'un et l'autre, le nom de *Alks* (*Tacit.* Germ. 43), qui signifiait à la fois *élan* et *jouvenceau*. De même que les anciens Scythes avaient comparé les vents tempétueux à des *chevaux* ardents, de même, leurs descendants, les peuples de la branche *gète*, comparèrent les tempêtes à des élans, et, les symbolisant par ces animaux, leur donnèrent également le même nom qu'à ceux-ci (norr. *eli* p. elbi, élan, tempête). *Odinn*, le Dieu des Tempêtes, eut, par conséquent, encore le nom épithétique de *Ialkr* ou *Ialg* (Élan, Tempête).

(6) ODINN DIEU ÉTERNEL ET CRÉATEUR DE L'UNIVERS.

§ 20. **Odinn dieu éternel et dieu conservateur.** — L'éternité de la divinité, c'est-à-dire l'idée qu'un Dieu a existé de tout temps, ne se trouve et n'a pu se trouver exprimée dans aucune Mythologie populaire; car cette idée est, comme celle d'infinitude, un postulé de la Raison théorique et n'a pu être conçue que dans des religions devenues philosophiques, ou dans les religions strictement monothéistes, qui seules considèrent Dieu comme l'Être absolu et, partant, *éternel*. La Mythologie norraine représente *Odinn*, le Dieu *suprême*, comme étant *né*, ainsi que les autres divinités, à une certaine époque, et comme devant périr, ainsi que les autres Dieux, à l'expiration du temps, ou au *Crépuscule des Grandeurs*. Si donc *Snorri*, à la question de *Piétonneur* : *Où est Père-Universel?* fait répondre par *Sublime*, qu'il vit *dans tous les âges*, il confond l'idée d'existence *éternelle* de Dieu, telle qu'elle existe dans le Christianisme, avec l'idée d'une vie très-*longue*, que la Mythologie norraine attribuait à Odinn, et il est en contradiction manifeste avec cette Mythologie, qui, en parlant de l'origine d'Odinn, dit positivement qu'il y a eu des âges où ce Dieu n'existait pas. Si ensuite, pour répondre à la question : «Que peut *Père-Universel?* *Snorri* fait dire à *Sublime* que ce dieu prend soin de *toutes choses* grandes et petites, cet auteur prête à la religion norraine une idée qu'elle n'avait pas non plus, à savoir l'idée chrétienne d'une providence *universelle*. Les Scandinaves, quelque développée que fût dans la suite l'idée qu'ils se faisaient de leur Dieu *suprême*, ne voyaient cependant en lui que ce qu'était nécessairement tout dieu du Polythéisme, savoir un dieu qui a sa *spécialité*, et qui, selon son rang plus ou moins élevé, préside à un plus ou moins grand nombre de choses, mais qui n'était jamais conçu comme présidant à *toutes* choses.

§ 21. **Odinn dieu créateur.** — L'idée que Dieu est le créateur de *toutes choses*, dérive de celle de l'existence absolue et éternelle que les religions philosophiques lui attribuent. Les Mythologies anciennes, ne pouvant concevoir les divinités comme ayant une existence *absolue*, ne purent pas non plus les considérer comme les créateurs de *toutes* choses. Tout au contraire, elles considéraient la *matière* comme ayant existé antérieurement à toutes les divinités, et comme leur ayant donné naissance. C'est pourquoi, si les Divinités polythéistes sont représentées comme *créatrices*, elles le sont uniquement en ce sens qu'elles ont seulement *façonné*, comme le font les hommes, telles ou telles choses, ou qu'elles ont transformé ou métamorphosé la matière qui existait avant elles. Ainsi, *Odinn*, suivant la Cosmogonie norraine, a *façonné* le Monde, c'est-à-dire que, dans le Monde primitif qui existait avant lui, ce dieu a confectionné les trois Séjours qui renferment tout ce qui intéresse les hommes, savoir : 1° le ciel, contenant tous les astres visibles, qu'on croyait y être fixés comme sur une voute mobile ; 2° la terre, qui comprend la mer et tout ce qui vit sur la terre et dans la mer, et 3° l'air, qui est entre le ciel et la terre, et comprend tout ce que nous désignons sous le nom général de phénomènes *météorologiques*. Si donc *Snorri*, à la question de *Piétonneur* : « quelles œuvres de distinction *Père-Universel* a-t-il achevées ? » fait répondre par *Equi-Sublime*, que ce dieu a *confectionné* le ciel et la terre et l'air, et tout ce qui leur appartient, cette réponse, si elle est conforme à la Mythologie norraine, n'énonce pas que Odinn est le *Créateur* de la *matière*, aussi bien que de la forme du ciel, de la terre et de l'air ; elle énonce seulement que ce dieu a fabriqué, avec la matière déjà *existante*, le ciel, la terre et l'air, ainsi que nombre de choses qu'ils renferment.

§ 22. **L'homme, l'œuvre principale du Créateur.** — On juge de la grandeur d'une divinité, d'après ses *œuvres*; et c'est pourquoi *Piétonneur* adresse la question : « quelles œuvres de distinction *Père-Universel* « a-t-il accomplies ?.» Les peuples primitifs et leurs ascendants, par cela même qu'ils voyaient dans les grands objets de la Nature, tels que le ciel, la terre, l'air, le feu, etc., des Puissances *surhumaines*, qu'ils adoraient comme des divinités, plaçaient naturellement ces objets bien au-dessus de l'espèce humaine. Ce n'est que bien tard que l'idée philosophique, pénétrant dans les religions anciennes, a assigné la première place, parmi les objets de la création, à l'*homme*, en tant qu'il possède une âme *immortelle*. Par conséquent, si *Snorri*, à la question de *Piétonneur*, fait répondre par *Troisième*, que la *principale* œuvre de *Père-Universel*, c'est qu'il a fait l'*homme*, cet auteur parle, non pas dans le sens de la Mythologie norraine, mais dans celui du dogme chrétien. D'après le mythe norrain (voy. *Poëmes islandais*, p. 188), l'homme n'a pas été créé par *Odinn* seul; mais le premier Homme (*Askr*) et la première Femme (*Embla*) ont été originairement deux troncs d'arbre, qui ont été *transformés* en êtres humains par les trois Ases *Odinn*, *Hœnir* et *Hlodurr*. Ce mythe ajoute que *Odinn* a donné, aux premiers hommes, l'*âme*; mais il ne dit pas que cette âme était *immortelle* et libre. Les peuples de la branche *gète*, comme leurs ancêtres et comme presque tous les peuples de l'Antiquité, croyaient, il est vrai, à une vie future, à une existence après la mort; car cette croyance est tellement dans l'intérêt personnel de l'homme, qu'elle est partagée par tous les peuples, même les plus barbares. Mais en admettant une vie *future*, plus ou moins semblable à l'existence terrestre, ces peuples confondaient volontiers le corps avec l'âme, ou plutôt, leurs idées sur la différence entre l'une et l'autre n'étant pas développées, ils n'établissaient pas, comme le fait le Christianisme, une distinction très-marquée entre le corps périssable et l'âme immortelle, et ne considéraient pas, non plus, l'immortalité de l'âme comme une prérogative de l'espèce *humaine*, ni comme une preuve de la dignité, de l'excellence et de la supériorité de sa nature. Le Christianisme, au contraire, établit la dignité et la supériorité de l'espèce humaine sur l'immortalité et la liberté de l'âme, qui font que les hommes sont les enfants de Dieu, que Dieu s'intéresse au salut de leur âme, et qu'il aime l'humanité au point que, pour la sauver, il a établi l'œuvre de la Rédemption. *Snorri*, guidé par les dogmes chrétiens, fait dire à *Troisième*, contrairement aux données de la Mythologie norraine, que *Père-Universel* a fait de l'homme son œuvre *principale*, en lui donnant une âme *immortelle*. Allant ensuite au devant des objections qu'on pourrait lui faire au sujet de la mort et de la disparition des hommes, Snorri se laisse entraîner à une digression qui le fait sortir du cercle des idées où il aurait dû renfermer la réponse à faire par *Troisième*. Il démontre que les hommes sont immortels, bien que leurs corps soient réduits en pourriture dans la tombe, ou en cendres sur le bûcher, puisque leurs âmes, continuant à vivre, vont, les unes au Ciel, les autres aux Enfers.

§ 23. **Séjour de l'homme après sa mort.** — D'après la Mythologie norraine, l'*Allée-Agréable* (Vin-Gôlf) était la demeure de *Frigg*, l'épouse d'Odinn, où elle recevait, après leur mort sanglante, les guerriers qui, ainsi que les héros reçus par Odinn dans la *Halle-des-Occis*, devinrent les *Fils-Adoptifs* (Osk-megir) ou les *Troupiers-Uniques* (Einheriar) du Dieu des tempêtes et des combats. L'*Étincelant* (Gimli) est un Endroit, dans les régions supérieures, au sud-est du Ciel. C'est là que s'élèvera, lors du Renouvellement du Monde, une Salle où séjourneront les peuples fidèles et jouiront d'une félicité éternelle. L'*Étincelant* n'est donc pas, comme le dit *Snorri*, identique avec l'*Allée-Agréable*; il n'est pas, non plus, le séjour *ordinaire* des Justes, comme l'est le Paradis chrétien. On pourrait plutôt le comparer à la *Nouvelle Jérusalem*, qui, selon la doctrine chrétienne, se formera lors de la Consommation des Temps, et renfermera les Justes après le Jugement dernier. D'ailleurs, il y a une différence essentielle entre les Lieux de félicité de la Théologie chrétienne et ceux de la Mythologie norraine: c'est que dans ceux-ci le bonheur n'est

pas départi d'après les mêmes principes et aux mêmes conditions que
dans ceux-là. En effet, les Scandinaves obtenaient la félicité dans la vie
future, non, comme les chrétiens, par des qualités *morales*, par la
charité, la justice, la mansuétude, mais par des qualités tout opposées,
par la force physique, la valeur, la violence, la mort sanglante, et, tout
au plus par la *fidélité* à observer les engagements contractés.

D'après le mythe norrain, il se trouve, au Nord de la Terre et plus bas
qu'elle, le *Séjour-de-Hel*, lieu qu'on peut comparer à l'*Orcus* ou aux
Enfers des Anciens. Le *Hel-Brumeux* est situé plus au Nord et plus bas
encore; c'est une dépendance du *Séjour-de-Hel* ou du huitième Séjour,
à peu près comme, dans la Mythologie hindoue, le lieu de supplice, *Ná-
raka* (voy. *Chants de Sól*, p. 102), est une dépendance des *Pátálás*
(Enfers). Dans *Hel-Brumeux*, il y a un Endroit nommé *Rives-aux-Ca-
davres* (Ná-strendr), qui s'étend jusqu'au neuvième Séjour, appelé *Séjour-
Brumeux* (Nifl-heim), et qui est le lieu de supplice pour les parjures, pour
les hommes de mauvaise foi, et pour les lâches assassins. En effet, c'est
là qu'habite le *Bec-Jaune* (Nef-fölr) ou le Dragon volant *Nidhögg* (Frappe-
de-Colère), qui ronge l'une des racines de l'Arbre-du-Monde. C'est là
qu'il suce les cadavres des décédés qui arrivent du *Séjour-de-Hel*, et
qu'il déchire les trépassés, sans doute, afin de fournir les ongles qui
doivent servir, dans le *Hel-Brumeux*, à la construction du *Navire-d'Ongles* (Nagl-far). C'est à tort que *Snorri* identifie, ou, du moins, compare
le *Hel-Brumeux* à l'*Enfer* chrétien. Car ce n'étaient pas seulement les
méchants qui descendaient dans le *Séjour-de-Hel* et dans le *Hel-Brumeux*, mais aussi les faibles, les enfants, les femmes, les vieillards, et
les esclaves, tandis que l'*Enfer* chrétien, à l'exception des Limbes, ne
recevait que ceux qui, pour leurs péchés, méritaient d'y descendre.

(7) LE MONDE AVANT LE CRÉATEUR.

§ 24. L'origine de Père-Universel. — D'après la philosophie spéculative, Dieu est l'Ame du Monde, il est la *Vie* infinie, c'est-à-dire la Source
et l'Ensemble infinis de toutes les forces physiques et métaphysiques. Le
Monde ou la matière est l'ensemble infini des forces qui *manifestent*
la Vie divine, sous des formes innombrables, il est vrai, mais finies. La
matière physique ne saurait être autre chose que des *forces* plus ou
moins simples, plus ou moins combinées; si la chimie savait et pouvait
décomposer *entièrement* les corps, elle les décomposerait en leurs éléments *primitifs*, c'est-à-dire en *forces* simples. La matière étant la
manifestation, sous forme finie, de la Vie infinie de Dieu, et cette Vie
infinie ayant nécessairement dû se manifester de *tout* temps, la matière
a dû aussi exister de *tout* temps, sous une forme ou sous une autre. La
manifestation de la Vie *infinie* de Dieu, sous une infinité de formes *finies*,
étant précisément ce qu'on appelle *création*, la création est un acte
éternel, qui n'a jamais commencé et qui ne cessera jamais. Dieu ayant créé
de *tout* temps, la question de savoir ce que Dieu a fait *avant* la création,
n'a pas de sens dans la Philosophie spéculative. Mais cette question a dû
se présenter nécessairement dans toutes les Religions et dans tous les
Systèmes philosophiques, qui considèrent la création comme un acte

unique, accompli par Dieu dans un espace de temps déterminé plus ou moins long. Les Religions polythéistes de l'Antiquité, après avoir réuni en une famille divine et hiérarchisé entre elles les divinités originairement adorées séparément, et après avoir imaginé une Généalogie des Dieux et un Dieu *suprême*, et considéré ce Dieu suprême comme le Créateur du monde, ont dû ensuite se poser la question : qu'est-ce que le Dieu suprême a fait avant qu'il se soit mis à créer? C'est cette question que *Snorri* fait faire à *Piétonneur;* et comme il avait commencé son Traité par *Odinn*, considéré comme *Père-Universel*, bien que, d'après la Mythologie norraine, ce dieu ne fût pas l'Être *premier*, notre auteur, comme pour se tirer de ce mauvais pas, profite de cette question proposée, comme d'un moyen favorable de transition, pour arriver aux mythes qui se rapportent à la *Cosmogonie* ou à l'état du Monde tel qu'il était, avant la naissance d'*Odinn* considéré comme le Dieu suprême.

Les Religions polythéistes, ne pouvant concevoir les divinités comme des Êtres *absolus*, existant de toute éternité, ont dû se demander comment les Dieux suprêmes ou les Pères des dieux ont pris naissance dans le temps. Cette question, n'ayant été soulevée qu'à l'époque où l'on était déjà parvenu à considérer les divinités comme les causes et les principes et de l'ordre physique dans le monde et de l'ordre moral dans l'humanité, on a aussi conçu la naissance des Dieux suprêmes de la même manière que la pensée spéculative s'est expliqué, à cette époque, la naissance, ou l'entrée dans le monde, de l'ordre physique et moral. Or, d'après l'idée du *progrès*, qui commençait alors à émerger pour la première fois dans le domaine religieux et philosophique, on imagina, sans peine, qu'en toutes choses l'état imparfait précédait et engendrait, en quelque sorte, l'état plus parfait, et que, par conséquent, les Dieux, les représentants de l'ordre et de la loi, étaient issus d'Êtres surhumains, qui étaient les personnifications des forces encore désordonnées et aveugles de la Nature primitive. Voilà pourquoi, dans toutes les Théogonies, les Dieux sont considérés comme fils d'Êtres *titaniques*, gigantesques, monstrueux et méchants. Aussi, s'appuyant sur les données théogoniques de la Mythologie norraine, *Snorri* fait-il dire à *Troisième* que, avant la création, *Odinn* se trouvait avec les *Hrimthurses*, c'est-à-dire qu'il a passé son enfance et sa jeunesse au milieu des *Thurses-Givreux*, dont il est issu.

§ **25. Les Thurses-Givreux et les Iotnes.** — Les Divinités adorées étaient, originairement, pour la plupart, les représentants des objets et des phénomènes *bienfaisants* de la Nature, et passaient, par conséquent, pour les Protecteurs des hommes et du monde. A côté des Dieux qu'ils adoraient, les Scythes, ainsi que les autres branches de la Race iafétique, conçurent des Êtres doués d'une force *surhumaine*, et qui, plus ou moins zoomorphes ou anthropomorphes, représentaient les forces gigantesques terribles et pernicieuses de la Nature, et passaient, par conséquent, pour être les Ennemis des Dieux et de l'ordre et du bonheur du Monde. Comme, dans l'origine, les Scythes, les ancêtres des Scandinaves, habitaient, dans l'Asie, des plateaux élevés, où la pluie tombait rarement et était, pour eux, un bienfait, autant que la sécheresse était une calamité, ils durent considérer comme des Démons malfaisants ces Représentants ou ces Personnifications mythologiques des vents *secs*, brûlants et impétueux, qui, dans ces contrées, chassaient, consumaient ou *mangeaient*, comme on disait, les nuages fécondateurs rassemblés par *Perkunis* (Aime-Pluie), le dieu bienfaisant de la pluie et de l'orage. Aussi ces démons avaient-ils le nom de *Turses* (Secs, Arides; cf. goth. *thaursus*; all. *dürr*) et de *Itanes* ou *Itunes* (Mangeurs, Consumeurs; cf. gr. *aitna*, fém. de *aitnos* brûlant; *aithôn*, brûlant; cf. sansc. *indh*). Le nom propre du roi scythe *Itun-tursus* (scytho-gr. *Ithan-thursos*; Justin: *I-an-dyssus*; norr. *Iötun-thurs*), prouve que les *Turses* et les *Itanes* étaient déjà connus, sous ces noms, dans la religion des Scythes (voy. *Les Gètes*, p. 256). Les traces de la foudre que l'on montrait, en Scythie, par exemple, sur les bords du Tyras, étaient, sans doute, les marques du combat que le Dieu du Tonnerre, *Perkunis*, avait livré, en cet endroit, à ses ennemis, les *Turses* ou les *Itanes*. Dans les langues gétiques, le mot *thurs*, tout en conservant la signification de *sec*, par opposition à *mouillé*, prit encore la signification métaphorique de *raide*, *rigide*, et de *hardi* (cf. gr. *thrasus* et *Aga-thursoï*, Très-hardis), par opposition au mot signifiant *mou*, qui prit, également, la signification métaphorique de *lâche*. Les traits que les Gètes tiraient, avec leurs arcs, contre le ciel, toutes les fois qu'il y avait un orage, étaient dirigés contre les *Turses*, que le Dieu du Tonnerre, *Skalmoskis* (substitué à *Firgunis*, l'ancien *Pirkunis*), était supposé combattre; et cette habitude, qu'Hérodote considérait comme une injure *sacrilége* faite à Zevs, n'était au fond, c'est-à-dire aux yeux des Gètes, qu'un acte *pieux* et méritoire, ayant pour but de prêter assistance au Dieu de l'orage, dans sa lutte contre les *Turses* et les *Itunes*.

Lorsque des tribus de la branche *gète* s'établirent dans la *Scandinavie*, où ce ne sont pas les vents brûlants et secs, mais les froids excessifs de l'hiver qui sont nuisibles ou pernicieux, les *Secs* (Thurses) et les *Consumeurs* (Itunes), de Géants de Sécheresse qu'ils avaient été originairement et jusqu'ici, devinrent dès lors, dans le Nord, des Géants de Glace. Leur nom de *Thurses* (Secs, Raides), désigna maintenant soit la raideur des corps transis de froid, soit la sécheresse, ou le manque d'eau des régions polaires, soit l'aridité de la nature manquant de séve en hiver. De même que, dans l'ancien slave, *Suchi* (le Sec), était le nom du mois de *Mars*, à cause de sa sécheresse, de même *Thorri* (p. *Thursi*, l'Aride) devint, dans la langue norraine, le nom du mois de *Janvier*, le plus froid de l'hiver dans le Nord. Pour indiquer encore plus particulièrement la nature glaciale des *Thurses* (Raides), on ajouta à leur nom, comme déterminatif, le mot de *hrím*, qui désigne toute congélation ayant pris, par la cristallisation, une forme déterminée, tels que le givre, les flocons de neige, les glaçons et même les glaciers (norr. *iöklar*). Dans la langue norraine, qui aime les concrétifs insérés entre le *i* et la consonne radicale suivante (voy. *Poëmes islandais*, p. 53), l'ancienne forme du nom de *Ituns*, se changea régulièrement en *Iötunn* (p. Iötun-r); mais, par suite de ce changement, aucun peuple scandinave ni germanique, issu de la branche *gète*, n'a gardé la conscience ou le souvenir de la signification de *Mangeur*, qu'avait eue dans l'origine ce nom propre.

§ 26. **Ordre de formation des parties de la Mythologie.** — Par les raisons que nous avons indiquées ci-dessus (p. 166), les *Thurses* qui, dans l'origine, étaient considérés seulement comme les ennemis des Dieux, furent encore considérés comme les *Pères* des principaux Ases, par les peuples de la branche *gète*, qui agitèrent, pour la première fois, la question sur l'origine du Dieu suprême et commencèrent à rattacher la *Théogonie* (ou les conceptions sur la *naissance* des dieux) à la *Titanologie* (ou Doctrine sur les Démons). C'est là la marche qui a été suivie dans toutes les Mythologies iafétiques, puisque c'est l'ordre naturel qu'a suivi le développement interne ou logique des idées mythologiques. En effet, les conceptions qui se forment et se fixent les premières, et qui constituent le fonds primitif de la Mythologie, ce sont les idées sur les divinités adorées, ou ce qu'on pourrait appeler la *Théologie*. Les conceptions qui se forment après, et qui constituent la seconde partie de la Mythologie, ce sont les idées sur les Ennemis des dieux, savoir les *Démons* ou les Titans; ces conceptions constituent ce qu'on peut appeler la *Titanologie* dans la Mythologie. Après les idées mythologiques sur les Ennemis des dieux, se sont formées celles sur la *Théogonie* ou l'*origine* des Dieux, et sur la *Titanogonie* ou l'*origine* des Démons. Enfin, la *Titanogonie* a été suivie et complétée par une dernière partie de la Mythologie, savoir la *Cosmogonie*, renfermant les idées de l'époque sur l'*origine* du Monde. Quant à la Mythologie norraine, sa *Théologie* remonte environ vers l'an 3000 avant notre ère, à une époque où les Scythes, les ancêtres des Scandinaves, étaient encore confondus avec les autres membres de la famille *iafétique*. Aussi, quelques divinités de cette *Théologie*, mais un très-petit nombre seulement, et seulement les plus anciennes, se retrouvent-elles dans la Théologie de toutes les Mythologies *iafétiques*. La *Titanologie* s'est formée dans la période comprise entre environ l'an 2500 et l'an 800 avant notre ère. Dans cette période, les Scythes s'étaient déjà séparés des autres branches de la famille *iafétique*; et c'est pourquoi leur *Titanologie* s'est formée séparément de celle des autres peuples iafétiques, mais elle forme le fonds primitif commun aux deux branches de la souche scythe, savoir à la branche *sarmate* et à la branche *gète*. La *Théogonie* s'est formée dans la période entre environ l'an 600 et l'an 200 avant notre ère. Dans cette période, la branche *sarmate* s'étant différenciée de la branche *gète*, la *Théogonie* ne saurait se retrouver identique dans l'une et dans l'autre branche; mais comme, dans le cours de cette période, les différents peuples de la branche *gète* ne s'étaient pas encore complètement séparés les uns des autres, la *Théogonie* se retrouve, quant au fonds *primitif*, dans la Mythologie de tous les peuples de la branche *gète* en Germanie et en Scandinavie. La *Titanogonie* s'est formée dans la période entre environ l'an 200 avant notre ère et l'an 400 après Jésus-Christ. Comme, dans cette période, les peuples de la branche *scandinave* s'étaient déjà séparés et différenciés de ceux de la branche *germanique*, la *Titanogonie* scandinave ne saurait se retrouver *identique* dans la Mythologie germanique. Enfin, la *Cosmogonie* s'est formée, en Scandinavie, dans la période entre environ l'an 400 et l'an 500 de notre ère, et porte dans la Mythologie norraine un caractère *original*.

individuel, conforme à la nature du pays et au caractère des Scandinaves.

Comme la Science consiste à mettre chaque chose à la place qui lui appartient naturellement, et à reproduire la suite naturelle dans l'exposé des faits, l'exposé scientifique de la Mythologie norraine, comme de toute Mythologie iafétique, devrait traiter des différents mythes dans l'ordre naturel indiqué ci-dessus. Mais pour pouvoir suivre cet ordre naturel, il faut d'abord le connaître, il faut savoir quelle est la marche que suit le développement interne ou logique des mythes dans la production des différentes parties de la Mythologie. Quand on ignore les lois de ce développement logique, et, par conséquent, l'ordre *naturel* dans lequel se succèdent les conceptions mythologiques, on suivra, dans l'exposé de la Mythologie, un ordre purement *extérieur*, savoir la série supposée *historique* des faits épico-mythiques; on suivra la marche inverse de celle qui est l'ordre *génétique* et scientifique; on fera, comme *Snorri*, commençant son Exposé par la *Cosmogonie*, qui cependant ne s'est formée qu'en dernier lieu, après toutes les autres parties de la Mythologie.

(8) LA COSMOGONIE.

¿ 27. Le Bâillement-des-Mâchoires. — Bien que la raison spéculative ne puisse pas comprendre l'*infini*, soit l'éternité ou l'absence de commencement (preuve évidente que l'intelligence humaine n'est pas *identique* à l'intelligence de Dieu ou de l'Être), elle n'en est pas moins nécessairement forcée d'admettre l'existence éternelle, non-seulement de Dieu, mais aussi du monde, qui est sa création ou la manifestation de sa Vie (voy. p. 165). Cependant les hommes, dont l'intelligence s'en tient encore à l'intuition physique, voyant que toutes choses commencent et finissent, et ne pouvant pas même concevoir qu'une chose puisse avoir existé de toute éternité, considèrent le Monde et même la Divinité, non comme *éternels*, mais comme ayant eu un commencement, une origine. Or la raison intuitive peut bien concevoir la *formation* d'une chose, c'est-à-dire, comme l'indique ce mot, le revêtement d'une *forme*, qui antérieurement n'a pas existé; mais elle ne peut comprendre qu'une chose, sans avoir le moindre commencement de donné, puisse sortir absolument du néant. Comme cependant l'idée de la création de la Matière implique que la chose créée sorte du néant, et comme le néant absolu n'est pas concevable, les Scandinaves, comme d'autres peuples de l'Antiquité, se sont fait du *Néant primitif* l'image la plus abstraite qu'ils pussent concevoir dans leur imagination, savoir l'image d'un Espace immense *vide*. Mais l'Espace ou le Vide infini et absolu étant encore inconcevable, l'imagination s'est figuré le néant primitif comme un espace immense, vide, renfermé entre des limites matérielles *immensément* distantes les unes des autres; elle se l'est figuré comme une espèce de *Bâillement* (norr. *gap*; lat. *hiatus*; gr. *chaïos*; fr. *chaos*), ou d'*Abîme* (Genèse. 1, 2), ou de *Bouche* (goth. *munths*; lat. *mundus*, creux; anglos. *mud*, bouche, abîme), ou de *Gouffre* (gr. *barathron*; sansc. *vritras*), ou de *Creux* (lat. *orcus* p. horcus; all. *krug*, cruche), ou d'*Entonnoir* (cf. *Dante*, Inferno), etc. Par analogie avec ces images, à la fois sublimes et terribles, l'intuition philosophique et mythologique des Norrains, a comparé ce Bâillement à une immense *Gueule* ouverte ou Gueule bée, et l'a appelé, pour cela, le *Bâillement-des-Mâchoires* (Ginnunga-gap). Ensuite on s'est figuré ce *Bâillement-des-Mâchoires* comme la gueule immense (gr. *berethron*, dévorant, abîme; cf. lat. *vorago*), d'un Loup gigantesque, qui, dans la Mythologie sanscrite et zende, portait lui-même le nom de *Dévorateur* ou d'*Abîme* (sansc. *Vritras*; zend. *Verethra*). C'est dans cette gueule ou dans cette bouche, qui peut aussi être envisagée comme une Matrice immense, que se sont formés ou qu'existaient, dans l'origine, d'après la Cosmogonie du Nord, les deux Mondes ou les deux *Séjours* primitifs, le *Séjour-Brumeux* (Nifl-heimr) et le *Séjour de Gâte-Monde* (Muspel-heimr).

Du temps de *Snorri*, on n'avait plus une idée exacte du *Bâillement-des-Mâchoires*. D'abord, d'après les indications tout à fait vagues et générales qu'il trouvait dans la *Vision de la Louve*, ensuite, peut-être, par analogie avec les Eaux primitives dont parle la Genèse, et, enfin, d'après ce qu'on appelait, de son temps, le *Ginnunga-Gap*, qui était le détroit de mer entre le Grœnland et l'Amérique septentrionale, *Snorri* a cru, sans doute, que ce nom de *Ginnunga-Gap* désignait la *Mer primitive*, dans laquelle venaient se jeter les *Vagues-Tempétueuses*, en suivant, toutes, la même direction parallèle.

§ 28. Le Séjour-Brumeux et les Vagues-Tempétueuses. — La conception des deux Séjours primitifs s'est faite par analogie avec ce qu'on voyait se passer dans la Nature en hiver et au printemps. Sachant, par expérience, que la Nature, morte en hiver, est vivifiée, au printemps, par la chaleur du soleil; voyant, de plus, que dans le corps humain la chaleur est un signe de *vie*, comme la froideur un signe de mort, on a considéré le *feu*, le principe, ou le représentant de la chaleur, comme la cause qui a aussi engendré la vie dans la matière primitive, à la fois froide et informe. De là, d'abord l'idée d'un Monde ou Séjour primitif contenant la *Matière primitive*, froide et informe, et ensuite l'idée d'un Séjour primitif, d'où sort originairement le feu qui vivifie la Matière froide et lui donne la forme avec la vie. L'idée que, dans l'origine, il n'y avait, dans l'Espace immense vide, que de la Matière sans forme et sans vie (*rudis indigestaque moles*), mais susceptible de prendre une forme, et d'être vivifiée, cette idée, conçue comme une image intuitive, produisit le mythe cosmogonique d'après lequel on se figurait, suspendu aux Parois du *Bâillement-des-Mâchoires*, un Séjour *primitif*, qui a fourni la *matière* dont se sont ensuite formés toutes les choses et êtres du Monde. Dans ce Séjour primitif il n'y a encore ni forme (lumière) ni vie (chaleur); c'est un Séjour obscur, humide et froid. Aussi porte-t-il le nom de *Séjour-Brumeux* et se trouve-t-il placé dans les parties *septentrionales* de l'Abîme ou au nord-ouest dans le *Bâillement-des-Mâchoires*. Au milieu de ce Séjour primitif est un cratère (norr. *hver*), ou un *bassin* appelé le *Bassin-Bruyant* (norr. *Hver-Gelmir*). Ce nom de *Bruyant* exprime le bruit sourd, confus et strident qui provient d'un phénomène particulier qu'on remarque dans les glaciers scandinaves, et dont le *Bassin-Bruyant* est le symbole mythologique. Ce phénomène consiste dans un *brouillard* épais « descen-

« dant des nuages sombres en forme de lambeaux blancs, et qui est
« accompagné d'un *sifflement* continuel, comme si l'on entendait de loin
« une immense quantité de fusées serpenter dans les airs. » Peut-être y
a-t-il encore quelque rapport étymologique entre le *Heer-Gelmir* scandinave et le lac *Gelmer*, qui est situé entre les deux glaciers de la Suisse,
le *Gelmer-Horn* et le *Stral-Horn*, et d'où sort une rivière nommée le
Gelmer-Bach (rivière de Gelmer). C'est dans le *Bassin-Bruyant* que se
trouve la *Matière* primitive. Cette matière primitive, ou la *mère* des
choses (cf. lat. *materies*, maternelle, matière), n'est encore qu'une substance sans forme, sans consistance, sans vie et sans chaleur, telle enfin
qu'on la retrouve, de nouveau, lorsque, la forme et la vie se séparant des
corps vivants ou organiques, ceux-ci meurent et se dissolvent. On se
figurait donc cette matière primitive comme quelque chose de semblable
à la *pourriture*, à une mer *pulmoneuse* (cf. *Pythéas*), ou comme un
brouillard de *pus*. Aussi lui donnait-on le nom de *pus* (norr. *eitar*),
comme, encore aujourd'hui, dans le langage populaire, en Allemagne et
en France, *matière* est synonyme de *pus*. Or, dans les langues du Nord,
pus, ou matière en dissolution, est encore synonyme de *venin*, ou de
matière en *fermentation* (cf. all. *gift*, *gischt*); ensuite, comme le *ferment*, en produisant la chaleur, est un principe de vie, le venin ou ferment passait pour être à la fois froid et brûlant, dissolvant et vivifiant ;
et c'est pourquoi *Snorri* désigne la matière primitive sous le nom de
venin vivifiant (norr. *eitur qvikia*). D'après ces idées, on conçoit comment le mythe cosmogonique a pu énoncer que la Matière primitive
sortie du *Bassin-Bruyant* était du venin. Ensuite pour expliquer l'origine de ce venin, un mythe, conçu postérieurement, s'est basé sur la
supposition qu'au fond du *Bassin-Bruyant* il y avait des serpents venimeux innombrables, qui vomissaient ce pus ou ce venin. Ensuite ce venin
ayant débordé dans le *Bassin-Bruyant*, des fleuves venimeux s'en sont
projetés. Ces fleuves, d'après les documents mythologiques, sont d'un
nombre indéterminé ; mais *Snorri*, suivant son système habituel (voy.
p. 157), et s'appuyant sans doute sur une indication renfermée dans le
poëme eddique les *Dits de Grimnir*, prétend qu'ils étaient au nombre
de *douze* ; et il n'en cite qu'une douzaine, bien qu'il en connaisse un
plus grand nombre (voy. p. 112). Ces fleuves sont appelés *Vagues-Tempétueuses* (norr. *Eli-vogar* ; eli p. elgi, voy. p. 162) ; ils sont formés, en
partie, de l'eau *glaciale* qui dégoutte du glacier *Eikthyrnir* (voy.
p. 112), en partie du venin vomi par les serpents innombrables qui se
trouvent au fond du *Bassin-Bruyant*. Ces eaux venimeuses sont naturellement sans aucune chaleur vitale ; car le venin, qui donne, comme
on disait, la mort *froide*, était considéré comme étant lui-même très-
froid ; aussi une rivière de la Norvége porte-t-elle encore aujourd'hui le
nom de *rivière de venin* (*eitar-á*), à cause de l'excessive *froideur* de
ses eaux. Les *Vagues-Tempétueuses*, qui roulent cette matière brumeuse,
glaciale et venimeuse, et qui sortent du *Bassin-Bruyant* comme d'un
volcan boueux, grossissent comme des fleuves et se jettent dans toutes
les directions. Leurs noms mythologiques expriment les différents caractères ou les qualités qu'on leur attribuait. Ainsi *Svöl* (Froide) désigne la froi-

deur de leur eau glaciale et venimeuse; *Gunn-thrá* (Belliqueuse) en exprime l'impétuosité belliqueuse; *Fiörm* (Chargée) en désigne les eaux chargées et épaissies par le venin; *Fimbul* (Étourdissante), l'aspect et le bruit terrible des vagues; *Thul* (Murmurante), le bruissement sourd des flots; *Slidur* (Lente), les eaux fangeuses et croupissantes; *Hrid* (Brusque), les bourrasques soulevant les vagues; *Sylgur* (Engloutissante), les eaux qui débordent; *Ylgur* (Hurlante), les bruits plaintifs des vagues; *Vid* (Large), la largeur des rivières; *Leiptur* (Jaillissante), l'éruption des Vagues-Tempêtueuses; *Giöll* (Retentissante), le fracas des glaces que charrient les flots. Les noms cités de ces *Vagues-Tempétueuses* figurent, tous, dans les documents mythologiques; mais on en trouve énuméré un bien plus grand nombre dans un poëme eddique postérieur, dans les *Dits de Grimnir* (voy. p. 112), où ces Vagues sont rangées en deux séries. Les unes de ces rivières, au nombre de *douze*, coulent autour du *Trésor-des-Dieux* (norr. *hodd Gotha*), c'est-à-dire autour de la *terre*, qui est appelée ici le trésor des Dieux (mais que *Snorri* prend improprement pour l'habitation des *Ases*, qui, selon lui, habitent sur la terre); les autres coulent près des *Compagnons* (norr. *Gumnar*), c'est-à-dire près des *Iotnes*, les Compagnons de *Loki*), au bord extérieur et austro-septentrional de la Terre. Comme ces fleuves mythologiques ne correspondent à rien de *réel*, mais ont été imaginés d'après l'analogie, ils ont, tous, la même signification symbolique, et jouent, tous, le même rôle épique; ils sont donc aussi cités indifféremment les uns pour les autres, et la poésie mythologique a pu en imaginer et en énumérer un nombre *indéterminé*. Aussi la poésie épique en énumère-t-elle un plus ou moins grand nombre, selon le besoin de ses narrations, et elle les présente dans tel ou tel ordre, uniquement selon les exigences de l'allitération. Il n'y a que *Slidur* et *Giöll*, dont la Mythologie s'occupe plus spécialement. Ces deux fleuves sont dits sortir du *Bassin-Bruyant* et se diriger vers le sud-est, où ils entrent dans le *Hel-Brumeux*. *Slidur* y entre au nord-est et se jette, là, dans les *Vallées-Venimeuses*. *Giöll* pousse plus loin, vers le sud; elle coule tout autour du *Séjour-de-Hel*, au sud duquel se trouve le *Pont-de-Giöll*, que passent les Ombres qui, venant de la partie septentrionale de la terre, descendent dans ce *Séjour-de-Hel* et y entrent par la porte méridionale appelée les *Grilles de Hel*. *Snorri* parle ici des *Grilles de Hel* par anticipation; car à l'époque primitive dont il s'agit ici, ces grilles sont censées ne pas encore exister.

Les *Vagues-Tempétueuses*, bien que froides, n'étaient cependant pas gelées à glace. La *matière* ou le *ferment* venimeux, qu'elles roulaient, était moitié brumeux ou aériforme, et moitié liquide, c'est-à-dire que cette matière n'avait pas encore de forme ni régulière ni organique, mais qu'elle était cependant susceptible d'en prendre une, en gelant ou en se cristallisant. En s'éloignant, dans leur cours, de plus en plus, du *Bassin-Bruyant*, et au contact avec la froidure du *Séjour-Brumeux*, les *Vagues-Tempétueuses* se refroidirent de plus en plus, au point qu'arrivées aux extrémités ou aux bords du *Séjour-Brumeux*, et tombant de là dans le *Bâillement-des-Mâchoires*, elles gelèrent; et les glaçons s'amoncelèrent, les uns sur les autres, dans cet abîme, comme au pied d'une chute d'eau en hiver. Ainsi le mythe énonce que la Matière primitive, d'abord liquide, sans consistance et sans forme, prit, en tombant dans le *Bâillement-des-Mâchoires* et en s'y cristallisant, une *première* forme déterminée.

§ 29. **Le Séjour de Gâte-Monde.** — La matière, en se cristallisant, avait pris une première forme, mais une forme encore sans *vie*; pour concevoir qu'elle pût être vivifiée et produire les êtres de la nature, il fallait admettre, outre le *Séjour-Brumeux*, l'existence d'un Monde de Feu primitif, agissant par sa chaleur vivifiante sur cette matière froide, cristallisée il est vrai, mais encore inerte. Or, comme ce qui donne la vie, est supposé antérieur à ce qui la reçoit, le *Monde du Feu*, placé dans le *Bâillement-des-Mâchoires*, fut aussi considéré comme plus ancien que le Monde d'où sortait la matière brumeuse. Les Scandinaves considéraient le feu comme l'élément *primitif*; de là les locutions proverbiales de : *plus ancien que le feu* (norr. *eldri eldstr*), de *vieux comme le feu* (norr. *eld-gamall*), etc. Le mot *eldur*, qui désignait le feu, dans la langue norraine, servait même à prouver l'ancienneté de cet élément. En effet, ignorant la véritable étymologie de ce mot (*eldur* p. *indur*, dévorant; sansc. *indh*; cf. gr. *aither*), on l'a rapproché de son homonyme *aldr* (âge), et on l'a expliqué comme signifiant *vieux*.

Le *Séjour du Feu* primitif était considéré, en tout point, comme l'opposé du *Séjour-Brumeux*; aussi est-il placé au sud-est, et celui-ci au nord-ouest du *Bâillement-des-Mâchoires*, et, par conséquent, le premier se trouve placé au-dessus du niveau du second; car, selon les notions, que la plupart des peuples anciens s'étaient formées du lever et du coucher du soleil, et trompé, comme on l'était, par ces expressions mêmes de *lever* et de *coucher* du soleil, on croyait que, réellement, l'Est et le Sud étaient une région plus *élevée* que le Nord et l'Occident. Enfin, tandis que le *Séjour-Brumeux* est froid et obscur, le Séjour du Feu est chaud, sec et luisant. Ces deux Séjours, situés dans le *Bâillement-des-Mâchoires*, unis et opposés l'un à l'autre, forment ainsi le *Monde primitif*, et sont, dans la Mythologie scandinave, la première antithèse ou dualité qu'elle présente dans l'ordre des faits cosmiques. Ces deux Mondes représentent, l'un la matière sans vie, l'autre la vie sans matière. Aussi, semblables à deux êtres, l'un mâle et l'autre femelle, donnent-ils ensemble naissance aux sept autres Séjours ou Mondes, avec tout ce qui en fait partie.

Le Séjour du Feu, d'après *Snorri*, est pernicieux à tout ce qui, n'étant pas feu, y entre, ou à tout ce qui n'a pas, comme, par exemple, la pierre ou le fer, une constitution assez forte pour résister à la combustion. Ce Séjour a un Chef ou Prince, qui est nommé *Surtur* (Noirci), parce qu'il est noirci par les flammes dans lesquelles il vit. Selon l'usage des rois scandinaves, qui avaient coutume de construire leurs châteaux sur les promontoires, pour pouvoir protéger plus facilement leur pays contre les incursions des ennemis venant du côté de la mer, *Surtur* réside aussi, non dans l'intérieur des terres, mais à l'abord de son Empire. Il défend son pays avec son épée *flambante*, c'est-à-dire avec les flammes du Séjour du Feu. Aussi, dans la poésie skaldique, le mot *flamme* et ses synonymes sont-ils des expressions poétiques pour désigner l'*épée*. *Noirci* (Surtur p. *Svartus*) est la personnification du feu, considéré, non comme la source de la lumière et de la chaleur agréables et bienfaisantes, mais du feu brûlant et destructeur. Aussi *Surtur* n'est-il pas un bon Génie ou un *Alfe* de lumière, mais un *Iotne* (v. p. 166); lui et ses Compagnons sont les Ennemis des Dieux et des Hommes; et, de même que, d'après l'Éschatologie des Hindous et des Perses, la terre sera brûlée, à la fin des siècles, de même, *Surtur* viendra, au *Crépuscule-des-Grandeurs* (voy. N° 48), brûler le ciel et la terre, comme *Agnis* (Feu; lat. *ignis*) ou *Kalas* (Effrayant; cf. *Hel*, p. 103) dans la Mythologie sanscrite, ou comme *Dush-ak* (Mal-portant) dans la Mythologie perse. C'est à son rôle de *Destructeur* du monde, que se rapporte le nom de *Muspill* (p. mûd-spildir), qui, dans l'origine, était un nom épithétique de *Surtur* et signi-fiait précisément *Destructeur du Monde*. Dans la Mythologie hindoue, *Civas* ou *Kalas*, qui dévorera le Monde, à la fin des siècles, porte aussi le nom épithétique de *Mangeur du Monde* (sansc. *Djagad-bakcha-kas*). Le nom propre de *Muspill*, donné à la personnification mytholo-gique du Feu, considéré comme le destructeur du monde, est devenu, chez les Germains convertis au Christianisme, un nom abstrait pour désigner la Fin du monde ou le Jugement dernier (cf. *Muspilli*).

(9) LE MONDE AVANT LES THURSES-GIVREUX.

§ 30. **La Matière morte est vivifiée.** — La Mythologie scandinave ayant, dans sa Théogonie, rattaché *Odinn*, par son origine, à la race des *Thurses-Givreux*, elle avait ensuite à expliquer comment ceux-ci, qui étaient des Êtres anthropomorphes et doués de vie, sont provenus de la Matière primitivement morte et inerte. Pour répondre à cette question, un mythe titanogonique fut imaginé. Ce mythe était peu explicite, comme le sont, en général, la plupart des anciens mythes théogoniques, titano-goniques et cosmogoniques. Aussi se trouve-t-il exprimé, sous une forme extrêmement concise, dans deux vers du poëme eddique intitulé *Les Dits de Vafthrûdnir*, que *Snorri* cite, et qui lui servent de document mytho-logique, qu'il explique ou commente à sa manière. Après avoir fait de-mander par *Piétonneur*, *comment c'était arrangé* (c'est-à-dire quel était l'état du Monde) *avant que les Races* (c'est-à-dire les races *pri-mitives*, ou les races des *Thurses-Givreux*) *eurent pris naissance*, *Snorri* met dans la bouche des trois Répondants l'explication des données peu explicites de cet ancien mythe titanogonique. Selon lui, les Eaux ve-nimeuses des *Vagues-Tempétueuses*, en s'éloignant de leur source, ge-lèrent de plus en plus, ou, comme il s'exprime, le ferment venimeux liquide qui s'y trouvait, s'endurcit[1], et, ainsi mêlées de glaçons, elles se jetèrent toutes *parallèlement*, et dans la direction du sud-est, dans le

(1) Toutes les éditions du *Gylfa-Ginning*, même la dernière édition de Copenhague, 1848, font dire à *Snorri* que le ferment venimeux liquide s'endurcit *comme les particules incandescentes* qui s'élancent du feu. Cette comparaison singulière ne saurait provenir de *Snorri*. D'abord cet auteur n'aurait pas eu besoin de se servir d'une comparaison quelconque pour expliquer comment le ferment venimeux liquide s'en-durcit ou gela. Tout le monde en Islande, où *Snorri* écrivait, savait que les eaux,

Ginnunga-gap (qu'il se figure faussement comme la *Mer primitive*, voy. p. 179), de manière à remplir cette mer d'énormes glaçons. Ensuite, pour pouvoir expliquer, pourquoi le premier Être, qui sort de ces glaçons, porte le nom de Thurse-*givreux*, *Snorri* se figure que les glaçons, s'entrechoquant, dans la Mer primitive, volèrent en poussière et retombèrent, sous forme de *givre*, sur la surface de *Ginnunga-gap*. Enfin, la partie méridionale de cette Mer de glace fut atteinte par les étincelles qui jaillissaient de *Muspill*; et cette partie, vivifiée par la chaleur, donna naissance au Thurse-*givreux* nommé *Ymir*. Tel est le commentaire que *Snorri* donne de ce mythe titanogonique. Nous croyons le commenter plus exactement de la manière suivante :

La Matière venimeuse primitive, renfermée dans les *Vagues-Tempétueuses*, en tombant de tous côtés, du *Séjour-Brumeux*, au fond du gouffre immense du *Bâillement-des-Mâchoires*, de liquide et sans consistance qu'elle était, y prit, en gelant ou en se cristallisant par le froid et par le venin, qui était un *ferment* ou principe de *vie* (norr. *kvikia*, vivifiant), une *première* forme arrêtée, la forme de glaçons. Ces glaçons s'amoncelèrent, les uns sur les autres, dans l'Abîme, et montant toujours, de siècle en siècle, arrivèrent enfin à une proximité telle du *Séjour-de-Muspill* (suspendu au-dessus de l'Abîme, au bord méridional du *Bâillement-des-Mâchoires*), qu'ils éprouvèrent l'action vivifiante de la chaleur qui rayonna sur eux et les atteignit, *de loin*, par les étincelles

même celles qui sortent, toutes chaudes, d'une source thermale comme, par exemple, le *Geysir*, finissent par geler à une certaine distance de la source, par l'effet de l'évaporation et par la froidure de l'air. Ensuite, il serait étrange que, pour expliquer cette gelée qui est l'opposé de la chaleur, *Snorri* eût employé une comparaison ou une image empruntée précisément à un phénomène se rapportant au feu ou à la chaleur. Enfin, il n'eût pas même été juste de dire que les particules ignées, qui s'élancent du feu, *s'endurcissent*, puisqu'elles retombent plutôt en cendres; et, si ces étincelles eussent été des gendarmes, qui s'envolent, par exemple, quand le fer rouge est battu, il n'eût pas, non plus, été convenable de dire que ces pailles de fer ardent *s'endurcissent*, puisqu'on ne saurait les considérer comme ayant été liquides originairement. On pourrait tout au plus comparer les eaux des *Vagues-Tempétueuses* à la lave qui, liquide aussi longtemps qu'elle est incandescente, se *durcit* lorsqu'elle se refroidit; mais il n'est pas, non plus, probable que *Snorri*, en parlant de l'eau qui *gèle*, l'ait comparé à la lave *incandescente* qui durcit par le refroidissement. Il résulte de cet examen qu'on a eu tort de mettre ces incongruités sur le compte de *Snorri*. Il est, au contraire, évident que les mots *comme les particules incandescentes qui s'élancent du feu* ont été déplacés, dans les manuscrits et, par suite, dans les éditions, et qu'il faut les mettre à la place, où les avait mis *Snorri* et où nous les avons remis dans notre Traduction, savoir à la fin de la réponse de *Troisième*. C'est seulement là que ces mots sont à leur place. En effet, *Troisième* avait à expliquer comment le Monde igné a agi sur les glaçons du Ginnunga-gap, par une action à distance, en y lançant de loin des étincelles; et, pour expliquer cette projection, il était naturel de rappeler, par une comparaison, soit les bluettes qui s'échappent du brasier d'une cheminée, soit les étincelles ou gendarmes qui s'envolent, quand on bat le fer rouge, soit enfin les matières incandescentes lancées au loin par le cratère d'un volcan.

jaillissant de ce Monde igné. De la partie ainsi chauffée de cette masse de glace, sortit le premier Être *vivant* du monde, le géant *Ymir*.

§ 31. Nature, Caractère et Noms épithétiques d'Ymir. — En imaginant *Ymir*, la Mythologie s'est figuré un Être vivant, qui tient l'intermédiaire entre l'état primitif chaotique du monde et l'état postérieur plus régulier. Aussi *Ymir* est-il, dans la Cosmogonie norraine, le représentant de la Nature glaciale primitive. Par son origine ou son organisation grossière et par son caractère sauvage, il tient encore du Monde chaotique désordonné ; mais, par sa figure humaine et comme être vivant, il appartient déjà au Monde des êtres organisés. Sa nature sauvage et son caractère grossier sont indiqués symboliquement, dans la Mythologie, par sa taille gigantesque de Thurse ou d'*Iotne*. Il est la souche des *Thurses-Givreux* ou des *Iotnes*, et c'est pourquoi il est nommé, par excellence, le *Thurse-Givreux* ou l'*Iotne*. Son nom de *Ymir* (Murmurant ; cf. *Omi*, p. 464), qui semble être son nom *propre* et être dérivé de Hymir ou Gymir, exprime le bruissement des vents et des glaces dans le monde arctique primitif. Son autre nom de *Or-Gelmir* (Très-Bruyant), qui est seulement un nom *épithétique*, indique que ce géant est, en quelque sorte, la personnification et le dédoublement du *Bassin-Bruyant* (norr. *Hver-Gelmir*). Il est encore surnommé *Brimir* (*Frémissant* de froid), et *Blâinn* (*Bleui* de froid), parce qu'il représente la période glaciale ou primitive de la création.

§ 32. Époque glaciale du Monde primitif. — Si l'on entend par Création, seulement la formation de notre système solaire, la Science de nos jours (se figurant la Terre comme une matière qui, fluide dans l'origine, s'est détachée du Soleil), doit rejeter, comme contraire à la nature des choses, l'idée de l'état primitif *glacial* de notre planète, et y substituer, comme plus conforme à la vérité, l'hypothèse de son état primitif *igné*. Cependant on conçoit que l'idée de l'état glacial du monde primitif a dû se présenter, avec une grande probabilité, à l'esprit des Scandinaves. C'est que, vivant, pendant la plus grande partie de l'année, au milieu des phénomènes de la Nature hivernale, ils sentaient, mieux que les peuples méridionaux, la différence entre l'Été et l'Hiver. L'Été leur semblait être la vie, l'ordre, la beauté, tandis que l'hiver ressemblait à la mort, au désordre, au Néant. Or, l'idée de la formation des choses, ou de la Création, implique que la vie soit sortie du néant, et que, par conséquent, le Néant, l'Hiver ou la Période hivernale du Monde primitif, ait précédé la Période printanière ou la Naissance des êtres de la création. De là, chez les Scandinaves, l'idée que la Nuit engendre le Jour, et que l'Hiver produit le Printemps. Si, au point de vue de la Cosmogonie norraine, la conception d'un monde glacial primitif a du moins quelque chose de plausible, il n'en est pas de même, au point de vue de la Science, de l'hypothèse admise par quelques géologues, d'après laquelle, à la fin de la dernière période de l'époque tertiaire, c'est-à-dire au commencement de la période géologique actuelle, un froid terrible serait survenu *subitement* dans *toutes les parties* de notre globe et aurait causé la destruction *entière* de la race animale *primitive*. Sans doute, dans le monde primitif, il y a eu, de temps à autre, des hivers rigoureux, de grandes

neiges ou de grandes inondations au printemps ; il est aussi incontestable
que, dans la période qui a précédé la période actuelle, il y a eu un bien
plus grand nombre de glaciers, et de glaciers plus élevés dans les montagnes qu'aujourd'hui ; des rocs encastrés dans la glace ont roulé dans la
vallée, et les glaçons renfermant ces rocs ont été, par les inondations,
charriés bien loin, même au delà des mers, et ont déposé, dans des contrées lointaines, ces rocs appelés *blocs erratiques*. Mais tout cela s'explique, sans qu'on ait besoin de recourir à l'hypothèse gratuite de l'irruption *subite* d'un froid *général* qui aurait détruit, en un instant donné,
sur notre globe, toute vie organique. On a cru devoir déduire cette hypothèse des découvertes faites, au siècle dernier, de l'éléphant du Léna
et du rhinocéros du Wilhoui. Mais ces découvertes établissent seulement
que ces animaux, qui appartenaient déjà aux régions *septentrionales*
(comme le prouvent leurs fourrures), ont été entraînés par les eaux
boueuses des glaciers, et sont enfin restés enfermés dans un massif de
boue gelée. L'hypothèse d'un froid *subit* et *universel* ne reposant sur
aucun fait géologique positif, il est inutile de prouver que les hypothèses
qu'on a appelées subsidiairement à son secours, pour expliquer la *possi-*
bilité d'un tel changement subit (comme, par exemple, l'évaporation à la
suite d'un soulèvement de montagnes, ou le climat de la terre interverti
par le choc d'une comète), ne portent guère des caractères suffisants de
probabilité. En résumé, l'idée d'une époque glaciale, par laquelle aurait
passé notre Terre, au commencement de la période géologique actuelle,
ne semble pas pouvoir se maintenir dans le domaine de la Science positive, et ne saurait, du reste, confirmer, en aucune façon, le mythe scandinave du Monde glacial primitif.

(10) YMIR PÈRE DES THURSES-GIVREUX.

§ 33. **Ymir n'est pas un dieu.** — Les hommes primitifs n'adoraient des
divinités que parce qu'ils voyaient en elles des Puissances surhumaines,
capables de les protéger contre les maux, ou de leur procurer certains
avantages. L'adoration s'adressait donc aux Divinités, en leur qualité de
Protectrices et de *Bienfaitrices*. Plus tard, à côté des Divinités protectrices et bienfaisantes, on conçut également des Êtres *surhumains* malfaisants, qui passaient pour être les ennemis des Dieux, des Hommes et
du Monde. Ceux, parmi les hommes primitifs, qui, dans les circonstances
où ils vivaient, éprouvaient bien plus souvent, et d'une manière plus sensible, les bienfaits que les malheurs causés par la Nature, étaient aussi
naturellement portés à attribuer aux *Divinités* une puissance plus grande
qu'aux *Démons*, leurs ennemis. Se croyant, dès lors, suffisamment protégés contre les Démons par la puissance supérieure des Divinités, ils
invoquaient uniquement celles-ci, et ne jugeaient pas nécessaire d'adorer
également ceux-là. Mais celles parmi les tribus primitives qui, dans les
circonstances où elles étaient placées, éprouvaient plus souvent et d'une
manière plus sensible pour elles, les maux que les bienfaits de la Nature, étaient aussi portées à attribuer aux Démons une puissance supérieure à celle des Divinités ; et comme, dans l'origine, un Être réputé
surhumain passait pour *adorable*, non à cause de sa bonté *morale*,

12

mais uniquement à cause de sa *puissance* surhumaine, il arriva que, chez plusieurs de ces tribus primitives, l'adoration des *Démons* prit la place de l'adoration des *Divinités*. Les tribus de race scythe n'adoraient que les *Divinités*. Les Démons, c'est-à-dire les *Turses* et les *Itunes*, passaient pour des Êtres surhumains, mais ils n'étaient pas *adorés*. Plus tard, dans la Théogonie des peuples de la branche *gète* (voy. p. 166), les Dieux furent rattachés, par leur origine, aux Démons, et placés, sous le rapport généalogique, *après* eux, bien que, chronologiquement, ils aient été conçus et aient existé, dans la Mythologie, *avant* eux. De la même manière, *Ymir*, qui, plus tard, dans la Cosmogonie des Scandinaves, fut conçu après les *Thurses-Givreux*, fut placé, sous le rapport généalogique, avant eux, et fut considéré comme leur souche. Ayant été conçu seulement comme Être cosmogonique, et, par conséquent, n'appartenant pas à la religion populaire, mais seulement à la spéculation religieuse ou mythique, *Ymir* n'était pas *adoré*; et, c'est pourquoi, *Snorri* a raison de faire dire par *Sublime* que ce géant n'était pas un dieu. Mais cet auteur confond le point de vue religieux chrétien avec le point de vue religieux du paganisme, lorsque, pour prouver que *Ymir* n'était pas un dieu, il rappelle qu'il était *méchant*. Certes, au point de vue chrétien, d'après lequel l'idée de Dieu implique celle de perfection absolue, un *dieu méchant* est une contradiction dans les termes; mais, dans les religions polythéistes populaires, où les divinités étaient adorées, non à cause de leurs qualités morales, mais pour la puissance surhumaine qu'on leur supposait, un dieu *méchant*, pourvu qu'il fût considéré comme doué d'une *puissance* surhumaine, avait tout aussi bien le caractère distinctif *divin* qu'un dieu bon et bienveillant.

§ 34. **La Génération spontanée et l'immutabilité des espèces.** — Le principe *ex nihilo nihil* est également vrai en physique et en métaphysique. La Matière existant de tout temps (voy. p. 165), toute formation nouvelle n'est qu'agglomération dans les êtres inorganiques, et agglomération avec métamorphose pour les êtres organiques. Les corps inorganiques se fractionnent en parties matérielles similaires; et les espèces organisées se dédoublent en individus *semblables* les uns aux autres. Dans la nature organique il ne naît et il n'existe *réellement* que des *individus; l'espèce,* n'existant pas comme *individu* physique, existe cependant logiquement, c'est-à-dire qu'elle a sa vérité comme *notion,* désignant des *individus semblables.* Or, la Nature ne produit et ne saurait produire des individus *absolument semblables;* elle ne produit réellement que des individus *à peu près* semblables. C'est pourquoi, en logique, si l'on ramène la notion *d'espèce* à une exactitude *absolue,* on la réduit forcément à la notion *d'individu,* qui, cependant, semble lui être opposée; et, dans la nature *réelle,* en prenant les choses rigoureusement, comme aucun individu n'est *absolument* semblable à l'autre, chaque *individu* est, proprement, *sui generis,* et forme une individualité, une *espèce* à part. L'espèce, dans la pensée et dans la réalité, n'a donc pas de limites qui soient rigoureusement déterminées par la *nature* des choses; *elle est naturellement flottante.* Le principe *ex similibus similia,* s'il est bien compris, signifie que d'un individu en provient un autre *à peu près* semblable , et généralement *le plus semblable possible* ; de sorte qu'il est vrai de dire que , de tous les individus de la nature, ceux qui proviennent les uns des autres , ou qui sortent ensemble d'une même souche, sont les plus semblables entre eux , et méritent le plus d'être considérés comme formant ce qu'on appelle une *espèce*. Cependant nous affirmons d'une manière *absolue* les deux thèses suivantes : 1° il n'y a pas deux individus *absolument* semblables l'un à l'autre ; 2° nul individu n'en produit un autre qui lui soit *absolument* semblable. Ajoutons à ces deux thèses que dans le monde physique et dans le monde métaphysique, la vie c'est le mouvement , et que le mouvement implique nécessairement le *changement.* Tout ce qui vit et, par conséquent, tout individu , subit des changements ; et comme les changements de la nature physique et métaphysique se transmettent par la génération d'un individu à l'autre, il s'opère nécessairement, dans la *suite* des générations ou dans l'espèce, un flux continu de métamorphoses insensibles. L'*immutabilité éternelle* des espèces non-seulement n'existe pas , elle est même logiquement et physiquement impossible. Mais pourquoi, dira-t-on, des changements assez marqués dans l'espèce ne se produisent-ils point sous nos yeux ? pourquoi ne peuvent-ils être constatés ni par expérience ni par expérimentation ? C'est d'abord parce que les causes et les conditions indispensables pour produire les changements, bien qu'elles existent, ne nous sont que très-imparfaitement *connues*, et , par conséquent, ne peuvent pas être mises en jeu par nous, en vue d'une expérimentation. Ensuite les modifications physiologiques assez marquantes ne se produisent pas instantanément ou dans un court espace de temps , comme les modifications physiques, amenées par des combinaisons chimiques ; elles se réalisent insensiblement et lentement par l'action *séculaire* des mêmes causes, et ne sauraient, par conséquent , non plus, être soumises à l'expérimentation. Cette action insensible, mais continue, embrassant une longue série de générations, il en peut résulter, à la fin, un changement tellement marquant qu'il équivaut à un changement d'une espèce dans l'autre. Cependant il faut se rappeler : 1° que les changements partiels ne sont et ne peuvent être que de *très-petits* changements, et 2° que , la vie étant limitée pour chaque individu , les changements possibles dans le *même* individu sont aussi *très-limités* : ce n'est donc pas l'*individu* d'une espèce qui peut se transformer, comme par un miracle, en un individu d'une espèce très-différente ; mais la vie se renouvelant dans la succession des générations d'une même race, et chaque génération recevant les modifications héréditaires et les transmettant avec celles qu'elle a subies elle-même, le changement d'une race inférieure en une espèce supérieure, devient non-seulement possible avec le temps, mais doit même s'effectuer réellement et nécessairement dans un temps donné. Conclusion : Les espèces qui ne sont pas réductibles les unes dans les autres, sont donc seules des espèces *primitives* et des *types* originaux.

Les Mythologies anciennes (qui, comme toutes les religions, ne renfermaient, originairement, que des *croyances* et des théories, et n'ont admis des *fictions* que lorsqu'elles se furent associées , plus tard, à la Poésie), *croient* toutes 1° à la génération *spontanée*, sans préexistence d'aucun germe ; 2° à la génération *miraculeuse*, en dehors du mode *naturel*, et 3° à la métamorphose *magique* ou au changement instantané d'un individu d'une espèce en un individu d'une autre espèce. La *Science* nie 1° la génération *sans germe*, 2° la génération *miraculeuse*, et 3° la métamorphose *magique*; mais elle affirme positivement la *métamorphose naturelle des espèces*.'

§ 35. **Comment Ymir engendre les Parents des Thurses-Givreux.** — Les *Vagues-Tempétueuses* tombant, du *Séjour-Brumeux*, au nord du *Bâillement-des-Mâchoires*, dans ce gouffre immense, le remplirent à la fin, et en firent un Océan de glace. De la partie méridionale de cet Océan de glace, la plus proche du *Séjour de Gâte-Monde*, naquit, par une génération spontanée, le géant *Ymir*. En supposant qu'à la naissance de ce géant, la tête sortit, la *première*, de la glace, puis le reste du corps, il s'ensuit que la tête était dirigée au Sud, et les pieds, au Nord de l'Abîme. Le bras droit du géant était donc étendu vers l'Est, et le bras gauche vers l'Occident. *Ymir*, bien que vivant et anthropomorphe, était une masse de glace inerte, couchée dans la partie méridionale de l'Océan glacial primitif. La Mythologie avait à expliquer comment cette masse vivante, mais inerte, a pu engendrer les *Thurses-Givreux*. Elle aurait pu imaginer une Géante, née de la même manière que *Ymir*, et avec laquelle il les eût engendrés. Mais voulant indiquer que ce géant n'est encore qu'une force primitive de la Nature, elle suppose qu'il n'a pas *engendré* avec volonté, à la façon des êtres organisés, mais qu'il a seulement produit *involontairement*, comme toute force dans la Nature. C'est pourquoi la Mythologie représente les *Thurses-Givreux* comme les produits *spontanés* et miraculeux d'une émanation involontaire, ou, comme elle dit, d'une sueur (transpiration, exhalaison), qui prit à *Ymir*, lorsque, couché sur le dos, il dormait, les pieds tournés vers le Nord, et le bras droit vers l'Orient. Or, la chaleur étant la plus forte à l'extrémité du bras droit étendu vers le *Séjour de Muspill*, c'est sous la main *droite* (c'est-à-dire sous la main par excellence, appelée simplement, dans la strophe des *Dits de Vafthrudnir*, *la main*), que naquirent un Garçon et une Fille, qui, sans doute, devinrent la souche d'une *première* race moins rude, de la race des *Iotnes*, établie plus tard à l'*Est* de la terre. Les pieds, tournés vers le Nord, engendrèrent, l'un avec l'autre, d'après un mode miraculeux et grossier, un Géant (sans doute *Thrûdgelmir*), qui avait le caractère sauvage de son père, et devint la souche de la race féroce des *Thurses-Givreux*, établis plus tard au *Nord* de la terre. D'après une conception analogue, quant à l'image, mais différente quant au sens, il est dit, dans un mythe hindou, que, du pouce de la main *droite* de *Brahmas* naquit *Dakchas* (Droit), de sa bouche naquit le *Brahmane* (Prêtre), de ses bras, le *Kchatryas* (Guerrier), de ses cuisses, le *Vaiçyas* (Bourgeois) et de ses *pieds*, le *Çoudras* (esclave). Comme, du temps de *Snorri*, la tradition populaire connaissait bien l'*Enclos-Extérieur* (norr. *Utgardr*) ou le *Séjour de Loki*, elle a confondu cet Enclos avec le Séjour des *Thurses-Givreux* au Nord ; et, comme cet Enclos était placé à l'*Ouest* de la terre, Snorri en a, sans doute, conclu que les *Hrimthurses*, qu'il confondait avec les Compagnons de *Loki*, étaient établis à l'*Ouest* et qu'ils étaient nés sous la main *gauche* du géant *Ymir*. C'est pourquoi il fait dire par *Troisième*, que c'est sous la main *gauche* que naquirent un Homme et une Femme.

(11) LA VACHE AUDHUMLA.

§ 36. **Le nom de la vache Audhumla.** — D'après les conceptions cosmogoniques des Scandinaves, l'état primitif du Monde glacial, représenté par *Ymir*, avait une *longue* durée. C'est pourquoi la Mythologie énonçait que ce Géant, pour subsister pendant si longtemps, a eu besoin de se nourrir; et elle avait à indiquer de quelle manière il se nourrissait. Or, à l'époque où ce mythe s'est formé, les Scandinaves vivaient encore, comme leurs pères, en grande partie de lait, de miel sauvage, et de miellat, c'est-à-dire d'une exsudation sucrée qui, pendant l'été, couvre certains végétaux. Déjà, à une époque très-ancienne, le *lait* et le *miel* étaient devenus, dans les Mythologies iafétiques, les symboles de la *nourriture*; et, comme conséquence de cette idée, la *vache* et l'*abeille* devinrent également les symboles de la *nourrice*. Mais chez les peuples *pasteurs*, comme l'étaient encore, à cette époque, les Scandinaves, la vache était naturellement la *nourrice* par excellence; et c'est pourquoi le mythe a dû énoncer que *Ymir* était nourri par une *vache*. Cependant comme l'abeille était également le symbole de la nourrice, l'abeille et la vache pouvaient aussi échanger entre elles leurs noms dans la tradition mythologique; et, par conséquent, la vache put porter un nom qui appartenait plus particulièrement à l'abeille. Or, chez les peuples de la branche *gète*, l'abeille, à cause de son bourdonnement, portait le nom masculin de *humal* (bourdon; v. all. *hummel*) et plus particulièrement le nom féminin de *humla* (bourdonne). Le mot masculin *hummel* devint même, en vieux haut allemand, un nom commun pour désigner le *taureau*; et il est probable que le nom du roi *Hambl*, dont parle *Snorri* dans son histoire (cf. Jornandes : *Halmal* au lieu de *Hamal*), avait la même signification que le nom allemand *hummel* (taureau). Le monde primitif, où vivait *Ymir*, étant, comme les contrées arctiques, une *solitude* nue et déserte (norr. *audr*; v. all. *œdi*), la vache primitive gigantesque, qui nourrissait ce Géant, eut le nom de *Bourdonne du Désert* (norr. *Aud-humla*). Semblable à la génisse merveilleuse, *Kâmaduh* (A traire à souhait), de la Mythologie hindoue, *Audhumla* produit, avec une abondance inépuisable, le lait qui coule, comme des fleuves, de ses quatre trayons.

§ 37. **Origine de la vache Audhumla.** — Les mythes sont, originairement, très-peu explicites, et ont une forme extrêmement concise; ce n'est que, dans la suite, lorsque la poésie épique s'en empara, qu'ils deviennent plus explicites et plus détaillés. Dans l'origine, il n'existe pas d'ensemble systématique dans la Mythologie; il n'y a que des mythes détachés qui n'expriment, chacun, qu'une seule intuition, ou vue théorique, qui se forment, tous, indépendamment les uns des autres, et ne prennent aucun soin de se mettre en harmonie logique ou historique les uns avec les autres. De là ces contradictions qu'on remarque entre les mythes, auxquels la poésie et la science philosophique n'ont pas encore touché, et qu'elles n'ont pas encore réduits en un ensemble plus ou moins *systématique*. De là encore ces lacunes nombreuses laissées dans toutes les questions théoriques traitées dans les mythes. C'est ainsi, par exemple, que le mythe qui parle de la vache *Audhumla*, n'est nullement préoccupé de la question de savoir comment a pu *naître* cette vache. Si jamais cette question a été posée, comment y aurait-on répondu ? Ordinairement les animaux merveilleux qui figurent dans les mythologies, comme, par exemple, la vache *Kâmaduh*, doivent leur origine à un acte de magie. Mais cette origine n'est pas admissible, par rapport à *Audhumla*, puisque cette vache naît à une époque où il n'existait encore d'autre être qu'*Ymir*, et que ce Géant n'est pas représenté, dans la Cosmogonie, comme un magicien. Si l'on veut avoir une réponse à la question sur l'origine de cette vache, question qui, probablement, n'a jamais été soulevée ni traitée dans la Mythologie scandinave, il faudra, sans doute, se figurer que *Audhumla* est sortie de l'Océan glacial primitif, de la même manière que le géant *Ymir*, dont elle a été la nourrice.

(12) BÛRI ET SA RACE.

§ 38. **Naissance de Bûri.** — La Cosmogonie, ayant imaginé et considéré *Ymir* et *Audhumla* comme les Représentants du Monde glacial primitif, avait aussi à montrer de quelle manière la race des Dieux se rattachait, par son origine, à ces êtres primitifs. A cet effet, il fallait relier la Théogonie à la Cosmogonie, en établissant, par l'intermédiaire des ascendants du Dieu suprême, un rapport généalogique entre les *Thurses-Givreux* et les *Ases*. Le mythe théogonique, d'après lequel le Dieu suprême, *Odinn*, était fils de *Bör* (Burr, Fils) ou de *Buri*, s'était déjà formé chez les tribus de la branche *gète*, environ vers l'an 300 avant notre ère. Ce mythe théogonique se transmit aux Scandinaves, lesquels le rattachèrent au mythe cosmogonique, qui venait de se former chez eux, au premier siècle environ de notre ère. Voici comment le rapport généalogique fut conçu entre *Ymir* et *Buri*. *Odinn* étant seul le Chef et la Souche de la race divine, son aïeul *Buri* ne pouvait être considéré comme appartenant déjà à la race *ásique*, mais il devait être considéré comme se rattachant à une race plus grossière, savoir à celle des *Thurses-Givreux*. D'un autre côté, l'aïeul d'*Odinn* ne pouvait pas être doué de la même nature grossière que *Ymir* : il devait être moins rude que lui ; il devait être, en quelque sorte, un Thurse-Givreux *adouci*. Or, à l'époque où les Cosmogonies se sont formées, les Anciens avaient déjà entrevu cette vérité, que l'état plus développé, plus parfait des êtres organiques, *suit* l'état rudimentaire et imparfait (voy. p. 166). C'est pourquoi, dans la Cosmogonie scandinave, *Buri* fut considéré comme étant né après *Ymir*. En sa qualité de Thurse-Givreux *adouci*, *Buri* ne pouvait pas être dit le fils d'*Ymir*, pour ne pas lui faire partager sa nature grossière ; il devait être seulement son frère utérin, c'est-à-dire être né, *comme* lui, de la glace primitive, dans laquelle il s'était formé lentement par une génération spontanée.

De même qu'au printemps la terre verte sort de dessous la neige et la glace qui l'avaient couverte et ensevelie, de même *Buri* sortit de l'intérieur de la glace par une éclosion *lente*, qui, par cette lenteur même, indiquait symboliquement la nature plus parfaite de ce Thurse adouci. L'idée

que la vache *Audhumla* fait éclore *Buri*, en *léchant* le *rocher de glace*
où il était renfermé, n'a pas de signification *symbolique*, mais est une
image *épique*, empruntée à un fait d'expérience, savoir que les vaches,
les chamois, et les autres ruminants, ont l'habitude de lécher le salpêtre,
le nitrate ou le sel (*sulz*, comme on dit en Suisse), qui couvrent quelquefois, soit des murailles, soit des rochers, soit certains endroits d'un glacier. Le mythe a donc comparé le glaçon, où *Buri* était renfermé, à un
rocher de sel; et cette comparaison se faisait d'autant plus naturellement,
que d'abord la glace du *Bâillement-des-Mâchoires* s'était formée, comme
on croyait, du *venin* des *Vagues-Tempétueuses*, et qu'ensuite, dans
l'opinion populaire, le sel et le venin, par suite de leur saveur âcre et
piquante, étaient confondus l'un avec l'autre, et désignés, par conséquent,
l'un par le nom de l'autre. C'est ainsi, par exemple, que le Serpent ou
Dragon qu'on porte en procession à Troyes (voy. *Les Gètes*, p. 253), est
appelé la Chair *salée*, pour dire Chair *venimeuse*, ou Dragon à la chair
venimeuse. Le mythe, pour indiquer que *Buri* naquit *longtemps* après
Ymir, et que sa naissance s'est opérée lentement, dit que *Audhumla*,
pour faire sortir du rocher de glace *Buri*, a léché ce rocher pendant trois
jours mythologiques, c'est-à-dire pendant trois longues *périodes* (cf.
sansc. *ayands*, course, année, période). Le dualisme cosmologique, qui
existait d'abord entre le *Séjour-Brumeux* et le *Séjour de Muspill*, s'est
continué dans la nouvelle antithèse qui s'établit entre *Ymir* et *Buri*.
Buri est grand et puissant comme *Ymir*, mais il a une organisation
physique moins grossière et un meilleur naturel. Il représente une génération supérieure à la race des *Thurses-Givreux*; ce qui est déjà indiqué
par son nom. Car le nom de *Buri* qui, dans l'origine et chez les tribus
de la branche *gète*, signifiait *Fils* (du Ciel), fut confondu plus tard,
chez les Scandinaves, avec celui de *Búri* (Manant); et comme, à cette
époque, les *Manants* ou *Domiciliés* passaient pour une classe d'hommes
supérieure à la classe des familles nomades, vagabondes et sans domicile,
le nom de *Búri*, dans le sens de *Manant*, devint ainsi un nom convenable pour désigner l'Aïeul de la famille divine, lequel, par opposition
aux *Thurses-Givreux*, ces représentants du Monde primitif désordonné
et sans lois, était censé introduire dans le monde plus perfectionné, d'a-
bord le domicile *fixe* (norr. *bú*, manoir) et, avec lui, les travaux agricoles, l'ordre social, la loi morale, et le culte des Dieux. Pour les Scandinaves, comme pour d'autres peuples de la race iafétique, la beauté
physique était l'indice de la *bonté* morale. C'est pourquoi le mythe rapporte de *Buri* qu'il était *beau* de visage; ce qui veut dire qu'il n'a pas
seulement une organisation physique moins grossière que celle des
Thurses-Givreux, mais qu'il a aussi un naturel meilleur.

§ 39. **Bör le père d'Odinn.** — Dans l'origine, les rapports généalogiques
s'établirent entre les Divinités, d'après le rapport de cause à effet qu'on
supposait exister entre les phénomènes physiques ou les objets dont ces
divinités étaient les personnifications. Ainsi, par exemple, le dieu *Vent*
(Vathus, Othr) fut considéré comme le fils du dieu *Orage* (Firgunis,
Fiörgynn), parce qu'on supposait que le vent était *produit* par l'orage.
Mais lorsque, plus tard, les dieux, de zoomorphes et indépendants l'un

de l'autre qu'ils avaient été dans l'origine, devinrent anthropomorphes et formèrent une race ou famille divine, leurs qualités *physiques* s'effacèrent de plus en plus, et, dès lors, les rapports généalogiques et les degrés de parenté ne furent plus basés, comme antérieurement, sur les rapports entre leurs qualités physiques, mais sur l'importance plus ou moins grande qu'on accordait aux divinités, pour des causes plus ou moins extérieures ou historiques. Ainsi, par exemple, *Odinn* devint le *Père* des Ases, entre autres de *Thôr*, non parce que la Tempête, dont *Odinn* était originairement la personnification, passait pour être la cause physique du Tonnerre, personnifié dans *Thôr*, mais il devint le Père des Ases, parce qu'on lui attribuait une plus grande importance qu'aux autres divinités ; et on lui attribuait cette importance, soit parce qu'il était originairement adoré par les tribus les plus puissantes, soit parce que, comme dieu des tempêtes, il était devenu aussi dieu des combats ; soit, enfin, parce que, avant d'être père des Ases, il avait déjà été considéré comme le Chef des dieux, ou comme le Dieu suprême. Ensuite, comme la généalogie des dieux ne reposait plus sur la base immuable des rapports *physiques*, mais sur la base plus mobile de la hiérarchie sociale, qui dépendait de circonstances extérieures et historiques, on conçoit que, dans la même Mythologie, les rapports généalogiques entre les Divinités ont été diversement déterminés, selon que telle ou telle tribu, pour une cause ou pour une autre, a cru devoir accorder une importance hiérarchique supérieure à telle ou telle divinité. C'est ainsi, par exemple, que les anciennes tribus *Svies* (Svèdes), donnaient à leur dieu *Freyr* ou *Yngvi-Freyr* (p. Hâving-vin-Freyr, Hink-vin-Freyr, Hâk-on-Freyr, c'est-à-dire Freyr, l'Ami du Fils de Sublime) la préférence sur *Odinn*, et considéraient, par conséquent aussi, leur dieu *Freyr*, non comme le fils, mais comme le père ou l'aïeul d'*Odinn*.

Au troisième siècle avant notre ère, *Vathans* (Odinn) passait, chez les tribus de la branche *géte*, pour le Dieu suprême et pour le *père* des Ases. A la même époque, ou à peu près, la Théogonie, qui allait se former, et qui, pour les raisons que nous avons indiquées (voy. p. 166), avait à rattacher la race des Ases à celle des *Thurses-Givreux*, imagina que le père du Dieu-suprême était un *fils* de la famille des *Thurses*, mais un fils de famille destiné à fonder une nouvelle race, la race des *Ases*. Voilà pourquoi il eut le nom de *Fils* (norr. *Börr* ; cf. *burr* ; scyth. *purus*), pour indiquer qu'il était fils faisant souche ou l'auteur d'une race différente de la race dont il était issu. C'est ainsi que, dans le chant eddique, intitulé *Rigs-mâl* (Récit de Rig), les fils de *Iarl* (Aigle, Comte)[1], le Représentant de la Noblesse, ont tous des noms propres qui, au fond, ne signifient autre chose que *Fils* de famille. Comme *Bör* est, en quelque sorte, un

---

(1) *Ar*, *âri* (messager) désigne l'*aigle* ; *arl*, *irl*, *iarl*, dérivés de *ar*, signifient également *aigle*, *aiglon* (cf. all. Vor-*arl*-berg). Le norrain *Iarl* désigne le *Comte*, sans doute, comme *Envoyé* ou comme *Messager* (lat. *Missus*) du Roi. Les *Princes* en tant que *combattants* du Roi sont appelés *Iofrar* (Sangliers, v. § 97), et probablement le nom de *Baron* ne dérive pas du gothique *vair* (homme), mais de *harn* (lat. *catulus*, ours, v. p. 159).

Thurse-Givreux *adouci*, il s'allie à la race des Iotnes ou aux cousins-germains des *Thurses*. Il épouse, d'après le mythe théogonique (voy. *Há-vamâl*, 143), la géante *Bil-eysta* (Pousse-Grain), dont le nom s'est changé, par corruption, en *Beystla* (Boursoufflure ; cf. slave *Bezlea*, Crépuscule). Elle est la fille de l'Iotne *Böl-Thorn* (Épine-Malfaisante ; it. *Mala-spina*), et sans doute la sœur de *Bileystr*, le frère de *Loki* ; son nom de *Pousse-Grain*, indique qu'elle est le symbole du tourbillon, qui pousse la tempête ou le grain. Les noms propres du Père et de la Fille, n'ont aucune signification symbolique qui soit en rapport avec la nature particulière des personnes auxquelles ils sont donnés ; ce sont simple-ment des noms destinés à désigner, d'une manière générale, la race *iot-nique*, considérée comme violente et malfaisante. D'après les idées répandues dans l'Antiquité et surtout chez les Scandinaves, c'est princi-palement la nature du père qui détermine le caractère ou les qualités *morales* de la progéniture, tandis que la mère lui communique plus spé-cialement les qualités *physiques*. L'union de *Bör* avec une géante ne porte donc pas préjudice au caractère moral de ses descendants. Les fils de *Bör* et de *Beystla* auront le caractère *adouci* de leur père presque *âsique*, et les forces physiques de leur mère *iotnique*. Ce mythe théogo-nique, ainsi formé, se transmit des Gètes aux Scandinaves, et ceux-ci le mirent à la suite des mythes cosmogoniques et titanogoniques, qui s'étaient formés chez eux. Mais pour établir une transition moins brusque de la race *thurse* à la race *âsique*, *Bör* fut dédoublé sous le nom de *Buri*, qui devint ainsi le père de *Bör* et l'aïeul d'*Odinn*.

§ 40. **Les trois fils de Bör.** — Chez les Scythes, le dieu suprême *Tivus* (Ciel), ayant été considéré aussi comme dieu de l'orage, se dédoubla ; et plus tard, le dieu de l'orage, sous le nom de *Pirkunis*, se constitua comme une divinité à part. Comme l'orage passait pour donner naissance à l'air (vent), à l'eau (pluie) et au feu (foudre), il arriva que, chez les peuples de la branche *gète*, *Firgunis* (l'ancien Pirkunis), fut envisagé non-seulement comme dieu de l'orage, mais aussi comme dieu de l'air, de l'eau et du feu. Il se dédoubla ensuite, et de ce dédoublement se for-mèrent les trois personnages mythologiques, *Vatus* (plus tard *Othr*, le Vent), *Haguneis* (plus tard *Hœnir*, l'Utile, l'Eau), appelé aussi *Vili* (Désiré), et *Hlôdurs* (plus tard *Hlodurr*, le Brasier, le Feu), appelé aussi *Veihs* (Sacré). Ces personnages ne devinrent pas des divinités *adorées*, du moins, sous ces noms, mais figurèrent seulement dans les traditions mythologiques ; et comme, au commencement, on reconnaissait encore en eux les représentants symboliques des trois éléments, l'air, l'eau et le feu, la tradition continua à les considérer comme *trois Frères*. A peu près au troisième siècle avant notre ère, *Vathans* (appelé plus tard *Othinn*), devint Dieu suprême, et se substitua d'abord à *Tius*, l'ancien *Tivus* (plus tard *Týr*), puis à *Firgunis*, l'ancien *Pirkunis* (plus tard *Fiörgynn*), enfin à *Vâtus* (Vent). *Othinn*, ayant remplacé *Othr*, la Trinité symbolique se composa, d'après la tradition, des trois frères *Othinn*, *Hœnir* et *Hlô-durr*, appelés aussi plus tard *Odinn*, *Vili* et *Vé* (l'ancien *Veihs*). Cette Trinité ne figure, sous ces trois derniers noms, dans aucun document mythologique ancien, de ceux, du moins, qui nous restent. Bien qu'elle ait désigné symboliquement, dans l'origine, les trois éléments *physiques*, elle prit, à la fin, une signification *métaphysique* et morale, de sorte que *Odinn*, *Vili* et *Vé* ressemblent presque à des personnages *allégoriques*. En effet, dans cette Trinité, *Odinn* (Impétueux) ne désigne plus, comme l'ancien *Othr* (Vent), l'air agité, mais ce nom est ici synonyme du mot *ôdr* (agitation morale ou intellectuelle), dérivé de l'ancien *ôthr*, et qui désigne l'*Enthousiasme* et l'*Esprit* en général. *Vili* (Désiré) n'exprime plus l'Eau comme objet *désiré* et accordé par la Divinité bienveillante, l'ennemie des Thurses (*Secs*), mais ce nom désigne, d'une manière abstraite, l'idée, ou, comme l'on dirait, l'*idéal* du *Bonheur*. *Vé* (Sacré) ne désigne plus la pureté ou la sainteté du feu, mais ce nom désigne, d'une manière générale, la sainteté et la pureté du dieu. C'est ainsi que dans la période postérieure de la Mythologie hindoue, *Brahmas* (Énergie), *Vichnous* (Pénétration) et *Çivas* (Animation), ces dieux de la spéculation théologique, se substituèrent aux anciennes divinités populaires *Vayous* (Vent, Souffle céleste), *Varounas* (Eaux célestes) et *Agnis* (Feu céleste). Bien que le mythe théogonique, d'après lequel *Odinn*, *Vili* et *Vé* sont considérés comme *Fils de Bör*, se soit formé à une époque où la signification *physique* de cette Trinité était encore tant soit peu connue, toujours est-il qu'en faisant descendre de *Bör* ces trois frères, on faisait entièrement abstraction de la signification *physique* de ces trois noms. Car il n'y avait aucun rapport logique de descendance entre les éléments l'Air, l'Eau et le Feu (ou l'Esprit, le Bonheur et la Sainteté), d'un côté, et de l'autre l'idée de *Fils*, exprimé par le nom propre de *Bör*. Mais *Odinn* fut rattaché à *Bör*, en sa qualité de Dieu *suprême*; et *Vili* et *Vé* devinrent *fils* de Bör, uniquement comme *frères* d'Odinn, déjà considéré comme *Fils de Bör*. Dans cette généalogie, *Odinn* est le personnage principal ; aussi ses frères ne figurent-ils guère sous leur nom particulier, dans les mythes norrains ; ils figurent, dans la *Vision de la Louve*, implicitement sous le nom commun de *Fils de Bör*. *Snorri* reconnaît cette supériorité d'*Odinn* sur ses frères ; et s'il appelle ceux-ci les *Gouverneurs du monde*, il le fait uniquement en vue de leur qualité de frères d'*Odinn*, qui est le véritable Gouverneur du monde. Mais comme, d'après son système evhémériste, il ne pouvait considérer l'*Odinn* du Nord (qui, sous le nom de *Sublime*, parle ici à *Piétonneur*) comme identique avec l'ancien Odinn qui, d'après la Mythologie, façonna et gouverna le monde, il fait dire ici à *Sublime*, que cet Odinn passe pour grand, puissant et illustre, et pour le *Gouverneur du monde*, et qu'il mérite, vu ses qualités, qu'on lui laisse ce titre distingué.

(13) LES TROIS GÉNÉRATIONS DE THURSES-GIVREUX.

§ 41. **Les Représentants des trois Générations primitives.** — Pour exprimer que l'état primitif du Monde glacial, représenté par *Ymir* et par sa race, fut de longue durée, la Cosmogonie scandinave a imaginé trois générations de *Thurses-Givreux*, qui se sont succédé dans trois périodes cosmiques. Ces trois générations sont représentées, la première par *Ymir* (le Père), qui, comme chef de la première génération, porte le nom de *Ör-Gelmir* (Très-Bruyant); la seconde, par *Thrüd-Gelmir* (Fort-

Bruyant), le *fils* ; et enfin la troisième, par *Ber-Gelmir* (Rien que Bruyant), le *petit-fils*. Comme ces trois générations ne diffèrent pas entre elles par leur nature et leur caractère, mais indiquent seulement la continuation ou la longue durée d'un même état de choses, leurs Représentants portent aussi, tous les trois, le même nom de *Gelmir* (Bruyant), qui rappelle la nature primitive du *Bassin-Bruyant* (voy. p. 470); seulement leurs trois noms identiques sont différenciés par les particules prépositives *ör* (all. *ur*, d'origine, très), *thrúd* (fort), et *ber* (lat. *purus*; all. *bar*, rien que, uniquement), qui servent d'abord à renforcer l'idée générale, exprimée par le nom de *Gelmir*, et puis à la spécialiser quelque peu. A ces trois générations titanogoniques de *Thurses-Givreux* correspondent les trois générations théogoniques des *Ases*, représentées par *Buri* le père, *Bör* le fils, et *Odinn* le petit-fils.

§ 42. **Les Thurses Givreux de la première race sont détruits.** — D'après l'idée du progrès, entrevue dans les Cosmogonies de l'Antiquité, le monde grossier primitif doit faire place à un ordre de choses plus parfait. C'est ce que la Mythologie scandinave exprime en représentant les *Fils de Bör* comme ayant le naturel plus parfait de leur père et les forces physiques de leur mère iotnique. Étant les égaux des *Thurses-Givreux* par leurs forces physiques, mais leur étant supérieurs par leur naturel plus parfait, ils vaincront ceux-ci, et établiront un nouvel ordre de choses, comme, d'après la Mythologie grecque, les *Olympiens* ont détruit les anciens *Titans*, ou comme, d'après la Titanogonie hindoue, les *Célestes* (sansc. *Dévâs*) ont renversé la domination des *Non-Célestes* (sansc. *Asourâs*). La famille de *Bör* étant alliée à la famille des *Thurses-Givreux*, *Odinn*, au commencement, se tenait avec ceux-ci ; il passa sa jeunesse auprès d'eux, ou, comme dit *Snorri*, il *était avec eux*. Mais bientôt *Odinn* et ses frères sont assez forts pour détruire la race des *Thurses-Givreux*. Dès lors *Ymir* est frappé à mort, et ses descendants sont noyés dans son sang ; ce qui signifie qu'au Monde glacial primitif, ou à ce long et terrible Hiver, qui a régné au commencement des âges et qui devra se reproduire à la *fin* des siècles (cf. *Fimbulvetr*), a succédé enfin le Printemps cosmique, c'est-à-dire une période du monde où le Géant de glace *Ymir* s'est fondu, et où son sang, c'est-à-dire les eaux qui provenaient de son corps, ont englouti, comme dans un déluge, et décomposé tous les autres Géants de glace, ces enfants ou ces restes du Monde primitif.

C'est un phénomène digne de remarque, que les Divinités prennent, dans toutes les Cosmogonies et Titanogonies de l'Antiquité, des proportions gigantesques et des caractères grandioses, qu'elles n'ont pas dans la Religion populaire ni dans la Poésie épique, qui, l'une et l'autre, les rapetissent, au contraire, de plus en plus, au niveau des hommes. C'est ainsi que la Cosmogonie scandinave montre les *Fils de Bör* comme les vainqueurs des Thurses-Givreux et comme les fabricateurs d'un monde nouveau.

Le mythe cosmologique a dû exprimer que la victoire des Ases sur les *Thurses-Givreux* a été complète, au point que toute la race d'*Ymir* a été détruite. Mais pour ne pas contredire la tradition populaire, d'après laquelle les *Thurses-Givreux* existaient toujours encore, le mythe a dû sauver ou conserver la souche d'une nouvelle race de Thurses, et, par conséquent, admettre que, dans la destruction générale, une paire, homme et femme thurses, savoir *Ber-Gelmir* et son Épouse, ont échappé à la destruction. Le mythe a dû indiquer, dans une narration épique, de quelle manière cette paire a pu se sauver dans le déluge, en se réfugiant sur une outre remplie d'air (norr. *ludr*). Ces outres étaient, dans l'Antiquité, un moyen de sauvetage usité dans les naufrages. *Kirkè* en donna une à *Odysseus*; et *Dardanus*, surpris par une inondation, se plaça sur une outre et navigua ainsi depuis la Samothrace jusqu'en Troade. *Ber-Gelmir* et sa Femme, sauvés ensemble de la destruction, sont devenus la souche de la *seconde* race des *Thurses-Givreux*, désignée plus particulièrement sous le nom de *Iotnes*. C'est pourquoi l'iotne *Vafthrúdnir* dit que son plus ancien souvenir, c'est-à-dire la tradition la plus ancienne, concernant sa race, se rapporte à *Ber-Gelmir*. Comme cependant la seconde race n'est que la continuation de la première, elle est désignée indifféremment sous les noms de *Thurses*, de *Thurses-Givreux* et de *Iotnes*.

(14) CRÉATION DU MONDE ACTUEL.

§ 43. Formation de la Terre. — C'est une idée juste, déjà entrevue dans les Cosmogonies anciennes, que les différentes parties de l'Univers n'en sont pour ainsi dire que les membres de plus en plus *spécialisés*, et que les matières organiques, provenant de la décomposition de mondes primitifs, ont servi à former les mondes actuels. C'est ce que le mythe cosmogonique scandinave exprime, en disant que les différentes parties du monde actuel sont formées des membres du géant *Ymir* (*membra disjecti Titanis*). Le corps d'*Ymir*, qui s'était formé et qui gisait au sud de l'Océan glacial, fut traîné par les Fils de Bör au milieu du *Bâillement-des-Mâchoires*; ce qui signifie que le monde actuel, c'est-à-dire le ciel et la terre, formés du corps du Géant, se trouvent placés aujourd'hui au *milieu* de l'Espace, entre le *Séjour-de-Muspill*, au sud-est, et le *Séjour-Brumeux*, au nord-ouest. En partant ensuite de l'idée que le monde actuel est fait du corps d'*Ymir*, la Cosmologie mythique a suivi cette idée dans tous ses détails; et se guidant sur les rapports d'analogie entre les parties du monde actuel, qui est le monde en grand (makrokosme) et les parties du corps humain, qui est le monde en petit (mikrokosme), elle a pu déterminer ainsi quelles sont les parties du corps d'*Ymir* qui ont fourni la matière pour telles parties du monde créé actuel. D'après une analogie semblable, le mythe hindou, s'appuyant sur les rapports de subordination et d'importance des membres du corps humain, a fait naître les quatre castes, de la tête, des bras, du ventre et des pieds de *Brahmas* (voy. p. 180). D'après le mythe norrain, la partie liquide, c'est-à-dire le sang, et la partie solide, c'est-à-dire la chair du corps d'*Ymir*, produisirent, dans le monde nouveau, l'un, la partie liquide ou les eaux, et l'autre, la partie solide ou la terre. L'imagination concevait d'autant plus facilement la terre comme formée de la chair décomposée d'*Ymir*, que l'expérience montrait que les corps des animaux tombaient, après la mort, en poussière, et produisaient ainsi de la terre. Ensuite, par la même raison

que la tradition de la Genèse considérait le corps d'Adam comme fait de
terre, le mythe scandinave pouvait aussi, en sens inverse, considérer la
terre comme formée de la chair d'*Ymir*. En distinguant, ensuite, dans le
corps du Géant, les parties molles ou la chair, des parties dures ou des
os, on arrivait à trouver les analogues des unes et des autres dans la terre
friable et dans les durs rochers ; et, après avoir comparé les rocs, qu'on
considérait comme la charpente de la terre, aux os qui sont la charpente
du corps humain, on a aussi pu rapporter les rocs brisés ou les moraines
des glaciers, aux os brisés d'*Ymir*, et les pierres ou cailloux de la terre,
aux dents molaires du Géant. Cette dernière pensée s'établit d'autant plus
facilement, qu'on trouvait des pétrifications qui avaient la figure de dents, et
qui même, quelquefois, étaient réellement des dents pétrifiées, provenant
des animaux gigantesques du globe terrestre primitif, des mammouths,
des mastodontes, des dinothériums, etc.

§ 44. **Formation des mers.** — La partie liquide de la Nature primitive,
ou le sang d'*Ymir*, a formé l'Océan ; et peut-être (bien que cela ne soit
pas dit expressément dans le mythe) a-t-on attribué la saveur salée de
l'eau de mer, au sang venimeux ou *salé* (voy. p. 183) d'*Ör-Gelmir*. Il
est aussi probable que le mythe cosmogonique sur l'origine de la Mer
provenant du sang d'*Ymir*, a donné lieu à une tradition qui paraît imitée
d'un mythe keltique très-ancien (cf. *Pythéas*, dans *Strabon*, II, 4), et qui
était encore répandue dans les pays du Nord au seizième siècle, à savoir
la tradition sur la *Mer aux poumons* et sur la *Mer de foie* (all. *Leber-
meer*). Dans cette *mer de foie*, les navires, à ce qu'on croyait, ne pouvaient plus avancer, les eaux étant trop épaisses et visqueuses, comme
du sang coagulé ou comme du *foie*. *Philémon*, le *Périégète* (*Pline*, 4,
27, 4), dit que, dans la langue des Kimbres, l'Océan septentrional portait le nom de *Morimarusa* (mer morte ; gallois *mor mariosis*) et que,
plus au Nord, cette mer prenait le nom de *Océan Kronien* (*Pline*, 4, 30),
c'est-à-dire de *Mer coagulée* ou *congelée* (irl. *muir-chroinn* ; cf. isl.
mar gröinn). Cet Océan *Kronien* était peut-être identique avec cette
Mer *de foie*, formée du sang glacé ou coagulé du géant *Ymir*. Comme la
Cosmogonie s'est formée à une époque postérieure, l'*Océan* et la *Terre*
ne sont plus considérés, dans le mythe cosmogonique, comme des personnifications *anthropomorphes*, ainsi qu'ils l'avaient été anciennement
chez les Scythes, sous les noms de *Thami-Masadas* et d'*Apia* ; ils sont
considérés, l'un et l'autre, comme des choses *inanimées*, la Terre comme
une île circulaire, et l'Océan comme un cercle d'eau entourant la Terre.
Les Grecs du temps d'Homère et d'Hésiode, et plus tard encore, se figuraient également la Terre comme un disque entouré du fleuve *Okéanos*.
Cette Mer, qui entourait et contenait, comme une ceinture, la masse de
la terre, passait, dans le Nord, pour infranchissable, c'est-à-dire qu'on
croyait ne pas pouvoir aller à ses dernières limites, ou, comme on disait,
à ses *bords extérieurs*, sans s'exposer ou à périr de froid, au Nord, en
touchant au *Séjour-Brumeux*, ou à se brûler, au Sud, en touchant au
Séjour de Muspill, ou sans courir les plus grands dangers, à l'Est, en
arrivant au *Séjour des Iotnes*, ou, enfin, sans risquer de se perdre, à
l'Ouest, dans l'Océan atlantique, auquel les Islandais, au Moyenâge,

donnaient le nom de *Ginnunga-Gap* (voy. p. 170). Enfin, une fois les analogies établies entre les parties du corps d'*Ymir* et les parties du Monde nouvellement créé, c'était une conséquence naturelle de considérer le ciel, cette partie du Monde élevée, voûtée et creuse (cf. lat. *cælum*, ciel ; gr. *koïlon*, creux), comme formé du *crâne*, c'est-à-dire de la partie supérieure et concave du corps d'*Ymir*.

§ 45. **L'Arrangement du Ciel.** — Suivant Snorri, les *Fils de Bör* placèrent, aux quatre coins du ciel, quatre *Dvergs* ou Nains. Aucun des documents mythologiques, de ceux qui nous restent, ne renferme cette donnée ; notre auteur ne l'ayant, sans doute, pas inventée, a dû la puiser dans la tradition populaire. Or si, du temps de *Snorri*, la Mythologie scandinave avait encore été toute vivante, nous n'hésiterions pas à considérer cette donnée comme parfaitement mythologique ; car la tradition, aussi longtemps qu'elle est vivante, est toujours en droit et en possession d'imaginer des mythes nouveaux, ou de modifier, à sa fantaisie, ceux qui existent déjà. Mais la Mythologie scandinave, coupée comme un arbre dans sa racine, au onzième siècle, par le Christianisme introduit dans le Nord, ne produisit plus de nouveaux jets, après cette époque ; la tradition se borna, dès lors, à rapporter les anciens mythes, sans en imaginer de nouveaux. Le trait rapporté par *Snorri* n'est donc pas à considérer comme un nouveau mythe, mais comme un ancien mythe qui a été défiguré dans la tradition populaire postérieure. Le mythe ancien, dans sa conception primitive, énonçait, sans doute, que les *Fils de Bör* placèrent aux quatre extrémités du ciel, non pas quatre *Dvergs*, mais quatre *Alfes* (v. p. 93), pour présider, comme les *Gardes-Monde* (sansc. *Lokapâlâs*) de la Mythologie hindoue, aux quatre régions ou aux quatre points cardinaux. Dans l'origine, ces *Alfes* étaient probablement des astres ou des constellations, considérés comme Génies tutélaires (v. p. 239) ; plus tard, de ces Génies célestes ou météorologiques, on a fait sans doute des Gardiens et des Soutiens (norr. *stolpar*) du ciel. Or, peu à peu, la tradition populaire a confondu les *Alfes* ou les Génies météorologiques *célestes* avec les *Dvergs* ou Génies météorologiques *terrestres* (voy. p. 218), et conséquemment les *Alfes*, nommés *Austri*, *Vestri*, *Nordri* et *Sudri*, furent comptés parmi les *Dvergs*. C'est ainsi que, déjà dans la *Vision de la Loure*, dont la composition remonte probablement au huitième siècle, ces quatre noms figurent dans l'énumération des noms de *Dvergs*, sans qu'il y ait lieu de soupçonner qu'ils y aient été interpolés. La tradition populaire ayant changé les quatre *Alfes* en quatre *Dvergs*, sans changer pour cela la signification du mythe, on continua à maintenir ces Dvergs dans les anciennes fonctions des Alfes, comme *Soutiens* du ciel. C'est ainsi qu'un poëte chrétien, le Norvégien *Arnar*, surnommé le *Skalde des Iarls* (Iarlaskald), dans un poëme composé vers 1065, désigne le ciel par l'expression skaldique de *Fardeau d'Austri*. En faisant ainsi de ces Dvergs des *Soutiens du Ciel*, la tradition oublia complétement que l'office d'Atlas ne convenait guère à des pygmées tels qu'on se figurait les Dvergs, ni à des êtres chétifs, comme ceux-ci l'étaient, fuyant la lumière du soleil, et vivant dans des cavernes ou des souterrains (v. p. 89). Aussi *Snorri*, qui sentait, sans doute, ce qu'il y avait d'incongru dans cette conception, ne dit-il pas que les *Dvergs soutiennent* le ciel; il fait reposer le ciel sur ses quatre bouts, et il considère les *Dvergs*, non comme les porteurs, mais simplement comme les *gardiens* ou comme les portiers du ciel, ou enfin comme les indicateurs des quatre points cardinaux.

Les Ases s'occupèrent d'abord de l'arrangement du ciel. Les Étincelles gigantesques, lancées du *Séjour-de-Muspill*, et qui erraient, comme astres, dans l'immensité de l'Espace, furent ramenées, par les Dieux, au milieu du *Bâillement-des-Mâchoires*, c'est-à-dire qu'elles furent rapprochées du Ciel et de la Terre nouvellement créés; et ces astres furent répartis dans les parties tant inférieures ou horizontales, que supérieures ou zénithales, de la voûte céleste. Les étoiles fixes furent attachées au firmament, au-dessus duquel les planètes purent se mouvoir avec une entière liberté, en observant toutefois une course réglée. Enfin, par le mouvement du Soleil et de la Lune, la série des jours et des nuits, et la succession des mois, des saisons et des années, furent établies et déterminées. Les vers de la *Vision de la Louve*, cités par *Snorri*, énoncent seulement que, dans l'origine, *Sôl* (*La* Soleil) et *Mâni* (*Le* Lune), et les *Étoiles*, erraient *sans règle* dans l'espace; *Snorri*, par mégarde, a oublié d'ajouter à ces vers la strophe qui les suit, et qui vient à l'appui de ce qu'il dit de la division des temps. Voici cette strophe (voy. *Poëmes isl.*, p. 489).

> « Alors les Grandeurs allèrent toutes aux sièges nébuleux,
> « Les Dieux très-saints sur cela délibérèrent :
> « A la Nuit et aux Décours ils donnent des noms;
> « Ils désignent le Matin et le Milieu du jour,
> « Le Déclin et le Soir, pour détailler l'année. »

Comme les idées de Cosmologie mythique se sont de plus en plus développées avec le progrès des temps, il est impossible de déterminer, d'une manière exacte, ce qui, dans les données fournies par les poëmes eddiques et, d'après eux, par *Snorri* et par la tradition populaire, appartient aux mythes cosmologiques *primitifs*, et ce qui y a été ajouté dans la suite. Toujours est-il que le mythe sur la place assignée à *Sôl*, à *Mâni* et aux *Étoiles*, s'est formé à une époque bien postérieure, savoir à l'époque où le Soleil et la Lune n'ont plus été, comme anciennement, considérés comme étant eux-mêmes des divinités, soit zoomorphes, soit anthropomorphes, mais seulement comme des astres auxquels présidaient des Personnages mythologiques nommés *Sôl* et *Mâni*.

L'arrangement que les Ases opérèrent dans le ciel nouvellement créé, produisit un nouveau Séjour, le *Séjour des Alfes*, lequel est le troisième Monde qui s'est formé, le premier étant l'ancien *Séjour-Brumeux*, et le second l'ancien *Séjour de Muspill*. Dans l'origine, les *Alfes* (Blancs, v. p. 239) étaient les personnifications des astres; plus tard ils devinrent les Génies qui présidaient aux divers phénomènes astronomiques et météorologiques.

(15) ARRANGEMENT DE LA TERRE.

§ 46. Le Séjour des Iotnes. — La vaste mer qui, semblable à l'*Okéanos* d'Homère, entoure comme un anneau le disque terrestre, a pour bordure

extérieure une zone circulaire sur laquelle s'appuyaient, selon *Snorri*
(voy. p. 194), les quatre bouts du ciel, et où se trouvait le quatrième Séjour du monde, le *Séjour des Iotnes*, appelé aussi, à cause de son étendue, les *Séjours des Iotnes*. Au delà, et tout autour de cette bordure
extérieure, sont les abîmes du *Bâillement-des-Mâchoires* avec le *Séjour-Brumeux* au nord-est, et le *Séjour de Muspill* au sud-ouest. La
race nouvelle des *Thurses-Givreux*, issus de *Ber-Gelmir*, savoir la
race des *Iotnes*, est reléguée aux extrémités du ciel et de la terre, c'est-
à-dire aux endroits où le ciel s'appuie sur la terre; et bien que cette nouvelle race soit moins rude que l'ancienne, qui descendait d'*Ymir* et qui
dominait dans le Monde primitif glacial, elle conserve cependant son caractère primitif héréditaire, et représente toujours encore les forces gigantesques, désordonnées et destructrices, qui bouleversent sans cesse
la Nature. Aussi cette race continue-t-elle à être en lutte permanente avec
les *Ases*, qui sont non-seulement les représentants de l'ordre et du principe de conservation dans la Nature, mais encore les protecteurs des
hommes contre ces forces destructrices.

§ 47. **L'Enclos-Mitoyen et la Ferté Céleste.** — Les Ases, pour se pré-
munir eux-mêmes, ainsi que les hommes, contre les *Iotnes*, construisirent une *enceinte* (cf. frison *röpi*) tout autour du disque de la terre,
afin de garantir celle-ci contre les incursions ennemies, et de se mettre
eux-mêmes en sûreté dans le ciel. Car, d'après la disposition ou topographie des Lieux mythologiques, c'est par les montagnes qui touchent au
ciel (*Himin-fiöll*), qu'on monte et qu'on pénètre dans la *Ferté Céleste*
(*Himin-Biörg*). D'après la tradition mythique, cette Enceinte ou ce Rem-
part extérieur de la terre, est fait avec les sourcils d'*Ymir*. La raison
de cette fiction singulière est que, d'abord, il y a quelque analogie entre
les sourcils qui protégent les yeux, et l'enceinte qui protége la terre; ensuite l'arcade sourcilaire d'*Ymir*, ou les proéminences de l'os coronal
hérissées de poils, furent métamorphosées, par les *Ases*, en une enceinte de montagnes couvertes de forêts impénétrables; enfin, comme les
sourcils sont, en quelque sorte, le siége et le symbole de la colère
menaçante, les sourcils d'*Ymir* ont dû servir, d'après le mythe, à former l'enceinte sourcilleuse et menaçante qui doit braver et rebuter les
attaques des *Iotnes* ou des ennemis des Ases. Cette Enceinte, avec l'espace qu'elle renferme, c'est-à-dire la surface terrestre tout entière, est
appelée l'*Enclos-Mitoyen*, parce qu'elle se trouve au milieu entre les
différents Mondes ou Séjours, et au centre de l'Abîme ou du *Bâillement-
des-Mâchoires* (voy. p. 188).

Les rapports génésiaques établis, dans le mythe cosmogonique, entre
les nuages du ciel et la cervelle d'*Ymir*, reposent d'abord sur cette particularité que la cervelle se trouve sous la voûte du crâne, comme les nuages
sont placés sous la voûte céleste faite du crâne d'*Ymir*; ils reposent ensuite
sur une analogie d'aspect, en ce que l'encéphale présente, par les cir-
convolutions de sa substance pulpeuse, l'aspect de quelque chose de lai-
neux, qu'on a pu comparer aux nuages floconneux du ciel. Les vers cités
par *Snorri*, et qui sont tirés des *Dits de Grimnir*, semblent énoncer que
seulement les nuages *sombres*, et non pas les nuages en général, pro-

viennent de l'encéphale d'*Ymir*. En effet, les nuages sombres, orageux et menaçants, ont plus particulièrement une analogie frappante avec le caractère sombre, violent et tempétueux de cet Iotne.

(16) L'ANTHROPOGONIE MYTHIQUE.

§ 48. L'Ethnogonie des Scythes. — La spéculation sur l'origine du Genre humain commence avec la réflexion sur l'origine du Monde et des Dieux ; et, c'est pourquoi, l'*Anthropogonie* mythique fait suite à la *Théogonie* et à la *Cosmogonie* mythiques. Cependant les mythes sur l'origine de l'espèce humaine remontent généralement à une époque de beaucoup antérieure à celle où se forment la Cosmogonie et la Théogonie. C'est que, avant même que l'homme prend un intérêt *scientifique* aux questions sur l'origine du Monde et des Dieux, l'idée de l'origine *divine* des hommes se présente à lui spontanément. En effet, lorsque les Dieux, de zoomorphes qu'ils avaient été dans l'origine, furent devenus *anthropomorphes*, l'idée devait naître naturellement que les hommes étaient issus des Dieux auxquels ils ressemblaient au physique et au moral. Les Dieux ayant engendré des Héros, les Prêtres et les Rois se disaient fils de ces Héros, et, par conséquent, fils des Dieux eux-mêmes : ensuite, par l'intermédiaire des Prêtres, des Rois et des Nobles, toute la Nation se rattacha naturellement à la Souche *divine*. Dans l'origine, on n'avait pas encore l'idée de l'Humanité ou du Genre humain ; loin de connaître toutes les nations, on connaissait à peine les nations voisines ; on ne connaissait que sa propre nation. Voilà pourquoi la question sur l'origine de l'Espèce humaine, ou l'*Anthropogonie*, est resserrée, au commencement, dans la question, beaucoup plus restreinte, sur l'*Ethnogonie*, ou l'origine de la Nation. Les peuples scythes, les ancêtres des Gètes et des Scandinaves, à peu près vers l'an 800 avant notre ère, rapportaient un mythe d'après lequel la race des hommes, c'est-à-dire tout d'abord leur propre Nation, était issue de *Targitavus*, Dieu du Soleil, par l'intermédiaire des hommes *divins*, héros, prêtres, ou rois. *Targitavus* étant considéré comme le *Père des Scythes*, *Tivus* (Ciel), le père, et *Apia* (Terre), la mère de *Targitavus*, étaient appelés l'*Aïeul* (scythe *Papaïus*) et l'*Aïeule* (scythe *Tata* ; norr. *Edda*) des Scythes. A l'époque où ces peuples s'étaient déjà divisés en scythes *royaux* (guerriers), en Scythes *nomades*, et en Scythes *sédentaires* (agricoles), *Targitavus* devint, dans la tradition, le Père des trois Héros *Hleipo-Skaïs*, *Arpo-Skaïs* et *Kola-Skaïs*, dont descendaient, par l'intermédiaire de leurs Rois, les tribus les plus illustres des Scythes (voy. *Les Gètes*, p. 183). Les *Scythes-Hellènes* avaient cette même tradition généalogique ; seulement elle était un peu modifiée, dans le sens qui était dicté par leur amour propre national. Ils disaient que *Héraklès* (scythe *Targitavus* ; *Skotaris*), le fils de *Zevs* (scythe *Tivus*), engendra avec *Échidna* (scythe *Apia*), trois fils : 1° *Skuthès* (scythe *Skoli*, Protecteur, Bouclier, substitué à *Hleipo-Skaïs*) ; 2° *Agathursos* (substitué à *Arpo-Skaïs*), et 3° *Gelonos* (scytho-gr. *Kolionos* p. Svalianas), substitué à *Kola-Skaïs* (Prince à la Roue) ou au Soleil. L'aîné, *Skuthès*, devint la souche des Scythes de race royale. Il avait, entre autres, deux fils, *Palos* (cf. sl. *Volos* ; germ. *Vols*) et *Napès* (cf. norr. *Nefr*), dont descendaient les *Palies* (cf. norr. *Volsungar*) et les *Naplies* (cf. norr. *Niflungar*), qui périrent entièrement (*Plin.* VI, 49). Chez les Scythes de la mer Caspienne, un des fils de *Targitarus* portait le nom de *Tereo* (Arbre; norr. *triu*), dont descendaient les *Tervinkaï* (gr. *Derbikkaï*; lat. *Dervicæ*). Les *Tervinkaï* devinrent, plus tard, chez les peuples de la branche *gète*, la tribu *gote*, appelée par Eutrope et Ammien Marcellin, *Tervingi* ou *Thervingi*; et à ces *Thervings* se rattache, sans doute, la tribu germanique des *Thurings* ou *Tyrks* (p. Turinks) qui, ainsi que les *Hermun-Dures*, se disaient issus de *Dhur* (l'ancien *Tereo*), ou de *Ermun-Dur* (*Dur*, Fils de *Ermun* ou du Soleil). Dans la mythologie scandinave, *Dur* (Arbre) ou *Ermun-Dur* (Arbre solaire) eut le nom de *Heimdallr* (Arbre du Séjour); et ce dieu eut les attributions du dieu *Ermun* ou *Irmin*, qui s'était confondu avec *Iring* (p. *Icuring*, Issu du Verrat), le Fils du Soleil appelé *Verrat*. Voilà pourquoi *Heimdall* eut le nom épithétique de *Rîgr* (p. *Iringr*; cf. *Tyrk* p. Turink; *Dervicæ* p. Tervinkæ; *Dâgr* p. Davingr) et devint, dans la tradition mythique, le *Père* de la nation Scandinave, et plus tard le Père des Nobles, des Manants et des Serfs (voy. *Rigsmâl*), comme *Dur* et *Iring* passaient pour être les pères de plusieurs tribus germaniques. Le mythe de *Dur* (Arbre) et de *Heimdall* (Arbre du Séjour), considérés comme *souches* des hommes, se maintint en Scandinavie et en Germanie, et a produit le conte populaire encore connu aujourd'hui en Saxe et en Thuringe, d'après lequel on dit que les enfants, surtout les filles, *croissent à l'arbre*. A ce mythe purement *épique* sur l'*Arbre*, souche des premiers hommes de la nation, fut substitué, chez les tribus de la branche *gète*, un mythe *anthropogonique* plus général sur l'origine des premiers hommes du Monde.

§ 49. **Arbres métamorphosés en hommes.** — C'est l'habitude des anciens mythes spéculatifs ou scientifiques, de s'appuyer, si faire se peut, sur quelque donnée *traditionnelle*. Comme l'ancienne tradition mythico-épique avait rapporté que certaines tribus étaient issues de *Dur* (Arbre) ou de *Heimdall* (Arbre du Séjour), le mythe *anthropogonique*, qui se forma plus tard, a pris cette tradition pour point de départ; et, prenant les noms propres de ces fils du Soleil dans leur signification littérale de *Arbre*, il a imaginé que deux arbres ont été la souche de la première paire des hommes. Suivant l'habitude des mythes anciens, qui ne sont jamais très-explicites (voy. § 37), l'Anthropogonie est racontée d'une manière *concise* dans les deux strophes de la *Vision de la Louve*, que voici :

> « Alors trois Ases de cette bande
> « Pleins de puissance et de bonté vinrent à la falaise :
> « Ils trouvèrent, dans la contrée, des êtres chétifs,
> « Askr et Embla, manquant de destinée.
>
> « Ils n'avaient point d'âme, ils n'avaient point d'esprit,
> « Ni sang, ni langage, ni bonne mine :
> « Odinn donna l'âme, Hœnir donna l'esprit,
> « Lodur donna le sang et la bonne mine. »

Ces strophes énoncent que trois Ases, *Odinn*, *Hœnir* et *Lôdur* (voy. p. 154), arrivant du ciel sur les bords de la Mer, trouvèrent dans la contrée des êtres qui, à la vérité, étaient déjà organisés, mais qui étaient faibles et chétifs, et n'avaient pas encore, comme l'ont eu, plus tard, les hommes, leurs descendants, une *destinée* fixée dès leur naissance. En énonçant que l'un de ces deux êtres était *Askr* (Frêne), le mythe indique qu'il s'agit ici d'un arbre, d'un *frêne* ; et l'on est, par conséquent, en droit d'admettre que, par le nom *Embla*, qu'il donne au second être, représenté comme pareil au premier, le mythe veut également désigner un arbre, savoir l'*orme*. Ces deux arbres, appelés *Frêne* et *Orme*, représentant chacun son espèce, sont métamorphosés en homme et femme par les Ases, qui opèrent cette transformation, en ce qu'ils leur font des *dons*, chacun, selon sa nature, sa puissance et sa spécialité. *Odinn*, l'ancien dieu de l'air (*Odr* ; voy. p. 159), donne la respiration ou l'âme (cf. grec *anemos*, *vent* ; lat. *anima*, âme) ; *Hœnir*, le dieu de l'eau, donne l'intelligence ; car l'eau, cet élément limpide et clair étant le symbole de la vérité, de l'intelligence, et de la science (voy. *Les Gètes*, p. 238), *Hœnir*, le dieu de l'Eau, est aussi devenu le dieu de l'Intelligence. *Lôdur*, le dieu du Feu rouge, donne le sang rouge et la chaleur vitale, lesquels produisent la santé et la bonne mine.

Il est évident que ce mythe veut ainsi exprimer que l'homme est un être *tellurien*, qu'il est sorti de la terre, mais qu'il n'en est pas sorti comme *homme* ; qu'il en est sorti comme *arbre*, et que cette organisation végétale a été transformée en organisation animale et humaine. L'homme, à ce qu'on croyait, ne pouvant dignement provenir que de l'organisation végétale, la plus *parfaite* avant la création des animaux et des hommes, le mythe a eu soin de faire descendre le premier couple des deux plus belles essences d'arbre connues en Scandinavie ; et encore, parmi celles-ci, a-t-il dû choisir, pour représenter l'homme et la femme, deux espèces dont les noms fussent, l'un, du genre masculin, et l'autre, du genre féminin. Or, le frêne (norr. *askr*) est un arbre des plus estimés dans le Nord, pour son élévation, sa belle forme, la fermeté et le bon usage de son bois ; de plus, il est du petit nombre des espèces dont le nom, en langue norraine, est du genre masculin. C'est donc un *frêne* qui a dû être choisi, par le mythe scandinave, pour être transformé en homme, ayant le nom propre de *Frêne*. D'un autre côté, l'orme est une espèce d'arbre également très-estimée dans le Nord ; le nom qu'il porte est du genre féminin. Un orme a donc aussi été choisi, par le mythe, pour être transformé en femme ayant le nom propre de *Orme*. L'ancienne forme de ce nom a été, sans doute, *Elma*, qu'on retrouve encore dans quelques dialectes, jusque dans l'Allemagne. *Elma* s'est d'abord changé en *Emla*, et puis *Emla* en *Embla*. *Biörn Halderson*, il est vrai, explique ce nom d'*Embla* comme signifiant *Laborieuse* (cf. *Amal*). Mais d'abord cette explication est conjecturale ; ensuite ce nom, avec cette signification, conviendrait à une *serve* ou esclave, plutôt qu'à la femme libre, créée par les Ases (à moins, toutefois, que le mythe n'ait choisi exprès ce nom pour indiquer que la première femme était de condition *serve*) ; enfin ce nom, avec cette signification, serait peu approprié à un être que le mythe représente comme originairement *inactif*, faible, et même chétif, par suite de son organisation végétale primitive.

§ 50. Comment Snorri conçoit ce mythe anthropogonique. — *Snorri* n'a pas connu ou ne s'est pas rappelé les strophes citées ci-dessus sur la métamorphose de *Ask* et de *Embla* en homme et femme. Il expose ce mythe, sans doute, d'après la tradition *populaire*; et, c'est pourquoi, son exposé diffère, en quelques points, des données fournies par la *Vision de la Louve*. Selon *Snorri*, les *Fils de Bur* (c'est-à-dire non pas *Odinn*, *Hœnir* et *Lôdur*, mais *Odinn*, *Vili* et *Vé*, voy. p. 185) trouvent, non pas *sur* les bords, mais *près* des bords de la Mer, non pas deux arbres vivants sur pied, mais deux *troncs* d'arbres morts, que *Snorri* se figurait, sans doute, flottant dans la mer, et gisant dans l'eau, près du rivage, semblables à ces troncs d'arbres qui, par les courants maritimes, ou le *gulf-stream*, sont amenés de l'Amérique dans les baies d'Islande. Les Ases prirent ces *troncs*, les façonnèrent comme des sculpteurs, et leur donnèrent la figure et l'organisation *humaines*. D'après *Snorri*, *Ask* et *Embla* ne sont donc pas des arbres vivants métamorphosés en hommes, ce sont des hommes fabriqués avec du bois, à peu près comme, d'après la Genèse, les premiers hommes ont été faits de terre. Ne voyant en eux que des troncs d'arbre, du bois, de la matière (gr. *hulè*, bois, matière; espagn. *madera*, matière, bois), et non la forme d'arbres vivants, *Snorri* ne soupçonne pas que les noms de *Ask* et de *Embla* expriment précisément leur nature *d'arbre*. Il croit même que ces noms, dont il ne soupçonne presque pas la signification, ne leur appartenaient pas déjà par suite de leur nature d'arbres, mais qu'ils ont seulement été donnés, par les Ases, à ces troncs, après qu'ils eurent été façonnés; que, de plus, les Ases ont donné ces noms, seulement après qu'ils eurent transformé ces troncs en hommes; enfin que ces noms leur ont été donnés solennellement, d'après une contume générale, dans le Nord, où les noms se donnaient aux enfants, à une certaine époque, plusieurs années après leur naissance. Comme, chez les Scandinaves, l'acte solennel de donner un nom à l'enfant, était accompagné de celui de donner aussi des présents, consistant en effets d'habillement ou d'ornement (ce qu'on appelait *donner un nom et faire suivre le reste*; norr. *nafn gefa ok fylgia*), les Ases, selon *Snorri*, donnèrent également des *habits* (cf. Genèse, 3, 21) aux deux créatures qu'ils venaient de former et de dénommer.

§ 51. Hors-d'œuvre dans la réponse de Sublime. — Égaré par son système evhémériste, d'après lequel les *Ases* étaient des *hommes*, et appliquant faussement aux Ases ce que la tradition rapportait des Scandinaves, savoir qu'avant leur établissement dans le Nord, ils habitaient le Pays des *Tervinks* ou *Tyrks*, en Asie (voy. p. 23), *Snorri* place les demeures des dieux ou l'*Enclos des Ases*, non au *ciel* (comme l'exigent cependant les données de la Mythologie), mais sur *terre*, dans une contrée de l'Asie, dans la Grande-Scythie, ou dans *Godheim*, en un mot, au milieu du *Séjour-des-Hommes* (Mannaheimr) ou de l'*Enclos-Moyen* (Midgardr). Cependant, pour établir une différence entre cet *Enclos-des-Ases* dans l'Asie et la résidence des Ases en Fionie, où il suppose que se passe l'entrevue de *Gulfi* et de *Sublime*, *Snorri* appelle celui-là l'*ancien Enclos-des-Ases*, bien que cette désignation, aussi bien que toute cette distinction, soient inconnues aux documents mythologiques. Se rappelant néanmoins qu'il ne serait guère possible de se figurer, comme situé sur la terre, l'Endroit nommé *Hlidskialf* (voy. § 82), que les mythes placent positivement dans l'*Enclos-des-Ases*, *Snorri*, par une sorte d'expédient, ajoute que beaucoup d'aventures (et il entend par là particulièrement celles qui se rapportent au *Hlidskialf*) se sont *aussi* passées, d'une manière merveilleuse, dans l'*air*, c'est-à-dire au ciel. Ayant été amené, par hasard, à citer ce nom de *Hlidskialf*, *Snorri* se laisse aller à donner ici, hors de propos et par anticipation, quelques détails sur la construction de cet édifice merveilleux. Ensuite, l'*Enclos-des-Ases* lui ayant encore rappelé la race *divine*, qui s'y était établie, il se laisse aussi aller à parler de la Mère de cette race, c'est-à-dire de *Frigg* (Pluie), la fille de *Fiörgvin* (Aime-Pluie), avec laquelle *Odinn* a engendré les plus distingués parmi les Ases; ce qui, en partie, lui a valu, dit-il, le nom de *Générateur* ou *Père-Universel* (voy. 155). Enfin, ayant parlé de l'épouse d'*Odinn* et des fils de *Frigg* et d'*Odinn*, *Snorri*, toujours hors de propos, fait encore mention de *Iörd* (Terre), autre épouse d'*Odinn*; et, par suite de cette mention, il rappelle aussi *Thôr*, comme étant le fils de *Iörd* et du Chef des Ases, *Odinn*. Bien que ces données mythologiques, fournies par *Snorri*, soient déplacées ici, dans ce paragraphe, du moins sont-elles conformes à la vérité, à l'exception, toutefois, de ce qu'il dit d'*Odinn*, comme ayant été à la fois le *Père* et l'*Époux* de *Iörd*. Il est vrai que, d'après les documents mythologiques, *Thôr* est fils d'*Odinn* et de *Iörd*; et, par conséquent, *Snorri* a bien pu considérer *Odinn* comme l'époux de *Iörd*; mais c'est par suite d'une confusion qu'il appelle Odinn le *Père* de *Iörd*. En effet, *Iörd* est du petit nombre des divinités scandinaves dont le nom, ayant encore, dans le langage ordinaire, une signification connue de tout le monde, exprimait clairement sa nature ou ses attributions primitives de déesse de la Terre. *Snorri*, qui n'avait pas des connaissances linguistiques suffisantes pour expliquer les noms propres mythologiques ou historiques, et qui, par suite de son système evhémériste, ne pouvait pas même soupçonner que les attributions primitives de chaque divinité fussent exprimées par son nom, savait cependant parfaitement que *Iörd* était la personnification de la *Terre*. Mais ne sachant pas distinguer, d'un côté, entre le mythe *symbolique* ancien, où la Terre était conçue, par l'intuition, comme une personnification ou un être *anthropomorphe*, et, de l'autre côté, le mythe *cosmogonique* postérieur où, d'après l'induction, la Terre passait pour avoir été *façonnée* par le dieu suprême *Odinn*, il confondait ces deux mythes et les envisageait, l'un et l'autre, au point de vue matériel; au lieu de dire que *Odinn* procréa, avec *Iörd* (Terre), son fils *Thôr*, il dit qu'il le fabriqua avec de la *terre* (norr. *iördin*); et ensuite, au lieu de dire simplement, d'après le mythe cosmogonique, que la Terre a été façonnée par *Odinn*, il dit (ce qu'aucun mythe n'énonce, et ce qui le met en contradiction avec lui-même) que *Iörd* est non-seulement l'épouse, mais aussi la *fille* (l'œuvre) d'*Odinn*.

(17) NÖRVI ET SES DESCENDANTS.

§ 52. **Nörvi et sa fille Nôtt.** — Ce paragraphe (qui ne se trouvait pas dans la rédaction *première* du Traité de *Snorri*, mais qui y a été inséré postérieurement par cet auteur ; voy. p. 37) renferme quelques mythes dont il importe de déterminer la nature et d'expliquer la formation. A l'époque relativement postérieure, où la plupart des personnages de la Théogonie et de la Cosmogonie avaient déjà été imaginés, on conçut, en imitation de ces personnages, et en personnifiant seulement certains phénomènes de la Nature, une série d'Êtres mythologiques qui tenaient le milieu entre les Divinités et les Démons, et se rapprochaient davantage, par leur caractère, soit des uns, soit des autres. Les mythes, qui se rapportent à ces Êtres mythologiques, ne sont pas *symboliques*, et ne reposent pas sur l'*intuition* ; ce sont des mythes *allégoriques*, conçus par le moyen du raisonnement, de l'induction, et surtout de l'analogie. Tels sont, entre autres, les mythes sur la *Nuit* et le *Jour*.

Nôtt (Nuit) n'est autre chose que la personnification, en quelque sorte *poétique*, de la nuit (norr. *nôtt*, p. *naht*, inclinée, assoupie). Comme la nuit sort du crépuscule du soir, *Nôtt* fut aussi considérée comme Issue ou comme Fille de *Nörvi*, la Personnification du crépuscule. Le nom de *Nörvi* se présente sous plusieurs formes dans les documents mythologiques. Les formes primitives paraissent avoir été *Nahari* ou *Nahvari*. De la première de ces formes dérivent les noms de *Nâri* et *Nöri* ; de la seconde les noms de *Narvi* (p. Nahvri), *Narfi*, *Nörvi* et *Niörvi*. Tous ces noms proviennent d'un thème idéal *Nika* (être incliné, pencher), qui est la racine commune du mot sanscrit *niç* (nuit), du mot gothique *naus* (p. *nahu-s*, incliné, mort), du mot grec *nekus* (mort), du mot allemand *nacht* (nuit), et du mot norrain *nâr* (mort). La forme active *nâri* ou *nörvi* (qui fait pencher) exprime ce qui donne la défaillance, le sommeil, la mort. Ainsi *aldur-nâri* (Tuant-le-Siècle) est une expression épique et skaldique pour désigner le *feu* (cf. *Mud-spel*, Gâte-Monde), puisque c'est par le feu que périra le Monde. Le nom de *Niörva-sund* (Détroit de Niörvi), qui, dans la langue norraine, désigne le Détroit de Gibraltar, signifie proprement Détroit du *Soir*, ou de l'*Occident*, ou Détroit d'*Hespérie*. *Nörvi* est donc la personnification du Déclin, du Sommeil et de la Mort ; il est particulièrement la personnification du crépuscule du soir ; et, comme telle, *Narvi ou Narfi* est fils de *Loki* (Clôtureur), qui est la personnification de la *Fin* des choses, comme son antagoniste, *Heimdall* ou *Rigr* (voy. p. 194) est la personnification du *Commencement* des choses. *Niörvi*, la négation et l'ennemi de la lumière, est un démon : il est, par conséquent, de la race des *Iotnes*, comme tous les êtres mythologiques appartenant à l'hiver et à la nuit. On se figurait l'iotne *Nörvi* ou *Narfi* comme un *Loup-garou* ; le loup, comme son homonyme, le renard (norr. *narvi*, renard ; cf. goth. *vulfs*, loup ; lat. *vulpes*, louve, *renarde*) étant l'animal crépusculaire par excellence, qui cherche sa proie *entre chien et loup* ; et les *Neures* (p. Narvies), cette tribu scytho-sarmate, qu'Hérodote représente comme des loups-garoux, passaient, sans doute, dans la tradition, pour être en rapport de parenté avec *Narfi*, le fils de *Loki*. *Nörvi* (Hesperus, le Soir), a pour fille *Nôtt* (Nuit) ; elle n'est pas, ici, comme dans la Mythologie grecque, un symbole *zoomorphe*, conçu par intuition de la nuit, avec laquelle elle serait identique, mais elle est une Déité *anthropomorphe*, présidant à la nuit, dont elle est personnellement distincte.

§ 53. **Nôtt, épouse de Naglfari et de Onarr.** — La nuit pouvant être considérée par rapport aux trois tiers dans lesquels les Anciens avaient coutume de la partager, on assigna aussi, dans la Mythologie, à *Nôtt*, successivement *trois* époux, qui représentaient, sans doute, les trois parties successives de la nuit. *Snorri*, je ne sais d'après quelle autorité, donne à *Nôtt*, pour *premier* époux, le nommé *Naglfari* (Au Navire d'Ongles); c'est un Démon, Thurse ou Iotne, qui est le représentant des profondes ténèbres de la nuit, et le Précurseur de la destruction du Monde. Son véritable nom est *Loki de l'Enclos-Extérieur* (Utgarda-Loki), frère de Bileyst (Pousse-Grain); et il porte le nom épithétique de *Au Navire-d'Ongles*, parce que, à la Fin du monde, il s'embarquera, avec les Démons destructeurs, sur le *Navire-d'Ongles* (Naglfar), qui aura été construit avec les ongles des Trépassés descendus dans *Hel. Audur* (Inculte), le fils de *Nôtt* et de *Naglfari*, représente, probablement, l'aspect triste, inculte et morne, que prend la terre dans la nuit et les ténèbres (cf. *Audhumla*, p. 184). D'après *Snorri*, ou d'après un mythe cosmogonique dont *Snorri* pouvait encore avoir connaissance, le *second* époux de *Nôtt* est *Onar*; et *Iörd* (Terre) est la fille de *Onar* et de *Nôtt*. En effet, dans le langage skaldique, la terre est appelée poétiquement la *Fille d'Onar*; d'un autre côté, dans les chants épiques de l'Edda, *Iörd* est appelée *Fille de Nôtt* (cf. *Brynhildar Kvida*, 1, str. 3). *Snorri* est donc en droit de dire que *Onar* était l'*époux* de *Nôtt*. Mais qu'il ait été le *second* époux, aucun document mythologique, du moins de ceux qui nous restent, ne l'énonce. Cependant *Snorri*, ayant déjà nommé un *premier* époux, *Naglfari*, considère naturellement *Onar* comme le *second;* peut-être, au lieu de *Onar*, lisait-il *Annar* (l'Autre), et il s'est expliqué ce nom comme signifiant l'*Autre*, c'est-à-dire le *second* époux. *Onar* est un nom épithétique de *Œgir*, le Génie de l'Océan terrible. Les Scythes donnaient à l'Océan ou au Génie qui le représentait, le nom de *Effrayant* (Tami), ou de *Effrayant Beaucoup-Sachant* (Tami-Mâza-dâs). Les peuples de la branche *gète*, au lieu de *Tami*, disaient *Sami* et *Tomi* (v. *Les Gètes*, p. 250). Lorsque la Cosmogonie se forma, le nom de *Sami* (norr. *Samr*) et de *Tomi* (norr. *tomr*, désert) eut le nom plus expressif de *Serpent* (Agis; norr. *Œgir*; sansc. *Ahis*; gr. *Echis*); et l'Océan étant considéré comme entourant la terre, il eut le nom de *Gumis* (norr. *Gymir*, Entourant, Protégeant). L'iotne *Œgir* ou *Gymir*, le représentant de l'Océan redoutable, passait pour un Démon *auguste* (sansc. *svaryas*, céleste; germ. *héri*; norr. *hâri*; all. *hehr*), par l'*agitation* de ses *vagues* (sansc. *aughas*; norr. *vâgr*), ou par l'*agitation*, l'*épouvante* (norr. *ôgn*; cf. gr. *ôgen*, *ôkeanos*), ou la frayeur qu'il inspirait. C'est pourquoi il eut le nom épithétique de *Ogn-hârr* (Auguste d'Agitation), qu'on a changé en *Onarr* (cf. *Ragnarr*, p. Ragin-harr; *Sigarr* p. Sig-harr; *Fialarr* p. Fial-harr, etc.). Comme l'*a* long se rapprochait, dans la prononciation norraine, de l'*ô*, le nom d'*Onarr* devint presque homophone avec *Anarr* (p. Agnharr, Agnarr, Chasseur, Pêcheur), qui est le nom d'un Dverg de la nuit. Mais, en aucun cas, l'iotne *Onar* ne saurait être identique avec le Dvergue *Anar*; car les Dvergs sont des Êtres météorologiques (voy. p. 248) et non des Êtres cosmogoniques; et jamais la Mythologie n'a pu songer à faire d'un *Dverg*, fils chétif de la Terre, l'époux de *Nôtt* et le père de *Iörd*. Les noms de *Onar* et de *Anar* diffèrent essentiellement du mot *anar-r* (p. andar-r), l'autre. Cependant il semble que, déjà du temps de *Snorri*, on a confondu ces trois noms, et l'on a expliqué le nom de *Onar* (confondu avec *Anar*), comme signifiant simplement l'*Autre*, c'est-à-dire le *second* époux. Les Scythes considéraient les pays ou terres comme sortis des eaux; c'est pourquoi ils donnaient au pays ou à la terre le nom de *aquatique* (scythe *Apia*), et adoraient la Terre sous le nom de *Apia* (voy. *Les Gètes*, p. 170). Plus tard, chez les peuples de la branche *gète*, lorsque, avec la Cosmogonie, se forma l'idée de *Terre*, comme Ensemble de tous les pays, la Terre, nommée *Iörd*, fut encore considérée comme *sortie* de l'Océan (norr. *Gymir*) et, par conséquent, comme la fille de *Gymir* ou de *Onar*. *Iörd*, la fille d'*Onar*, a pour mère *Nôtt*; cela signifie que, d'abord, au point de vue cosmique ou par rapport au *Monde*, la Terre, d'après le système mytho-cosmogonique, est considérée comme provenant ou comme sortie de la *Nuit* du Monde, c'est-à-dire du Chaos ou du *Néant*, ainsi que, dans la Mythologie grecque, *Gaïa* (Terre) est appelée la *Fille de Chaos*; ensuite, cela signifie que, au point de vue des saisons, ou considérée par rapport à l'*année*, la Terre, qui, au printemps, commence sa période de production, sort, provient ou descend de l'Hiver, qui est la *Nuit de l'année*; cela signifie, enfin, que, au point de vue de la *journée*, ou par rapport à son apparition diurne, la Terre naît de la Nuit, puisqu'elle sort ou naît, en quelque sorte, chaque matin, des ténèbres qui l'avaient couverte ou enveloppée dans la nuit. Ce mythe *cosmogonique*, sur l'origine de *Iörd*, bien qu'il ne remonte guère au delà du deuxième siècle avant notre ère, est cependant antérieur à l'autre mythe déjà cosmogonique et plus épique, d'après lequel la Terre a été façonnée par les Ases, avec la matière tirée du corps d'Ymir (voy. p. 188).

§ 54. **Delling, troisième Époux de Nôtt.** — Le troisième Époux de *Nôtt*, selon *Snorri*, est *Delling* (Issu de Dall). On ne sait d'après quelle donnée il parle de ce troisième mariage mythique, qui, du reste, paraît être authentique dans la tradition; car, d'après la strophe 25 des *Dits de Vafthrûdnir*, *Dagr* (Jour, p. Dav-ingr, Issu de Brillant) est fils de *Delling* (Issu de Dall); et, d'un autre côté, le *Jour* (Dagr), qui procède de la *Nuit* (Nôtt), est appelé *Fils de Nôtt* (et de *Dav*). *Snorri* a dû conclure de là que *Nôtt* a été l'Épouse ou du moins l'Amante de *Delling*; et ayant déjà cité *Audur* et *Onar* comme ayant été ses deux premiers époux, il appelle *Delling* le *troisième* époux de *Nôtt*. Il considère, avec raison, ce mariage comme le *dernier*, puisque *Delling* représente la dernière partie de la nuit. En effet, *Delling*, dont le nom signifie *Issu de Dall*, est probablement fils de *Heïm-dall* (Arbre du Séjour), qui est la personnification symbolique de l'aube du Monde ou du commencement et de la naissance de toutes choses. *Delling* représente le Crépuscule du matin ou le Point-du-jour; il est l'opposé de *Nörvi* (Crépuscule du soir); le premier appartient déjà au jour et à la lumière; il est de la race lumineuse des *Ases*; le second appartient déjà à la nuit; il est de la race ténébreuse des *Iotnes*. *Jour* (Dagr) est le fils de *Point-du-Jour* (Delling) et de *Nuit*; tous les trois, *Jour*, *Point-du-Jour* et *Nuit*, ne sont pas des concepts de l'intuition ; ces sont des personnifications *allégoriques* du point du jour, de la nuit, et du jour. Aussi ces personnages ne se confondent-ils pas avec les objets qu'ils représentent ; ce sont des *Génies* qui président à ces objets ou phénomènes, dont ils diffèrent comme personnes anthropomorphes. Le mythe suppose que le jour est chaque fois amené au ciel par l'arrivée du cheval *Crin-Luisant*, traînant le char où se trouve le Génie qui préside au jour, et qui, sans être le jour lui-même, porte, comme lui, le nom de *Jour*. De même, la nuit est amenée au ciel par l'arrivée du cheval *Crin-Givreux*, traînant le char où se trouve le Génie qui préside à la nuit, et qui, sans être la nuit elle-même, porte, comme elle, le nom de *Nuit*. Ce que *Snorri* ajoute sur les chars de *Nuit* et de *Jour*, sur les chevaux qui les traînent, et sur l'origine de la rosée du matin, est emprunté aux *Dits de Vafthrûdnir*, strophes 12e et 14e. (Voy. *Poëmes islandais*, p. 264.)

(18) MYTHES COSMOGONO-ÉPIQUES SUR SÔL ET MÂNI.

§ 55. **Mundilfari, père de Sôl et de Mâni.** — Dans l'origine, chez les Scythes, le *Soleil* (Svalius) et la *Lune* (Svalia), étaient des divinités *zoomorphes* ; plus tard ils devinrent des divinités *anthropomorphes*, et furent considérés alors comme fils et fille de *Tivus* (Ciel) et d'*Apia* (Terre). Ils furent adorés, le premier, sous les noms épithétiques de *Targitavus* (Brillant par la Targe), de *Vaitu-Skurus* (Prompt à la chasse), de *Skotaris* (Archer), de *Pakus* (Vénérable), de *Tavit-varus* (Garde du peuple), de *Pravus* (Seigneur), et la seconde, sous les noms épithétiques de *Vaitu-Skura* (Prompte à la chasse), de *Artin-Paza* (Dame Productive), de *Kvalei* (Effrayante), etc. Dans la religion des peuples de la branche *gète*, le dieu du Soleil, se dédoublant de plus en plus, eut les noms épithétiques de *Balthus* (norr. *Baldur*, Force), de *Skalmoskis* (A-la-Peau), de *Fravius* (norr. *Freyr*, Seigneur), etc. La Déesse de la Lune, se dédoublant également, eut pour héritières les déesses nommées *Skalmoskis*, *Fravia* (norr. *Freyia*, Dame), etc. Les attributions du Dieu du soleil et de la Déesse de la lune, augmentèrent avec le temps ; et, en augmentant, elles firent oublier, de plus en plus, la spécialité *primitive* de ces divinités comme Dieu du *soleil* et comme Déesse de la *lune*. Dès lors, le rapport primitif entre ces astres et les divinités qui y présidaient, étant rompu, les *astres* eurent une mythologie différente de celle de ces divinités. Or, comme à ces astres, jadis adorés et maintenant devenus de simples objets de la Nature, se rattachait traditionnellement un *culte*, le soleil et la lune passaient pour des astres *sacrés*, et l'on imagina des divinités pour présider à ces objets sacrés. A cette époque (à peu près au troisième siècle avant notre ère), les nouvelles divinités qui furent imaginées, étaient toutes *anthropomorphes*, et elles prirent les noms des objets auxquels elles présidaient. A cette même époque (où la branche *gète* était déjà séparée de la branche *sarmate*), le mot usité dans les idiomes de l'une et de l'autre branche, pour désigner le soleil comme *astre*, était un mot *féminin* (lith. *saule* ; goth. *sunno* ; norr. *sunna*, *sôl*, etc.), et le mot, pour désigner la lune, comme astre, était un mot *masculin*. Aussi la nouvelle divinité imaginée, pour présider au soleil, prit-elle le même

nom féminin que cet astre, et fut, par conséquent, considérée elle-même
comme une divinité-*femme*. Au contraire, la divinité imaginée pour présider à la lune, dut, par les mêmes raisons, être considérée comme une
divinité *mâle*. C'est ainsi que furent conçus *Sól*, la Déité du soleil, et
Máni, le Génie de la lune. La Cosmogonie, pour expliquer ensuite l'origine du soleil et de la lune, comme *astres*, imagina qu'ils étaient, ainsi
que les autres étoiles, des *étincelles* gigantesques qui, lancées dans l'espace, du *Séjour de Muspill* (voy. p 175), erraient longtemps sans règle,
jusqu'à ce que les *Ases* leur eussent donné pour guides deux Génies, *Sól*
et *Máni*. Ce mythe cosmologique, tout en représentant le soleil et la lune
comme des *étincelles* lancées dans l'espace, ne put cependant pas encore
faire abstraction de la *personnification* mythologique dont ces astres
avaient été anciennement revêtus. Aussi, malgré la contradiction qui résul-
tait de cette double manière de concevoir ces astres, ces personnifications se sont encore maintenues quelquefois dans la tradition. Ces personnifications se trouvent, par exemple, dans la strophe suivante de la
Vision de la Louve :

> « *Sól* répand, du sud, ses faveurs sur *Máni*,
>
> « A la droite de la Porte du Coursier-Céleste ;
>
> « *Sól* ne le savait pas, où elle avait ses demeures ;
>
> « Les Étoiles ne le savaient pas, où elles avaient leurs places ;
>
> « *Máni* ne le savait pas quel était son pouvoir.

Dans le mythe rapporté par *Snorri*, *Sól* et *Máni* ne désignent pas les
astres eux-mêmes, mais les Génies qui président à leur mouvement. Cependant, dans la tradition mythologique, ces Génies empruntent, outre
leur nom, encore certains caractères, aux astres auxquels ils président.
C'est ainsi que la tradition populaire, rapportée par *Snorri*, au lieu de
représenter ces génies comme des *Alfes* (voy. § 84), leur donne une ori-
rine *iotnique*, parce que, d'après la Cosmogonie, le soleil et la lune sont
sortis, comme étincelles, du *Séjour de Muspill*, et que *Muspill* ou *Surtur*, comme représentant des forces gigantesques du Monde igné primitif,
compte parmi les *Iotnes*. Et voilà pourquoi le père de *Máni* et de *Sól* est
un *Iotne* nommé *Mundil-fari*, nom qui signifie *Voyageant-en-Circuit*
(norr. *mund*, cercle, tour, temps ; *möndull*, tour, axe ; sansc. *manda-
las*, cercle), et désignait, dans l'origine, le *Ciel* qui se meut en sphère,
et puis le *Temps*, qu'on se figurait comme une période circulaire (cf. gr.
chronos, *kronos*, cercle, temps ; lat. *coróna*, la circulaire, le cercle).
Dans la suite, le mythe cosmogonique tournant de plus en plus au mythe
épique et même au conte populaire, *Mundilfari* fut assimilé entièrement
aux *Iotnes*. Son nom déjà ressemblait aux noms iotniques de *Nagl-fari*
(voy. p. 199) et de *Svadil-fari* (voy. § 144). La tradition populaire des
temps postérieurs lui attribuait, conformément au caractère des Iotnes,
un orgueil démesuré, et donnait pour cause de cet orgueil, la trop grande
idée qu'il avait de la beauté de ses deux enfants, *Sól* et *Máni*. Aussi les
Ases, pour punir son outrecuidance, enlevèrent-ils ces deux enfants :
ils les transportèrent de la terre au ciel, comme ils ont transporté
sur la voûte céleste, sous forme de constellations, les yeux de l'iotne
Thiassi et le doigt de pied de l'iotne *Örvandil*. *Sól* et *Máni* sont con-

damnés par les *Ases* à conduire les chariots du soleil et de la lune. D'a-
près la tradition populaire, ils sont les serviteurs ou les Serfs des Dieux,
semblables presque aux serves iotniques *Menia* et *Fenia*, ou, du moins,
aux enfants *Thialfi* et *Röskva*, que *Thôr* enleva à leur père, le *Géant-
des-Montagnes*.

§ 56. **Sól, la fiancée de Glèn; ses deux chevaux.** — *Sól* et *Máni* ayant
été conçus à une époque postérieure, et conçus d'abord comme personnages *cosmogoniques*, et, plus tard, comme appartenant à la race *iotnique*, ils n'ont, pour ces raisons, jamais été *adorés*. Seulement, comme
quelques traditions, concernant l'ancien dieu *Soleil*, se sont conservées,
et que *Sól*, confondue avec le soleil, se rapprochait, par sa nature bienfaisante et lumineuse, des Alfes et des Ases, cette fille de l'iotne *Mundilfari* figure, dans quelques mythes, parmi les *Asynies* (Amies des Ases),
de la même manière et pour la même raison que *Skadi*, la fille de l'iotne
Thiassi, et *Gerdur*, la fille de l'iotne *Gymir*. Selon *Snorri*, *Sól* est
fiancée à *Glèn*; et effectivement, le Skalde *Skúli*, Fils de Thorstein, appelle *Sól* la *Concubine de Glèn* (voy. *Snorra Edda*, p. 330). Ce nom
de *Glèn*, ou bien signifie *Joli*, *Brillant* (cf. gr. *kleinos*; Hésych. *glé-
nos*, lumière; anglos. *clæne*; all. *klein*, joli, gentil, petit), et désigne,
sans doute, dans ce cas, un Alfe, l'Étoile du soir et du matin, ou bien,
il est synonyme de *Hlx* ou *Glx*, et désigne l'Océan, où le Soleil (*Sól*) se
couche; ou enfin, il est synonyme de *Glyrnir*, qui désigne l'Océan céleste, c'est-à-dire l'atmosphère attiédie par les rayons du soleil.

Ce que *Snorri* rapporte des chevaux de *Sól* et du Fer-Réfrigèrant, est
confirmé par la strophe 37 des *Dits de Grimnir*. Comme on se figurait
Matinal et *Tout-Alerte*, les deux chevaux de *Sól*, attelés au chariot sur
lequel étaient placés à la fois l'astre du soleil et *Sól* dirigeant l'attelage, le
récit épico-mythique se croyait obligé d'expliquer comment ces chevaux,
se trouvant si près du soleil, ont pu supporter une chaleur aussi excess-
sive. Il a donc imaginé que, sous les épaules, à l'endroit où les chevaux
souffrent le plus de la chaleur, il se trouvait, pour les rafraîchir, un fer
qui, par la nature de ce métal, toujours frais (norr. *kalt-isarn*, fer froid),
communiquait sa fraîcheur aux chevaux.

§ 57. **Les phases et les taches de la lune.** — La manière dont les Scandinaves et les peuples germaniques désignaient les phases successives de
la lune, différait entièrement de la nôtre. Comme depuis la première apparition, après ce que nous appelons la nouvelle lune, jusqu'à la pleine
lune, il y a accroissement du disque lunaire, les différents degrés de cet
accroissement portaient, dans la langue norraine, le nom de *renouvellements* (norr. *ny*). Le renouvellement par excellence était le *premier*, c'est-
à-dire la première apparition après la nouvelle lune. Ensuite, comme
depuis la pleine lune jusqu'à la nouvelle lune, il y a décroissance du disque
lunaire, les différents degrés de cette décroissance ou de ce décours,
portaient le nom de *abaissements* (norr. *nid*). L'abaissement par excellence était ce que nous appelons la nouvelle lune.

Les taches de la pleine lune, vues à *l'œil nu*, ne ressemblent à rien
(voy. *Arago*, Astron. pop., 3, 385); c'est pourquoi l'imagination des
hommes y a pu trouver différentes ressemblances arbitraires (voy. *Grimm*,

Myth. p. 679). Les Hindous croyaient voir, dans la lune, un lièvre, et donnaient, par conséquent, à cet astre le nom épithétique de *çaçin* (Ayant un lièvre, lune). Les Scandinaves croyaient voir, dans les taches de la lune, deux individus portant, sur leurs épaules, une perche à laquelle était suspendu un seau. Partant de cette donnée d'intuition imaginative et l'expliquant à sa manière, la tradition mythico-épique, qui tourna plus tard au conte populaire, rapporta que *Mâni* (que les dieux avaient enlevé de la terre avec sa sœur *Sól*) en enleva, à son tour, deux enfants, un frère et sa sœur, dont il fit ses serviteurs, comme *Thór* l'a fait de *Thialfi* et de *Röskva*, et qu'on les voit encore, sur le disque de la lune, tels qu'ils étaient au moment de leur enlèvement. Le père de ces enfants est nommé *Vid-finn* (Finne de la Forêt); c'était sans doute, dans la tradition primitive, un *Géant des Montagnes*; et ce nom prouve même que cette tradition s'est formée seulement lorsque les tribus gothes se furent établies dans le Nord et qu'elles eurent repoussé dans les forêts marécageuses de la Marche-Finne l'ancienne race finne qui, antérieurement, était répandue dans toute la Scandinavie (voy. p. 139). Peut-être la tradition elle-même était-elle originairement finne. La fille de *Vidfinn* se nomme *Byl* ou *Bil* (Nuée; féminin de *Bylr*, nuage), et son frère est nommé *Hiuki* (Neigeux; cf. norr. *fiuk*, neige), deux noms qui désignent les figures nuageuses de ces enfants sur le disque neigeux de la lune. Ces enfants portent, sur leurs épaules, la Perche qui est nommée *Simul* (p. *Sumul*, Conjonction, joug), parce qu'elle joint ensemble, comme un joug, les deux porteurs du seau. A cette perche est attaché le seau qui est nommé *Baquet-au-lait* (norr. *Sægr*; cf. sansc. *Sagara*), parce que le même vase qui servait de baquet à traire, servait aussi pour y porter de l'eau. C'est ce seau que les deux enfants de *Vidfinn*, au moment de leur enlèvement, avaient rempli de l'eau puisée à la fontaine qui appartenait à *Byrgir* (Renfermant). *Byrgir*, dont le nom exprime qu'il avait entouré son puits d'un mur solide, comme d'une enceinte (norr. *borg*), était, sans doute, un iotne possesseur, comme l'iotne *Mimir*, d'un puits, situé dans le *Séjour-des-Iotnes*. Ce mythe des enfants de *Vidfinn* ne se trouve consigné dans aucun des documents mythologiques qui nous restent; *Snorri* l'a puisé, probablement, dans la tradition *populaire*. Aussi la forme de ce mythe porte-t-elle les caractères du conte populaire postérieur; car les personnages qui y figurent, et qui étaient de race *iotnique* dans le mythe primitif, y sont déjà changés, comme dans les contes populaires, en personnages de race *humaine*.

§ 58. **Soleil et Lune, dans l'origine divinités zoomorphes.** — Dans l'origine, le soleil et la lune furent conçus, par l'intuition, comme des divinités bienfaisantes qu'on adorait. La forme de ces astres n'ayant rien qui pût être rapporté, par l'imagination, à la figure *humaine*, ils furent conçus primitivement, par l'intuition, comme des êtres *vivants* (gr. *zoa*), divins ou comme divinités zoomorphes. A cause de la chaleur fécondante et de la course rapide qu'on remarquait dans le soleil, l'imagination des Scythes, peuple pasteur, chasseur et guerrier, se figurait le dieu Soleil comme un animal mâle en chaleur, tel qu'un étalon, un taureau, un bélier, un verrat, un renne, un élan ou un cerf. Aussi ces animaux furent-ils consacrés au dieu Soleil zoomorphe. Les Scythes guerriers aimaient surtout à voir, dans le Soleil, un cheval ardent parcourant rapidement les espaces célestes, et répandant ses rayons de lumière et de chaleur par ses yeux, ses naseaux, sa crinière luisante, et sa queue flamboyante. La Lune fut conçue, par l'intuition, à la fois comme divinité analogue au Soleil, en tant que bienfaisante et luisante comme lui, et comme divinité *opposée* au Soleil, en tant que nocturne, tandis que le Soleil était diurne. On considérait principalement la Lune au point de vue de l'influence fécondante qu'on lui attribuait : c'est pourquoi elle passait pour la déesse de la génération et de la naissance (cf. lat. *Luna, Lucina*), d'autant plus qu'elle se confondait avec la Nuit qui, elle aussi, était considérée comme une *Mère*, du sein de laquelle la Terre, avec tout ce qu'elle renferme, était sortie (voy. p. 200). Aussi l'imagination se figurait-elle la Lune, cette déesse zoomorphe, de préférence sous la forme de la vache, de la biche et de la truie, qui étaient les types de la maternité (voy. § 98), et qui, dès lors, devinrent les animaux consacrés à la Lune zoomorphe.

Lorsque plus tard, chez les Scythes, comme chez les autres peuples iaféliques, les divinités zoomorphes furent remplacées successivement par des divinités *anthropomorphes*, le soleil et la lune ne furent plus considérés comme des divinités sous forme animale, mais comme des êtres impersonnels, comme des astres, auxquels présidaient des divinités à la forme humaine, lesquelles, comme personnes, étaient distinctes des astres auxquels elles présidaient. Cependant, malgré ce changement, qui, à la place d'un seul être divin, savoir le dieu Soleil zoomorphe, en fit concevoir deux, distincts l'un de l'autre, savoir le divin Soleil, comme astre, et le dieu anthropomorphe du Soleil, qui y présidait, les animaux qui, selon l'usage traditionnel religieux, étaient consacrés à l'ancien Soleil zoomorphe, continuèrent à être consacrés au dieu anthropomorphe du Soleil, et les anciennes traditions et les mythes se conservèrent également avec quelques changements. C'est ainsi que les Massagètes, à une époque où le Soleil était déjà adoré comme dieu *anthropomorphe*, donnaient cependant encore à ce dieu l'ancienne épithète de *Le plus rapide des dieux* (voy. Hérodot. 1, 216), épithète qui se rapportait originairement au cheval rapide, sous la figure duquel le soleil était anciennement conçu. Dans la Mythologie indienne, le dieu du ciel, *Indras*, divinité anthropomorphe, qui fut substitué à l'ancien dieu zoomorphe *Sourias* (Soleil), portait également, encore plus tard, comme reste et en souvenir de l'ancienne hypostase du soleil, les surnoms de *Vadjan* (Cheval) et de *Arvan* (Coursier; voy. *Les Gètes*, p. 479). Toutes les tribus scythes, ainsi que les Hindous, les Perses, les Rhodiens, les Lacédémoniens, (*Pausan. Lakon.*, 20, 5), sacrifiaient au dieu du Soleil, le cheval, le plus rapide des quadrupèdes, et qui lui resta toujours consacré. C'était au dieu du Soleil qu'étaient consacrés les chevaux blancs qui paissaient sur les bords du lac Hypanis en Scythie (*Hérodot.* 4, 52) ; et cet usage religieux se transmit également aux descendants des Scythes, aux Sarmates et aux Gètes, et aux descendants de ceux-ci, aux Slaves, aux Scandinaves et aux Germains. Dans la Mythologie scandinave, les deux chevaux, qui traînent le char de la déesse *Sòl* (voy. § 56), rappellent encore le *Cheval cé-*

leste (norr. *himin-iôr* ; v. p. 202), qui était l'ancienne hypostase du soleil.
Les Scythes de la branche *sarmate* habitant des pays où abondait l'*élan*,
que, dans leur langue, ils nommaient *alkus* (Strabon, *kolos* p. olkos ;
grec *alkê* ; lat. *alces, achlis* ; vieux-slavon *locs* ; vieux scandinave *ialkr* ;
norr. *elgur* ; pol. *loç*, etc.), ont substitué au cheval, comme animal consacré au soleil, l'*élan*, d'autant plus que le nom *alkus*, qui signifiait
proprement *lancé*, s'appliquait également au cheval et à l'élan (cf. polon.
loszak, petit cheval tatare). A l'*élan*, les Scythes septentrionaux ou les
Sar-mâtes (Hommes du Nord), ont substitué le *renne* qui, dans leur
langue, était nommé *tarandus* (*Plin.*, 8, 34, 52 ; Hésychius *tarandos* ;
norr. *thrandr* ; cf. pélasge *Brendos* ; norr. *brôdr* p. brandr), mot qui,
dérivé du thème *vrinda* (p. *bhrinda*), est synonyme de *renne* (lat. *rheno* ;
vhall. *rheino* ; norr. *hrein*), et qui signifiait proprement Frémissant,
Chaleureux, *Impétueux*. Enfin, au renne et à l'élan, les Scandinaves ont
substitué le *cerf*, d'autant plus facilement que, dans les langues slaves,
le même mot *ielen* (lith. *elnis*, impétueux ; cf. norr. *eli*, tempête), désignait l'*élan* (de *elen* ; all. *elend*) et le *cerf*. Encore au douzième siècle,
les *Chants-de-Sôl* (*Sôlar-liod* LV), de l'Edda, représentent symboliquement le soleil par un *cerf* (norr. *Sôlar-hiort*).

De même que, dans la Mythologie hindoue, l'incarnation de *Vichnous*
ou le Verrat qui, avec ses défenses, symboles des rayons ardents, fait
sortir des eaux primitives la Terre (cf. *apia* aquatique, sortie de l'eau),
était ordinairement l'hypostase *zoomorphe* du soleil, de même aussi,
dans la religion des Scythes sarmates, le *verrat* qui, du reste, dans les
langues scythiques, portait le même nom que le renne (scythe *tarandus*, renne ; norr. *thrandr*, verrat), et qui, dans l'origine, était le symbole zoomorphe du soleil, devint plus tard, chez les descendants des
Sarmates, savoir chez les Slaves et les Vendes ou Venètes, l'animal consacré à *Pravys* (Seigneur) ou au dieu du Soleil. Les Scandinaves, en adoptant, des *Vanes* ou Slaves, le dieu *Pravys*, qu'ils nommèrent *Freyr*
(Seigneur), adoptèrent également, comme consacré à ce dieu du soleil
anthropomorphe, le verrat *Gullinborsti* (Soies d'Or), lequel était ainsi
la dernière métamorphose mythologique du Verrat céleste, qui était considéré primitivement comme l'hypostase *zoomorphe* du Dieu Soleil lui-
même.

Quant à la Lune, les traces de son hypostase *zoomorphe* primitive,
après qu'elle se fut changée en personnification *anthropomorphe*, se
conservèrent encore dans la Mythologie des peuples de race scythique,
mais moins nombreuses et moins évidentes que dans les mythes du Soleil. Cependant le nom, que la Déesse de la lune portait chez les Thrako-
Gètes, et que les Grecs ont rendu sous la forme de *Bendis* (Biche p.
Brendis, voy. *Hésych.*, s. v.), ou *Bendeia* (p. Brendeia), semble prouver
que, chez les descendants des Scythes de la branche *gète*, la Déesse de
la Lune avait encore, jusque-là, conservé, comme animal, à elle consacré, la *biche*, qui, dans l'origine, avait été son hypostase zoomorphe.
Plus tard encore, dans la Mythologie des Scandinaves, la Vache et la
Truie, qui, originairement, étaient les symboles zoomorphes de la Lune,
furent considérées comme des animaux consacrés à *Freyia*, qui avait hé-

rité de quelques-unes des attributions de l'ancienne déesse de la Lune,
d'abord zoomorphe, puis anthropomorphe.

(19) LA FUITE DE SÔL ET DE MÂNI.

§ 59. **Un mythe de la période primitive.** — Les traces et les preuves de
la nature primitive *zoomorphe* de *Sôl* et de *Mâni*, se trouvent non-seulement dans les animaux, qui, plus tard encore, leur sont restés consacrés,
mais aussi dans quelques mythes de la période primitive. A l'époque où
la race scythe ne s'était pas encore complétement séparée des autres races
iafétiques, il s'était formé un mythe (dont on trouve l'équivalent dans
toutes les mythologies iafétiques) sur la lutte du soleil *zoomorphe* contre
le Démon ou le Loup qui veut le dévorer. Lorsque le dieu Soleil zoomorphe fut devenu le dieu anthropomorphe du Soleil, ce mythe primitif,
originairement *symbolique*, est devenu de plus en plus *épique*, et s'est
reproduit et dans le mythe de Indras luttant contre *Vritras*, et dans le mythe
d'*Apollon* luttant contre *Typhon*, et dans le mythe de *Sigfrid* luttant contre
le *Dragon*, etc., etc. A côté de ces formes épiques, l'ancienne forme du
mythe s'est conservée jusque dans la Mythologie norraine. Bien que la
déesse anthropomorphe *Sôl* ait été séparée de l'astre du soleil auquel elle
présidait, le mythe norrain, s'appuyant sur la tradition primitive, d'après
laquelle l'astre lui-même était une divinité zoomorphe, énonce que *Sôl*, et
non pas le soleil seulement, est menacée d'être dévorée. Ce mythe est donc
un des plus anciens de la Mythologie norraine. *Sôl* et *Mâni* n'y figurent
pas comme des Génies anthropomorphes, présidant au mouvement du soleil et de la lune, mais encore comme des divinités *zoomorphes*, ainsi
que ces astres avaient été conçus dans l'origine par l'intuition. Pour exprimer la pensée que le Soleil et la Lune sont condamnés à périr (voy. § 20),
et que leur existence diurne et annuelle est, à tout instant, menacée, le
Mythe dit que *Sôl* et *Mâni*, qu'on se représentait originairement sous la
forme d'un *coursier* et d'une *vache*, sont poursuivis par des Loups *iot-*
niques, qui les dévoreront à la fin des siècles ; que les accidents qui arrivent au Soleil et à la Lune, tels que l'affaiblissement de leur chaleur
et de leur lumière, les éclipses, les hâlos, etc., proviennent de ce que
ces Loups monstrueux les atteignent quelquefois, les étreignent et les
tiennent déjà à moitié dans la gueule, mais que cependant le Cheval-So-
leil et la Vache-Lune, en faisant des efforts, parviennent encore à leur
échapper. D'après ce mythe, le cours du Soleil et de la Lune n'est pas,
comme selon une autre tradition primitive, la marche *joyeuse* de ces
Divinités zoomorphes sur le vaste pâturage du ciel, ni comme selon
d'autres traditions postérieures, une marche ou une course réglée par les
Dieux (voy. p. 202) ; mais c'est une *fuite* incessante pour échapper à la
destruction dont les menacent les Loups iotniques. *Sôl* est poursuivie
par le loup *Skoll* ; et, pour s'en éloigner, elle courrait encore bien plus
vite qu'elle ne le fait, si elle ne craignait pas de trop se rapprocher du
Loup *Hati*, cet ennemi de *Mâni*. *Mâni*, lui aussi, ne veut pas trop
hâter sa course, de peur de se rapprocher de *Skoll*, qui court au devant
de lui, à la poursuite de *Sôl*. La course de *Sôl* et de *Mâni* est donc *cir-*
culaire. La rapidité de cette course de *Sôl* est devenue proverbiale dans

le Nord, comme l'a été, dans la poésie hindoue (voy. *Bhagavat-Poura-nam*, I, v. 30), la rapidité du Soleil, c'est-à-dire du Coursier céleste (Arvan), qui s'enfuit avec terreur devant le monstrueux *Roudras* (Çivas).

(20) LES ENNEMIS DE SÔL ET DE MÂNI.

§ 60. **Les Iotnes zoomorphes.** — Non-seulement les Divinités, mais aussi les *Démons* furent conçus, dans l'origine, comme des êtres *zoo-morphes*. Le Soleil et la Lune étaient considérés comme le Taureau ou l'Étalon et comme la Vache ou la Cavale célestes; l'idée se fixa bientôt que les Démons ou les Ennemis de ces Divinités zoomorphes étaient des Loups affamés et meurtriers; et comme ces monstres dévoraient également les nuages fécondateurs et produisaient les sécheresses, ils eurent non-seulement le nom de *Secs* (Thurses), mais aussi celui de *Mangeurs* (Iotnes). Le nom propre de *Itan-tursus*, que portait un roi Scythe, était, sans doute, synonyme de *Grand-Loup*, par opposition à *Petit-Loup* (cf. goth. *Fulfilas*); et c'était-là un nom particulièrement honorifique, comme l'ont été, encore chez les peuples de la branche *gète*, les noms de *Attilas* (Petit-Père, *Ours*), de *Beo-wulf* (Loup d'abeilles, *Ours*) et de *Biörn* (Ours; angl. *Byron*). Plus tard, de même que les Divinités, les *Démons*, aussi, mais moins généralement (vu leur caractère violent), de zoomorphes qu'ils avaient été dans l'origine, devinrent *anthropomorphes*. On se les figurait comme des géants d'une taille plus grande que celle des Dieux, et ayant, en proportion, des forces physiques extraordinaires. On comprit dans la Mythologie, sous les noms de *Thurses* et de *Iotnes*, tous les Démons ou Personnifications des forces gigantesques et nuisibles de la Nature. Comme êtres nuisibles, ils furent aussi considérés comme *méchants*. Ils se montraient méchants, non avec les hommes, avec lesquels ils n'avaient pas de rapports directs, mais dans leurs luttes avec les Dieux, les Protecteurs de la Nature et des hommes. D'après la Cosmogonie et la Théogonie, ces Démons étaient la race primitive du Monde et antérieure à la race des Dieux. Comme êtres primitifs, ils avaient l'expérience ou la sagesse la plus ancienne; mais leur sagesse était une science méchante; c'était la *magie* noire. Les *Thurses* devinrent même les représentants de la Magie, et l'on supposait que, dans leurs luttes contre les Dieux, ils usaient non-seulement de leurs forces physiques gigantesques, mais surtout des artifices de la Magie. Comme, à côté de la forme anthropomorphe des Iotnes, la tradition maintenait toujours leur ancienne forme de *loups*, l'on s'imaginait que, par leur magie, ils se transformaient en *hommes-loups* ou *loups-garous*; et, dans la suite, ce caractère de loup-garou fut attribué même à des hommes et à des peuplades qui passaient pour être magiciens. C'est ainsi que, déjà chez les Scythes, la tribu appelée les *Napres* (norr. *Narfi*, Crépusculaire, loup, renard, v. p. 198), avait la réputation d'être à la fois des magiciens et des loups-garous. La tradition épico-mythique postérieure faisait même descendre les différentes classes de magiciens de différents Iotnes loups-garous. Voilà pourquoi il est dit dans la *Petite Vision de la Louve* :

> « Toutes les Louves proviennent de *Vidolf* (Loup du Bois),
> « Tous les Sorciers de *Vilmeidi* (Baguette Trompeuse),
> « Mais les Porte-Cribles de *Tête-Noire* (Svart-Höfdi). »

§ 61. **Les loups iotniques Skoll et Hati.** — Les *Démons* mythologiques étant tous conçus comme des Êtres surhumains, méchants et nuisibles, tous portent ce seul et même caractère commun. Aussi, comme il ne s'agit pas, dans la tradition, de leur assigner des caractères *individuels*, les noms propres qui les désignent n'ont point de signification *symbolique*, indiquant des qualités particulières; ces noms ont seulement une signification *épique*, énonçant leur caractère général. Dans la Mythologie scandinave, un grand nombre d'Iotnes ont eu des noms propres, qui ne sont autre chose que des noms épithétiques ou poétiques pour désigner le Loup. C'est ainsi que l'Iotne qui, sous la forme d'un loup gigantesque, poursuit le Soleil, est nommé *Skoll* (Ricaneur), nom épithétique qui désignait le schakal, le renard et le *loup*, dont les hurlements ressemblent à des ricaneries. L'Iotne loup-garou qui poursuit la Lune, est nommé *Hati* (Haineux), nom poétique qui désigne les animaux haineux, tels que le chat et le loup. Les loups se montraient ordinairement sur les champs de bataille, pour dévorer les occis. Aussi la croyance s'établit-elle que l'apparition ou l'arrivée des loups *présageait* des combats. Le loup était, par conséquent, appelé poétiquement le *Présage* (norr. *Vitnir*) du combat ou de la dévastation; et, c'est pourquoi, le père de *Hati* porte, dans la tradition, le nom épique de *Hród-vitnir* (Présage de Dévastation; cf. *Hród-olf*). Il est évident que, dans l'origine, le mythe a considéré le Soleil et la Lune, poursuivis par les Loups-Iotnes comme des divinités *zoomorphes*, et non pas comme des divinités *anthropomorphes*, présidant à ces astres. Dans le mythe scandinave dont il est question ici, il faut donc aussi considérer les noms propres de *Sól* et de *Máni* comme désignant les *astres* zoomorphes eux-mêmes, bien qu'il soit vrai que *Sól* et *Máni* désignent ordinairement, dans la Mythologie du Nord, les divinités ou les Génies anthropomorphes qui dirigent le soleil et la lune. Quant à son fonds primitif, ce mythe est donc un des plus anciens des Mythologies *iafétiques*; mais à cause des noms propres des Loups et des astres, et en général par la forme actuelle qu'il a prise dans la Mythologie norraine, il ne peut guère remonter au delà du second siècle de notre ère.

(21) LES GÉANTES MÈRES ET NOURRICIÈRES DES LOUPS.

§ 62. **Les Géantes zoomorphes.** — La conception de *Démons* impliquait, dans l'origine, seulement l'idée de forces surhumaines pernicieuses; et la force étant le propre du mâle plutôt que de la femelle, les *Démons*, dans les périodes primitives des Mythologies iafétiques, étaient tous des êtres *mâles*, et leurs noms n'étaient pas employés au féminin. C'est ainsi que, chez les Scythes, il y avait des *Thurses* (Secs, Dessécheurs) et des *Itanes* (Mangeurs, Loups); il n'y avait pas de *Dessécheuses* ni de *Mangeuses*. Plus tard seulement, lorsque, chez les peuples de la branche *géte*, la Théogonie eut provoqué la formation de la Titanogonie (v. p. 168), il fallut, pour concevoir les races et *générations* des Thurses et des Iotnes anthropomorphes, adjoindre à ces démons mâles aussi des démons femelles. Comme épouses de Démons, ces femmes eurent le caractère gigantesque et violent de leurs maris; mais elles n'eurent point, à l'instar des *Ans-vinias* (norr. *Asyniur*, Amies des Ases) le nom de *Thurs-*

vinias (Amies des Thurses), ni celui de *Iotun-vinias* (Amies des Iotnes). Ayant été conçues à l'époque où leurs maris étaient considérés principalement comme des Loups-garous gigantesques, elles eurent un nom signifiant *Louves* ou Filles du Loup (norr. *Gygiar*). Or, parmi les noms épithétiques du loup, il y avait celui de *Hurleur* (sansc. *kôkas*, loup; goth. *hôha*, loup, coutre; cf. gr. *kôkuô*, hurler); le féminin pluriel, dérivé de *Gûg*, avait, sans doute, dans les langues de la branche *gète*, la forme de *Gûgias*, dont est dérivé le mot norrain *Gygiar*[1]. Les Iotnes passant pour être des Loups-garous et des Magiciens, leurs épouses étaient pareillement considérées comme des *Louves-femmes* et des *Magiciennes*. Chez les peuples d'origine *gète*, la magie était principalement pratiquée par des femmes; et c'est pourquoi l'idée de magie prédominait bien plus dans la conception des Géantes que dans celle des Iotnes. Aussi dans les langues de la branche *gète*, le nom de *Gygr* (Louve) exprimait-il presque exclusivement l'idée de magicienne. Dans l'origine, les Géantes, ainsi que les Iotnes, étaient considérées comme n'ayant point de rapports avec les hommes; elles n'étaient aux prises qu'avec les Dieux, et tout au plus avec les Héros, fils des Dieux. Mais comme, dans la suite du temps, les personnages mythologiques vont toujours se rapetissant de plus en plus dans l'imagination des hommes, les Géantes, chez les Slaves et les Scandinaves, se sont confondues peu à peu, non-seulement avec les *Sorcières*, appelées, dans le Nord, *Femmes-Fantômes* (norr. *Trôll-Konur*) et dans l'Allemagne moderne *Hexen* (néerl. *heks*, de l'espagnol *hachiza*), mais même avec les Spectres, appelées *Chevaucheuses de Nuit* (norr. *qveld-rîdur*; cf. *myrk-rîdr*; *âgengur*; sansc. *kehanadâtcharás*). Dans les langues slaves, le nom de *Louve* ou de *Issue de Loup* (Volchava), devint entièrement synonyme de Magicienne (cf. russe *Volchov*, sorcier); et ce nom passa même, sous la forme de *Vôlva* ou de *Vala* (p. Valha), dans la langue norraine, et y eut pour synonyme le nom de *Hyndla* (Petite-Chienne, Louvetelle), qui désignait également la Magicienne ou la Prophétesse.

§ 63. **Le Bois de Fer et Mâna-Garmr.** — Les Géantes, d'après les anciens mythes, se tiennent renfermées dans le *Séjour des Iotnes*, qui se trouve au delà de la Mer, au Nord et à l'Orient, par rapport au Séjour des hommes, appelé le *Séjour-Mitoyen*. Dans le Séjour des Iotnes il y a une Forêt qui, sans doute, d'après un mythe finne, est nommé *Bois-de-Fer*, parce que le bois de ses arbres passait pour être aussi incombustible et indestructible que le fer. D'après la Mythologie hindoue, il y a dans l'Enfer une forêt appelée *Forêt aux Feuilles-Épées* (sansc. *Asi-patra-vanam*), parce que ses arbres ont des épées pour feuilles (voy. *Chants de Sól*, p. 103). Les Géantes qui habitent le Bois-de-Fer, portent aussi le nom épithétique de *Celles du Bois-de-Fer* (norr. *Iarn-Vidiar*). Une de ces Géantes-Louves, la Mère des Loups-garous gigantesques *Skoll* et

---

1. Le mot norrain féminin *qvok* ou *kôk* (gueule) semble dérivé de l'ancienne forme *kôk* et avoir pris la signification spéciale de *gueule* (hurleuse); de *qvok* s'est formé ensuite le verbe dérivé *qvôka* (engloutir). Ou *qvok* serait-il une déformation de *qverk*?

Hati, est aussi la mère du plus puissant et du plus redoutable des loups de cette famille. Ce loup est nommé *Mâna-Garmr* (Hurleur de Màni), parce que c'est le hurleur (norr. *garmr, iarmr* ; gr. *kerberos*), ou le loup qui, à la fin du monde, devra dévorer *Màni*. Ce nom de *Màni* désigne ici, non pas le Génie qui dirige la lune, mais la *lune* elle-même. Déjà, chez les Scythes, *Artin-paza*, comme Déesse de la lune, recevait chez elle les Morts, et portait, comme Déesse des Morts, le nom épithétique de *Kvali* (voy. *Les Gètes*, p. 216). Le Séjour des Mânes était donc censé être placé dans la lune ; et cette idée se retrouve dans beaucoup de traditions mythologiques de l'Antiquité. D'après les *Orphiques*, par exemple, les *âmes* des hommes provenaient de la lune, et elles y retournaient comme *Mânes* après la mort des individus (cf. *Orlando furioso*, c. 34, ott. 83). Les peuples de la branche *gète* croyaient que les individus, morts de maladie ou de vieillesse, allaient dans la lune pour y séjourner. Aussi, quand, à la fin du monde, le *Hurleur* de *Màni* s'emparera de la lune, il y trouvera ces mânes, et se gorgera de la *vie* (norr. *fiörvi* ; cf. pers. *ferver*, mânes) des morts qui auront passé dans cet astre. Par suite de ce carnage, le sang des victimes formera une espèce de halo rougeâtre qui couvrira le ciel et obscurcira le soleil ; et la chaleur du soleil étant ainsi interceptée, le *Terrible-Hiver* (*Fimbul-Vetr*) commencera, c'est-à-dire que les vents du nord se déchaîneront et mugiront de tous côtés.

(22) LA NATURE DE L'ARC-EN-CIEL.

¶64. La Voie-Tremblotante et les Bains de Bassin. — Lorsque les divinités furent considérées, non plus, chacune individuellement, mais comme formant ensemble une *famille*, sous le nom de *Célestes* (norr. *Diar*) ou d'*Ases*, elles eurent aussi pour demeure commune le ciel ou l'*Enclos-des-Ases*. Quand, plus tard, les peuples de la branche *gète*, de nomades, furent devenus sédentaires, et eurent établi des bourgs et des forts, ils se figuraient également l'*Enclos-des-Ases* comme une Ferté entourée de fossés, ou semblable aux enceintes des temples, que les Scandinaves et les Slaves aimaient à élever sur des îlots ou sur un terrain entouré artificiellement d'eau; usage qui, encore plus tard, a été observé dans le Nord pour les églises chrétiennes (lat. *ecclesia in undis* ; all. *Wasser-Kirche*), dont quelques-unes ressemblaient à des *forts*, entourés de fossés, et où l'on ne pouvait entrer que par un pont-levis (v. *Les Gètes*, p. 267). L'*Enclos-des-Ases*, comme l'Érèbe des Grecs, est entouré de fleuves *ignés*, qui forment ce qu'on appelait un *Feu Flambant* (norr. *vafur-logi*). Ces feux flambants faisaient, au ciel, le cercle tout autour de cet Enclos, et, arrivés à *Roches-Célestes* (Himin-biörg), où est l'entrée de cette Enceinte, descendaient du ciel à terre, et formaient comme des bandes bariolées des différentes couleurs du feu. Cette dernière partie du Feu Flambant constitue, d'après le mythe, l'*arc-en-ciel*, qui, ayant été comparée à un pont jeté entre le ciel et la terre, a été, pour cette raison, appelé quelquefois *Pont-d'Ase* (As-brù), avec la signification de *Pont de l'Ase Thôr*.

Le Feu flambant du Pont d'Ase se compose de quatre Rivières ignées, juxtaposées, qu'on distingue par les quatre couleurs ou bandes longitudinales qui forment l'arc-en-ciel. Deux de ces rivières sont de feu rouge, et portent les noms de *Échauffée* (*Körmt* p. kvörmt) et de *Chauffée*

(*Örmt* p. vörmt). Les deux autres sont des eaux vaporeuses et bouillantes, appelées *Bains de Bassin* (Ker-laugar), parce qu'on les comparait à ces eaux thermales toutes vaporeuses et bouillantes, que, dans le Nord et plus tard principalement en Islande, on faisait couler dans des bassins, creusés dans le sol, pour s'y baigner. Le Feu Flambant du *Pont d'Ase* porte encore le nom de *Voie-Tremblotante* (Bif-röst), parce que l'arc-en-ciel est comparé à un espace de chemin, à une *voie* (norr. *röst*; all. *rast*; sl. *verst*), qui est *tremblotante*, parce qu'elle est suspendue légèrement dans l'air. *Snorri* a peut-être donné, à ce pont plus d'importance qu'il n'en avait dans la Mythologie; il rapporte, je ne sais d'après quels documents, que ce pont est fait avec plus d'art et plus d'habileté que les autres ouvrages de la création. Les documents mythologiques énoncent seulement que *Bifröst* est le *meilleur* des ponts (voy. *Dits de Grimnir*, 44); et cet énoncé est fait d'après l'idée généralement adoptée, dans toutes les Mythologies, que ce qui est au ciel ou appartient aux Dieux, est l'idéal, le prototype des choses analogues, appartenant aux hommes sur la terre. Peut-être la tradition racontait-elle que le pont était fait d'or ou de feu (v. *Les Gètes*, p. 225), et avec un tel art qu'on ne voyait jamais où il s'appuyait sur la terre; qu'il n'était visible que dans certains cas, après les orages, où *Thór* avait combattu les Iotnes ennemis des Ases; que quelque légère qu'en parût la structure, et bien qu'il ressemblât, comme l'indique son nom, à une *Voie tremblotante*, il était cependant tellement solide qu'il ne rompra qu'à la fin des siècles, lorsque tout, sans exception, sera brûlé à l'approche des Fils de *Muspill*, ou des Thurses du Monde igné. Ces ennemis, pour pénétrer dans le ciel, traverseront alors, sur leurs montures de feu, et sans se brûler, les quatre Rivières flambantes qui entourent l'*Enclos-des-Ases*.

§ 65. **Comment Snorri conçoit Bifröst.** — *Snorri* croit que le nom de *Pont d'Ase* provient de ce que les Ases, qui, selon lui, ont leur demeure sur la terre, s'ils vont siéger auprès de l'Arbre de Jugement qui se trouve au *ciel*, sont obligés de passer par ce pont. Mais les Ases, habitant l'*Enclos-des-Ases*, qui est au ciel, et non, comme le suppose *Snorri*, sur la terre (voy. § 54), n'ont pas besoin de monter de la terre au ciel par le *Pont d'Ase*; ils se rendent simplement, de leurs domiciles *célestes*, auprès du Frêne, dans la *Plaine-d'Idi*, laquelle se trouve dans l'*Enclos-des-Ases*. *Thór* seul, dont le domicile est dans l'air, à *Thrudheim*, en dehors de l'*Enclos-des-Ases*, se rend au Tribunal en passant par le *Pont d'Ase*, et en traversant les Fleuves de flammes qui entourent *Asgard*. *Thór*, comme Maître du Feu céleste ou de la Foudre, franchit facilement ces obstacles, qui seraient insurmontables pour tout autre que lui. Car le *Pont d'Ase* n'est pas, comme se l'imagine *Snorri*, un pont construit exprès pour que les Dieux y passent commodément du ciel à la terre, et de la terre au ciel; ce prétendu pont est un passage difficile et dangereux; c'est le Feu flambant lui-même, destiné à empêcher les Ennemis des Ases de pénétrer dans le ciel. Parmi ces Ennemis, *Snorri* cite, avec raison, les *Thurses-Givreux* et les *Géants des Montagnes*, qui pénétreraient dans le ciel, si le passage n'était pas aussi dangereux : mais, comme le fait remarquer *Snorri*, les *beaux Endroits* du ciel sont tous *bien garantis*.

(23) PREMIER AGE DES ASES; LES DVERGS.

§ 66. **Jeunesse des Ases.** — Les Divinités anthropomorphes, réunies en famille, ayant été assimilées aux hommes, il se forma aussi des mythes ou des histoires, plus ou moins épiques, de leur naissance, de leur jeunesse, de leur âge mûr, de leur vieillesse, et de leur mort. Ces mythes n'ont presque rien de *symbolique* se rapportant à la nature *particulière* des divinités; ils sont presque entièrement *épiques*, c'est-à-dire imités des traditions épiques des hommes; et c'est pourquoi ils appartiennent à la dernière période de la Mythologie. La Théogonie ayant traité de l'origine des Ases, l'ordre naturel suivi par *Snorri* dans l'exposé de l'histoire ou de l'épopée de ces Dieux (voy. p. 48), amenait les mythes qui se rapportaient à l'âge primitif ou à la jeunesse des Ases. Ces mythes se trouvent brièvement exposés au commencement du poëme eddique *La Vision de la Louve*, qui est un tableau rapide de l'Ensemble de la Mythologie ou de l'Épopée des dieux, et dont la composition ne saurait remonter au delà du septième siècle. Les Strophes du poëme, qui exposent ces mythes, et constituent les seuls documents qui existent à ce sujet, s'énoncent de la manière suivante :

> « Les Ases se rencontrèrent dans la Plaine d'Idi ;
> « Ils bâtirent bien haut un Sanctuaire et une Cour ;
> « Ils posèrent des fourneaux, façonnèrent des joyaux,
> « Forgèrent des tenailles et fabriquèrent des ustensiles.
>
> « Ils jouaient aux Tables; ils étaient joyeux ;
> « Rien ne leur manquait, et tout était en or :
> « Ensuite trois Ases de cette bande,
> « Pleins de puissance et de bonté, descendirent vers la mer. »

Ces strophes énoncent implicitement 1° que les Ases (sans doute après avoir vaincu les *Thurses*, et façonné le Monde) *délibérèrent* sur ce qu'il y aurait à faire pour s'établir dans *Asgard*. Comme les peuples de la branche *gète* avaient des *Champs d'Assemblée* où l'on se réunissait, au printemps, pour délibérer, le mythe épique, formé à cette époque et calqué sur la réalité historique, a aussi imaginé un Champ d'Assemblée ou une Plaine, où les Ases sont dits s'assembler pour délibérer. Cette plaine était placée naturellement au *milieu* de l'*Enclos-des-Ases*. C'est la *Plaine d'Idi*, nommée ainsi d'après l'Iotne *Idi* (Actif), qui, probablement, avait été changé en une constellation, et brillait, au printemps, au zénith du ciel, en même temps que les *Yeux* de son père *Thiassi* (Féroce; allem. *Thiersch*), lesquels avaient été, également, métamorphosés en une constellation. Comme, dans l'Antiquité, les hommes n'avaient point d'autre lien *social* que la religion, on commençait ordinairement par élever un sanctuaire là où l'on voulait fonder des établissements. Voilà pourquoi la strophe citée ci-dessus énonce, 2° que les Ases bâtirent bien haut un *Sanctuaire* (Hörgr) et une *Cour* (Hof), c'est-à-dire un sanctuaire *entouré* d'une cour (voy. *Les Gètes*, p. 267). Ensuite, de même que les hommes, en s'établissant quelque part, construisaient leurs demeures, et façonnaient leurs meubles et leurs ustensiles, de même, 3° les Ases, en habiles architectes, forgerons et artistes, façonnèrent en *or*, selon l'énoncé de la strophe, tout ce dont ils avaient besoin. C'est que l'idée de divinité impliquait celle de grande puissance ; et la puissance était représentée, dans l'Antiquité comme de nos jours, par la richesse qui donne la puissance. Aussi, dans les langues germaniques, le mot *riche* (norr. *rikr*; all. *reich*) signifiait d'abord *puissant* et ensuite *riche*. Les Anciens estimaient donc la richesse (et par suite, l'*or* qui la représente) comme la source de la puissance, synonyme, elle-même, de bonheur *divin* ou *céleste*; et, c'est pourquoi, en latin *dives* (riche) signifie, proprement, doué du bonheur *divin* ou céleste, et dans les langues slaves le mot *bogati* (riche, heureux) est un dérivé du nom de *bog* (dieu). Il n'est donc pas étonnant que les peuples anciens, qui voyaient dans l'or le symbole de la richesse, de la puissance et du bonheur, aient imaginé que, dans le ciel ou chez les dieux, *tout était en or*. Cette idée existait déjà chez les Scythes, les ancêtres des Germains, des Scandinaves et des Slaves. Car un mythe rapporte (Hérod. IV) que la charrue, le joug, la hache et la soucoupe, qui sont tombés, en Scythie, du ciel à terre, étaient tous faits d'*or*. Ensuite, pour exprimer 4° que les Ases étaient d'autant plus heureux et joyeux qu'ils étaient *jeunes*, la strophe ci-dessus rapportée dit qu'ils *jouaient aux Tables* dans l'Enclos. C'est que le *jeu* est l'occupation caractéristique de l'enfance et de la jeunesse (cf. gr. *païzein*, faire l'enfant, jouer). La Mythologie grecque indique, également, l'enfance de *Dionusos* par les huit jouets dont s'amuse ce fils de *Zeus*, savoir : les Dés, la Sphère, les Pommes des Hespérides, la Roue, la Toupie, le Cône, la Laine, et le Miroir. Quand, après la Destruction et le Renouvellement du Monde, les *Ases* redeviennent *jeunes*, la Mythologie scandinave les dit encore revenir au *Jeu de Tables* (voy. p. 137). Ce jeu de Table est ainsi nommé, parce qu'il se jouait sur un tablier ou échiquier. C'était une espèce de *Jeu de dames*, où l'on se servait de dés qui décidaient de la manière de faire marcher les pions. Les Goths considéraient ce jeu comme un des plus nobles; et, pour cette raison, on le désignait souvent sous le nom de *Tables royales*; il devait, par conséquent, à ce qu'on croyait, être aussi le jeu de prédilection des Princes célestes ou des *Ases*. Ce jeu, d'origine orientale, a dû être connu dans le Nord bien avant le huitième siècle : en Angleterre, il était nommé *täfel*, et les pions étaient appelés *pierres de tablier* (anglos. *täfel-stán*); en Allemagne, on le nommait *Zabel*; et, en France, *les Tables* étaient un jeu fort goûté, comme l'indique le Roman de la Rose; en Espagne, ce jeu était également connu (voy. *Romancero*, par *Damas Hinard*, I, p. 112). Les Islandais ont encore aujourd'hui un jeu de Tables particulier, qu'ils appellent *Table de St.-Olaf*.

Enfin, la strophe de la *Vision de la Louve* énonce 5° que les *Ases*, après s'être établis dans Asgard, créèrent *Ask* et *Embla* (voy. p. 195).

§ 67. **Le prétendu Age d'or des Ases.** — Voici comment *Snorri* interprète le document mythologique que nous venons de commenter : 1° Il considère, avec raison, la *Plaine d'Idi* comme le Champ d'Assemblée (thing-völlr) des *Ases*, et comme se trouvant *au milieu d'Asgard*; mais, d'après son système evhémériste, l'*Asgard* primitif est, pour lui, un Empire dans l'*Asie*; et, par conséquent, il se figure la *Plaine d'Idi*

placé, non au milieu du *ciel* (*i midium himni*), mais au milieu du Séjour *terrestre* (i midium heimi). 2° *Snorri* considère *Père-Universel* ou
Odinn, le Chef des Ases, comme un puissant Empereur, et les autres
Ases comme les Satrapes, les Gouverneurs, ou du moins comme les Vas-
saux de ce Chef suzerain. Il pense donc aussi que ce Chef des Ases n'a
rien de plus pressant à faire que de partager son Empire entre ces Gouverneurs, que, d'après son idée de prédilection (voy. p 457), il se figure au
nombre de *douze*, à l'exemple des douze Apôtres, ou des douze Pairs de
France. Partant de l'idée, conforme, du reste, aux faits de l'histoire (voy.
Les Gètes, p. 408), que les Chefs politiques sont également des *Juges*
(norr. *dómendr*), et que, par conséquent, les *Ases* ont dû être, dans
l'origine, les Arbitres de la *destinée des hommes*, *Snorri* suppose que
les Ases se réunissent dans la Plaine d'Idi, pour décréter, en conseil, la
destinée de chaque mortel. Il est vrai que, avant que le mythe des *Nornes*
se fût formé, les Peuples de la branche *gète* ont fait dépendre la destinée
humaine uniquement, ou du moins principalement, des décrets ou *établissements primordiaux* (norr. *urlagi*) des Ases Juges. Mais ici, du
moins dans le document mythologique que *Snorri* voulait commenter,
ces décrets ne sont plus attribués aux Ases. *Snorri* savait ensuite que,
chez les peuples de la branche *gète* et de la branche *sarmate*, les temples païens et même plus tard encore les églises chrétiennes servaient
quelquefois de *Lieu d'Assemblée*, et, c'est pourquoi il suppose 3° que les
Ases ont construit un Sanctuaire, afin de pouvoir y siéger pour y décréter
les destinées. Sachant, de plus, que dans les temples on voyait les idoles
des dieux assis ou couchés sur des siéges, et se rappelant que, dans la
Vision de la Louve, il est fait mention des *siéges nébuleux* (norr. *rök-
stólar*) des Grandeurs ou des Divinités, il se figure que, dans ce Sanctuaire construit par les Ases, étaient placés les treize siéges où venaient
s'asseoir, avec leur chef, les Dieux, selon lui, au nombre de douze, de
la même manière que, de son temps, les douze jurés avec leur *Proposant*
(norr. *Forseti*), s'assemblaient et délibéraient quelquefois dans les églises.
Enfin, prenant dans les vers cités ci-dessus le mot *hof*, non dans sa signification propre de *cour*, mais dans sa signification figurée de *temple*,
le vers: *ils bâtirent bien haut un sanctuaire et une cour*, signifie, selon
lui, non pas qu'ils construisirent un sanctuaire entouré d'une cour, mais
qu'ils élevèrent un sanctuaire et un temple; et pour donner ensuite à ces
deux édifices sacrés une destination plausible, il considère l'un comme
le Sanctuaire des *Ases*, et l'autre comme le Temple des *Asynies*. Voulant,
de plus, préciser quel est ce Sanctuaire construit par les Ases, *Snorri*
dit qu'il est situé dans le *Séjour-Joyeux*, et qu'il est tout en or. Il confond ainsi cet Édifice céleste avec la *Halle-des-Occis*, qui, d'après les
documents (*Dits de Grimnir*, str. 8), s'élève, brillante d'or, dans le *Séjour-Joyeux*. L'autre temple, celui des Asynies, il le confond ou l'identifie avec l'*Allée-Agréable*, le lieu de résidence de la déesse *Frigg*
(voy. p. 164).

4° La tradition, par suite d'une erreur de mémoire, à la place des vers
cités ci-dessus: *Ensuite trois Ases de cette bande, Pleins de puissance et de bonté, descendirent vers la mer*, a substitué, de bonne

heure, les deux vers suivants, qui se trouvèrent dans une strophe subséquente : *Ensuite arrivèrent trois vierges Thurses, Très-puissantes des Mondes des Iotnes*. Ces vers, remis à la place qui leur appartenait primitivement, signifient que les trois *Nornes* vinrent dans l'*Enclos des Asès* pour y décréter, dorénavant, l'*établissement primordial* (norr. *urlagi*), ou la destinée humaine. Ces *Nornes* sont de race *iotnique*, puisque la destinée, étant un décret *primordial*, ne peut être convenablement établie que par des Personnages appartenant, comme elles, à la race *primordiale* des *Iotnes*, qui, par leurs traditions et leur sagesse plus anciennes que ne l'étaient celles des Asès, nés après eux, connaissaient le mieux le passé, le présent et l'avenir, ainsi que les Mystères (rûnor) et les destinées du Monde (cf. l'Iotne *Mimir*). Ces *Nornes*, bien qu'elles fussent de race *iotnique*, ne furent pas pour cela des êtres *hostiles* aux Ásès; elles s'établirent, dans le *ciel*, auprès des Dieux, non pour y faire cesser, par leur arrivée, le bonheur et la puissance de ces Dieux, mais pour y décréter la destinée des hommes, qu'on croyait, de tout temps, être marquée et décrétée dans le *ciel*. *Snorri*, cependant, supposait que ces *Vierges-Thurses* du poëme eddique, qu'il ne soupçonnait pas être identiques aux *Nornes*, devaient être, par suite de leur extraction *iotnique*, des personnages *ennemis* des *Asès*. Trouvant dans le manuscrit de la *Vision de la Louve*, dont il se servait, les vers, où il est question de l'arrivée des Nornes, transposés et venant à la suite des vers où il est question du bonheur des Asès; de plus, ayant entendu parler de l'*Age d'or*, et prenant le mot *unz* (alors, ensuite) dans le sens de *jusqu'à ce que*, il se figurait que le bonheur ou l'âge d'or des *Asus* avait duré *jusqu'à* l'arrivée des trois vierges Thurses. Mais, tout d'abord, cette idée de l'*Age d'or des Ases* ne se trouve nullement énoncée dans le texte primitif du document mythologique; et d'ailleurs, l'idée d'un Age d'or *perdu* par les Ases, se trouverait en contradiction avec l'idée qu'on se faisait des Dieux. Il est vrai que, dans l'histoire de l'humanité, on peut constater deux séries de faits opposés les uns aux autres, mais également vrais. On constate, d'un côté, la marche *progressive* de l'humanité dans l'ordre moral et intellectuel, et, de l'autre, la décadence progressive de l'humanité, sous le rapport physique. En toutes choses, l'élément *spirituel* anéantit et doit anéantir, de plus en plus, l'élément *matériel*. Aussi ceux, parmi les philosophes, qui, dans l'humanité, font remarquer principalement les *progrès*, et qui s'en réjouissent, méritent, pour cela même, le nom de *spiritualistes*; ceux, au contraire, qui font remarquer surtout la *décadence*, et regrettent le passé, méritent réellement le nom de *matérialistes*. L'Antiquité a déjà entrevu le *progrès*, alors que, dans la Théogonie (voy. p. 166), elle a placé l'origine des Dieux, ou des Représentants de l'ordre moral, *après* celle des Titans, les Représentants de la force physique. Mais l'Antiquité remarquait surtout la *décadence*; et c'est pourquoi, distribuant la vie de l'humanité d'après l'enfance, la jeunesse, l'âge mûr, et la vieillesse de l'individu, elle a conçu l'idée des *quatre âges*, dont le premier, et le meilleur, était l'*âge d'or*. L'idée de l'âge d'or, qui est parallèle à celle de la décadence matérielle progressive, est une idée vraie par rapport à l'homme; mais elle est un non-sens appliquée à la divinité. En effet, nulle religion, quelle qu'elle soit, ne saurait supposer que la divinité, soit comme force surhumaine, *matérielle*, soit comme force intellectuelle et *morale*, puisse perdre, ou ait perdu sa puissance, son bonheur ou son *âge d'or*. Aussi la Mythologie norraine n'a-t-elle jamais songé à dire qu'au commencement les Ases aient eu leur *Âge d'or*, qui fût bientôt *gâté*, comme dit *Snorri*, par l'arrivée des Vierges Thurses ; elle énonce seulement que, dès l'origine, les Ases avaient tout en *or*, et qu'ils étaient riches, puissants et joyeux de jeunesse.

§ 68. **Les Kvarkes des Scythes et des Gètes.** — On peut induire des documents mythologiques des peuples de race *iafétique*, que, vers l'an 2500 avant notre ère, ces peuples ne concevaient pas encore la distinction, établie plus tard, entre le *corps* et l'*âme* ; ils ne concevaient que des corps vivants et des corps morts ; et comme les corps, par leurs propriétés physiques, exercent toujours une certaine action, ils voyaient dans tous les objets de la nature, qui exerçaient ou semblaient exercer une telle action, des corps *vivants*, ou, en quelque sorte, des *animaux* (gr. *zóa*). Parmi ces objets, ceux auxquels on attribuait une puissance *surhumaine*, étaient adorés comme des Divinités, en tout identiques avec ces objets, par conséquent, *zoomorphes* comme eux. Le songe fut une des causes principales qui porta l'homme à concevoir quelque chose de vivant séparable du corps humain, ou une *âme* animant ce corps ; car, dans le songe, l'homme se voyait transporté çà et là, et agissant loin de son corps, qui restait en place, endormi, et comme mort. Dès lors on croyait que l'âme était un être *vivant*, un animal renfermé dans le corps humain. De là cette idée, qui s'est maintenue encore dans les superstitions populaires de nos jours, que, dans le sommeil ou dans la mort, l'âme sort du corps sous forme d'un petit animal, araignée, souris, oiseau, lézard, serpent, etc. Plus tard, on se figurait l'âme comme un être *anthropomorphe*, ou comme l'image en miniature de la personne du défunt. C'est ainsi, par exemple, que les Hindous primitifs croyaient que l'âme était un petit être *matériel*, homme ou femme, renfermé dans le corps humain, et ayant à peu près la grandeur d'un pouce (voy. *Les Gètes*, p. 258). Ces âmes étaient considérées comme *présidant* au corps ; et c'est pourquoi les Hindous leur donnaient le nom de *pourouchâs* (pr. *pra-vasas*, préposé ; zend *fravachi*, préposée ; pers. *fer-ver*). On croyait que, après la mort, ces âmes, séparées des corps, devenaient les *Génies-Protecteurs* de la famille du défunt. De là, en général, l'idée, répandue dans l'Antiquité, que les âmes des défunts devenaient des Génies-Protecteurs, qu'on se figurait de la même manière que les Âmes, c'est-à-dire comme des *Nains* ou des êtres zoomorphes d'une taille plus ou moins petite. Comme anciennement, dans l'état patriarchal, le père était le *protecteur* par excellence, les Hindous donnaient aussi aux Génies-Protecteurs le nom de *Pitards* (Pères). Dès lors, les Divinités, elles aussi, purent être considérées comme des Génies-Protecteurs présidant aux objets avec lesquels elles avaient été, jusqu'ici, confondues ; elles furent dès lors distinguées de ces objets, et, de *zoomorphes* qu'elles avaient été jusque-là, devinrent *anthropomorphes*, mais d'une taille de beaucoup supérieure à celle des hommes et des Nains Génies-Protecteurs.

Chez les Scythes, les Âmes ou Mânes des Pères, qui, vu leur taille de *nain*, étaient appelés *Kvarkes* (voy. *Les Gètes*, p. 258), passaient pour les Génies-Protecteurs, d'abord de la famille, et puis, par extension, de la tribu. Ils devinrent ainsi les Protecteurs du Pays (norr. *landvættir*, Génies du Pays), et présidaient, en cette qualité, à tout ce qu'on considérait comme produisant le bien-être de la contrée, tels que les vents, les pluies, les rosées, et les autres phénomènes météorologiques. Voilà pourquoi, aussi chez les Kimméries de la Tauride, deux Génies ou Kabires avaient un sanctuaire dans la Chersonèse, et présidaient aux vents favorables à la navigation si dangereuse sur le Pont-Euxin. Les Scythes, qui, dans la suite, prirent dans la Chersonèse la place des Kimméries qu'ils venaient de chasser, conservèrent ce sanctuaire et le culte de ces Génies-Protecteurs. Seulement ils donnèrent à ces Génies le nom scythe de *Kvarkas* (*Lucien*, Toxaris : *Korakoï*). Les Grecs assimilèrent ces deux Kabires ou Kvarkes à *Kastor* et à *Pollux*, ou à *Orestès* et à *Pyladès*, parce que les uns et les autres présidaient également aux vents favorables sur mer. Lorsque les Scythes et les Gètes devinrent sédentaires, et eurent des établissements fixes, ils conçurent, outre les Génies de la Famille, de la Tribu et du Pays, aussi des Génies de la Maison, ou présidant au foyer ou à l'âtre domestique, qui, dans l'Antiquité, était le symbole de la famille (cf. gr. *thumelè*, foyer ; lat. *familia*). Comme les langues *gètes* préféraient les consonnes *aspirées* aux consonnes *dures* (voy. *Les Gètes*, p. 436), et les consonnes aspirées *dentales* aux consonnes aspirées *gutturales*, le nom scythe de *Kvarkas* se changea en *Thvarichas* (cf. *Kvaleis* et *Thales*, norr. *Vali*). Ensuite, de même que les Divinités passaient pour présider à certains objets et phénomènes de la Nature, de même les *Thvarichas* furent aussi considérés comme les Génies-Protecteurs soit des phénomènes et objets *terrestres*, soit des phénomènes ou objets *météorologiques*. Les *Thvarichas* qui présidaient aux phénomènes et objets météorologiques, eurent plus particulièrement le nom de *Alfas*.

§ 69. **Les Dvergs dans la Mythologie norraine.** — Dans l'idiome gète et norrain, le nom de *Thvarichas* prit la forme de *dvairgs* et *dvergr*. Dans l'origine, chaque Génie ou du moins les différentes espèces de Génies eurent leur *spécialité* indiquée par leur nom, c'est-à-dire qu'ils présidaient à des objets ou phénomènes naturels *particuliers*, auxquels se rapportait leur nom. Mais peu à peu la connaissance de cette spécialité se perdit avec la signification du nom ; de sorte que la plupart des Génies n'eurent plus d'attribution *spéciale*, et prirent tous indistinctement un caractère *général*. Comme beaucoup de phénomènes météorologiques tenaient à la fois de la terre et du ciel, la distinction qui s'était établie entre les Génies terrestres ou les *Dvergs*, et les Génies météorologiques ou *Alfes*, tout en se maintenant encore quelque peu, s'effaça de plus en plus. Aussi, parmi les *Dvergs* voit-on figurer beaucoup de Génies nommés *Alfes* (Ex. *Alfr*, *Alf-rigr*, *Vind-álfr*, *Gand-álfr*, etc.), et l'on trouve comptés parmi les *Dvergs* des Génies qui sont évidemment des Génies météorologiques ou des *Alfes*, tels que *Nyi* et *Nidi* (qui présidaient aux accroissements et aux décours de la lune), et les Alfes *Nordri*, *Sudri*, *Austri*, *Vestri*, qui présidaient aux quatre points cardinaux du ciel.

Comme, parmi les *Alfes*, qui se sont confondus avec les *Dvergs*, il y en avait qui présidaient aux constellations du ciel, il est naturel de croire que, parmi les noms de Dvergs, il y en avait quelques-uns qui, originairement, désignaient des *constellations*. Selon la nature des objets auxquels ils étaient censés présider primitivement, les Dvergs ou Génies terrestres, revêtus de différentes formes anthropomorphes ou zoomorphes, habitaient soit les eaux, soit les plaines, soit les cavernes, ou les montagnes. Comme, dans l'origine, les âmes des hommes *bons* et des hommes *méchants* passaient pour devenir, après la mort, des Génies bons ou mauvais, les Dvergs et les Alfes étaient aussi bons ou méchants, soit par leur propre *nature*, soit par suite de la nature des objets et phénomènes utiles ou nuisibles auxquels ils présidaient. Ceux qui habitaient les cavernes et les souterrains, passaient pour exceller dans la métallurgie, et pour être d'habiles forgerons, artisans et artistes. En cette qualité, ils étaient encore possesseurs et gardiens des trésors cachés dans la terre, et se confondirent, dans la tradition populaire, avec des familles historiques renommées comme mineurs, forgerons, artisans et artistes. Ensuite, les Génies, *Protecteurs de la contrée*, se confondirent quelquefois avec les divinités des peuplades qui avaient été expulsées du pays. C'est ainsi que les Scandinaves, surtout à l'époque où des idées evhéméristes s'étaient développées dans le Nord, confondaient non-seulement les *Iotnes*, mais aussi les *Dvergs*, avec les *Finnes*, leurs voisins, qui avaient été les habitants primitifs de la Presqu'île. Cette confusion s'opérait plus facilement encore par rapport aux *Dvergs*, considérés comme *artistes*, puisque les *Finnes* passaient également pour d'habiles forgerons et artistes. Voilà pourquoi plusieurs *Dvergs* portaient le nom de *Finnr*; et *Virvir* était à la fois le nom d'un *Dverg* et le nom d'une ancienne tribu *finne* (voy. *Les Gètes*, p. 57). Le *dverg* artiste *Völund* était fils du roi des *Finnes*.

Comme les *Dvergs* s'étaient confondus avec les *Alfes*, on désignait aussi le Pays des Finnes par le nom de *Séjour des Alfes* (norr. *Alf-heimr*); et *Völund*, qui, selon la tradition, habitait le fond de la Vallée-du-Loup, dans le Pays des Finnes, au Nord de la Suède, fut également appelé *Chef des Alfes* (norr. *Alfa-visi*).

Les *Dvergs* étant devenus de plus en plus des Êtres mythologiques *anthropomorphes*, la Mythologie scandinave, au deuxième ou troisième siècle de notre ère, songea à expliquer leur *origine*, comme elle avait expliqué celle des Dieux, des Iotnes et du Monde, dans la Théogonie, la Titanogonie, et la Cosmogonie. A cette époque, on ne savait plus que, primitivement, les Dvergs n'avaient été que les âmes des *Pères*, devenus les Génies-Protecteurs des hommes, et présidant, soit aux phénomènes météorologiques, soit aux phénomènes terrestres. La Mythologie donna, par conséquent, sur l'origine des Dvergs, une explication *épique*, conforme aux traditions et aux idées de l'époque, et en harmonie avec les mythes cosmogoniques et anthropogoniques. Si la Mythologie avait encore pu reconnaître dans les *Alfes* des constellations ou des Génies présidant aux astres, elle leur aurait assigné la même origine qu'aux astres, en les faisant sortir, comme eux, du *Séjour de Muspill*. Mais comme les

Alfes se confondaient de plus en plus avec les *Dvergs*, les uns et les autres eurent une origine *identique* ; et comme , d'après la cosmogonie épique, la terre et le ciel , à l'exception des astres , avaient été créés du *corps d'Ymir*, la Mythologie dut aussi imaginer que les Dvergs et les Alfes étaient nés du *sang* (eaux terrestres), et des *cuisses* (soutiens , montagnes, rochers , fondements terrestres) du géant *Bleui* (voy. p. 176). Cette conception s'étant formée à une époque où les peuples de la branche *gète* n'avaient plus aucun rapport avec l'Inde , il est curieux de voir comment une conception analogue s'est formée , d'une manière *indépendante* , dans la Mythologie hindoue. En effet , un ancien mythe hindou , qui date de la période philosophique , énonce que les Dieux , après avoir fait naître , du *corps de Brahma* (Substance primitive), les Brahmanâs , les Kchatryas, les Vaïçyâs , et les Çoudrâs , firent encore sortir, des *cuisses* de ce géant le nain *Nichâdas* , dont le nom , suivant les grammairiens hindous , signifie *Crépusculaire* (Ayant un commencement , *âdi* , de nuit , *niça*), parce que les Nains , provenant de *Nichâdas* , et portant le même nom que leur père , avaient l'habitude d'agir principalement au crépuscule du soir. Ce mythe hindou se retrouve sous une forme un peu modifiée dans la légende postérieure que voici : Les Brahmanâs (cf. les Dieux) , en secouant le bras du roi *Vénas* , qui était mort sans postérité , en firent sortir le grand roi *Prithous* (Large ; cf. sansc. *Prithvi*, Terre) et sa sœur *Artchis* (Flamme , Feu). Il sortit encore , de la *cuisse* , un *nain Nichadas* , de qui sont issus les *Nichâdâs* (Crépusculaires) , qui habitent les cavernes et les montagnes. (*Bhagavat-Pourana* , éd. Burnouf, chap. XV.)

Comme , d'après la Cosmogonie scandinave , les Ases ont été les *formateurs* et les ordonnateurs de tout ce qui se trouve dans le ciel et sur la terre , la Mythologie a aussi fait dépendre la naissance des Dvergs de la volonté des Ases. Après avoir formé les premiers hommes , *Ask* et *Embla*, les Ases délibérèrent pour savoir qui ferait sortir la race des Dvergs du sang et des cuisses de *Brimir*. Ils décidèrent de faire naître d'abord deux Dvergs , qui deviendraient les *chefs* , et par conséquent les *pères* , ou les créateurs des autres Dvergs. Ces *chefs* de Dvergs furent, le premier *Modsognir* (Sentine de Boue) , ainsi nommé parce qu'il était la personnification des moraines boueuses qui sortaient des parties inférieures du glacier gigantesque représenté par *Ymir* , et le second *Durinn* (Sommeillant) , ainsi nommé parce qu'il était le symbole des vents du printemps, qui semblent *endormis* , en comparaison des vents *vifs* de l'hiver. Ensuite , sur la proposition de *Durinn* , ces deux personnages symboliques et zoomorphes formèrent , d'après l'image des hommes , une race de Dvergs à la *forme humaine*. Comme il y a eu deux chefs ou créateurs , et comme, traditionnellement, on distinguait encore confusément les *Dvergs* des *Alfes*, la Mythologie a aussi imaginé deux races distinctes de Dvergs. La première, provenant de *Modsognir* et de *Durinn* , est représentée habitant dans la terre , et dans les cavernes ou rochers , aimant l'obscurité , et fuyant la lumière. Mais , de même que la première race des *Thurses-Givreux* fut suivie d'une seconde , moins sauvage , celle des *Géants des Montagnes*, de même aussi la première race des Dvergs fut suivie d'une seconde , d'une nature plus relevée ou moins grossière que la première. Cette se-

conde race eut pour chefs ou pour pères, deux Dvergs, *Lofarr* (p. *Lof-harr*,
Auguste-Aérien), symbole du vent de l'atmosphère supérieure, et *Dvalinn*
(Somnolent), symbole du vent doux somnolent, ou assoupi, en comparaison
des aquilons tempétueux. La bande de *Lofarr* n'était pas, comme celle
de *Modsognir*, composée de Génies qui se cachaient dans la terre et dans
l'obscurité, mais elle se composait de Génies aériens présidant aux différents phénomènes météorologiques. Aussi le mythe dit-il que la bande
de *Lofarr*, quittant les rochers et les cavernes de la *Demeure*, c'est-à-
dire de la *Terre*, habitée par ses pères, chercha de nouvelles habitations
dans les *Prés d'Humidité* (norr. *Aur-vangar*), c'est-à-dire dans les régions des nuages; et là elle s'établit dans les *Plaines de Tempête* (norr.
Iöru-vellir), c'est-à-dire dans l'atmosphère. Tels sont les mythes qui se
sont formés, sur l'origine et les races des Dvergs, entre le second et le
cinquième siècle de notre ère. Ces mythes ont été résumés dans les strophes
de la *Vision de la Louve* citées par *Snorri*.

L'idée de Génie, ainsi que celle de Démon (voy. p. 209), implique le
genre *masculin* et exclut le genre féminin. Aussi la Mythologie n'a-t-elle
conçu, originairement, que des Dvergs mâles; elle ne connaît pas des
Dvergynies (Amies des Dvergs), ni des *Alfynies* (Amies des Alfes). Ce
n'est que beaucoup plus tard que la tradition populaire imagina des
femmes-dvergues et des femmes-alfes. Mais de même que la Mythologie,
sans admettre de femmes-Iotnes, conçut néanmoins des *générations* ou
des races d'Iotnes, de même, sans admettre des femmes-dvergues, elle
conçut cependant deux races de Dvergs, et la *Vision de la Louve* énu-
méra même les Dvergs appartenant à l'une à ou l'autre race. La suite ou la
série des Dvergs qui figurent dans ce poëme, n'exprime pas des *généalogies symboliques;* elle est faite avec des noms de Dvergs sériés et ar-
rangés au hasard. Pour établir une généalogie symbolique, il aurait fallu
tout d'abord connaître exactement la signification primitive de ces noms,
et les ranger de manière à exprimer, par leur suite, la succession ou le
rapport *causal* qu'on aurait supposé exister entre les phénomènes physiques ou météorologiques auxquels les Dvergs, d'après la signification
de leur nom, étaient censés présider. Mais ce qui s'oppose à admettre
que la suite des noms de Dvergs exprime ici des rapports de généalogie,
c'est que la signification de ces noms n'était plus connue à cette époque,
et, par conséquent, l'allitération, l'assonnance, et la rime ont fait mettre,
l'un à la suite de l'autre, des noms qui, par leur signification, désignaient
des phénomènes physiques, entre lesquels il n'y avait aucun rapport
causal ni possible ni connu, et elles ont séparé d'autres noms désignant
des phénomènes entre lesquels on aurait pu trouver des rapports de causalité, et, par conséquent, des rapports de généalogie, entre les Dvergs
qui étaient censés présider à ces phénomènes. Puisque donc cette série
de noms n'exprime pas des généalogies *symboliques*, mais n'est qu'une
énumération *épique* de noms désignant, d'une manière générale, des
individus mythologiques comptés parmi les Dvergs, on agirait contrairement à l'intention poétique de l'auteur de la *Vision de la Louve*, si l'on
s'attachait à expliquer exactement la signification de ces noms; car
cette explication ferait voir que ces noms ont été placés, l'un à côté de

l'autre, au hasard, sans méthode, et pour des raisons purement extérieures.

§ 70. **Origine et races des Dvergs, d'après Snorri.** — *Snorri* puisait
sa connaissance des mythes non-seulement dans les poésies mythologiques, mais aussi dans la tradition populaire. La tradition populaire, ordinairement, tend à développer, au point de vue du récit épique, les
mythes qui, dans l'origine, ont généralement une forme très-peu explicite (voy. p. 181). Aussi longtemps qu'une Mythologie subsiste comme
religion, ces développements, qu'on rencontre dans la tradition populaire,
font partie de cette Mythologie. *Snorri* a donc pu considérer comme
mythologiques toutes les données fournies par la tradition populaire appartenant au temps du Paganisme. D'après cette tradition, il se figurait
que *Modsognir* et *Durinn*, ainsi que tous les autres Dvergs, existaient,
dès l'origine, tout vivants, dans le corps d'*Ymir*; mais ils y existaient
soit sous forme de *vers*, qui, selon la croyance erronée du peuple, nais-
saient toujours, par une génération *spontanée*, dans la chair en pourriture, soit sous forme de *larves*, d'où sortaient les scarabées et autres co-
léoptères, que le peuple considérait, également, comme nés de la boue, et
comme de petites *âmes féées* qui avaient pris la forme de ces insectes.
Modsognir et *Durinn* furent donc les premières larves que les Ases aient
fait sortir du corps d'*Ymir*, et auxquelles ils aient donné la forme *humaine*. Ensuite ces deux Dvergs métamorphosèrent en êtres anthropomorphes les autres larves enfouies dans le corps du géant. Cette conception de l'origine des Dvergs est un développement du mythe primitif, et,
à ce titre, à la fois authentique et légitime. Mais il n'en est pas de même
quand *Snorri*, au lieu d'admettre seulement *deux* races de Dvergs, en
admet *trois*; car cette conception repose sur une fausse interprétation,
amenée, elle-même, par une fausse leçon. En effet, au lieu des vers de
la *Vision de la Louve* :

> « Eux, ils formèrent, *de terre*, la foule des Dvergs,
> « A la figure humaine, comme Durinn le proposa. »

Snorri lisait dans son manuscrit, ou se rappelait dans sa mémoire en
défaut, les vers suivants :

> « Alors mainte forme humaine fut achevée,
> « Les Dvergs, *dans la terre*, comme Durinn le proposa. »

Croyant, dès lors, que l'expression *dans la terre* indiquait une certaine classe de Dvergs, *habitant dans la terre*, et sachant qu'il y en
avait une autre, habitant les *rochers*, il a cru devoir statuer, à côté de la
race des Dvergs domiciliés dans la terre, une seconde race habitant exclusivement les rochers. Ensuite, dans les vers de la *Vision de la Louve* :

> « Il est temps d'énumérer, au genre humain,
> « Les Dvergs *de la bande de Dvalin*, jusqu'à Lofar. »

Snorri, au lieu de : *Les Dvergs de la bande de Dvalin* (norr. *i Dva-
lins lidi*), lisait : *Les Dvergs dans la tombe de Svarin* (norr. *i Svarins leidi*), et il crut qu'il s'agissait ici d'une *troisième* race, habitant la
Tombe de *Svarin*, qui était un roi de mer et dont le tertre, élevé sur un
promontoire, était connu, en Scandinavie, sous le nom de *Butte de*

Svarin (norr. *Svarins haugr*). Or, *Tombeau de Svarin* étant un nom de lieu, *Snorri* crut devoir prendre également le nom du Dverg *Lofar* pour un nom de lieu, et admettre ainsi trois races de Dvergs, dont la troisième, comme il se l'est imaginé, est allée s'établir à *Lofar*.

(24) LE FRÊNE D'YGGDRASILL; LA FONTAINE DE MIMIR.

§ 71. Le Frêne d'Yggdrasill, Arbre d'Établissement et de Jugement. — Chez les tribus scythes, comme en général chez les peuples iafétiques, le dieu *Soleil*, en sa qualité de Père et de Protecteur de la famille et de la nation, était aussi le Protecteur du *pays*, du *sol*, et du *domicile* (voy. *Les Gètes*, page 184). Aussi le pays, les chemins, le sol, et le domicile étaient-ils *consacrés* au dieu Soleil; et pour indiquer qu'ils étaient sous la protection de ce dieu, les peuples encore nomades y érigèrent les *symboles* du soleil, savoir une grande perche, ou deux troncs d'arbre, ou deux mâts *orientés*. Plus tard, devenus sédentaires et agriculteurs, ces peuples plantaient, dans leur canton, un ou deux arbres *consacrés* au Soleil, comme symboles de l'*établissement* et de la *communauté*. C'est ainsi que, dans l'Inde, comme chez les peuples de la branche *gète*, il y avait, auprès des villages ou au milieu des cités, un ou deux arbres qui étaient consacrés au Soleil, et, comme tels, les symboles de l'*établissement* et de la communauté. Comme la communauté se manifestait principalement dans l'exercice de la justice et dans la délibération sur les intérêts de la cité, c'est auprès de ces arbres consacrés au soleil, qu'on tenait les assemblées publiques, et que siégèrent les juges pour prononcer leurs jugements. De cette manière, ces arbres étaient les symboles, non-seulement de l'*établissement* et de la communauté, mais aussi de l'assemblée publique, et de la *justice*. Enfin, comme les juges s'inspiraient de la sagesse et de la science du dieu Soleil, qui présidait à la justice, ces arbres, symboles de la délibération politique et judiciaire, devinrent encore les symboles de la *sagesse* et de la *science*. Voilà pourquoi les Hindous donnaient aux arbres plantés près des cités et consacrés au Soleil, soit le nom de *Arbre de Sagesse* (sansc. *bouddhi-taru*), soit celui de *Arbre de Science* (sansc. *bouddhi-drouma*). La Mythologie attribue ordinairement aux divinités anthropomorphes, des usages analogues à ceux des hommes. Aussi, lorsque, chez les peuples de la branche *gète* et vers le troisième siècle de notre ère, les mythes se formèrent sur l'établissement des Ases dans Asgard (voy. p. 213), la Mythologie imagina que la bande ou la famille des Dieux avait, au ciel, comme les hommes, sur la terre, son Lieu d'assemblée et de jugement auprès d'un arbre sacré. Comme, chez les hommes, cet arbre sacré se trouvait planté ordinairement au milieu de la cité, on se figurait aussi que l'arbre sacré des Ases était placé au milieu de la *Plaine d'Ida* (voy. § 66). Les hommes choisissaient, pour les arbres sacrés, les meilleures et les plus belles essences; dans l'Inde c'était le figuier sacré (cf. *pippala* ou *açvattha* p. açva-vatha, figuier du Cheval ou du Soleil), chez les Germains, c'étaient le chêne et le tilleul, et chez les Scandinaves, le *frêne*. Aussi se figurait-on que l'arbre sacré des Ases était un *frêne*. Les arbres, symboles de l'établissement, de l'assemblée, du jugement, et de la sagesse, étant consacrés au soleil, le Frêne céleste des Ases était également consacré au Soleil , et fut nommé, comme les arbres sacrés chez les Scandinaves , le *Frêne du Soleil*. Or , dans l'origine , le Soleil était adoré , chez tous les peuples japétiques, comme une divinité *zoômorphe* (voy. *Les Gètes* , p. 178), et les tribus scythes considéraient primitivement le Soleil comme un Étalon fougueux, parcourant rapidement les espaces célestes , et répandant ses rayons de lumière et de chaleur par ses yeux , ses nasaux, sa crinière luisante , et sa queue flamboyante (voy. p. 205). L'Étalon-Soleil eut donc plusieurs noms épithétiques, tels que celui de *Coursier* (scythe *Traçilus*; cf. gr. *trochilos*; norr. *drasill*) et d'*Ombrageux* (germ. *wigg*; anglos. *vicg*; norr. *yggr*). Ces noms se transmettaient encore traditionnellement , pour désigner le soleil , lorsque déjà le Soleil était devenu *anthropomorphe*, et était même conçue comme une divinité *féminine* (voy. § 55). A l'époque où le Frêne-du-Soleil des Ases fut imaginé , le soleil était encore désigné , entre autres dénominations , par le nom archaïque de *Coursier-Ombrageux* (gète *Vigg-Thraçils*; norr. *Ygg-Drasill*), et c'est pourquoi cet Arbre céleste du Soleil fut appelé , dans la Mythologie scandinave , le *Frêne du Coursier-Ombrageux* (norr. *Askr Ygg-Drasils*). Les peuples de la branche *gète* plantaient ordinairement l'Arbre du soleil auprès d'une *source*, qui, dès lors , devint une source *sacrée*, consacrée au Soleil , et surtout considérée comme Source de sagesse et de jugement. D'après cet usage, la Mythologie imagina qu'au pied du *Frêne d'Yggdrasill* se trouvait la Fontaine sacrée des *Nornes*, ou la Fontaine d'*Urdur*, qui était la Source de la sagesse et du jugement célestes. Les Ases se rendaient , tous les jours , auprès du Frêne d'Yggdrasill et de la Fontaine d'Urdur , pour délibérer et prononcer leurs jugements. Il était d'usage, dans le Nord , d'aller *à cheval* à l'assemblée générale (norr. *Althing*), ou au lieu du jugement. C'est pourquoi la Mythologie norraine, à peu près vers le sixième siècle de notre ère , se figurait que les *Ases*, eux aussi , se rendaient , *à cheval*, auprès de l'Arbre de Jugement. Ce mythe est rapporté dans les *Dits de Grimnir*, strophe 30 :

> « Gladr et Gyllir , Gler et Skeidbrimir ,
> « Silfrintoppr et Sinir ,
> « Gisl et Falhofnir , Gulltoppr et Lettfeti ,
> « Ces chevaux , les Ases les montent
> « Chaque jour , *quand ils se rendent , pour juger,*
> « *Auprès du Frêne d'Yggdrasill.*

et , bien que ce mythe-là n'ait aucun rapport direct avec le mythe du Frêne d'Yggdrasill , *Snorri* a cru devoir en parler à propos de cet Arbre céleste. Comme *Snorri*, d'après son nombre de prédilection (voy. p. 157), admet *treize* Ases , et qu'il n'y a , ici , que *dix* chevaux de mentionnés , il croit nécessaire , pour arriver à son nombre consacré , d'ajouter à cette liste, d'abord le cheval d'*Odinn* nommé *Sleipnir* (voy. p. 143), de faire remarquer ensuite que le cheval de *Baldur* fut brûlé avec cet Ase, et de rappeler que *Thór*, d'après la strophe citée des *Dits de Grimnir*, n'a pas de cheval, et qu'il se rend , *à pied*, au Tribunal, en traversant , pour entrer dans l'*Enclos des Ases*, les fleuves de feu *Körmt* et *Örmt*, et les *Bains-de-*

Bassin (voy. p. 212). En effet, *Thôr*, comme Dieu du Tonnerre et de la Foudre, avait son domicile, non dans le ciel, mais à *Thrudheim* (voy. p. 212), qui est placé à l'Orient, sur le sommet de hautes montagnes, entre le ciel et la terre, ou, comme s'exprime le document (*Dits de Grimnir*, 4), dans le voisinage du *Séjour-des-Ases* (Ciel) et du *Séjour-des-Alfes* (l'air supérieur). Cette région, bien qu'elle se trouvât en dehors de l'*Enclos-des-Ases*, passait cependant encore pour une région *sacrée* (v. p. 254). *Thôr*, comme Dieu du Tonnerre, roule sur les nuages, monté sur son char. Toutes les fois qu'il n'est pas dans son char, c'est-à-dire qu'il n'est pas en fonction comme *Dieu du Tonnerre*, il va à *pied*; jamais il ne va à cheval, comme les autres Ases. La raison *épique* en est que *Thôr*, le plus fort des Ases, serait une charge trop lourde pour un cheval, même un cheval céleste. C'est ainsi que *Rôlf* eut le surnom de *Gôngu-Rôlf* (Rôlf le Marcheur), parce qu'il marchait à pied, étant trop lourd pour pouvoir être porté par un cheval (voy. p. 254).

§ 72. **Le Frêne d'Yggdrasill, Arbre de Vie.** — Les peuples scythes, comme en général les nations iafétiques, considéraient le Soleil, nonseulement comme le Père des hommes, mais aussi comme l'auteur de la *vie universelle* dans la Nature. Aussi la Mythologie hindoue, dans sa période postérieure philosophique, a-t-elle représenté la Nature entière par le Cheval Céleste (norr. *Himin-îor*) ou le Cheval de Sacrifice, qui est le symbole du Soleil. C'est ainsi que le *Yadjour-Véda* (section *Vrihad-araniaka*, chap. *Brâhmanam*) considère les différentes parties de la Nature comme des parties du corps du Cheval sacré gigantesque : « L'aurore, « c'est la tête du Cheval de sacrifice ; le soleil, l'œil ; l'air, la respiration ; « le feu, la bouche béante ; l'année, la vie du Cheval de sacrifice ; le ciel, « le dos ; la voûte céleste, le ventre ; la terre, les supports ; les séjours « célestes, les côtes ; les six semaines de l'année, les membres ; les mois « et les semestres, les vertèbres ; les jours et les nuits, les positions ; les « astres, les jambes ; l'atmosphère, les chairs ; le sable, l'excrément ; les « fleuves, les veines et artères ; les montagnes, le foie et les vessies ; les « plantes et les rois des forêts, les crins et la crinière ; la partie mon- « tante, l'avant-train du cheval ; la partie descendante, l'arrière-train ; « où la bouche s'ouvre, là il fait de l'éclair ; où elle se ferme, il tonne ; « où il urine, là il pleut ; sa voix est le hennissement.

« Devant le Cheval s'élève le jour comme une magnificence brillante ; « son lieu de naissance est dans la Mer orientale ; derrière lui naît la Nuit, « d'une magnificence brillante ; son lieu de naissance est dans la Mer oc- « cidentale, etc. »

Dans les autres Mythologies, la *Vie universelle* était représentée plus convenablement par un *Arbre* symbolique. Tel était l'*Arbre de Vie* qui, d'après la Genèse, se trouvait avec l'*Arbre de la Science*, dans le Paradis. Tel était l'*Arbre des Ages* (sansc. *Kalpa-droumas, Kalpa-vrikchas*) de la Mythologie hindoue ; tel l'arbre *Haoma*, qui, d'après les livres zends, s'élevait au-dessus de la Fontaine d'*Arduisur* ; tel encore l'Arbre qui, dans le Jardin des Hespérides, portait les Pommes d'or de l'Immortalité. A l'époque où les Scandinaves conçurent les mythes sur l'origine et la destruction du Monde, ils représentèrent également la *Vie universelle* sous le symbole d'un arbre merveilleux. Tel était l'*Arbre de Mimi* (norr. *Mima-meithr*), dont le fruit avait des vertus obstétricales; tel était encore le Pommier qui produisit les Pommes d'or de l'Immortalité, gardées par la déesse *Idunn*. Tel était, aussi, le *Frêne d'Yggdrasill*, qui, considéré jusque-là uniquement comme *Arbre* d'Assemblée et de *Jugement*, fut dès lors considéré encore comme le symbole de la *Vie universelle*. Comme la Vie universelle pénètre le Monde entier, et qu'elle est combattue par la Mort universelle, le mythe dit que le *Frêne d'Yggdrasil*, comme Arbre de Vie, embrasse le Monde entier, que ses branches s'étendent au-dessus du ciel, et que ses racines plongent profondément dans l'Enfer. Voici comment s'énoncent les *Dits de Grimnir*, str. 31 :

> « Trois racines se dirigent en trois directions
> « Sous le Frêne d'Yggdrasill :
> « Hel habite en deçà de l'une; les Thurses-Givreux, en deçà de l'autre;
> « Les Hommes, du genre humain, en deçà de la troisième. »

Cela signifie que les racines, au nombre symbolique de *trois*, plongent dans les *trois* Mondes ou Séjours *inférieurs*, savoir le *Séjour des Iotnes*, à l'orient de la terre, le *Séjour de Hel*, en bas, au nord de la terre, et le *Séjour Mitoyen*, au milieu de la surface terrestre. De même, les branches du Frêne plongent dans les trois Séjours *supérieurs* ou célestes, savoir le *Séjour des Alfes*, le *Séjour des Ases*, et le *Séjour des Vanes*. L'image du *Frêne d'Yggdrasil*, considéré comme *Arbre de Vie*, diffère donc essentiellement de l'image de ce Frêne, considéré comme *Arbre de Jugement*. L'*Arbre de Jugement* est placé tout entier dans le *ciel*; ses racines se trouvent dans la voûte céleste. L'*Arbre de Vie*, au contraire, est beaucoup plus gigantesque; ses branches s'étendent au-dessus du ciel, et ses racines s'enfoncent au-dessous de la terre. Comme la Mythologie a donné le même nom, celui de *Frêne d'Yggdrasil*, et à l'Arbre de Jugement et à l'Arbre de Vie, il importe de bien distinguer l'un de l'autre, afin de comprendre la signification des mythes, qui se rapportent soit à l'un, soit à l'autre de ces deux arbres symboliques.

Le mythe de l'Arbre de Jugement ayant une origine *épique*, les détails, qui en sont rapportés, présentent ensemble un tableau que l'imagination peut facilement concevoir et se représenter. Le mythe de l'Arbre de Vie, au contraire, ayant une origine *symbolique*, les détails en sont plus incohérents et quelque peu bizarres; mais du moins il n'y a pas de contradictions ou d'incohérences telles, que l'imagination ne puisse en concevoir raisonnablement l'image. Les deux mythes, qui étaient, originairement, distincts l'un de l'autre, comme ils le sont restés dans la Genèse, se sont confondus ensemble dans la tradition mythologique des anciens Scandinaves. Mais cette fusion des deux mythes, loin de faire disparaître la contradiction qu'il y avait entre les détails épiques de l'un et les détails symboliques de l'autre, l'a fait d'autant plus ressortir, de sorte que l'image du Frêne, planté dans le Champ Céleste ou dans la *Plaine d'Idi*, et qui a naturellement son pied, ses racines, son tronc et ses branches dans le *ciel*, ne saurait cadrer avec l'image du Frêne embrassant le Monde entier,

c'est-à-dire plongeant ses branches dans les régions supérieures ou célestes,
et ses racines dans les régions inférieures ou terrestres. Ces incohérences
contradictoires existent réellement, si, prenant les deux mythes comme
formant un seul et même tableau, on rapporte à l'un les détails de l'autre;
mais elles s'expliquent, du moment qu'on sépare les deux mythes qui ont
été confondus ensemble, et qu'on rapporte à chacun les détails qui lui appartenaient dans l'origine. *Snorri* ne sait pas faire cette distinction entre
les deux mythes. Aussi son exposé renferme-t-il des contradictions nombreuses, qu'il augmente encore par son interprétation des documents,
et par ses idées évhémeristes concernant certains mythes.

§ 73. Le Frêne d'Yggdrasil, d'après Snorri. — *Snorri* a ignoré la signification symbolique du *Frêne d'Yggdrasil* tant comme Arbre de *Jugement*
que comme Arbre de *Vie*; et, ce qui est bien plus fâcheux, il a confondu les
mythes se rapportant à l'un ou à l'autre des deux symboles. Aussi son exposé
renferme-t-il des contradictions nombreuses, et l'image qu'il retrace du
Frêne, est discordante et inconcevable. D'abord les questions qu'il fait
adresser à *Sublime* par *Piétonneur*, se rapportent au *Frêne d'Yggdrasil*,
considéré comme *Arbre d'Assemblée* ou *de Jugement*; mais la réponse
d'*Équi-Sublime* se rapporte au Frêne, considéré comme *Arbre de Vie*.
En effet, c'est, comme Arbre de *Vie*, que ce Frêne est dit, de tous les arbres,
le *plus grand* et le *meilleur*, et qu'il étend ses branches et ses racines dans
le Séjour *entier*. Ensuite d'après une combinaison bizarre de certaines données mythologiques qu'il a faussement interprétées, *Snorri* se figure que,
sous les trois racines du Frêne, se trouvent trois Fontaines sacrées.
C'est que, se rappelant que la *Fontaine d'Urdur* est placée au pied de
l'Arbre de Jugement des Ases, *au ciel*, et confondant ensuite cet Arbre
de Jugement avec l'Arbre de *Vie*, qui a trois racines, il s'imagine et il dit
que 1° l'une de ces trois racines se trouve chez les *Ases*; ce qui ne signifie
pas (comme cela pourrait sembler) qu'elle se voit chez les Ases, qui
(d'après l'evhémérisme de Snorri) habitent l'Asgard asiatique *sur la terre*,
mais cela veut dire positivement qu'elle se trouve au *ciel*, comme Snorri
l'explique lui-même, en disant plus loin (p. 91), à propos de cette même
racine, qu'elle se trouve « *au ciel* ». *Snorri* dit ensuite 2° que la seconde
racine du Frêne est chez les *Thurses-Givreux*. Cela est conforme, il
est vrai, à l'énoncé des vers ci-dessus rapportés; mais, si *Snorri* ajoute
que la racine s'étend à l'endroit où était antérieurement le *Bâillement-
des-Mâchoires*, il ne parle plus d'après les documents, mais d'après
l'idée fausse qu'il s'était faite du *Ginnunga-Gap* (voy. p. 170). Car il prend
le *Bâillement-des-Mâchoires* pour l'*Océan primitif* qui, lors de la
création de la Terre, est devenu, selon lui, la Mer *Extérieure* (norr.
utsia), baignant les rivages des *Séjours-des-Iotnes* ou du Pays des
Thurses-Givreux.

Snorri n'est pas, non plus, dans le vrai lorsqu'il dit 3° que la troisième
racine se trouve au-dessus du *Séjour-Brumeux*. Il fallait dire au-dessus
du *Séjour-de-Hel*, ou encore, plus exactement, au-dessus de *Hel-Brumeux* (voy. p. 165), à l'endroit où se trouve le Dragon *Nid-högg*, qui,
rongeant une des racines du Frêne d'*Yggdrasil*, contribue au dépérissement de cet *Arbre de Vie*. Le détail de *Nidhögg*, bien qu'il ait été ajouté

postérieurement, fait cependant partie intégrante de la conception du mythe concernant l'*Arbre de Vie*. En effet, ce mythe veut non-seulement énoncer que la *Vie* pénètre toute la Nature, mais aussi que cette vie est attaquée continuellement par des forces pernicieuses ennemies. C'était même, ici, le lieu de parler des différents Ennemis de l'Arbre de la Nature, ce que *Snorri* fait seulement plus bas (voy. p. 234). Au lieu de cela, il donne, ici, des détails dont les uns, il est vrai, sont conformes aux documents, mais n'ont aucun rapport mythologique avec le *Frêne d'Yggdrasil*, et dont les autres ne sont mentionnés dans aucun document, et ne reposent que sur les fausses hypothèses ou combinaisons de notre auteur. C'est ainsi que *Snorri* affirme que le *Bassin-Bruyant* est sous la *troisième* racine du Frêne. D'abord cela n'est pas exact ; car le *Bassin-Bruyant* se trouve au *centre* du *Séjour-Brumeux* ; ensuite ce Bassin n'a aucun rapport avec le mythe d'*Yggdrasil*. *Snorri* a placé le *Bassin-Bruyant* sous une des racines de l'Arbre, afin qu'il y eût correspondance et corrélation de ce bassin, d'un côté avec la *Fontaine de Mimir*, qu'il se figure placée sous la seconde racine, et, de l'autre, avec la *Fontaine d'Urdur*, qu'il suppose placée sous la *troisième* racine. Mais, d'abord, cette topographie mythologique n'est pas conforme aux anciens documents ; et puis la Mythologie ne connaît pas cette corrélation des trois Fontaines, que *Snorri* a imaginée par suite d'une combinaison trop systématique. Cette erreur est cause que *Snorri* croit devoir exposer ici le mythe de la *Fontaine de Mimir*, qui, cependant n'a aucun rapport avec le mythe du *Frêne d'Yggdrasil*. Enfin *Snorri* admet (et cela également à tort) que le Dragon *Nidhögg* séjourne dans le *Bassin-Bruyant*. Évidemment il confond ce dragon, ainsi que les serpents innombrables qui se trouvent sous le Frêne (voy. p. 235), avec les serpents du *Bassin-Bruyant*, dont le venin, mêlé aux eaux de *Heidthyrnir*, a formé les *Vagues-Tempétueuses* (v. p. 171).

§ 74. **La Fontaine de Mimir.** — Les *sources* qui jaillissaient auprès des Arbres d'Assemblée et de Jugement (voy. p. 224) étant devenues, ainsi que ces arbres eux-mêmes, des objets *sacrés* et merveilleux, la Mythologie put les transformer en *Fontaines de Sagesse* ; et le raisonnement trouva des raisons d'analogie pour justifier ce caractère symbolique. Ainsi l'eau, cet élément clair, pur, transparent et pénétrant, fut considérée comme le symbole de la clarté de l'intelligence ; et, par conséquent, la source, la fontaine, ou le puits, qui renfermaient cet élément, symbole de l'intelligence, passaient pour la source de la Sagesse et de la Pénétration. Ensuite, comme on croyait que les boissons, surtout les spiritueux, pris dans certaines circonstances, augmentaient la puissance des facultés intellectuelles et morales, on considérait aussi la boisson fournie par ces Sources de Sagesse, comme des moyens propres à donner à l'esprit de la clairvoyance et de la science. Voilà pourquoi, dans les traditions mythologiques et épiques de l'Antiquité, de l'Orient et du Moyen âge, la Poésie, la Sagesse, la Vérité, ainsi que les Représentants mythologiques de la Poésie, de la Sagesse et de la Prescience, telles que les Muses, les Fées, les Ondines, les Néréides (allem. *mer-wip*), les Femmes-Cygnes, les Femmes-Serpents (*Echi-dna* ; *Mélusine*), etc., sont toujours mises en rapport avec des sources (cf. gr. *hippokrène*), des puits (cf. Puits de la

Vérité), des lacs, et des Coupes de divination (voy. Sur l'Origine et la Signification des Romans du St.-Graal). Ce symbolisme une fois compris, on conçoit que la Mythologie norraine a dû imaginer la *Fontaine de Mimir*, pour expliquer symboliquement la Sagesse des *Iotnes*. En effet, d'après la Cosmogonie mythologique, les *Iotnes* étant nés *avant* les *Ases*, la sagesse traditionnelle de ceux-là, qui étaient les anciens, pouvait rivaliser et se mesurer avec la sagesse de ceux-ci, qui étaient plus jeunes. Aussi les *Thurses-Givreux* ou les *Iotnes* portaient-ils l'épithète épique de *Infiniment-sages* (norr. *hund-visir*, sagaces comme des chiens; dérivé peut-être de *hundrad-visir*, sagaces au centuple). Pour expliquer encore d'une autre manière cette sagesse que possédaient les Iotnes, la Mythologie dit qu'ils ont, chez eux, dans le *Séjour des Iotnes*, un Puits de Science, de Prescience et de Sagesse. Le Gardien ou le Possesseur de cette Fontaine, c'est l'Iotne *Mimir* (p. Migmir, Ruisselant; cf. goth. *milhma*, nuage), qui, comme son nom l'indique, est la personnification de la Source même (cf. *Vrindus*, Jaillissant). Il est, par conséquent, aussi la personnification ou le Symbole de la Sagesse (comme le Vane *Qvasir*), et, à ce titre, il est le type, d'abord du *Conseiller*, et puis, dans la poésie épique postérieure, celui de l'*Artiste*, et, par suite, du Médecin (cf. all. *artzt*, de *artista*; cf. *Mima-meidr*, p. 226). A ce mythe, dont nous venons de montrer l'origine et la forme primitive, sont venus, plus tard, se joindre des détails épiques, qui n'avaient qu'un rapport indirect avec l'idée symbolique qu'il exprimait originairement. Ces détails épiques sont les suivants : *Mimir*, le Sage et le bon Conseiller, emploie son intelligence extraordinaire pour préserver de tout danger les Iotnes qui sont de sa race ; il est donc aussi le *Gardien* du *Séjour des Iotnes*. En cette qualité, il a en sa possession, pour pouvoir sonner l'alarme, la *Corne-de-Giöll* (Corne de Retentissante), qui, si l'on y donne, en cas de danger, est entendue dans le Monde entier, comme la Corne *Dieudonné* (sansc. *Déva-datta*) du Demi-dieu hindou *Ardjunas*, ou comme le cor *Ivoire* (*Olifant*) du héros *Ruodland*. En bouchant du doigt l'embouchure de cette corne *pointue* (goth. *stikls*; all. *stecher*), on pouvait encore, suivant l'usage des Scandinaves, s'en servir comme d'une corne-à-boire (norr. *stikill*, all. *drinkhorn*).

La corne de *Mimir* était à la fois un gage de sûreté, parce que, avec elle, on pouvait donner l'alarme, et un instrument pour augmenter sa science, puisqu'on y buvait le breuvage de l'intelligence, à la Source de la Sagesse. *Odinn* voudrait, pour ces deux raisons, l'enlever à *Mimir*, le Gardien des Iotnes, et la donner à *Heimdall*, le Gardien des Ases. Ne pouvant l'enlever de force, il emploie la ruse pour s'en emparer ; il demande à boire un coup dans cette Corne, espérant pouvoir ainsi la saisir et la garder. Mais *Mimir*, le Sage, devinant son intention, lui demande de donner, comme gage pour la corne qu'on va lui présenter, son œil droit, c'est-à-dire la moitié de sa Prévision. *Odinn*, sachant qu'il ne perdra pas au change, préfère garder la Corne et laisser son œil engagé. Depuis ce temps, *Odinn*, le Père des Occis, est *borgne*; il n'a plus que la moitié de sa prévoyance ; mais, du moins, en faisant ce sacrifice, a-t-il pourvu, comme il croit, à la sûreté des Ases. *Mimir*, n'ayant plus sa

Corne, boit, chaque matin, dans l'*œil* d'Odinn ou dans le Gage du *Père des Occis*. Il augmente ainsi sa sagesse moyennant la Prévision du Chef des Ases. Peut-être y a-t-il quelque rapport caché, au moins quant à la forme, entre le mythe scandinave et la tradition populaire si répandue dans le Jura sur la Fée *Vouire* (lat. *Vipera*). C'est une fée *borgne* comme *Odinn*, et qui, chaque fois qu'elle va boire à la fontaine, ôte son œil, lequel est un diamant. Il lui arrive parfois d'oublier son œil; heureux celui qui le trouve !, sa bourse sera toujours remplie d'argent. (Voy. *Roquefort*, État de la poésie, etc., 142.)

Évidemment, le mythe de la *Fontaine de Mîmir* n'était pas rattaché, dans l'origine, au mythe du *Frêne d'Yggdrasil*. Peut-être cette Fontaine était-elle placée au pied de l'*Arbre de Mimi* (norr. *Mîma-meidr*), dans le Séjour des Iotnes. Toutefois *Snorri* l'a placée au pied du *Frêne d'Yggdrasil*, parce qu'il croyait, à tort, qu'il existait une corrélation ou analogie entre la *Fontaine de Mîmir*, le *Bassin-Bruyant*, et la *Fontaine d'Urdur*, et que, par conséquent, la *Fontaine de Mîmir* et le *Bassin-Bruyant* devaient se trouver, aussi bien que la *Fontaine d'Urdur*, au pied du *Frêne d'Yggdrasil*.

(25) LES NORNES ; LA FONTAINE D'URDUR.

§ 75. **La Prédiction du Destin.** — Dans l'origine, l'homme n'adorait les Dieux que parce qu'il croyait à leur *puissance* surhumaine, et qu'il voyait en eux les arbitres de sa *destinée*. Le culte avait donc, dans l'origine, un but essentiellement *eudæmonistique*, c'est-à-dire que, par les pratiques du culte, on tendait à se rendre les Dieux favorables, et, par ce moyen, à se procurer le bonheur, et à détourner le malheur menaçant. Quant aux accidents heureux ou malheureux, on les attribuait à la divinité dans la spécialité de laquelle la direction de ces accidents rentrait plus particulièrement (voy. les *Valkyries*, § 125) ; mais quant au bonheur et au malheur de la vie, en général, ou quant à la bonne ou mauvaise *destinée*, on l'attribuait, d'abord au Dieu *suprême*, comme à celui qui avait une *puissance* supérieure à celle des autres divinités, ou bien on l'attribuait à l'assemblée des Dieux qui, réunis en Conseil, décidaient de la bonne ou mauvaise destinée de chaque homme, surtout lors de sa naissance. C'est ainsi que les *Ases* allaient, chaque jour, siéger auprès du *Frêne d'Yggdrasil* pour prononcer leur *jugement (dómr*, fixation ; sansc. *dhaman*, établissement) sur la Destinée des choses et des hommes. La destinée ainsi fixée, par leur jugement, portait elle-même le nom de *Établissement* (norr. *dómr*), pris dans le sens de *Loi* (cf. les *Établissements* de St.-Louis). Or, il était de l'intérêt des hommes de connaître d'avance la volonté ou les décrets des Dieux, afin d'éviter ce qui pouvait causer et amener l'accomplissement d'une décision fâcheuse, ou de la prévenir, en disposant favorablement les Dieux par le moyen des pratiques de la religion. On croyait, ensuite, que les Dieux faisaient connaître leurs décisions à leurs favoris, c'est-à-dire aux hommes inspirés, aux *Divins* ou aux prêtres, qui passaient pour les organes intermédiaires entre la Divinité et le peuple. C'est donc à ces hommes qu'on s'adressait pour apprendre la décision des Dieux, énoncée sous forme d'*oracle*. Comme le nombre des hommes, qui passaient pour être directement *inspirés* par les Dieux, était naturellement restreint, et que, pour connaître la volonté des Dieux et pour prévoir ou prévenir la Destinée, on n'avait pas toujours à sa disposition des Prophètes, des Inspirés ou des Divins, on suppléait, dans les circonstances ordinaires, à la Prophétie par la *Divination*. La Divination différait de la Vision prophétique ou de la Prophétie, en ce qu'elle n'était pas, comme celle-ci, la vue immédiate de la Destinée révélée, soit par inspiration divine, soit par intuition contemplative, mais qu'elle était seulement l'art de prédire la destinée par *conjecture* ou induction, à la vue de certains indices physiques, qui passaient pour des signes *précurseurs* ou *concomitants* de l'événement, et qui, ou bien s'offraient d'eux-mêmes, ou bien étaient provoqués par des paroles ou des opérations *magiques*. Malgré cette distinction, la Vision prophétique et la Divination se confondaient souvent dans la pratique, et elles étaient exercées communément, l'une et l'autre, ensemble. Comme les femmes, par suite de leur organisation plus délicate, ou par leur éducation et leurs occupations habituelles, ont naturellement l'esprit plus impressionnable, plus porté à l'enthousiasme et au mystère que les hommes, l'esprit prophétique et divinatoire était aussi plus particulièrement attribué aux *femmes*; et, plus tard, peut-être par suite d'idées ascétiques originaires de l'Inde, l'esprit prophétique était attribué principalement aux femmes-*vierges* (voy. *Les Gètes*, p. 210). De là, chez les peuples d'origine gétique, l'institution de Prêtresses, Prophétesses ou Devineresses attachées au Sanctuaire, et portant, pour cette raison, le nom de *Conseillères du Sanctuaire* (gèt. *alhi-hrûnas*). A côté de ces femmes, qui, comme prédisant l'issue ou la *destinée* des expéditions guerrières, avaient seules une position, en quelque sorte, *officielle*, il y en avait d'autres qui n'étaient pas attachées au Sanctuaire, mais qui, parcourant le pays, prédisaient l'avenir des particuliers, surtout l'avenir ou la destinée des enfants nouveau-nés. On les appelait *Femmes de Vision* (norr. *Spå-Konur*). De même que la Prophétie s'était confondue avec la Divination, la Divination ne tarda pas à se confondre, à son tour, avec la *Magie*. La *Divination* différait de la *Magie* en ce qu'elle se contentait de deviner la destinée telle que les Dieux l'avaient décrétée, sans avoir, comme celle-ci, la prétention de déterminer ou de modifier, à volonté, le destin, les événements et les choses, en produisant, par des moyens supposés naturels, et indiqués par la Science occulte, les causes qui passaient pour amener nécessairement, inévitablement, et, contrairement même à la volonté des dieux, les effets qu'on désirait obtenir. Les *Femmes de Vision* étant aussi des Magiciennes, l'idée s'établit facilement que ces femmes ne prévoyaient ou ne savaient pas seulement d'avance la destinée, telle que les Dieux l'avaient décrétée, mais qu'elles étaient aussi en état, par leur science magique, de déterminer, elles-mêmes, cette destinée, selon leur fantaisie; qu'elles étaient, par conséquent, aussi bien que les Dieux, et souvent même plus que les Dieux, les *Arbitres* immédiats du bonheur et du malheur des hommes. La Magie était surtout pratiquée chez les peuples *finnes*; elle passa, en partie, des Finnes aux Slaves, et des Slaves aux Scandinaves. Les Slaves croyaient que les magiciens étaient généralement des *loups-garous* (voy.

p. 240); c'est pourquoi le nom de *valchav* (issu de *Loup*; sl. *Valch*), qui désignait, originairement, le *loup-garou* (pol. *wilkolek*), prit la signification de *magicien* (vieux-slav. *valchav*; russ. *volchov*, magicien). Il y avait aussi, chez les Slaves, des Magiciennes nommées *valchavy*, dont le nom slave fut adopté par les Scandinaves pour désigner leurs Prophétesses, Devineresses ou Magiciennes; en effet, c'est du nom de *Valhava* que se sont formés régulièrement les noms norrains de *völva* et de *vala* (cf. *Hyndla*, Petite Chienne, Petite Louve).

§ 76. **Les Nornes, Arbitres de la Destinée.** — A mesure que l'on reconnaissait, dans le monde, le principe de la causalité, on attribuait aussi la destinée des choses et des hommes à un Ordre mystérieux reposant sur la causalité; et l'on était naturellement porté à croire que tout dépendait d'une *Cause primitive*, considérée comme une *Disposition primordiale* (norr. *örlag*; v. all. *urlagi*). D'après les idées sur l'origine du Monde et des Dieux, qui, au premier siècle avant notre ère, venaient de se formuler dans des mythes cosmogoniques ou théogoniques, on croyait que les *Ases* n'existaient pas au commencement, mais qu'ils étaient nés postérieurement aux *Iotnes*; et c'est pourquoi, loin d'être les auteurs de la Disposition *primordiale*, ces dieux en subissaient eux-mêmes la loi, et n'avaient d'autre privilége sur les hommes que celui de la connaître d'*avance* d'une manière plus ou moins parfaite. Dès lors la Destinée humaine, n'étant plus déterminée par le *Jugement* (norr. *dómr*) des Dieux, ne fut plus aussi souvent appelée du nom de *Jugement*; mais, comme elle dépendait d'une *Loi* ou d'une *Disposition* primordiale, elle prit elle-même généralement le nom de *Loi primordiale* (norr. *ur-lag*). Cependant, cette Disposition primordiale ne passa pas pour tellement immuable que la puissance irrésistible de la Magie ne pût la modifier. Les *Alhi-hrúnes*, les *Femmes-de-Vision* et les *Magiciennes* (norr. *Völur*), continuaient donc à être considérées comme les *Arbitres* de la Destinée humaine; et l'existence de ces femmes et les croyances qui se rattachaient à elles, devaient naturellement donner naissance à l'idée et au mythe des *Nornes*. En effet, les *Nornes* mythologiques et célestes sont calquées, en grande partie, sur les *Spákonar* historiques et terrestres, comme les *Valkyries* (voy. § 125) ont été conçues d'après les *Alhi-rúnes* du Dieu de la Guerre. Si l'on considère les *Nornes* comme les Arbitres de la destinée en *général*, et les *Valkyries* comme présidant seulement à la destinée dans les *combats*, on peut dire que les *Valkyries* sont une *spécialisation* des *Nornes*, ou qu'elles sont une conception mythologique *postérieure* à celle des *Nornes*. Mais si l'on se rappelle que les *Valkyries* ont été calquées sur les *Alhi-rúnes*, comme les *Nornes* sur les *Femmes de Vision*, et que les *Alhi-rúnes* avaient de bonne heure une position *officielle* que n'ont jamais eue les *Femmes de Vision*, il faut aussi dire que les *Nornes* sont une *généralisation* des *Valkyries*, et, par conséquent, une conception mythologique *postérieure* à celle des *Valkyries*. Ensuite, bien que les *Nornes* aient été postérieures aux *Spákonur* historiques, comme conception mythologique, elles sont cependant devenues, dans la tradition, en quelque sorte le type et l'idéal des prophétesses et devineresses norraines. Les *Nornes* sont les arbitres par excellence de la Destinée du monde et des hommes dans le passé, le présent et l'avenir; elles président à la destinée, la distribuent, et la font connaître. Devant présider à la Loi *primordiale*, elles appartiennent naturellement à la race *primitive*, c'est-à-dire à la race des *Iotnes*, qui sont les premiers-nés de la création (voy. 180) et qui sont en possession de la tradition ou de la Sagesse la plus ancienne. Aussi est-il dit que les *Nornes* sont *douées de l'esprit de sagesse* (norr. *frodgediathar*). Elles sont les filles de l'Iotne *Mögthrasir* (Effort-de-Gars); et comme la Destinée, s'accomplissant dans le *temps*, appartient soit au passé, soit au présent, soit à l'avenir, elles sont au nombre de *trois*, et portent les noms de *Passée* (Urdur), de *Présente* (Verdandi) et de *Future* (Skuld). Bien qu'elles appartiennent à la race des *Iotnes*, qui sont les ennemis des Dieux et de la Création, elles n'en sont pas moins des Déités *bienveillantes*, intéressées au salut, à l'*entretien* et à la conservation du Monde et des hommes. Aussi le nom de *Norne* (p. *Nara-un*, *Naurn*, *Norn*, Aimant-le-Salut, ou l'Entretien, ou la Conservation), exprime-t-il leur nature bienfaisante et bienveillante. Comme Déités bienfaisantes, les Nornes ont leur domicile, non dans le *Séjour des Iotnes*, mais au *ciel*, où elles sont venues de *Iötunheim*, s'établir auprès des Ases, à l'*Aurore des Ages* (voy. p. 216). Elles sont, en quelque sorte, les *Alhi-hrûnes* des Sanctuaires célestes. Comme Déités, dont le *jugement* détermine la destinée humaine, elles sont placées au pied du *Frêne d'Yggdrasil*, considéré comme Arbre de *Jugement*, et qui se trouve dans la *Plaine d'Idi*, au milieu de l'*Enclos-des-Ases*. Au pied de cet arbre sacré, est une Fontaine qui, d'après l'aînée des *Nornes*, porte le nom de *Fontaine d'Urdur*. Cette fontaine, se trouvant au *ciel*, est, par cela même, une fontaine *sacrée*; son eau est également sacrée, c'est-à-dire qu'elle a des vertus *magiques*. Comme la Fontaine d'Urdur est située au pied de l'Arbre de Jugement et de Sagesse, elle est elle-même une Fontaine de *Sagesse*; et c'est pourquoi les *Nornes*, *douées de l'esprit de sagesse*, y habitent. Mais de même que le *Frêne d'Yggdrasil*, comme Arbre de *Jugement*, s'est confondu avec le *Frêne d'Yggdrasil* considéré comme Arbre de *Vie*, de même aussi la *Fontaine d'Urdur* n'est pas seulement source de *Sagesse*, mais aussi source de *Vie*. Ses eaux sacrées ont la vertu *magique* de conserver tout ce qu'elles touchent. Aussi les Nornes conservatrices et *protectrices* (norr. *Hamingiur*, Issues de Couvrant), ont-elles soin d'arroser de cette eau les parties de l'Arbre de Vie, pour le préserver de la pourriture qui l'attaque.

§ 77. **Les Nornes épiques.** — Bien que, dans l'origine, on n'ait imaginé que trois *Nornes*, la poésie mythico-épique scandinave en imagina, dans la suite, un plus grand nombre; on en distinguait même différentes espèces, d'après les différentes races d'Êtres mythologiques, comme dans la Mythologie hindoue on distinguait, parmi les Richis, les *Dévarschayás*, les *Bramarschayás* et les *Rádjarschayás*, selon qu'ils appartenaient à la race des Dieux, à la race des Brahmanas, ou à la race des Rois. La strophe citée par *Snorri*, énumère *trois* classes de *Nornes*; les unes, les véritables ou les primitives, sont appelées parentes des *Ases*, parce qu'elles habitaient le ciel, avec les *Ases*, et que, pour cette raison, et bien qu'elles fussent d'origine *iotnique*, on les croyait de la famille des *Ases*. La seconde classe est celle des *Nornes*, parentes des *Alfes* (v. p. 239). La troisième est celle des Nornes de la race de *Dralinn*, c'est-à-dire de la race des Dvergs (voy. p. 222). Comme c'est le propre de la poésie *mythico-épique* de l'époque postérieure, d'abaisser les Déités au point de les confondre avec les humains, les Nornes célestes y sont aussi tellement rapprochées des *Femmes de Vision* historiques, qu'il est souvent impossible de dire si ces Nornes épiques appartiennent au ciel ou à la terre. Aussi, dans la poésie épique des temps postérieurs, les *Femmes de Vision* portent-elles, la plupart du temps, également le nom mythologique de *Nornes* ; et, comme les *Femmes de Vision* se sont confondues, dans la suite, avec les Magiciennes, qui passaient généralement pour *malfaisantes*, les *Nornes* mythologiques furent aussi quelquefois représentées, dans les récits épiques et les Sagas, comme des femmes méchantes et malfaisantes. Depuis cette époque, la Destinée, bonne ou mauvaise, ne fut plus considérée comme le résultat d'une *Disposition primordiale*, mais comme l'effet du hasard et du caprice. Car, d'un côté, le bonheur était supposé donné par les Nornes (cf. *örlög drygia*), réputées bienveillantes, soit parce qu'elles l'étaient par caractère, ou par leur nature comme appartenant à une race bonne, soit parce que, malgré leur caractère et leur nature méchante, elles avaient été rendues favorables par des présents, des sacrifices, des prières ; d'un autre côté, on attribuait également le malheur à l'influence des Nornes, qui passaient pour malveillantes, soit parce qu'elles l'étaient de caractère, de nature et de race, soit parce qu'elles avaient été momentanément indisposées, irritées ou transportées de colère ou de jalousie.

Une espèce particulière de *Nornes* ou une spécialisation de la conception des *Nornes*, ce sont les *Choisit-les-Occis*. (Voy. § 125.)

(26) LES MERVEILLES ET LES SOUFFRANCES DU FRÊNE D'YGGDRASIL.

§ 78. **L'Aigle et le Dragon Nidhogg.** — *Snorri* revient encore ici au *Frêne d'Yggdrasil*, parce qu'il n'a pas su mettre à leur place les détails qui lui restaient encore à donner concernant les merveilles et les souffrances de cet Arbre. Comme, dans le Monde, la *vie* est combattue par la *mort*, le *Frêne d'Yggdrasil*, considéré comme Arbre de *Vie*, est aussi miné et attaqué par des forces pernicieuses ; ce que le mythe exprime en disant que cet arbre est protégé et restauré d'en haut, mais attaqué sans cesse et sapé d'en bas. Ses branches, qui se répandent au-dessus du ciel ou du Séjour des Ases créateurs et conservateurs, sont naturellement le siège des forces, ou le Séjour des Êtres, qui *repoussent* les attaques de la destruction et de la mort ; ses racines, au contraire, qui plongent dans les régions inférieures et dans les Enfers, sont rongées par des Êtres destructeurs qui y sont domiciliés. Dans les anciens mythes de l'Asie, ces Êtres pernicieux sont représentés généralement par le *Dragon* ou le Serpent, qui est la personnification de la peste, des miasmes, et du venin (sansc. *ahi*, serpent ; cf. pers. *Duzh-ak*, Mal-portant) ; et l'on y considère comme l'opposé ou comme l'Ennemi du Serpent, l'*Aigle* (cf. sansc. *Garoudas* ; pers. *Rokh* ; *Simurgh*), parce que d'abord, au point de vue *historique*, on prétend que cet oiseau dévore, comme l'ibis, les serpents, et, ensuite, parce que, au point de vue *symbolique*, le Vent, dont l'aigle est la personnification (voy. § 83), est une force *conservatrice*, en ce qu'il détruit ou chasse la peste et les miasmes délétères (cf. *Les Harpyies*, par J. F. Cerquand). Aussi la Conservation et la Protection sont-elles symbolisées, dans le mythe scandinave, par l'*Aigle*, dont le nom, il est vrai, n'est pas indiqué d'une manière plus explicite, mais qui était sans doute identique, dans l'origine, d'un côté avec l'iotne *Mögthrasir*, le symbole de la Procréation, et, de l'autre, avec *Odinn*, l'ancien dieu du Vent, figuré sous forme d'aigle, et surnommé quelquefois le *Vieux Aigle* (norr. *Gamli Ar*), en souvenir de cette ancienne forme. A la fois Gardien vigilant et Protecteur de l'Arbre de Vie, cet Aigle est perché au sommet du *Frêne d'Yggdrasil*, afin d'embrasser le monde entier de son regard perçant. Sur son front, ou comme il est dit, *entre ses yeux*, est assis son serviteur, qui veille, à sa place, pendant son sommeil, et qui, à l'instant même, l'avertit du danger qui approche. Ce serviteur, à la fois son Aide et son *Conseiller*, est un Autour qui est nommé *Vedurfölnir* (Mou-des-Tempêtes), sans doute parce qu'il est le symbole du Vent nord-est, qui *amollit* ou tempère les *tempêtes* amenées par son opposé, le Vent du sud-ouest (*Vedur*), qui amène le grain.

Le Représentant des forces pernicieuses à la *vie* de la Nature, c'est le dragon *Nidhögg* (Frappe-de-Colère), qui, rongeant une des trois racines du *Frêne d'Yggdrasil*, endommage cet Arbre d'en bas, ainsi que l'énonce la strophe 35 des *Dits de Grimnir*, citée par *Snorri*. Les compagnons et les aides du Dragon sont des serpents innombrables, que *Snorri* confond étrangement avec les Serpents du *Bassin-Bruyant* (voy. p. 235); et il donne les noms de quelques-uns d'entre eux, d'après la strophe 54 des *Dits de Grimnir*. Les noms de *Góinn* (Terreux; cf. *gó*, terre) et de *Móinn* (Argileux), les fils de *Graf-vitnir* (Présage de Tombeau), désignent des serpents habitant dans des tombeaux ou des trous de la terre. Les noms de *Dos-gris* (norr. *Grá-bakr*) et de *Peau-grise* (norr. *Gráfiölludr*), indiquent la couleur des serpents; le nom de *Ofnir* (p. *Vofnir* ou *Vafnir*, Flambant), désigne le serpent comme personnification du *feu*; et *Svafnir* (Assoupissant) est le nom du serpent, considéré comme assoupissant ou comme fascinant par son regard (cf. *basilisc*). Tous ces noms épiques de serpent n'ont ici aucune signification *symbolique* particulière; ils sont imaginés par analogie avec d'autres noms semblables, et ils figurent ici seulement pour désigner des serpents en *général*.

§ 79. L'Écureuil Ratakostr et le Cerf broutant. — Entre les principes conservateurs représentés par l'*Aigle* et l'*Autour*, êtres aériens, et les principes destructeurs représentés par *Nidhögg* et les *Serpents*, êtres souterrains, se trouvent placées les forces inoffensives du Séjour *terrestre* représentées ici *symboliquement* par l'*Écureuil* et les *Cerfs*, créatures généralement inoffensives, mais qui, cependant, contribuent, pour quelque chose, à ce que, à la fin, le principe de destruction et de mort obtiendra le dessus sur la conservation et la vie. L'Écureuil a été imaginé et choisi comme représentant des êtres qui, quoique inoffensifs, ne sont cependant pas réellement conservateurs, parce que, d'abord, cet animal, de l'espèce des rongeurs, est, comme le rat et la souris, le symbole de la destruction lente ou de la *corrosion*. Aussi l'écureuil porte-il, ici, le nom de *Rata-kostr* (l'Assorti de Rati) ou le Compagnon du Rat (*rati*, rongeur, qui corrode). Ensuite, l'ensemble de l'image symbolique exigeait qu'on choisit un rongeur pouvant servir d'intermédiaire entre l'Aigle, placé au sommet de l'Arbre de Vie, et le Dragon gisant sous une des racines de cet arbre. Or, l'écureuil vit à la fois dans un bauge, sur l'arbre, et dans un terrier, participant ainsi et de la nature aérienne de l'Aigle et de la nature souterraine de *Nidhögg*. Enfin la prestesse et la prudence, qui caractérisent l'écureuil, le rendaient éminemment propre au rôle de messager, de rapporteur et d'intermédiaire entre les deux Ennemis, éloignés l'un de l'autre, entre l'*Aigle* et *Nidhögg*, qui, semblables aux guerriers des âges héroïques, sont représentés, dans le mythe, comme se provoquant, de loin, par des railleries et par des injures, avant d'en venir aux mains. Ce mythe de l'Aigle, du Dragon, et de l'Écureuil ne se trouve exposé dans aucun des anciens documents mythologiques, de ceux, du moins, qui nous restent ; mais évidemment, *Snorri* ne l'a pas inventé ; il l'a emprunté, soit à un ancien poëme que nous n'avons plus, soit, ce qui est plus probable, à la tradition *populaire* orale. Ce qui prouve à la fois l'authenticité et l'ancienneté de ce mythe, qui cependant ne remonte guère au delà du 3ᵉ siècle avant notre ère, c'est que sa partie *épique*, ou le récit séparé de sa signification *symbolique*, s'est conservé dans un apologue, où il a pris une signification purement *allégorique* et morale. En effet, la forme primitive de ce récit mythologique semble se reconnaître encore, à travers quelques changements, dans la fable de *l'Aigle, le Chat, et la Laie*. (Cf. *Pantcha-tantra* de Benfey.)

A ce premier mythe, qui montrait l'antagonisme entre la *vie* et la *mort*, sous le symbole de l'*Aigle* et du *Dragon*, excités l'un contre l'autre par l'Écureuil, est venu se joindre un autre mythe exprimant l'endommagement causé à l'Arbre de *Vie* par les cerfs qui en broutent le feuillage. Dans la strophe 35 des *Dits de Grimnir*, citée par *Snorri*, il n'est question que d'un *seul* cerf broutant d'en haut le Frêne d'Yggdrasil, à moins qu'on ne veuille considérer ce singulier comme un collectif grammatical, ou comme une synecdoque poétique. *Snorri* cite (sans cependant indiquer d'après quelle autorité il le fait), *quatre* cerfs : *Daïnn* (Assoupi), *Dvalinn* (Défaillant), *Dyn-eir* (Apaise-Bruit) et *Dura-thrór* (Somnolent). Ces noms sont authentiques, à en juger déjà par l'allitération qui nous autorise à croire qu'ils étaient renfermés dans des vers d'anciens poëmes mythologiques. Ensuite ces noms sont évidemment des noms de *Dvergs* ou de Génies *zoomorphes* (voy. p. 218), qui, sans être ici décidément *malfaisants*, appartiennent, cependant, comme certaines classes de Dvergs, à une race, il est vrai, inoffensive, mais ennemie de la lumière (cf. *Döckalfar*) et capable de commettre, comme les Êtres de la nuit, des actions démoniaques, nuisibles à la Création. Dans l'origine, ces Cerfs-Dvergs, qui endommagent l'Arbre de Vie, représentaient les vents frais ou les frimas des nuits d'été ; ils proviennent des glaciers (cf. le Cerf *Eik-thyrnir*, § 436) ; et, bien qu'ils soient faibles et comme assoupis (*Daïnn*, Assoupi ; *Dvalinn*, Défaillant ; *Dura-thrór*, Somnolent ; *Dyn-eir*, Apaise-Bruit), en comparaison des vents fougueux et bruyants de l'hiver, ils nuisent cependant aux bourgeons ou au feuillage des arbres (cf. *lune rousse*). De même que, dans la Mythologie, les vents impétueux et brutaux de l'hiver sont quelquefois figurés par des taureaux, de même les vents d'été rapides, légers et doux sont représentés ici par des cerfs, animaux rapides, légers et doux. Dans la Mythologie hindoue, *Vayous*, le Dieu des vents, est représenté monté sur une *gazelle* ou un cerf. Les Cerfs du *Frêne d'Yggdrasil* sont au nombre de *quatre*, sans doute, d'après les quatre points cardinaux du monde. Comme l'image de cerfs broutants, considérés comme symboles des frimas d'une nuit d'été, est postérieure à la conception *symbolique* de l'ensemble du mythe, il en est résulté une image discordante et un tableau pour le moins bizarre, où les cerfs, au lieu d'être placés naturellement au pied de l'Arbre de Vie, se trouvent placés, comme l'Écureuil, sur les branches, et en broutent le feuillage d'en haut (Cf. *Heidrûne*, § 134).

§ 80. **La Tombée de miel et les Cygnes de la Fontaine d'Urdur.** — Si l'Arbre de Vie est endommagé par des forces pernicieuses, il existe aussi des forces réparatrices qui tendent à restaurer de nouveau la Nature endommagée. Les Anciens croyaient que la *rosée*, qui rafraîchit et vivifie la végétation, tombait des nuages du ciel, et qu'elle était recueillie sur les feuilles des arbres, qui la répandaient ensuite à terre. Encore au quatorzième siècle, des voyageurs qui ont parlé de Ténériffe, ont assuré que, dans cette île, ainsi que dans celles qui l'avoisinent, il se trouvait un arbre qui ramassait les *vapeurs* de l'atmosphère, de manière qu'en le secouant, on obtenait toujours une rosée ou une eau claire et bienfaisante (voy. Souvenirs d'un aveugle, par J. Arago, I, p. 28). D'après cette idée, il était naturel de se figurer, en Mythologie, que la rosée vivifiante et fécondante tombait de l'*Arbre de Vie*, dont les branches et le feuillage plongeaient dans le ciel ou dans les nuages renfermant la pluie céleste ou les *Eaux sacrées* (norr. *Heilög vötn*). La rosée, par son origine, était donc également *sacrée* et bienfaisante; elle était *blanche*, puisque la blancheur est le symbole de la pureté, et, par suite, de la sainteté (cf. sansc. *çvita*, blanc; zend. *spento*, blanc, saint; slav. *sviat*, blanc, saint); elle a, par conséquent, comme les *choses* saintes, des vertus *magiques*; et, c'est pourquoi, il est dit que les *Nornes* répandent, d'en haut, cette eau bienfaisante sur l'Arbre, afin que son bois ne soit pas attaqué par la pourriture. La rosée céleste, qui tombe du *Frêne d'Yggdrasil*, étant, pour la Nature, ce que la nourriture est pour le corps humain, la Mythologie a considéré cette rosée comme une espèce d'*Ambroisie*, ou comme la substance nourricière par excellence. Or, dans l'Antiquité, surtout chez les peuples japhétiques, le symbole de la nourriture et de l'entretien de la vie, c'était le *miel* (voy. p. 184). C'est pourquoi la rosée céleste est représentée, dans le mythe, comme une manne céleste, comme un miellat, qui sert aux abeilles à faire leur miel. Cette rosée est ce qu'on appelle, dans la langue norraine, la *Tombée de miel*; et c'est là l'explication à la fois populaire et mythologique de l'origine du miellat, appelé aussi miellée ou miellure, exsudation sucrée qui, dans certaines circonstances, sort des feuilles des jeunes arbres, en été, et tombe à terre comme la manne dont se nourrissaient les Israélites dans le désert.

Snorri, confondant l'*Arbre de Vie* avec l'*Arbre de Jugement* (v. p. 227), rattache la *Fontaine d'Urdur* à l'Arbre de *Vie*, bien qu'elle se rapporte à l'Arbre de *Jugement*, et il en parle ici à propos des merveilles du *Frêne d'Yggdrasil*. Il fait mention, je ne sais d'après quel document, de deux *Cygnes* qui nagent sur l'eau de la Fontaine d'Urdur, et qui, selon la tradition, sont la souche première de cette espèce d'oiseaux aquatiques. Dans l'Antiquité, on croyait que les âmes ou les Génies *intelligents* (voy. p. 247), prenaient, de préférence, la forme d'*oiseau*, parce que l'oiseau, des hauteurs où il vole et où il est perché, voyant tout, épiant tout, et assistant à tout ce qui se passe, est censé posséder, de préférence, à d'autres créatures, la science, et connaître aussi le mieux les secrets des hommes et ceux de la Destinée. Aussi c'est sur les oiseaux qu'on prenait l'augure (gr. *oïönos*), et c'est leur langage qu'on étudiait comme un oracle. A plus forte raison les oiseaux *aquatiques* séjournant dans l'*eau*, ce symbole de la Sagesse et de la Prophétie (voy. p. 282), passaient-ils pour des oiseaux *prophétiques* (cf. les *hansâs* de la poésie hindoue; les *oies* du Capitole; lat. *olor vates*); et s'ils avaient le plumage *blanc*, ils passaient encore pour des oiseaux *saints*, divins, et de bon augure. La tradition représentait donc généralement le cygne blanc comme un oiseau *sacré* et *prophétique*, qui, ainsi que son opposé, le noir corbeau, jette au vent ses oracles, d'une voie monosyllabique, et en quelque sorte *aboyante* (cf. norr. *svân* p. *svakns*, aboyeur; gr. *kuknos*; lat. *cicônia*; pers. *spak*, chien; slav. *sabaca*, chienne). C'est pourquoi les Nornes elles-mêmes, quand elles se transportaient d'un endroit à l'autre, volaient à travers les airs sous forme de *cygnes*. La Mythologie a donc bien pu imaginer que la première paire de cygnes prophétiques se soit trouvée dans le bassin de la *Fontaine d'Urdur*, dans cette eau qui *blanchit* tout, qui *sanctifie* tout, et communique aux oiseaux qui l'habitent le don de la Sagesse et de la Prophétie.

(27) LES DEMEURES CÉLESTES.

§ 84. Le Séjour des Alfes; Large-Éclat; Étincelant. — Déjà ci-dessus (voy. § 23), *Snorri* avait fait connaître quelques-unes des résidences célestes ou des Endroits habités par les Ases et les Alfes. Ici, après avoir parlé de la *Fontaine d'Urdur*, qui se trouve au ciel, *Snorri* en prend encore occasion pour faire connaître les autres *beaux Endroits* du ciel. Ce que la Mythologie scandinave considère comme des Demeures célestes, ayant des noms particuliers, était-ce des objets réels, *visibles*, des constellations appelées de ces noms? ou bien ces Demeures et ces noms sont-ils de *pures fictions épiques* devant servir à développer le mythe épique de l'établissement des Ases dans le Ciel. Dans l'état actuel des études, cette question ne saurait être péremptoirement décidée. Mais il me semble que les noms donnés aux Demeures célestes, désignaient, dans l'origine, c'est-à-dire environ au troisième siècle avant notre ère, des *constellations*, et que, plus tard, environ au troisième siècle après Jésus-Christ (lorsque les notions astronomiques s'étaient en partie perdues en Scandinavie), ces Demeures ont aussi perdu leur signification *symbolique* de *constellations*, et sont devenues de pures fictions *épiques*.

Séjour des Alfes. — Les Génies célestes, ces symboles des astres, des constellations et des phénomènes météorologiques du ciel, portent le nom générique de *Alfes* (Aubes; Lumineux; cf. grec *alfos*; lat. *albus*). Comme les phénomènes météorologiques *célestes*, dont les Alfes étaient les symboles, se produisaient également sur la *terre*, on comprit aussi, dans la suite, sous le nom d'*Alfes*, les Génies *terrestres*, qui, originairement, avaient porté le nom particulier de *Dvergs* (v. p. 219). Plus tard encore, la Mythologie établit, de nouveau, une différence marquée entre les Génies du jour ou de la lumière, et les Génies de la nuit ou de l'obscurité; et comme on ne connaissait plus la véritable signification du nom générique de *alf* (blanc, brillant, lumineux), on désignait les Génies de la lumière par le nom composé de *Alfes-Lumineux*, qui renferme proprement une tautologie (Lumineux-Lumineux), et l'on désignait les Génies de la nuit par le nom composé de *Döck-Alfar* (Lumineux-Sombres), qui renferme proprement une contradiction dans les termes. Les *Alfes-Lumineux*, habitent, au ciel, les régions nommées *Séjour-des-Alfes*, et se montrent brillants le jour et la nuit; les autres *Alfes* (ou Dvergs) habitent, sur la terre, dans des rochers et dans des cavernes (voy. p. 220); ils ne supportent pas la lumière du Soleil; et, bien qu'ils soient moins beaux que les *Alfes-Lumineux*, ils leur sont cependant supérieurs par leurs talents d'artiste ou leur aptitude pour l'industrie, en général, et pour la métallurgie, en particulier. (Voy. p. 219.)

Large-Éclat. — Parmi les Endroits principaux dans le ciel, *Snorri* cite d'abord *Large-Éclat* dans le *Séjour des Alfes*. Ce nom indique que cet Endroit est tellement brillant que l'éclat s'en répand au large; et il est probable que, dans l'origine, ce nom désignait la *Voie lactée*. C'est là la résidence de *Baldur* (voy. § 94), qui est la personnification du Soleil estival, et qui, en cette qualité, est l'*Alfe* ou le Génie de lumière par excellence. La strophe 12 des *Dits de Grimnir* énonce :

> « *Large-Éclat* est le septième; et là Baldur s'est
>> « Préparé ses salles,
> « Dans cette région, où je sais qu'il se trouve
>> « Le moins d'objets impurs. »

Étincelant. — Un autre Endroit au ciel est nommé *Étincelant*; c'est le lieu de résidence de l'Ase *Proposant* (norr. *Forseti*, voy. § 107), qui est le fils de *Baldur*, et le dieu de la Paix, de la Justice et de la Concorde. Dans la strophe 15 des *Dits de Grimnir* est énoncé ceci :

> « Étincelant est le dixième; il est étayé d'or,
>> « Et couvert d'argent de même;
> « Et là *Proposant* réside, la plupart du jour,
>> « Et assoupit toutes contestations. »

Peut-être, dans l'origine, le nom d'*Étincelant* désignait-il le signe zodiacal de la Vierge, ou cette partie de l'année dans laquelle on faisait la récolte dans le Nord, et où toutes les discussions étaient suspendues (cf. *Froda-fridr*). D'après Snorri, *Étincelant*, qui est placé au ciel des Ases ou dans le deuxième ciel, est, dans le monde mythologique actuel, ce que sera, dans le monde futur ou renouvelé, *Gimlir*, où règneront la Justice et la Concorde.

§ 82. Roches-Célestes; Chaumine de Vali; Chaumine aux Portes; et Brillant. — *Roches-Célestes* est le nom de la forteresse placée à l'entrée du ciel, à l'extrémité du *Pont d'Ase* (voy. § 65). C'est là que réside *Heimdall*, le Gardien vigilant de l'*Enclos des Ases*. Il est dit dans la strophe 13 des *Dits de Grimnir* :

> « *Roches-Célestes* est le huitième ; et là *Heimdall*
> « Est dit présider aux Sanctuaires ;
> « Là, dans ce pur Couvert, le Gardien des Dieux boit
> « Joyeux, l'excellent hydromel. »

Peut-être, dans l'origine, le nom de *Roches-Célestes* désignait-il le signe zodiacal du Capricorne, assigné par les Ases comme Demeure au Soleil, qui en sort, au commencement de l'année, pour reprendre sa course annuelle.

Chaumine de Vali. — Dans l'Enclos-des-Ases il y a une salle nommée *Vala-skialf*, nom qui veut dire *Chaumine* (cf. v. all. *skilf*, chaume ; cf. anglos. *skeaf* ; all. *schaub*) *de Vali*. Voici ce qu'énonce la strophe 6 des *Dits de Grimnir* :

> « Le troisième est ce Manoir dont les Grandeurs bénignes
> « Ont couvert d'argent les salles ;
> « C'est là le nommé *Chaumine-de-Vali*, dont s'est emparé
> « L'Ase, à l'Aurore des jours. »

Supposant que le mot *Ase*, dans ce dernier vers, désigne non pas l'Ase *Vali* (voy. § 106), mais l'Ase par excellence, savoir *Odinn*, *Snorri* attribue à ce Dieu suprême le *Vala-skialf*. C'est que, sans doute, notre auteur s'est encore expliqué le nom de *Vala-skialf*, comme signifiant *Chaumine des Occis* ; et, par conséquent, il a confondu ou identifié cette Demeure avec la *Halle-des-Occis* (norr. *Val-höll*), qui est effectivement la demeure d'*Odinn*. Ensuite, supposant que l'analogie des noms de *Vala-skialf* et de *Hlidskialf* indiquait un rapport mythologique entre ces deux Endroits, et que le *Hlidskialf* a dû se trouver dans la Demeure d'*Odinn*, c'est-à-dire dans *Val-höll*, qu'il identifie avec *Vala-skialf*, il parvint, par ces inductions successives, à se persuader que le *Hlidskialf* se trouvait placé dans le *Vala-skialf* ; ce qui n'est énoncé dans aucun des documents mythologiques qui nous restent. Le *Hlid-skialf*, qui était une espèce d'observatoire ou guérite céleste, devait, pour remplir son but, être placé dans l'endroit le plus *élevé* ou au zénith de l'*Enclos des Ases*. Sa place était donc naturellement au-dessus du *Frêne d'Ygg-drasil*, considéré comme *Arbre de Jugement*, ou peut-être même au sommet de ce Frêne, considéré comme *Arbre de Vie*. Le nom de *Hlid-skialf*, signifie *Chaumine aux Portes*, parce qu'on se figurait cette guérite comme une chaumière placée à une très-grande hauteur, et ayant, dans toutes les directions, des portes ou des fenêtres ; de sorte que la personne ou le gardien placé dans l'intérieur, pût voir tout ce qui se passait à l'entour dans le monde entier. Dans l'origine, le nom de *Hlid-skialf* désignait peut-être une constellation qui était placée au zénith du ciel boréal. Dans la suite, la tradition n'ayant plus conscience de l'idée et de la conception primitives de cet édifice mythico-épique, attribuait la vue étendue qu'on avait, dans le *Hlid-skialf*, sur le Monde entier, non à l'emplacement *élevé*, ni à la conformation de cette guérite, mais à la propriété *magique* qu'elle possédait, semblable à celle que les contes populaires postérieurs attribuaient aux miroirs magiques de *Gratien*, et de *Klinschor*, miroirs dans lesquels on n'avait qu'à regarder, pour savoir, à l'instant, ce que faisaient les personnes dont on désirait connaître, actuellement, soit l'état, soit l'occupation, soit l'entreprise.

Le Brillant. — Dans la partie sud-est du ciel, est le séjour nommé *Gimli (Brillant)*, dont *Snorri* a déjà parlé ci-dessus (voy. p. 164) et qu'il a identifié, à tort, avec l'*Allée-Agréable*. *Brillant* est, sans doute, le nom général du ciel des Ases, ou du second ciel, qui se trouve au-dessus du ciel terrestre, et qui ne périra pas, à la fin du monde, quand le ciel terrestre croulera. Selon Snorri, c'est dans le *Brillant*, qu'après le Renouvellement du monde, se trouveront les Demeures célestes qui remplaceront les Demeures actuelles des *Ases*. C'est pourquoi il est dit, dans la strophe de la *Vision de la Louve*, citée par *Snorri*, que dans *Gimli* (cf. all. *himmel*, ciel; norr. *himin*), ou plus particulièrement dans la Nouvelle *Halle-des-Occis*, qui, après le renouvellement du monde, remplacera l'ancienne, les hommes de caractère et de courage jouiront d'une vie agréable, comme l'ont fait antérieurement les *Troupiers-Uniques*, dans la *Val-höll* de l'Asgard actuel. *Snorri*, accommodant cette donnée mythologique à ses idées chrétiennes du *Paradis céleste*, de la Nouvelle Jérusalem, et des *trois* Étages du ciel, transforme, dans sa pensée, d'abord le *Gimli* en un Paradis céleste, ensuite les peuples vigoureux (norr. *dyggvar*) du mythe païen, en chœurs de Justes, de *Pieux*, et de *Saints*, et enfin la Vie agréable dont jouiront les héros dans le Brillant, en la *béatitude* céleste des Élus du Seigneur, après le Jugement dernier (voy. § 23).

Snorri, confondant le ciel qui est au-dessus de la terre, avec le ciel des Ases, croit apercevoir une contradiction dans la Mythologie, en ce que, d'un côté, il est dit que la Flamme de *Surti* (voy. p. 174) brûlera et détruira, à la fin des siècles, non-seulement la terre, mais aussi le *ciel* (c'est-à-dire le ciel terrestre, qu'il prend pour le ciel habité des Justes), et que, d'un autre côté, il est aussi dit que ces Justes vivront *éternellement* dans le *Brillant*. Au lieu d'admettre cette contradiction, comme tant d'autres qui existent, naturellement, dans toutes les Mythologies, puisque les différents mythes se forment souvent les uns indépendamment des autres, *Snorri* croit devoir et pouvoir lever cette difficulté, qu'il suppose exister, en montrant que, selon le mythe norrain, il y aura toujours, dans le ciel, après la catastrophe de la fin du monde, un Paradis pour les Élus. Aussi, se rappelant que, dans cette Mythologie, figurent encore deux Endroits, situés dans le *Séjour des Alfes*, le premier, *Allongé* (norr. *Andlang*, ainsi nommé, sans doute, parce que, dans l'origine, ce nom désignait la première moitié de la *Voie lactée*), et le second, *Bleu-au-Large* (norr. *Vid-bláinn*, ainsi nommé, parce que ce nom désignait la seconde moitié de la *Voie lactée*), *Snorri* donne-t-il à entendre que si le Ciel (qu'il confond faussement avec le *Brillant*) viendra à être détruit, les Élus trouveront toujours un refuge dans ces deux autres Endroits du *Séjour des Alfes*, dans *Allongé*, et dans *Bleu-au-Large*.

(28) ORIGINE DES VENTS ET DES SAISONS.

§ 83. **L'Aigle Hræsvelg.** — *Snorri*, après avoir parlé des différents Endroits *célestes*, et se rappelant encore que le vent est dit, dans la Mythologie, provenir de l'extrémité du *ciel*, passe, par une transition naturelle, de la description des Endroits célestes, au mythe sur l'origine des Vents, et, par l'intermédiaire de celui-ci, au mythe sur l'origine des Saisons.

Au commencement, c'est-à-dire au quatrième siècle avant notre ère, le Dieu du Ciel, *Tius* (scythe *Tivus*; norr. *Tyr*), était aussi, sous le nom épithétique de *Vâtus* (norr. *Othr*), Dieu de l'air, de l'orage, de la tempête, et des vents. Lorsque ce dieu suprême se fut dédoublé, et que plusieurs divinités eurent partagé entre elles ses différentes attributions, *Vatans* (all. *Wodan*, norr. *Odinn*) hérita des attributions de *Tius*, considéré à la fois comme Dieu *Suprême*, et comme Dieu des *vents*. Enfin, lorsque *Odinn* eut remplacé l'ancien *Tyr*, comme Dieu *Suprême*, son caractère de Dieu des *Vents* s'effaça devant ses attributions plus relevées de Dieu suprême; et comme, à cette époque, les mythes théogoniques et cosmogoniques étaient en voie de se former, la Mythologie songea aussi à trouver une origine cosmologique aux grands phénomènes de la Nature, tels que, entre autres, les vents. Or, comme les *Iotnes* étaient considérés comme les *premiers-nés* de la création, on donna aussi aux Vents une origine *iotnique*, et on les fit naître dans le *Séjour des Iotnes*. Ensuite comme l'*aigle* est le symbole naturel de l'air et du vent (voy. p. 235), au point que les vents furent appelés, métaphoriquement, des *aigles* (norr. *âr*, messager; all. *adel-âr*; cf. lat. *aquilo* et *aquila*), la Mythologie imagina que l'Iotne, ou la Personnification de la force gigantesque qui produisait le Vent, se tenait, sous la forme d'un *aigle*, dans le *Séjour des Iotnes*, c'est-à-dire à l'*extrémité* austro-septentrionale du *ciel*. Cet aigle n'est, à proprement parler, que l'ancien dieu *Vatus* (*Othr*, ou *Odinn*) zoomorphe, appelé aussi le *Vieux Aigle*, dont il a été question plus haut (voy. p. 235). Puis, pour expliquer comment est produit, mécaniquement, le vent, la Mythologie dit qu'il résulte de l'agitation de l'air causée par les coups de penne de cet Aigle gigantesque. Enfin comme, à cette époque, l'aigle était généralement considéré comme le symbole du vent, il était inutile de donner à l'Aigle mythologique, auteur du vent, un nom *symbolique* particulier, énonçant son action de produire l'agitation de l'air: il suffisait de lui donner un des noms épiques, épithétiques, ou poétiques, usités pour désigner l'aigle en général. Or, comme quelques espèces d'aigles se nourrissaient, comme on croyait, de charogne, on a donné le nom épique ou poétique de *Avaleur-de-Charogne* (norr. *Hræ-svelgr*; sansc. *Kraviâdas*) à l'aigle iotnique, l'auteur des vents, selon la Mythologie.

§ 84. **L'Origine des Saisons.** — La Cosmologie mythologique ne considérait les Saisons qu'au point de vue de la *température*, qu'elle faisait dépendre uniquement des vents qui soufflaient plus ou moins chauds, ou plus ou moins froids, aux différentes époques de l'année. *Snorri* rattache donc aussi au mythe sur l'origine des vents, celui sur l'origine des Saisons.

D'après la Mythologie scandinave, *Souffle-Doux* (Svas-udr), la personnification cosmologique du vent *printannier,* ainsi nommé parce qu'il est si doux par rapport à la rigueur du vent d'hiver, est le Père de l'*Été.* Il appartient à une race bénigne et heureuse, au point que, suivant *Snorri,* le mot *doux* dérive de son nom. Il est inutile de faire remarquer que cette étymologie est contraire aux règles les plus élémentaires de la dérivation lexicologique. Le mot primitif *doux* ne peut provenir du mot composé *souffle-doux;* il fallait dire, pour être dans le vrai, que le nom propre *Souffle-Doux* (norr. *Svas-udr*) est composé du mot *svas,* qui signifie *doux,* et du mot *udr* (p. vatus, *othr;* cf. *Hnek-uthr, Gneggi-othr,* p. 160 qui signifie *vent*).

Le père d'*Hiver* est nommé tantôt *Messager des Vents* (puisque les vents frais de l'équinoxe et de novembre précèdent et *annoncent,* comme des messagers, les vents plus forts de l'hiver), tantôt *Frais-de-Souffle,* puisque les vents de l'Automne ont le souffle plus frais que ceux de l'Été. Le père de *Frais-de-Souffle* est *Enhardi,* c'est-à-dire le vent d'automne, qui, prenant de la hardiesse, devient de plus en plus effronté, piquant, insolent. Toute la race de *Enhardi* (les vents d'automne) est violente, et désagréable. De même que, dans l'origine, les peuples de la branche *gète* ne distinguaient que *deux* points cardinaux, l'orient et l'occident (voy. *Les Gètes,* p. 8), de même la Mythologie ne connaît aussi que deux espèces de vents, et deux Saisons, savoir les vents et la saison d'*été,* et les vents et la saison d'*hiver.* Cette particularité indique que les mythes cosmogoniques se sont formés environ au troisième siècle de notre ère, à l'époque où les quatre points cardinaux n'étaient pas encore reconnus ou dénommés.

(29) LES ASES ET LES ASYNIES; ODINN ET FRIGG.

§ 85. **Signification du nom d'Ase et d'Asynie.** — Après avoir exposé la Cosmogonie, la Théogonie, et les traditions sur les différents Endroits et Objets mythologiques, *Snorri* passe aux *Divinités* proprement dites, qui sont, en quelque sorte, le pivot et la base de toute la religion. Ces divinités étaient, dans l'origine, des objets de la nature *physique,* tels que le Ciel, la Terre, le Soleil, la Lune, etc. Ces objets divinisés et adorés passaient pour des Êtres *vivants;* mais la forme qu'avaient, dans la nature, ces objets considérés comme Êtres vivants, n'avait rien de la forme unique *humaine;* au contraire, leurs formes naturelles, si diverses, les rapprochaient plutôt des formes diverses des animaux; et, c'est pourquoi, ne pouvant d'abord être conçus comme des divinités *anthropomorphes,* ces Êtres vivants divinisés furent longtemps adorés comme des divinités *zoomorphes.* Ces divinités zoomorphes, n'ayant pas non plus, toutes, la *même* forme, on ne put les considérer comme appartenant à une seule et même *race;* et, par conséquent, on ne put longtemps pas songer à leur donner un nom *générique.* Plus tard, les objets de la nature qui avaient été divinisés ou apothéosés, ne furent plus considérés comme étant *eux-mêmes* des divinités; ils devinrent des *choses sacrées,* auxquelles présidaient des divinités *anthropomorphes.* Dès lors, étant devenues *anthropomorphes,* et n'ayant plus des figures, *différentes* les unes des autres, ces divinités furent considérées comme formant une *race*, une famille, et l'on put songer à leur donner un nom *générique*. Or, les dieux étant supposés habiter le *ciel*, la plupart des peuples iafétiques leur ont donné le nom de *Célestes* (sansc. *daivás*, célestes, de *div*, ciel: gr. *theoï* p. deïfoi, dheioï, theoi; lat. *dii* p. deivi; norr. *tívar*, etc.). Chez les Germains, et surtout chez les Scandinaves, les Dieux portaient aussi le nom générique, mais épithétique de *ás* (p. *ans*, goth. *ans*; v. h. all. *ans*; anglos. *ós*), qui signifiait proprement *Support* (cf. sansc. *anças*, support, épaule; lat. *ansa*, support, épaule, anse, et *ára* p. àsa, soutien, support, autel), ou *Soutien, Conservateur*, parce qu'on considérait la nature des *divinités* comme se manifestant principalement par la conservation, ou la protection qu'elles accordaient au Monde et aux hommes, par opposition aux Puissances *anti-divines*, qui tendaient à la destruction de la Nature ou de la Création. Le nombre de *douze* que *Snorri* assigne aux *Ases*, ainsi qu'aux noms d'*Odinn* (voy. p. 157), n'a rien de primitif, rien de symbolique, ni même aucun fondement dans la Mythologie. Les anciens documents énumèrent, et ont dû naturellement compter, tantôt plus, tantôt moins de *douze* Ases. Cependant, plus tard, on aimait admettre le nombre de *douze*, au moins pour les divinités principales; et cela pour différentes raisons : d'abord, pour avoir un nombre correspondant aux douze mois de l'année, dont on mettait chacun sous la protection de quelque divinité; ensuite, parce que les Scandinaves, ainsi que les Keltes, comptaient par *douzaines*; puis, parce qu'on voulait faire correspondre le nombre 12 des Ases, considérés comme *juges* célestes, siégeant auprès de l'*Arbre de Jugement* (voy. p. 223), aux *douze* juges ou jurés des assises usitées dans le Nord; et enfin, parce que les douze Ases rappelaient, soit les douze divinités, établies *systématiquement*, dans la mythologie romaine, soit les douze apôtres de Jésus-Christ, ou les douze Pairs de France de Charlemagne, etc.

Asynies. — A côté des quatorze ou quinze *Ases* dont les noms figurent dans les anciens documents mythologiques, nous voyons figurer un nombre presque égal de Déesses. Elles portent le nom générique de *Asynies* (norr. *Asyniur*). Ce nom, qui est une contraction de *As-viniur* (*Amies des Ases*; cf. *vargr*, loup, et *vargynia*, louve), n'exprime pas leur nature *divine*, mais seulement leur qualité de *Femmes* ou d'Amantes des Ases. Cependant ces *Asynies* ont presque toutes une personnalité marquée, un caractère symbolique, et des attributions *individuelles*; elles ne sont pas seulement, comme la plupart des déesses hindoues, de simples personnifications des *qualités*, ou, comme on disait, des *énergies* (sansc. *çaktiás*) des dieux leurs époux.

§ 86. **Les attributions d'Odinn.** — Les ancêtres des Scandinaves, les peuples scythes et gètes, adoraient, comme dieu *suprême*, le dieu *Ciel* (scyth. *Tius*; norr. *Tyr*; v. all. *Zio*). Ils considéraient, comme les principaux bienfaits de *Ciel*, la *pluie*, qui arrose et féconde la terre, le vent, qui rafraîchit et purifie l'air, et l'*orage*, qui amène à la fois la pluie et le vent. Aussi le dieu *Ciel* était-il adoré principalement comme produisant la pluie, le vent, et l'orage. Comme Père de la *pluie*, il eut l'épithète de *Fécondateur* ou *Aime-Pluie* (scythe *Pirkunis*; sansc. *Parddjanias*;

norr. *Fiörgynn*; cf. sansc. *vrichas*, arroseur, taureau : kimro-thrake, *Phrixus*, bélier; umbrien *fircus*, bouc; lat. *hircus*; gr. *krios* p. krifos, frikos). En sa qualité de dieu du *Vent*, le dieu *Ciel* portait l'épithète de *Agité* (scythe *Vâtus* p. vahitus; norr. *ôdr*; cf. sansc. *vâtas*; lat. *ventus* p. vehentus; goth. *vinds* p. vahinds, participe de *vaha*, remuer, lat. *veho*, v. h. all. *wagan*). Enfin, comme Dieu de l'orage *fécondant*, Ciel portait l'épithète d'*Orageux*.

Le dieu *Ciel*, considéré comme *fécondateur* de la terre, devint l'époux de la déesse *Terre* (scythe *Apia*; norr. *Iördh*); et ces deux conjoints passaient pour les *parents* primitifs des Dieux et des hommes. En sa qualité de Père des dieux et des hommes, le dieu *Ciel* eut l'épithète de *Père* ou *Aïeul* (scythe *Pappa*; cf. gr. *pappos*, aïeul; arm. *pap*, aïeul; phryg. *Zeus papas*; norr. *Allfödr*, voy. p. 158). Comme Père des Dieux, le dieu *Ciel* était aussi considéré comme leur *Chef*, et par conséquent comme le *Dieu Suprême*. Enfin comme Dieu Suprême, et comme Aïeul des peuples scythes, dont l'occupation principale et la plus honorée était la guerre, Ciel passa naturellement aussi pour être le Dieu de la Guerre, d'autant plus qu'il était déjà Dieu de l'*Orage*, et que, suivant une association d'idées assez commune dans l'Antiquité, l'agitation et la fureur d'une tempête étaient assimilées à l'agitation et à la fureur d'une lutte ou d'un combat (cf. gr. *thuella*, tempête; lat. *bellum* p. duellum, guerre; gr. *polemos* p. tpolemos, guerre; goth. *dvalms*, fureur). Aussi l'épithète de *Tempétueux* (scythe *Vâtans*, norr. *Odinn*, vhall. *Wôdan*), désignait-elle *Ciel* à la fois comme dieu des Vents, ou des Orages, et, par suite, comme dieu des Combats. C'est ainsi que *Ciel* parvint à réunir les différentes attributions de Dieu du ciel, de Dieu de la fécondation, de Dieu des vents, de Dieu de l'orage, de Dieu suprême, de Père des Dieux et des hommes, et de Dieu des combats. Ces différentes attributions, qui, dans l'origine, appartenaient toutes à la même divinité, nommée *Ciel*, furent réparties, dans la suite, sur plusieurs dieux, qu'on peut considérer, par conséquent, comme nés du *dédoublement* de cette divinité suprême, et comme les représentants *spéciaux* de ses différentes attributions. C'est ainsi que les ancêtres des Germains et des Scandinaves constituèrent, avec l'attribution de *Ciel*, considéré comme dieu *Tempétueux*, un Dieu spécial de l'orage, auquel on donna, pour nom propre, l'ancien nom épithétique de *Tempétueux* (*Vâtans*, *Odinn*, *Wôtan*). Ce Dieu particulier *Odinn*, par l'influence, la puissance, et l'ascendant politique des peuplades qui avaient adopté son culte, parvint peu à peu au rang de Dieu *suprême*, dans la Mythologie; et bien qu'il n'eût, au commencement, que sa spécialité ou une seule attribution, celle de Dieu de l'*Orage*, il prit cependant, dans la suite, comme *Dieu suprême*, les principales attributions de l'ancien Dieu Ciel (*Tius*, *Tyr*), dont il était le *dédoublement*. Voilà pourquoi les attributions de Dieu de la *Guerre*, et de *Père* des Dieux et des hommes, passèrent du Dieu *Tyr* au Dieu *Odinn*, de sorte que *Tyr*, qui, dans l'origine, avait été le *Dieu Suprême*, et qui, comme tel, possédait les attributions les plus nombreuses, fut réduit au rang de dieu inférieur par son successeur et remplaçant *Odinn*, qui lui devait presque jusqu'à son origine et son nom, et qui s'agrandit, en quelque sorte, à ses dépens, en le dépouillant, peu à peu, de ses différentes attributions.

§ 87. **Les noms épithétiques d'Odinn.** — C'est seulement en se rappelant les différentes attributions du Dieu Suprême *Odinn*, qu'on parvient à expliquer ses nombreux noms épithétiques, et les différents mythes qui s'y rapportent. Dans l'origine, *Odinn*, n'ayant encore qu'une *seule* attribution, celle de Dieu des tempêtes, n'avait aussi qu'un seul nom, celui d'*Odinn*, qui exprimait précisément cette qualité. Mais, à mesure que les attributions de ce dieu furent augmentées, et qu'il fut envisagé sous des rapports de plus en plus multiples, il prit aussi des noms épithétiques plus nombreux. *Snorri*, d'après son système evhémériste, admettait un Odinn *asiatique*, et un Odinn *scandinave* (voy. p. 45); il croyait que le premier avait seulement douze noms, mais que le second en prit un plus grand nombre. Il donne deux raisons pour expliquer et l'origine et la pluralité des noms du *second* Odinn. D'abord il attribue cette pluralité à la *diversité* des langues, que parlaient les peuples, chez lesquels Odinn, en passant de l'Asie dans le Nord de l'Europe, s'était, selon lui, successivement établi. Cette explication n'est pas admissible, puisqu'il s'agit ici des différents noms que portait *Odinn*, non dans différentes langues, mais dans un seul idiome, la langue scandinave et, plus tard, la norraine. Ensuite *Snorri* rapporte l'origine de quelques noms aux accidents survenus à *Odinn* dans ses voyages, que notre auteur, d'après ses idées evhéméristes, croit avoir eu lieu effectivement. Cette explication n'est pas, non plus, admissible, mais du moins, en la modifiant quelque peu, on y trouvera une partie de la vérité, comme nous allons le faire voir maintenant, en reprenant la question à un point de vue plus général. Pour répondre convenablement à la question sur la pluralité des noms épithétiques des Divinités, il faut se rappeler que, dans l'origine, les Dieux n'avaient, et ne pouvaient avoir, qu'un *seul* nom, celui qui exprimait précisément l'idée, la qualité, ou l'attribution dont le dieu était originairement la personnification ou le symbole. Ainsi la Tempête personnifiée fut désignée par le nom de *Vatans* (Tempétueux), et ce dieu, n'étant envisagé, dans l'origine, que sous le point de vue de son attribution de tempête, ne pouvait pas alors être désigné par un nom autre que celui de *Tempétueux*. Mais, dans la suite, lorsque ce dieu fut considéré, non plus simplement comme la Personnification de la tempête, mais encore comme Dieu de la Guerre, comme Dieu suprême, comme Père des Dieux et des Hommes, alors les rapports, sous lesquels on l'envisageait, s'étant multipliés, on lui donnait aussi des noms épithétiques se rapportant, ou aux nouvelles qualités, soit physiques, soit morales, soit intellectuelles, ou à l'extérieur, aux habitudes, aux actions, aux passions, et aux aventures, que la Mythologie épique lui attribuait. Telle est la cause ou l'origine de la *pluralité* des noms épithétiques, donnés tant à Odinn qu'aux autres divinités. Pour expliquer les nombreuses épithètes, et les différents mythes qui se rapportent à *Odinn*, il faut donc se rappeler les différentes *attributions* de ce Dieu Suprême, et ne pas oublier que quelques-uns de ces noms ont pris successivement différentes significations, parce que, expliqués différemment, ils ont pu être rapportés à différentes attributions d'Odinn.

Odinn, *Dieu du Vent*. — Le nom de *Odinn*, dont la forme n'est que tant soit peu différente de *Odr* (cf. norr. *hugr* et *huginn*; *munnr* et *muninn*), signifie *Agité*, *Tempêtueux*, et prouve que, dans l'origine, ce dieu était seulement et spécialement considéré comme Dieu de l'agitation de l'air, des vents et des tempêtes. Les noms épithétiques, qui désignent *Odinn* en sa qualité de Dieu de l'air et des vents, sont : 1° *Calme*, 2° *Humide*, 3° *Agile*, 4° *Frémit-doucement*. Aux attributions d'*Odinn*, comme Dieu du Vent, se rapportent, parmi les douze noms cités par *Snorri* (voy. p. 79), les noms épithétiques de *Nikar*, de *Nikuz*, de *Vidrir*, de *Omi*, de *Svidrir*, de *Bif-lindi*, et de *Ialg*, qui ont déjà été expliqués ci-dessus (voy. p. 19).

Odinn, comme Dieu du vent favorable (cf. *oska-byr*, p. 164), devint, vers le sixième siècle, le Protecteur de la Navigation et du Commerce. C'est en cette qualité qu'il porte, dans le langage poétique, le nom de *Tyr des Cargaisons*, et qu'il est quelquefois confondu, dans les sagas, avec *Freyr* et avec *Niördur*, qui, eux aussi, présidaient à la Navigation, et aux Vents favorables (voy. §§ 95 et 97).

Les sacrifices offerts à *Odinn*, en sa qualité de Dieu de l'*air*, se faisaient, en suspendant les victimes aux arbres; action symbolique par laquelle on exposait ou livrait, en quelque sorte, ces victimes à l'air et aux vents, c'est-à-dire au Dieu qui les représentait, ou qui y présidait (v. *Les Gètes*, p. 281). Lorsque, dans la suite, *Odinn* devint encore Dieu des Combats, on lui sacrifiait aussi les prisonniers de guerre, en les pendant également aux arbres du bois sacré (voy. *Procopius*, de bello gothico, lib. II, cap. 15). On conçoit, d'après cela, que la pendaison, ayant traditionnellement le caractère religieux d'un *sacrifice*, n'avait, même aux époques postérieures, rien de déshonorant, et *Odinn* a pu être nommé *Dieu des Suspendus*, puisque ces Suspendus étaient autant de Victimes, ou de Consacrés, offerts à sa personne divine.

Odinn, *Père des Occis*. — Une fois considéré comme Dieu des Combats, *Odinn* prit naturellement le nom de *Père des Occis*. Car les guerriers qui succombent dans le combat, et qui, par conséquent, selon les idées de l'époque, sont censés s'être *sacrifiés*, ou s'être dévoués au Dieu de la Guerre, sont reçus, après leur trépas ou *occision* (norr. *valr*), parmi les Hommes de la suite, ou de la bande guerrière d'*Odinn*. Or, dans l'origine, la bande de chaque chef ou roi se composait de ses fils, et de ses parents; de là vient que le mot *lid*, qui, dans la langue norraine, désigne *la bande*, désigne également la *famille*. *Chef* et *Père* étaient donc, dans l'Antiquité patriarchale et guerrière, des termes presque *synonymes*, et c'est pourquoi les hommes de la suite d'*Odinn* sont également considérés comme ses *fils*, du moins comme ses *fils adoptifs* (norr. *oskmegir*). Les héros de la bande d'Odinn portent le nom de *Troupiers-Uniques*, c'est-à-dire de Troupiers sans pareil, ou Troupiers par excellence, parce qu'il n'y a que les héros les plus distingués qui puissent faire partie de la bande d'*Odinn*, du meilleur des guerriers. Les *Troupiers-Uniques* vivent auprès de leur père adoptif, le Dieu des Combats, dans la *Halle-des-Occis*, ou auprès de son épouse *Frigg* (ou Freyia), dans l'*Allée-Joyeuse* (cf. p. 268).

Les épithètes qui désignent *Odinn*, en sa qualité de Dieu des Tempêtes et des Combats, sont les suivants : 1° *Bruyant* (norr. *Omi*, voy. p. 161), 2° *Ténébreux comme Hel* (voy. p. 102), 3° *Œil-Nuageux* (épithète qui exprime le regard, ou l'aspect, nuageux et sombre du ciel, et du combattant), 4° *Alerte*, 5° *Fascinant*, 6° *Fascinateur*, qui expriment le caractère remuant, et la force magique d'*Odinn*, 7° *Décisif*, qui énonce que *Odinn* est présent au moment décisif, 8° *Père de Victoire*, 9° *Dieu des Combattants*, 10° *Dieu d'Alarme*, 11° *Escrimeur*, 12° *Troupier* (v. p. 160), 13° *Joyeux de Troupes* (qui exprime le plaisir qu'éprouve *Odinn* à la vue des troupes), 14° *Cuirassé*, 15° *Porte-Heaume*, etc., tous des noms qui se rapportent à *Odinn* comme Dieu-Guerrier.

Odinn, Dieu suprême. — Les Forces conservatrices, c'est-à-dire les Dieux qui contiennent, comme par un lien, le Monde, et l'empêchent de se disjoindre, ou de se dissoudre, portent le nom symbolique de *Liens* (norr. *höpt*). De là, *Odinn*, comme Chef des Ases (des *Soutiens*, et des *Liens*), porte lui-même l'épithète de *Lien*, et de *Dieu des Liens*. Les autres noms épithétiques, qui se rapportent au caractère *divin* d'*Odinn*, sont les suivants : 1° *Sublime* (v. p. 151), 2° *Père-Universel* (v. p. 155), 3° *Équi-Sublime* (ce dernier nom désigne *Odinn*, comme associé soit à *Hlôdur* ou à *Thôr*, soit à *Hœnir* ou à *Frey*), 4° *Troisième* qui désigne *Odinn* comme associé à deux autres dieux, ou comme occupant le troisième rang (voy. p. 152), dans une Trinité divine. D'autres épithètes, plus récentes, et imaginées par la tradition *épique*, rappellent des qualités physiques, morales, ou intellectuelles attribuées à *Odinn*, ou enfin des particularités qu'on remarquait dans ce Dieu, lorsqu'il s'est mêlé aux hommes, ou s'est entretenu avec eux. C'est ainsi que *Chapeau-Rabattu* désigne *Odinn*, par allusion au chapeau à larges rebords pendants, que ce dieu portait, selon les *Sagas*, et qui lui cachait à moitié la figure, et rendait ainsi sa personne plus *mystérieuse*. Dans l'origine, *Odinn*, le Dieu des Airs et des Vents, passait pour se couvrir d'un *nimbus* (norr. *hulinn*, Couvrant), ou d'une Enveloppe de nuages nommée *Heaume du Couvrant* (norr. *Hulins hialmr*). Plus tard, lorsque la tradition eut transformé *Odinn* en un personnage *épique*, l'Enveloppe nuageuse, tout en gardant l'ancien nom, fut changée en un chapeau ou cape (cf. all. *Tarn-Kappe*, Cape ternissante), qui servait à la fois à rendre méconnaissable *Odinn*, quant au physique, et à donner à sa personne, quant au moral, un caractère mystérieux, et sacré ; car, chez les peuples *gètes*, le chapeau était le signe distinctif des personnes qui avaient un caractère plus ou moins sacerdotal (norr. *hatt-berendr*, voy. *Les Gètes*, p. 272). Les noms épithétiques de *Barbe-Pendante*, et de *Barbe-Velue* énoncent que *Odinn* portait une longue barbe. La barbe est d'abord le symbole de l'*âge* (cf. *Hercule* avec la barbe), et ensuite le symbole de la *sagesse*, conséquence de l'âge.

L'épithète *Défiguré* fait allusion à la figure sévère, qu'Odinn montrait dans certaines circonstances. *Impétueux* est le nom qu'*Odinn* s'est donné auprès du roi *Geir-röthur* (voy. p. 249). *Piétonneur* est l'épithète qui rappelle que *Odinn* s'est déguisé en Voyageur, toutes les fois qu'il voulait se mesurer avec les *Iotnes* (voy. p. 55). *Vigoureux* indique que *Odinn* s'est montré sous la figure d'un gars, ou d'un jeune homme vigoureux (cf. *ialkr*, voy. p. 162). *Tire-Traîneau* fait allusion à une tradition épique aujourd'hui inconnue, et d'après laquelle Odinn était dit avoir fait avancer un navire ou un traîneau (voy. *Grímnism*, 49). *Agréable* indique qu'il était un hôte bienvenu et agréable. *Perspicace*, et *Devinant-Juste* énoncent que *Odinn* faisait preuve, dans le commerce avec les hommes, d'une grande perspicacité, qualité distinctive de la race normande, et qui, selon l'opinion des Scandinaves, pouvait être renforcée moyennant la magie. *Prompt-à-tromper* est une épithète d'*Odinn*, qui indique que la ruse, le stratagème, et la tromperie étaient également des caractères distinctifs de la race normande, et passaient, chez elle, comme chez tous les peuples de l'Antiquité, à la fois comme une preuve évidente d'intelligence et de prudence, et comme une manière d'agir estimée honorable, ou sans reproche. *Malfaisant* est le nom que *Odinn* s'est donné dans certaines circonstances, et qui indique qu'il savait trouver les moyens d'arriver à ses fins pour perdre ses adversaires. Rappelons, ici, qu'aux yeux du Paganisme, des actions méchantes, ou même un caractère méchant, attribués à un dieu, ne détruisaient pas son caractère *divin* (v. p. 178). *Équitable* exprime la justice d'Odinn, et *Multiple* sa nature multiforme.

Tels sont les principaux noms épithétiques d'*Odinn*, qui se rapportaient aux qualités physiques, morales, ou intellectuelles qu'on attribuait à ce dieu, ou qui faisaient allusion à des circonstances et à des particularités, rapportées dans les mythes, et dans les traditions épiques. *Snorri* en a cité la plupart, d'après les *Dits de Grimnir*, poëme eddique qui raconte qu'*Odinn* caché, sous le nom de *Grímnir* (Impétueux, Sanglier), énumère lui-même, au roi *Geir-räthur* (Rougit-la-Lance), ses différents noms, ou les épithètes qu'il porte. La signification de la plupart de ces noms n'était déjà plus connue, à l'époque qui a précédé les temps de *Snorri*. Aussi, dans ce poëme eddique, ces noms sont-ils présentés pêle-mêle, sans ordre, ni suite logique ; ils sont rangés uniquement d'après les exigences de l'allitération (cf. p. 221). Ensuite comme la signification précise n'en était plus connue, ces noms sont, dans les poëmes mythico-épiques, souvent donnés à *Odinn*, mal à propos, c'est-à-dire, contrairement à la règle qu'on doit suivre dans l'emploi des épithètes. Cette règle consiste à choisir les épithètes de manière, que l'idée qu'elles expriment contribue à mieux faire ressortir l'action, ou la situation particulière attribuée au sujet, dans tel ou tel cas spécial. Ainsi, par exemple, *Odinn* pouvant, par suite de ses attributions multiples, être désigné par une foule de noms épithétiques, il fallait que ces épithètes, pour être *bien* choisies, fussent chaque fois en rapport avec l'action qu'on attribuait à ce dieu, ou à la situation dans laquelle on voulait le représenter. S'il agissait, par exemple, comme Dieu de l'*air*, il fallait lui donner des épithètes qui fussent en rapport direct avec cette action ; s'il était représenté comme Dieu de la *Guerre*, les épithètes de *Piétonneur*, de *Chapeau-Rabattu*, etc., lesquelles se rapportent à des circonstances toutes différentes de celles de la guerre, eussent été on ne peut plus déplacées. Cette règle si simple et si naturelle de l'emploi des épithètes, n'a pas été toujours observée dans les poésies lyriques, épiques, et mythologiques de l'Antiquité, pas même par les meilleurs poëtes, tels que Homère et Pindare. C'est que, ne connaissant plus la signification *propre*, ni, par suite, la portée de ces noms épithétiques, on les choisit le plus souvent au hasard, et on les employait indifféremment, comme épithètes épiques *stéréotypes*, et même quelquefois dans un sens évidemment contraire à celui de l'action ou de la situation, qu'on voulait représenter ou exprimer.

§ 88. **Conception et attributions de Frigg.** — Le Dieu *Ciel* avait, entre autres attributions, aussi celle de Père de l'Orage, qui, par la pluie, fécondait la terre ; et, en cette qualité, il portait l'épithète de *Aime-Pluie* (Fiörg-ynn). Comme, dans l'Antiquité, l'eau, et surtout la pluie fécondante, était l'emblème du sperme et de la fécondation, le dieu *Ciel*, comme Père de la Pluie, ou Amant de la Pluie, était encore considéré comme l'*Arroseur*, le *Fécondateur* par excellence (v. p. 245). Lorsque, dans la suite, *Ciel* (norr. *Tyr*) fut devenu un dieu *anthropomorphe*, on ne considéra plus le nom de *Aime-Pluie* comme une épithète désignant une attribution de ce dieu Ciel (Tivus, Tius), mais comme un nom désignant un Dieu *spécial*, distinct de *Tius* ou de *Tyr*. Aussi, de même que le culte d'*Odinn* s'est séparé de celui de *Tyr*, de même aussi le dieu *Fiörgynn* est devenu un Être mythologique, indépendant du *Dieu suprême Tyr*, auquel fut substitué *Odinn*. Vers le premier siècle avant notre ère, *Fiörgynn*, le Dieu de l'Orage fécondant, ou de la *Foudre*, fut remplacé, en cette qualité, par *Thôr* ; de sorte qu'il disparut presque complétement de la Mythologie scandinave, comme Dieu de l'*orage*. Mais *Frigg-vinr* (l'Arroseur, le Fécondateur), comme Dieu de la Pluie, de la Fécondation, et plus généralement de la Génération, resta encore, pendant quelque temps, le Père de la *Pluie* (norr. *frigg*, *hregg*), laquelle a été personnifiée sous le nom de *Frigg* (Pluie). Comme ses attributions de *Fécondateur* étaient aussi celles du Dieu du soleil fécondant, *Fiörgynn* se confondit, dans le *culte* des Svèdes, avec le dieu *Freyr*, le Dieu du soleil et de la fécondité, qui dès lors, par suite de cette confusion, fut lui-même représenté avec les insignes symboliques de *Fiörgynn*, à savoir *ingente priapo*. Chez les Germains, au contraire, le dieu *Frô* (norr. *Freyr*), en sa qualité de Dieu du soleil *fécondant*, fut absorbé par le Dieu de l'orage fécondant *Virg-un* ; et c'est pourquoi *Adam* de Brême a pu donner au *Freyr* des Scandinaves le nom germanique latinisé de *Friccon* (germ. *Virgun*). Il est arrivé, dans toutes les Mythologies, que les divinités symboliques de la *génération*, ayant été changées, dans la suite, en divinités anthropomorphes et épiques, ont dès lors aussi été jugées, comme les hommes, au point de vue *moral*, et ridiculisées comme des dieux adultères et luxurieux. Aussi la tradition norraine postérieure, oubliant la signification *symbolique* primitive de *Fiörgynn* comme *Générateur*, et ne voyant que sa qualité *épique* de *Fécondateur*, l'a-t-elle représenté, au point de vue *moral*, comme un dieu *lascif*. Voilà pourquoi le malicieux *Loki*, raillant la déesse *Frigg*, l'épouse d'Odinn, lui reproche d'avoir une nature *lascive*, comme celle de son père *Fiörgynn*. (Voy. *Poèmes islandais*, p. 330.)

Suivant une strophe de la *Vision de la Louve*, la résidence de la déesse *Frigg* est nommée *Salles d'Écume* (norr. *Fen-salir* ; cf. sansc. *phena*, écume ; all. *feim*). Ce nom désigne les *nuages*, qui ressemblent à de l'écume, et qui, nommés de ce nom, sont les symboles de la fécondation ou de la génération; car les termes de *écume*, de *sperme*, de *eau*, sont synonymes, dans beaucoup de langues et de mythologies anciennes (cf. *Aphro-dite*, Née de l'Effervescence, de l'Eau, du Sperme, ou de l'Écume). *Frigg*, la fille de *Fiörgynn*, devint l'*épouse d'Odinn*, parce que, la pluie étant inséparable de l'orage, *Frigg*, la Déesse de la pluie fécondante, était naturellement l'épouse d'*Odinn*, qui, dans l'origine, était le Dieu des tempêtes et de l'orage. *Odinn* étant le chef des *Ases*, *Frigg*, en sa qualité d'*épouse* d'Odinn, est devenue aussi la première ou la plus distinguée des *Asynies*. La connaissance qu'elle a des destinées humaines (et dont *Snorri* parle ici tant soit peu hors de propos), n'est pas (on le conçoit sans peine) une conséquence de ses attributions ou de sa nature de *Pluie fécondante* (*frigg*, *hregg*), c'est seulement une conséquence que, dans la période *épique* de la Mythologie, les peuples goto-germains ont tirée, d'abord, de sa nature de *femme*, en tant que la femme, par suite de son organisation plus délicate que ne l'est celle de l'homme, possédait, selon eux, le don de la *vision*; ensuite, sa connaissance de la Destinée est aussi la conséquence de sa qualité de *déesse*, puisque, comme telle, *Frigg* était plus ou moins initiée aux mystères de la Destinée humaine, laquelle était décrétée, dans l'origine, *par* les Dieux, et plus tard, *chez* les dieux, par les Nornes (voy. p. 232); enfin, sa connaissance de la Destinée découlait encore de sa qualité de Déesse *Suprême*, ou d'*Épouse d'Odinn*, laquelle, plus que toute autre Asynie, devait être initiée aux grands secrets connus de son époux le Dieu *Suprême*. Cependant *Snorri* a tort, non-seulement de parler ici de cette connaissance, mais encore d'y insister particulièrement, comme si c'était là un caractère distinctif, et une attribution particulière de *Frigg*. Il s'est cru sans doute autorisé à le faire par l'énoncé de la strophe des *Sarcasmes de Loki* (voy. *Poëmes islandais*, p. 324), qu'il cite. Mais il ne s'est pas aperçu que si, dans cette strophe, on attribue à *Frigg* une connaissance pleine et entière des destinées, cela est motivé et nécessité par les circonstances *épiques* et dramatiques de ce poème, sans que, pour cela, la Mythologie prétende que cette déesse ait eu, tout particulièrement, le don de la vision.

(30) CONCEPTION DU DIEU THÔR, ET SES ATTRIBUTIONS.

§ 89. **Pirkunis, Firgunis, Fiörgynn.** — Le Dieu Suprême *Ciel* (scythe *Ticus*; norr. *Tyr*), en sa qualité de Dieu de l'*orage*, portait le nom épithétique de *Aime-Pluie* (scythe *Pirkunis*; norr. *Fiörgynn*; sanscr. *Pardjanyas*; kimro-thrake *Herkunes*; Pélasge-étrusque *Hercules*). Plus tard, *Aime-Pluie* devint le nom propre d'une divinité distincte de *Ciel*, et ayant les attributions spéciales de Dieu de l'*orage*. L'orage étant considéré principalement au point de vue de la *fécondation*, le Dieu de l'orage était aussi envisagé surtout comme Dieu *Fécondateur*, et, en cette qualité, il se rapprocha du Dieu du soleil *fécondant*. Aussi plusieurs mythes *symboliques*, qui se rapportaient, dans l'origine, uniquement au Dieu du *soleil*, furent-ils, dans la suite, également appliqués au Dieu de l'*orage*, et cela par suite de l'analogie qui s'était établie entre ces deux divinités, tout comme elle s'était, également, établie, dans la Mythologie grecque, entre *Héraklès*, Dieu de la *foudre*, et *Héraklès*, Dieu du so-

leil. C'est ainsi, notamment, que les mythes reposant sur l'antithèse entre la nature *ignée* du Soleil, et la nature *humide* de l'Océan, furent transportés du Dieu du *soleil* au Dieu de l'*orage*, de sorte que le Dieu du Tonnerre fut représenté comme l'*Ennemi* de l'Océan, et prit dès lors deux épithètes appartenant, dans l'origine, exclusivement au Dieu du Soleil, savoir : 1° l'épithète de *Buveur* (sansc. *Papis*, lat. *Bibax*), qui convenait au Soleil, parce qu'en faisant évaporer l'Océan, il était supposé *boire* les eaux de la mer, et 2° l'épithète de *Protecteur du Peuple* (scythe *Tavit-varas*; norr. *Thiod-varr*), qui énonçait sa qualité de Père et de Protecteur de la Nation, qualités attribuées originairement au Dieu du soleil.

Chez les peuples de la branche *sarmate*, le Dieu de la foudre, *Perkunas* (lith. *Perkunas*; norr. *Fiörgynn*), prit aussi les attributions de Dieu de la *guerre*, et devint le Dieu *Suprême* (voy. *Procop.* de bello gothico, lib. 3, p. 132). Mais lorsque, plus tard, *Perkunas*, le Dieu de l'Orage, se confondit, chez les peuples de la branche *sarmate*, avec le Dieu du soleil, *Sviatovit* (Fils du Brillant), tout comme, chez les peuples de la branche *gète*, *Fiörgynn* s'était confondu en partie avec *Freyr*, ce nom de *Perkunas* s'effaça de plus en plus dans la Mythologie slave, comme celui de *Fiörgynn* s'était effacé dans la Mythologie gotho-germanique. *Perkunas*, de nom *propre* d'un dieu qu'il avait été, devint, dans les idiomes slaves, un nom *commun* désignant la *foudre* (cf. *Parom* p. Parkum ou Perkunas; *hrom* p. parom, foudre; *grom*, foudre; cf. gr. *keraunos*). Comme les nuages orageux se rassemblent ordinairement auprès des montagnes, et que les effets de la foudre se manifestent principalement dans les forêts séculaires, qui couronnent les cimes de ces montagnes, le Dieu de l'*Orage* était considéré, dans l'Antiquité, comme ayant sa résidence sur les plus hautes *montagnes* (cf. heb. *Javéh* sur le *Sina*; sansc. *Pardjjanyas* sur le *Merous*; gr. *Zeus* sur l'*Olympe*; norr. *Thôr* dans *Thrûdheim*). C'est pourquoi les montagnes élevées, et couvertes de sombres forêts étaient *consacrées* à ce dieu. Telle était, chez les Kimro-Thrakes de la Phrygie, la montagne appelée *Berekun-thos* (Domaine de *Berekun*), parce qu'elle était située dans le *domaine* (*thos*; sansc. *dha*) du Dieu de l'orage *Berekunos* (lith. *Perkunas*). Telles étaient les forêts appelées *herkuniennes* (Appartenant à *Herkunos* ou *Verkunos*), au sud du Danube, depuis la Forêt-Noire jusqu'à la Pannonie (*Aristot.* Mirand. Auscult.; Météor., 1, 13; Argonaut. IV, 640; *Cæsar*, de Bello gall. 6, 25) et les monts *Akro-kerauniens* (Appartenant à *Keraunos*) de l'Épire. En Germanie, les montagnes couvertes de forêts hercyniennes, situées entre l'*Idistavisus* et le *Sunt-dal*, étaient consacrées également à *Virguni* (norr. *Fiörgynn*), que Tacite a désigné par le nom équivalent latin de *Herkules* (p. Herkunes). Plus tard, vers le deuxième siècle, lorsque, en Germanie, le nom de *Donar* (Tonnerre) fut substitué à *Virguni*, qui était l'ancien nom du Dieu de l'orage, ces montagnes, consacrées anciennement au Dieu de l'orage, et qui avaient porté le nom de *Virguniennes*, furent dès lors appelées *Monts de Tonnerre*. De même que, chez les Slaves, le nom *propre* du dieu *Perkunas* finit par devenir le nom *commun* de la foudre (Perkunas-hrom), de même aussi, chez les peuples de la branche *gète*, et, sans doute, par l'exemple ou en imitation des Kimro-Keltes, le nom propre du dieu *Firguni* devint un adjectif neutre signifiant *Firgunien* (Appartenant à *Firgun*). Puis cet adjectif fut employé comme substantif neutre, signifiant d'abord *mont firgunien* (mont de Tonnerre), et ensuite montagne en général (goth. *fairguni*, montagne; anglo-s. *fergen*; v. h. allemand *virgun*; gaëlic *fireachin*). Enfin du substantif neutre, signifiant *montagne* en général, fut dérivé, sous forme d'adjectif, le nom propre féminin *Virgunia* (Montagneuse), qui servit à désigner, soit la déesse *Terre* (cf. sansc. *Parvata-âdhârâ*, Montagneuse, Terre; gr. *Dèmèter herkuna*), soit la surface terrestre en général, soit quelque contrée montagneuse en particulier, tel que l'*Erzgebirg*, le *Fichtelgebirg*, etc. Le nom de *Burgund*, et de *Vurgund-aip* (Île ou Contrée bourgonde) signifiait, ou bien District *appartenant à Perkunas* (cf. gr. *Berekun-thos*), ou bien *District montagneux*. Les Scandinaves désignaient aussi, par le nom de *Fiörgynn* (p. *Fiargunia*) la Terre, en général (*Skaldskaparmâl*, p. 178), ou quelque contrée montagneuse et boisée, en particulier. (Voy. *Oddrûnar grâtr*.)

§ 90. **Les noms de Thôr, de Thôr au Char, et de Thôr des Ases.** — Dans la Mythologie scandinave, le nom du Dieu de l'orage, *Fiörgynn*, fut remplacé, au premier siècle avant notre ère, par celui de *Thôr*; de sorte que, dès lors, *Fiörgynn* ne figurait plus dans la tradition mythologique comme Dieu de l'*orage*, mais seulement comme *Père* de la déesse *Frigg*. *Thôr* hérita donc des attributions de l'ancien Dieu de l'orage, *Fiörgynn*; et comme *Fiörgynn*, en sa qualité de Dieu de la foudre *fécondante*, s'était antérieurement confondu, en partie, avec le Dieu du soleil *fécondant*, *Thôr* hérita également de quelques attributions de l'ancien Dieu du soleil. *Thôr* ayant été substitué à *Fiörgynn*, qui n'était, dans l'origine, qu'une spécialisation du dieu *Ciel*, considéré comme *Orage fécondateur*, aurait proprement dû être considéré comme le *frère d'Odinn*, qui, lui aussi, était, dans l'origine, identique avec *Ciel*, considéré comme Père des *Vents*. Mais dans la Mythologie scandinave, *Thôr* devint le *fils* d'Odinn, et cela par nulle autre raison si ce n'est que *Odinn*, étant devenu le Dieu *Suprême*, dut, en cette qualité, être considéré encore comme le *Père* des Ases (voy. p. 247), et, par conséquent aussi, comme le *Père* de *Thôr*. *Thôr* a pour mère la déesse *Terre* (norr. *Iörd*), non pas tant parce que l'*orage*, ou les nuages orageux sont censés provenir de la *terre*, comme de leur mère, mais parce que *Thôr*, le fils du Dieu *suprême*, devait avoir pour mère *Iörd*, qui avait été subsituée à *Apia*, l'ancienne Déesse *Suprême*, comme *Odinn*, le Père de *Thôr*, avait été substitué à l'ancien *Tivus* (Tyr), l'époux d'*Apia*.

Thôr, comme l'indique son nom, contracté de *Thonar* (*Thonr*; v. all. *Donar*; normand français *Thure*, v. Notices des Manuscrits du Roi, V, p. 31; *Thur-old* p. Thôr-valdr), et signifiant *Tonnerre*, était, dans l'origine, la personnification du tonnerre, lequel est la manifestation principale de l'orage. Comme on attribuait à l'orage une influence bienfaisante sur la fertilité de la terre, *Thôr* passait pour être un dieu *bienfaisant*, protecteur, et ami des agriculteurs. Les orages n'ayant lieu qu'en été, *Thôr*, ainsi que le Dieu du soleil, est un dieu de l'*été*, et, par conséquent, l'ennemi des *Iotnes* et des *Thurses*, les représentants de l'*hiver*. *Thôr* est un dieu anthropomorphe, actif et vigoureux. Ayant hérité de quelques attributions de l'ancien Dieu du soleil, il est, dans la Mythologie scandinave, ce qu'était, dans la Mythologie grecque, *Héraklès*, à la fois Dieu de la foudre, et Dieu du soleil.

Quand Thôr agit en sa qualité de Dieu du *Tonnerre*, il est censé s'avancer sur son char, auquel sont attelés deux Boucs; et ce Char représente les nuages orageux qui contiennent la foudre. Lorsque *Thôr* est en activité, et, par conséquent, quand il est sur son char, il est appelé *Thôr-au-Char*; car, comme le roulement du tonnerre ressemble au roulement d'une voiture, on se figurait ce dieu, non monté à *cheval*, comme les autres *Ases* (voy. p. 224), mais s'avançant sur un char. Toutes les fois que *Thôr* n'a pas le Char, c'est-à-dire qu'il n'est pas en fonction comme Dieu du *tonnerre*, il va à *pied*. Il ne possède même pas de cheval; et la tradition épique en donne pour raison qu'étant le plus fort des Ases, *Thôr* serait un fardeau trop lourd pour un cheval. En imitation de ce mythe, la tradition *épique* postérieure rapporte, que *Hugleikr*, le roi des Gautes, était, depuis sa douzième année, trop lourd pour un cheval, que le héros *Ecke* (voy. *Ecken-ausfahrt*) allait à pied, pour la même raison, et que *Rollon* (*Hrôd-olf*, *Rôlf*, lat. *Rolvo*) avait le surnom de *Rolf-le-Marcheur* (norr. *Göngu-Rôlf*), parce qu'il ne trouvait pas de cheval normand assez fort pour le porter. Une autre raison *épique* pourquoi *Thôr* marche à pied, c'est que, depuis le septième siècle de notre ère, la distinction entre les Nobles et les Manants s'étant établie en Scandinavie, ceux-là allaient de préférence à cheval, et ceux-ci ordinairement à pied. Aussi *Thôr*, le Protecteur des manants (norr. *bondar*), et des serfs (voy. p. 253), allait-il à pied comme eux, tandis que *Odinn*, le Dieu des Iarls et des guerriers nobles, chevanchait sur son cheval *Sleipnir* (voy. § 141).

La dénomination de *Thôr-des-Ases* ne paraît pas avoir été, comme le prétend *Snorri*, une désignation ordinaire de ce dieu, puisqu'elle ne se rencontre qu'une *seule* fois dans les anciens chants eddiques, à savoir dans la 50ᵉ strophe du *Chant de Harbard* (Harbardsliôd), où elle a été choisie exprès pour dire, avec ironie, que la force divine de *Thôr*, bien qu'il soit *Ase*, ou, bien qu'il soit *Thôr-des-Ases*, peut cependant être bravée.

§ 91. **La Demeure de Thôr.** — Comme les nuages orageux se forment dans les régions situées entre le ciel et la terre, l'Endroit qu'habite *Thôr* ne se trouve pas, comme les autres Demeures des dieux, au *ciel*, dans l'*Enclos-des-Ases*, mais en dehors de cet Enclos, sur de hautes montagnes *hercyniennes*, entre le ciel et la terre. Mais, bien que cette demeure ne soit pas au ciel, elle est cependant un séjour *sacré*. Elle est nommée *Séjour d'Énergie* (Thrûdheim), ou *Champs d'Énergie* (norr. (*Thrûd-Vangar*), à cause de l'énergie ou de la force invincible de *Thôr*, qui y fait sa résidence. La *Halle* que *Thôr* habite dans le *Séjour d'Énergie*, est nommée *Éclaircit-Grain* (Bil-Skirnir), parce qu'elle était, dans l'origine, le symbole du nuage orageux, ou du grain, d'où sort la foudre qui disperse ou éclaircit le grain. D'après les *Dits de Grimnir*, il y a, *environ*, 540 allées dans *Éclaircit-Grain*, c'est-à-dire qu'elles sont au nombre de 539, autant qu'il y a de *portes* dans la *Halle-des-Occis* (voy. p. 150). En général, dans la Mythologie, les édifices *célestes*, qui, par leur nature ou par leur destination, avaient quelque rapport avec les vents, et leurs directions cardinales, ont été figurés sous la forme de polygones réguliers. Ainsi le *Hlid-skialf* (voy. p. 240), au centre duquel, quand on y était placé, on avait vue sur tous les Séjours, et dans toutes les directions, était une chaumine merveilleuse, polygone ou ronde, ayant dans son pourtour un grand nombre d'ouvertures, servant à la fois de portes et de fenêtres, et correspondant aux points cardinaux, avec leurs subdivisions. *Valhöll*, la demeure d'*Odinn*, l'ancien Dieu des *vents*, et *Bilskirnir*, la halle ou la demeure du Dieu du tonnerre et des orages, étaient considérés comme des palais de l'air et des vents, ou comme des *Rotondes*, dont les portes correspondaient aux différentes directions de la rose des vents. Dans la géographie mythologique, avant le troisième siècle, on ne distingua d'abord, généralement, que *deux* points cardinaux, savoir le *lever*, et le *coucher* du soleil; le midi était rapporté à l'orient, et le septentrion à l'occident (voy. *Les Gètes*, p. 8). Plus tard, on distingua, dans la Mythologie scandinave, *quatre* points cardinaux, marqués par les quatre Dvergs, *Austri*, *Vestri*, *Nordri* et *Sudri* (v. p. 84). D'après cela, on s'attendrait à ce que le nombre des portes de la Rotonde céleste, ou le nombre des directions du vent, comme subdivisions des quatre points cardinaux, fût un multiple de *quatre*. Mais la Mythologie scandinave, conservant, à ce sujet, le souvenir d'anciens mythes asiatiques, a maintenu, en ce qui concerne les *vents*, l'ancienne division *septenaire*. C'est que, déjà dans le huitième siècle avant notre ère, le nombre *sept*, c'est-à-dire l'unité flanquée, ou accompagnée à droite et à gauche, du nombre *ternaire*, (3 + 1 + 3), comme un monarque ayant, à sa droite et à sa gauche, trois ministres, passait, chez la plupart des peuples de l'Asie occidentale et méridionale, pour un nombre *sacré* (voy. p. 151). Voilà pourquoi les Hindous donnaient à la terre la forme *heptagone*, et la disaient composée de *sept* îles (sansc. *dvipas*); ils admettaient, par conséquent, aussi *sept* directions principales, et *sept* vents ou points cardinaux. Aussi les *Maroutas* (cf. lat. *Mavortes*, Tempêtes), qui sont les Personnifications des vents, ne figurent jamais, dans les ouvrages sanscrits, qu'au nombre de *sept*, ou de *sept* fois *sept*. Cette division *septenaire* des Vents et des directions, fut également adoptée ou maintenue, dans plusieurs mythes scandinaves, qui se sont formés vers le troisième siècle de notre ère. C'est ainsi que, pour exprimer l'idée générale d'un *grand nombre*, en fait de directions ou de *vents*, la Mythologie a employé le nombre de 7 × 77, c'est-à-dire de 539. C'est ce nombre, que la Mythologie scandinave a assigné aux portes de *Valhöll*, ainsi qu'aux allées (voy. p. 150) de *Bilskirnir*, et elle a énoncé ce nombre d'une manière *énigmatique*, suivant l'habitude des mythes scandinaves de la période postérieure (voy. *Les Chants de Sól*, p. 159), en disant que ces portes et ces allées sont au nombre de cinq cents, plus *environ* (ou *presque*) quatre dizaines (v. *Dits de Grimnir*, strophe 24). *Snorri*, qui ne savait pas s'expliquer l'expression énigmatique de *environ quatre dizaines*, l'a prise purement et simplement comme ne signifiant que *quatre dizaines*.

§ 92. **Les Boucs de Thôr.** — Les Boucs qui traînent le Char de *Thôr*
sont les symboles des vents brusques et violents, qui amènent les nuages
orageux. En général, la Mythologie a symbolisé, par le *bouc* (norr. *buckr*,
heurtant; cf. lat. *pugnus*, poing; *pugna*, combat), le *coup* de vent brusque
et violent; d'autant plus que ces *coups* de vent sont aussi subits et ca-
pricieux que les bonds et les coups de corne des boucs. Aussi les bourrasques qui s'élèvent fréquemment et à l'improviste dans les montagnes
de l'Arcadie, ont-elles été, dans la Mythologie grecque, personnifiées
dans le dieu *Pân*, qu'on se représentait sous la forme d'un *bouc*, et dont
le nom, dérivé et contracté de *Païan* (p. *Pavians*, Heurtant; cf. lat. *pa-
vio*, frapper), désignait également bien le vent qui frappe, et le bouc
donnant des coups de corne. C'est, comme Personnification des coups
de vent, que le dieu *Pân* est dit être l'Amant de l'*Écho* (qui *répond* aux
coups d'air ou de vent), et qu'il joue du *Syrinx*, instrument à vent, symbole des cavernes (gr. *suringes*) de l'Arcadie, qui retentissaient, lorsque
les bourrasques venaient s'y engouffrer. Comme les coups de vents brusques et violents ont de l'analogie avec les coups d'épouvante ou de peur
subite (cf. lat. *pavor*, peur, de *paveo*, être heurté, *frappé*), le dieu *Pân*
était aussi l'auteur de ce qu'on appelait, d'après lui, la terreur *panique*.
Les anciens guerriers grecs tâchaient d'inspirer à leurs ennemis cette
panique, en poussant un cri de guerre subit et violent, qu'on appelait,
pour cette raison, le *frappement* (gr. *païan* p. *pavian*), et qui, avant de
désigner un Péan ou chant religieux, n'était autre chose, dans l'origine,
qu'un *hourra!*, qu'un cri de guerre, ou un chant guerrier. Les Latins se
figuraient, également, comme des *boucs*, les *Faunes*, qui étaient les personnifications des *vents*; car *Faunus* signifie, originairement, *Souffleur*
(sansc. *pavanas*, vent), et c'est de *Faunus*, plutôt que de son dérivé,
Favonius, que provient le nom du *Fœn*, de ce vent chaud, violent et brusque,
qui, à certaines époques de l'année, souffle dans quelques vallées de la
Suisse. Les Boucs de *Thôr* sont nommés *Croque-Dent* et *Grince-Dent*;
ces noms n'ont pas de signification *symbolique*, par rapport aux attributions spéciales de ces boucs; ce sont des noms *épiques*, métaphoriques,
ou poétiques, qui désignent le bouc en général, parce que cette espèce
d'animaux, en mangeant et en ruminant, croque et grince les dents.

§ 93. **Le Marteau de Thôr; ses Gantelets de fer; et sa Ceinture de Force.**
— Les ancêtres des Scandinaves, ainsi que d'autres peuples de l'Antiquité,
prenaient les bétyles, les aérolithes, et les tubes nommées *fulgurites*,
pour des *foudres*, qui avaient été lancées, dans les orages, et qui ensuite
s'étaient refroidies. C'est pourquoi on s'imaginait que *Thôr*, le Dieu de
la foudre, lançait des aérolithes, ou des pierres ferrugineuses incandescentes (cf. norr. *iarn-sia glôandi*, éclat de fer incandescent). Or, dans
l'Antiquité, on se servait de la pierre, en guise de marteau, au point que,
dans les langues goto-germaniques, le mot *pierre* (*hamar*) signifiait
également *marteau* (all. *hammer*); et, comme les aérolithes avaient,
pour la plupart déjà, la forme conique de cet instrument, l'idée s'établit
facilement que *Thôr* était muni d'un *marteau*. Chez les peuples germaniques et scandinaves, le marteau n'était pas seulement un instrument
pour marteler, c'était aussi, comme la pierre dont il était fait, un *pro-*

jectile, de sorte que, dans tous les usages symboliques et juridiques (cf. *Grimm*, *Rechtsalterthümer*), où il fallait employer un projectile, au lieu de la pierre brute ou non façonnée, dont on s'était servi primitivement, on se servait d'une pierre, plus ou moins bien façonnée, en guise de marteau, et même d'un marteau proprement dit, ou d'une masse de fer, à laquelle on avait donné la forme convenable de cet instrument. Aussi le marteau attribué à *Thôr* est-il essentiellement un *projectile*, car il représente la *foudre*, qui est lancée au loin du sein des nuages orageux. Mais comme la foudre fracasse tout ce qu'elle atteint, le marteau de *Thôr* est aussi un instrument *contondant*, et, comme tel, il est nommé *Meûnier* (norr. *Miöllnir*), parce qu'il broie ou *moud*, en quelque sorte, ce qu'il frappe. Dans l'Antiquité, le marteau était également une *arme*, et c'est pourquoi *Thôr* se sert de son *Meûnier* pour lutter contre ses ennemis, les *Raides-Givreux*, et les *Géants-des-Montagnes*. Le *Meûnier* de Thôr a une vertu *magique* particulière. Semblable à l'épée du demi-dieu hindou *Ardjunas*, laquelle, sans être brandie, frappe d'elle-même, à volonté, les ennemis, le marteau de Thôr revient aussi, de lui-même, dans la main du Dieu, après avoir frappé l'objet, sur lequel il a été lancé. Le marteau, comme projectile, comme instrument contusif, et comme arme, devait avoir un manche, afin qu'on pût le saisir et le brandir, soit pour frapper, soit pour le lancer. On était étonné de ne pas trouver de manche aux aérolithes, qu'on considérait comme des *marteaux* de Thôr. Aussi la Mythologie, pour donner quelque raison plausible de ce qu'elle considère comme un défaut dans *Miölnir*, raconte-t-elle (voy. *Snorra Edda*, p. 434), que, lorsque les Dvergs *Sindri* (Exsudé ; cf. lith. *gintaras*, succin) et *Brock* (cf. goth. *bruks*, utile), les fils d'*Ivald* (cf. all. *É-wald* ; lat. *indu-strius*) fabriquèrent le *Meûnier*, ce marteau, par la négligence de l'un d'eux, eut le défaut d'avoir le manche trop court. *Thôr*, par conséquent, ne pouvant pas brandir le *Meûnier* en le tenant par le manche, était obligé de le lancer, chaque fois, des deux mains, comme une grosse pierre. Mais comme le *Meûnier*, symbole du coup de foudre, est supposé *incandescent*, pour que *Thôr* ne se brûle pas les mains, la Mythologie lui attribue une paire de *Gantelets de fer*, à peu près comme les Chevaux de *Sôl* ont, en croupe, le bouclier nommé *Rafraîchissant* (norr. *Svalin*), et le *Fer Réfrigérant*, entre les épaules, (voy. p. 203), pour se garantir des ardeurs du soleil, ou bien comme l'Ase *Vidâr* a un *Soulier Épais* (voy. p. 402), afin de ne pas se brûler le pied lorsqu'il devra le placer dans la gueule du Loup de *Fenrir* terrassé (voy. p. 135.).

On savait par expérience qu'une ceinture, médiocrement serrée autour du corps, augmentait l'agilité et la force de ceux qui se livraient à des exercices ou efforts violents. C'est pourquoi la Mythologie, dès le troisième siècle de notre ère, attribue aussi une ceinture à *Thôr*, lequel, dans certaines occasions, est obligé de faire de grands efforts, pour lancer, bien loin et bien fort, le *Meûnier* sur ses ennemis. Cette ceinture porte le nom de *Ceinture-de-Force*, parce qu'elle possède la vertu *magique* ou surnaturelle d'augmenter du double la *force d'Ase* (norr. *âs-megin*), ou la force divine, déjà si grande, de l'Ase *Thôr*.

(31) BALDUR ; NIÖRDUR ; SKADI ; FREYR ; ET FREYIA.

§ 94. **Baldur, dédoublement et héritier du dieu Soleil.** — Le soleil, comme corps céleste, était considéré, dans l'origine (vers 3000 environ avant notre ère), seulement comme une partie intégrante, ou comme un *ornement* du dieu *Ciel* (*Tivus; Sval*). Dans la suite, environ vers 2500 avant J.-Ch., il ne fut plus seulement considéré comme partie intégrante de *Ciel*, il fut aussi *adoré* comme lui, et adoré comme une divinité *distincte* du dieu Ciel. Comme le soleil se mouvait sur la voûte *céleste*, on lui donna le nom de *Céleste* (scythe *Svalius*). Lorsque le soleil fut adoré comme une divinité distincte de *Ciel*, il fut conçu comme une divinité *zoomorphe*. Plus tard (environ vers 1500 avant J.-Ch.), *Svalius* (Soleil) devint un dieu *anthropomorphe*, présidant à l'astre du soleil zoomorphe, et il eut les noms épithétiques de *Prompt à la Chasse* (scythe *Vaitu-skurus*), et de *Brillant par la Targe* (scythe *Targi-tavus*). Comme *Père* de la nation scythe, le Dieu du soleil était aussi l'*Ami* et le *Protecteur* de ce peuple, et portait, par conséquent, le nom épithétique de *Garde du Peuple* (scythe *Tavit-varus*), et de *Seigneur* (scythe *Pravus*) : il fut, de plus, considéré comme l'auteur de toute richesse, et de tout bien. Comme source de Lumière, et de Chaleur, et de l'Enthousiasme, le Dieu du Soleil, chez les Scythes, était aussi le Dieu de l'Intelligence, de la *Vision*, de l'Inspiration, et de la *Divination*. Le culte du Dieu du soleil, ainsi que les mythes et les attributions de ce dieu, passèrent de la religion des Scythes dans celle des peuples de la branche *gète*; mais ils y subirent de grandes modifications, par suite de l'influence qu'exercèrent sur ces peuples le culte et les mythes du Soleil, tels qu'ils existaient dans la religion des *Kimméro-Thrâkes*, avec lesquels les Gètes, les descendants des Scythes, étaient entrés en rapport *direct*. Les Dieux-solaires, s'étant dédoublés du Dieu du Soleil, se séparèrent de plus en plus de l'astre du soleil, auquel dès lors fut préposée la Déesse *Sôl* (voy. p. 201). Lorsque la Déesse *Sôl* eut remplacé l'ancien Dieu du Soleil, les attributions de ce dieu, ainsi que les mythes se rapportant au soleil considéré comme *astre*, se conservèrent dans la tradition, et furent rapportés, les uns à la déesse *Sôl*, les autres aux dieux et héros épiques, qui étaient les héritiers et les dédoublements de l'ancien *Dieu* du Soleil. Parmi ces héritiers et dédoublements, il faut surtout distinguer le dieu *Balthus* (Force, Distinction; norr. *baldur*, force, courage), ou *Balthags* (Doué de force; cf. anglos. *Bäldäg*), dont le nom avait été un des noms épithétiques de l'ancien Dieu du soleil. De même que *Targitavus* avait été le Père de la nation scythe, de même ses héritiers et dédoublements, le dieu-héros *Amal* (*Fort*; cf. norr. *Afl*), et le dieu *Balthus* passaient, le premier, pour le Père éponyme de la famille noble des *Amales*, chez les Austro-Gotes, et le second, pour le Père éponyme de la famille noble des *Balthes*, chez les Visi-Gotes. Environ au premier siècle de notre ère, le dieu *Balthus* passa dans la Mythologie scandinave, et prit le nom de *Baldur*. Déjà à cette époque on ne savait plus qu'il était l'héritier du Dieu du *soleil*, ou que son origine était entièrement *solaire*. Aussi *Baldur* n'a-t-il jamais été l'objet d'un culte *populaire*, ni très-répandu chez les peuples de la branche *gète*, comme l'ont été, par exemple, *Odinn*, *Freyr*, et *Thôr*. Mais le cycle *mythico-*

épique de *Baldur* est du moins aussi étendu que celui de *Freyr*, et même aussi populaire que celui de *Thór*. *Baldur* occupe donc plus de place dans le mythe ou la tradition, que dans le culte, et dans la religion. Bien que le fond primitif des mythes de *Baldur* remonte, en partie, aussi haut que le culte de *Targitavus*, chez les peuples scythes, cependant ces mythes ne se sont formulés, et n'ont été rattachés spécialement à *Baldur*, qu'à commencer du troisième siècle de notre ère. Ces mythes ne s'expliquent que quand on se rappelle que *Baldur*, ou plutôt son prédécesseur *Balthus*, était une spécialisation du soleil, savoir le Soleil *estival*, comme le prédécesseur de *Heimdall* était le Soleil *printannier*, comme celui de *Hödur* était le Soleil *automnal*, et celui de *Vali*, le Soleil *hivernal*.

Les mythes sur *Balthus* se sont développés principalement à l'époque où les peuples de la branche *gète* se furent établis dans le climat froid du Nord de l'Europe; car alors, plus que pendant leur séjour dans l'Asie et dans l'Europe méridionales, leur attention a dû se porter sur l'excellence et les bienfaits du Soleil d'été. Ces mythes se sont encore plus développés à l'époque où les peuples de la branche *gète* ont été en rapport avec les peuples keltiques des contrées appelées plus tard la Germanie; car c'est probablement à l'influence de ces peuples, qu'il faut attribuer ces idées morales de pureté, de sainteté, et cette physionomie sacerdotale, et tant soit peu *féminine*, qui caractérisent les mythes de *Baldur*, et qui sont étrangères au génie mâle, et au caractère essentiellement *laïque*, des Germains et des Scandinaves.

Dans la pensée, et dans les langues des peuples iafétiques, l'expression de *brillant* servait aussi à désigner l'idée plus métaphysique de *beauté*. Aussi *Baldur* est-il représenté comme éclatant de *blancheur*, c'est-à-dire de *beauté*; et suivant la tradition populaire, rapportée par *Snorri*, il n'y a qu'une seule plante qui puisse rivaliser de blancheur avec *Baldur*, c'est la *camomille matricaire*, nommée, dans le Nord, et principalement en Islande, le *Sourcil de Baldur*. La *blancheur* est ensuite le signe, le symbole, et l'expression de la *pureté* ou de la *sainteté* (v. p. 237), comme la beauté physique est, d'après les peuples iafétiques, l'indice de la *bonté* morale (voy. p. 483). Aussi *Baldur* est-il représenté comme le plus *saint*, le *meilleur*, le plus *aimable*, et le plus *clément* des *Ases*. Il habite *Large-Éclat* (voy. p. 239), le Séjour le plus brillant, et le plus pur, et le plus saint. Enfin, comme *Baldur* est l'héritier et le dédoublement du Dieu du *soleil*, qui était également le Dieu de l'Intelligence, et de l'Art, et comme à une belle âme doit être assorti un esprit distingué, qui, selon les idées des Normands, se manifestait principalement par la Sagesse, et le don de la parole, *Baldur*, de même que Apollon chez les Grecs, passait à la fois pour le plus *sage*, le plus *discret*, et le plus *persuasif* des Dieux. Mais malgré ces brillantes et touchantes qualités, *Baldur*, le symbole du Soleil *estival*, devra mourir, jeune encore, en *automne*; semblable, en cela, à *Adonis*, à *Achilleus*, à *Hippolytos*, et à *Sigfrid*, il est condamné, irrévocablement, par la dure Destinée (norr. *urlag*, voy. p. 232), à périr de mort violente, à la *fleur de l'âge*.

Baldur est le fils des Divinités *suprêmes*, *Odinn* et *Frigg*, de la même manière que son prototype *Targitavus*, le Dieu du soleil, était le fils des dieux *suprêmes*, *Tivus* et *Apia*. Si *Snorri* dit que *Baldur* est le *second* fils d'*Odinn*, cela ne signifie pas que la Mythologie considère *Thôr* comme l'aîné, et *Baldur* comme le puîné ; cela signifie seulement que, parmi les fils d'*Odinn*, *Snorri* croit devoir assigner le *premier* rang, non à *Baldur*, mais à *Thôr*, comme à l'ancienne divinité *principale* des Norvégiens et des Islandais, et comme au plus distingué parmi les Ases, par sa force et son énergie.

§ 95. Niördur, dédoublement et héritier du dieu Ciel. — Vers l'an 2500 avant notre ère, les peuples jafétiques, non encore séparés les uns des autres, voyant que les sources et les cours d'eau étaient alimentés par les pluies tombant du *ciel*, en conclurent que les eaux terrestres provenaient toutes du *ciel*. Aussi ces eaux passaient-elles pour un don fait aux hommes par le dieu *Ciel*. Par leur origine, les eaux étaient donc *célestes*, et par conséquent *pures*, et *sacrées*. Ce n'est qu'après s'être séparées les unes des autres, que les nations primitives, de la souche *jafétique*, ont imaginé, et établi dans leurs Mythologies respectives, des Divinités particulières pour présider aux Eaux. Aussi faut-il considérer toutes ces divinités comme des dédoublements ou spécialisations du Dieu primitif anthropomorphe *Ciel*, envisagé comme Dieu de la *Pluie*. Aux yeux des Scythes, peuple pasteur et nomade, les sources, où s'abreuvaient leurs troupeaux, passaient naturellement pour une richesse, un bienfait du ciel, et, dans la suite, pour les symboles du Bien-être, et de l'Abondance. De même que le *Feu* sur la terre était considéré comme tirant son origine du Feu *céleste*, soit de la Foudre, soit du Soleil, de même aussi les sources et les cours d'eau passaient pour avoir une origine *céleste*, et pour être alimentés par les nuages, ou les pluies du ciel. Aussi, dans l'origine, le dieu Ciel (scythe *Tivus*) était-il également adoré en qualité de Dieu des Eaux (cf. gr. *Ouranos*, Ciel, et sansc. *Varounas*, Dieu des Eaux). Comme les pluies tombent du ciel, non pas quand il est *brillant*, mais lorsqu'il est chargé de nuages, le dieu *Ciel* devint le Dieu des Eaux, non sous le nom de *Brillant* (scythe *Tivus*), mais, comme Dieu de l'Orage, sous celui de *Aime-Pluie* (scythe *Pirkunis*). Cependant, comme les pluies et les rosées tombent souvent sans qu'il y ait des orages, le Dieu des Eaux se détacha de *Pirkunis*, comme *Pirkunis* s'était détaché de *Tivus* (voy. p. 254). Il y eut dès lors une divinité *spéciale*, présidant aux Eaux ; et comme elle passait pour être la *Source céleste* des Eaux *terrestres*, ou la désignait aussi par un nom signifiant *Source*. Or, la source étant quelque chose de *frémissant*, d'*effervescent*, de *jaillissant*, le nom de *Vrindus* qui, en langue scythe, signifiait *jaillissant*, devint le nom du Dieu des Eaux (voy. *Les Gètes*, p. 237). Comme le dieu *Vrindus* s'est formé par le dédoublement de *Pirkunis*, à une époque où ce dieu était déjà adoré comme dieu *anthropomorphe*, *Jaillissant* fut également considéré comme un dieu *anthropomorphe*, résidant dans le ciel, et présidant aux nuages, sources des Eaux terrestres. Les peuples encore pasteurs, tels que les Scythes, comparaient les noirs nuages à un troupeau de bétail noir. La pluie qui tombait de ces nuages, qui alimentait les sources, et abreuvait ainsi la terre, les hommes, et les animaux, fut assimilée au *lait* (sansc. *payas*, boisson, lait) que donnait le bétail céleste.

Ensuite comme, dans le langage symbolique des peuples de l'Antiquité, l'eau jaillissante, et les rayons de lait, étaient aussi l'emblème du sperme fécondateur, et que, d'ailleurs, l'idée de source réveillait naturellement celle d'origine, et de génération, le dieu *Vrindus*, présidant aux nuages pluvieux, c'est-à-dire aux *taureaux* fécondateurs, et aux *vaches* laitières du ciel, fut aussi préposé à la Génération ou à la *Fécondation*, considérée tant par rapport à la terre, que par rapport aux hommes, et aux animaux. Les taureaux et les vaches devinrent dès lors aussi les animaux consacrés à *Vrindus*, et furent même désignés eux-mêmes par le nom de *vrindus* (cf. vieux h. all. *rindur*, bétail), qui fut pris d'abord dans le sens de bétail *fécondateur*, ou *fécondé*.

Le dieu *Vrindus* passa, de la religion des *Scythes*, dans celle des peuples de la branche *sarmate*, et de la branche *géte*. Les peuples *sarmates* changèrent, par métathèse, le nom de *Vrindus* en *Vnirdus*, qui, plus tard, chez les anciens *Slaves*, fut changé en celui de *Nirthus*. Chez les peuples de la branche *géte*, *Vrindus*, le Dieu des Eaux, de la Fécondité, et de l'Abondance, prit le nom épithétique de *Chagunis* (Utile, Agréable; norr. *Högni*, *Hænir*), ou de *Vili* (Agréable); et ces deux noms, le premier surtout, prirent le dessus sur celui de *Vrindus*, qui disparut ainsi de la Mythologie des *Gètes*, et ne fut pas transmis, par ceux-ci, à leurs descendants les *Germains* et les Scandinaves. Les noms de *Chagunis* et de *Vili*, qui avaient été substitués au nom de *Rindus*, se retrouvent dans la Mythologie *scandinave*, sous la forme de *Högni*, de *Hænir*, et de *Vili*; mais le dieu *Vrindus* n'y figure point sous le nom de *Rindur* (correspondant à celui de *Vrindus*), il y figure sous la dénomination de *Niördr*. C'est que les Scandinaves, et principalement les *Svies*, qui avaient été longtemps en rapport avec les *Slaves*, adoptèrent de ceux-ci ce dieu, sous son nom *slave* de *Nirdus*. *Nirdus* passa ainsi dans la Mythologie norraine, sous le nom de *Niördr*, au lieu de celui de *Rindur*; et *Niördr* y fut dès lors substitué au dieu *Hænir*, dont l'ancien nom *Chagunis* avait remplacé, chez les Gètes, celui de *Vrindus*. Cette substitution de *Niördr* à *Hænir*, dans la Mythologie scandinave, est exprimée dans un mythe, qui dit que les *Ases* (Scandinaves), pour faire la paix avec les *Vanes* (Slaves), échangèrent l'Ase *Hænir* contre le dieu *vane Niördr*. *Hagunis*, ayant été remplacé dans le culte par *Niördur*, tomba au rang d'une simple divinité *mythologique*, qui, n'existant plus que dans la tradition, perdit, de plus en plus, l'importance qu'elle avait eu primitivement dans le culte. *Hagunis*, sous le nom de *Högni*, devint un personnage *épico-mythologique*, et *Hænir* figura dans quelques mythes anciens, dont la plupart sont devenus, dès le second siècle de notre ère, inintelligibles et obscurs au peuple norrain. *Niördur* prit, dans la Mythologie norraine, les anciennes attributions de *Vrindus* ou de *Hagunis*, comme dieu des Sources et des Eaux; il présidait à la Pêche, à la Navigation, et, par suite, au Commerce, et c'est aussi par la pêche et le commerce qu'il donnait la Richesse et la Propriété. Comme Dieu de la Navigation, il modérait la Mer, et les Vents, et, comme Dieu des Eaux, il tempérait la puissance du Feu. Plus tard, *Niördr* fut principalement considéré comme le dieu qui procure le Bien-être, la Nourriture, l'Abondance, et les Bienfaits qui résultent des travaux

de la Paix. Aussi fut-il surnommé le *Riche* (voy. *Chants de Sôl*, p. 122),
et les clercs érudits du Moyen âge l'ont-ils comparé à *Saturne*, le Dieu
de l'Âge d'or. Comme le septième jour ou le Samedi (bas-lat. *Sabati dies*)
était consacré, chez les Romains, à *Saturne*, les peuples germaniques le
consacrèrent à *Niördr*; mais, au lieu de nommer ce jour d'après ce dieu,
ils le nommèrent *Jour de Saturne* (cf. angl. *Saturday*), ou *Jour de Lavage*
(norr. *laugar-dagr*, dan. *löverdag*, suéd. *lördag*), parce qu'on y la-
vait ou *purifiait* les objets de la maison, en l'honneur du dieu des Eaux.
La Demeure de *Niördr*, au ciel, porte le nom de *Enclos-du-Nocher*
(norr. *Nôa-tûn*); c'était probablement, dans l'origine, une Constellation
propice aux pêcheurs, et qui était placée un peu au-dessus de l'horizon,
du côté de la mer. Le *Nocher* (norr *Nôi*) était, sans doute, quelque personnage mythologique, peut-être *Ber-Gelmir*, métamorphosé en astre,
et transporté au ciel (voy. p. 188). *Niördur* est l'époux de *Skadi*, et le
Père de *Freyr* et de *Freyia*.

§ 96. Skadi, héritière de la Déesse Vrindus. — Le nom scythe de
Vrindus (Source), en tant qu'il signifiait *Jaillissant*, était d'abord seulement du genre *masculin*; mais, en prenant encore la signification tro-
pique d'*Origine*, il devint aussi du genre *féminin* (cf. all. *der* qvell, *die*
qvelle. Le nom de *Vrindus* étant dès lors à la fois masculin et féminin,
on associa également, en Mythologie, au dieu *Vrindus*, une déesse du nom
de *Vrindus*, et qui personnifiait en elle la *qualité* (sansc. *çakti*, énergie)
de son époux. Les Grecs, en citant le nom de la déesse *Vrindus*, lui
donnaient la terminaison féminine usitée dans leur langue: le nom de
Vrindus fut donc rendu, en grec, par celui de *Rhindè*, que les Latins
changèrent naturellement en *Rinda* (*Plin.* H. N. 6, 7). La déesse *Vrindus* passa, comme son époux, dans la religion des peuples de la branche
sarmate, et de la branche *géte*. Les Sarmates changèrent le nom du dieu
et de la déesse *Vrindus* en celui de *Vairdus* ou *Nirdus*. Dans la religion
des peuples de la branche *géte*, la déesse *Vrindus* se maintint sous ce
nom, et fut transmise plus tard aux Germains et aux Scandinaves, qui
lui donnèrent, dans leur idiome, le nom équivalent de *Rindur* (p. *Vrindus*). Les Germains qui habitaient les bords orientaux de la mer Baltique,
et surtout les *Scères*, qui étaient un peuple germain mêlé à des *Slaves*,
adoptèrent de ceux-ci la déesse *Nerthus* (Nirdus), et la substituèrent à la
déesse *Rindus*, qui leur avait été transmise par leurs pères, les peuples
de la branche *géte*. C'est cette déesse que *Tacite* appelle, également, *Nerthus*, et qui est identique, par son origine et par ses attributions, avec la
déesse *Rindur* des Scandinaves. Mais de même que les *Germains*, en
adoptant des *Slaves* la déesse *Nerthus*, n'adoptèrent pas également,
pour l'associer à cette déesse, le *dieu* slave *Nerthus* (norr. *Niördr*),
de même les *Scandinaves*, en adoptant des Slaves le dieu *Nerthus* (Niördr),
n'ont pas accepté, en même temps, pour l'associer à ce dieu, la *déesse*
slave *Nerthus*. Ils ne songèrent pas même à associer de nouveau leur
déesse traditionnelle *Rindur*, soit comme épouse, soit comme sœur, au
dieu *Niördur*, qu'ils venaient de réintroduire dans leur religion. Aussi pour
expliquer, sans doute, ce manque de rapport mythologique entre *Niördr* et
Rindur, *Snorri*, dans l'*Ynglinga saga*, a-t-il insinué que, chez les *Vanes*,

il était bien permis que *Nirdus* eût, pour épouse, sa sœur *Nirdus*, mais que, les *Ases* ne permettant pas qu'on épousât sa *sœur*, *Niördr* dut prendre une autre femme, *Skadi*. Cependant, la véritable explication de ce fait consiste à dire que les Scandinaves, songeant plutôt à associer, comme épouse, à *Niördr*, ou au Dieu des Eaux et de la *Pêche*, une Déesse de la *Chasse*, ne trouvèrent cette qualité de chasseresse, ni dans la déesse slave *Nerthus*, ni dans la déesse *Rindur*, transmise par leurs pères. C'est pourquoi ils adoptèrent des *Finnes*, leurs voisins, leur Déesse de la *Chasse*, à laquelle ils donnèrent le nom de *Skadi* (Nuisible), lequel était un nom épithétique traditionnel de *Freyia*, considérée comme héritière de l'ancienne *Vaitu-Skura*, la Déesse de la Chasse. Ce qui prouve que *Skadi* était originairement une espèce de *Freyia*, chasseresse, ou une Déesse de la *lune*, c'est qu'il est dit, dans un mythe, que *Skadi*, devant prendre, au sort, un époux parmi les *Ases*, désirait (et cela, sans doute, en sa qualité de déesse *lunaire*) obtenir pour époux *Baldur*, le dieu *solaire* (voy. *Snorra Edda*, p. 82). *Skadi*, comme Déesse de la *Chasse*, ayant été associée à *Niördur*, à la place de l'ancienne déesse *Rindur*, celle-ci ne figura plus dans le *culte*, et tomba au rang d'une divinité émérite. En Germanie, la déesse *Nerthus* présidait aux Sources et aux Eaux, mais surtout à la Fécondité, et à l'Abondance. Comme Déesse des Eaux et des lacs, elle avait sa résidence au fond d'un lac, qui se trouvait dans une île de la mer Baltique. Comme Déesse de la Fécondité, elle passait pour la *Mère* des dieux, et elle était promenée en un char traîné par des *vaches*, qui étaient ses animaux symboliques, et qui avaient été déjà consacrées à l'ancienne déesse *Vrindus*, dont *Nirthus* était l'héritière.

Lorsqu'au quatrième siècle avant Jésus-Christ les peuples de la branche *gète*, les Svies et les Gautes, se fixèrent dans la Scandinavie, ils y trouvèrent établis des peuples d'origine *finne*. Ces peuplades avaient l'habitude de *pêcher*, en *été*, c'est-à-dire pendant *trois* mois de l'année, et de *chasser*, en *hiver*, c'est-à-dire pendant *neuf* mois de l'année. Ils avaient conservé cette habitude encore à la fin du neuvième siècle, comme le dit expressément le pêcheur de baleine anglo-saxon *Other*, dans sa relation qui est insérée dans la traduction anglo-saxonne de l'Histoire d'Orose, traduction attribuée au roi Ælfred. La pêche se faisait sur les bords de la mer, mais la chasse, dans l'intérieur des terres, et dans les montagnes. Pour chasser, au milieu des neiges, les Finnes courent sur des *barres*, c'est-à-dire, sur une espèce de patins, qui étaient déjà usités dans l'Antiquité; car cet usage leur avait fait donner le nom de *Finnes-Patineurs* (norr. *Skrid-Finnar*; v. *Paul Diacre*, chap. 2). Ces *barres*, semblables aux patins usités également au Canada, et connus sous le nom de *raquettes*, consistent en deux planchettes, à peu près de un mètre 60 centimètres de longueur, et de 9 centimètres de largeur; l'une est un peu plus longue que l'autre, pour faciliter l'élan à prendre; toutes les deux, à l'extrémité antérieure, sont un peu recourbées en haut, pour empêcher la pointe de plonger dans les neiges, et elles sont un peu arquées en dessous, pour que le poids du corps, pesant sur le milieu des barres, ne leur fasse pas faire une courbure sur le niveau de la neige. Des liens d'osier, sous forme de demicercles ou d'étriers, et dans lesquels on passe les pieds, servent d'at-

taches. C'est sur ces barres que les Lapons parcourent, encore aujourd'hui,
les plaines couvertes de neige et de glace; et, à la chasse, ils atteignent
ainsi, en courant, les loups et les rennes. En imitation de ces chasseurs
lapons, on a formé, de nos jours, dans l'armée, en Norvège, deux batail-
lons de chasseurs *Coureurs sur patin* (suéd. *Skie-læbers*), qui exécutent,
en patinant sur les neiges, leurs marches, exercices, et évolutions mili-
taires. Les anciens Finnes, qui passaient pour d'excellents *Tireurs d'arc*,
avaient une Déesse de la chasse, l'épouse du Dieu de la pêche, nommé,
sans doute, *Ahto*. Ils croyaient, probablement, que, pendant les trois mois
de l'été, où ils vivaient du produit de la pêche, le Dieu de la pêche se
trouvait, avec eux, sur les bords de la mer, et que, ensuite, pendant les
neuf mois de l'hiver, leur Déesse de la chasse allait avec eux se retirer
dans les montagnes. Ces deux divinités finnes, protectrices de la Chasse,
et de la Pêche, ont, sans doute, été adoptées d'abord par les *Gautes*,
chasseurs, et tireurs d'arc, et ensuite par les *Suèdes*, pêcheurs; et elles
ont été, enfin, rattachées au système mythologique de la religion scandinave. Le dieu finne de la Pêche se confondit avec *Niördur*, et la déesse
finne de la Chasse eut le nom norrain de *Skadi* (*Nuisible*; cf. norr.
Skæ, *Skati*; scythe *Skaïs*), parce que, comme déesse de la Chasse, elle passait pour *pernicieuse* aux animaux, qu'elle pourchassait avec ses flèches,
en courant sur les *barres*. *Skadi*, comme Déesse de la *Chasse*, devint,
dans la Mythologie scandinave, l'épouse de *Niördur*, le Dieu de la *Pêche*.
Elle est opposée à son mari sous plus d'un rapport. *Niördur* est d'origine *vane*, c'est-à-dire qu'il est une divinité *slave*, adoptée par les tribus
scandinaves (v. p. 262). *Skadi* est de la race des *Géants-des-Montagnes*,
c'est-à-dire qu'elle est une divinité *finne*, adoptée par les Svies et les
Gautes; car les *Finnes*, refoulés par les peuples scandinaves dans les
parties montagneuses de la Presqu'île, sont souvent confondus, dans la
Mythologie, avec les *Géants-des-Montagnes* (cf. p. 219). *Skadi* passe
pour être la fille du *Géant-des-Montagnes Thiassi* (p. *Thiarsi*, Querelleur), qui est, sans doute, la Personnification des vents impétueux et
querelleurs de l'hiver, comme l'indique encore le nom de la résidence
de *Thiassi*, appelée *Séjour de Bruissement*. Ce Séjour est situé, au
Nord, dans les montagnes, et il est affectionné beaucoup par *Skadi*, la
déesse de la *Chasse*, comme *Snorri* le rapporte d'après la strophe 44ᵉ
des *Dits de Grimnir*; et en cela elle est encore opposée à son époux *Niördur*, qui, dieu de la *Pêche*, préfère les bords de la mer. Les vers qui
expriment ces goûts opposés des deux époux, sont attribués par *Saxon*,
le Savant (*Historia danica*, lib. I), au roi danois *Hading*, qui aimait les
bords de la mer, et à la reine son épouse, qui, originaire de la Norvège,
préférait le séjour dans les montagnes. Mais le contenu de ces vers tirés par
Saxon d'un poëme qui n'existe plus aujourd'hui, se rapportait originairement au dieu *Niördur* et à la déesse *Skadi*. En se faisant des conces-
sions réciproques, ces deux divinités passaient successivement *neuf* nuits
au *Séjour de Bruissement*, dans les montagnes, et *trois* nuits à l'*Enclos
du Nocher*, près de la mer; ce qui signifie que, des douze mois de l'année, *trois* étaient sous la protection du Dieu de la pêche *Niördur*, et
neuf, sous celle de la Déesse de la chasse *Skadi*. Les Scandinaves et les

peuples germaniques, en conséquence des idées, exprimées dans leur Cosmogonie, et d'après lesquelles l'*hiver* précédait et engendrait l'*été*, comme la *nuit* précédait et engendrait le *jour* (voy. p. 200), désignaient aussi l'*année* par le nom de l'*hiver* qui la commençait, et la *journée* par le nom de la *nuit*, qui l'engendrait. Les trois et les neuf *nuits* du Mythe, signifient donc autant de périodes dans l'année, et, particulièrement ici, trois *mois* d'été, et neuf *mois* d'hiver.

§ 97. **Freyr, dédoublement et héritier du Dieu du soleil.** — Vers le sixième siècle avant notre ère, *Targitavus*, le dieu anthropomorphe du soleil, chez les Scythes, fut considéré comme le Protecteur de la famille et de la tribu, et présidait, par conséquent, à tout ce qui constituait l'*Entretien*, le Bien-être, et la Richesse *familiale* (cf. norr. *adals-fé*). En cette qualité, il avait le nom épithétique de *Seigneur*, ou de *Excellent*, dans le sens de *Maître*, de *Entreteneur* (cf. angl. *Lord*, de *hláf-verd*, Donne-pain). Le mot qui, dans les idiomes scythes, signifiait *Excellent*, était dérivé de la préposition *pra* (avant; cf. sansc. *pri*, préférer, aimer; cf. lat. *intrare*, s'intériorer, entrer, de *intra*), et avait la forme de *Pravus*, correspondant au sanscrit *pra-bhus* (Excellent), au grec *praüs* (bénin), au latin *probus* (excellent). Le nom de *Pravus* (Excellent) devint, chez quelques tribus de la branche *sarmate*, le nom propre d'un dieu, distinct de *Targitavus*, dont il s'était dédoublé. Ce dédoublement a dû s'opérer au moins dès le sixième siècle avant notre ère (époque où la branche *sarmate* s'est séparée de la branche *gète*), puisque le dieu *Pravys* (scythe *Pravus*) se trouve, dans la Mythologie des peuples *slaves*, comme divinité distincte. Le dieu des Sarmates, *Pravys*, dédoublement et héritier de *Targitavus*, prit les attributions principales de ce Dieu du soleil; comme lui, il présidait au soleil, et fut le Protecteur du *Pays*, et du *Domicile*. Mais il fut principalement considéré comme le *Seigneur*, c'est-à-dire comme l'auteur de l'*Abondance*, et par suite comme l'auteur de la *Fertilité*, et de la *Fécondité*. Ayant, par conséquent, des attributions analogues à celles du dieu *Vnirdus* (scythe *Vrindus*), qui présidait également à l'abondance et à la fécondité (v. p. 260), il fut rapproché de ce dieu, et considéré comme son *fils*. Le dieu scythe *Pravus* ne passa pas dans la religion des peuples de la branche *gète*, comme dédoublement et héritier du dieu du Soleil; chez ces peuples, le dieu du Soleil eut d'autres dédoublements et héritiers, tels que *Balthus* (voy. p. 258), et *Skalmoskis* (v. *Les Gètes*, p. 194). Le dieu du Soleil, considéré comme dieu de la *Fécondité*, se confondit, dans la religion des peuples de la branche *gète*, avec le dieu *Firgunis* (norr. *Fiörgynn*), et avec le dieu *Hagunis*, qui avait été substitué à *Vrindus* (voy. p. 261). Ces peuples n'eurent donc, dans l'origine, d'autre dieu présidant à la Fertilité, à la Fécondité, et aux Eaux, que *Firgunis* et *Hagunis*. Ce qui prouve que le nom de *Frauja* (Seigneur), qui, dans les langues gotes, correspondait au mot sarmate *Pravys*, n'a jamais désigné un dieu dans la Mythologie des peuples *gètes*, c'est que Ulphilas, qui n'emploie jamais, dans sa traduction, des noms propres se rapportant au Paganisme, traduit par le mot *frauja* l'expression de *Seigneur*, synonyme de Dieu. Lorsque, dans la suite, les tribus de la branche *gète*, qui s'établirent en Germanie et en Scandinavie, se furent

mêlées, ou, du moins, furent entrées en contact, avec les peuples *slaves*
sur le littoral de la mer Baltique, elles adoptèrent d'eux, avec le dieu *Ner-
dus* (Nirthus, Niördr), aussi le dieu *Prarys* (norr. *Freyr*; germ. *Frau*),
qu'ils substituèrent à leur dieu *Hagunis* (norr. *Hœnir*), qui avait hérité
des attributions de l'ancien dieu du *Soleil* (Targitavus), et de l'ancien dieu
des *Eaux* (Vrindus). Dans la Mythologie scandinave, *Freyr* passa pour
le fils de *Niördr*, et fut surnommé (ainsi que son père) le dieu *Vane*, à
cause de son origine *slave*. Comme héritier du dieu du *Soleil*, *Freyr*
présidait, comme dit Snorri, *aux effets du soleil*; il devint encore, sous
le nom épithétique de *Geta*, de *Scinths*, de *Gaut*, etc., le père *éponyme* de plusieurs tribus sxies et gautes. Ces noms épithétiques éponymes
passèrent, pour la plupart, à *Odinn*, qui, comme *Dieu suprême*, fut aussi
considéré comme le Père des Dieux, et comme le Père éponyme des Nations (voy. *Les Gètes*, p. 203). *Odinn* ayant le nom épithétique de *Hâr*
(Sublime), chacun de ses fils put prendre celui de *Hâing* (Hânk, Hink,
Ing), signifiant *Issu de Hâr*. Comme *Niördur* passait pour le fils de Hâr,
Freyr était le petit-fils de *Sublime*, et eut, par conséquent, le nom diminutif de *Angul*, ou *Ingul* (p. *Havingul*, Petit-fils de Hâr), qui devint aussi le
nom propre des *Angles*, d'après celui de leur dieu éponyme; et les anciens
rois de Svède, qui se disaient issus de *Freyr*, furent désignés sous le nom généalogique de *Ingulings* (Issus d'Ingul, norr. *Ynglingar*), c'est-à-dire de
Issus du Petit-fils de Sublime. Ensuite, comme les rois ou héros étaient appelés les *Amis du Fils de Sublime* (Yng-vinar; cf. norr. *Hâk-on*, *Hânk-
vin*), ou les *Compagnons des Amis du Fils de Sublime* (Ingvin-vanes, In-
gvin-ones, Ingviônes), *Freyr*, le Seigneur des Héros, eut aussi le nom
épithétique de *Yng-unnar-Freyr* (Seigneur de l'Ami du Fils de Sublime)
ou, en anglo-saxon, le nom de *Frea Ingvina* (Seigneur des Amis du Fils
de Sublime). Chez les peuples germaniques, il se forma du mot *frae*
(maître) l'adjectif *frei* (p. *fravis*; goth. *freis*, tenant du maître), qui
signifiait *libre*, en tant qu'appartenant à la famille du Maître ou du Seigneur. Un autre adjectif, *fróno* (p. *fravino*, se rapportant au maître),
désignait tout ce qui *appartenait au Seigneur* (cf. all. *frôn-leichnam*,
Corps du Seigneur). De *Frav* (Seigneur), nom propre du dieu, se forma
probablement le nom généalogique de *Frank* (p. *Fravink*, Issu de Frav),
lequel devint le nom ethnique des *Franks*, qui furent, dans l'origine, les
voisins des Slaves, et purent bien se dire Issus du dieu *Frav*; car les *Franks*,
qui s'établirent sur le Rhin, eurent le nom généalogique de *Volsings*
(Issus de Vols), d'après le dieu *Vols*, d'origine slave, qui était considéré
comme le Fils de *Frav* (voy. *Les Gètes*, p. 200).

§ 98. **Freyia, dédoublement et héritière de la Déesse de la Lune.** —
Chez les Scythes, *Artin-paza*, la déesse anthropomorphe de la Lune,
présidait à la fois à la Production, et à la Destruction (voy. *Les Gètes*,
p. 207 - 240). Comme déesse de la Génération, elle était la Protectrice du
Mariage, et de la Famille, et comme présidant à la Famille, elle eut le nom
épithétique de *Pravia* (Dame, Maîtresse). Au sixième siècle environ avant
notre ère, *Pravia* passa, avec son frère *Pravus* (voy. p. 265), dans la
religion des peuples de la branche *sarmate*; l'un et l'autre y furent considérés comme le fils et la fille du dieu et de la déesse *Nirthus* (p. Vrin-

...dus), et prirent différents noms épithétiques, qui effacèrent peu à peu, dans la Mythologie slave, leurs noms primitifs de *Pravys* et de *Pravia*. Dans la Mythologie des peuples de la branche *gète*, les rapports primitifs entre l'astre de la lune et la déesse *Artin-paza* (soit son dédoublement et son héritière *Skalmoskis*), s'étaient tellement effacés, que ces peuples préposèrent à cet astre une nouvelle divinité mâle nommée *Máni* (v. p. 202). Cependant les anciennes attributions de la déesse *Artin-paza*, reposant sur ses rapports primitifs avec la lune, furent conservées traditionnellement à son héritière *Skalmoskis*. La déesse *Pravia*, aussi peu que le dieu *Pravus*, ne passa pas dans la religion des peuples de la branche *gète*; mais, plus tard, ces peuples adoptèrent des *Slaves*, outre le dieu et la déesse *Nerthus*, et le dieu *Pravys* (Freyr ou Frav), aussi la déesse *Pravia*, qu'ils nommèrent *Freyia* (Dame, Maîtresse), et à laquelle ils donnèrent encore les attributions qu'avait eues, dans la religion de leurs pères, la déesse *Skalmoskis*. *Freyia* présidait à la Production, à la Fécondité, à l'Abondance, et au Bien-être. Or, non-seulement le Soleil et la Lune, mais aussi les Eaux, et la Mer passaient, dans l'Antiquité, pour des principes de fécondité. C'est pourquoi *Freyia*, la fille de *Niördr*, Dieu des Eaux, est devenue également *Déesse des Eaux*. Comme Déesse de la Production, Freyia préside à l'Amour, au Mariage, et à la Famille; elle aime les chants d'amour; et les amants, ou ceux qui poursuivent des filles en mariage, lui adressent leurs prières ou leurs vœux. Comme Déesse de l'Amour, *Freyia* a pu être rapprochée de *Vénus*; et c'est pourquoi les peuples germaniques ont traduit le nom latin *Veneris dies* (Vendredi, Jour de Vénus), par *Freia-dag* (Jour de Freyia).

En sa qualité de Déesse de l'Amour, du Mariage, et de la Famille, *Freyia* présidait aussi à l'*Entretien*, ou au Bien-être de la famille; et c'est précisément pour cette raison qu'elle portait le nom de *Freyia*, qui signifie *Dame* (lat. *domina*), ou *Maîtresse* de maison. En effet, ce nom de *Freyia* (all. *Frau*) ne dérive pas du verbe *fria* (aimer), et ne signifie pas Maîtresse, dans le sens d'*Amante*; car, dans aucune langue germanique, il ne désigne le *sexe*, la *femme*, mais il exprime toujours le *rang*, la distinction, et désigne la *Maîtresse*, dans le sens de *Épouse*, ou de *Dame* de la maison. Aussi le nom de *Freyior*, donné aux dames de qualité, ne dérive-t-il pas, comme le prétend *Snorri*, de celui de la déesse *Freyia*, mais ce nom honorifique de *Dame* est devenu le nom propre de la Déesse, qu'on considérait comme le type de la Dame, ou comme la Dame par excellence. Voilà pourquoi, quand *Freyia* sort de sa Demeure, elle est assise dans un char traîné par deux *matous*. Ce n'est pas là un char de *guerre*, mais le char paisible de la Déesse *Nerthus* (*Tacit.* Germ. 40), ou une voiture telle qu'en avaient, dans ce temps, les Dames nobles (*Fornaldss.* 1, 360). Les deux matous ne sont pas ici les animaux symboliques de l'amour, pratiqué au clair de la lune; mais le chat, qui est habituellement assis auprès du *foyer* domestique, et qui s'attache au *domicile*, plus encore qu'aux personnes, est, ici, l'animal *domestique* par excellence; il est le représentant du Génie du logis, et, comme tel, il est consacré spécialement à *Freyia*, la Maîtresse du *logis*. Encore aujourd'hui, les Lapons considèrent le chat comme le Génie tutélaire de leur habitation; et, en Allemagne, la tradition populaire parle de Génies domestiques appelés *Katermann* (Bon homme Matou), et *Hinzelmann* (Bon homme Chaton). Les Keltes également avaient des Génies *domestiques* appelés *Chats-Esprits* (Kat-tuzé; voy. *Les Gètes*, p. 468).

Artin-paza, la déesse de la Lune, ou du Soleil *nocturne*, se confondit, de bonne heure, avec la déesse de la Nuit. Or, la Nuit, du sein de laquelle toutes les créatures paraissaient naître (voy. p. 476), et au sein de laquelle toutes semblaient rentrer, était considérée à la fois comme l'*Origine*, et la Mère, et comme la *Fin*, ou la Mort des choses. Chez les Gètes, *Skalmoskis*, l'héritière d'Artin-paza était à la fois déesse de la Production, et de la Destruction. *Freyia*, l'héritière de *Skalmoskis*, eut aussi, dans l'origine, ces deux attributions contradictoires. Mais, dans la suite, *Freyia* se dédoubla, et de ce dédoublement sortit *Hali* (norr. *Hel*), déesse de la Mort. Cependant, les anciennes attributions de *Freyia*, comme Déesse de la Destruction, subsistent encore dans quelques mythes qui se rapportent à cette divinité. C'est ainsi qu'un mythe dit que *Freyia* reçoit les guerriers *occis*, dans sa salle nommée *Contient-les-Siéges* (norr. *Sessrumnir*), nom qui exprime que cette salle est assez vaste pour contenir les siéges des nombreux hôtes de cette Déesse des Morts. C'est comme Déesse des Morts qu'elle se met à la tête des *Valkyries*, et invite à venir, chez elle, les guerriers illustres qui sont tombés dans l'*occision* (norr. *val*). C'est comme Déesse des Morts qu'elle est l'Amante d'*Odinn*, surnommé le *Père des Occis* (voy. p. 247). Il est vrai que, dans les mythes épiques postérieurs, cette invitation et cette réception des Occis, que fait chez elle *Freyia*, ne sont plus mises en rapport avec sa qualité de Déesse des Morts, mais seulement aves ses attributions de *Dame*, ou de Maîtresse de *maison*. En effet, dans le Nord, il était d'usage que la moitié des gens de la maison était nourrie et entretenue par le *Maître* (anglos. *hláf-ord*, Donne-miche, *Lord*), et l'autre moitié par la *Maîtresse* (anglos. *hláf-dige*, boulangère, Lady). Aussi est-il dit, dans le mythe norrain, que *Freyia* choisissait, *pour sa part*, la moitié du nombre des *occis*, et que l'autre moitié entrait chez *Odinn*, pour faire partie des *Troupiers-Uniques* de ce *Père des Occis*. Mais en *recevant* chez elle des guerriers occis, *Freyia*, d'après ce mythe, remplissait purement les fonctions domestiques de *Maîtresse* de maison. Et, effectivement, déjà les noms de la résidence et de la demeure de *Freyia* semblent indiquer que cette déesse remplissait seulement, envers les guerriers occis, les devoirs de l'*hospitalité*, ou qu'elle leur faisait, comme *Dame*, les honneurs du logis; car le nom de *Pelouses d'Assemblée* (norr. *Folk-vangar*), donné à l'Enclos de *Freyia*, semble avoir une signification analogue à celui de *Champ de Mai*, et de *Champ de Mars*, et indiquer que les guerriers d'Odinn tenaient une espèce de cour plénière dans la résidence de *Freyia*, leur Maîtresse, ou leur Dame.

(32) TYR; BRAGI; ET IDUNN.

§ 99. **Tyr, originairement le dieu Ciel.** — Lorsque les peuples primitifs, qui, en se différenciant et en se séparant de leur souche commune, ont formé plus tard les membres de la famille *iafétique*, ne s'étaient pas encore *spécialisés*, mais ne formaient encore (environ vers l'an 3000 avant J.-Ch.) qu'une seule et même nation de nomades et de pasteurs, ils adoraient tous le *ciel*, cet objet physique qui frappait sans cesse leurs regards, attirait leur attention, la nuit comme le jour, par ses phénomènes merveilleux et sublimes, et leur inspirait, par ses influences bienfaisantes, l'idée et le respect religieux d'un Être surhumain, puissant, et généralement bienveillant. Dans l'origine, l'objet de la nature physique, considéré comme une divinité, passait pour un être *vivant*, doué d'une puissance *surhumaine*, et ayant précisément la forme qu'on lui voyait dans la Nature. Comme le ciel n'avait pas de figure *humaine*, on ne put le concevoir d'abord que comme un *animal* gigantesque, comme une divinité *zoomorphe*. Ce qui frappait surtout à la vue de ce dieu *Ciel*, c'était le soleil, la lune, et les étoiles, qui en étaient les ornements *brillants*. Or, comme dans l'*origine*, ces astres n'étaient pas encore considérés eux-mêmes comme des Divinités, ni comme des Divinités distinctes du dieu Ciel, mais seulement comme des ornements de ce dieu, l'idée caractéristique primitive, dans la conception du dieu Ciel, était naturellement l'idée de *Brillant*, et par conséquent le mot par lequel on désignait primitivement le dieu *Ciel*, signifiait précisément *Brillant* (Tivus). Les Scythes et leurs descendants ont gardé, le plus longtemps, de tous les peuples iafétiques, ce nom de *Tivus* sous sa forme primitive. (Voy. *Les Gètes*, p. 154.)

Le berceau des peuples iafétiques se trouvait sur le plateau au sud de celui qui est appelé aujourd'hui le Turkestan. Comme l'air y est généralement chaud et sec, ces peuples primitifs comptaient, parmi les principaux bienfaits du dieu *Ciel*, la *pluie*, qui arrose et féconde la terre, le *vent*, qui rafraîchit et purifie l'air, et l'*orage*, qui amène à la fois la pluie et le vent. Aussi le *Ciel* était-il adoré comme Père de la *pluie*, du *vent*, et de l'*orage*. Comme Père de l'orage, qui amène la pluie fécondante, le dieu *Ciel* fut surnommé *Aime-Pluie* (scythe *Pirk-unis*) ; et ce qui prouve l'ancienneté de ce nom dans la religion des Scythes, comme épithète de *Tivus*, c'est que les formes modifiées de ce nom se retrouvent dans la religion des descendants des Scythes de la branche *sarmate*, aussi bien que dans celle de leurs descendants de la branche *gète*. *Pirkunis*, qui, dans l'origine, était identique avec *Tivus*, s'est, dans la suite, détaché de lui, pour se constituer divinité *distincte*. Comme ce sont les vents qui amènent les nuages orageux et les pluies fécondantes, le dieu scythe *Pirkunis* présidait aussi aux *vents*, et portait, en cette qualité, le nom épithétique de *Vent* (scythe *Vâtus*, p. Vahitus, Agité).

Tivus Pirkunis, comme Ciel-Orageux, était le *Fécondateur* de la terre, et c'est pourquoi il fut considéré comme l'époux de la déesse *Apia* (Terre) ; et ces deux conjoints *anthropomorphes* passaient, dans la religion des Scythes, pour être le *Père* et la *Mère* des Dieux, et, par suite, pour les Parents des hommes. Comme *Père* des dieux et des hommes, *Tivus* eut le nom épithétique de *Aïeul* (scythe *Pappaïus*), et ce nom indiquait que les Scythes se figuraient *Tivus* comme le plus *ancien* des Dieux, comme le Père primitif des dieux, et, par l'intermédiaire d'eux, comme le Père des Héros et des Rois, et enfin comme l'Aïeul du peuple scythe, et, par lui, ensuite, comme l'Aïeul des hommes en général. Chez les peuples primitifs, qui vivaient dans l'état patriarchal, l'idée de *père* et d'*aïeul* impliquait celle de *chef*, et c'est pourquoi *Tivus*, le *Père* des Dieux, passait aussi pour le *Chef* des Dieux, et, par conséquent, pour le *Dieu Suprême.*

Chez les Scythes, dont l'occupation principale, et la plus *honorée*, était la guerre et les combats, *Tivus*, le Dieu *Suprême*, devint naturellement aussi le Dieu des *Combats*; et cela d'autant plus facilement que, en sa qualité de dieu *Ciel*, il était aussi le Dieu de l'*orage*, et que, suivant une association d'idées assez ordinaire dans l'Antiquité, la *guerre* ou le combat, à cause du tumulte et de la fureur qui l'accompagnent, était assimilé à un *orage* (voy. *Les Gètes*, p. 458). Cette nouvelle attribution de *Tivus*, comme Dieu de la *guerre*, bien qu'elle ne fût en aucun rapport avec sa nature *primitive* de *Ciel*, devint cependant, chez les Scythes et chez leurs descendants, l'attribution *principale* de ce Dieu *suprême*, de sorte que les historiens anciens, considérant le Dieu *suprême* des Scythes, des Goths, des Germains, et des Scandinaves, principalement comme Dieu de la *guerre*, le désignaient aussi par les noms équivalents grec et latin de *Arès* et de *Mars*. Parce que *Tivus*, le Dieu des *Combats*, était aussi le Dieu *Suprême*, il eut, le premier, et le *seul* de tous les Dieux des Scythes, l'honneur d'être *représenté* par un signe *symbolique* ou emblématique. Ce signe était un *dard*, ou une lance fichée en terre, sur la *Butte de l'Assemblée* (Hérod. IV, 62). D'après ce symbole, *Tivus* eut lui-même le surnom de *Dard* (scythe *Kaizus*; goth. *Gaisus*, cf. *Radagaïsus*), ou de *Lance* (scythe *Kaztus*; goth. *Gazds*; cf. slave *Radegast*). C'est ainsi que, chez les Scythes, *Tivus*, originairement le dieu zoomorphe *Ciel*, devint ensuite Dieu anthropomorphe du ciel, l'époux de *Terre* (Apia), le Dieu de l'*orage fécondateur* (Pirkunis), le Dieu des *Vents* (Vâtus), le Père des Dieux et des Hommes (Pappaïus), le *Chef* des Dieux, et le Dieu *Suprême*, et surtout le Dieu des *Combats* (Kaizus, Kaztus). Ces différentes attributions furent rattachées successivement, dans la tradition mythologique des Scythes, au seul et même dieu *Tivus*. Mais les différentes tribus firent ressortir, peu à peu, dans le culte de ce dieu, telle ou telle de ces attributions, de préférence aux autres, de sorte que *Tivus*, en se *dédoublant*, produisit plusieurs Dieux, qui représentaient, chacun *spécialement*, telle ou telle attribution de *Ciel*, et qui passaient tous, dans la suite, pour autant de dieux *distincts.*

Les descendants des Scythes, les peuples de la branche *gète*, reçurent, avec la religion de leurs pères, le culte de *Tivus*, qu'ils nommèrent *Tius*, sans savoir qu'il avait été originairement le dieu *Ciel*. En sa qualité de Dieu de l'*Orage*, *Tius* fut remplacé par *Pirgunis*, ou *Thonars*, ou *Chlodurs*; comme Dieu des *vents*, il fut remplacé par *Vathus* et par *Vâthans*. *Vâthans*, le dédoublement et l'héritier de *Tius*, se substitua même à lui, et comme Dieu *Suprême*, et comme Père des dieux, et comme Dieu des *Combats*, de sorte qu'il ne resta plus à l'ancien Dieu du ciel que quelques attributions *guerrières*, et qu'il passa même pour le *fils* de celui qui lui devait l'existence. Les tribus issues des peuples de la branche *gète* ont cependant conservé, en Scandinavie et en Germanie, le souvenir du dieu traditionnel *Tius*, que les Scandinaves ont nommé *Tyr*, les Germains du Nord, *Tiu*, et les Germains du Sud, *Zio*. Comme, déjà chez les peuples *gétes*, *Tius*, par suite de ses dédoublements, avait perdu beaucoup de son importance primitive comme dieu *Ciel*, ses représentants *Tyr*, *Tiu*, et *Zio* ne furent plus des Dieux *adorés*, ayant des temples, et un culte public; mais, comme ils figuraient seulement dans la *tradition* mythologique, ils ne furent plus que des dieux *invoqués*, à l'instar des *Héros* chez les Grecs, et des *Saints* chez les Chrétiens. *Tius* n'ayant gardé, dans la tradition, que ses attributions de Dieu *Guerrier*, il n'y avait aussi que les guerriers qui eussent coutume de l'invoquer, et de lui adresser leurs vœux. Ce qui prouve que les Germains, à l'époque où ils avaient subi l'influence de la civilisation romaine, ne considéraient déjà plus, dans *Tiu* ou *Zio*, que sa qualité de dieu *guerrier*, c'est qu'ils ont rendu le nom de *Mardi* (*Martis* dies, Jour de *Mars*) par *Tiusdag* (angl. *Tuesday*), ou *Ziesdag* (alsac. *Zisch-di*), c'est-à-dire *Jour* de *Tiu* ou de *Zio*. Mais bien que le dieu *Ciel* finit, comme une Grandeur déchue, par n'être plus qu'un personnage secondaire et accessoire, dans la Mythologie des Germains et des Scandinaves, il s'est cependant conservé, dans les mythes de *Tyr*, des traces de son ancienne puissance et supériorité. C'est ainsi que, se souvenant confusément que *Tyr* avait été anciennement le Ciel, le *Père*, et le *Chef* des Ases, la Mythologie a rattaché l'origine de ce dieu, du moins du côté de sa mère (l'épouse du géant *Hymir*, et l'amante d'*Odinn*), à la race des *Iotnes*, antérieure à celle des Ases. Ensuite, par un souvenir également vague et confus de la signification primitive de *Tyr* (Ciel), la langue norraine se sert du nom de ce dieu, ainsi que de celui du Dieu du Soleil *Irmin*, comme des mots *regin* (Grandeurs), et *megin* (Puissances), qui, tous deux, désignent les dieux, et comme du mot *fimbul* (ensorcellement), qui désigne la puissance irrésistible de la magie, pour exprimer le degré *céleste* ou *divin*, c'est-à-dire le *suprême* degré d'une qualité. Ainsi, par exemple, la locution *sage comme Tyr* ne signifie pas, comme le prétend *Snorri*, qu'on attribuait à *Tyr* une *sagesse* supérieure à celle des autres Ases, mais elle est synonyme de *divinement* ou *célestement sage*. C'est encore en souvenir de la qualité primitive de *Tyr*, comme *Ciel*, qu'il est représenté, dans un mythe (voy. p. 105), comme l'*adversaire* du Loup de *Fenrir*; car le Ciel devant, d'après l'Éschatologie mythologique, être détruit par le *feu*, *Tyr* (Ciel) est représenté comme l'adversaire de *Fenrir*, qui est le symbole du *Feu dévorant* (voy. § 444). Aussi *Tyr* (le Ciel), pour échapper au danger qui le menace, préfère-t-il perdre ce qu'il a de plus précieux, sa main droite, plutôt que de relâcher *Fenrir*, que les Ases sont parvenus à enchaîner. Dans ce mythe, *Tyr* est encore considéré comme le Père et le Chef des Ases, auquel, en cette qualité, il convenait, plus qu'à tout autre dieu, de se constituer le Garant, le Protecteur des Ases, et de se dévouer pour eux. *Tyr*, ayant été, peu à peu, remplacé par *Odinn*, en sa qualité de Dieu *Suprême*, et de Père et de Protecteur des Ases, *Odinn* a aussi pris la place de *Tyr* comme adversaire du Loup de Fenrir (voy. p. 134). *Odinn*, comme *Tyr*, se dévoue pour les Ases; si *Tyr* a préféré laisser sa main droite au Loup de Fenrir plutôt que de dégager la parole donnée par les Ases, et s'il est ainsi devenu *manchot*, *Odinn* aussi a préféré laisser son œil droit à *Mimir* (voy. p. 230), plutôt que de rendre le *Cor-de-Retentissante*, si précieux pour la sûreté des Ases, et ainsi il est devenu *borgne* (voy. p. 229). Bien que *Odinn* ait enlevé à *Tyr* presque toutes ses attributions, *Tyr* a cependant encore gardé son caractère de Dieu des *Combats* ; il est resté le type du *soldat*, qui n'aime pas la paix, mais qui, en toute occasion, en appelle à la décision par les armes. Aussi c'est à *Tyr* que les guerriers adressaient leurs vœux.

§ 100. Bragi, dédoublement du Dieu du Soleil. — *Bragi*, comme Dieu de la Poésie, n'appartient pas au fond *primitif* de la Mythologie norraine ; il ne se trouve ni dans la religion des Scythes, ni dans celle des *Sarmates*, et de *Slaves*. *Bragi* est le Dieu de la Poésie, tel qu'il s'est formé, chez les peuples de la branche *gète*, vers le deuxième siècle avant notre ère. Les Scythes, et leurs descendants, les Sarmates et les Gètes, n'avaient pas de poésie, ou du moins, si elle a commencé à naître chez eux, elle n'avait pas encore une importance telle qu'on pût songer à la mettre sous l'invocation de quelque divinité (voy. *Les Gètes*, p. 129 seq.). Mais lorsque les peuples de la branche *gète* s'établirent en Thrace, et à l'est des Karpathes, ils entrèrent en rapport avec les peuples keltes, et kimméris, et avec les *Kimro-Thrâkes*, qui, depuis longtemps, cultivaient déjà la musique et la poésie. Comme, chez ces peuples *sacerdotaux*, tout était hiérarchisé, les musiciens et les poëtes formaient une subdivision de la classe des prêtres, surtout des Prêtres du *Soleil*. Chez eux, l'instrument à corde appelé l'*Hirondelle* (Chrotta), avait remplacé la flûte des anciens Grecs. Aussi les Gètes et les Sarmates adoptèrent-ils la citharre (norr. *harpa* ; slav. *guzla*), qui, dans la suite, devint également l'instrument principal de musique chez les Scandinaves. Chez les peuples de la branche *gète*, le jeu de la citharre servait d'accompagnement au chant (goth. *saggus*) ; et le chant était une espèce de récitatif, ou modulation déclamatoire (cf. goth. *siggvan*, déclamer, lire, chanter). Ces peuples attribuaient à la poésie une *double* origine. D'un côté, voyant que l'ivresse, en produisant une certaine exaltation morale et intellectuelle, rendait les hommes *éloquents*, ils croyaient qu'on devenait *poëte*, en goûtant d'un *breuvage* divin, soit vin, soit hydromel. D'un autre côté, ces peuples, comme en général les Anciens, attribuaient à la parole prononcée sous forme de prière, d'invocation, de bénédiction, ou de malédiction, une force magique, qu'on appelait *énergie* (sansc. *brhas* ; norr. *bragur* ; cf. gr. *prak-sis*). Or, de même que cette *énergie* avait été personnifiée, chez les Hindous, dans *Brehas-pati* (Seigneur de l'Énergie), de même elle fut personnifiée, chez les peuples de la branche gète, dans *Bragus* ou *Bragi*, qui n'était qu'une spécialisation, ou un dédoublement de *Skalmoskis*, ou de *Balthus*, le Dieu du *Soleil*. Aussi, par suite de leur nature solaire, *Bragur* et *Baldur*, qui, l'un et l'autre, par suite de l'influence thrâke ou keltique, portent, tant soit peu, un caractère *sacerdotal*, sont-ils représentés, dans la Mythologie scandinave, comme ayant, l'un et l'autre, une éloquence facile et agréable ; l'un et l'autre, enfin, comme divinités solaires, sont opposés à *Œgir* (l'Océan), puisque le *Soleil* est opposé, dans la Mythologie, à la Mer, son adversaire (voy. p. 252). Dans la suite, *Odinn*, étant devenu le Dieu *Suprême*, et la naissance de la plupart des Ases étant rattachée, dans les mythes théogoniques, au *Père-Universel*, *Bragi*, qui, dans l'origine, avait été le fils du *Soleil*, devint également fils d'*Odinn*. Le mythe théogonique, attribuant l'origine de la Poésie, ou la naissance de *Bragi*, au *breuvage divin*, imagina que le Dieu de la Poésie naquit de la géante *Gunnhlöd* (cf. *Saga*), après qu'elle eut donné à boire le *breuvage d'Enthousiasme* (norr. *Odrœrir*, Remue-l'Esprit) à son amant *Odinn*. Dans l'Antiquité, le poëte, parce qu'il maniait bien la parole, remplissait aussi les fonctions d'orateur public, et c'est pourquoi le cithariste, ou le poëte, était aussi employé, chez les Gètes, en qualité d'*ambassadeur* (voy. *Athen.* 14, 24). Encore plus tard, la tradition épique des Goths, des Germains, et des Scandinaves, nous montre des héros, tels que *Volker*, *Horand*, *Verbil*, *Svemlin*, etc., qui, maniant aussi bien l'instrument de musique que l'épée, et ayant, à la fois, la qualité de *musicien* (fidlari) et celle de *poëte-orateur*, remplissaient les fonctions de messager et d'ambassadeur (cf. les *Troubadours*, messagers, et *Petrarcha*, ambassadeur). Dans la Mythologie scandinave, le dieu *Bragi* porte aussi la parole au nom des Ases, et, dans une circonstance grave, il est leur Envoyé, ou leur *Ambassadeur* (voy. *Hrafna-Galdur*, 9). Le dieu de la *Poésie* étant également le Dieu de l'*Éloquence*, les personnes, hommes et femmes, qui, chez les Norrains, savaient bien manier la parole, ou qui parlaient au nom de leurs amis et protégés, étaient appelées, métaphoriquement, du nom de *Bragur* (Poésie, Éloquence).

§ 101. Idunn, l'Épouse de Bragi. — Le nom de *Id-unn* signifie *Aime-Activité*; elle est le symbole de la *vie*, qui se manifeste dans la Nature entière, au printemps ou en été, par opposition à la mort, dans l'hiver et dans la nuit. Dans l'origine, *Idunn*, ainsi que *Idi* (cf. *Ida-völlr*, Plaine d'Idi, p. 223) appartenait à la race des *Alfes*, c'est-à-dire qu'elle était la Personnification d'une étoile ou d'une constellation, sans doute d'une constellation, qui monte à l'horizon, au printemps, et qui, au solstice d'été, tombe au-dessous de l'horizon. On attribuait probablement à cette constellation, ou à *Idunn* qui y présidait, la renaissance de la végétation, et des sources, au printemps et en été, et c'est pourquoi l'Endroit qu'elle habitait au ciel, fut nommé *Champ-aux-Sources* (norr. *Brunn-akr*). Comme *Idunn* préside à la *vie*, elle tient de la nature des *Nornes* conservatrices, et elle est, sans doute, une de ces Nornes, d'origine *alfe* ou *dvergue*, dont il est question dans une strophe épique (voy. p. 234). Ensuite, comme l'activité d'*Idunn* est analogue et parallèle à celle du Dieu du soleil, elle a dû être originairement mise en rapport mythologique avec ce dieu, surtout avec *Baldur*, le Dieu du soleil d'*été*, qui, comme elle, dépérit au solstice d'été. Comme *Amie* de Baldur, elle a quelque analogie avec *Nanna* (voy. p. 330), l'amante et l'épouse de ce dieu; et, c'est précisément en sa qualité d'Amie de *Baldur*, qu'elle est devenue postérieurement l'épouse de *Bragi*, du Dieu de la *Poésie*, qui s'est formé du dédoublement de *Baldur*, le Dieu du *Soleil*. Par son mariage avec l'*Ase Bragi*, *Idunn*, de *Alfe* qu'elle était originairement, est devenue *Asynie*. (Voy. p. 244.)

Comme la vie et l'activité, qui se manifestent au printemps et en été, pour produire la végétation, ont pu être comparées à un travail plein d'art, qui s'opérait sous terre, et comme les Artistes souterrains, c'est-à-dire, les Dvergs ou les *Alfes-Sombres*, passaient aussi pour être les auteurs des travaux merveilleux et admirables de la végétation (cf. la chevelure de *Sif*, voy. p. 295), l'alfe *Idunn* a été postérieurement mise en rapport avec les *Alfes-Sombres*, et, dès lors, considérée comme la fille d'*Ivald*, du plus grand artiste parmi les *Dvergs* ou *Döckalfes*.

Le printemps ou l'été est une époque de renaissance, de rajeunissement, de restauration pour la Nature, et pour les *Ases*, qui sont les symboles et les représentants de la *Vie*. La pomme, de tous les fruits le plus charnu et le plus substantiel, est le type de la nourriture, ou de la restauration des forces *vitales*, et, par conséquent, elle a été choisie pour symbole mythologique de la *longévité*, et de l'*immortalité* (cf. les *Pommes* des Hespérides). Aussi le mythe norrain rapporte-t-il que la Déesse *Idunn* garde les Pommes d'or, dont les Ases mangent, chaque année, pour redevenir jeunes. Ces rajeunissements se succèdent, tous les ans, jusqu'au *Crépuscule des Grandeurs*, c'est-à-dire jusqu'à la fin des siècles. Une fois cependant, le père de *Skadi*, le *Géant des montagnes*, nommé *Thiassi* (voy. p. 264), et le représentant des vents du Nord et de l'Hiver, parvint à enlever *Idunn*, avec ses *pommes*, ce qui signifie qu'il réussit à empêcher ou à retarder, pour quelque temps, la renaissance de la Nature au printemps. Mais les Ases parvinrent à ramener la Déesse avec ses pommes, et à faire cesser la faiblesse ou la décrépitude, dans laquelle ils étaient tombés, faute de pouvoir se restaurer par ces fruits qui entretenaient leur immortalité.

Idunn, présidant à la *vie*, se tient dans les parties supérieures ou célestes de l'Arbre de *Vie*, ou du *Frêne d'Yggdrasil*. Elle en tombe, au solstice d'été, quand *Baldur* dépérit, et elle descend, avec lui, dans le Séjour de *Hel*, situé sous la racine septentrionale de l'Arbre de Vie. C'est là qu'elle séjourne jusqu'à ce qu'elle puisse, au printemps, remonter au haut de l'Arbre. Mais un jour elle en tombera, pour ne plus remonter; c'est à l'approche de la Fin du monde.

(33) HEIMDALL; HÖDUR; VIDAR; ULLR; FORSETI.

§ 102. **Origine stellaire de Heimdall.** — Les peuples de la branche *gète* connaissaient, au premier siècle avant notre ère, les noms de près de quatre cents étoiles. Déjà antérieurement ils avaient appris, sans doute des *Kimméro-Thrakes*, que l'*Étoile du Matin* (gr. *Astraïos*) était le *Fils* du *Soleil* (voy. les *Chants de Sól*, p. 111). Or, le Soleil, originairement *zoomorphe*, ayant conservé, traditionnellement, l'ancien nom épithétique de *Verrat* (gète *Ifurs*), l'astre du matin, ou le dieu qui y présidait, était désigné sous le nom de *Ifurings* (Issu du Verrat). Ce nom se changea, plus tard, chez les Germains, en *Ivaring*, chez les Saxons, en *Iring*, et, chez les Scandinaves, en *Eirikr* ou *Rigr*. Dès le premier siècle, *Iuvaring* ou *Rigr* était devenu un dieu-héros, dont on ignorait complètement les rapports avec l'astre du matin, mais dont on savait encore qu'il était fils du *Soleil*. C'est pourquoi ce dieu-héros, fils du Soleil, se confondit avec un autre dieu-héros, fils du Soleil, nommé *Irmin* (norr. *Iörmun*), qui

était représenté par un *pin*, ou un *arbre*, symbole, à la fois, et de l'*établisse-*
ment, ou du *domicile* consacré au soleil (v. p. 223), et de la *vie*, qui, dans
la Nature, renaît sous l'influence du *Soleil* printannier. Aussi *Irmin* ou
Iörmun eut-il, d'après son symbole, le nom de *Thallr* (Pin), ou de *Heim-*
dallr (Pin du Séjour), et ce dernier nom prit même le dessus sur celui du
dieu-héros *Rígr* ou *Iring*, avec lequel *Irmin* et *Heimdall* s'étaient confondus. Le dieu *Heimdallr* (cf. *Mardöll*, Pin de Mer, nom de *Freyia*)
hérita, à la fois, des attributions de *Irmin*, et de celles de *Ifring*, comme
le prouvent déjà ses deux noms épithétiques, celui de *Heimdallr*, qui est
synonyme du saxon *Ermen-dur* (Arbre de Irmin), et celui de *Rígr*, qui est
synonyme de *Iring*. Si le nom de *Heimdall* rappelle les rapports de ce
dieu avec *Irmin*, les mythes de Heimdall se rapportent originairement,
pour la plupart, à *Rígr* ou à *Ifring*, l'*Astre du matin*, et le fils du
Soleil. *Ifring* étant dans l'origine le Dieu de l'astre du matin, son héritier *Dall* ou *Heimdall* est devenu la personnification de l'*aube* matinale :
et il a été probablement considéré comme le Père de *Delling* (Issu de
Dall ou de Heimdall), lequel était le père de *Dagr* (Jour ; voy. p. 200).
Les différentes parties successives de l'*année* étant assimilées, selon l'habitude des peuples de la branche *gète*, aux différentes parties successives
de la *journée*, *Heimdall*, le Dieu de l'*Aube*, ou du commencement de la
journée, devint aussi le Dieu du *Printemps*, ou du commencement de
l'année. Comme Fils du *Soleil*, *Heimdall* porte, ainsi que le dieu du
Soleil, *Baldur*, les noms épithétiques de *Blanc*, de *Illustre*, et de *Saint*
(cf. p. 259). *Heimdall*, d'après les mythes *épiques*, possède, comme les
autres Ases (voy. p. 224), un cheval, qui est nommé *Queue d'Or*, parce
que l'*Aurore*, qui amène l'*Aube*, ou porte Heimdall, a un éclat doré. Les
astres du ciel étant comparés à un troupeau de moutons, dont le Soleil
est le berger, *Heimdall* le *Blanc*, le Dieu de l'Étoile du Matin, de l'*Aube*,
et du Printemps, marche, pour ainsi dire, à la tête des étoiles, et en tête
des trois mois *brillants* de l'été, et des douze heures *blanches* ou brillantes de la journée, comme le chef de troupeau, le bélier blanc, marche
à la tête des blanches brebis. C'est pourquoi ce dieu porte encore le nom
épithétique de *Hallin-skidi* (Au Bois-Retors, A-la-Corne-Courbée), qui
désigne, par synecdoque, le *bélier* ; et, par suite de ce nom épithétique
de Heimdall, le bélier est aussi désigné, en poésie, sous l'épithète mythologique de *Heimdali* (voy. *Snorra Edda*, p. 221), qui signifie *Consacré*
à Heimdall. Comme Dieu de l'*Aube*, et du *Printemps*, *Heimdall* naît,
pour ainsi dire, de la Nuit, et de l'Hiver. C'est pourquoi le mythe théogonique le rattache, d'un côté, par sa *naissance*, à la race des *Iotnes*, les
représentants de la Nuit et de l'Hiver, et de l'autre, par sa *nature*, à
la famille des *Ases*, les représentants du Jour et de l'Été. Voilà pourquoi, dans un ancien poëme, intitulé *Enchantement de Heimdall*, dont
il ne reste plus que les deux vers cités par *Snorri*, il est dit que *Heimdall*
est le fils de *neuf* Vierges, toutes des sœurs (cf. hind. *Ganéças*, fils de
deux mères), et, dans la 34ᵉ strophe du *Chant de Hyndla*, ces *neuf* mères
de *Heimdall* sont nommées : 1° *Gialp* (Abîme), 2° *Greip* (Mouffle), 3°
Elgia (Froidure), 4° *Angeyia* (Ile de Frayeur), 5° *Ulfrûn* (Compagne
du Loup), 6° *Orgiafa* (Produisant de la Boue), 7° *Sindur* (Scorie), 8°

Atla (Ourse), et 9° *Iarnsaxa* (Hache de Fer). Ces noms n'ont ici aucune signification *symbolique*, par rapport à *Heimdall*, mais ce sont de simples noms de femmes *iotniques*, lesquelles représentent, d'une manière générale, par leur nombre, les *neuf* heures, depuis le coucher du soleil jusqu'à l'Aube, ou à Heimdall, qui naît de ces *neuf* heures, ses Mères. Ensuite, par extension, ces *neuf* mères figurent encore les neuf mois de l'hiver, lesquels engendrent le Printemps, ou l'Aube de l'année, personnifiée également dans *Heimdall*.

Bien que, par ses mères, ou par son extraction *physique*, *Heimdall* appartienne à la race des *Iotnes*, par sa nature ou son caractère comme Dieu de l'*Aube* et du *Printemps*, il appartient à la race lumineuse et bienfaisante des Ases (voy. p. 285). Il était originairement le Fils du *Soleil*; mais, ainsi que la plupart des autres Ases, il est devenu le fils d'*Odinn*, par nulle autre raison si ce n'est que *Odinn*, comme Dieu *Suprême*, passe aussi pour être le *Chef*, et par suite pour être le *Père* des Ases (voy. p. 247). *Heimdall*, le Dieu de l'*Aube* (du Commencement du *jour*), et du *Printemps* (du Commencement de l'*année*), est devenu, dans la suite, par une abstraction cosmologique, le Dieu du *Commencement* des choses en général (cf. *Ganéças*, Dieu du Commencement), par opposition à *Loki* (Clôtureur; voy. p. 285), l'Étoile du soir, qui est le Représentant de la fin de l'Été, et de la Fin du Monde. Aussi est-il dit, qu'au *Crépuscule des Grandeurs* (voy. p. 135), *Heimdall* et *Loki* se tueront l'un l'autre, ce qui veut dire que le Commencement périt par la Fin, ou que la Fin terminera le Commencement. Mais suivant un autre mythe cosmologique, *Heimdall*, considéré comme Dieu de l'Aube et du Soleil Printanier, périt renversé par une *Tête*, ce qui signifie, sans doute, que chaque jour, chaque année, l'Aube (Heimdall), ou le Soleil Printanier, est vaincu ou anéanti par l'éclat et la force supérieure du Soleil Matinal et du Soleil d'Été, lesquels, l'un et l'autre, sont représentés par une *tête*, image du Soleil. C'est ainsi que, d'après le mythe grec, *Prokris* (l'Aube) est tuée par son époux *Kephalos* (Tête), qui est le symbole du Soleil Matinal, de l'Amant d'*Aurore*. C'est ainsi encore que, d'après le mythe hindou, *Ganéças* (le Soleil Printanier), a eu, dans son enfance, la *tête* brûlée par les ardeurs de *Sani*, le fils du *Soleil*, et a dû la remplacer par une tête d'éléphant, c'est-à-dire par la tête de l'animal pachyderme qui, chez les Hindous, est le symbole du Soleil (cf. les éléphants blancs de Siam), comme le Sanglier l'était chez les peuples germaniques et slaves (voy. p. 274). *Ganéças*, ayant perdu un de ses ivoires, porte le surnom de *Monodonte* (sansc. *Ékadantas*); *Heimdall* porte l'épithète de *Chrysodonte* (Dent d'or), sans doute parce que, *Fils du Verrat*, il était représenté sous la figure d'un Sanglier, ou, simplement, avec la tête d'un *Sanglier* ayant des *défenses d'or*.

Le Dieu du Soleil passait non-seulement pour présider à la végétation, mais encore à la génération. Aussi tous les peuples d'origine scythique se disaient-ils issus du Soleil, ou de quelque Fils du Soleil. *Heimdall*, en sa qualité de Soleil printanier, qui réveille dans les hommes les sentiments de l'amour sexuel, devint, plus particulièrement, le dieu qui présidait à la Procréation, et fut considéré, par conséquent, comme le Père de la Nation. Dans l'origine, chez les peuples de la branche *gète*, et de la branche *sarmate*, le Dieu du soleil, *Freyr*, le fils de *Niördur*, ou bien le *Fils du Verrat* (Ivoring, Ivring), lors de la fête du printemps, était censé parcourir le pays, de l'orient à l'occident, pour rendre la terre fertile, et faire participer les hommes à tous les bienfaits de sa présence divine. Comme la plupart des mariages se célébraient à cette même fête, la procréation passait pour s'opérer alors sous la protection spéciale, et sous l'influence mystérieuse, et bienfaisante, du Dieu de la Génération. Voilà pourquoi il est dit dans le Chant eddique intitulé *Récit de Rígr* (Rígs-mál), que *Heimdall*, sous le nom de *Rígr* (p. *Ríngr*, *Ríkr*, *Iríngr*, *Eiríkr*, *Ifringr*), passait par les sentiers *fleuris* du printemps, pour assister aux mariages célébrés dans les différentes classes de la société (Nobles, Paysans, et Serfs), et pour sanctionner, et féconder, par son influence mystérieuse, l'acte de la procréation, de sorte que tous les enfants de la Nation, les enfants des Nobles, des Paysans, et des Serfs, pouvaient passer pour les descendants de *Rígr*, et être désignés par le nom de *Fils de Heimdall* (norr. *Heimdallar megir*; v. *Völuspa*, 1). Plus tard, les rois, surtout ceux qui se disaient issus de *Freyr*, se substituaient à ce dieu *Rígr*, et, à la fête du printemps, la première après leur avènement, ils parcouraient le pays, pour confirmer et sanctionner, par leur présence personnelle, tout ce qui était considéré comme formant le Bien-être physique, moral, et social du peuple : c'est ce qu'on appelait *chevaucher par le Chemin du Fils du Verrat* (norr. *Eriksgatu rida*).

Comme Fils du Soleil qui éclaire tout, qui voit tout, et qui est le Gardien du Troupeau céleste, le Dieu *Heimdall* n'était pas seulement, comme son père, le Protecteur et le Garde du *peuple* (cf. scytho-gr. *Teutaros*; norr. *Thiodvarr*), mais aussi le *Gardien* des Ases. En sa qualité de Gardien ou Portier des Dieux, *Heimdall* (cf. sansc. *Ganêças*, Gardien des Dieux) demeure à l'entrée du ciel, là où le *Pont-de-l'Ase* (voy. p. 244) touche à l'*Enclos-des-Ases*. Suivant la strophe 13e des *Dits de Grímnir* citée par Snorri, la Demeure de *Heimdall*, placée à l'Entrée du ciel, est nommée *Roches-Célestes* (voy. p. 240), parce qu'elle est une forteresse placée au nord-est, sur des montagnes ou Roches, qui touchent au ciel (cf. sansc. *Kailasas*; *Mérous*). *Heimdall*, le Portier des dieux, est naturellement, comme tout ce qui se trouve chez les Ases, le type ou l'*idéal* du gardien; aussi, dans les mythes *épiques*, est-il représenté toujours *vigilant*, et éveillé; il lui faut *moins* de sommeil qu'à un oiseau (cf. *Vedur-fölnir*; *Egdir*; *Ari*). Il a la meilleure *vue* (cf. gr. *Argeios*; *Lunkeus*; *Phineus*), afin de s'apercevoir, de loin, du danger qui approche. Il a encore la meilleure *ouïe*, afin que le moindre bruit lui donne l'éveil, et le mette sur ses gardes contre l'Ennemi. Pour donner l'alarme, *Heimdall* a la trompe merveilleuse, nommée *Cor de Retentissante* (voy. p. 229), qu'*Odinn* a acquise, pour lui, au prix de son *œil droit* (voy. p. 230).

§ 103. **Origine solaire de Vidarr.** — Chez les tribus scythes, environ vers l'an 600 avant Jésus-Christ, *Targi-tavus*, le Dieu anthropomorphe du soleil, était devenu le type du *Héros* (sansc. *Kchayas* destructeur; scythe *Skais*), c'est-à-dire, le type du *Chasseur*, du *Guerrier*, et du

Prince. En sa qualité de jeune guerrier et chasseur, le Dieu du soleil portait les armes distinctives des Scythes nomades et guerriers, savoir l'*arc*, les *flèches*, et le *bouclier*. Les *flèches* (scyth. *arcus*; norr. *örr*) du Dieu du soleil étaient également les symboles des *rayons* du soleil (cf. russe, *stréla* flèche; v. all. *strala* rayon). *Targitavus*, qui passait pour un excellent *archer*, eut le nom épithétique de *Skotaris* (Tireur d'arc), que les Scythes-Hellènes et les Grecs ont rendu par la forme transposée de *Toksaris*. Le bouclier ou la *targe* (scythe *targa*; norr. *targa*) était, chez les Scythes, l'arme distinctive des Rois et des Princes: la *targe* de *Targi-tavus* symbolisait le *disque* brillant du soleil, et c'est d'après cette targe brillante que le Dieu du soleil eut le nom épithétique de *Targitavus* (Brillant de Targe). Dès le sixième siècle avant Jésus-Christ, *Targitavus*, le Dieu-Héros du soleil fécondateur se confondit en partie avec *Pirkunis* le Dieu de l'orage fécondateur (v. p. 253). Par cette fusion des attributions de Dieu du soleil, et de Dieu de l'orage, *Targitavus* eut beaucoup d'analogie avec *Héraklès* considéré à la fois comme Dieu du soleil, et comme Dieu de la foudre. Aussi les Scythes-Hellènes et les Hellènes donnaient-ils à *Targitavus*, le nom de *Héraklès*. *Kallimachos* rapporte même que le *Héraklès* de Thèbes apprit de l'Hercule *scythe*, ou de *Skotaris* (Tireur), à tirer de l'arc (voy. *Les Gètes*, p. 181); ce qui signifie que les Grecs ont donné à leur Dieu *Héraklès*, pour attributs, l'arc et les flèches, en imitation des attributions du Dieu scythe *Targitavus*, comme, au sixième siècle avant Jésus-Christ, l'Hercule grec a eu la peau de lion, comme symbole emprunté à l'image de l'Hercule *égyptien*. Plus tard, chez les Gètes, l'héritier et le successeur de *Targitavus*, savoir le Dieu du soleil et de la foudre *Skalmoskis* (gr. *Tsalmoksis*), eut aussi la peau d'ours, en imitation de la peau de lion, dont était revêtu l'Hercule grec; et d'après cette peau d'ours, il eut précisément le nom épithétique de *Skalmo-skis* (A-la-Peau; voy. *Les Gètes*, p. 194). De même que le *Héraklès* grec était fils de *Zeus* (*Tivus*, Ciel), de même *Targitavus* était aussi le fils de *Tivus* (Ciel) et d'*Apia* (Terre). Or, *Tivus* et *Apia* étant l'*Aïeul* (sythe *Pappaïus*), et l'*Aïeule* (scyth. *Tatá*; slav. *Deda*; norr. *Edda*; gr. *Dâ* ou Dé-mèter) des Scythes, leur fils *Targitavus* fut aussi considéré comme le *Père* de la Nation. A l'époque où les Scythes s'étaient déjà divisés en Scythes *royaux* (Guerriers), en Scythes nomades, et en Scythes *sédentaires* (*agricoles*), *Targitavus* devint, dans la tradition généalogique, le *Père* de trois fils, ou de trois Héros ou *Destructeurs* (scythe *Skaïs*). L'*aîné* de ces héros était *Hleïpo-Skaïs* (Héros au Bouclier; Hérod. *Leïpo-ksaïs*) dont le nom (qui est analogue à celui de son père *Brillant de Targe*), indique que, comme *aîné* et comme *chef*, il était distingué par son *bouclier*. Aussi les Scythes-Hellènes substituèrent-ils, au nom de *Hleïpo-skaïs*, celui de *Skuta* (Bouclier; gr. *Skuthès*). Les différentes tribus rattachèrent leur origine au Dieu du soleil, par l'intermédiaire des Héros ses fils, qui devinrent les héros éponymes des tribus de la nation. Les tribus formèrent et modifièrent ces traditions généalogiques dans le sens dicté par leur amour propre *national*. *Hleïpo-skaïs* devint le Père des *Aukhates* (norr. *Aukadhir*, agrandis; Plin. *Auchatæ*; Eu-

chalæ), c'est-à-dire des Scythes *royaux*, puissants, ou *agrandis* par la force de leurs armes. Les Scythes-Hellènes, modifiant quelque peu cette tradition généalogique, disaient que *Héraklès* (scythe *Targitavus*), engendra, avec *Echidna* (scythe *Apia*), *trois* fils dont l'aîné était *Skuta* (gr. *Skuthès*), qui devint la souche des Scythes royaux. *Skuta* avait deux fils, 1) *Palos* (p. Palhos, Chassé, Exilé, *Errant*; sl. *Volos*; germ. *Vols*) dont descendaient les *Palhies* (cf. norr. *Volsungar*), et 2) *Napés* (Nuage; cf. sl. *nebo*; lat. *nubes*; norr. *nifl* petit nuage, brouillard) dont descendaient les *Napies* (cf. norr. *Niflungar*), qui, selon la tradition, périrent entièrement avec les *Palhies* (*Plin.* H. N. VI, 19).

Chez les *Gètes*, Targitavus, le Dieu du soleil et de l'orage, eut pour héritier et successeur *Skalmoskis*, qui, comme Dieu de l'*Orage* fécondateur, se confondit en partie avec le Dieu des *Eaux* fécondantes, et fut, par conséquent, considéré comme le *Fils* du Dieu *Vrindus*, appelé aussi *Haguneis* (norr. *Hænir*), et de la déesse *Vrindus* (norr. *Rindur*). Comme Dieu du soleil, *Skalmoskis* eut le nom épithétique de *Vit-hars* (Auguste de l'Étendue), à cause de l'éclat *auguste* (gète *hars*; all. *hehr*) que répand le soleil sur l'*étendue* de la terre (norr. *land-víti*), et sur l'*étendue* de la mer (norr. *víti*). Les attributions de *Skalmoskis* ou *Vit-hars* passèrent dans la suite les uns à *Baldur* et à *Freyr*, les autres à *Odinn* et à *Thôr*. Il ne resta à *Vit-hars* que son nom, sa qualité de Dieu-héros, et quelques mythes, que les peuples de la branche *gète* ne savaient déjà plus s'expliquer. *Vit-hars* passa dans la Mythologie scandinave sous le nom de *Vith-harr*, qui se changea plus tard en *Vid-arr*. *Odinn* étant devenu le *Chef* et le *Père* des Ases, et *Thôr* étant devenu le Dieu de l'orage d'été, *Vidar* devint aussi le *fils* d'*Odinn* (substitué à Hœnir), et le frère de *Thôr*, et il fut considéré comme le Dieu de la Tempête en *hiver*. En cette qualité, il passa pour être le fils de la géante *Gridur* (Impétueuse), qui, par son bâton magique (norr. *Gridar-vôlr*), soulève, excite, et apaise les tempêtes en *hiver*. Dans la tradition mythologique, *Vidar* garda son Domicile nommé *Étendue de Pays* (norr. *Land-víti*), qui lui avait été attribué en sa qualité de Dieu du soleil; seulement le mythe ajouta que ce Séjour est couvert de broussailles et d'herbe de bruyère, indiquant, par là, que ce Séjour du Dieu des tempêtes d'automne et d'*hiver* est une bruyère déserte et peu fréquentée. *Vidar* est surnommé l'*Ase taciturne*. Dans l'origine cette épithète énonça, sans doute, symboliquement, que cet Ase, comme fils du Dieu et de la Déesse des *Eaux*, appartenait, par son père et surtout par sa mère, à l'élément profond, mystérieux, et *silencieux* de l'eau. Plus tard, cette *taciturnité* n'eut plus de signification *symbolique*, mais indiquait seulement, au point de vue épique, que *Vidar* était un *héros* qui *méditait*, *en silence*, de grands et vastes projets (cf. lat. *Magna volvens*; all. *stille Wasser gründen tief*). *Vidar*, comme ancien fils de la Déesse des *Eaux*, est l'ennemi du *Feu*. Aussi est-il le vainqueur du *Loup de Fenrir*, qui est le Représentant du Feu destructeur du Monde (v. p. 288). Pour ne pas se brûler, dans cette lutte avec ce Loup, lorsqu'il faudra mettre le pied sur la mâchoire inférieure de ce monstre, et lui plonger l'épée dans la gueule jusqu'au cœur, *Vidar*, suivant le mythe

épique, conçu plus tard, est armé d'un *Soulier de Fer* (norr. *Iarn-skô*),
de même que son frère *Thôr* est armé de *Gantelets de Fer* (norr. *iarn
glôfar*), pour ne pas se brûler les mains en maniant la Foudre-ardente
(voy. p. 257), et que les Chevaux de *Sôl* sont rafraîchis par le *Fer-
Réfrigérant* (norr. *Isarn-Kôl*, voy. p. 203). La tradition populaire a
substitué, dans la suite, au Soulier de *fer*, un énorme soulier en *cuir*;
et elle a rapporté que les Dieux ont fabriqué ce *Soulier-Épais*, dans le
cours des siècles, avec les rognures, provenant des découpures que les
Scandinaves avaient alors coutume de faire, à la pointe et au talon de
leur chaussure. Comme il fallait évidemment un temps immensément
long pour achever, avec de petites rognures, l'énorme soulier que *Vidar*
devait chausser au *Crépuscule des Grandeurs* (voy. p. 135), le peuple
superstitieux voyait, dans cette tradition, à la fois, un indice, une garantie,
et une preuve que, de l'avis même des Dieux, qui ne se hâtaient guère
dans la confection de ce Soulier, la fin du Monde devait être encore bien
éloignée. Le peuple y trouvait en même temps l'explication d'un ancien
usage, qui consistait, chez les Scandinaves, à jeter, à abandonner, ou à
sacrifier aux Ases les découpures des souliers, et il y voyait une forte
recommandation d'observer religieusement cet usage, afin de venir en
aide aux Dieux pour la confection du Soulier de *Vidar*, sans lequel il
serait impossible à cet Ase de vaincre le Loup de Fenrir. *Vidar* le fils de
la Géante *Grídur*, ne faiblit pas en *hiver*, comme les autres Ases (voy.
p. 274). Aussi, dans cette saison, il prend la place de son père *Odinn*
et de son frère *Thôr*, comme Chef et Protecteur des Dieux. C'est ainsi
qu'au Festin d'*Œgir* (*Œgisdrikka*; voy. *Poëmes isl.* p. 324) qui est
supposé avoir eu lieu au commencement de l'hiver, *Vidar* agit et parle
au nom de son père *Odinn*. Au *Crépuscule des Grandeurs*, qui est
l'*hiver* du Monde, *Vidar* descend de son cheval (symbole du Vent), dans
son séjour nommé *Landvídi*, comme un guerrier descend de cheval, à la
fin de la journée; mais ce n'est pas pour se reposer; c'est pour s'apprêter
au *combat*, c'est pour prendre la place de son père qui vient de périr,
et pour venger sa mort en tuant le Loup de *Fenrir*. *Vidar*, le remplaçant d'*Odinn* à la Fin du monde, reviendra, après la catastrophe, pour
régner, comme successeur d'*Odinn*, dans l'*Enclos-des-Ases* renouvelé
(voy. *Grimmnis mâl*, 17).

§ 104. **Hödur, ancien Dieu du combat.** — Le second fils du Dieu-héros
Targi-tavus était nommé *Arvo-skaïs* (Destructeur ou *Héros* aux
Flèches). Ce nom rappelait par sa signification celui de *Targitavus*,
surnommé *Skotaris* (Archer). Dans la suite *Arvo-skaïs*, considéré surtout comme *Combattant*, fut surnommé *Katus* (Combat). Ce qui prouve
qu'il avait déjà ce nom épithétique, au moins au cinquième siècle avant
Jésus-Christ, c'est que la tradition généalogique, qui remonte à cette
époque rapporte que *Arvo-skaïs* était le *père* des *Katu-vares* (Gardes
du Combat; Hérod. *Kati-aroï*; Plin. *Coti-eri*), et des *Trasnës* (Hardis;
scytho-gr. *Trauses*; Hérod. *Traspies*), c'est-à-dire des Scythes qui étaient
restés, ce qu'ils avaient été de tout temps, des nomades guerriers, et
hardis au combat. D'après les Scythes-Hellènes le second fils de *Héraklès* (Targitavus) était *Aga-thursos* (Très-Hardi), qui correspondait à

Arvo-skaïs le père des *Trauses* (Hardis). Comme, dans le combat, le chef était entouré de ses fils et descendants, le nom de *Gardes du Combat* était synonyme de *Fils de Combat*. Chez les Gètes, le Dieu-héros *Katus* (Combat), le fils de *Skalmoskis* (gr. *Héraklès*; Zalmoksis) devint le *Dieu du combat*; et comme la fortune des combats est chanceuse, incertaine, et aveugle, et que les combattants, arrivés au paroxisme de la fureur, frappent en *aveugles*, *Katus*, le Dieu du combat, fut surnommé l'*Aveugle*. Dans la suite *Vathans* (Odinn), étant devenu Dieu *Suprême*, et Dieu des *Combats*, *Katus* (norr. *Hödur*) fut considéré comme le fils d'Odinn, et, par suite, comme le *frère* de *Baldur*. Ayant perdu son attribution principale de Dieu du Combat, *Hödur* tomba au rang de Divinité secondaire; il ne figurait plus dans le Culte, mais seulement dans le Mythe, et dans la Tradition épique. Ce qui prouve que, chez les peuples de la branche *gète*, le nom de Katu, ou *Hadu*, avait pris peu après la signification *abstraite* de *Combat*, ce sont les noms propres usités chez les Goths et les Germains, tels que, par exemple, les noms de *Katu-valda* (lat. *Catualda*, Dirige-Combat), de *Hadu-brand* (Épée du Combat), etc. Cependant, chez quelques tribus germaniques, comme les *Chatu-vares* (lat. *Catu-arii*; Plin. *Coti-eri*; scythe *Katu-varai*), et les *Katuës* (lat. *Catti*, p. Catvi, issus de *Katus*) ou les *Hazzi*, (les pères des *Hesses*, dont descendent les *Hessois*), le nom de *Katu* ou *Hazzi* semble être encore resté le nom d'un Dieu-héros éponyme. Dans la langue et dans la Mythologie du Nord, le nom de *Hödur* n'a pas pris la signification abstraite de *Combat*, mais il a désigné un *Dieu-Héros aveugle*, qu'on se figurait peut-être encore comme le Dieu de la *brume* de l'automne (cf. *Mist*, p. 108). Comme la brume couvre le soleil, et répand l'obscurité, le Dieu *Hödur*, suivant le mythe, n'est pas borgne, comme *Odinn*; il est complétement *aveugle* (cf. *Helblindi* p. 96). Pour exprimer, ensuite, que le temps brumeux de l'automne met fin à l'éclat et à la chaleur du soleil d'*été*, le Mythe énonce que *Hödur*, le Représentant de la brume de l'*automne*, tue *Baldur*, le Représentant de l'*été*. Comme Ase, et comme *frère* de *Baldur*, il ne tue pas ce Dieu par *haine* ou méchanceté; mais, étant *aveugle*, il le tue par *inadvertance*; il est l'instrument aveugle et *innocent* de la méchanceté de *Loki* (voy. p. 285). C'est ainsi que, d'après le Mythe grec, *Képhalos* (le Soleil matinal, voy. p. 276), a tué, par *inadvertance*, son épouse *Prokris* (l'Aube matinale). Comme le principal fait épique de *Hödur* est d'avoir donné la mort à *Baldur*, ce Dieu-héros porte le surnom de *Baldurs-bani* (Tueur de Baldur). Dans les anciennes épopées, l'épithète de *Tueur* (scythe *skaïs*) de tel ou de tel, est généralement un surnom *honorifique*, parce qu'il indique que le héros, qui le porte, a vaincu quelque monstre, ou quelque ennemi puissant et dangereux. Pour l'épopée indienne, dans laquelle ces épithètes sont innombrables, il suffit de citer, comme exemples, *Vritri-has* (Tueur de Vritri), *Satrou-ghnas* (Tueur de Satrous), *Dhoundou-mâras* (Broyeur de Dhoundous); *Madhou-Soudanas* (Destructeur de Madhous) etc. Dans l'épopée grecque figurent *Argei-fontès* (Tueur d'Argos), *Bellero-fontès* (Tueur de Belleros), *Hektôr andro-fonos* (Hector Tueur d'hommes) etc. Dans l'épopée scandinave, il y a *Fafnis-bani* (Tueur de Fafnir).

Hundings-bani (Tueur de Hunding), *Tunna-dolgr* (L'ennemi de Tunni),
Bani-Belia (Tueur de Beli, voy. § 129). Cependant le nom de *Baldurs-bani*
(Tueur de Baldur) n'est pas un titre glorieux, mais un nom qui rappelle
un grand malheur. Il ressemble beaucoup, par sa signification et par sa
forme, au nom grec du Héros *Bellero-phón*, qui était, comme *Hödur*,
le dédoublement d'un ancien Dieu solaire, et qui reçut ce nom purement
épithétique et épique, parce qu'il avait tué, par inadvertance, son parent
Belleros (cf. *Baldurr* p. Baldurs) ou, d'après une autre tradition (*Apol-
lod.*, II. 3, 1,) son frère *Deliadès* (le Déliade ou Fils d'Apollon de *Délos*).
Si, comme il est probable, le Soleil *Baldur* a des rapports mythologiques avec le Soleil-Seigneur *Adonis* (cf. heb. *Baal* Maître, et *Adon* Seigneur), *Hödur*, le brumeux, qui a tué *Baldur*, correspondrait au sanglier
qui a tué *Adonis*, et ce Sanglier, comme le Verrat d'*Erymanthe*, et
comme *Erymanthos* le fils d'Apollon, aveuglé par Aphrodite, serait, ainsi
que le Dieu *Hödur*, le symbole de l'automne ou de l'arrière-saison.

§ 105. **Origine solaire du Dieu-héros Ullr.** — Le plus jeune des trois
fils de l'Hercule scythe *Targitavus*, était *Kola-Skaïs*, nom qui signifie
Héros à la Roue. Dans la langue sarmate, le mot *Koli* (p. kvali) signifiait
cercle, *roue*, et dérivait du même radical que le mot scythe *Sval* (cercle,
soleil; voy. *Les Gètes*, p. 477). Aussi le mot *Koli* (anglos. *geola*; norr.
hjul) désignait-il le soleil, qu'on se figurait soit comme une *roue*, soit
comme un *bouclier* rond. *Kolaskaïs* était donc, dans l'origine, le Héros
portant un bouclier brillant, comme son père *Targitavus* était *brillant*
par la *targe*. Il était le Père des *Paralates* (Amoindris; norr. *fórladhir*)
c'est-à-dire des Scythes agricoles, qui, ayant commencé en Europe, au
cinquième siècle avant notre ère, à se livrer à l'agriculture, passaient
pour les *cadets* de la race, et pour s'être abaissés et amoindris par leurs
occupations agricoles, à l'opposé des *Auchates*, qui s'étaient anoblis
par les armes (voy. p. 279). Les Scythes-Hellènes donnaient au troisième
fils du Héraklès scythe, le nom de *Gelonos*, qui correspond au nom scythe
Svalianas (solaire; cf. grec *selas* et *gelas* l'éclat) et au nom slave *Slavon*
(solaire, slave). *Gelonos*, le Fils du Soleil, devint le nom du Dieu éponyme
des *Gelones* (Solaires, Slaves) qui, comme habitants de la cité de *Buda*,
portaient aussi le nom de *Budines*. Les Budines ou Gelones étaient, en
partie, agriculteurs comme les *Paralates*, auxquels ils correspondaient.
Leur père éponyme *Gelonos* était donc un fils du Soleil, Protecteur
de l'agriculture. Chez les peuples *gètes*, *Kola-skaïs*, avec son bouclier
brillant, eut le nom épithétique de *Vultus* (Éclat; lat. *vultus* visage;
anglos. *vuldor* miracle; all. *wunder*). Comme fils du *Soleil*, il devint,
chez les *Gètes*, aussi fils de *Skalmoskis*, qui, s'étant substitué au Dieu
Vrindus, était l'époux de la Déesse *Vrindus* (norr. *Rindur*), laquelle,
plus tard, fut remplacée, en partie, par la Déesse *Sif*. *Vathans* (Odinn),
étant devenu Dieu *Suprême*, et *Père* des Ases, fut aussi considéré comme
le *Père* de *Vulthus* (norr. *Ullur*); et *Ullr* devint, dans la Mythologie
scandinave, le Fils de *Sif* (qui s'était substituée à *Rindur*), et, par conséquent, le beau-fils de *Thôr*, l'époux de *Sif*. Dans l'origine *Thôr* et *Ullr*,
comme Protecteurs de l'agriculture, avaient des attributions analogues;
mais *Thôr* prit le dessus sur son beau-fils, de sorte que *Ullr*, n'ayant

plus d'attribution spéciale, tomba au rang de Divinité secondaire; il ne figurait plus dans le culte, mais seulement dans les mythes, et dans les traditions épiques. *Thôr* étant le protecteur des paysans, pendant l'été, *Ullr* devint leur protecteur, pendant l'hiver. Or, comme en hiver, le paysan se faisait chasseur, *Ullr* devint aussi le protecteur des *chasseurs*. C'est en cette qualité qu'il eut l'épithète de *Ase à la Chasse* (norr. *Veidi-As*) ou de *Ase-à-l'Arc* (norr. *Bogu-As*). Sa demeure au ciel était nommée *Vallées de l'Arc* (norr. *Y-dalir*). Comme, dans le Nord, la chasse se faisait principalement en hiver, sur les glaces et dans les neiges, *Ullr* le chasseur, ainsi que la Déesse chasseresse *Skadi*, excellait à courir sur *barres* ou sur *raquettes* (voy. p. 263); de là son nom épithétique de *Ase-aux-Barres* (norr. *Öndur-As*). La chasse étant le simulacre et le pendant de la guerre, *Ullr*, qui, comme son prototype *Kolaskaïs*, avait un *bouclier* brillant, passait pour être le modèle du *Chef-guerrier*. Il eut le nom épithétique de *Ase au Bouclier* (norr. *Skialdar-As*), et c'est par son bouclier ou *Cercle* (norr. *Hringr*) *Sacré*, qui, dans l'origine, était le symbole du soleil, que les guerriers juraient, ou prêtaient serment (*Atla-kvida*, 34). *Ullr* s'étant servi, dans une circonstance, de son *bouclier*, en guise de *bâteau*, les Skaldes se sont avisé de désigner quelquefois le *bouclier* des guerriers par l'expression énigmatique (cf. p. 147) de *Navire d'Ullr*.

C'est en *hiver* que se manifeste l'action de *Ullr*; mais, *affaibli* qu'il est, dans cette saison, comme tous les Ases, il faut que les hommes lui viennent en aide, pour qu'il puisse lutter avec succès contre les *Iotnes*. A cet effet il s'agit d'élever la température de l'air, ou d'empêcher que la glace ne prenne le dessus, puisque la froidure permettrait aux *Iotnes* de pénétrer dans le Séjour des hommes et des Dieux. C'est pourquoi les hommes doivent allumer, en hiver, des feux sous leurs chaudrons, soit sous les chaudrons de sacrifice, soit sous les chaudrons où ils cuisent leurs aliments, soit enfin sous les chaudrons où ils brassent leur bière. Celui qui, à l'approche de l'hiver, place, le *premier*, le chaudron sur le feu, a les faveurs d'*Ullr* et des *Ases* (voy. *Grimnis mâl* 42).

§ 106. Vali, ancien Dieu de la mort. — Chez les Scythes, *Artin-paza* la Déesse de la Lune, se confondit, de bonne heure, avec la Déesse de la Nuit. Or, la nuit, du sein de laquelle toutes les créatures paraissaient naître, et au sein de laquelle toutes semblaient rentrer, était considérée, à la fois, comme l'*Origine* et la Mère, et comme la *Fin* et la Destruction des Choses. La Déesse de la Lune eut donc les attributions contradictoires de Déesse de la *Génération* ou de la Vie, et de Déesse de la *Mort* ou de la Destruction (voy. *Les Gètes*, p. 208). Le Dieu du Soleil *Targitavus* et sa sœur *Artin-paza* étant intimement réunis dans le culte et dans la tradition, ces deux Divinités, fils et fille du Dieu et de la Déesse *Vrindus*, se communiquèrent aussi, l'une à l'autre, la plupart de leurs attributions. *Artin-paza* étant Déesse de la *Mort*, son frère devint également Dieu de la Mort. En cette qualité, *Targitavus* eut le nom épithétique de *Kralius* (Effrayant, Noir; sansc. *Kâlyas*; gr. *Hâdès* p. *Hâles*), comme sa sœur eut celui de *Kvália* (sansc. *Kâli*; norr. *Hel*). *Targitavus* passa dans la religion des Gètes, sous le nom de *Skalmoskis* ou *Gebleïstis*, et conserva, entre autres, ses attributions de Dieu de la Mort, ou de *Seigneur des Trépassés*. Les Gètes croyaient que ceux qui mourraient allaient trouver au ciel leur Dieu *Skalmoskis* ou *Gebleïstis* (Hérod. IV, 94). Comme *Skalmoskis* était aussi un Dieu-héros, les *guerriers*, après leur mort sanglante, devinrent ses Compagnons d'armes (cf. norr. *Einheriar*). En sa qualité de *Seigneur* des *Occis*, *Skalmoskis* avait le nom épithétique de *Kvaleïs*, qui, dans quelques dialectes gètes, s'est changé en *Thalès*, et, dans d'autres, en *Hvaleïs* (voy. *Les Gètes* p. 197), ou *Haleïs* (cf. norr. *halir*). *Thalès* ou *Valeïs*, le fils de *Chaguneïs* (norr. *Hænir*) et de *Rindus*, devint, comme Seigneur des Trépassés, une Divinité distincte de Skalmoskis. Mais bientôt *Vathans* (Odinn), étant devenu Dieu *Suprême* et Dieu des *Occis*, enleva sa principale attribution à *Valeïs*, qui fut dès lors considéré comme *fils* de ce Chef des Ases. Dans la Mythologie scandinave, *Váli* (p. Válïs) ou *Háli* ou *Ali*, comme fils d'*Odinn* et de *Rindur*, devint par cela même le *frère* de *Baldur*, le soleil d'été. L'Hiver et l'Occident étant la saison et le côté de la *mort*, *Vali*, l'ancien Dieu de la mort, est dit né en *hiver*, et à l'*Occident* du ciel. Comme rien n'est si caché qu'il puisse échapper à la mort, *Váli* habite, à l'Occident du ciel, un Endroit nommé *Válaskialf* (Chaumine de Vali ; cf. *Hlidskialf* p. 240), d'où il embrasse, de son regard, le monde entier. Agé seulement d'*une* nuit annale, c'est-à-dire, d'un *mois* d'hiver, *Váli*, selon le Mythe, tue son frère *Hödur*, comme celui-ci avait tué son frère *Baldur* ; ce qui veut dire que, chaque année, l'Hiver, représenté par le Dieu de la mort *Váli*, met fin à l'*Automne*, représenté par *Hödur*, la *brume* d'automne, comme celui-ci a mis fin à l'été, représenté par le Soleil d'été *Baldur*. Selon les idées des Scandinaves, tout meurtre devait être vengé par le plus *proche* parent de celui qui avait succombé. C'est pourquoi il est dit que *Baldur* est vengé, sur *Hödur*, par son *frère Váli*. Par suite de sa nature *hivernale*, comme Dieu de la Mort, *Váli* ne périt pas, avec les autres Ases, dans le grand et terrible Hiver du Monde, ou au *Crépuscule des Grandeurs* ; il survit à cette catastrophe, et revient, avec les Fils des anciens Ases, habiter le ciel renouvelé.

§ 107. **Forseti, dédoublement de Baldur.** — Le nom de *Forseti* ne signifie pas *Président*, mais *Proposant*, c'est-à-dire Chef du jury, qui *propose* la décision judiciaire à prendre par les assesseurs ou jurés. *Proposant* est une spécialisation ou dédoublement de *Baldur*, ou, comme s'exprime le Mythe, le *Fils* de *Baldur*, du Soleil qui *voit* tout, qui *sait* tout, et qui est le Symbole de la *Vérité* et de la *Justice*. Comme Fils de Baldur, *Proposant* prononce des jugements justes et infaillibles, comme le sont ceux de son père (voy. p. 259). Étant le Dieu de la *justice*, qui ramène la paix, ou prévient la discorde, *Proposant* est aussi le Dieu de la *Paix* et de la *Concorde*, et, sous ce rapport, il est l'opposé de l'Ase *Tyr*, qui aime la *guerre*, et, pour cela, ne réconcilie jamais les hommes (voy. p. 272). D'après la strophe 15ᵉ des *Dits de Grimnir* citée par *Snorri*, le lieu de justice où siége *Proposant* est nommé *Étincelant* (voy. p. 239).

(34) LOKI ; HEL ; ET LE SERPENT DE L'ENCLOS-MITOYEN.

§ 108. **Loki, Symbole de l'Astre du Soir.** — *Loki*, comme l'indique son nom, qui signifie *Clôtureur*, préside à la *clôture* (norr. *lok*), ou à la *fin* des Choses. Il est à considérer, en tout, comme l'opposé de *Heimdall* (voy. p. 276). Si *Heimdall* est la Personnification de l'Étoile du Matin, de l'Aube du jour, et du Commencement de l'année ou du printemps, *Loki* est la Personnification du Crépuscule du soir, et du Commencement de l'hiver. Si *Heimdall* représente l'*Origine* des choses, des hommes, et du monde, *Loki* présage la *Fin* des choses, des hommes, et du monde. Si *Heimdall* est le Gardien vigilant et fidèle, qui se sacrifie pour les Dieux, *Loki* est le traître des *Ases*, et il trouve plaisir à les plonger dans toutes sortes d'embarras; de là lui viennent ses surnoms épiques de *Détracteur des Ases*, de *Conseiller de Perfidies*, de *Déshonneur des Dieux*. *Heimdall* étant en tout son antagoniste, c'est aussi contre cet Ase que *Loki* lutte, au *Crépuscule des Grandeurs* (voy. p. 135). Comme Personnification du Commencement du soir et de l'hiver, *Loki* est moitié Génie de Lumière, moitié Esprit des Ténèbres : sa nature est donc double, et il tient le milieu entre les *Ases*, qui représentent le Jour et l'Été, et les *Iotnes*, qui représentent la Nuit et l'Hiver. Comme, d'après la Mythologie scandinave, la Fin du monde est amenée par le *Feu* destructeur, *Loki* est une spécialisation de *Surtur* (voy. p. 174), le Dieu du monde *igné*; aussi est-il quelquefois lui-même la Personnification du *Feu* destructeur (voy. p. 322). Comme la nature du feu tient de la lumière bienfaisante, et n'est nuisible que par ses effets pernicieux, *Loki*, en tant que Personnification du *Feu*, appartient aux *Alfes-Lumineux*, et ne se rapproche des *Iotnes* que comme Principe *destructeur*. C'est pourquoi il compte, généralement, parmi les *Ases*, et, accidentellement, parmi les *Iotnes*; et sa nature *double* ou mixte est ainsi partagée qu'il tient à la race des *Ases*, par sa *mère*, et à la race *iotnique*, par son *père*. De sa mère il tient son beau corps brillant et lumineux, de son père provient son caractère méchant et malfaisant. Son père, qui est l'opposé de *Mundilfari* (voy. p. 201), et une spécialisation de *Nörel* (voy. p. 198), se nomme *Farbauti* (Bute-Voyage), parce qu'il est le Symbole de la tombée de la nuit, où le voyageur interrompt sa marche, ou *bute* sa journée. Sa mère, qui est le symbole de la terre automnale jonchée de feuilles, porte, chez les *Ases*, le nom de *Laufey* (Ile ou Terre de feuillage; cf. *Bar-ey*; *Angeyia*), et, chez les *Iotnes*, le nom de *Aiguille* (norr. *Nàl*; v. h. all. *Nadala*), laquelle est le symbole de la Faim piquante (cf. norr. *nàlgr*). Les frères de *Loki* sont nommés, l'un *Byl-eist* (Pousse-Grain; cf. *Beystla*, voy. p. 185), le Symbole du Vent, qui excite ou amène le grain ou le tourbillon, cause d'obscurité; l'autre *Helblindi* (Aveuglé de Hel), le Symbole de la faible lueur du soir, par opposition à la lueur vive et brillante du jour. *Loki* lui-même porte le nom de *Loptr* (Aérien), par rapport au feu, dont les flammes tendent à s'élever en haut ou en l'air. Comme symbole du soir, *Loki* a pour femme *Sigyn* (p. *Sig-vin*, Aime-Chute), parce qu'elle désire la chute du jour, ou la tombée de la nuit. Leur fils, qui s'appelle *Nori* ou *Nörvi* (Crépusculaire), est le Père de la *Nuit* (voy. p. 198). Comme Symbole de la fin terrible des Choses, *Loki* a pour femme *Angur-bodi* (Messagère d'Angoisse); et il a engendré avec elle plusieurs Êtres malfaisants, ennemis des Ases, et destinés à détruire le monde. C'est pourquoi *Loki* et *Angurbodi* jouent, dans la Mythologie scandinave, le même rôle que *Kasiapas* et *Kadrou* dans la Mythologie indienne, ou *Typhon* (Vaporeux) et *Échi-dna* (Femme-Serpent) dans la Mythologie grecque, c'est-à-dire qu'ils passent pour les parents de plusieurs Êtres monstrueux, pernicieux, et malfaisants.

§ 109. **Le Serpent de l'Enclos-Mitoyen, Symbole de l'Océan.** — D'après le symbolisme de l'Antiquité, l'inondation considérée par rapport à ses effets terribles ou nuisibles, est représentée par l'*hydre* (gr. *hudria* aquatique), dont les mouvements ondulatoires rappellent l'agitation ondulée des vagues (voy. *Les Gètes*, p. 253). Voilà pourquoi l'Océan primitif, qui sert de couche à *Vichnou*, est symbolisé, dans la Mythologie hindoue, par le Serpent, appelé *Anantas* (Sans-fin), ou *Çechas* (Rejeté). D'après *Pline* et *Solin*, le Serpent ou Dragon du Jardin des Hespérides signifie les *Eaux* agitées qui entourent et protégent ce jardin. Dans les légendes du Moyen âge, les inondations, apaisées par l'intervention des Saints, ont aussi été symbolisées par des Serpents ou *Dragons*, domptés par ces Saints. Tels sont, par exemple, la *Chair-salée* (voy. p. 183) à Troyes, le *Dragon de Saint-Marcel* à Paris, la *Gargouille de Saint-Romain* à Rouen, lesquels symbolisent les inondations de la Seine. Tels sont la *Kraulla* à Reims, sur la Vesle, le *Dragon de Saint-Bienheuré* à Vendôme sur le Loir, la *Grande-Gueule* ou la *Bonne-Sainte-Vermine* à Poitiers, au confluent du Clain et de la Boivre, la *Grouille* (cf. *Kraulla*) à Metz sur la Moselle, la *Tarasque* à Tarascon sur le Rhône, etc. Dans la Mythologie norraine, l'Océan agité, qui menace sans cesse d'envahir le Continent ou l'*Enclos-Mitoyen*, est symbolisé par la grande Hydre, appelé le *Serpent de l'Enclos-Mitoyen*, qui entoure la Terre de son anneau.

Les Anciens se figuraient que, si le soleil ne faisait pas évaporer sans cesse une grande partie des eaux de la mer, celle-ci finirait par envahir les continents. C'est pourquoi ils supposaient que le Soleil *buvait* les eaux de la mer, et, pour cette raison, il eut le nom épithétique de *Buveur* (sansc. *papis*; lat. *bibax*). Les ancêtres des Scandinaves considéraient aussi le Soleil (*Irmun*, Vénérable, voy. p. 275; norr. *Iörmun*) comme le principal Adversaire du *Serpent de l'Enclos-Mitoyen*; et comme le serpent en général passait pour un animal *fascinateur*, on supposait que le Serpent, symbole de l'Océan, se défendait contre le Soleil, moyennant la *magie*. C'est pourquoi il eut aussi le nom de *Fascinateur-Solaire* (norr. *Iörmun-gandr*). Quelques-unes des attributions du Dieu du Soleil, et, entre autres, celle d'Adversaire du *Fascinateur* du *Soleil*, ayant passé à *Thôr* (voy. p. 252), ce Dieu est devenu, dans la Mythologie norraine, le grand Ennemi du Serpent de Mer, qu'il tâche sans cesse de tuer, ou du moins de dompter. *Thôr*, comme Fils de *Iörd* (Terre), est, par cela même, déjà le Protecteur de l'*Enclos-Mitoyen* (Terre), et il le protége contre les débordements de l'Océan, ou contre les envahissements du *Fascinateur-Solaire*. Toutes les fois qu'il y a flux, le Serpent semble aller à l'attaque, et avoir le dessus, mais lorsqu'il y a reflux, c'est que *Thôr* parvient à repousser et à vaincre l'hydre de l'Océan.

C'est, sans doute, encore un souvenir, ou un reste de ce mythe scandinave, que ce grand Serpent de mer, dont certains journaux de Paris, sur de prétendus rapports de marins, entretiennent leurs lecteurs, de temps en temps. D'après le capitaine *Herriman* (si toutefois ce nom n'est pas une pure fiction), ce serpent de mer, sur lequel on débite tant de fables, ne serait qu'un immense amas d'herbes marines, flottant et balancé par la houle, avec un mouvement ondulé et rampant. (Voy. *Le Voleur*, 15 Juillet 1849.)

Le *Serpent de l'Enclos-Mitoyen* a été considéré comme issu de *Loki* et d'*Angurbodi*, par nulle autre raison si ce n'est qu'il semblait naturel de rapporter l'origine de cet être redoutable à *Loki* et à *Angurbodi*, qui passaient pour la Souche de beaucoup de monstres *pernicieux* (voy. p. 286).

§ 110. Hel, originairement Déesse de la lune. — Chez les Scythes, *Artinpaza*, la Déesse de la Lune, était à la fois Déesse de la *Production*, et de la *Mort* (voy. p. 283). Comme Déesse de la Mort, elle portait le nom épithétique de *Kvalia* (voy. *Les Gètes*, p. 213). Dans la religion des *Gètes*, la Déesse de la Lune portait le nom de *Skalmoskis*, et garda, sous le nom de *Halia*, ses attributions de Déesse des Trépassés. On se figurait que les trépassés passaient dans la lune, et c'est pourquoi il est dit que lorsque, à la fin des siècles, *Managarmr* (v. p. 214) parvient à se saisir de la lune, il se fera un festin sanglant de tous les *trépassés* qui s'y trouvent domiciliés. Lorsque, plus tard, le Génie *Mâni* fut substitué à l'ancienne Déesse de la Lune (voy. p. 202), *Hel* (p. *Halia*) s'est spécialisée comme Déesse de la Mort; et, dans la Mythologie scandinave, elle passa pour la Déesse présidant au *neuvième* Séjour, appelé le *Séjour-Brumeux* (voy. p. 170). C'est là qu'elle reçoit les hommes qui sont morts de maladie ou de vieillesse, ou qui n'ont pas été *choisis*, c'est-à-dire *invités* par *Odinn* (voy. p. 206) ou par *Freyia*, ou par quelque autre *Ase* ou *Asynie*, à se rendre chez eux au ciel. Le Séjour de *Hel* est triste et lugubre, comme le *Tartaros* des Grecs, l'*Orcus* des Latins, le *Pâtâla* des Hindous, et le *Scheol* des Hébreux. Les enceintes hautes, et les grilles élevées y empêchent toute tentative d'évasion ou de sortie. Dans la Mythologie norraine, la Salle de *Hel* est nommée *Eliudnir* (p. *Eli-vidnir*, Tempétueux au Loin), parce que c'est un immense Espace, où règnent les vents froids (cf. all. *kalt*, frappé de mort, froid). L'Écuelle de la Déesse, qui devrait contenir de quoi apaiser sa faim, est l'*Appétit* (norr. *hungr*; sansc. *kantchas*, désir, faim), ou la *Faim* elle-même. Son Couteau c'est l'*Inanition*, qui donne des tranchées (norr. *nâlgr*, voy. p. 285), dans les entrailles. Si la première qualité d'un *bon* serviteur est la *promptitude*, les serviteurs de *Hel*, tout au contraire, se distinguent par leur excessive *lenteur*. La herse qui ferme l'Entrée du *Séjour de Hel*, est appelée *Calamité-Tombante*, puisque, dès que cette herse tombe, ou s'abat, la calamité commence pour ceux qui viennent d'entrer dans cet Empire funeste. Le seuil de la porte d'entrée est nommé *Fatigant de Souffrance*, parce que ceux qui le passent éprouvent les fatigues de la souffrance mortelle. La Couche de *Hel*, loin de restaurer ses forces par le sommeil, ressemble au grabat sur lequel gémit le malade, qui est las d'insomnie, et de douleur. Le rideau du lit de *Hel*, au lieu de favoriser le sommeil, l'inquiète au contraire, en laissant entrevoir, sans cesse, un mal ou un danger menaçant. *Hel* est à moitié *bleue*, c'est-à-dire qu'elle a la couleur livide et bleuâtre des cadavres refroidis par la mort (cf. *Blâinn*, p. 176). La mort étant comme la conséquence de la destruction ou de la *fin* (norr. *lok*) des êtres, *Hel* est naturellement considérée comme la Fille de *Loki*, et d'*Angurbodi* (voy. p. 285).

(35) LE LOUP DE FENRIR.

§ 111. **Signification symbolique du Loup de Fenrir.** — Les feux souterrains, qui sont lancés au ciel par les volcans, sont symbolisés par le Loup de *Fenrir*. Le mot *Fenrir* (p. *Fenaris*) signifie *Écumant, Effervescent* (cf. sansc. *phéna* écume; anglos. *fæm*; all. *feim*; lith. *ptenas*; lett. *peens*), et désigne les masses écumantes et effervescentes qui bouillonnent dans les entrailles de la terre. Comme ces feux souterrains passent pour des feux nuisibles, *Fenrir*, qui les représente, est symbolisé par un *Loup*, c'est-à-dire par l'animal nuisible, vorace, et destructeur par excellence (voy. p. 207), et il porte, entre autres, le nom épithétique de *Bête d'Occision* (voy. p. 136), qui est synonyme de *Loup*, parce que cet animal vorace suit les armées et dévore les cadavres des guerriers qui restent sur le champ de bataille (voy. p. 209). Ensuite comme représentant du feu nuisible, il est considéré naturellement comme le *Fils de Loki*, qui, lui aussi, est le symbole du *Feu destructeur* du Monde (voy. p. 285). Sa mère est la géante *Angurbodi*, qui était sans doute la fille de l'Iotne *Hvedrungr* (Issu de *Hvedur*, Tempête). Aussi *Fenrir* est-il encore appelé le *Rejeton de Hvedrung* (voy. p. 136). La bave qui découle de la gueule écumante du *Loup de Fenrir* représente les laves, qui sortent et découlent du cratère des volcans. Ces feux souterrains, vomis par le Loup, et réunis à ceux qui proviennent du Monde igné, représenté par *Surtur* (voy. p. 174), produisent l'embrasement universel qui détruira la création à la fin des siècles. Le Loup qui lance ses feux en l'air menace d'embraser le ciel, et c'est pourquoi son principal adversaire c'est le Maître du ciel, c'est le chef des Ases, *Tyr*, l'ancien Dieu du *Ciel*, auquel plus tard *Odinn* a été substitué, comme Dieu *Suprême*. Aussi c'est *Odinn* qui luttera contre le Loup de *Fenrir*, dans le terrible combat du *Crépuscule des Grandeurs*. *Odinn* succombera, mais sa mort sera vengée, sur le loup, par son fils *Vidar* (voy. p. 280).

§ 112. **Les Ases enchaînent le Loup de Fenrir.** — *Odinn* et les Ases, voyant ce Loup, qui les menaçait de destruction, grandir et prendre de la force, prirent des mesures pour l'enchaîner et l'empêcher ainsi de leur nuire. Les moyens et les ruses, auxquels ils ont eu recours pour parvenir à le lier, font ici le sujet d'un *conte populaire*, d'une date relativement *postérieure*, mais qui est remarquable, et pour le fond mythologique, et pour la forme de la narration. Pour le fond, nous y voyons un exemple frappant de cet esprit inépuisable en expédients, en ruses, en persuasions, en chicanes, qui caractérise la race *normande*. Quant à la forme, le récit clair, vif, piquant de ce conte, nous révèle parfaitement le talent de narration, que *Snorri* possédait à un haut degré.

Des deux liens que les Ases ont d'abord fabriqués, *eux-mêmes*, pour lier le Loup, l'un est nommé *Insinuant*, puisqu'il devait être de nature à se faire accepter du Loup sans répugnance, et l'autre est nommé

Serrant, puisqu'il devait, selon l'intention des Ases, serrer fortement la gorge au Loup de *Fenrir*. Ces liens *féés* ou magiques étaient, sans doute, faits, l'un et l'autre, de *soie*; car le fil de *soie*, ou fil d'*or* joue, au Moyen âge, un grand rôle comme lien *magique*. Ces deux liens, ainsi que leurs noms, étaient probablement aussi mentionnés dans l'ancienne tradition mythologique, puisqu'ils ont donné lieu aux locutions proverbiales de *se dégager de l'Insinuant*, et de *s'arracher au Serrant*, pour dire *faire des efforts désespérés*. Les *Ases* n'ayant pas pu fabriquer, eux-mêmes, un lien assez fort pour enchaîner le Loup, s'adressent aux Dvergs ou *Alfes-Noirs* (voy. p. 239), qui passent pour exceller dans tous les arts industriels et dans la Magie. Ceux-ci, sur la commande faite par le messager des Dieux *Skirnir* (voy. p. 303), fabriquent un lien magique nommé *Étranglant*. C'est un nœud féé, qui, par cela même qu'il est fait moyennant la magie, se compose, comme toutes les choses merveilleuses, d'éléments extraordinaires, introuvables, impossibles même. Ces six éléments dont il est composé n'ont pas ici de signification *symbolique* ou allégorique ; ils désignent, en général, des choses introuvables, et sont imaginés seulement pour indiquer la nature extraordinaire de ce lien. Mais ce qui prouve que ce n'est pas *Snorri* qui a imaginé ces éléments, c'est l'*allitération* qui, dans le texte, réunit les mots désignant ces choses, et qui fait naturellement supposer, que cet auteur a puisé ces détails dans un document en vers, qui, sans doute, n'existe plus de nos jours (voy. F. Magnusen, *Lexicon mytholog.* p. 338).

Dans le Nord, toutes les fois qu'on avait besoin d'un endroit sûr, isolé, et inaccessible, soit, par exemple, pour un duel (norr. *hólmgangr*, Rendez-vous à l'îlot), ou pour une prison (voy. *Völundar Kvida*, 16), on choisissait quelque *îlot* dans un fleuve, ou dans la mer, ou dans un lac. Aussi est-il dit que les Ases rendaient le Loup prisonnier, en l'enchaînant dans une *île* déserte, appelée *Bruyère*, et située dans le lac nommé *Amsvartnir* (Noirci-de-Peine). C'est ainsi que, d'après une tradition populaire en Suède, le Géant-Magicien *Gilbertil* fut enchaîné dans l'île de *Vising*, située dans le lac de *Vœttur*. D'après un document mythologique inédit (voy. *Lexicon mytholog.* p. 340), le rocher auquel est attaché *Fenrir* se trouve sur une hauteur nommée *Si-glitnir* (Toujours Étincelant), et la bave, ou la lave, qui sort de la gueule ou du cratère du Loup écumant, forme deux fleuves, qui sont nommés *Vil* (Lamentation) et *Von* (Regret), et se mêlent aux eaux du lac *Noirci-de-Peine*. Pour expliquer pourquoi les Ases n'ont pas tué le Loup, *Snorri* donne pour raison qu'ils n'ont pas voulu ensanglanter leur demeure *sacrée*. Mais, d'abord, le Loup n'a pas été enchaîné dans la demeure *céleste* des Ases, et, ensuite, la raison mythologique véritable en est que, le Loup étant prédestiné à jouer un rôle important, à la fin du monde, la Mythologie n'a pas pu le représenter comme vaincu et *tué* par les Ases, mais seulement comme dompté, et enchaîné temporairement, et attendant, dans les liens, le *Crépuscule des Grandeurs*, pour être alors déchaîné, et pour se ruer sur le ciel, et sur *Odinn*.

Les Scandinaves avaient l'habitude d'allumer des bûchers sur les hauteurs (cf. danois *borne-hoïe*), pour signaler l'arrivée de l'ennemi ; le bûcher allumé (norr. *viti*, indice), était donc le *signal* de la guerre. Le *Loup de Fenrir*, ce symbole du Feu dévastateur, quand une fois il se déchaînera, sera le *signal* de la dévastation universelle; et c'est pourquoi il porte encore le nom épithétique de *Vitnir* (Signalant; cf. p. 209).

(36) LES ASYNIES.

§ 113. **L'asynie Saga, spécialisation de la Norne Urdur.** — La conception des Déesses, et leur nom d'*Asynies* ont déjà été expliqués ci-dessus (§ 85); nous avons également expliqué la conception et le nom de la déesse *Frigg* (§ 88). Si l'on excepte l'asynie *Frigg*, qui est l'épouse du Dieu *Suprême*, et qui méritait ainsi d'être nommée la première, il n'y a pas lieu d'établir un ordre hiérarchique entre les différentes Déesses. Aussi *Snorri* les énumère-t-il dans un ordre qui semble l'effet du hasard. Après avoir nommé l'*Épouse* du dieu *Odinn*, il parle de *Saga*, qui était son *Amante*. *Odinn*, étant devenu Dieu *suprême*, prit, en cette qualité, les attributions de l'ancien *Skalmoskis*, considéré comme Dieu de l'*Intelligence*, de l'*Histoire*, et de la *Poésie* (voy. *Les Gètes*, p. 204). Pour augmenter son intelligence et sa prévision, *Odinn* buvait, tous les jours, à la Fontaine de Sagesse de *Mimir* (voy. p. 230). Mais pour s'inspirer, de l'enthousiasme de la poésie lyrico-épique ou héroïque, il buvait l'hydromel, qui était sous la garde de son Amante, la Géante et Valkyrie *Gunnhlöd* (Invite-au-Combat; cf. *Hladgunnr*). Enfin, pour fortifier sa mémoire, et pour bien se rappeler les faits de la Tradition mythico-épique, *Odinn* buvait l'onde fraîche de *Saga*. La Tradition *historique* (norr. *mál*), qui avait déjà pris le caractère *épique*, mais qui se rapportait à des faits plus *modernes* que l'ancienne Tradition, prit également le nom de *Saga* (dit, récit, narration), et comprenait à la fois l'histoire proprement dite, et le récit fabuleux. La Déesse *Saga* est la Personnification et la Muse de l'Histoire en général. Comme cette Asynie n'appartient pas à l'ancien fond de la Mythologie, elle est un personnage *allégorique*, plutôt qu'un Symbole de la Tradition religieuse. La race des *Iotnes* étant la plus *ancienne* du monde (voy. p. 187), elle passait pour être en possession de la Science traditionnelle ou historique la plus ancienne. Aussi *Saga* a-t-elle une origine *iotnique*, comme les *Nornes* (voy. p. 233); elle est la *spécialisation* de la Norne *Urdur* (Passée; voy. p.233). Après les Iotnes, *Odinn*, comme le plus *ancien* des Ases, était le plus à même de posséder la science de l'histoire. Aussi a-t-il été associé à la Vierge *Saga*. La strophe 7 des *Dits de Grimnir* énonce :

> « Le quatrième (manoir) est Sökkvabekk; là, par-dessus, peuvent
> > « Bruire les ondes fraîches;
> « Là, tous les jours, *Odinn* et *Saga* boivent ensemble,
> > « Joyeux, dans des coupes d'or. »

Le nom de *Söckra-bekk* signifie *Banc du Submergé*, et indique que le Manoir de Saga était un rocher ou un banc sous-marin (cf. *Singa-stein*) appartenant à l'iotne *Söckri* (Submergé), qui était peut-être le même que *Söck-mimir*. C'était donc une demeure *sous* les eaux, comme celle des *Nornes*, une espèce de *Puits* de Sagesse et de Vérité, comme il convenait à la Muse de l'histoire (voy. p. 228). Pour entretenir et augmenter le fonds d'esprit et de science, dont ils sont les représentants allégoriques, *Odinn* et *Saga*, comme le fait *Mimir* (voy. p. 230), boivent tous les jours, dans des coupes d'or, lesquelles sont les symboles de l'Intelligence ou de la Science claire et profonde (voy. p. 229).

§ 114. **Cure, dédoublement de Freyia.** — Les peuples scythes, gètes, germains, et scandinaves, croyaient que beaucoup de maladies étaient causés par des maléfices, des incantations, et des sorts jetés secrètement. Pour connaître et pouvoir combattre les personnes qui avaient fait le maléfice, on avait recours aux devins (voy. *Les Gètes*, p. 195), qui indiquaient aussi les remèdes à employer pour la guérison. Pour guérir les maladies et les blessures, on se servait de certaines formules curatives, d'incantations (norr. *galdur*), et de *cures sympathétiques*. C'était dans les attributions de la *femme*, et surtout de la *mère* de famille, de soigner les malades et les blessés. Aussi la Thérapeutique a-t-elle été personnifiée, chez les Scandinaves, dans une *déesse*, nommée *Cure*. Cette Déesse, d'une origine comparativement très-récente, n'appartient pas à l'ancien fond de la Mythologie. Dans les *Dits de Fiölsvinn* (str. 39), cette Asynie figure comme la *Suivante* de *Menglöd*. Or *Menglöd* (Réjouie du Bijou), est probablement un nom épithétique de *Freyia*, ainsi nommée parce qu'elle était la mère de *Hnoss* (Joyau, voy. p. 293), et la propriétaire du *Bijou des Fils de Brusi* (voy. p. 294). *Freyia* ou *Menglöd*, étant le symbole et le type de la *Maîtresse* ou *Mère* de famille, qui a soin du bien-être des siens, est aussi chargée du soin des malades et des blessés ; et l'on conçoit que la Thérapeutique a pu être personnifiée dans la *servante* ou suivante *Cure*, qui supplée *Freyia*, sa maîtresse, ou en est, en quelque sorte, la spécialisation et le dédoublement.

§ 115. **Gäfion, dédoublement de Freyia.** — *Gäfion* est un dédoublement de *Freyia*, qui, elle-même, est l'héritière de l'ancienne déesse scythe *Artin-paza*, laquelle, dans l'origine, était la Déesse de la *lune*, et présidait, comme telle, à la Naissance, et à la Procréation. Aussi était-elle la Protectrice des jeunes gens *nubiles*, de l'un et de l'autre sexe (voy. p. 291). Mais, par une contradiction qu'on remarque aussi dans les attributions de la déesse grecque *Artémis*, laquelle était à la fois Mère et Vierge, *Artin-paza* protége également et le Mariage, et le Célibat ou la Virginité. Chez les peuples gètes, Artin-paza se confondit avec la déesse *Vrindus, Nerthus* ou *Rindur* (voy. p. 262). Dans la religion des Sarmates, elle prit le nom de *Pravia*, et eut quelques attributions de la Déesse *Vrindus* ou *Nirdus*, entre autres, celle de Déesse de la Navigation, et de la Mer. Comme Déesse de la Mer, *Pravia* porta le nom épithétique de *Topien* (Profondeur, Abîme, voy. p. 294). Lorsque *Pravia* passa dans la Mythologie scandinave sous le nom de *Freyia*, le nom de *Topien* fut changé également en celui de *Gäfn* ou *Gäfión*. Dans l'origine, *Freyia-Gefn* garda, dans la Mythologie scandinave, ses anciennes attributions traditionnelles ; elle fut Déesse de la *Génération*, Déesse de la *Virginité*, et Déesse de la *Mer*. Mais chez les Dânes, les ancêtres des Danois, elle se dédoubla en deux divinités, en *Freyia*, et en *Gäfion*, et cette distinction fut maintenue ensuite dans la Mythologie norraine. *Freyia* resta cependant plus particulièrement la Déesse des *Suèdes*, tandis que *Gäfion* fut plus particulièrement la Déesse des *Dânes*. *Gäfion* fut adorée principalement dans l'île de *Sælund* (voy. p. 140), que les Dânes avaient conquise sur les Svèdes ; et tandis que *Freyia* était considérée anciennement comme la Femme ou la Sœur de *Freyr*, les Dânes considérèrent *Gäfion* comme l'Épouse de *Skiöldr* (*Bouclier*; cf. *Skuta-Targitavus*, Dieu du Soleil, voy. p. 278), qu'ils substituèrent à *Freyr*, et dont ils se disaient issus par l'intermédiaire de leurs rois, appelés *Fils de Skiöldr* (Skioldungar), comme les Svèdes se disaient issus d'*Yngvi-Freyr*, par l'intermédiaire de leurs rois, appelés *Fils d'Yngvin* ou d'*Yngul* (norr. *Ynglingar*). La tradition mythologique conserva la contradiction qui avait existé déjà dans le culte de l'ancienne Artin-paza, en représentant *Gäfion* à la fois comme mariée à *Skiöldr*, et comme Célibataire et Vierge. Aussi *Gäfion* porte-t-elle l'épithète de *Vierge*, et est-elle considérée comme la Protectrice des femmes qui meurent *vierges*. Cependant, comme *Gäfion* n'est que le dédoublement de *Freyia*, qui préside au Mariage et à l'Amour, elle est, comme cette déesse, d'un tempérament amoureux. C'est pourquoi *Loki* lui reproche ses intrigues d'amour (voy. *Poëmes islandais*, p. 329), et dans la tradition épique, *Gäfion* est représentée recherchant le mariage, même avec un Iotne, afin de devenir mère de quatre enfants iotniques (voy. p. 77).

Comme Protectrice des Vierges, auxquelles on attribuait le don de la *Divination*, et de la Prophétie, *Gäfion* était aussi la Protectrice des *Femmes-de-Vision* (Spåkonur), d'autant plus que ces Femmes avaient été anciennement sous la protection d'*Artin-paza*, la Déesse de la Lune, comme les devins avaient été sous celle de *Targitavus*, le Dieu du Soleil. Aussi *Gäfion* est-elle représentée dans la tradition comme prenant elle-même le rôle d'une *Femme-de-Vision* (voy. p. 67); et comme les Vierges Femmes-de-Vision passaient pour bien connaître la destinée des hommes, il est dit que *Gäfion* connaissait les destinées aussi bien qu'*Odinn* (voy. *Poëmes isl.*, p. 329). Enfin, comme son attribution principale, indiquée par son nom de *Gäfion*, est d'être Déesse de la Mer, il est dit encore que *Gäfion* (la Personnification de la Mer), a arraché le sol de l'île de *Séeland* au continent de la Suède (voy. p. 140).

§ 116. Fulla, dédoublement de Frigg. — De même que *Cure* est le dédoublement de *Freyia* et sa *Servante*, de même *Fulla* est la spécialisation, le dédoublement, et la servante de *Frigg*. Le nom de *Fulla* signifie *Abondance*, et peut être rapproché convenablement de celui de la Déesse *Abonde*, qui figure dans quelques légendes françaises (voy. *Grimm*, Mytholog., p. 264). *Abonde* est la Suivante et la Confidente de *Frigg*, parce que la Déesse de l'Abondance suit et accompagne naturellement la Déesse de la Fécondation et de la Fécondité. En sa qualité de Suivante, ou de *Fille de chaussure* (norr. *Skó-mey*) de *Frigg*, *Abonde* (Fulla) est également chargée de la garde des bijoux de sa Maîtresse. Or, si ces bijoux sont les symboles des moissons *dorées*, et des richesses de l'*abondance* produites par la déesse *Frigg*, on comprend pourquoi ils sont mis, d'après la Mythologie, sous la garde de la vierge *Abonde*. Comme Suivante ou Domestique de *Frigg*, *Fulla* n'est pas *mariée*; elle est fille, vierge, et de naissance libre, et c'est pourquoi elle porte, suivant l'usage des peuples d'origine scythique, les cheveux flottants, qui sont, dans l'homme, le symbole de la naissance *libre*, et, dans la femme, le symbole de la *virginité*, ou de la liberté des liens du mariage. En anglo-saxon, l'expression *locbore* (porte-boucles), et en basse-latinité, le mot *capillata* (chevelue), désignent directement la fille ou la vierge *libre*, c'est-à-dire la jeune femme non encore soumise au joug de l'hymen.

§ 117. Freyia, héritière de Rindur et de Frigg. — *Freyia*, dont la conception, les attributions, et l'histoire, ont déjà été expliquées ci-dessus (voy. § 98), a été quelquefois substituée, dans les mythes, à la Déesse suprême *Frigg*, pour plusieurs raisons. D'abord *Freyia*, dont le nom signifie *Maîtresse*, *Dame*, a dû prendre quelquefois la place de *Frigg*, l'Épouse d'*Odinn*, et la *Maîtresse* des Dieux. Ensuite *Freyia*, la Déesse de l'Amour conjugal, a pu remplacer *Frigg*, la Déesse de la *Fécondation*. Suivant *Paul*, fils de Warnefrid, les Lombards considéraient *Frea* (Freyia) comme l'Épouse d'*Odinn* (Odr), et, suivant un ancien document saxon (voy. *Grimm*, Myth., p. 285), la Déesse *Fulla* (voy. p. 292) qui, proprement, et selon la Mythologie scandinave, est la Suivante de *Frigg*, y est représentée comme la Suivante de *Fria* (*Freyia*). C'est par cette substitution de *Freyia* à *Frigg*, que s'expliquent plusieurs mythes, qui, sans elle, seraient inintelligibles. Ainsi, dans l'ancien mythe de *Freyia*, pleurant sur l'absence de son amant ou de son époux *Odr*, *Freyia* a évidemment été mise à la place de *Frigg* (Pluie), comme symbole de la pluie, de même que *Odr* (Vent, Orage), a été remplacé par *Odinn* (Impétueux), dont le nom a été, originairement, presque identique au sien. Les *larmes* d'or versées par *Frigg* (Pluie), ou par *Freyia*, qui lui a été substituée, sont les pluies qui fécondent la terre au printemps, en l'absence des orages représentés par *Odr* ou *Odinn* ; elles sont appelées des pluies *d'or*, soit parce qu'elles sont aussi *précieuses* que l'or, soit parce qu'elles produisent les moissons *dorées*. Les Orphiques appellent également la pluie, les *larmes* de *Zeus*. *Freyia*, l'Amante d'*Odr*, est encore substituée à *Frigg* (Pluie), quand elle est représentée comme la *Mère* de *Hnoss* (joyau). Car les *riches* récoltes et les moissons *dorées*, symbolisées par *Hnoss*, proviennent, ou sont le Produit ou la Fille de l'Action fécondante de la *Pluie* (Frigg) et de l'*Orage* (Odr), et elles sont protégées et gardées par *Fulla* (Abonde), qui est la Suivante de *Frigg*, ou de *Freyia*, plus tard substituée à *Frigg*. Le nom de *Freyia* (Dame) s'est substitué ici d'autant plus facilement à celui de *Frigg* (qui, dans l'origine, était la Mère de *Hnoss*), que le nom de *Hnoss*, pris postérieurement dans le sens propre de *Joyau*, et, abstraction faite de sa signification symbolique de *riche* moisson, désignait les joyaux, qui, dans le Nord, étaient les attributs caractéristiques de la *dame*, comme l'épée était l'attribut distinctif du *seigneur*.

Freyia, en se confondant avec *Frigg*, est devenue, comme elle, le Symbole de la *Pluie*, et de la *Fécondation*. C'est cette attribution qui est exprimée par ses deux noms épithétiques *Hörn* et *Syr*. *Hörn* est probablement la forme transposée de *Hrönn*, qui signifie la *Pluie*. Quant au nom de *Syr*, il désigne la *truie*, qui est le symbole de la fécondité. De même que *Freyr* a eu pour symbole le *verrat* (norr. *thrândr*), de même sa sœur *Freyia*

a pu , par analogie , être représentée sous la forme d'une *truie* (b. lat. *troja*),
et être même désignée par ce nom symbolique. En sa qualité de Déesse
de la Production , *Freyia* possède le Collier nommé *Bijou des Issus de
Brisi* (Brisinga-men), qui est , en quelque sorte , le pendant du *Joyau*
(Hnoss). Car , si *Hnoss* désigne symboliquement les moissons et la récolte
de l'Été, le *Brisinga-men*, l'ornement de *Freyia*, désigne l'Éclat de la
lune , dont l'influence mûrit les productions de la terre , et fomente , dans
les êtres vivants, l'instinct de la reproduction. Cet éclat et cette chaleur
sont symbolisés sous le nom de Issus de *Brisi*, ou de *Chaleureux* (*Brüsi,
Brysi, Brôsi, Brîsi*, Bouc), lequel était , sans doute , un nom épithétique
slave du dieu *Pravy* (*Freyr*). *Freyia*, la sœur de *Freyr*, et la fille de
Niördur, présidait aussi , comme son frère et son père , à la *Pêche*, et à
la *Navigation* sur mer; elle a donc aussi les attributions d'une déesse
maritime , et , comme telle , elle porte les noms épithétiques de *Gefn*
(Abîme), et de *Mar-döll* (Pin-marin). Le dieu et la déesse *Vnirdus*
(Nerthus, Niördur), comme divinités, présidant aux Eaux, et à la Mer,
avaient , chez les peuples *sarmates*, le nom de *Topien* (Profondeur,
Abîme; cf. goth. *diups*, profond), qui se maintint encore, dans la Mythologie slave , pour désigner le *Démon* des Eaux. Ce nom fut aussi donné,
par les Slaves , à *Pravy* et à *Pravia*. Lorsque *Freyr* et *Freyia* passèrent
de la religion des Slaves dans la Mythologie scandinave , le nom de *Topien* se changea, chez les peuples gotho-germaniques, en *Gaym*, ou *Geofon*, ou *Gebhan* (cf. *Cœdmon*, 245, 8 ; *Beovulf*, 724), nom qui , d'abord
purement *mythologique*, désignait le *dieu* maritime , mais qui , dans la
suite, devint (ainsi que *Thiod, Halia, Fairguni*, p. 253), un nom commun
poétique, pour désigner la mer (cf. *Cœdmon*, 79, 34). Aussi ce nom épithétique *Gefn* ne désigne-t-il ni *Freyr* ni *Niördur*, qui président à la mer,
mais il est resté à *Freyia* seule , et il a été attribué spécialement à la Déesse
qui est le dédoublement de *Freyia*, et qui porte le nom identique de *Gefion* (v. p. 294). *Mardöll* (Pin-marin) est un nom métaphorique désignant
le navire, qui était , sans doute , le symbole de la déesse *Gefn*. En effet ,
les anciens Scandinaves se servaient d'*arbres* creux en guise de navire ;
de là le nom de *pin* (norr. *thöll*), de *frêne* (norr. *askr*), pour dire *navire* (cf. *ask-mennir*, hommes du frêne , pirates). Ensuite la déesse maritime était représentée symboliquement par une *barque*, ou un *navire*
(cf. *Tacite*. Germ. c., 9), et c'est pourquoi elle a pu , elle-même , être
désignée par le nom symbolique de *Mar-döll* (Pin-marin).

(37) SIÖFN; LOFN; VÖR; SYN; HLIN; SNOTRA; GNÃ.

§ 118. **Siöfn, dédoublement de la déesse Thiuth.** — Chez les Scythes,
Taviti était la Déesse du *Feu* et du *Foyer* (v. *Les Gètes*, p. 230). Plus
tard , chez les Gètes , *Thiuth* (l'ancienne *Taviti*) devint le Représentant,
et la Protectrice de la *Famille*, de la *Tribu*, et de la *Nation*, c'est-à-dire
de la *Parenté*, de l'*Affinité*, et de la *Nationalité*. Dès lors *Thiuth* eut le
nom épithétique de *Sipia* (Parenté; sansc. *sa-bhyâ*; goth. *sibia*; allem.
Sippe, voy. *Les Gètes*, p. 231). Chez les peuples scandinaves, *Thiod*,
l'ancienne *Thiuth*, disparut du culte et de la tradition comme personnage
mythologique; son nom propre devint , ainsi que ceux de *Gefn*, de *Fair-*

guni, de *Halia*, un nom *commun*, signifiant *Nation*; mais elle se maintint dans la Tradition et dans la Mythologie, comme divinité, sous son nom épithétique de *Sif*, qui correspondait à l'ancien nom *Sibia*, et qui devint le nom propre de la déesse *Sif*, l'épouse de *Thôr*. Comme Protectrice du Foyer domestique, de la Famille, et de la Parenté, *Sif* eut, sans doute, encore le nom épithétique de *Sif-un* (Aime-Parenté), qui s'est changé en *Siöfn*, et prit la signification de *Affinité*, *Affection*. De *Siöfn* (Affection dérive le mot *Siafni* (Affectionné), qui signifie *amant*. Le nom épithétique de *Siöfn* fut, sans doute, aussi donné à *Freyia*, comme Protectrice de la Famille, et de l'Amour. Enfin *Siöfn* devint le nom d'un personnage allégorique, représentant l'*Affection* ou l'*Amour*. Dans la Mythologie norraine, *Siöfn* est une divinité allégorique très-secondaire, qu'il faut considérer, tout au plus, comme la Servante de *Freyia*; et c'est à ce titre seulement qu'elle figure, ainsi que *Fulla*, *Hlin*, etc., parmi les *Asynies* (voy. *Snorra Edda*, éd. Rask, p. 211).

§ 119. **Lofn, dédoublement de Freyia.** — *Lofn* est une Asynie qui a beaucoup d'affinité avec *Siöfn*; elle est, comme celle-ci, la personnification allégorique d'un nom épithétique de *Freyia* ou de *Frigg*, et préside, comme ces divinités, à l'Amour conjugal. Le nom de *Lofn*, formé comme *Gefn*, *Siöfn*, et dérivant d'un thème *LuFa* (sansc. *lubh*, vouloir; lat. *lubet*; slav. *liubiti*, aimer), exprimant l'assentiment, la volonté, signifie l'amour, considéré comme volonté, ou comme impulsion vers l'objet aimé. *Snorri* fait dériver le nom de *Lofn* de *leyfi* (assentiment, congé, permission). Cette dérivation est contraire à toutes les règles d'étymologie; mais elle avait quelque chose de spécieux, parce que, dans la langue norraine, on a confondu les formes, et, par suite, la signification des mots *lofan* (assentiment, permission) et *lofn* (assentiment, faveur, amour). *Lofn* n'est donc pas, comme le suppose *Snorri*, d'après l'étymologie qu'il donne, la déesse qui obtient la *permission* (lofan) pour l'union conjugale, mais elle est la Personnification de l'*Amour* (lofn) lui-même. Ensuite cet amour conjugal a bien pu, comme le prétend *Snorri*, être considéré comme naissant avec la *permission*, ou sous les auspices de *Freyr* et de *Freyia*, ou d'*Odinn* et de *Frigg*, lesquels passaient pour les types des Conjoints ou des Époux (norr. *hiôn*).

§ 120. **Vör, dédoublement de la Déesse Taviti.** — Le nom de *Vör* (p. *varu*) est originairement un adjectif féminin (masc. *varr*) qui dérive d'un thème *VaRa* (garer, protéger), et signifie *assurée*, *précautionnée*. Dans les langues de la branche *gète*, les adjectifs féminins forment quelquefois des substantifs abstraits (cf. all. die *Treue*, die *Liebe*, die *Leere*, etc.). Aussi l'adjectif féminin *vör* a-t-il formé le substantif abstrait *vör* avec la signification de *Garantie*, *Assurance*, *Confirmation*; et ce substantif abstrait est devenu le nom propre d'une divinité *allégorique*, qui intervient pour donner l'assurance et la confirmation aux promesses qui ont été données ou aux serments qui ont été prêtés. C'est ainsi que l'asynie *Vör* figure comme Déesse de l'Assurance et de la Confirmation, dans le Chant eddique le *Thrymskvida* (*str.* 20), où elle sanctionne une promesse de fiançailles. Dans l'origine, *Varu* a sans doute été un nom épithétique de la Déesse *Taviti*, qui était la *Gardienne* des lois et de la religion (voy. *Les Gètes*, p. 230). *Snorri*, se rappelant que l'adjectif féminin *vör*, par cela même qu'il signifie *précautionnée*, signifie aussi quelquefois *avisée, sage*, et devient en ce sens une épithète laudative donnée aux femmes, confond cet adjectif avec le nom de la Déesse *Vör*, et croit devoir, en conséquence, attribuer à celle-ci, comme qualité principale, la *Sagesse* ou la perspicacité, qui, cependant, n'est en aucun rapport direct avec *Vör*, c'est-à-dire, avec l'idée de *sanction*, donnée aux promesses et aux serments.

§ 121. Syn, dédoublement de la Déesse Taviti. — Le mot *syn* dérive du thème *aSa* (sansc. *as*, être ; lat. *esse*, être) qui n'est proprement que la forme *verbale* du pronom démonstratif *sa* (ce) et signifie primitivement *être cela*. A ce thème se rattachent l'adjectif participial *sannr* (p. *sandr* étant, réel, vrai ; cf. lat. *ents*, p. sents ; anglos. *soth* ; angl. *sooth*, vrai) et, dans la langue gothique, l'adjectif féminin *sunja* (p. sundia), avec la signification abstraite de vérité (cf. sansc. *satya*). *Sundia* paraît avoir été, dans l'origine, un nom épithétique de la Déesse *Taviti*, considérée comme Déesse du serment (voy. *Les Gètes*, p. 228). De *sunja* dérive régulièrement le mot norrain *syn* (voy. sunia), qui signifiait originairement *vérité* ; et de *syn* s'est formé ensuite le verbe dénominal *synia* (établir la vérité), comme, en gothique, de *sunja* s'est formé le verbe dénominal *sunjon*. Au tribunal, l'accusé tâche surtout d'établir la vérité afin de se *justifier* ; c'est pourquoi les verbes dénominaux *sunjon* et *synia* signifient aussi *se justifier* ; et le mot de *syn* (vérité) prend encore la signification de *justification* (vieux sax. *sunnea*). Ensuite, comme, pour établir la vérité, afin de se disculper et de se justifier, l'accusé a souvent recours à la *dénégation* des charges qui pèsent sur lui, le mot de *syn* (vérité, justification) signifie encore *dénégation*. *Syn*, comme Personnification ou comme déesse *allégorique*, ne se rencontre dans aucun des chants mythologiques qui nous restent ; elle est seulement citée comme Asynie dans cet ouvrage-ci de *Snorri*, et dans l'*Edda en prose* (p. 214). Comme déesse allégorique, *Syn* a dû appartenir essentiellement au débat judiciaire, et être la Personnification de ce qu'on appelait alors la *Défense*. *Snorri* dit que *Syn* a pour fonction de *refuser* l'entrée de la Halle à ceux qui ne doivent pas y entrer. Sur quoi repose cette assertion ? est-ce une simple conjecture de *Snorri*, faite d'après la signification du mot *syn* (dénégation, *refus*), ou bien cette donnée a-t-elle été fournie à *Snorri* par un ancien chant mythologique, qui n'existe plus, et où figurait *Syn* comme *portière* ? *Snorri* ne dit pas quelle est la *halle* dont *Syn* défend l'entrée ; cela ne peut être que *Glitnir*, le lieu de justice, ou le Tribunal de *Proposant* (voy. p. 239). Dans la loi salique le mot *sunnis* (basse-latinité *sonna, sonia*), qui correspond au mot norrain *syn*, a encore pris la signification de motif légal pour s'*exempter* d'une obligation judiciaire. Ainsi dans la *Lex Sal.* I, 4, il est dit : « Si quis ad mal-« lum legibus dominicis mannitus fuerit, si cum *sunnis* non detinuerit, 600 « denariis culpabilis judicetur, » ce qui énonce que celui qui sans motif légal s'abstient de venir au tribunal, et de remplir une obligation judiciaire est passible d'une amende de 600 deniers. L'expression de *sunnis* ou *sonia* n'a cependant rien de commun avec un autre mot de basse-

latinité savoir *ex-sonia*, d'où dérive notre terme juridique de *exoine*. En
effet, le mot *sonia*, renforcé dans *ex-sonia*, bien qu'il soit entièrement
homonyme avec *sonia*, qui est synonyme de *sunnis*, ne correspond pas,
comme celui-ci, au gothique *sunja*, ou au norrain *syn*, mais il correspond au norrain *sokn* (recherche, poursuite, soin), auquel correspondent
le vieux italien *sogna*, le provençal *sonh*, et le français *soin*. Comme on *recherche* ou poursuit surtout ce qui *manque*, le mot italien *bisogno*, le provençal *bisonha*, et le français *besoin*, signifient principalement *manque*.
Comme ce qu'on *soigne* est une affaire, ou une obligation, ou une charge,
le mot vieux français *essoine* (p. ensoine) signifie l'état d'être en soin,
en obligation, en difficulté, en peine ; et le mot *essoingne* (pour *ex-
soigne* ; b. lat. *exonia* ; fr. *exoine*) désigne la mise *hors* de soin et d'obligation, ou la *décharge* d'une obligation. On le voit donc, les mots *syn*
et *exoine* appartiennent à deux familles de mots, tout à fait différentes
l'une de l'autre.

§ 122. Hlin, dédoublement de Frigg. — *Odinn* et *Frigg*, les Divinités
Suprêmes, sont les types du *Maître* et de la *Maîtresse*, et, par conséquent, les *Protecteurs* naturels des hommes qui composent leur maison
(voy. p. 24). *Frigg*, comme Protectrice de ses hommes, portait sans
doute le nom épithétique de *Hlîn*, qui signifie *Appui, Protection* (cf.
grec *klinê*, appui, repos ; v. *Grimm*, Mythol. 832). *Frigg* s'étant dédoublée,
Hlîn est devenue dans la suite la servante de *Frigg*, une espèce de
Norne, chargée de protéger, dans l'*Allée Agréable* (voy. p. 24), les
favoris de cette déesse, comme les *Valkyries*, veillent, dans la *Halle
des Occis*, sur les hommes protégés par *Odinn*. Aussi *Hlîne* est-elle
affligée quand *Odinn*, l'époux de *Frigg*, part pour le grand Combat, au
Crépuscule des Grandeurs ; car elle sait qu'il y trouvera la mort.
L'Asynie *Hlîn* ne figure dans aucun poëme de l'Edda de Sæmund, si ce
n'est dans la *Vision de la Louve*, où elle est représentée comme chargée de veiller sur *Odinn*, le Héros chéri de *Frigg*.

§ 123. Snotra, spécialisation de Freyia. — *Snotra* n'est, nulle part,
citée comme *Asynie*, si ce n'est ici, et dans l'Edda en prose (p. 214). La
signification primitive du nom de *Snotra* est *Sagace* (lat. *emuncta, nas-
uta*), d'où dérive l'autre signification de *Fine, Polie, Élégante*. Dans
l'origine, *Snotra* paraît avoir été un nom épithétique de *Freyia*, comme,
en général, c'était une épithète laudative donnée aux femmes de qualité
(*freylor*, dames). Plus tard on a fait, sans doute, de *Snotra* un personnage *allégorique*, qui fut considérée comme la *Suivante* ou la Servante
de *Freyia*, et comme le représentant de l'élégance, et de la grâce des Dames.

§ 124. Gnâ, dédoublement de Freyia. — *Gnâ* est la Messagère de
Frigg, comme *Skirnir* est le messager de *Freyr*. Les vers cités par
Snorri prouvent que cette asynie a été un personnage, non seulement
allégorique, mais mythologique, quoique secondaire. Le nom de *Gnâ*,
qui est le féminin de *Gnâr* (*Knâr* ; cf. lat. *gnavus* ; v. saxon. *Knapa* ;
all. *Knabe*), signifie *Alerte*, et ce nom convient bien à la Messagère de
Frigg. *Snorri*, cependant, pense que *Gnâ* signifie *Planeuse* ; il conjecture cela, sans doute, d'abord de ce que la Messagère *Gnâ* dit, elle-
même, qu'elle ne *vole* pas à travers les airs, comme les Nornes et les

Valkyries, ni ne *marche* à pied, comme les hommes, et ensuite, de ce que le verbe *gnæfa*, qui, à son avis, est un dérivé de *Gná*, signifie, selon lui, *planer*. Mais *gnæfa* signifie *surgir*, et non pas *planer*, et ce verbe n'a qu'un rapport très-indirect avec la signification du nom propre de *Gná*. Les vers cités par *Snorri* sont empruntés à un ancien poème dont il ne nous reste plus que cet unique fragment. *Gná*, la Messagère de *Frigg* (Pluie), est évidemment la Personnification du Vent d'été, qui amène les pluies fécondantes, et, comme telle, elle est la spécialisation de *Freyia* qui préside au Vent d'été. Comme Personnification du Vent, *Gná* a pour monture un cheval, symbole du Vent (voy. p. 460). Ce cheval est nommé *Lance-Sabot*, probablement parce qu'il représente le Vent rapide, qui va grand train. Le père de *Lance-Sabot* est *Gerce-Peau*, le Symbole du Vent brûlant, qui fait gercer la peau ; sa mère est nommée *Brise-Enceinte*, parce qu'elle représente le Vent d'orage, qui renverse les enclos.

(38) LES VALKYRIES ; LES ASYNIES IÖRD ET RINDUR.

§ 125. **Les Valkyries** conçues d'après les Alhi-runes historiques.—Chez des peuples *guerriers*, tels que ceux de la race scythique, dont la vie, et par suite, la destinée individuelle, s'agitait principalement dans les *combats*, le *Destin*, ou l'*Établissement primordial* (voy. p. 232), se rapportait principalement aux événements, aux chances, et aux accidents de la *guerre*. Aussi l'issue des combats fut-elle considérée comme la *Destinée* par excellence, et désignée, par conséquent, comme elle-même, du nom d'*Établissement primordial* (norr. *örlög*, destin ; holland. *oorlog*, guerre). L'Oracle, la Divination, la Prescience étaient surtout employées, pour connaître d'avance la destinée ou l'issue des *combats*, par rapport à la victoire ou à la mort des combattants. De même que le Dieu de la *guerre* était le Dieu *Suprême*, et le premier qui ait eu un Sanctuaire, et un signe symbolique qui le représentait (voy. p. 270), de même aussi les *Femmes victimaires* (scythe *Viro-pata*, Tuerie d'hommes), qui, comme *Femmes de Vision* (voy. p. 270) prédisaient l'issue des expéditions, et entreprises guerrières, avaient, seules, en quelque sorte, une position *officielle*. Car, tandis que les autres Prophétesses et Divineresses parcouraient, pour leur compte, le pays pour prédire l'avenir aux individus qui venaient les consulter, les Femmes-Victimaires, ces Prophétesses de la guerre, étaient, seules, consacrées spécialement et officiellement au Dieu Suprême, au Dieu des Combats. Comme elles passaient pour connaître le *Secret conseil* (norr. *rúna*) de la Destinée, et qu'elles étaient attachées au *Sanctuaire* national du Dieu de la guerre, les *Femmes-victimaires* prirent, chez les peuples gètes, le nom de *Conseillères du Sanctuaire* (gète *alhi-hrúnas*).

Lorsque, au troisième siècle avant notre ère, *Vathans* (Odinn) devint Dieu *Suprême*, il remplaça *Tius* (Tyr), comme *Dieu des Combats*, et *Skalmoskis*, comme *Seigneur des Ames*, ou *Seigneur des Trépassés*. Comme Dieu Suprême, il fut aussi Dieu du *Destin*, et de la *Prescience*, et eut à son service à la fois les *Conseillères du Sanctuaire*, et les *Femmes-de-Vision*. Lorsque plus tard, chez les peuples de la branche gète, *Odinn* eut son habitation ou son sanctuaire *céleste* dans la *Halle des Occis*, la Mythologie mit aussi à son service des *Alhi-rûnes célestes*, nommées *Val-Kyries*. Le caractère et les attributions de ces *Valkyries* mythologiques étaient calqués sur le caractère et les attributions des *Alhi-rûnes* historiques. En effet, de même que les *Alhi-rûnes* étaient attachées au sanctuaire terrestre, et au service du Dieu de la Guerre, de même les *Valkyries* étaient attachées au Sanctuaire *céleste* (la Halle-des-Occis), et au service d'*Odinn* le Dieu des Combats. De même que les *Alhi-rûnes*, comme Prêtresses-Victimaires, *choisissaient*, parmi les prisonniers de guerre, ceux qui devaient être sacrifiés ou consacrés au service du Dieu de la guerre, dans le ciel, de même les Valkyries *choisissaient*, parmi les héros combattants, ceux qui devaient succomber, et aller augmenter le nombre des Compagnons (Troupiers-Uniques) d'Odinn, dans la *Halle-des-Occis*. Aussi ces Servantes d'Odinn, ces Victimaires célestes, eurent-elles le nom de *Choisit-les-Occis* (norr. *Val-Kyrior*). De même que, dans l'histoire, les *Alhirûnes* n'étaient qu'une espèce particulière de *Femmes-de-Vision*, de même aussi, en Mythologie, les *Choisit-les-Occis*, qui ont été imaginées d'après les *Alhirûnes* historiques, n'étaient non plus qu'une espèce particulière de *Nornes* (voy. p. 232), lesquelles avaient été calquées sur les *Spákonur* historiques. Aussi y a-t-il de nombreuses analogies entre les *Nornes* et les *Valkyries*. En effet, les unes et les autres sont des *Femmes de Vision* célestes, qui connaissent d'avance la Destinée (*örlog*) des hommes. La Prescience étant symbolisée par le Cygne (voy. p. 238), les *Valkyries*, ainsi que les *Nornes*, sont revêtues du *plumage* éclatant du Cygne, et se transportent d'un endroit à l'autre, en volant sous forme de cygnes à travers les airs. Toutes les fois que les *Valkyries* se rendent à un endroit où l'on va livrer combat, elles sont sous la conduite de *Skuld* (Future), la plus jeune des *Nornes*, qui préside aux événements à venir. Le don de la prescience étant attribué principalement aux femmes *vierges*, les *Valkyries*, ainsi que les *Nornes*, sont généralement représentées comme des *vierges*. Cependant il y a aussi des Valkyries *mariées*. Les attributions des *Valkyries* se rapportant principalement à la destinée des héros, dans les combats et à la *guerre*, on se figurait les *Choisit-les-Occis* comme des Vierges *guerrières*. Aussi sont-elles désignées, dans la *Vision* de la Louve, sous le nom de *Nonnor Herians* (Nonnes ou Vigoureuses du Combattant), nom qui, par un pur hasard, ressemble à celui des *Nonnes* ou Religieuses chrétiennes (lat. *Nonnæ* Mères, Aïeules), et semble énoncer que ce sont des femmes vierges, au service du Dieu de la guerre *Odinn*. Comme vierges guerrières, les *Valkyries* portent le heaume et le bouclier ; de là leur nom de *Vierges au Heaume* (Hialm-meyiar), et de *Vierges au Bouclier* (Skiald-meyiar). De plus, le nom propre de plusieurs d'entre elles rappelle leurs fonctions et leur caractère guerriers. *Snorri* cite quelques-uns de ces noms, d'après la strophe 36 des *Dits de Grimnir*. La Valkyrie *Hrist* (Secousse) personnifie l'action de secouer les armes, ou les baguettes divinatoires (cf. norr. *hrista teina*), indices de l'issue du combat. *Mist* (Brume) est la personnification de la mêlée confuse, tempétueuse, et embrouillée du combat qui ressemble à un brouillard. *Skögul*

(Hérissée de Lances), *Skeggiölld* (p. Skeggi-völld, *Manie-Hache*), *Rand-grid* (Fureur d'écus), *Geira-höd* (Lutte aux Framées) désignent le com-bat avec les différentes armes offensives et défensives. *Hlöck* (Chaîne), et *Herfiötur* (Lien de Troupe) désignent les chaînes qu'on mettait aux prisonniers de guerre, condamnés à l'esclavage ou au sacrifice. *Regin-leif* (Protection des Grandeurs) désigne l'invulnérabilité, et la protection invisible accordées, par les *Grandeurs* ou les Dieux, à quelque héros dans le combat. *Hildur* (p. *Hvildur*; cf. anglos. *qvild*, la mort) dont le nom est emprunté à celui de la Déesse *Hildur*, qui est un dédoublement de *Hel*, désigne la mort sanglante à la guerre. *Thrudur* (Force) est la Personnification de la Valeur guerrière, et *Radgrid* (Fureur Résolue) désigne la Fureur, dans le combat, qui fait prendre des résolutions ex-trêmes.

Les *Valkyries* et les *Nornes* sont, les unes et les autres, des Êtres mythologiques qui n'ont pas été *adorés*, comme des divinités, mais seu-lement *vénérés*, comme des Puissances surhumaines. Objets de tradi-tion plutôt que de culte, les *Valkyries*, comme les *Nornes*, figurent moins souvent dans les mythes proprement dits, que dans les poésies *épiques*. Si les *Nornes* sont en partie les Protectrices (norr. *Hamin-giar* Issues du Couvrant) des hommes, les *Valkyries* sont aussi quelque-fois les *Protectrices*, les Amies, les Fiancées, et les Épouses des héros, et elles protègent les hommes chéris d'*Odinn*, comme *Hlin* protège les hommes chéris de *Frigg* (voy. p. 297). Par suite des analogies qu'il y avait entre les *Valkyries* et les *Nornes*, les unes ont été souvent con-fondues avec les autres en Mythologie. Ensuite, de même que les Devine-resses ou Femmes de Vision (Spåkonur), ont été souvent représentées, non pas seulement comme *sachant* d'avance et proclamant les décrets de la Destinée, mais comme *déterminant* à leur gré la destinée humaine, de même aussi, se trompant sans doute sur la signification du nom de *Choisit-les-Occis*, on a vu en celles-ci des vierges guerrières, qui choi-sissaient à leur gré, ou qui, sans consulter les ordres d'*Odinn*, ou les Décrets de la Destinée, décidaient elles-mêmes, arbitrairement, de la victoire et de la mort des héros.

§ 126. **Les Asynies Iörd et Rindur.** — De même que les Scythes ado-raient le Ciel sous le nom de *Tivus*, de même ils adoraient aussi la Terre, qu'ils nommaient *Aquatique* (scyth. *Apia*), parce qu'ils croyaient qu'elle était *sortie* de l'*eau* (voy. *Les Gètes*, p. 170). Comme la Terre est fécondée par les pluies du Ciel, *Apia*, la Personnification mythologique de la Terre, passait pour l'Épouse de *Tivus*, la Personnification du Ciel (Hérod. IV, 59). Cette Déesse était considérée, surtout chez les Scythes agriculteurs et les Gètes laboureurs, comme la *Terre-Mère*, qui correspondait au *Ciel-Père*, ou au Ciel-*Fécondateur* (*Pirkunis*, v. p. 251). De même que *Tivus* devint le Père ou l'*Aïeul* (scyth. *Pappaïus*) de la race scythique, de même *Apia*, l'Épouse de *Tivus*, dut aussi passer pour la Mère ou l'*Aïeule* (gr. *Dâ* p. dedâ, Aïeule, Terre, Théok. 7, 39; boh. *deda*, aïeule; cf. norr. *Edda*, aïeule; dor. *dá-mater*, Aïeule-mère; cf. illyr. *stara mater*, Vieille-Mère, Terre) de cette race. Aussi *Tivus* et *Apia* étaient-ils, selon la tradition, les parents de *Targitavus* (Soleil), qui passait pour le Père des Scythes (voy. p. 193). La *Terre-Mère* était considérée à la fois comme le sein maternel d'où la race humaine était originairement sortie, et comme le sein dans lequel l'homme, à sa mort, devait rentrer; de là, encore dans la Mythologie norraine, l'idée que la tombe est une seconde *matrice*, où l'homme, à sa mort, rentre jusqu'au moment de sa renaissance (v. § 157). En général, les peuples anciens se disaient *nés de la terre* (voy. *les Gètes*, p. 73), c'est-à-dire issus du *Pays* qu'ils habitaient; les Scythes-Hellènes, établis dans l'*Hylée* (gr. *Hulaia*, Boisée), se disaient donc aussi fils de cette terre. Or, cette contrée était couverte moitié de forêts, moitié de marécages provenant des débordements du Borysthènes (*Borush-Tanaïs*, le Tanaïs, le Don, ou le Fleuve aux Bouleaux). Déjà avant l'arrivée des Scythes dans ce pays, les Kimméries qui l'habitaient, supposant que cette contrée était originairement sortie de dessous les eaux de ce fleuve, l'avaient appelée la *Fille de Borysthènes*. Cette tradition passa aux Grecs de la Chersonèse, qui, suivant leur habitude de représenter l'Eau sous le symbole de l'hydre (gr. *hudra*, aquatique), et la Terre sous celui d'une femme, donnèrent à la Fille de Borysthènes, c'est-à-dire à l'Hylée marécageuse, composée moitié d'eau, moitié de terre, le nom de *Serpent-Femme* (Hérod. *Echi-dna* ; sansc. *ahi-danikâ* ; cf. pelasg. *Eva-dne*, Eau-Femme). De là la tradition répandue chez les Scythes-Hellènes, que la race scythique de l'Hylée était issue de *Héraklès* (scythe *Targitavus*), et d'*Echidna*.

Lorsque les peuples d'origine scythique eurent échangé l'état nomade contre la vie sédentaire, et que l'agriculture se fut répandue, de plus en plus, chez les peuples gètes, la Terre, c'est-à-dire la contrée habitée par ces peuples, fut considérée plus spécialement au point de vue de la *culture*, et dès lors elle prit de préférence le nom de *aritha* (rayée, sillonnée, labourée: gr. *era* p. *erath* ; norr. *iordh*; vhall. *erde*). D'un autre côté, l'ancien nom de *apia* (aquatique), qui, dans la suite, s'était changé, dans les idiomes de la branche *gète*, en *awe* (vieux haut-allemand), en *ey* (norrain), et en *ö* (suédois), ne garda plus la signification de *terre*, mais seulement la signification primitive de *terre aqueuse*, de *prairie imbibée d'eau*, et de *île*. C'est pourquoi la Déesse *Terre* ne garda pas, non plus, dans la Mythologie, son ancien nom d'*Apia*, mais l'échangea contre le nom plus moderne de *Iördh*, de sorte que, dès lors, *Apia*, comme déesse, disparut, du moins sous ce nom, de la tradition mythologique. Cependant, les différentes attributions traditionnelles de l'ancienne déesse *Apia*, se conservèrent, et furent transmises, en partie, à *Iörd*, en partie réparties entre plusieurs Déesses ayant des attributions analogues. Ainsi, d'abord, *Apia*, comme Déesse *Terre*, opposée à *Tivus* (Ciel), fut remplacée, dans la Mythologie scandinave, par *Iörd* (Terre de labour); et de même que *Apia* avait été la mère de *Targitavus* (Soleil; gr. *Héraklès*), de même *Iörd* devint aussi la mère de *Thór*, parce que *Thór* avait pris la place de *Fiörgynn*, l'ancien *Perkunis* (lat. *Hercules*), lequel, lui-même, s'était substitué à l'ancien *Targitavus*. Puis, comme *Apia* avait été l'Épouse de *Tivus*, *Iörd*, qui remplaça *Apia*, devint, sinon l'Épouse, du moins l'Amante de *Odinn*, qui avait remplacé *Tyr*, l'ancien *Tivus*. Ensuite, *Apia*, en sa qualité de déesse Terre, qui était désignée sous le nom épithétique de *Montagneuse* (cf. sansc. *Parvatâdhârâ*, Porte-Montagnes), et de *Boisée* (cf. Hylaïa), fut remplacée par la Déesse *Fiörgyn*, l'ancienne Épouse ou Sœur de *Fiörgynn*, le Dieu des *Monts-de-Tonnere*, ou des *Forêts hercyniennes* (voy. p. 252). Puis les attributions d'*Apia* comme *Terre productive*, passèrent à l'Asynie *Sif*, la Déesse des Semailles, qui devint l'Épouse de *Thôr*, par la même raison que *Apia* avait été anciennement l'Épouse de *Tivs-Pirkunis*, dont plusieurs attributions avaient passé à *Thôr*. Comme Terre d'*habitation*, *Apia* fut remplacée par *Taviti*, la Déesse du Feu, du Foyer, et de l'Habitation (voy. p. 294), laquelle, sous le nom épithétique de *Hlódynn* (Amie du Foyer), se confondit avec *Iörd*, qui prit elle-même le nom de *Hlódynn*. Enfin, comme Mère ou Source d'abondance et de richesse, *Apia* fut remplacée par *Rindur*, *Frigg*, et *Freyia*, de sorte que, n'ayant plus d'attributions *spéciales*, *Apia* disparut entièrement, sous ce nom, du Culte, et de la Mythologie des peuples de la branche gète. — Sur l'origine, les attributions, et l'histoire de la Déesse *Rindur*, voyez ci-dessus § 96.

(39) HYMIR ; LES FIANÇAILLES DE FREYR ET DE GERDUR.

§ **127. Gymir; Örboda; et Gerdur.** — La stupeur qui saisit les peuples iafétiques, lorsque, descendant des plateaux où était leur berceau, ils virent, pour la première fois, l'Océan redoutable, leur fit donner à ce vaste élément le nom de *Effrayant* (sansc. *Timi*; scythe *Tami*; voy. *Les Gètes*, p. 247). Les Scythes qui arrivèrent, plus tard, sur les bords de l'Océan indien et de la mer Caspienne, ont dû déjà connaître le nom de *Thami* (Océan), au moins au sixième siècle avant notre ère. Car les *Massa-Gètes*, qui s'étendaient jusqu'à la mer Caspienne, et qui vivaient en partie de la pêche maritime, avaient pour reine *Thamyris* ou *Tomiris*, dont le nom signifiait proprement *Océanide* (Fille de l'Océan; cf. sansc. *tamara*, fleuve, eau; grec *Thamyris*, *Thamyras*, *Thymbros*, *Thybris*; lat. *Tiberis*, Fils de Neptune), et était synonyme du nom de *Semiramis*, la mère de *Ninyas*, lequel était surnommé *Zamis* (Océan). L'Eau, cet élément clair et limpide, étant le symbole de la lumière, et de la clarté de l'*Intelligence* (voy. p. 228), et la Mer, par sa profondeur et son étendue, rappelant la profondeur et les mystères de la Science, le Dieu de l'Océan passait pour être en possession d'un trésor de *science*, d'autant plus que son nom de *Thami* (Étourdissant), rappelait, en partie, le breuvage *étourdissant* (sansc. *mathu*; gr. *methu*; norr. *miödr*), auquel l'Antiquité attribuait la propriété d'exciter les facultés intellectuelles (gr. *thambos*, étourdissement, ivresse), et d'inspirer la Science, la Poésie et la Prescience. Aussi les Scythes donnaient-ils au Dieu *Thami* le surnom de *Masa-dâs* (zend. *maz-daô*), qui signifiait *Beaucoup-brillant* et *Beaucoup-sachant*. Plus tard, les peuples gétiques donnaient au mot *tami* (effrayant, océan) la forme de *tomi* et de *sami*. Aussi la ville principale des Gètes, qui était située près de la mer, et qui, peut-être, était consacrée au dieu de l'Océan, portait-elle le nom de *Tomi* (Maritime). Mais, dans la suite, lorsque les peuples de la branche *gète*, s'étant familiarisés avec la mer, ne la considéraient plus comme *redoutable*, le mot *Tomi* ne put plus servir à désigner la mer ou l'Océan, mais garda seulement la signification de *trouble, obscur, désert* (cf. norr. *tomr*). Le nom du Dieu *Thami*, comme présidant à l'Océan redoutable, fut par conséquent remplacé par le nom propre plus expressif de *Ogis* (norr. *Œgir*, Redoutable; gr. *Ogèn* p. *ögens; Ogènos; Okeanos*). Dans l'idiome scandinave, *Sami*, sans désigner le Dieu de l'Océan, conserva cependant, exceptionnellement et obscurément, l'ancienne signification de *Océan* (cf. *Samsey*, Ile de l'Océan; *sam-land*, Pays maritime; *Samo-gitia*, la Gétie maritime; cf. *Samo-thrakè*, la Thrace maritime); mais la signification ordinaire de *sam*, comme celle de *tom*, était *effrayant, sombre* (cf. norr. *sam-leitr*, visage sombre).

Dans quelques idiomes germaniques, un autre terme synonyme, *Fimul, Fimbul*, et *Fifl*, qui signifiait *Effrayant, Étourdissant*, devint un nom poétique et épithétique, désignant l'*Océan* (cf. anglos. *Fifl-cynn*, monstres de l'Océan; *Fifl-dor*, synonyme du norrain *Œgis-dyr*). Plus tard, ce nom garda seulement la signification générale de *Terrible*; et c'est pourquoi le terrible hiver qui précédera le *Crépuscule des Grandeurs*, est désigné, dans la Mythologie norraine, par le nom de *Fimbul-vetr* (Hiver-Terrible). Le terme de *fimbul* servit aussi, comme les mots *regin, gin, tyr* (voy. p. 271), pour désigner le degré suprême, comme, par exemple, dans *Fimbul-fambi* (Terrible-Fou), *Fimbul-thulr* (Terrible Parleur). Enfin, comme la sorcellerie passait pour produire sur l'esprit un effet *étourdissant, abasourdissant, hébétant*, le terme *fifl* finit par ne plus signifier que *ensorcelé*, et *stupide*.

Œgir, qui, dans la Mythologie norraine, remplaça l'ancien *Thami-masadas*, était, comme celui-ci, le Dieu redoutable de l'Océan, et, comme tel, il était l'opposé du Dieu *Niördr*, qui passait pour le Dieu bienfaisant de la Mer, des Fleuves, et des Eaux. Comme dieu redoutable, *Œgir* ne comptait pas parmi les *Ases*, mais parmi les êtres mythologiques nommés *Iotnes*. Tandis que l'Ase *Niördr* présidait à la Mer paisible pendant l'été, *Œgir* devint la Personnification de la mer tempêtueuse en automne, en hiver, et au printemps. Comme Dieu de la Mer hivernale et glaciale, *Œgir* se confondit avec l'Iotne *Gymir* ou *Hymir*, ou *Ymir*, qui était le représentant du Monde glacial primitif (voy. p. 186), et avec *Hlér* (p. *Glœr*, Luisant, Clair), la Personnification cosmologique de la Mer, le Fils de *For-niotr* (Préoccupant; slave *Pore-nut*), et le Frère de *Vindr* (l'Air) et de *Eldr* (Feu). Dans la suite on distingua, de nouveau, *Œgir* de *Hymir* (voy. *Hymiskvida*), comme on distingua *Ymir* de *Gymir*. *Gymir* devint la Personnification de la Mer *hivernale*, c'est-à-dire de la Mer redoutable et dangereuse en hiver. Sa femme était nommée *Örboda* (Forts-Brisants), et symbolisait les brisants qui rendent la navigation périlleuse. *Örboda* était de la race des *Géants de Montagnes*, car les promontoires et les rochers sous-marins, représentés par cette race, occasionnent principalement des brisants dans la mer. Le fils de *Gymir* et d'*Örboda* se nommait *Beli* (Beugleur), qui était la Personnification du bruissement des vents et des flots de la mer hivernale. Ce bruit cesse quand l'empire de *Freyr* sur la mer reprend le dessus; et cela arrive au *printemps*, à l'époque où les cerfs et les rennes perdent leur bois (cf. all. *Hornung*, février); c'est pourquoi il est dit que *Freyr* tue *Beli* avec

une corne de cerf. La sœur de *Beli* est *Gerdur* (Ceignante, Protégeante,
Paisible); elle est la Personnification de la Mer hivernale rendue paisible,
accessible, et navigable en été; aussi *Gerdur* devient-elle la fiancée de
l'Ase *Freyr*. *Œgir*, en tant que différent de *Gymir*, est l'époux de *Rân*
(p. *Hrâkn*, Violence); et l'ancienne épithète de *Beaucoup-Sachant*, que
portait *Thami*, auquel *Œgir* a été substitué, a pris, dans celui-ci, le
sens de *Magicien* (norr. *fiöl-kunnigr*, beaucoup-sachant, magicien).
Œgir est magicien, parce que, d'abord, l'Océan exerce une certaine magie,
une fascination sur l'esprit des hommes; ensuite, il est magicien parce
qu'il appartient à la race des *Iotnes*, qui sont *beaucoup-sachants* (norr.
hundvîsir), et de redoutables magiciens. Voilà pourquoi, dans la demeure
d'*Œgir*, tout *produit* un effet magique, et *se produit* par un effet magique
(voy. Poèmes islandais, p. 321).

§ 128. Les fiançailles de Freyr et de Gerdur. — De même que, dans la
Mythologie, les *objets* de la Nature, tels que le soleil, la lune, etc., ont
été considérés comme des *personnes*, de même les *influences* physiques
qu'ont ces objets, les uns sur les autres, furent considérées comme les *actions* volontaires de ces Objets personnifiés. D'abord se sont formés des
mythes énonçant simplement des *attributs* de ces objets personnifiés, tel
que, par exemple, ce mythe-ci : *Thor* est *fils* de *Iörd*. Il est *possesseur* de
Meunier, etc. Ces mythes, nous les appelons *Mythes d'attributs*. Plus
tard se formèrent les mythes racontant les *actions* des Divinités, et des
Êtres mythologiques : nous les appelons *Mythes d'action*. Or les Scandinaves, établis dans la partie septentrionale de la Presqu'île, remarquèrent
que, chez eux, la mer arctique était inaccessible pour la navigation et la
pêche, durant *neuf* mois de l'année, depuis septembre jusqu'en mai, et
n'était accessible que pendant les *trois* autres mois (voy. p. 264). Ils attendaient avec impatience l'ouverture de la navigation et de la pêche, et
célébraient cette ouverture par une fête *religieuse*. Pour rendre compte
de la célébration de cette fête, il se forma un Mythe *d'action*, racontant
comment et pourquoi la Mer hivernale est devenue accessible à la navigation et à la pêche. Ce Mythe, dans son langage symbolique, disait simplement et brièvement que, depuis le mois de septembre dernier, *Freyr*
(le Dieu de la Navigation et de la Pêche), était éloigné de son amante *Gerdur* (Mer hivernale); qu'il a langui après elle pendant *neuf* mois, mais
que, lui et ses adorateurs célèbrent, dans ce jour, et par cette fête, sa noce
avec sa fiancée. Ce Mythe, ayant pour objet de rendre compte du fait qui
est la raison de la fête, appartient à cette espèce de traditions que nous
appelons *Mythes de fête*. Si le récit des Mythes d'action était resté purement *symbolique* (c'est-à-dire, eût exprimé, en langage symbolique, l'*idée*
qui en fait le fond, et dont, à l'origine, on avait pleine et entière connaissance), d'abord, *tout* dans ce récit serait *significatif* par rapport à cette
idée, et ensuite, l'idée étant simple, le récit, qui n'en est que l'expression symbolique, serait également resté simple et bref. Mais à mesure
que les mythes symboliques se transmettent par la tradition, l'*idée*, qui
en fait le fond, se perd de plus en plus de la mémoire des hommes, de
sorte qu'on s'en tient exclusivement à la *forme* du récit. De cette manière,
les mythes symboliques sortent du domaine de l'*idée*, qui est le véritable

terrain où ils ont pris naissance, et entrent entièrement dans le domaine de la *narration*, ou du récit fait, pour lui-même, en dehors de l'idée. En d'autres termes, les mythes, de *symboliques* qu'ils sont dans l'origine, deviennent complétement *épiques*. Or, il est dans la nature de la *narration*, d'aimer les détails, les ornements descriptifs, tous les accessoires qui motivent le récit : et voilà pourquoi le récit des mythes devenus épiques est plus long, plus détaillé, et renferme des accessoires et des ornements, lesquels, non-seulement, n'ont aucun rapport avec l'*idée*, qui y était exprimée originairement, mais sont même le plus souvent en contradiction avec elle. Nous allons faire voir les détails, ornements, et accessoires *épiques*, qui sont venus s'ajouter au récit simple et bref du mythe symbolique primitif, concernant les Fiançailles de Freyr et de Gerdur.

§ 129. **Les éléments épiques ajoutés au mythe symbolique.** — Nous venons d'indiquer l'idée qui fait le fond du mythe des Finançailles de Frey. Voici maintenant les détails, ornements, et accessoires narratifs, qui ont été ajoutés au récit du Mythe, pour en rendre la forme plus intéressante, plus poétique, ou plus pathétique. 1° Il est dit que *Freyr* voit, du haut de la *Chaumine-aux-Portes* (voy. p. 240), la beauté resplendissante de *Gerdur* (l'Éclat de la Mer hivernale, dont la surface resplendit au soleil), et il tombe amoureux de cette fille de géant, qui éclaire de sa beauté toute la région boréale. 2° Le serviteur de *Freyr*, qui est aussi le messager de ce dieu, ainsi que celui des Ases en général, se nomme *Skírnir* (Éclaircit). Dans l'origine, ou dans le sens symbolique, *Skírnir* est la Personnification du Vent qui fait le beau temps. Comme Vent, il marche vite, ainsi qu'il convient à un messager ; et il est nommé *Éclaircit*, parce que, étant au service de *Freyr*, qui préside au beau temps, il *écure* le ciel, c'est-à-dire, balaie, de son souffle, les nuages qui cachent ou couvrent le soleil. Plus tard, ayant pris une signification purement *épique*, *Skírnir* est devenu le Messager-*Éclaireur*, qui porte les messages ou les *déclarations* (goth. *skeireins*) des Dieux. C'est *Skírnir* qu'envoie *Freyr* à *Gerdur*, pour demander qu'elle lui accorde ses faveurs. 3° *Gerdur* (la Mer hivernale) ne peut être vaincue, ou rendue accessible, que par les rayons du Soleil d'été qui sont les armes naturelles de *Freyr*. Dans l'origine, *Freyr*, le Dieu du soleil, avait, pour armes, des *flèches*, symboles des *rayons* du soleil (voy. p. 278). Plus tard, étant considéré comme un héros-épique, il a aussi pour arme, comme les autres héros, une *épée*. Aussi, au lieu de dire que *Freyr* donne à *Skírnir* ses *flèches*, pour vaincre la résistance de *Gerdur*, le récit épique postérieur dit qu'il lui donne son épée, qui a la propriété merveilleuse de se brandir d'elle-même, de frapper l'ennemi, et de rentrer dans la main de son maître, semblable en cela au *Meünier* de Thôr, qui, lancé sur l'ennemi, revenait dans la main de *Thôr* (§ 93), ou aux armes d'*Indras*, et à l'épée d'*Ardjounas*, qui combattaient toutes seules, ou enfin au javelot *Matathas*, dont *Indras* fit présent au héros *Nandas*. Pendant *neuf* mois d'hiver, *Freyr*, le Dieu du Soleil, n'a plus ses armes, ou ses *flèches* (rayons ardents), ou son épée, qu'il a donnée à *Skírnir*. C'est avec une corne de cerf, qu'il tuera, au mois de *Février*, *Beli*, le frère de *Gerdur* (voy. § 127). Mais il devrait avoir, du moins, ses bonnes armes (les rayons solaires), pour le grand combat du *Crépuscule des*

Grandeurs. Malheureusement ce combat se livre lors du *Terrible Hiver* (voy. § 153). Or en hiver, *Freyr* n'est pas armé de ses rayons solaires (ou de son épée) ; il succombera donc avec les autres Ases. 4° Vaincu par les sollicitations et les menaces de *Skirnir*, *Gerdur* consent à accorder à *Freyr*, dans *neuf* mois, un rendez-vous dans une île de la mer, qui porte le nom *symbolique* de *Ile-de-Feuillage* (norr. *Bar-ey*; cf. *Lauf-ey*, p. 285), sans doute, parce que l'époque de cette union tombe au mois de mai, où le souffle des vents chauds a déjà fait pousser le feuillage aux arbres et aux buissons. Le récit, que fait *Snorri* du mythe des Fiançailles de *Frey* et de *Gerdur*, est imité de celui du beau poëme eddique, intitulé *La Mission de Skirnir* (Skirnir-för), composé probablement au huitième siècle, et d'où est aussi tirée la strophe que cite cet auteur.

(40) L'ORDINAIRE D'ODINN ET DES TROUPIERS-UNIQUES ; LES LOUPS ET
LES CORBEAUX D'ODINN.

§ 130. **Sæhrimnir, Andhrimnir, et Eldhrimnir.** — Les Combattants-héros qui, sur le champ de bataille, avaient été *choisis* par les *Falkyries*, et étaient reçus, après leur trépas ou *occision* (norr. *valr*), dans la *Halle-des-Occis*, étaient considérés comme les *fils adoptifs* d'Odinn (voy. p. 247). Appartenant à la famille ou à la maison d'*Odinn*, ils formaient, selon l'usage patriarchal et guerrier de cette époque, sa suite ou sa *bande*, et plus tard, dans le système féodal, sa *garde* (norr. *hird*), ou sa *massénie* (vieux fr. *mesynée*, domestique). Les héros de la bande d'*Odinn* avaient le nom de *Troupiers-Uniques* (norr. *Ein-heriar*) c'est-à-dire de Compagnons *sans pareil*, parce qu'il n'y avait que les combattants les plus distingués qui fussent choisis par les *Valkyries*, pour entrer dans la bande d'Odinn, du Dieu des Combattants. Comme Chef et Seigneur, *Odinn* devait fournir nourriture et boisson à sa Bande, à son Domestique, ou à sa Massénie ; et comme il recevait, parmi les Troupiers-Uniques, des Rois (norr. *Konungar*, Fils de Noble), des *Comtes* (norr. *Iarlar*, Aigles ; cf. all. *arl*, voy. p. 184), et des *Barons* (Ours ; norr. *biörn* ; norm. *byron*), il leur devait un traitement à la fois conforme à leur rang, et digne de lui-même comme Chef de maison ou comme *Seigneur* (anglos. *hláf-ord*, Donne-miche, angl. *Lord*). Dans le Nord, les compagnons d'armes, qui servaient leurs Chefs, tenaient surtout à un bon régime alimentaire ; ils quittaient le Seigneur qui lésinait sur la nourriture ou la boisson, et le gratifiaient volontiers du sobriquet injurieux de *Rogne-mets* (norr. *matar-illr*, ladre pour la nourriture). Les idées que les Normands avaient de la libéralité des Seigneurs envers leurs hommes, la Mythologie norraine les a appliquées également à *Odinn*, le Seigneur des *Troupiers-Uniques*. Aussi *Snorri* fait-il demander par *Piétonneur* quel était l'ordinaire des Troupiers-Uniques, dans la *Halle-des-Occis*.

Dans l'origine, lorsque *Odinn* n'était encore que le Dieu des Vents et des Tempêtes (voy. p. 246), sa suite ne se composait aussi que de Vents, ou de Nuages tempêtueux personnifiés. Ces Vents et ces Nuages de la Suite d'*Odinn*, étaient entretenus ou *nourris*, comme on se l'imaginait, d'abord, par les Exhalaisons condensées ou gelées de la Mer, appelées

Frimas de Mer (norr. *Sæ-hrimnir*) ; ensuite, par les Exhalaisons gelées de l'haleine des êtres vivants, appelées *Frimas d'Haleine* (norr. *And-hrimnir*), et enfin, par la vapeur et la fumée du feu, appelées *Frimas de Feu* (norr. *Eld-hrimnir*). Plus tard, lorsque *Odinn*, le Dieu des Tempêtes et des Vents, fut devenu Dieu des Combats, sa Suite ne se composa plus simplement de *Nuages* tempétueux personnifiés ; mais ces Nuages furent aussi changés en héros combattants, et prirent le nom de *Troupiers-Uniques*. La tradition mythologique, tout en adoptant la métamorphose d'*Odinn* et de sa Suite, conserva néanmoins le souvenir de l'ancien mythe, au point que certains phénomènes aériens, qu'on ne saurait attribuer qu'à l'effet des vents et des nuages, continuèrent à être rapportés, comme auparavant, à la nature *aérienne* et *nuageuse* d'*Odinn*, et de ses Compagnons. C'est ainsi que les bruissements, qu'au printemps et en été, on entend quelquefois dans l'air, bien que le temps soit calme, et qui proviennent des vents luttant les uns contre les autres, dans les régions supérieures de l'atmosphère, étaient considérés, dans la tradition populaire, comme causés par le passage bruyant d'*Odinn*, et de sa *Bande furieuse* (all. *wüthende Heer*). Cependant ces compagnons d'*Odinn* avaient pris, dans d'autres mythes, une nature trop *personnelle*, pour qu'il fût possible de les considérer toujours comme les symboles des vents et des nuages. Il leur fallut donc aussi une nourriture beaucoup plus substantielle que ne l'étaient le *Frimas de mer*, le *Frimas d'haleine*, et le *Frimas de feu*. Par un heureux hasard, une autre interprétation du mot amphibologique *hrimnir* (Frimas, Sanglier) permit de conserver ces anciens noms, en substituant aux *frimas*, qui étaient anciennement la nourriture des compagnons d'Odinn, le verrat ou le lard, cette viande *par excellence* (norr. *flesk* ; all. *Fleisch* ; slav. *plot*), qui, au jugement des hommes du Nord, était la meilleure nourriture possible, et par conséquent celle qui convenait le mieux aux *Troupiers-Uniques*. En effet, le mot *hrimnir* (p. *grimnir*, frémissant, frimas) était homonyme de *grimnir*, (frémissant, furieux, sanglier). Dès lors la tradition mythologique, s'appuyant sur cette homonymie amphibologique, transforma le *Frimas-de-Mer* (Sæ-hrimnir) en *Verrat-de-Mer* (Sæ-grimnir ; cf. *Ditmar* édit. Steinh. VI, p. 66). Elle imagina ensuite que ce Verrat était journellement cuit dans un poêle à couvercle, et à pieds, ayant la forme d'un verrat, et appelé, pour cette raison, en allemand, *Sau*. Ce poêle, sous la forme d'un Verrat, placé constamment sur le feu, portait, le nom de *Verrat-du-feu* (Eld-grimnir). Enfin la tradition mythologique s'expliqua le nom de *And-hrimnir* (Frimas d'haleine) comme désignant le cuisinier nommé *Grimnir* (Verrat), qui, *soufflant* le feu pour la cuisson, eut le surnom de *And-Grimnir* (Grimnir le Souffleur). Comme le nombre des *Troupiers-Uniques* était très-grand, et augmentait journellement par l'arrivée de nouveaux héros *choisis*, la Mythologie a fait du *Verrat-de-Mer* une nourriture *merveilleuse*, en ce qu'elle suffisait pour le grand nombre de consommateurs ; et elle suffisait toujours, parce qu'elle se reproduisait sans cesse d'elle-même. En effet, le *Verrat-de-Mer*, tous les jours consommé, renaissait toujours le lendemain, par un pouvoir magique, agissant sur la peau et sur les os, qui étaient restés intacts. C'est qu'on croyait que, comme chaque animal *naissait* d'un *germe*, on pourrait aussi le faire *revivre*, par la force de la magie, pourvu qu'on eût un germe, ou un commencement quelconque d'organisation de donné. Or on considérait comme germe, ou commencement d'organisation, la forme *extérieure* de l'animal ou sa *peau*, et sa charpente *intérieure* ou ses os. C'est ainsi que, d'après le mythe, les Dvergs, fils d'*Ivald*, ont formé le Verrat de *Freyr*, nommé *Gullinborsti* (Soies d'Or), en mettant dans le four, et en y chauffant la peau d'un porc. D'après un autre mythe analogue, *Thôr* pouvait faire renaître ses boucs, qui avaient été mangés la veille, pourvu que leurs *peaux* et leurs *os* eussent été soigneusement conservés, et fussent restés intacts (voy. p. 117). Par un effet magique semblable, le porc *Sæhrimnir*, dont les *Troupiers-Uniques* consommaient chaque jour la chair, était chaque fois restauré intégralement le lendemain.

§ 131. **Odinn boit du vin.** — *Odinn* n'avait pas besoin de nourriture matérielle ; il abandonna son ordinaire à *Geri* et à *Freki* (voy. § 132), et il se soutenait seulement par un fortifiant, par le *vin*. Les Scythes, lorsqu'ils furent encore établis en Asie, connaissaient déjà le vin ; mais, comme ils ne se livraient pas à la culture de la vigne, et que la seule contrée vitifère chez eux était la *Margiane* (*Plin.* VI, 18, 2), ils ne pouvaient pas encore faire usage, en grande quantité, de ce spiritueux, qu'ils appelaient l'*Enivrant* (*matu* ; gr. *mathu*). Plus tard, étant entrés en rapports avec les Grecs, au nord de la mer Noire, ils purent se procurer plus facilement cette boisson, appelée en grec *oînos* (p. voi-nos). Ce mot grec passa dès lors dans la langue scythe sous la forme *masculine* ; mais, plus tard, il tourna au *neutre*, dans les langues slaves, et germaniques septentrionales, sous l'influence du mot latin *vinum*, qui était plus généralement connu dans le commerce. Les Gètes de la Thrace donnaient au vin le nom de *Zeila* ou *Zîlai* (voy. *Les Gètes*, p. 95). Ils en faisaient un usage tellement immodéré qu'un de leurs rois, *Boïrébistès*, jugea nécessaire de le leur interdire. Dans les climats du Nord, qui n'étaient pas favorables à la culture de la vigne, le vin était une boisson tellement rare et chère, que les Scandinaves le considéraient comme la boisson du Dieu Suprême *Odinn*.

§ 132. **Les Loups Geri et Freki.** — Dans l'Antiquité, les cadavres de ceux qui avaient succombé dans les combats devinrent généralement la proie des loups et des corbeaux, qui, pour cette raison, furent désignés, les premiers surtout, sous le nom de *bêtes d'occision* (norr. *val-dyr*). La mort sanglante, dans le combat, étant considérée comme une *dévotion* ou un sacrifice offert à *Odinn* le *Père des Occis* (voy. p. 247), on conçoit que les loups et les corbeaux, qui, au nom du Dieu des combats, s'emparaient des cadavres dévoués à ce Dieu, étaient eux-mêmes considérés comme des animaux *consacrés* à *Odinn*, ou comme ses Ministres. C'est pourquoi le Chef des Ases avait, auprès de lui, deux loups *Geri* (Avide) et *Freki* (Violent), qu'il traitait à sa table, comme les Seigneurs, au Moyen âge, traitaient leurs chiens de chasse. Voilà pourquoi *Odinn* porte le nom épithétique de *Dieu des Loups*. Ces Loups d'*Odinn*, au jugement des Scandinaves et des Germains, n'avaient rien d'odieux, et, pour cette raison, leurs noms ont pu être donnés à des jeunes gens comme noms *honorifiques*. Telle est, sans doute, l'origine du nom de *Frek-ulf* (Loup-Violent) que portait, entre autres, un moine de Fulde, qui devint dans la suite Évêque de Lisieux. En général, les noms propres composés avec *ulf* (cf. Burnouf, de *Burnulf*, Loup de brogne), et *hrafn* (corbeau) sont excessivement nombreux, chez les peuples de la branche *gète*.

§ 133. **Les Corbeaux Huginn et Muninn.** — Le corbeau est *consacré* à *Odinn* pour les mêmes raisons que le loup. En outre, c'est un oiseau de *présage* (voy. p. 238) ; il prévoit et présage surtout les *combats*, et, c'est pourquoi, les corbeaux d'Odinn, *Huginn* (Penser) et *Muninn* (Désir), sont des messagers-espions, qui, chaque soir, rapportent à ce Dieu de la Guerre, quels combats se préparent pour le lendemain. Ces rapports lui sont nécessaires pour qu'il puisse envoyer les *Choisit-les-Occis* (voy. p. 299) sur le champ de bataille. Aussi est-il, chaque soir, dans l'appréhension que ces corbeaux ne lui reviennent pas, et que, par conséquent, il ne puisse plus aussi facilement augmenter le nombre de ses *Troupiers-Uniques*, dont il aura besoin, au grand jour du Combat suprême contre les Puissances ennemies des Dieux et du Monde, dans le *Crépuscule des Grandeurs*. Les noms des deux corbeaux d'*Odinn* n'ont point une signification symbolique particulière, par rapport à leurs attributions ; ce sont des noms généraux de corbeau, désignant ces oiseaux sous le point de vue de la rapidité du vol, si nécessaire à ces *Messagers d'Odinn*, qui parcourent, journellement, le monde entier aussi *prompts* que la *Pensée* (norr. *Hugi*, *Huginn*, voy. p. 124), et aussi *impatients* que le *Désir* (norr. *Munr*, *Muninn*). Ces corbeaux, messagers d'*Odinn*, ont fait donner, au Dieu des Combats, le nom épithétique de *Dieu des Corbeaux*.

(41) LA CHÈVRE HEIDRÛNE ; L'ARBRE LÆRAD ; ET LE CERF EIKTHYRNIR.

§ 134. **La Chèvre Heidrûne.** — Les peuples de la branche *gète* tenaient autant, et peut-être plus encore, à l'abondance et à l'excellence de la *boisson*, qu'à celles du manger (voy. *Les Gètes*, p. 278). C'est pourquoi la boisson fournie aux Compagnons d'*Odinn* n'était pas moins *merveilleuse* que leur nourriture. La Chèvre *Heidrûne*, qui fournissait cette boisson, est pour ainsi dire le pendant du Verrat *Sæhrimnir*. Aussi la tradition sur *Heidrûne* est-elle, sans doute, la transformation d'un mythe *symbolique* plus ancien, qui, analogue au mythe de *Sæhrimnir*, énonçait primitivement, que les Compagnons d'*Odinn*, c'est-à-dire les Nuages orageux et *sombres*, tiraient leur entretien (leur boisson), des vapeurs ou nuées *noires* du ciel, symbolisées sous l'image de la chèvre *Heidrûne* (cf. les *Boucs* noirs de *Thôr*, p. 256). Mais lorsque, plus tard, le mythe, devenu *épique*, eut changé les *Nuages* tempétueux en *Guerriers* impétueux, et que la tradition sur *Sæhrimnir* eut pris sa forme actuelle, le mythe, primitivement *symbolique* sur la boisson des Compagnons d'Odinn, prit aussi une forme analogue *épique*, calquée sur les usages, qui, en fait de boissons, existaient alors chez les Scandinaves. Or, les Scandinaves, en hiver, et aux festins ou *compotations* (norr. *drykkia*), buvaient principalement une espèce de *bière*, nommée *aile* (norr. *öl*; anglos. *ealu*; angl. *ale*), et, plus volontiers encore, une espèce d'*hydromel* (norr. *miöd*; russ. *kvass*), qu'ils estimaient au point d'appeler de ce nom toute boisson douce et excellente. Aussi leur Mythologie a-t-elle appelé *miöd*, et le lait de la vache *Audhumla* (voy. p. 181), et le lait de la chèvre *Heidrûne*. En été, les Scandinaves buvaient du *lait*, et, plus souvent, une préparation de lait aigre appelée *syra* (aigre). Le lait de chèvre, étant moins coûteux que le lait de vache, devint pour les habitants du Nord ce que la *bière* (all. *bier*, boisson) était pour le Germain, ce que le cidre coupé, appelé *boisson*, est encore aujourd'hui pour les Normands de France, ou ce que le lait caillé appelé *sufi* (boisson), par opposition au fromage appelé *spise* (manger), est pour le chalétier suisse, à savoir la *boisson* ordinaire, la boisson de tous les jours. Voilà pourquoi le mythe, en devenant épique, a substitué à la Chèvre, qui était le symbole des vapeurs noires, dans la tradition primitive, une chèvre en quelque sorte *historique*, qui donne journellement du lait à profusion. Cette abondance de lait provient d'abord de la nature merveilleuse de *Heidrûne*, elle-même, et ensuite de ce que cette chèvre broute les feuilles de l'arbre merveilleux, nommé *Lérad*.

§ 135. **L'Arbre merveilleux Lérad.** — Cet arbre, dont le nom dérive, sans doute, de *Hlæradr*, et signifie *Illuminé*, est, par son dome de branches et de feuillage, le Symbole de la *Voûte céleste*. Le tronc de cet arbre est placé au milieu de la *Halle-des-Occis*, et son dome de feuillage s'élève au-dessus du toit doré de cette Demeure céleste (voy. p. 147). *Heidrûne*, afin de pouvoir atteindre la pousse inférieure de l'Arbre, se dresse sur ses jambes de derrière, et appuie ses jambes de devant contre la paroi extérieure de la Halle-des-Occis. Le nom de *Heidrûne* signifie *Compagne du Brillant*, soit parce que cette Chèvre, originairement, le Symbole des Nuages noirs, se tenait au ciel, qui est nommé *Heidr* (Brillant), comme étant le séjour du soleil et de la lumière (cf. *Tivus*, Brillant, Ciel; sansc. *dyou*, Lumière, Ciel), soit parce qu'elle se tenait auprès de *Lérad*, qui est le Symbole de la voûte du ciel ou du *Brillant*. Les détails rapportés par *Snorri*, sur la chèvre *Heidrûne*, sont empruntés à la strophe 25 des *Dits de Grimnir*, que voici :

« Elle se nomme Heidrûne, la Chèvre qui se dresse près de la Halle du Père-des-Troupiers,

« Et broute aux branches de Lerâd ;

« Elle doit remplir le Vase-à-anse de son pur hydromel ;

« Ce fortifiant ne saurait s'épuiser. »

La nourriture et la boisson, que les Troupiers d'*Odinn* avaient à discrétion, n'étaient pas, comme le dit *Snorri*, trompé sans doute par ses idées paradisiaques, une récompense *céleste*, pour les dédommager des blessures et des souffrances, qu'ils avaient supportées dans cette vie terrestre ; car leur mort n'était pas un *martyre*, qui donnait droit à une récompense dans le ciel ; elle était, de leur part, comme une *consécration* (voy. *Les Gètes*, p. 278), ou un sacrifice volontaire fait à *Odinn*, et de la part de ce Dieu une faveur accordée à ceux qu'il jugeait dignes d'entrer à son service, ou dans la bande de ses Compagnons. Aussi les *Troupiers-Uniques* n'avaient-ils droit que d'exiger un traitement digne de leur Seigneur *Odinn*, et conforme à leur rang et à leur position ; et *Odinn* avait intérêt à augmenter indéfiniment le nombre de ses Compagnons, afin d'être entouré et soutenu, au *Crépuscule des Grandeurs*, d'une armée formidable de héros, qui pussent vaincre ses ennemis iotniques.

§ 136. **Le Cerf Eikthyrnir.** — C'est encore d'après les *Dits de Grimnir* (strophe 26), que *Snorri* raconte le mythe bizarre du Cerf *Eikthyrnir*. Voici cette strophe :

« Il se nomme Eikthyrnir, le cerf qui se tient près de la Halle du Père-des-Troupiers,

« Et qui broute aux branches de l'Illuminé ;

» De ses cornes, cela découle dans le Bassin-Bruyant ; —

« De là toutes les Eaux prennent leur cours. »

Ce Mythe, qui, dans sa forme *actuelle*, n'a plus rien de plastique, puisqu'il n'est pas concevable par l'imagination, porte, par cela même, en lui, la preuve qu'il a subi de notables modifications. En effet, dans l'origine, ce mythe n'avait aucun rapport, ou point de contact, ni avec l'Arbre *Hlérad*, ni avec la *Halle-des-Occis* ; mais il appartenait uniquement au cycle mythologique du *Bassin-Bruyant*. Car, pour expliquer comment ce bassin pouvait alimenter continuellement les *Vagues-Tempêtueuses* (voy. p. 470), la Mythologie cosmogonique a imaginé que ces fleuves provenaient du venin, vomi par les serpents innombrables du *Hver-Gelmir* (voy. p. 471), ainsi que des Eaux glaciales, qui découlaient sans cesse des aiguilles, ou des pics d'une montagne de glace, qui tirait elle-même son entretien des nuages et des frimas de l'air. Cette montagne gigantesque, ou ce glacier (norr. *iökull* ; finnois, *iöki*) était probablement un *Iotne* métamorphosé en renne ou en cerf, et il portait le nom de *Eik-thyrnir* (p. iok-thyrnir), qui signifiait, sans doute, *Cornes de Glace*. Telle semble avoir été la forme *primitive*, ou la conception *symbolique* de ce mythe. Plus tard, l'arbre nommé *Hlérad* (Illuminé) étant devenu le Symbole de la Voûte étoilée du ciel, la tradition mythologique, guidée faussement par l'analogie, qui semblait exister entre la chèvre *Heidrûne*, broutant à cet arbre, et les quatre cerfs broutant sur l'arbre d'*Yggdrâsil* (voy. p. 236), considéra aussi l'Iotne *Eik-thyrnir* comme un cerf qui broutait les pousses de l'Arbre *Illuminé* ; et dès lors on expliqua, sans doute, son nom comme signifiant *Cornu* (cerf), de l'*Arbre* (Eik). Bien que le Glacier cosmologique fût ainsi changé en *Cerf* mythologique, les anciennes données du mythe primitif, concernant les Eaux, qui découlaient des cornes d'*Eik-thyrnir*, se maintinrent intactes dans la tradition. Il en est résulté une image qui ne laisse pas que d'être incohérente et bizarre. Enfin, quelque autre mythe ayant énoncé que la *Halle-des-Occis* était placée sous les branches de *Hlérad*, c'est-à-dire qu'elle touchait à la Voûte du ciel, et la signification primitive de cet arbre, comme symbole de la voûte céleste, s'étant peu à peu effacée, on dut s'imaginer que l'arbre *Hlérad* se trouvait placé au centre de la *Halle-des-Occis*. Une fois cet arbre céleste ainsi représenté, le Cerf *Eikthyrnir*, qui, selon la tradition, broutait à cet arbre, comme la chèvre *Heidrûne*, fut aussi localisé, comme elle, auprès de *Valhöll* ; et c'est ainsi que *Eikthyrnir* fut placé dans l'*Enclos-des-Ases*, avec lequel, dans l'origine du moins, il ne s'était trouvé en aucun rapport, ni logique, ni mythologique.

(42) LA HALLE-DES-OCCIS; LES TROUPIERS-UNIQUES; LES TYPES DES CHOSES, AU CIEL.

§ 137. **Grandeur de la Halle-des-Occis.** — *Odinn* ayant été, dans l'origine, le Dieu des Vents, sa demeure, ainsi que celle du Dieu du Tonnerre et des Orages, étaient proprement des Palais de l'Air et des Vents, des Rotondes ou des Polygones, dont les portes correspondaient aux différentes directions de la rose des vents. Dans les Mythologies anciennes, la division *septenaire* était adoptée par rapport aux Vents (voy. p. 255), et c'est pourquoi, pour donner l'idée d'un *grand nombre*, en fait de directions ou de vents, la Mythologie scandinave l'a exprimée par le nombre de 7 fois 77, c'est-à-dire, par 539. C'est ce nombre qu'elle assigne aux portes de la *Halle-des-Occis*, ainsi qu'aux allées de *Bilskirnir* (voy. p. 254); mais elle a énoncé ce nombre d'une manière *énigmatique*, en disant que ces portes et ces allées sont au nombre de 500, plus *environ* quatre dizaines. Pour donner ensuite une idée du grand nombre de combattants dont disposera *Odinn*, lorsqu'il s'agira de lutter contre ses ennemis iotniques, au *Crépuscule des Grandeurs*, la Mythologie rapporte que 800 Troupiers sortiront, à la fois de front, par chacune des 539 portes de la Halle-des-Occis, de sorte que 431,200 hommes passeront, au même instant, les 539 seuils de cette demeure céleste. La Mythologie abandonne à l'imagination de chacun, le soin de déterminer la *profondeur* de ces 539 colonnes continues, la *durée* de ce défilé, et enfin le *nombre total* des combattants, dans cette journée terrible.

§ 138. **Jeux des Troupiers-Uniques.** — Les Compagnons d'Odinn font, chaque jour, dans l'Enclos de la Halle-des-Occis, des exercices guerriers. Ce sont les *préludes* du grand Combat, qu'ils auront à livrer, à la fin des siècles. En attendant cette lutte sérieuse, les exercices et les combats journaliers sont pour eux un amusement, un *jeu* (lat. *ludus*). Bien que ces jeux soient sanglants, les Troupiers, cependant, rentrent tous chez eux, sains et saufs. C'est ce que la strophe des *Dits de Vafthrûdnir*, citée par *Snorri*, exprime d'une manière indirecte, et en style *épique*, en disant qu'ils rentrent tous chez eux, *à cheval*. Car, s'il y en avait, parmi eux, de tués ou de blessés mortellement, ils ne pourraient pas rentrer à cheval, ils seraient *portés* chez eux à bras par leurs compagnons.

§ 139. **Les Idéaux des Choses et des Êtres, au ciel.** — Les Dieux passaient, au jugement des hommes, non-seulement pour les plus *puissants*, mais aussi pour les plus riches, et les plus *heureux*. Aussi les objets appartenant aux Dieux, ou les individus se trouvant au ciel, étaient-ils naturellement considérés comme les idéaux du genre, comme les types de l'espèce, et comme ce qu'il y avait de plus riche, de plus beau, et de plus parfait. Jusque dans le langage, l'expression de *céleste* ou de *divin* désignait le suprême degré d'une perfection ou d'une qualité (ex. *Ty-spâkr*, voy. p. 274). Dans la plupart des Mythologies, les choses et les individus *terrestres* sont représentés comme des imitations faibles et imparfaites des choses et des individus *célestes*, leurs types, et leurs idéaux (cf. les

Idées de Platon). D'après la Mythologie hindoue, le meilleur est toujours l'objet ou l'individu *céleste* : parmi les vents, c'est *Maritchis*; parmi les chevaux, c'est *Outchaisçravasas*; parmi les éléphants, c'est *Airâvatas*; parmi les vaches, c'est *Kâmadhouk*; parmi les oiseaux, c'est *Garoudas*; parmi les Anachorètes, c'est *Kapilas*; parmi les grammairiens, c'est le grammairien céleste *Paninis*, etc., etc. Pour la Mythologie norraine, la strophe 44 des *Dits de Grimnir* énumère aussi quelques-uns des objets et des individus célestes, qui sont les meilleurs de l'espèce ou du genre. Ils y sont énumérés sans ordre et sans suite, et assemblés seulement à la faveur de l'allitération (voy. p. 249). *Snorri* cite cette strophe, en apparence, pour prouver (ce dont il n'était pas besoin) que *Odinn* est grand par lui-même, et le *premier* parmi les Ases, mais, en réalité, pour trouver occasion de parler de deux mythes, dont il est question dans cette strophe, à savoir de *Skidbladnir* (le meilleur des navires), et de *Sleipnir* (le meilleur des chevaux), et pour pouvoir y ajouter le mythe sur le Géant-des-montagnes architecte, dont la construction a amené les circonstances de la naissance de *Sleipnir*.

(43) L'IOTNE CONSTRUCTEUR; SVADILFARI; SLEIPNIR; SKÎDBLADNIR.

§ 140. **Le Géant-des-Montagnes, architecte.** — C'est sans doute à la tradition orale que *Snorri* a emprunté les deux récits suivants, sur l'Iotne Constructeur, et la naissance de *Sleipnir*, qui, par les détails circonstanciés et imaginés uniquement dans l'intérêt de la narration, se rapprochent, de bien près, du conte populaire. — L'idée générale exprimée dans le mythe primitif *symbolique* sur l'Iotne Constructeur, c'est que les Puissances de la Nuit et de l'Hiver, représentées par les *Iotnes*, emploient tous les moyens pour perdre les Puissances du Jour et de l'Été, représentées par les *Ases*. Néanmoins les *Ases* restent vainqueurs dans le cours des siècles, ou pendant l'Été du Monde, jusqu'au *Crépuscule des Grandeurs*, qui est l'Hiver cosmique. Voici comment cette idée est exprimée et mise en scène dans le récit mythologique, changé, plus tard, en conte populaire.

À l'origine des âges, ou comme s'exprime le récit, lorsque les *Ases* eurent à élever l'Enceinte autour de l'*Enclos-Mitoyen*, un Iotne déguisé, voulant trahir les Dieux par une ruse, s'offrit de leur construire cette forteresse, en s'engageant à l'achever dans trois semestres d'hiver. Cette construction et les conditions posées auraient amené inévitablement la perte des *Ases*; car, d'abord, la forteresse construite par l'*Iotne*, dans trois semestres d'hiver, aurait été faite de *glace*, et n'aurait été, par conséquent, d'aucun secours contre les *Thurses-Givreux*, ni contre les *Géants-des-Montagnes*, qui, les uns et les autres, et surtout les premiers, vivent au milieu des glaces, comme dans leur élément naturel. Ensuite, la condition d'achever l'Enceinte en trois semestres d'hiver, aurait été interprétée par le perfide Constructeur comme signifiant trois semestres d'hiver se succédant sans interruption, et la succession continue de trois semestres d'hiver aurait amené l'affaiblissement des Ases, et le dépérissement du Monde. Enfin, l'Iotne demandait pour prix de construction, qu'on lui livrât les trois Personnages qui faisaient précisément la force des *Ases*, comme Puissances bienfaisantes et lumineuses de l'Été, à savoir le *Soleil*, qui échauffe, éclaire et vivifie la Nature; la *Lune*, qui, selon la croyance des Scandinaves, faisait croître les céréales (cf. p. 267), et *Freyia*, qui était la Déesse de l'Entretien, de l'Abondance, et du Bienêtre (voy. p. 267). Les *Ases*, encore jeunes et inexpérimentés, ne se doutent pas de la perfidie du Constructeur; ils acceptent le marché; mais, normands comme ils sont, ils espèrent bien de frustrer l'Iotne du prix, en lui posant la condition d'achever la forteresse en *un* seul semestre d'hiver, au lieu de le faire en trois, et cette condition, pensaient-ils, ne pouvant être entièrement remplie, ferait perdre à l'architecte sa récompense, et leur livrerait ainsi la forteresse déjà commencée, dont ils achèveraient ensuite la construction, eux-mêmes. Le Constructeur accepte cependant cette condition onéreuse, mais il se fait accorder, par l'entremise du perfide *Loki* (voy. p. 285), la permission de s'aider de son cheval *Svadil-fari*. Ce cheval, qui est un Iotne *métamorphosé*, et dont le nom signifie *Vol-sur-Glace*, est Borée, ou la Personnification du Vent du Nord, lequel vole sur les glaces qu'il a lui-même formées. *Svadilfari* amène, en une nuit, plus de glaçons que son Maître n'en peut entasser et ranger, le jour suivant, pour faire la construction. Aussi l'ouvrage avance-t-il si vite que les *Ases* inquiets s'assemblent en conseil; ils forcent *Loki* à aviser au moyen d'enlever au Constructeur l'avantage qu'il lui avait fait accorder, de s'aider de son cheval. *Loki* prend la forme d'une jument, qui est ici le symbole de la *Bise*, et il parvient à enlever au Constructeur son aide si précieux. Là-dessus l'artisan entre dans une *rage d'Iotne* extrême, et, par cela même, trahit ainsi sa véritable nature, et, par suite, son intention frauduleuse. Les *Ases*, s'apercevant alors qu'ils avaient eu affaire à un *Iotne*, ne se croient plus liés par aucun serment, ni engagement. Pour se débarrasser de cet hôte dangereux, ils prononcent le nom de *Thór*, qui est l'Ennemi acharné des Iotnes, et par l'effet magique du simple *appel*, ou sur la simple énonciation de son nom, *Thór* se présente instantanément. Ce dieu arrive d'*Auster-veg* (Contrées Orientales), où il avait combattu les *Thurses-Givreux*; car, en hiver, dans la saison où il n'y a pas d'orage, et où il n'y a point d'occupation pour lui dans l'*Enclos-Mitoyen*, *Thór* se rend en Orient, au *Séjour-des-Iotnes*, pour lutter contre ces Ennemis des *Ases*, et il en revient, au printemps, lorsque, avec les chaleurs du soleil, reviennent aussi les orages auxquels il préside. *Thór* n'a pas plutôt aperçu l'Iotne, qui s'était introduit auprès des *Ases*, que, levant sur lui le *Meunier*, il le fait descendre dans le *Hel-Bruneux* (voy. p. 103). Les *Ases* échappent ainsi heureusement au danger, auquel ils auraient succombé, s'ils avaient été obligés de remplir les conditions du marché fait avec l'Iotne Constructeur. Ce mythe est exposé sommairement dans les strophes de la *Vision de la Loure*, citées par *Snorri*, mais il n'y est pas question de la naissance de *Sleipnir*, qui, d'après le récit de *Snorri*, est issu de *Loki*, et doit son origine aux circonstances amenées par la construction de l'Iotne architecte.

§ 141. Svadilfari, et Sleipnir. — *Sleipnir* (Glissant), le cheval d'*Odinn*, est le Symbole du Vent tempétueux, qui, portant *Odinn*, le Dieu des Vents, *glisse* sur la surface des terres et des mers. Ce cheval *céleste*, le meilleur de tous les chevaux, est né du rapprochement de *Borée* (Svadilfari) et de la *Bise* (métamorphose de Loki). *Sleipnir* est un *étalon*, ce qui veut dire qu'il est, avant tout, fort et impétueux. Ayant pour père *Svadilfari*, il a, comme lui, le caractère *iotnique* (voy. p. 485); de plus, il a l'ardeur de sa mère *Loki* (la jument *Bise*). Comme monture du Chef des Ases, *Sleipnir* est le *meilleur* des chevaux. Sa vitesse est symbolisée par ses *huit* pieds, qui indiquent que cette vitesse est le double de celle de tous les autres chevaux. (Sur les chevaux nés du Vent, voy. *Justin.*, lib. 44, 3; *Plin.* H. N., VIII, 67, 4.)

§ 142. Le Navire Skidbladnir. — Dans la strophe 43 des *Dits de Grimnir*, il est énoncé que :

> « Les Fils d'Ivald allèrent, à l'Aurore des âges,
> « Fabriquer *Skidbladnir*,
> « Le meilleur des navires, pour l'illustre Frey,
> « L'excellent fils de Niördur. »

Comme *Freyr* préside, ainsi que sa sœur *Freyia* et son père *Niördur*, à la Navigation pendant l'été (voy. p. 294), il convient que la Mythologie lui attribue le *meilleur* des navires. *Freyia* est même symbolisée par un navire, et porte de là le nom épithétique de *Mardöll* (Pin marin, v. p. 275). Le nom de *Skid-bladnir* signifie *Bois-Feuilleté*, parce que ce navire est composé de feuillets en bois; afin d'être très-léger, et très-pliable. Comme c'est là une œuvre *merveilleuse* ou *féée*, la fabrication en est attribuée, ainsi que celle du *Meunier* (voy. p. 257) et du *Brisinga-men* (v. p. 294), à des Dvergs, qui passent généralement pour être d'excellents *artistes*. Parmi ces Dvergs artistes, la Mythologie distingue particulièrement *Sindri* (Secrété; cf. lith. *gintaras*, succin), et *Brock* (Utile; goth. *bruks*), qui sont les Fils d'*Ivald* (lat. *Indu-strius*; all. *Ewald*), et les constructeurs de *Skid-bladnir*. Ce navire merveilleux se meut de lui-même, comme le char *Pouchpaka* (Reluisant) du dieu hindou *Kouvéras*; il est le plus commode de tous les navires; mais il n'est pas aussi grand que *Naglfar* (voy. p. 199), qui, devant transporter, un jour, tous les Iotnes dans l'*Enclos-Mitoyen*, est nécessairement d'une dimension tout à fait hors ligne.

(44) AVENTURES DE THÔR DANS LE SÉJOUR DES IOTNES, ET DANS L'ENCLOS-EXTÉRIEUR.

§ 143. Thôr s'adjoint Thialfi et Röskva. — La première partie de la narration de *Snorri* renferme un mythe originairement *symbolique*, exprimant cette idée générale, qu'à l'action fécondante du Tonnerre ou de l'Orage, qui s'est manifestée pendant l'été, et a fait mûrir les moissons, doivent succéder, en *automne*, des travaux *agricoles* pour préparer le terrain, jusqu'à ce que, avec le retour de la belle saison, le Tonnerre puisse reprendre de nouveau son rôle de Fécondateur ou son activité bienfaisante. En montrant *Thôr* (Tonnerre) placé sur son *Char* (voy. p. 254), et muni de son *Marteau* (voy. p. 256) et de sa *Ceinture-de-force* (voy. p. 257), le mythe énonce par là symboliquement, que ce Dieu est encore en mouvement, en pleine activité, et dans toute sa force, qu'il est encore dans la saison des orages. Mais déjà *Thôr* se dirige vers l'*Orient*, c'est-à-dire vers le Nord-Est, ou les régions de l'Hiver et de la

Nuit. Il voyage vers le *Séjour des Iotnes*, c'est-à-dire vers le Pays de l'Hiver ou vers l'hiver. Le mythe représente *Thôr* arrivé presque à la fin de sa *journée* (saison d'été), et se trouvant, vers le soir, en compagnie de *Loki* (Clôtureur), qui est la Personnification de la *Fin* des Choses, et qui, par sa présence, indique, ici, que l'Été tire à la *fin*, et que l'Automne va bientôt lui succéder. A la fin de sa journée (à la fin de l'été), *Thôr*, accompagné de *Loki*, arrive chez un *Géant des Montagnes* (représentant de l'arrière-saison ou de l'automne). Les deux Boucs (v. p. 256) de *Thôr* arrivent dans la demeure du Géant-des-Montagnes (dans la saison d'automne), tellement harassés, qu'ils n'en peuvent plus, et que *Thôr* est obligé de terminer ici sa journée, c'est-à-dire de mettre fin à l'activité qu'il a déployée, dans les orages, pendant la saison d'été. Telles sont les données générales du mythe primitif *symbolique*. Ce mythe symbolique primitif, conçu à peu près au troisième siècle de notre ère, en devenant, dans la suite, purement *épique* (voy. p. 305), a été rattaché à d'autres mythes analogues et a formé avec eux un cycle mythico-épique, qu'on pourrait appeler le *Cycle de Thôr*. Ce cycle se compose d'une suite de poésies mythologiques, qui se sont perdues pour la plupart, et dont il ne nous reste plus qu'une rhapsodie, ou un épisode renfermé dans l.*Edda* de Sæmund, et intitulé : *Chant d'Hymir* (norr. *Hymis-Kvida*). L'auteur de notre rhapsodie était probablement le même que celui qui avait chanté l'Aventure de *Thôr* dans la Demeure du Géant-des-Montagnes ; car dans la strophe 38ᵉ du *Chant d'Hymir* il est dit :

> « Déjà vous avez appris (sur cela, qui des Mythologues
>   « Pourrait en savoir davantage ?)
> « Quel dédommagement il obtint de l'*Habitant-des-Rochers*,
>   « *Lequel donna en paiment ses deux enfants.* »

Dans l'origine, le mythe sur *Thialfi* et *Röskva*, les enfants du Géant-des-Montagnes, n'avait aucun rapport avec le mythe précédent sur l'expédition de *Thôr* en Orient ; mais il y fut rattaché plus tard, dans le cycle épique, comme formant la continuation naturelle du récit de l'arrivée de *Thôr* dans la demeure du Géant. Originairement *symbolique*, comme le précédent, ce mythe, pour énoncer qu'en automne, *Thôr* veut que, dans cette saison, la terre soit préparée par le travail ou le labour, exprime cette idée en disant que *Thôr*, dans la demeure du Géant (dans l'arrière-saison), prend à son service *Thialfi* et *Röskva*, deux robustes travailleurs, doués de forces gigantesques. En effet, *Thialfi*, dont le nom signifie *Fouilleur, Laboureur* (cf. all. *telben*, fouiller ; anglos. *delfen* ; lat. *talpa*, fouilleuse ; fr. *taupe*), est le représentant des travaux agricoles de l'automne. Les travaux des champs, comme ceux de la maison, étaient faits, chez les peuples de la branche *géte*, par des serfs de l'un et de l'autre sexe. *Röskva*, dont le nom signifie *Alerte*, représente ceux des travaux des champs qui étaient exécutés par des *serces*. Pour rattacher plus intimement ce mythe au précédent, ce récit épique représente *Thialfi* et *Röskva* comme ayant été enlevés à leur père par *Thôr*, en reparation du dommage que lui avait causé la famille de ce géant. Le récit épique a encore emprunté à un ancien mythe, qui, originairement, n'avait aucun rapport avec cette narration, une donnée d'après laquelle *Thór* ramène, au printemps, sains et saufs, les *Boucs*, qui avaient été harassés et paralysés à la fin de l'été précédent. — Voilà les éléments qui entraient dans la composition du récit *épique*, tel qu'il s'était formé sur les données du mythe *symbolique*. Les éléments du récit *épique*, out passé tous dans la tradition *populaire*. *Snorri* ne connaissait pas de poésies épiques du cycle de *Thór*; il ne connaissait pas même le *Chant d'Hymir*; du moins il ne le cite jamais, ce que, certes, il n'aurait pas manqué de faire, s'il l'avait connu. Il a donc puisé sa narration uniquement dans la tradition orale et populaire. Le *conte*, qui en est résulté, a conservé cependant les principaux éléments de l'ancienne rhapsodie épique; mais il a oublié complétement la signification *symbolique* des anciens mythes qu'il expose; et, c'est pourquoi, ne voyant en eux qu'un simple récit épique, il a eu soin d'en augmenter l'intérêt par de nouveaux détails narratifs, et par des développements, et ornements, parlant à l'imagination. C'est ainsi que ce conte populaire met en scène *Thór*, tuant et mangeant, avec ses hôtes, ses deux boucs, qu'il ressuscite, le lendemain, par la force magique de son Marteau (voy. p. 308). Comme il est, en général, dans la nature du récit *populaire*, de rabaisser, aux proportions des hommes de l'époque, et même au niveau des auditeurs, les Personnages divins ou gigantesques de la Mythologie, nous voyons aussi dans la narration de *Snorri*, empruntée à la tradition populaire, le dieu redoutable *Thór*, rabaissé au niveau d'un *Aventurier*, le Géant-des-Montagnes, transformé en *manant*, et ses enfants iotniques, changés en *serfs de labour*, ou en *valets de pied*.

§ 144. **Thôr et Skrymir.** — L'idée générale exprimée dans les deux mythes, originairement *symboliques*, qui sont entrés, comme éléments *épiques*, dans cette seconde partie de la narration de *Snorri*, c'est que *Thór*, le Dieu de l'Orage, est redoutable et invincible, aussi longtemps qu'il agit dans son domaine, c'est-à-dire dans la saison d'été; mais que, à mesure qu'il approche de l'automne, sa puissance décroît; et, arrivé dans la saison d'hiver, il est surpassé de beaucoup par la puissance gigantesque des *Iotnes*, les représentants de l'hiver. Cette idée *générale* a été exprimée d'une manière concrète et symbolique, d'abord dans un premier mythe, qui énonce que la force du tonnerre est peu de chose en comparaison des forces de l'hiver, et que les *autans* arctiques sont capables d'*assourdir*, par leur bruit, et d'*effrayer* par leur violence, jusqu'au tonnerre lui-même. C'est ce que le mythe exprime en disant que *Thór* (le Tonnerre) tient dans le gant de *Skrymir* (Brailleur), le représentant de l'hiver, et qu'il est abasourdi et effrayé des terribles ronflements de ce géant. La narration épique, pour rattacher ce récit à l'histoire qui précède, énonce que *Thór* a été obligé d'abandonner son Char et ses Boucs, dans le Séjour des Géants-des-Montagnes, la saison des orages étant *définitivement* terminée à la fin de l'automne. Muni seulement de son Marteau, l'arme qu'il ne quitte jamais, et accompagné de *Loki*, de *Thialfi* et de *Röskva*, les représentants de l'automne, il se dirige vers le *Séjour-des-Iotnes*, ou vers l'hiver, et il y arrive, après avoir traversé l'Océan, qui sépare ce Pays arctique de l'*Enclos-Mitoyen*, ou de l'habitation des hommes, et après avoir marché sur l'autre bord jusqu'au soir, c'est-à-dire, jusqu'au commencement de la nuit hivernale, ou de l'hiver. C'est alors qu'il arrive, avec ses compagnons, à une de ces baraques ou *block-haus* (voy. *Les Gètes*, p. 99), que les Norvégiens avaient coutume de construire sur les chemins qui traversaient leurs immenses forêts, pour servir de gîte au voyageur fatigué ou surpris par la nuit ou une tourmente de neiges. Du temps de *Snorri*, ces maisons de refuge (suéd. *säla-hus*) portaient, dans certaines contrées du Nord, le nom de *Baraques d'Olaf* (norr. *Olafs budir*), parce que le roi Olaf en avait fait construire un assez grand nombre[1]. C'est dans une baraque semblable que *Thôr* entra, avec ses compagnons, pour y passer la nuit. Mais ce que *Thôr* avait pris pour une baraque, était la mouffle enchantée de *Skrymir*; et le dieu, et ses compagnons, sont empêchés de dormir, par le bruit effrayant causé par le ronflement (coups de vent) de ce géant, qui est la Personnification des autans, qui ronflent ou hurlent dans les contrées arctiques. La Mouffle, espèce de gant de fourrure, où le *pouce* seulement est marqué, et qu'on ne met que dans les grands froids, était, dans le Nord, le *symbole* de l'époque la plus froide de l'hiver. Le *pouce* ou le *doigt* était, de tout temps, et chez tous les peuples, l'image de ce qui passait pour être *petit* de taille et de longueur. De là, chez les Grecs, le nom de *Daktulos* (Doigt, Nain), chez les Slaves, le nom de *Prst* (Doigt, Nain) ou de *Perstuk* (Petit-doigt, Nain), chez les Allemands, le nom de *Däumling* (Poucet), etc. Pour énoncer symboliquement que *Thôr* était très-faible et très-petit par rapport au Géant de l'hiver, le mythe dit que le Dieu du Tonnerre tenait dans le pouce du gant de Skrymir. Il est fait allusion à ce mythe dans deux poëmes de l'*Edda*. Dans le premier, intitulé *Sarcasmes de Loki* (voy. *Poëmes islandais*, p. 343), il est dit :

> « De tes expéditions en Orient, tu ne devrais jamais
>> « Parler devant des héros,
> « Depuis que tu t'es blotti, ô Troupier-Unique ! dans le pouce du gant,
>> « Et qu'alors tu ne croyais plus être Thôr. »

Dans le second, intitulé *Chant de Harbard*, il est dit :

>> « Thôr a suffisamment de force, mais de cœur point;
>> « Par frayeur et par lâcheté, tu as été fourré dans la mouffle,
>> « Où tu n'as pas osé, (telle était ta frayeur !)
>> « Ni éternuer, ni vesser, que Fialar pût l'entendre. »

La faiblesse de *Thôr*, pendant l'hiver, est encore retracée symboliquement dans le *second* mythe, qui est entré, comme élément épique, dans la seconde partie de la narration de *Snorri*. Pour exprimer l'idée que, pendant l'hiver, *Thôr* est dans l'*impuissance* absolue de faire sortir de terre les moissons, qui y sont comme retenues, sous une couche épaisse de neige et de glace, ce mythe dit que *Thôr* a mis ses vivres (des moissons d'été) dans le sac de provende de *Skrymir*, c'est-à-dire, qu'à l'approche de l'hiver le laboureur a confié à la terre hivernale les graines qui devront produire, l'été prochain, les moissons nutritives. *Skrymir* ou l'Hiver a tellement serré le sac de provende, ou le sol, qui est comme un

---

1. Cf. Les Refuges-Napoléon, dans le département des Hautes-Alpes.

silo de blés, que *Thôr*, n'en pouvant rien faire sortir, est obligé de
jeûner. Pour se venger, il veut casser le crâne au géant, c'est-à-dire
rompre la couche dure de glace qui couvre la terre. Mais affaibli par l'hiver, il ne peut pas manier son Marteau avec toute sa force d'Âse ; il produit des crevasses, des fentes, des vallées profondes, mais il ne peut pas
briser cette nature hivernale, qui lui oppose la résistance impassible d'une
inertie complète. Il est fait allusion à ce mythe dans les *Sarcasmes de
Loki*, où il est dit :

> « Les nœuds de Skrymir t'ont paru trop serrés ;
> « Tu n'a pas pu arriver jusqu'à la provende ;
> « Tu te mourais de faim, en pleine santé. »

Le récit populaire, en exposant ce mythe, y a ajouté principalement
des détails sur les coups portés inutilement, par *Thôr*, au géant *Skrymir*. Ces détails, purement narratifs, sans aucune signification *symbolique*, n'avaient naturellement ni cette étendue, ni cette importance, dans
le mythe *symbolique* primitif.

§ 145. **Thôr chez Loki de l'Enclos-Extérieur.** — La *troisième* partie de la narration, que *Snorri* a mise à la suite de l'entrevue de *Thôr*
avec *Skrymir*, et qui a pour sujet les aventures de Thôr et de ses
Compagnons, chez *Loki* de l'*Enclos-Extérieur*, diffère, quant à sa composition, des deux parties précédentes, en ce qu'elle ne repose pas,
comme celles-ci, sur d'anciens mythes *symboliques*, mais qu'elle s'est
formée d'éléments purement *épiques*, et à une époque relativement bien
postérieure. Ces éléments sont comme des pièces de rapport, qui, dans
l'origine, n'avaient rien de commun entre elles, ni avec les récits
précédents ; elles ont été mises ensemble et agencées l'une à l'autre, non
par une nécessité logique, en tant qu'éléments constitutifs d'une signification *symbolique*, mais seulement comme éléments narratifs, ayant
pour unique but de montrer, par quelques exemples, que les forces physiques de *Thôr*, et de ses Compagnons, étaient vaincues par les forces
gigantesques et *magiques* des habitants de l'*Enclos-Extérieur*. Les
preuves que les éléments de cette narration ne dérivent pas *d'anciens*
mythes symboliques, se trouvent d'abord dans ce qu'il n'est pas fait
mention de ces mythes, ou qu'il n'y est pas même fait allusion, dans les
Poëmes de l'*Edda*, ce qui fait supposer que ces mythes n'existaient pas
anciennement. Ensuite, ces preuves résultent de ce qu'il est impossible
de ramener les éléments agencés de ce conte populaire, à l'*unité* de
signification d'un mythe *symbolique*. Ce qui prouve, d'ailleurs, la formation *postérieure* de ce conte, c'est que, d'abord, les personnages qui
y figurent, tel que *Loki* de l'*Enclos-Extérieur*, n'appartiennent pas à
l'ancien fond *symbolique* de la Mythologie, mais au fond plus moderne
de la tradition *populaire*, ou tout au plus à la tradition intermédiaire
mythico-épique. Ensuite, d'autres personnages, tels que *Logi* (Feu),
Hugi (Penser), *Elli* (Vieillesse), au lieu d'être des personnages réellement *mythologiques*, ne sont que des personnages *allégoriques* inventés postérieurement par la poésie *épico-didactique*. Puis, les personnages véritablement mythologiques, tels que *Thôr*, *Loki*, *Thiálfi* et
Röskva, et les *Iotnes* de l'*Enclos-Extérieur*, ne sont pas représentés,

dans le conte, avec leur caractère symbolique, *particulier* à chacun d'eux, mais seulement avec un caractère *général*, tels que l'exigeaient les circonstances de la narration, et les détails motivés du récit. Enfin, le *ton* de la narration, l'*encadrement* historique où se trouvent renfermés les aventures racontées, les mœurs presque *féodales* qui y règnent, et qui sont rappelées par les noms de *Roi*, de *Château*, de *Cour*, de *Garde-du-Corps* (norr. *hird*), de *Page Porte-queue* (norr. *Skogur-Sveinn*), de *Page d'Écuelle* (norr. *Skutil-Sveinn*), toutes ces particularités, prises ensemble, prouvent que ce ne sont pas là seulement des détails, qui ont été simplement *modernisés*, comme dans les contes qui dérivent d'anciens mythes, mais que le fond et la forme en ont été conçus simultanément, et que ce conte appartient à une époque qui probablement n'est guère antérieure au onzième siècle. Si *Snorri* n'a pas emprunté la troisième partie de cette narration à d'anciens documents mythologiques, il ne l'a pas, non plus, imaginée lui-même ; il l'a recueillie de la tradition orale populaire, après que la tradition épique eut imaginé *Loki* de l'*Enclos-Extérieur*, le principal personnage qui figure dans ce conte.

Lorsque, après l'introduction du Christianisme dans le Nord, la Mythologie norraine ne fut plus objet de *foi*, mais seulement sujet de tradition *populaire*, et, par conséquent une tradition fortement modifiée par les dogmes chrétiens, il arriva que l'ancien personnage mythologique *Loki*, surnommé le *Malin* (voy. p. 285), et qui, pour ses méfaits, comme le racontait un mythe (voy. § 152), avait été *enchaîné* par les *Ases*, se confondit, dans l'imagination du peuple devenu chrétien, avec le Malin ou le Diable, le Prince des Ténèbres, le Roi des Méchants, le Génie du Mal, enchaîné par l'Archange Saint-Michel. Les *Iotnes* de l'ancienne Mythologie étant devenus, dans la tradition postérieure, les types de ce qu'il y avait de plus nuisible, terrible, méchant, et diabolique, *Loki*, qui comptait parmi les *Iotnes*, fut naturellement considéré comme leur *Roi*. Puis le Royaume des Iotnes étant devenu l'Empire des Ténèbres, il fut placé, non plus, comme l'ancien *Séjour des Iotnes*, à l'*Orient*, mais à l'*Occident*, au delà de l'Océan, où se couche le Soleil. Or, les Normands ou Norvégiens donnaient, à l'Océan *Occidental*, le nom de *Mer-Extérieure* (norr. *út-sia*), par rapport et par opposition à la terre ferme (la Suède), qui touchait à leur pays, à l'*orient*, et qu'ils appelaient le *Pays-Intérieur* (norr. *Inn-land*). Le Royaume ou les Enclos des Iotnes, situés au delà de cette Mer Extérieure, furent donc aussi appelés les *Enclos-Extérieurs* (norr. *út-gardar*), et *Loki*, le Roi de ce Pays, prit le nom de *Loki* des *Enclos-Extérieurs* (norr. *Utgarda-Loki*). Plus tard, par suite d'une interprétation fausse, mais cependant plausible, du mot *extérieur*, le nom d'*Enclos-Extérieurs* exprimait encore l'idée d'éloignement de ce monde, ou d'extramundanéité. Aussi *Saxon* le *Savant* (Grammaticus) dit-il, que « *Ugarthilocus* (Ut-gartha-Loki), se trouve « dans un pays éloigné, *hors du monde*, où règne la nuit ; il gît dans « une caverne, les mains et les pieds enchaînés » (voy. lib. 8, 164 seq.). *Snorri* prit ce *Loki* des Enclos-Extérieurs pour identique avec l'Iotne *Skrymir* ; mais il est évident que cette identité, qui n'était pas fondée dans la Mythologie, il l'a imaginée uniquement afin de pouvoir convenablement rattacher cette troisième partie de sa narration aux deux récits qui précèdent.

Snorri représente *Skrymir*, ou *Loki* des Enclos-Extérieurs, d'abord comme un grand *magicien*, et ensuite comme un géant d'une taille excessive, auprès duquel *Thôr* et ses compagnons ne sont que de petits *nains*. En cela il suivait exactement la tradition populaire, qui attribuait également le caractère violent et la méchanceté des *Iotnes*, d'abord, à la *magie* qu'ils pratiquaient, et ensuite à leur taille gigantesque, emblème de leur outrecuidance, et de leur brutalité. La tradition, après avoir changé *Loki*, le compagnon de *Thôr*, en *Loki* des Enclos-Extérieurs, avait cependant mis entre eux une différence telle, que, bientôt, elle ne reconnaissait plus elle-même l'identité, qu'elle avait établie entre ces deux personnages, et qu'ayant oublié que l'un était dérivé de l'autre, elle a pu de nouveau considérer *Loki*, le compagnon de *Thôr*, comme un personnage tout à fait distinct de *Loki* des Enclos-Extérieurs. *Snorri*, aussi, a complétement ignoré que l'un de ces deux personnages s'était formé de l'autre, car il a identifié *Loki* des Enclos-Extérieurs avec *Skrymir*, qui n'avait rien de commun avec *Loki*, et il a représenté *Loki*, qui figure dans le conte, comme un personnage entièrement différent de *Loki* des Enclos-Extérieurs. La tradition populaire a encore changé *Thiâlfi*, le valet de *labour*, en valet de *pied* de *Thôr*; en effet c'est en cette dernière qualité, et non avec ses attributions de laboureur, que *Thiâlfi* figure ici, dans le conte, en compagnie avec son maître Thôr. Quant à l'idée générale de représenter *Thôr* en opposition avec *Loki* des Enclos-Extérieurs, le conte l'a empruntée aux traditions si nombreuses, où cet Ase figure toujours comme l'*adversaire* des Iotnes. Enfin, pour la composition de ce conte populaire, non-seulement les personnages, mais aussi les traits principaux, et l'encadrement ont été fournis, d'un côté, par plusieurs récits analogues, de l'autre, par les mœurs et les habitudes de l'époque. Dans les temps antérieurs, où l'hospitalité accordée était considérée non comme une faveur, mais comme une obligation imposée par la loi civile et religieuse, on accueillait indistinctement tous les étrangers qui se présentaient. C'était contraire à toutes les convenances de les interroger sur leur qualité, leur rang, leur famille, et le but de leur voyage, avant de leur avoir fourni ce dont ils avaient besoin (voy. p. 154). Mais, autant celui qui recevait l'étranger maîtrisait sa curiosité, autant l'hôte, qui était reçu, tenait à honneur de prouver, dès son entrée dans la maison, que, par sa naissance, son rang, et ses talents, il était digne de l'hospitalité qu'on lui donnait. La poésie, qui, visant à l'idéal, renchérit encore sur la réalité, imagina qu'il y avait des châteaux où l'on ne recevait à table que des hommes distingués par leur bravoure et leur esprit chevaleresque. De là l'idée première des *Tables rondes*, du temps de la Chevalerie; de là aussi le règlement, établi dans le château de *Loki* des Enclos-Extérieurs, que nul ne pût y rester qui ne possédât quelque art ou quelque pratique d'une manière supérieure. Aussi Thôr et ses Compagnons s'empressent-ils de prouver leurs talents par des épreuves, auxquelles ils se soumettent de bonne grâce. Ces épreuves ou ces *joûtes* sont évidemment la partie *principale* du conte ; elles sont imaginées, en partie, d'après les usages de l'époque, en partie, conformément aux caractères des personnes qui sont appelées à les subir.

1° La *première Épreuve* est proposée et subie par *Loki*. Le récit fait très-bien ressortir le caractère rusé de cet Ase, qui, exténué par un jeûne forcé, et fatigué par le long voyage, s'avance, le premier, lui qui, comme *Clôtureur*, marche ordinairement le *dernier* ; il propose tout d'abord une épreuve ou une joûte, qui pourra lui procurer, quoi qu'il arrive, un bon dîner. Dans la Mythologie grecque, *Héraklès* lutte, avec *Lépreus*, à qui mangerait le plus ; et les frères *Idas* et *Lunkeus* livrent, aux frères *Poludeukès* et *Kastôr*, un assaut à qui mangerait le plus vite. Ici nous voyons *Loki*, qui, comme *Clôtureur*, met fin à tout, et *dévore* tout, livrer un assaut semblable à *Logi*, ou au *Feu* qui est le Mangeur, le Consumeur par excellence (voy. *Les Gètes*, p. 229). *Loki*, tout affamé qu'il est, est cependant vaincu par *Logi*, la Personnification du Feu infernal, ou, plus particulièrement, du *Feu Sauvage* ou du *Feu Saint-Antoine*, appelé aussi, au Moyen âge, le *Mal-ardent*, maladie qui consume non-seulement les chairs, mais aussi les os. Un mythe grec rapporte également que chez *Koronos*, Chef des Lapithes, *Héraklès* (Foudre) mangea un bœuf entier avec les os ; aussi portait-il le nom épithétique de *Mange-Tout*, de *Mange-Beaucoup*.

2° La *seconde Épreuve* est une lutte à la course. Dans l'Antiquité, la course avait une grande importance, parce qu'elle était d'une utilité pratique. Non-seulement les coureurs servaient de courriers et de messagers, mais les limites des territoires et des propriétés particulières se déterminaient souvent par la course, qui était ainsi un moyen de mettre fin à des litiges, et était souvent employée dans les cas où l'on avait aussi recours à la décision par le sort, ou par le jet du marteau (voy. *Grimm*. Rechtsalterthümer, p. 548 ; *Michelet*, Origines du droit français, p. 84). Être bon coureur était donc une qualité très-recommandable (2 *Sam.* 2, 18 ; *Polyæn*. Strat. 6, 24 ; *Val. Max.* V, 6, 4 ; *Mela* 1, 7 ; *Sallust*. Jug. 79). Elle est attribuée à *Thiâlfi*, qui, considéré ici non comme laboureur, mais comme valet de *pied* de *Thôr*, devait être, non-seulement, bon marcheur, mais encore bon coureur. Cependant *Thiâlfi* ne pouvait pas se mesurer avec *Hugi* (Penser), qui est la Personnification de la pensée, dont la promptitude est proverbiale chez tous les peuples (voy. p. 309).

3° La *troisième Épreuve* consiste à vider, d'un trait, et, au plus vite, un vase à boire d'une grande contenance. Les Normands buvaient dans des cornes de bœuf. Ils en choisissaient la plus grande pour en faire, ce qu'ils appelaient la *Corne de punition*. C'est que, dans leurs festins, où le boire était la chose principale (voy. *Les Gètes*, p. 278), il était d'usage d'infliger, comme punition, à ceux qui manquaient aux règlements du festin, l'obligation de vider une corne de punition. Le délinquant pouvait complétement se réhabiliter, en vidant cette corne en un trait, ou tout au plus en deux. Cet usage singulier est encore observé, en grande partie, dans les compotations, appelées *Commerces*, des étudiants allemands. Le

Président d'un tel commerce, revêtu d'un pouvoir dictatorial, prescrit à ceux qui enfreignent quelque article du règlement (Command), de vider un ou plusieurs grands verres; et le délinquant en est quitte, avec honneur, s'il avale sa boisson d'un trait, et de manière qu'en renversant le verre vidé sur l'ongle du pouce, il n'en découle plus la moindre goutte: c'est ce qu'on appelle faire l'épreuve de l'ongle (all. *nagelprobe*, supernacle; rubis sur l'ongle). Les Normands se faisaient gloire de boire beaucoup, de boire vite, et de vider, sans reprendre haleine, la corne jusqu'à la dernière goutte. Pour être en état de boire ainsi, il fallait avoir une constitution robuste. Aussi le boire était-il un moyen d'éprouver la *force physique* d'un individu. L'histoire rapporte que le roi slave *Vassily* jugeait de la force de ses compagnons d'armes, d'après leur plus ou moins grande aptitude à sabler la corne. Aussi ce n'est pas en qualité de Dieu du Tonnerre, mais uniquement en sa qualité du plus *fort* des Ases, que *Thôr* est ici représenté, dans le conte, subissant l'épreuve de la *Corne de punition*. Cependant, dans la tradition épique, dérivée d'un mythe symbolique, *Thôr* est représenté comme un *grand buveur*; et cela par la même raison pour laquelle *Héraklès* porte l'épithète de *Philopotès* (Buveur). C'est que *Thôr*, le Dieu du tonnerre, ainsi que *Héraklès*, le Dieu de la foudre, se sont confondus, en partie, l'un et l'autre, dans quelques-unes de leurs attributions, avec le Dieu du soleil (voy. p. 252). Or, comme le soleil, en faisant évaporer l'Océan, était supposé *boire* les eaux de la Mer, il portait, dans les Mythologies anciennes, le nom épithétique de *Buveur* (sansc. *Papis*; gr. *Philopotès*; lat. *Bibax*), lequel a été appliqué également à *Héraklès* et à *Thôr*, et même à *Agastis*, fils du Soleil et de l'Océan, qui, d'après le mythe hindou, but toute la mer et la rendit par les voies ordinaires. Le conte norrain énonce que *Thôr* est si fort que, sans s'en apercevoir, il enlève, en buvant, une telle quantité d'eau à l'Océan, qu'il en résulte l'èbe, le reflux ou le jusant. Cependant, ne pouvant pas *tout* boire, il est obligé d'avouer son impuissance de vider la corne; car tout *Thôr* qu'il est, c'eût toujours été pour lui, comme on dit, *la mer à boire*, que de boire en entier l'Océan. Si donc, dans ce conte, *Thôr* est représenté comme produisant le reflux de la mer, ce n'est pas là, simplement, une fiction de la tradition postérieure, mais c'est un souvenir et une reproduction modifiée de l'ancien mythe du *Soleil*, absorbant une partie des eaux de l'Océan, ou de *Thôr* domptant le *Serpent-de-Mer*. *Thôr*, comme fils de *Iörd* (Terre), est, par cela même, le Protecteur de l'*Enclos-Mitoyen* (voy. p. 286). Il le protège surtout contre les débordements de l'Océan. Ces débordements de la mer sont symbolisés par le *Serpent de l'Enclos-Mitoyen* (voy. p. 326), dont *Thôr* est l'ennemi naturel, et qu'il tâche sans cesse de tuer ou du moins de dompter. Toutes les fois qu'il y a flux, le *Serpent de Mer* (l'Océan) semble aller à l'attaque et avoir le dessus; et toutes les fois qu'il y a reflux, *Thôr* semble repousser ou vaincre le Serpent. La tradition épique postérieure a retenu l'idée que *Thôr* est la cause du jusant, et le conte populaire s'appuyant sur cette tradition, a imaginé que ce Dieu devient la cause de l'èbe, en buvant une grande partie des eaux de la mer.

4° La *quatrième Épreuve* consiste à soulever de terre le chat de *Loki des Enclos-Extérieurs*. Cette narration repose sur un souvenir confus et fortement modifié de l'ancien mythe symbolique, qui racontait que *Thór* a tenté de soulever du fond le l'Océan, le *Serpent de l'Enclos-Mitoyen* (voy. p. 326). Ce serpent, qui est de race *iotnique*, est rattaché ici naturellement au domaine ou à la demeure du roi iotnique *Loki des Enclos-Extérieurs*, et il est supposé métamorphosé, *temporairement*, en chat, par la magie de ce roi, afin que *Thór* ne reconnaisse pas, tout d'abord, l'ennemi qu'il déteste le plus. Le Serpent est changé en chat, d'abord parce que la tête ronde de ce dragon ressemble le plus à la tête d'un chat, ensuite parce que le serpent et le chat sont, l'un et l'autre, des animaux haineux et perfides, enfin, et surtout, parce que tous deux se distinguent par la flexibilité de leur dos, et la facilité d'allonger leur corps. Cette métamorphose du Serpent de Mer en chat était sans doute un fait connu dans la tradition épique, puisque, dans l'*Edda* en prose (voy. p. 240), parmi les noms d'*Iotnes*, se trouve aussi celui de *Köttr* (Haineux; grec *Kottos*, l'hékatonchéïr; lat. *catus*, chat), qui désignait, sans doute, le *Serpent* iotnique de l'*Enclos-Mitoyen*, transformé, temporairement, en chat. D'après ce mythe ancien, *Thór*, bien qu'il soulève le Serpent du fond de la mer, jusqu'aux nues (voy. p. 327), ne parvient cependant pas à l'arracher entièrement à la mer, tant le corps de ce reptile, qui, de son anneau, entoure le disque entier de la terre, est immensément long. De même ici, d'après le conte populaire, *Thór* soulève le chat, de terre jusqu'au ciel, mais il ne peut pas l'enlever entièrement de terre, puisque son corps flexible et allongé touche encore au sol par une jambe. *Snorri* ne se doute pas, qu'au fond le sujet de ce conte soit le même que celui du mythe qu'il va raconter ci-dessous (voy. p. 327), de la lutte de *Thór* avec le *Serpent de Mer*.

5° La *cinquième et dernière Épreuve*, celle dans laquelle *Thór* éprouve la défaite la plus mortifiante, consiste en une lutte corps à corps. Ces luttes étaient usitées en Scandinavie, comme elles le sont encore aujourd'hui chez les paysans du Nord, et chez les Suisses de la vallée de Hasli, qui, eux aussi, s'attribuent une origine scandinave, et qui donnent, à cette lutte corps à corps, le nom de *Schwingen* (branle). Les supplantations, les crocs-en-jambes, leur sont encore permis dans ces luttes, comme ils l'étaient anciennement. La lutte de *Thór* avec *Vieillesse*, Personnage allégorique, est une de ces fictions qui appartiennent exclusivement aux temps postérieurs. En effet, dans l'ancienne Mythologie scandinave, la vieillesse n'était pas personnifiée; il y était seulement dit que les Ases, pour se rajeunir, mangeaient des pommes gardées par la Déesse *Idunn* (voy. p. 274). Plus tard, au Moyen âge, l'approche de la vieillesse, qui nous saisit malgré nous, et contre laquelle nous nous raidissons en vain, fut représentée, chez les peuples d'origine *gète*, sous l'image d'une lutte avec Dame *Vieillesse*. D'après une image analogue, le Moyen âge représentait aussi l'approche de la *Mort* comme une *lutte* avec Maître *Trépas*; et, déjà dans l'Antiquité, *Héraklès* est dit lutter avec le *Trépas* (Thanatos; voy. *Euripidès*, Alkèstis, v. 1150) comme, dans une poésie grecque moderne, un pâtre lutte avec *Charos* (cf. Charon), le Génie de la mort

Comme la *lutte*, surtout si elle est un jeu, une joute, ressemble à une *danse*, au branle, ou plus particulièrement, à la *valse* allemande, le Moyen âge a représenté les individus de tout âge, de tout sexe, et de tout rang, *valsant* avec le *Trépas*. De là l'idée et le nom de la *Danse des Morts*, ou de la *Danse de cimetière*, autrement appelée, par les populations gothiques de l'Espagne, la *Danse macabre*, du mot arabe *maq'bir*, qui signifie cimetière.

Les différentes joutes, dont il est question dans ce conte, sont toutes entreprises, pour mettre à l'épreuve la force *physique* de *Thôr* et de ses compagnons. C'est que, de toutes les qualités, celle que les Mythologies, et le Polythéisme en général, estimaient le plus dans les divinités, c'était la *puissance* (voy. p. 177), et par conséquent la force physique, qui en est la manifestation extérieure, visible, matérielle. En effet, les Divinités n'étaient crues supérieures aux hommes que par leur puissance *surhumaine*, et on ne les adorait que parce qu'on les croyait douées d'une puissance surhumaine, au moins dans leur *spécialité*. Nier leur puissance, c'était nier leur caractère *divin*. C'est donc une chose qui doit nous surprendre, de voir, avec quelle ironie piquante, le conte se joue, ici, de la puissance de *Thôr*, de celui parmi les Ases, qui passe pour le plus *fort* de tous. Que la gaîté du peuple se permette quelquefois des plaisanteries sur ce qui lui est sacré, et sur le manque, dans les dieux, de qualités qui ne passent pas pour appartenir à leur *spécialité*, personne n'y verra un symptôme d'irréligiosité. L'homme aime secouer, par moments, la crainte des Dieux qui lui pèse, et à jouer le hardi, l'indépendant, l'esprit fort. Il le peut sans être irreligieux, car, au fond, il est croyant. Mais l'ironie qui s'attaque à la puissance des dieux, n'est plus conciliable avec la foi, qui est essentiellement *naïve*, tandis que l'ironie exclut la naïveté, bien qu'elle en prenne ordinairement l'extérieur. L'ironie, qui règne dans notre conte, prouve donc qu'il date d'une époque, où le culte de *Thôr* n'était plus en possession de la foi populaire dans le Nord. Cependant la tradition populaire, qui, par une sorte de jalousie, n'aime pas que les Iotnes, ces Êtres si méchants et si hideux, jouissent d'une victoire complète, s'empresse de faire, en quelque sorte, réparation d'honneur à *Thôr* et à ses Compagnons, en prouvant que ceux-ci ont réellement accompli des choses prodigieuses, qu'aucun mortel ne serait en état de faire, et qu'ils ont été vaincus, non pas tant par les forces gigantesques des Iotnes, que par les forces invincibles de la Magie ; or, cette magie et cette puissance victorieuse des Iotnes ayant atteint leur terme à la fin de l'hiver, *Thôr*, au printemps, reprend le dessus ; ce que le conte exprime en nous montrant *Thôr* s'apprêtant à détruire le château de *Loki*. Mais ce dieu se retire, n'ayant trouvé, à la place de ce château créé par la magie, qu'une plaine, belle et printanière, où toutes les traces de l'hiver et des *Iotnes* ont disparu d'elles-mêmes par enchantement, comme les phénomènes de l'hiver disparaissent également par l'effet magique du printemps. C'est alors que *Thôr* revient de son expédition en *Orient*, et il habite, de nouveau, les nuages orageux ou sa Demeure céleste, appelée *Champs-d'Énergie* (voy. p. 254).

(45) THÔR PÊCHE AVEC HYMIR, ET COMBAT LE SERPENT-DE-MER.

§ 146. **Thôr et le Géant Hymir.** — La tradition sur la rencontre de
Thôr avec le *Serpent de l'Enclos-Mitoyen*, appartient à l'ancien fonds
de la Mythologie scandinave ; c'est même un des mythes les plus anciens
que nous ayons. Ce mythe fait le sujet spécial du poëme eddique, intitulé
Chant d'Hymir (voy p. 316). Ce poëme n'était pas connu de *Snorri* ; du
moins le récit de cet auteur en diffère sensiblement, quant à l'ensemble,
et quant aux détails. Cependant on reconnaît encore, à travers le récit
de *Snorri*, l'ancienne signification *symbolique* du mythe, bien que cet
auteur n'en semble pas avoir eu connaissance. L'idée générale, exprimée
dans ce mythe, c'est qu'avec l'été, l'impétuosité de l'Océan est aussitôt
brisée, ou, comme s'énonce le langage mythologique, Thôr parvient,
sinon à enlever le Serpent (l'agitation) à la mer, au moins à le dompter
(apaiser l'agitation). D'après le *Chant d'Hymir*, la rencontre de *Thôr*
avec le Serpent a lieu, occasionnellement, pendant son séjour chez *Hymir*, où il était allé avec *Tyr*, le beau-fils d'*Hymir* (voy. p. 274), chercher le
grand Chaudron, exigé pour y faire la bière du festin qu'*Œgir* voulait
donner aux Ases. C'était là, de la part de l'auteur du *Chant d'Hymir*,
une manière *épique* d'arranger la suite ou le cycle mythologique des actions de *Thôr*; car, au fond, le mythe de la lutte de cet Ase avec le Serpent, n'avait rien de commun ni aucun rapport avec le mythe de l'Enlèvement du Chaudron. Aussi *Snorri* est-il dans son droit, tout aussi bien
que l'auteur du Chant d'Hymir, s'il imagine un autre arrangement du
cycle mythologique, bien que cet arrangement soit tout aussi arbitraire
que le précédent. Afin de pouvoir rattacher plus facilement ce récit à celui
des joutes, qui ont eu lieu dans les *Enclos-Extérieurs*, *Snorri* considère la rencontre de *Thôr* avec le Serpent, comme ayant été résolue et
préparée exprès par ce Dieu, pour se revancher d'avoir été vaincu, chez
Loki, par la race *iotnique*. Suivant *Snorri*, *Thôr* partit pour le Séjour
des Iotnes, ayant revêtu l'extérieur d'un jeune homme. En effet, au printemps, où ce voyage a lieu, *Thôr*, comme *Apollon* ou *Héraklès* au commencement de leur carrière, est jeune et sans barbe. Mais si cet auteur
ajoute qu'il eut tant de hâte qu'il partit sans avoir avec lui ni *Char* ni
Boucs, il suppose une donnée contraire aux circonstances du Mythe primitif, et il confond ce voyage, qui se fait au printemps, avec les Expéditions, que *Thôr* entreprend ordinairement, en hiver, contre les *Iotnes*, et
où, naturellement, il n'a pas avec lui son Char attelé de ses Boucs (voy.
p. 256). L'auteur du *Chant d'Hymir*, mieux renseigné à ce sujet, rapporte que *Thôr*, dans ce voyage, avait son Char roulant. L'Iotne *Hymir*,
chez lequel il se rend, est au fond le même que *Gymir* (voy. p. 199),
bien que la tradition mythologique postérieure, trompée par cette légère
différence de prononciation entre les deux noms, les considère comme
désignant deux personnages distincts. *Hymir* est, comme *Gymir*, le représentant de l'Océan hivernal, c'est-à-dire de cette zone de la Mer arctique, qui s'étend depuis les bords du *Séjour-des-Iotnes*, au Nord,
jusqu'à l'endroit où git, au milieu de l'Océan, le Serpent, qui entoure la
terre, et dont la tête se trouve précisément au Septentrion.

§ 147. **Lutte de Thôr contre le Serpent de Mer.** — *Hymir*, comme

Personnification de l'Océan, est *pêcheur*. Thôr va donc, avec lui, pêcher dans la haute mer, afin de trouver occasion de rencontrer et de dompter le Serpent, son ennemi. Il prend pour amorce la tête du taureau *Brise-Ciel*. Ce taureau est l'emblème des glaçons qui nagent, élevant leurs pointes ou cornes, dans les mers arctiques. Le glaçon est comparé au bœuf, à cause de ses cornes ou aiguilles (cf. *Eik-thyrnir*, p. 311); et le taureau porte le nom de *Brise-Ciel*, parce que ses cornes élevées semblent toucher ou heurter le ciel. Après quelques détails pittoresques, mais purement narratifs, et sans signification *symbolique*, sur la navigation et les préparatifs de la pêche, détails que *Snorri* ne tenait pas de la tradition, mais qu'il a ajoutés d'après la connaissance qu'il avait de la pratique de la pêche, le récit arrive enfin au sujet principal, savoir à *Thôr* soulevant du fond de l'Océan le Serpent de Mer. Tout ce tableau est l'image symbolique d'une trombe marine, représentée, dans le mythe, comme une lutte de l'Orage (Thôr) contre la Mer (le Serpent). Car de même que, sur mer, le nuage orageux, soulevant la trombe, attire au ciel cette colonne humide, et la laisse ensuite retomber, frappée des foudres du ciel, de même nous voyons, dans ce Mythe, le Serpent d'abord soulevé, du fond de la mer jusqu'au ciel, et replongeant ensuite, frappé du *Marteau* lancé d'en haut. Si *Hymir* est représenté comme craignant de s'approcher du Serpent, et s'effrayant à sa vue, c'est une méprise dans laquelle le récit populaire est tombé. En effet, *Hymir* ne saurait craindre le Serpent, qui est de la même race iotnique que lui, mais il craint que *Thôr*, dont il connaît la force, ne tue le Serpent, et ne prive ainsi les Iotnes d'un de leurs plus puissants auxiliaires (voy. p. 339). Une autre méprise de la tradition, c'est d'avoir supposé que le Serpent ait été frappé, à mort, par *Thôr*, au fond de l'Océan. La Mythologie ne saurait considérer les Puissances pernicieuses, qui existent continuellement dans la Nature, comme tuées, une fois pour toutes, par les Dieux; elle les considère seulement comme vaincues, refoulées, enchaînées, temporairement (v. p. 289). Un trait qui ne se trouve pas dans le *Chant d'Hymir*, et que *Snorri* paraît avoir emprunté à la tradition *populaire*, c'est celui qui montre *Hymir* culbuté par-dessus le bord dans la mer. Ce trait, s'il appartient à l'ancien mythe, signifie sans doute que l'hiver, représenté par cet Iotne, est culbuté, ou jeté à l'eau, et c'est probablement à ce fait mythologique, que se rapporte l'usage du peuple, au Moyen âge, de jeter à l'eau, au printemps, la figure symbolique de l'*Hiver*, ou de Maître *Trépas* (voy. *Grimm*, Mythol., p. 730).

   (46) PRESSENTIMENTS, MORT, ET FUNÉRAILLES DE BALDUR.

   § 148. Mort de Baldur. — Dans ce mythe, *Baldur* n'est pas seulement le représentant de la courte saison d'été, riche de chaleur et de lumière, par opposition à la longue saison d'hiver, pleine d'obscurité et de froidure, il est encore, par analogie et par extension, le représentant de la Vie, et du Bonheur universel (voy. p. 259), par opposition au *Crépuscule-des-Grandeurs* ou à la Destruction universelle (v. p. 335). *Baldur* a le pressentiment qu'il mourra jeune; en effet, la joie de l'été, la vie du Monde, elles ont une si courte durée (v. p. 259). Les *Ases*, intéressés à la conservation de *Baldur*, dont la mort entraînera nécessairement leur propre perte, prennent toutes les mesures pour conjurer le danger qui le menace. *Frigg*, sa mère, fait prêter à tous les Êtres de la Création le serment de ne pas donner la mort à son fils; et toute la Création s'engage volontiers à ne pas blesser *Baldur*, qui est la Source de la Vie et du Bonheur général. Mais le Destin dur et inexorable, qui exige que la mort de *Baldur* soit le présage et le précurseur de la Transformation et du Renouvellement du Monde, ne saurait être éludé par aucun moyen. Quelque précaution qu'on prenne contre lui, il y a toujours, à ce qu'on croit, et comme le prouve la Mythologie, quelque chose qu'on oublie de faire, quelque omission involontaire, mais fatale, qui, tôt ou tard, devient la cause inévitable de l'accomplissement de la Destinée. Ainsi *Frigg*, malgré toute sa sollicitude maternelle, avait négligé de faire prêter le serment à un jeune Rejeton de Gui; elle n'y avait pas songé, parce que, selon les usages des Scandinaves, le serment n'était jamais exigé des enfants ou des mineurs; et, d'ailleurs, le Gui, par sa jeunesse même, semblait inoffensif et nullement dangereux. Mais précisément ce Rejeton, de belle et d'innocente apparence, était perfide et pernicieux; c'était probablement une *Épine assoupissante* (norr. *svefn-thorn*), c'est-à-dire une baguette magique, qui avait la propriété, en touchant le corps d'une personne, de la plonger dans le sommeil léthargique de la mort. Ce Gui croissait à l'Orient de l'*Enclos-des-Ases*, ce qui était de mauvais augure; car, croissant à l'Orient, il regardait le Soleil couchant, et, selon les idées des Normands, regarder le Couchant, dans certains moments critiques, avait pour effet d'amener le déclin, la chute, la défaite, et le malheur. Aussi recommandait-on à qui se battait en duel, de ne pas se placer de manière à tourner la face au Soleil couchant. L'existence du Gui aurait été ignorée, et ce Rejeton eût, par cela même, été inoffensif, si *Frigg*, elle qui, comme mère, avait précisément le plus grand intérêt à la conservation de son fils, et qui seule savait que le Gui n'était pas assermenté, n'avait pas trahi ce secret, par hasard, à *Clôtureur* (Loki), le Génie qui aime la fin, la destruction, et la mort (voy. p. 285). *Loki* se sert de *Hödur* (v. p. 284), pour frapper *Baldur*. *Hödur* est donc l'instrument *aveugle*, involontaire, et innocent, dont se sert *Loki* pour donner la mort à *Baldur*. Les *Ases* sont tous vivement émus de la mort de *Baldur*; tous prévoient que cette catastrophe entraînera bientôt leur propre destruction. La faiblesse et la prostration qui s'emparent d'eux, après leur stupeur, signifient que par la mort de *Baldur* (l'Été), les *Ases* sont jetés dans l'hiver, qui est l'époque de leur affaiblissement ou de leur faiblesse (voy. p. 274). De même qu'*Aphrodite* veut racheter *Adonis* de *Hadès*, de même *Frigg* veut racheter son fils de la Demeure de *Hel* (voy. p. 287), où il a dû passer, comme ayant péri par un accident, et non dans un combat sanglant. *Hermôdr* (Courage de Troupe), le fils d'*Odinn*, et, comme *Tyr*, le représentant de son père, par rapport à son courage, s'offre pour faire le voyage chez *Hel*; il faut, en effet, être un homme de courage pour oser entreprendre le voyage difficile et périlleux dans le royaume de la Mort, dont personne n'est encore revenu. Pour assurer la célérité et le succès de cette expédition, les *Ases* donnent à *Hermodi*, pour monture, *Sleipnir*, le cheval merveilleux d'*Odinn* (voy. p. 345).

§ 149. **Funérailles de Baldur.** — Les habitants primitifs de la Scandinavie, qui étaient de race keltique et de race finne, croyaient, probablement, que les trépassés se rendaient, par mer, dans une île éloignée, qu'ils appelaient, peut-être, comme aujourd'hui les paysans des rivages de la Bretagne, l'*Isle-des-Morts*; c'est ainsi, par exemple, que dans le lac *Vænir*, il y a une île où se trouvent d'anciens *tombeaux* de rois. Pour faciliter ce passage, on plaçait le mort dans un esquif ou dans un arbre creux (norr. *askr*; cf. all. *Todtenbaum*), que, lors de l'èbe, on lançait à la mer. Ce mode de funérailles fut adopté, dans la suite, par les Scandinaves, surtout par les *Rois-de-mer* (Sækonungar), et les *Pirates* (Vikingar). D'un autre côté, beaucoup de peuples anciens, et, entre autres, les Normands, considéraient la mort comme une consécration faite à la Divinité (voy. p. 247), et c'est pourquoi les cérémonies des funérailles avaient beaucoup de ressemblance avec celles d'un sacrifice public. L'usage de brûler les morts, remplaça, pour cette raison, l'exposition des cadavres, la suspension aux arbres, et l'enterrement dans des cavernes, usités chez ces peuples antérieurement. Aussi, unissant les deux modes de funérailles, on brûla, selon le nouveau mode, les morts dans l'esquif, qui leur avait servi dans leur vie, et le navire, portant ainsi le bûcher-brûlant, était lancé à la mer, selon l'ancien mode. Les funérailles de *Baldur* nous montrent ce *bûcher flottant* (norr. *balför*). De même que, chez les Grecs, *Hèlios* (le soleil) avait un navire (gr. *Koïlè*) nommé *Coupe* (gr. *depas*; lat. *scyphus*), de même *Baldur* (le Soleil d'Été), était possesseur d'un navire nommé *Corne-Courbée* (Hring-horni), parce que son extrémité antérieure se terminait, comme cela se voyait dans beaucoup de navires normands, en une corne courbée. Les Ases préparèrent le *bûcher-flottant* sur ce navire qui était tiré à terre, et placé sur des rouleaux; ce qui indique que les funérailles de *Baldur* eurent lieu au commencement de l'hiver, à une époque où la navigation avait cessé, et où les navires étaient déjà placés sur des rouleaux. Les *Ases* veulent lancer ce navire à la mer, mais ils n'y parviennent pas, leurs forces ayant été diminuées par la mort de *Baldur*, ou par l'approche de l'hiver. Ils sont donc obligés d'avoir recours aux forces de la race *iotnique*, qui, dans la nuit et en hiver, jouit précisément de la plénitude de sa puissance. Un représentant de cette race leur vient en aide, dans la personne de la Géante *Hyrrockin*. Cette géante, dont le nom signifie *Enfumée-de-Feu*, est le Symbole de l'hiver, de la saison où l'on se tient auprès du feu de l'âtre, et où l'on est enfumé au feu. La Géante arrive, montée sur un loup; cet animal représente à la fois l'hiver, la nuit, et la mort (voy. p. 208). Le loup a pour bride un serpent, parce que ce reptile, qui, ennemi du froid, s'engourdit pendant l'hiver et se réveille seulement au printemps, est le symbole de la chaleur printanière, qui retient, *bride*, ou dompte l'impétuosité de l'hiver ou du loup. Mais maintenant, à l'approche de l'hiver, le corps engourdi du serpent ne saurait brider cet animal. Aussi faut-il quatre *Pures-serges* (norr. *Berserkir*, voy. *Les Gètes*, p. 114), pour dompter le loup. Les Pures-Serges ne figurant jamais dans l'ancienne Mythologie, il faut supposer que *Snorri* en parle ici, non d'après d'anciens documents mythologiques, mais seulement d'après la tradition populaire.

Suivant les idées des Scandinaves, le défunt devait emporter, pour en jouir dans l'autre monde, toutes ses propriétés *personnelles*, c'est-à-dire les propriétés *meubles* (norr. *lausafé*), qu'il n'avait pas héritées, comme les propriétés *foncières* (adals-fé), ou propriété de famille, mais qu'il s'était acquises personnellement, par sa bravoure, ou ses exploits, ou son travail. La femme comptait bien aussi parmi les propriétés personnelles du défunt, parce qu'il l'avait achetée, au moins par un achat simulé ou symbolique ; cependant ni la loi, ni l'usage n'exigeaient, comme chez les Slaves, que les femmes suivissent leurs maris dans la mort. Différents peuples de l'Antiquité attachaient cependant un mérite tout particulier à ce sacrifice volontaire de la part de la femme. Ainsi, dans la Mythologie grecque, nous voyons, entre autres, *Evadne*, monter sur le bûcher de son mari *Kapaneus*; l'usage semblait presque exiger ce sacrifice chez les Scythes (voy. *Herod.* IV, 73), et il était de tout temps un devoir religieux dans certaines parties de l'Inde. La Mythologie hindoue rapporte que les 16,804 épouses de *Krichnas* se sacrifièrent toutes avec leur amant. Dans l'antiquité scandinave, il y a des exemples, mais peu nombreux, il est vrai, de femmes ou d'amantes qui se sont sacrifiées elles-mêmes, pour être unies, sur le bûcher, avec leur mari ou leur amant. *Nanna* ne se sacrifie pas pour son mari *Baldur*, par une mort volontaire, mais son cœur se brise de chagrin, en voyant le bûcher de son époux. La mort de *Nanna* (Vigoureuse), la fille de *Nep* (Nuage, voy. p. 279; cf. sl. *nebo*, Ciel), exprime symboliquement cette idée, que la végétation, gaie et vigoureuse, dont *Nanna* est la personnification, périt par suite de la mort de *Baldur*, ou par suite du dépérissement du Soleil d'été. Le Dverg *Couleur* (norr. *Litr*), la personnification des couleurs variées dont s'orne la Nature dans la saison de la lumière, par opposition à la couleur monotone et plombée de l'hiver, est lancé par *Thôr* sur le bûcher de *Baldur*; car, de même que la couleur tient à la lumière, le Dverg *Litr* tenait à *Baldur*; il était son Suivant, ou son serviteur, et, comme tel, il devait accompagner son maître dans l'autre monde. C'est aussi comme propriété de *Baldur* que son cheval (voy. p. 224) avec l'équipement, est brûlé sur le bûcher, sur lequel *Odinn* dépose encore l'Anneau nommé *Dégouttant*, qui est le Symbole de la semence déposée dans la terre pendant l'hiver. La semence ou la moisson appelée *précieuse*, en tant que richesse, et *dorée*, par rapport à la couleur, est représentée ordinairement, dans la Mythologie, sous le symbole de bijoux ou de joyaux d'or : aussi la fille de *Freyia*, le Symbole de la moisson dorée, est-elle appelée *Hnoss*, (Joyau). Pour la même raison, la semence a pu être symbolisée ici par l'anneau d'or *Draupnir*; car, dans la poésie norraine, *anneau* d'or est une expression poétique pour désigner l'or et les richesses en général, puisqu'on se servait de petits *cercles* d'or en guise de monnaie. La semence, ou les graines d'or sont confiées à la terre en automne, afin de se reproduire en se multipliant, ce que le Mythe exprime en disant que l'anneau *Draupnir* est emporté par *Baldur* dans l'enfer, où il acquiert la propriété de se reproduire. L'idée de reproduction est exprimée par l'action de *fondre*, de *verser*, de *dégoutter*, par la même raison que l'idée de *pleuvoir* est devenu synonyme de *ensemencer, engendrer* (voy. p. 254). Aussi les graines de blé sont-elles appelées *gouttes* ou *larmes d'or*, et *Freyia* qui les verse, porte l'épithète de Déesse *aux belles larmes*. Par la même raison encore, l'Anneau, le Symbole de la semence qui se reproduit, est appelé ici l'anneau *Dégouttant*. La semence, semée en automne, se reproduit après les huit mois d'hiver, et elle se reproduit *octuple*. C'est pourquoi il est dit, dans le Mythe, que dans la neuvième nuit, c'est-à-dire, au neuvième *mois* (voy. p. 265), l'anneau *Dégouttant* verse huit autres anneaux, égaux à lui-même.

Le *bûcher-flottant*, qui emporte *Baldur* (le Soleil d'Été), sa femme *Nanna* (la végétation d'Été), le dverg *Litr* (les couleurs variées en été), l'anneau *Dégouttant* (la semence qui se reproduira l'été prochain), et le cheval de *Baldur* (le Vent d'Été), a besoin d'être consacré, d'abord, parce que les funérailles étaient assimilées à un *sacrifice* (voy. p. 329), et ensuite, afin qu'il devienne, par là, inviolable pendant son voyage dans l'autre monde, et soit préservé, sur mer, des malifices et des spectres marins (norr. *Smyl*). *Thór*, qui, dans beaucoup d'occasions, remplit auprès des Ases les fonctions de *Consécrateur*, fait cette consécration du bûcher, en levant au-dessus de lui son marteau redoutable, menaçant ainsi symboliquement de ses coups tous ceux qui oseraient toucher à ce bûcher ainsi consacré.

Le cortége funéraire de *Baldur* se compose de tous ceux qui regrettent sa mort. Si nous y voyons aussi figurer ses ennemis naturels, les *Thurses*, cela provient de ce que *Snorri*, ainsi que la tradition populaire, ont confondu les *Thurses* avec les *Géants-des-Montagnes*, qui, seuls, devraient être mentionnés ici. En effet, les *Géants-des-Montagnes* sont les Représentants du commencement de l'hiver (voy. p. 316), et ils assistent aux funérailles de *Baldur*, non parce qu'ils regrettent ce Dieu, mais parce que ses funérailles ont lieu au commencement de l'hiver. *Odinn*, le père de *Baldur*, y assiste avec sa femme *Frigg*, la mère éplorée de la victime; comme *Ases*, comme parents, et comme dieux de la vie, ils regrettent vivement leur fils, le brillant Soleil de l'été, enlevé si jeune. Les *Valkyries* (voy. p. 299) d'*Odinn* et ses Corbeaux (voy. p. 316), regrettent également l'été, qui est le temps des exploits, et des combats. *Freyr*, le Dieu des moissons et du soleil, assiste aux funérailles avec le Verrat nommé *Soies-d'Or*, ou *Dent-Courbe-Meurtrière* (*Slidur-víg-tanni*; cf. p. 276. Enfin *Heimdall*, monté sur son cheval *Queue d'Or* (voy. p. 275), regrette son frère *Baldur*, dont il était, en quelque sorte, l'avant-coureur, comme Dieu du Jour, de l'Aurore, du Printemps, et de la Procréation (voy. p. 277).

§ 150. **Baldur ne peut revenir de Hel** — *Courage-de-Troupe* (Hermodi), monté sur *Sleipnir* (voy. p. 345), qui vole comme le vent, chevauche pendant neuf jours et neuf nuits avant d'arriver au Séjour de *Hel*; ce qui exprime, en langage épique, la grande distance qui sépare *Asgard* de l'Enfer. Enfin, il arrive à la rivière nommée *Retentissante* (Giöll) qui est une des *Vagues-Tempétueuses* (voy. p. 474), et qui sépare le domaine de l'*Enclos-Mitoyen* de celui de *Hel*. Sur cette rivière se trouve un pont, couvert d'un toit d'or. Comme c'est ici l'entrée de l'Empire de Hel, qui est une déesse vierge, le pont est aussi gardé par une Vierge, mais une vierge guerrière, ou une *Valkyrie de Hel*, afin que cette gardienne puisse repousser par la force ceux qui voudraient passer sur le pont, sans permission. Selon l'usage des gardiens, cette vierge, avant de laisser passer les arrivés, les interroge sur leur nom, et sur leur famille. Elle reconnaît tout d'abord la nature divine de *Courage-de-Troupe*, et elle s'apperçoit bien que ce n'est pas là une ombre allant à *Hel*, mais un héros encore vivant, puisque sous le poids de son corps, le pont tremble tout autant que sous les cinq pelotons ou les 5 fois 50 ombres, qui l'ont passé, la veille, en compagnie de *Baldur*, leur chef, qu'elles ont suivi dans la mort (voy. p. 331). Étant entré dans le domaine de *Hel*, *Courage-de-Troupe* se dirige vers l'Enclos de la Déesse; il fait sauter son cheval par-dessus les Grilles qui forment l'avenue de l'Enclos, et ayant pénétré ainsi dans la cour, il se dirige vers la Halle, où il trouve *Baldur* occupant la *place d'honneur* (entre les *ondvegis-súlir*), qui est en face de l'Entrée, ou du soleil levant (voy. p. 450).

Courage-de-Troupe est censé revenir de *Hel* vers la fin de l'hiver; aussi est-il porteur de présents qui annoncent l'approche du printemps. Il rapporte à *Odinn* l'anneau *Dégouttant*, ce qui signifie que la Semence, enfoncée dans la Terre, commence à germer, à se lever, à sortir de terre, pour être rendue à *Odinn*, à l'air, ou au jour. La Végétation symbolisée par *Nanna* (voy. p. 330), envoie à *Frigg*, c'est-à-dire à la Déesse de la Pluie et de la Fécondation, un *vêtement*, lequel est le symbole, à la fois, de la verdure qui revêt, comme un tapis, les prairies, et du feuillage qui revêt ou couvre les arbres. *Fulla*, la Déesse de l'Abondance, reçoit une bague d'or, Symbole de la moisson riche et dorée (voy. p. 330).

Après les rigueurs de l'hiver, à l'approche du printemps, tous les êtres désirent vivement que *Baldur*, ou le soleil d'Eté, revienne de *Hel*, ce que la Mythologie exprime en disant que tous les Êtres *pleurent*, et regrettent la mort de *Baldur*. La preuve mythologique de ces pleurs, c'est que, vers la fin de l'hiver, les objets pénétrés de froid, et, passant dans une température plus chaude, se couvrent de gouttelettes de vapeur condensée, lesquelles semblent être des larmes de regret. Selon la tradition, *Loki*, seul, déguisé en Géante sous le nom de *Thökt*, ne regrette pas le Soleil d'été, qu'il a fait mourir par la main de *Hödur*. *Thökt* (p. thiökt, thickt), dont le nom signifie *Epaissie*, *Endurcie*, est probablement la Personnification de la lave, ou de la matière volcanique, qui, d'abord liquide, s'épaissit, s'endurcit, et ne verse pas de pleurs, parce qu'elle ne se couvre pas de vapeurs condensées. Il y a un proverbe islandais qui dit que tous les objets pleurent *Baldur*, à l'exception du *charbon*. En effet, le charbon, ainsi que la lave, étant mauvais conducteur de la chaleur, et ne se refroidissant pas fortement au contact de l'air, en passant dans une température plus élevée, ne se couvre pas facilement de vapeurs condensées, ou de gouttelettes de vapeur refroidie.

(47) FUITE, PRISE, ET PUNITION DE LOKI.

§ 151. **Loki pris par les Ases.** — La première chose à laquelle songent les Ases, lorsqu'ils ont repris des forces au printemps, c'est de tirer vengeance de *Loki*, qui a été la cause principale de la mort de *Baldur*. Le récit de la fuite, de la prise, et de la punition de *Loki*, est fait par *Snorri*, d'une manière circonstanciée, pittoresque, et dramatique; il renferme des données mythologiques mêlées à des détails purement narratifs, et ajoutés postérieurement par la tradition, ou par l'imagination populaire.

Fuite de Loki. — Pour échapper aux poursuites des Ases, *Loki* se retire dans les montagnes, et se construit, sur un sommet élevé, une espèce de *Chaumine-aux-Portes* (voy. p. 240), d'où il a vu dans toutes les directions, et peut prévenir, à temps, le danger d'une attaque à l'improviste. Afin de n'être pas découvert, pas même par *Odinn*, qui, dans sa *Chaumine-aux-Portes*, a vue sur le Monde entier, *Loki* prend, pendant le jour, la forme d'un saumon, et se cache au pied de la cataracte *Brille-Resserrée*, ainsi nommée, parce que ses eaux, avant de tomber en cascades *brillantes*, sont *resserrées* entre les rochers. Le saumon, surtout l'espèce appelée en Islande *God-lax* (saumon divin), a une couleur d'or, et c'est pourquoi, ce poisson porte, dans les langues germaniques, le nom de *lax*, qui, comme on croyait, signifiait *Luisant*. Cette couleur luisante, ainsi que la chair rouge du saumon, furent cause que la Mythologie a établi des rapports entre *Loki* (Feu) et le saumon. Suivant un mythe finnois, le Feu créé par les Dieux, tomba, en pelotons, du ciel, dans la mer, et fut avalé par un *Saumon*, dans le ventre duquel les hommes ont retrouvé la flamme. Les rapports mythologiques une fois établis entre le saumon (*Laks*) et le feu (*Loki*), on comprend pourquoi, dans la tradition, *Loki* a pris précisément la forme d'un saumon. *Loki*, soit à cause de son génie captieux, soit parce qu'il est le Symbole de la Destruction, et par suite de la chasse et de la pêche (cf. *Skadi*, Nuisible, voy. p. 263), fut considéré, en Mythologie, comme l'inventeur des filets. Aussi est-il dit, ici, que les *Ases* fabriquèrent un grand filet, d'après le modèle que *Loki* avait inventé et confectionné. *Loki*, le rusé, devint ainsi l'auteur de sa propre perte, puisqu'il est pris dans le piége qu'il avait imaginé, et fabriqué.

Prise de Loki. — Le récit de la prise de *Loki* par les *Ases* est sans doute entièrement puisé dans la tradition populaire, puisque les mythes primitifs symboliques sont racontés *brièvement* (voy. p. 305), et n'entrent jamais dans des détails aussi circonstanciés. Le récit de *Snorri* reproduit, d'une manière dramatique, les détails et les incidents de la pêche du saumon, telle qu'elle se faisait en Islande, du temps de *Snorri*, et telle qu'elle est, en grande partie, encore pratiquée aujourd'hui. En été, les saumons remontent les rivières aussi haut que possible; ils sont ordinairement arrêtés au pied des cataractes qui sont trop élevées, pour qu'ils puissent les franchir, en faisant le saut de carpe, bien qu'ils soient très-bons sauteurs, au point que, de là, ils ont tiré, dans les langues germaniques, le nom de *laks* (sauteur, de *laikan*, sauter), et en latin, celui de *salmon* (Saumon, sauteur, de *salire*). *Loki*, transformé en Saumon, se tient donc au pied de la cataracte mythologique de *Brille-Resserrée*. La pêche du saumon s'ouvrant avec l'été, les *Ases*, favorisés par cette saison,

se mettent en mesure de prendre *Loki*, métamorphosé en saumon.
Ils jettent leur chalut ou traîneau tout près de la cataracte ; et comme
les poissons ont généralement l'habitude de nager contre le courant,
les *Ases* sont sûrs, en suivant le cours du torrent, de rencontrer, quelque part, le saumon *Loki*. *Thôr*, vu sa force, marche seul, sur une rive,
tirant l'une des extrémités du chalut, et les autres Ases, unissant ensemble leurs forces, et, se tenant sur l'autre rive, tirent à l'autre extrémité du traîneau. *Loki*, rencontrant le filet, rebrousse chemin, et s'enfuit en suivant le cours de la rivière ; puis, trouvant deux grandes
pierres au fond de l'eau, il se glisse entre elles, selon l'habitude des
saumons, qui, poursuivis et effrayés, cachent la tête entre deux pierres
et se tiennent immobiles. Le traîneau n'étant pas assez lesté, pour toucher au fond, passe par-dessus les pierres ; et, de cette manière, *Loki*,
pour cette fois-ci, échappe à ses ennemis. Les *Ases*, ayant manqué leur
proie, remontent alors à la cataracte, et jettent, une seconde fois, leur
traîneau, après y avoir attaché un plus grand poids, pour qu'il rase plus
près le lit du torrent. *Loki* se retire encore devant le filet, en se portant
vers l'embouchure du fleuve ; mais, arrivé là, il ne veut pas entrer dans
la mer, soit, parce que le saumon, une fois habitué à l'eau douce des
rivières, n'aime pas retourner dans l'eau salée (voy. *Plin.*, H. N., 9, 18,
32), soit, parce qu'il craint d'être pris par les chiens de mer, qui le
guettent à l'embouchure des fleuves (voy. Voyage en Islande, I, p. 127),
soit, enfin, que *Loki* craint, en se jetant dans l'Océan, de tomber entre
les mains du Dieu marin *Œgir* (voy. p. 199), qu'il avait si cruellement
offensé au banquet, que ce Dieu avait donné, en automne, aux Ases (voy.
Poëmes islandais, p. 345). *Loki*, ne pouvant donc se décider à entrer
dans la mer, saute en l'air, par-dessus l'*extenseur*, c'est-à-dire, par-
dessus la corde qui est à la tête du filet, et qui étend ou serre les côtés
du traîneau. Ensuite, ayant replongé de l'autre côté, il remonte de nouveau,
à la cataracte ; et le voilà sauvé pour la seconde fois. Les *Ases*, après
avoir vu échapper de nouveau leur proie, reviennent encore à la cataracte ; la bande, pour plus de précaution, se distribue sur les deux rives,
et *Thôr* marche dans le milieu du fleuve, afin de saisir en l'air *Loki*, s'il
essayait encore une fois de sauter par-dessus l'extenseur. *Loki*, serré
de toutes parts, et voulant échapper par un saut de carpe, est enfin saisi
par *Thôr*. La tradition populaire voyait, dans la manière dont *Loki* fut
pris, la raison mythologique, pourquoi le saumon est aujourd'hui si
mince à la racine de la queue. Dans toutes les Mythologies, on trouve
des essais curieux d'expliquer, par des faits fabuleux, certaines particularités, qu'on remarquait dans la constitution physique des hommes,
des animaux, des plantes, et des rochers.

§ 152. **Punition de Loki.** — Le Mythe de la punition de *Loki*, se
trouve exposé, en peu de mots, dans la strophe de la *Vision de la Loure*,
que voici :

> « Elle vit couché près du Bois-des-Thermes
> « Une créature méchante, l'ingrat Loki ;
> « Il a beau remuer les liens funestes de Vali,
> « Elles sont trop raides, ces cordes de boyaux.

« Là est assise Sigyne, qui , du sort de son mari,

« N'est pas fort réjouie . . . . . »

L'épilogue en prose de *Lokasenna* (voy. *Poëmes island.*, p. 347) est plus explicite; il y est dit : « On le lia avec les boyaux de son fils *Nâri*, « mais son autre fils fut changé en bête féroce. *Skadi* prit un serpent « venimeux, et le suspendit au-dessus du visage de *Loki*; le venin en « tomba goutte à goutte. *Sigyne*, la femme de *Loki*, étant assise auprès, « en reçut les gouttes de venin dans un bassin. Lorsque ce bassin fut « rempli, elle sortit avec le venin. Durant l'intervalle, les gouttes tom- « bèrent sur *Loki*; il en eut de si fortes commotions que toute la terre « en fut ébranlée ; c'est ce qu'on appelle aujourd'hui *tremblements de* « *terre.* » Il est probable que *Snorri* connaissait déjà la tradition dont il est question dans cet Épilogue de *Lokasenna*. *Nâri* qui y est mentionné est le même que *Narvi* ou *Nörvi* (voy. p. 198) ; c'est la Personnification du Crépuscule du soir et du Commencement de l'hiver. Cet Iotne, fils de *Loki*, doit naturellement périr avec son père, au Commencement de l'été. L'autre fils de Loki, *Vali*, dont le nom n'a rien de commun avec celui de l'Ase *Vali* (voy. p. 283), mais signifie *Loup* (p. *Valehi* ; cf. *Vala*, Louve), parce qu'il avait été changé en Loup, fut tué par les Ases, et de ses boyaux, ils firent des cordes avec lesquelles ils attachèrent *Loki*. Si ensuite *Skadi* se montre si cruelle envers *Loki*, cela tient à l'antithèse que la Mythologie met toujours entre *Loki* et *Skadi*, et qu'elle exprime, tantôt en présentant *Loki* comme le plus acharné contre *Thiassi* (voy. p. 264), le père de *Skadi*, tantôt en montrant cet Ase injuriant *Skadi* au Banquet d'*Œgir*. Peut-être *Skadi*, la Déesse de la Chasse, était-elle opposée à *Loki*, l'inventeur de la pêche au filet, comme *Skadi* la chasse-resse est opposée, par ses goûts, à son mari *Niördur* le pêcheur (voy. p. 264). Le serpent est l'animal de l'été, comme le loup est l'animal de l'hiver (voy. p. 329) ; aussi le serpent est-il l'ennemi de l'hiver, et par conséquent aussi de *Loki*, qui tient de l'hiver, en tant qu'il met fin à l'été (*Baldur*). Le serpent ennemi verse par conséquent son venin sur *Loki*, et, pour cette raison, il est, entre les mains de *Skadi*, un instrument utile dont elle se sert pour se venger de son antagoniste *Loki*. Les Puissances qui sont les Ennemis des Dieux et du Monde, telles que le Loup de *Fenrir*, *Loki*, *Iormungand*, etc. , sont vaincues pas les *Ases* ; mais elles ne sont pas exterminées, elles sont seulement enchaînées et domp-tées momentanément (voy. p. 327). Lorsque leurs liens seront brisés, et qu'elles auront repris de nouvelles forces dans l'Hiver du Monde, alors elles se rueront sur les Dieux et sur la Création ; ce sera la fin de toutes choses, ce sera le *Crépuscule des Grandeurs.*

(48) LE CRÉPUSCULE DES GRANDEURS.

§ 153. **Le Terrible Hiver.** — La Mythologie scandinave, comme les mythologies anciennes en général, ne concevant pas l'idée de l'*infini*, laquelle résulte seulement de la réflexion philosophique, ne pouvait pas, non plus, admettre l'*éternité* du Monde, ni celle des Dieux (voy. p. 162). Le Monde et les Dieux étaient éternels, seulement dans ce sens, qu'ils existaient pendant un nombre *innombrable* de siècles. Mais, par cela même que le Monde avait commencé, il devait aussi finir, et se renouveler; et comme les Dieux étaient nés dans le temps (voy. p. 182), ils devaient aussi périr à la fin des siècles, pour être remplacés par leurs descendants, ou leurs *Renaissances.* Ces idées résultaient naturellement de l'observation qu'on avait faite sur la succession et le parallélisme de la Vie et de la Mort, du Jour et de la Nuit, de l'Été et de l'Hiver. La Mythologie scandinave, en parallélisant la vie diurne, qui est le *jour*, avec la vie annale, qui est l'*été*, et avec la vie séculaire ou cosmique, qui est la *durée* du Monde, arrive aussi, par analogie, à paralléliser la mort diurne, qui est la *nuit*, avec la mort annale, qui est l'*hiver*, et avec la mort cosmique ou séculaire, qui est la *fin* du Monde. Considérant ensuite l'origine du jour, de l'été, et de la vie du monde, sous l'idée de l'*aurore* diurne (norr. *âr*, commencement), annale, ou séculaire, la Mythologie était aussi amenée à symboliser le dépérissement du jour, de l'année, et des âges, par le soir ou le *crépuscule* (goth. *riqis*; norr. *rök*). De là le nom de *Crépuscule-des-Grandeurs* (norr. *Ragna-rökr*), pour désigner le temps, où les *Grandeurs*, c'est-à-dire les Puissances conservatrices du monde, ou les *Ases* (Soutiens), vont périr avec le Monde entier.

D'après la Mythologie scandinave, le *Crépuscule-des-Grandeurs* a pour signe précurseur la *dépravation* morale des hommes. Cette idée est significative et surprenante, et mérite, par conséquent, que nous en examinions la raison et l'origine. La philosophie moderne, surtout depuis *Herder*, a considéré le développement *moral* et historique, ou le progrès de l'humanité, comme la suite, la continuation de la Création ou du développement *physique* de la Nature. L'histoire est, pour ainsi dire, une création *morale*, faisant suite à la création *physique*, de sorte qu'il existe, sinon une solidarité, au moins une connexité entre le monde physique et le monde historique. Le développement de l'ordre *moral*, pour être possible, suppose donc l'établissement préalable de l'ordre *physique*; et, une fois l'ordre moral établi, l'ordre physique est, par lui, garanti, maintenu, et rendu durable. De là il suit que, si la création physique ou le Monde doit périr, il ne le pourra que quand, préalablement, l'ordre moral se sera dépravé et perverti. Cette idée du rapport entre l'état moral de l'humanité et l'état physique de la Nature, a-t-elle été exprimée, ou seulement entrevue dans le mythe scandinave? Cela n'est guère probable, car cette idée ne pouvait pas naître dans la pensée des Scandinaves, parce qu'elle n'y trouvait aucuns tenants ni aboutissants. Ce n'est donc pas en elle qu'il faut chercher la raison ni l'origine de cette idée du Mythe, d'après laquelle la *destruction du monde* physique est précédée de la *dépravation morale* des hommes. — Faut-il admettre que le Mythe ait considéré la fin du monde comme devant arriver quand l'humanité aura atteint le plus haut degré de civilisation, et supposer qu'il ait identifié la *civilisation* avec la *dépravation* des mœurs? Il est vrai que déjà dans l'Antiquité, la Science, source de la civilisation, est considérée comme l'opposé de l'innocence ou de la simplicité des mœurs; cette idée est déjà renfermée dans le mythe hébraïque sur l'Arbre de la Science, qui est, en même temps, sinon la cause, du moins l'occasion du péché; et, dans la Mythologie grecque, cette idée est exprimée allégoriquement par cette boîte de *Pandore*, qui renfermant tous les dons de la civilisation, devient aussi la cause de tous les maux terrestres. Ce rapport, mis, à tort ou à raison, entre l'intelligence et l'origine du mal, ne pouvait cependant pas se présenter à l'esprit des Scandinaves, qui n'étaient pas assez éloignés de l'état de nature, ni assez avancés en civilisation, pour établir ou pour sentir seulement la différence, en bien ou en mal, qui existe entre l'état de nature, considéré comme l'état d'innocence, et l'état de civilisation, considéré comme l'état de raffinement, ou de dépravation. Ce rapport ne pouvait donc être, non plus, la raison et l'origine de l'idée, d'après laquelle le Mythe norrain fait précéder la fin du monde *physique*, de la dépravation *morale* des hommes. — Il reste une troisième manière d'expliquer le Mythe en question; c'est de supposer que la destruction du monde est considérée comme un malheur universel, mais comme un malheur *mérité*, en d'autres termes, comme la juste punition de la dépravation des Dieux, et des hommes. Le Mythe assignant pour motif à cette *punition*, la dépravation morale des hommes, celle-ci précède naturellement celle-là, de même que, selon le dogme hébraïque et chrétien, le péché a précédé la mort. Cette explication est, sans doute, la véritable; seulement il faut encore admettre que, chez les Scandinaves, la partie du mythe relative aux péchés, qui provoquent la punition, a été conçue sous l'influence des idées chrétiennes sur la Chute de l'homme, et sur le Déluge et le Jugement dernier. Ce qui met cette influence hors de doute, c'est que les péchés, qui, selon notre Mythe, amènent la Destruction du monde, sont des péchés qui sont plutôt abhorrés d'après le génie du Christianisme, que d'après la morale du Paganisme scandinave. En effet, d'après une strophe de la *Vision de la Louve*, ces péchés sont, d'abord, la *guerre*, qui alimente les bêtes féroces, les loups, et pour laquelle on invente toutes sortes d'armes meurtrières, telles que des haches d'armes, des framées; c'est, ensuite, le *meurtre*, même entre frères, et entre cousins; c'est, encore, la cupidité, qui fait qu'on est cruel envers les tenanciers, qu'on les pressure; c'est, enfin, la *paillardise*. Ces péchés, on le voit, ne sont pas précisément de ceux qui révoltaient principalement le sentiment moral des Scandinaves païens; et bien qu'il soit vrai que le progrès change souvent les mœurs d'un peuple, et lui fait abhorrer même ses défauts nationaux, et bien que la poésie et la morale religieuse, visant à l'*idéal*, s'élèvent naturellement au-dessus des mœurs réelles d'une nation, il est cependant nécessaire, pour expliquer ces sentiments moraux chez les Scandinaves, d'admettre, dans le Mythe en question, l'influence des idées chrétiennes. Ce mythe renferme donc un fond essentiellement scandinave, mais modifié, en certaines parties, par la morale chrétienne, qui a pu y exercer son influence, on le conçoit, bien longtemps avant que le Christianisme ne fût adopté officiellement dans le Nord; et, d'ailleurs, ce Mythe sur le *Crépuscule-des-Grandeurs*, n'appartient pas au fond primitif, ni même ancien, mais à la période la plus récente de la Mythologie scandinave.

§ 154. **Les Scènes successives du Drame terrible.** — Le récit de *Snorri* ne suit pas l'ordre de la succession des différentes péripéties de cette grande tragédie du *Crépuscule-des-Grandeurs*. Il importe donc de rétablir l'enchaînement des faits, que même les anciens chants, et notamment la *Vision de la Louve*, ou bien ne semblent déjà plus avoir connu, ou bien, avoir négligé, comme une entrave à la liberté de la poésie, ou comme un accessoire qui n'avait pas une grande importance.

Voici la succession des scènes de cette tragédie cosmique. D'abord le Loup *Skoll*, qui avait poursuivi *Sôl*, et le Loup *Hati* (voy. p. 209), qui avait poursuivi *Mâni*, pendant des siècles, parviennent, enfin, à s'emparer de leurs proies. Ainsi le soleil et la lune disparaissent du ciel; et, par conséquent, le malheur de la mort de *Baldur*, c'est-à-dire l'enlèvement des sources de vie et de chaleur, se répète, de cette manière, dans le monde, sur une plus vaste échelle. Alors non-seulement la distinction des jours et des nuits cesse, dans ce règne absolu de l'obscurité, mais encore, le soleil ne répandant plus sa chaleur, il s'établit un hiver *continuel*, comme il y en avait un, au commencement des siècles, sous le règne de *Ör-Gelmir*, et de ses descendants (voy. p. 186). Cet hiver est nommé l'*Hiver-de-l'Étourdissement* (norr. *Fimbulvetr*), ou le *Terrible Hiver*. Alors des ouragans furieux sévissent; c'est l'*Age-des-Tempêtes*. Ces tempêtes secouent le ciel, au point qu'il se fend; elles secouent le Frène d'Yggdrasil, l'Arbre de Vie, qui tremble à l'approche des Puissances de la mort; elles ébranlent la terre, qui est agitée, et ainsi met en émoi les *Dvergs*, qui habitent les cavernes de la terre. Par ces secousses et ces tremblements, tout se disloque; et les liens les plus forts sont brisés. Alors les Monstres *iotniques*, qui, pendant l'été séculaire, ou la vie du monde, avaient été enchaînés par les *Ases*, et qui, jusque là, avaient été retenus par des liens, redeviennent libres (voy. p. 335). Le Loup igné de *Fenrir*, appelé par excellence l'*Iotne*, qui avait été enchaîné par les Dieux, dans l'ile de *Bruyère* (voy. p. 289), se déchaîne; son frère, le *Ver* ou la *Coulœuvre*, c'est-à-dire le Serpent *Iormungand* (voy. p. 286), qui avait été dompté par *Thôr*, s'agite, soulève les flots, et fait déborder l'Océan (voy. p. 327). Le père de ces monstres, *Loki*, qui avait été attaché aux rochers de *Hveralund* (Bois-des-Thermes), redevient libre et s'apprête à remplir son rôle de *Clôtureur*, par rapport au Monde entier. *Garmur* (Hurleur), le Cerbère scandinave, qui avait été attaché au *Rocher de Gnipi*, comme son prototype *Fenrir* l'avait été au rocher du Bois des Thermes, est délivré, et présage, par ses hurlements (v. p. 209), l'approche de grands malheurs. L'aigle *Hræsvelg* (voy. p. 242), bat de ses ailes, et produit les vents qui soufflent du Nord-Est. Alors les *Thurses-Givreux* et les *Géants-des-Montagnes*, sous la conduite de *Hrymr* (voy. p. 134), arrivent, de l'Orient, à l'*Enclos-Mitoyen*. Les autres *Iotnes*, conduits par *Loki de l'Enclos-Extérieur*, s'embarquent sur le *Navire d'Ongles* (voy. p. 199) qui, venant d'être achevé dans *Niflhel*, est transporté au *Séjour-des-Iotnes*, et lancé à la mer. Les Fils de *Fifl* ou d'*Œgir* (voy. p. 303), ayant avec eux le Loup de *Fenrir*, s'y embarquent également avec *Loki*, le Frère de *Bileyst* (voy. p. 285). Enfin, les *Fils-de-Muspil* (voy. p. 174) arrivent du Sud, en traversant l'air, sous la conduite de *Surtur*. C'est ainsi que l'air, l'eau, et le feu se déchaînent, et se ruent sur le Monde, qui va périr. Toutes ces Puissances ennemies des Dieux et des hommes, après avoir envahi l'*Enclos-Mitoyen*, tâchent de pénétrer d'ici dans le ciel, pour y livrer bataille aux Dieux, dans l'immense plaine, nommée

Tremble-au-Combat (Vig-ridur, cf. sansc. *Vi-Krita*, zend. *Vaé-Kereta*), parce qu'elle tremble sous la masse et les efforts des combattants. Les *fils de Muspil*, sur leurs montures de flammes, frayent le passage au ciel, en traversant le feu flambant (norr. *vafurlogi*) du pont de *Bifröst* (voy. p. 211), qui s'écroule sous leur impétuosité. Quand les ennemis tentent de passer le *Pont-des-Ases*, et de pénétrer dans le ciel, alors *Heimdall*, le Gardien des Dieux (voy. p. 277), sonne fortement l'alarme; les *Ases* et les Compagnons d'*Odinn*, les *Troupiers-Uniques* (v. p. 306), se préparent au dernier combat. Cette rencontre terrible a lieu dans *Tremble-au-Combat. Odinn*, le Chef des *Ases*, et le Père du monde et de la vie, lutte contre le Loup de *Fenrir*, le Représentant du Feu ter-restre, et le symbole de la destruction. *Thór*, le Protecteur de la Terre (voy. p. 286), lutte contre l'ennemi le plus dangereux de la Terre, le Ser-pent *Iormungand*, le Représentant du Déluge. *Frey*, qui préside à l'air, à l'eau, et au feu, utiles aux hommes, n'ayant plus son épée (voy. p. 305), lutte sans succès contre *Surtur*, le Représentant du Feu destructeur du Monde. *Tyr*, le manchot et la doublure d'*Odinn*, combat *Garmur*, qui est la doublure de *Fenrir*, et le présage de la mort (voy. p. 338). *Heim-dall*, le Dieu du Commencement des Choses, combat contre *Loki*, le Dieu de la Fin des Choses. Dans ces différents combats, les monstres iotniques *Fenrir, Iormungand, Garmur*, et *Loki* périssent; s'ils conti-nuaient à exister, un monde nouveau ne pourrait pas renaître; mais avec ces monstres périssent aussi les anciens Dieux *Odinn, Thór, Freyr, Tyr*, et *Heimdall*. L'ancien Monde, n'ayant plus ses protecteurs, périt irrévocablement; la Terre et le Ciel sont brûlés, à la fois, par le Feu cé-leste (Surtur), et par le Feu terrestre (Fenrir); puis la Terre est engloutie par l'Océan. Selon la Mythologie scandinave, *Surtur*, qui a existé avant les créatures du monde, au commencement (cf. elldr, voy. p. 173), sub-sistera encore, quand tous les autres monstres auront péri. — Le seul document mythologique qui nous reste, renfermant la description du *Crépuscule-des-Grandeurs*, c'est la *Vision de la Louve*, dont la com-position date du huitième siècle. La description qu'il donne est essen-tiellement poétique, et, par cela même, elliptique, quelquefois obscure, et intervertissant l'enchaînement épique des faits (voy. *Poëmes islandais*, p. 149-239).

(49) LA RENAISSANCE DU CIEL, DE LA TERRE, DES DIEUX, ET DES HOMMES.

§ 155. **Renaissance de la Terre.** — Dans le *Crépuscule-des-Gran-deurs*, tout a brûlé, Ciel et Terre. Mais de même que, d'après les idées des Anciens, le brûlement des morts ne détruit pas entièrement le corps du défunt, mais l'épure et le retrempe, de même le ciel et la terre ne sont pas entièrement détruits, mais leur substance est épurée, et ils re-naissent de leurs éléments plus beaux, et rajeunis comme *Sæhrimnir* (voy. p. 308). *Snorri*, mêlant ses idées chrétiennes sur le Ciel, l'Enfer, et le Jugement dernier, avec les traditions du Paganisme norrain sur le Cré-puscule des Grandeurs, admet que les Scandinaves aient cru, qu'après la destruction du monde, les Justes continueraient à vivre, dans les Sé-jours célestes, et les Réprouvés, dans les Séjours de l'Enfer. Mais ces

Séjours, agréables ou terribles, qui figurent dans la Mythologie norraine,
existent indépendamment de la Fin du monde, et ne sont pas destinés,
comme le croit *Snorri*, à servir d'habitation aux bons, pour les récompenser, ni aux méchants, pour les punir ; le caractère, gai ou triste, de ces
Séjours, dépend de la nature particulière aux races mythologiques, qui
sont censés les habiter. Une nouvelle Terre sort de l'Océan, où l'ancienne
s'est abîmée ; elle est belle, car elle renaît après l'Hiver du monde, dans
la saison du printemps, où les cascades, longtemps enchaînées par la
glace de l'hiver, tombent de nouveau en murmurant, où la verdure redevient touffue, où l'aigle, de nouveau, ouvre, pour ainsi dire, la saison
de la pêche (voy. p. 263), après l'hiver long et rigoureux. Bien que cette
Terre vierge n'ait pas été labourée ni ensemencée, elle produira cependant, du moins cette première année de la renaissance, une moisson
abondante. Voici ce qui est dit dans la *Vision de la Louve :*

> « Elle voit surgir de nouveau,
> « Dans l'Océan, une terre d'une verdure touffue,
> « Des cascades y tombent ; l'aigle plane au-dessus d'elle,
> « Et du haut de l'écueil, il épie les poissons.
>
> . . . .
>
> « Les champs produiront sans être ensemencés. »

Il est hors de doute que, dans l'origine, le Mythe considérait cette Terre
nouvelle comme entièrement semblable à l'ancienne, et qu'il supposait que
tout s'y passerait comme précédemment. Plus tard seulement, sous l'influence des idées chrétiennes, on a rattaché à cette Terre nouvelle des
idées paradisiaques et millénaires, et on a expliqué la tradition norraine
comme si elle énonçait que, sur cette nouvelle Terre, les champs produi-
raient *à tout jamais*, sans être ensemencés ; qu'il y règnerait une Paix
éternelle, au point que les aigles, ne trouvant plus à dévorer les cadavres des guerriers tués à la guerre, seraient forcés de se nourrir de poissons ; que cette nouvelle Terre serait un Jardin délicieux (Eden), avec
une verdure toujours touffue, et avec des cascades qui murmureraient
agréablement ; enfin que tout mal physique et moral en disparaîtrait.

§ 156. **Restauration du Ciel.** — Il se forme un ciel nouveau, exactement semblable à l'ancien, avec l'*Enclos-des-Ases* (voy. p. 213), les
Sanctuaires des Dieux, et les Enclos de *Hroptr* (voy. p. 248). Les *Ases*
rajeunis, ou les Fils des anciens Dieux, reviennent dans la nouvelle
Plaine d'Idi (voy. p. 213). Ces *Ases* sont *Modi* (Courage), et *Magni*
(Pouvoir), les Personnifications des *énergies* (sansc. *çaktyas*, v. p. 244),
c'est-à-dire du *Courage d'âse* (norr. *Ás-modr*) et de la *Force d'Ase*
(norr. *ás-megin*) de leur père *Thôr*, dont ils sont les dédoublements ou
les Renaissances. Les fils d'*Odinn*, savoir *Baldur*, et son meurtrier
involontaire, *Höður*, reviennent aussi, et vivent ensemble heureux et
en paix. Voici ce qui est dit dans la *Vision de la Louve :*

> « Tout mal disparaîtra : Baldur reviendra,
> « Pour habiter, avec Höður, les Enclos de Hroptr,
> « Les Demeures sacrées des Dieux-Héros . . . . .

Les *Ases* nouveaux auront la science des *Mystères* (norr. *rúnar*, voy.
p. 298) de leurs pères ; ils n'auront plus à craindre les Puissances enne-

mies; le Serpent *Iormungand*, et le Loup de *Fenrir*, n'existent plus que dans le souvenir, et dans la tradition, qu'ils se plairont à se rappeler par le récit des mythes. Les *Ases* sont heureux, comme on l'est dans la jeunesse, comme on l'est au printemps, à la renaissance, à la résurrection. Ils reprennent leurs occupations de jeunesse, ils se mettent à jouer *aux tables*, comme l'ont fait leurs pères, lorqu'ils étaient encore jeunes, à l'aurore des âges (voy. p. 213).

§ 157. **La nouvelle race humaine; le nouveau Soleil.** — La race des hommes, qui périront dans la catastrophe du *Crépuscule-des-Grandeurs*, sera remplacée par une génération nouvelle, provenant de *Lifthrásir* (Désir de Vie), et de *Lif* (Vie). Cette paire, dont les noms expriment la vitalité indestructible de l'humanité, s'était mise, pendant le Crépuscule des Grandeurs, à l'abri tant des flammes de *Surtur*, que de la submersion sous la mer, produite par *Iormungand*, en s'enfermant dans la *Butte-de-Hoddmimir*. Cette butte est, à la fois, une butte tumulaire, et comme une matrice où les germes de l'énergie vitale, représentée par cette paire, sont enfouis, et reposent en sûreté, comme le grain de blé dans le silo ou la serre d'hiver (v. h. all. *wintarkasto*; cf. norr. *nestbaggi*), en attendant la résurrection, ou la renaissance au printemps. Le nom de *Hodd-Mimir* (Ruisselant de Trésors) est synonyme de *Hring-Mimir* (Ruisselant de Richesse), et désigne, à la fois, l'Océan terrestre ou la Mer renfermant de l'or et des richesses (voy. p. 143), et l'Océan céleste (sansc. *Varounas*; gr. *ouranos*), ou le Ciel, dont les pluies et les rosées produisent les riches moissons dorées (voy. p. 330). La Butte de *Hodd-Mimir* est donc synonyme de Butte-du-*Ciel*, et désigne une montagne tellement élevée qu'elle touchait au ciel, et qu'elle pouvait préserver, des flammes et de l'inondation, les germes précieux qu'elle renfermait dans son sein. Cette butte, semblable à peu près à ce qu'on appelle aujourd'hui, en Suède, *Jättestuga* (poële d'Iotne), ou *Jättegraf* (tombeau d'Iotne), était en quelque sorte le tombeau de *Lifthrásir* et de *Lif*, lesquels y reposaient comme l'embryon dans la matrice. Ils y étaient alimentés par les rosées du matin, et dormaient jusqu'à leur résurrection, semblables à *Skalmoskis* dans sa demeure souterraine (*Hérod.* IV, 95, 96), à *Freyr* dans sa butte tumulaire (*Ynglingasaga*, chap. 12), et à *Frédéric Barbe-Rousse*, dans la montagne de *Kyfhæuser*. Suivant la Mythologie indienne, la Déesse *Bhavani*, le Symbole de la Nature qui détruit et reproduit, fait rentrer dans sa matrice les semences de toutes choses, pour les y préserver de la destruction, dans la conflagration générale, à la fin des siècles.

Sól, qui a été dévorée par *Sköll* (voy. p. 209), a laissé une fille, qui, dans le Monde nouveau, la remplace au ciel. C'est ce qui est énoncé dans la strophe des *Dits-de-Vafthrûdnir*, citée par *Snorri*. *Sól* porte aussi le nom poétique et épithétique de *Rousse-des-Alfes*, à cause de l'éclat roussâtre de son disque; et ce disque est attribué aux *Alfes*, ou consacré aux Génies de lumière (voy. p. 239).

D'après la Mythologie norraine, le Monde renouvelé n'est pas une création faite sur un plan tout nouveau; c'est le renouvellement de l'ancien Monde, ou sa reproduction, moins quelques imperfections qui y existaient.

(50) ÉPILOGUE DE SUBLIME; REPRISE ET FIN DE L'HISTOIRE DE
L'ENCADREMENT.

§ 158. **L'Épilogue de Sublime.** — A toutes les époques, les savants et les érudits, pour tirer gloire de leur science et de leur érudition, tâchent de faire ressortir, d'une manière ou d'une autre, l'originalité et la supériorité de leurs écrits. Dans l'Antiquité, dans l'Orient, et au Moyen âge, où les préfaces n'étaient pas encore en usage, l'auteur mettait son éloge ou à la fin de son œuvre ou dans le corps de l'ouvrage. C'est ainsi que l'auteur de la Rhapsodie mythologique, intitulée *Chant d'Hymir*, énonce qu'il est le plus savant des mythologues, en disant, dans la strophe 38 :

> « . . . . sur cela qui des Mythologues
> « Pourrait en savoir davantage. »

Par une tournure de phrase analogue, *Snorri*, pour énoncer qu'aucun auteur n'a été plus complet que lui, dans l'exposition de la Mythologie norraine, fait dire à *Sublime* que jamais il n'a entendu à personne pousser plus loin le récit sur les destinées du monde. Une autre manière, par laquelle l'Auteur donne satisfaction à son amour-propre, c'est de faire remarquer au lecteur l'importance et l'utilité de l'enseignement renfermé dans son ouvrage. C'est ainsi que les légendes des Hindous, connues sous le nom de *Pourânas* (Antiquités), finissent ordinairement par la recommandation de bien méditer ces traditions légendaires. Les *Lois de Manou* se terminent par le çloka suivant :

> « Ainsi, le voilà; le Bis-né qui lit ce Code promulgué par Bhrigou,
> « Sera toujours vertueux, et obtiendra la félicité désirée. »

Dans les *Proverbes* de Salomon on trouve plusieurs passages semblables à celui-ci (chap. VII, 1, 2) :

> « Mon fils, observe mes paroles,
> « Garde mes préceptes dans ton cœur ;
> « Suis mes commandements, et tu vivras heureux ;
> « Mon enseignement, qu'il te soit cher comme ton œil. »

Dans le Poëme eddique intitulé : *Dits de Sublime* (norr. *Hávamál*), *Odínn*, sous le nom de *Sublime*, fait précéder chacun de ses Dits, de cette recommandation :

> « Je te conseille, Loddfafnir ! — accepte ce conseil ;
> « Il te profitera, si tu l'acceptes. — »

Snorri, employant une recommandation analogue, fait dire à *Piétonneur* par *Sublime* :

> « Jouis donc maintenant de ce que tu as appris. »

§ 159. **Gulfi enseigne en Suède ce qu'il a appris de Sublime.** — L'exposé de la Mythologie norraine, renfermé dans les réponses faites par *Sublime* aux questions de *Piétonneur*, étant terminé, *Snorri* reprend et achève l'histoire, qui fait l'Encadrement de la *Fascination de Gulfi* (voy. p. 70). Dans cette conclusion de l'ouvrage, il fait encore ressortir accessoirement deux idées, auxquelles il attache une certaine importance : la première, que l'Odinisme est une religion de mensonge ; la seconde, que cette religion de mensonge avait son siége et son centre principal en

Suède. Il montre que les Ases étaient de grands magiciens, que, par leur magie, *Piétonneur*, ou *Gulfi*, dès son arrivée à *Odinsey* (voy. p. 145), a été fasciné, et qu'à la fin, par un effet de cette même magie, le palais de *Sublime* a disparu en un clin d'œil. Cette disparition magique est un trait qui se retrouve dans beaucoup de traditions mythologiques, et de contes romantiques (voy. p. 125). *Snorri*, comme tous les auteurs de l'Antiquité, de l'Orient, et du Moyen âge, pour accréditer la tradition en leur science, aiment à en indiquer la source, l'origine et les garants (voy. *Chants de Sól*, p. 40). Pour indiquer la filiation de la tradition mythologique, il insinue que toutes les traditions mythologiques, répandues dans le Nord, proviennent de ce que *Gulfi*, après les avoir apprises de *Sublime*, les a transmises, après son retour chez lui, en Suède, à d'autres, qui les ont propagées en Scandinavie. C'est donc la *Suède* qui a été le principal berceau de la *superstition* odinienne; et cette opinion, *Snorri* l'a encore développée plus tard dans son ouvrage historique, intitulé *Ynglinga-saga*, en montrant que *Odinn* et les *Ases*, venus du sud et après s'être établis successivement en Saxe et en Danemark, se sont fixés définitivement en Suède, à *Upsalir*, et à *Sig-tún*, que la plupart d'entre eux sont morts dans ce pays, et que d'eux sont issus les rois suèdes appelés les *Ynglings* (Issus d'Yngvin, voy. p. 266), qui tous ont été, avec leurs sujets, des adorateurs d'Odinn et des Ases.

FIN.

OUVRAGES DU MÊME AUTEUR

(CHEZ LES LIBRAIRES DE STRASBOURG.)

De religione Arabum anteislamica. Argent. 1834. (Épuisé.)

Théorie de la quantité prosodique basée sur l'analyse des formes grammaticales et démontrée d'abord sur la langue latine. Strasbourg 1839. (1 fr. 25 c.)

De Linguarum Origine atque Natura, etc. Argent. 1839. (1 fr. 25 c.)

De l'origine et de la formation des langues. Paris 1842. (Épuisé)

Poëmes islandais (Voluspá, Vafthrudnismál, Lokasenna) tirés de l'Edda de Sæmund, publiés avec une traduction, des notes et un glossaire. Paris, imprimé par autorisation du Roi à l'Imprimerie royale. 1838. (4 fr.)

Les Aventures de Thôr dans l'Enceinte-Extérieure racontées par Snorri fils de Sturla (Traduction et commentaire). Colmar 1853. (Épuisé.)

Les Amazones dans l'Histoire et dans la Fable. Colmar 1852. (2 fr.)

Les Peuples primitifs de la race de Iafète. Colmar 1853. (Épuisé.)

Les Chants de Sól, poème tiré de l'Edda de Sæmund, publié avec une traduction et un commentaire. Strasbourg 1858. (4 fr.)

Sur l'origine et la signification des Romans du Saint-Graal. Strasbourg 1842. (Épuisé).

Les Scythes, les ancêtres des peuples germaniques et slaves. Colmar 1858. (Épuisé.)

(Le même ouvrage, contrefaçon. Halle 1858.)

Les Gotes, ou la filiation généalogique des Scythes aux Gètes et des Gètes aux Germains et aux Scandinaves. Strasbourg 1859. (4 fr.)

STRASBOURG, IMPRIMERIE DE VEUVE BERGER-LEVRAULT.